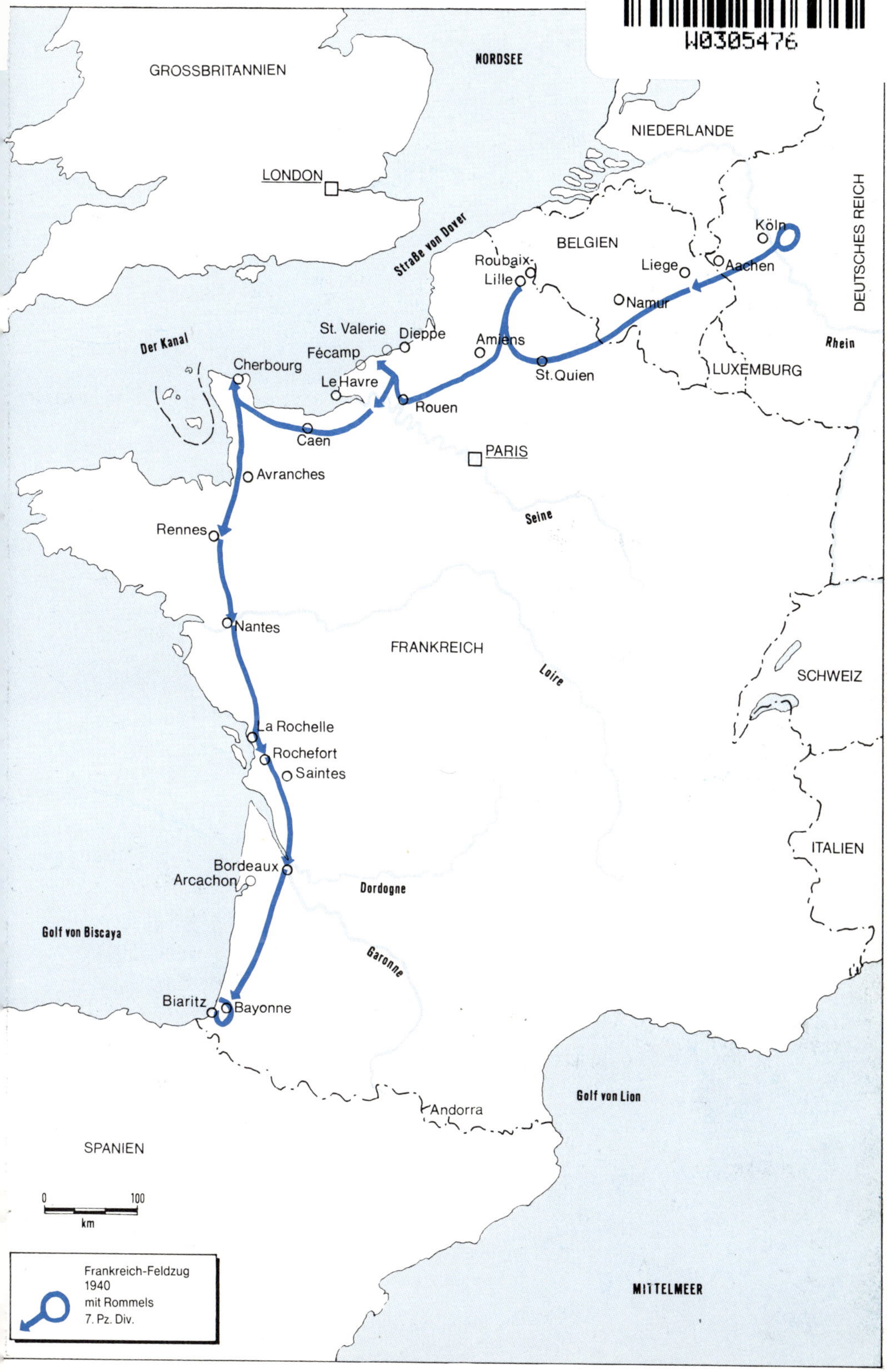
GROSSBRITANNIEN
NORDSEE
NIEDERLANDE
LONDON
DEUTSCHES REICH
Straße von Dover
BELGIEN
Köln
Roubaix-
Lille
Liege
Aachen
Namur
St. Valerie
Dieppe
Amiens
Rhein
Der Kanal
Fécamp
Cherbourg
Le Havre
St. Quien
LUXEMBURG
Rouen
Caen
PARIS
Avranches
Seine
Rennes
Nantes
FRANKREICH
Loire
SCHWEIZ
La Rochelle
Rochefort
Saintes
ITALIEN
Bordeaux
Arcachon
Dordogne
Golf von Biscaya
Garonne
Biaritz
Bayonne
Andorra
Golf von Lion
SPANIEN
0
100
km
MITTELMEER
Frankreich-Feldzug
1940
mit Rommels
7. Pz. Div.

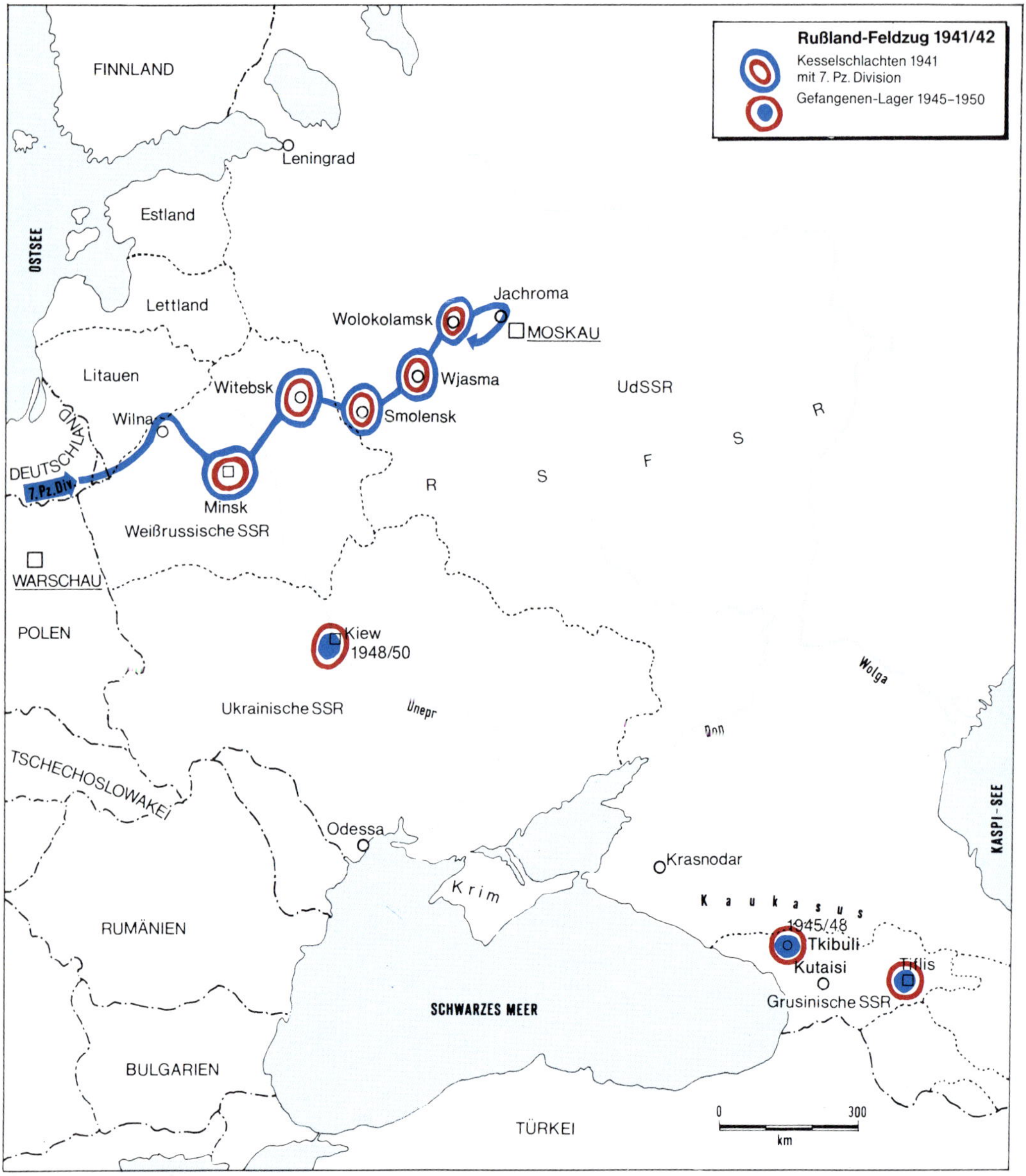
Rußland-Feldzug 1941/42
Kesselschlachten 1941
mit 7. Pz. Division
Gefangenen-Lager 1945–1950
FINNLAND
Leningrad
Estland
OSTSEE
Lettland
Litauen
Jachroma
Wolokolamsk
MOSKAU
Wjasma
Witebsk
UdSSR
Smolensk
Wilna
DEUTSCHLAND
7. Pz. Div.
R S F S R
Minsk
Weißrussische SSR
WARSCHAU
POLEN
Kiew
1948/50
Wolga
Ukrainische SSR
Dnepr
Don
TSCHECHOSLOWAKEI
Odessa
KASPI-SEE
Krasnodar
Krim
Kaukasus
RUMÄNIEN
1945/48
Tkibuli
Kutaisi
Tiflis
Grusinische SSR
SCHWARZES MEER
BULGARIEN
0
300
km
TÜRKEI

Hans von Luck

Gefangener meiner Zeit

Für
Kai, Clemens und Sascha —
mögen sie
immer in Frieden leben

Hans von Luck

Gefangener meiner Zeit

Ein Stück Weges mit Rommel

SEIT 1789

Verlag E. S. Mittler & Sohn · Herford und Bonn

Bildnachweis:

Imperial War Museum, London (1)
Bundesarchiv — Militärarchiv, Freiburg (2)
Alle übrigen Abbildungen stammen aus dem Archiv des Verfassers

Schutzumschlag:

Vorderseite: 2 Abbildungen aus dem Archiv des Verfassers
Rückseite: Credit National Archives, Washington D.C.

CIP-Titelaufnahme der Deutschen Bibliothek

Luck, Hans von: Gefangener meiner Zeit;
Ein Stück Weges mit Rommel / Hans von Luck.–
Herford; Bonn: Mittler, 1991
ISBN 3-8132-0364-6

ISBN 3 8132 0364 6; Warengruppe Nr. 21

Schutzumschlaggestaltung: T. Flexen, Hamburg,
unter Verwendung der drei o. g. Abbildungen
Vorsatzkarten: Karl-Heinz Döring, Berlin
Produktion: Heinz Kameier
Gesamtherstellung:
Hans Kock Buch- und Offsetdruck GmbH, Bielefeld · Printed in Germany

Inhaltsverzeichnis

Vorwort

Dieses Buch erhebt keinen historischen Anspruch, obwohl Namen, Orte und Daten gewissenhaft verifiziert wurden.
Meine Memoiren geben vielmehr die Erlebnisse und Erfahrungen wider, die ein junger Deutscher in einer Zeit machen mußte, die Europa und fast die ganze Welt verändert hat.

Der Zweite Weltkrieg steht im Mittelpunkt. Er und die Jahre davor zeigen, daß Intoleranz, eine falsche Ideologie und Propaganda ganze Völker gegeneinander mobilisieren und ins Unglück stürzen können.

Wenn ich mein Buch meinen drei Söhnen, geboren zwischen 1954 und 1970, widme, so deshalb, weil ich *die* Generationen ansprechen will, die erst während oder nach dem Kriege geboren sind. Mein Sohn Sascha, der Jüngste, fragte mich kürzlich: »Was heißt eigentlich ›Nazi‹, warum war Hitler ›böse‹, warum ist ein ganzes Volk ihm ›nachgelaufen‹?« Darauf müssen er und seine Generation eine Antwort erhalten. Viele Lehrer, selber erst im oder nach dem Krieg geboren, haben keine oder nur eine ungenügende Antwort. Die Älteren verdrängen die Zeit, aus welchen Gründen auch immer.

In unzähligen Gesprächen mit jungen Deutschen, Engländern und Franzosen, bei vielen Vorträgen vor jungen Studenten an amerikanischen Universitäten habe ich feststellen können, daß die Jugend eine Zeit aufarbeiten will, die ihr nicht oder nur unzureichend oder einseitig vermittelt wird.

So wehre ich mich zum Beispiel entschieden dagegen, die Russen schlicht als »böse« und uns im Westen als »gut« einzuordnen. Das ist zu einfach.
Der Leser wird erfahren, daß auch die Russen ihre Heimat lieben wie wir die unsrige. Daß sich die russischen Mütter und Frauen im Kriege die gleichen Sorgen machten wie die unsrigen.

Heute versteht sich die Jugend der Welt, und gerade die der einstigen Kriegsgegner, ohne Probleme. Ich hoffe, daß »Glasnost« und »Perestroika« es ermöglichen werden, daß auch die Jugend Rußlands und anderer osteuropäischen Länder die Chance erhält, sich mit der Jugend im Westen die Hand zu reichen.
Wer von meinen Lesern die Gelegenheit hatte, als Sportler, Wissenschaftler oder Tourist Rußland zu besuchen, wird festgestellt haben, daß das russische Volk lie-

benswert, gastfreundlich und bereit ist, mit allen Völkern unserer Erde friedlich zusammenzuleben.
Wer noch nie in Rußland war, sollte es nachholen.

Ich habe versucht, Erfahrungen aus Hunderten von Erlebnissen, schönen wie traurigen, zu ziehen. Erfahrungen, die helfen mögen, daß sich die Ereignisse in Deutschland vor und während des Krieges nie und nirgendwo wiederholen können.
Es ist zutiefst bedrückend festzustellen, daß weltweit über 150 Kriege seit dem Ende des Zweiten Weltkrieges geführt wurden und noch werden, sei es aus politischen, wirtschaftlichen oder ideologischen Gründen. Es bedrückt mich, daß anscheinend nur das Vorhandensein von Atomwaffen einen neuen Waffengang zweier Machtblöcke zu verhindern vermögen.
Was die Jugend uns Älteren vorlebt, sollte von allen Verantwortlichen befolgt werden: Toleranz zu üben, die beste menschliche Eigenschaft. Wir alle sollten wissen, daß man aus schlechten Erfahrungen lernen kann.

Ich danke allen, die mir geholfen haben, dieses Buch zu schreiben. Ohne meinen Freund, Professor Stephen Ambrose von der University of New Orleans, wäre es nicht geschrieben worden. Er hat mich »gezwungen«, meine Erlebnisse zu erzählen, und mir immer wieder Mut gemacht fortzufahren.
Ich danke Major John Howard, meinem englischen Gegner am D-Day, der als »Held der Pegasus Bridge« in die Kriegsgeschichte eingegangen und heute mein Freund ist. John hat jedem, der ihn fragte, geantwortet: »Wenn Ihr wissen wollt, wie es ›on the other side of the hill‹ aussah, dann fragt meinen Freund Hans.«

Ich danke Werner Kortenhaus, der die »Geschichte der 21. Panzerdivision« schreibt, für das umfangreiche Material, das er mir zur Verfügung stellte.
Allen meinen Mitgefangenen, die mit mir das schwere Los von fünf Jahren russischer Gefangenschaft teilten und noch heute in der »Lagergemeinschaft 518« verbunden sind, habe ich zu danken. Viele haben mein Gedächtnis aufgefrischt oder mit der Schilderung eigener Erlebnisse dazu beigetragen, dem Leser plastisch unser »Gulag«-Leben zu vermitteln.
Alle, ob mein Adjutant Helmut Liebeskind oder meine Ordonnanz und Freund Erich Beck oder die vielen, die mit mir fast fünf Jahre an allen Fronten kämpften, haben mir geholfen und sind Bestandteil des Buches.

Mein besonderer Dank gilt George Unwin aus Surrey in England. Etwa gleichaltrig mit mir, hat George mein Manuskript ins Englische übersetzt, einfühlsam und sich mit mir identifizierend. Meine amerikanischen und englischen Freunde, die seine Texte lasen, sagten ausnahmslos: »Wir hören förmlich Hans reden und begreifen, was er uns zu sagen hat.«
Last but not least danke ich meiner Frau Regina für ihre Geduld und Mitarbeit. Sie hat mich fast vier Jahre an meinen Manuskripten arbeiten lassen, mich bei meinen Recherchen unterstützt und in ihrer Freizeit Hunderte von Seiten ins Reine geschrieben.

Zutiefst bewegt bin ich von der Einführung, die Steve Ambrose zu diesem Buch geschrieben hat. Er hat meine Erlebnisse zu seinen eigenen gemacht. Ich bin stolz darauf, diesen außergewöhnlichen Menschen und angesehenen Schriftsteller und Historiker meinen Freund nennen zu dürfen.

Hans von Luck

Einleitung

Zum ersten Male traf ich Hans von Luck im November 1983 in Hamburg. Ich war dort, um ihn über seine Rolle in den Kämpfen während der Invasion zu interviewen. Mein Thema war die Kampfhandlung an der Pegasus-Brücke über dem Orne-Kanal, die er gegen eine Attacke der Segelflugzeuge der britischen Luftbodentruppen verteidigte. Er trat, wie vereinbart, um Glockenschlag 4.00 Uhr nachmittags in mein Hotelzimmer ein.

Wir bestellten beim Zimmerservice Kaffee, während er seine Landkarten der Normandie ausbreitete. Er sprach Englisch mit Akzent, aber bestens verständlich. Seine Art und sein Benehmen entsprachen denen eines geborenen Aristokraten. Er rauchte Ketten von Marlboro Lights. Er war sofort bereit, mir über seine Erfahrungen in der Normandie zu erzählen, begeistert von meinem Projekt.

Wir unterhielten uns fast ohne Pause vier Stunden lang. Ich erfuhr die Einzelheiten seiner Unternehmungen in der Nacht vom 5. auf den 6. Juni 1944 und erhielt einen Überblick seines Einsatzes an anderen Plätzen. Als Militärhistoriker war ich natürlich fasziniert, die Kriegsgeschichten des Mannes zu hören, der im Jahre 1939 in Polen einmarschierte, der Rommels Vorhut beim Vorstoß auf die Kanalküste im Juni 1940 war, der fast die Randgebiete von Moskau im November 1941 erreichte, der Rommels äußerste rechte Flanke in Nordafrika 1942/43 deckte und der das Panzergrenadierregiment kommandierte, das am Invasionstag 1944 dem ersten Angriff begegnete. Seine Erzählungen aus dem Leben in einem sowjetischen Kriegsgefangenenlager von 1945 bis 1950 waren packend und aufschlußreich. Die wiederholte Betonung seiner großen Liebe zum russischen Volk und seiner Anteilnahme an dessen Elend war echt und überraschend.
So sehr ich auch von Hans, dem Berufssoldaten, beeindruckt war, war ich noch mehr gefangen von Hans, dem Menschen. Er war freundlich und offen und — mir ging dies Wort nicht mehr aus dem Sinn — vornehm. Während 25 Jahren, in denen ich Veteranen interviewt habe, habe ich niemals Kriegsgeschichten so gut erzählt gehört, so voll Mitleid über die Unterdrückten, ganz gleich welcher Rasse oder Nationalität. Mit Ausnahme von Dwight Eisenhower traf ich nie zuvor einen Veteranen, den ich mehr mochte und bewunderte.
Obgleich dies die Memoiren eines Berufssoldaten sind, wurden sie nicht für Schüler einer Militärakademie geschrieben, sondern vielmehr für eine allgemeine Leserschaft. Hans ist ein Erzähler mit einem scharfen Blick für Pointen und Episoden. Für einen Soldaten, der fast ununterbrochen von September 1939 bis April

1945 in Schlachten verwickelt war, gibt es erstaunlich wenig Blut und Verstümmelungen. Für einen Mann, der für seinen Mut mit den höchsten militärischen Orden seines Landes ausgezeichnet wurde, gibt es erstaunlich wenig Selbstlob wegen persönlicher Erfolge. Für einen Mann, der als Kriegsgefangener Sklavenarbeit verrichtete, gibt es erstaunlich wenig Bitterkeit. Statt dessen ist da Einsicht, eine bemerkenswerte Sympathie für menschliche Beschwernisse, viel Humor, Toleranz und Wißbegier.

Was wir in diesen Memoiren finden, ist ein bemerkenswertes Leben. Wir beginnen mit dem jungen preußischen Aristokraten, der, der Familientradition folgend, in die Armee eintritt. Wir erleben seine Ausbildung mit, begleiten ihn auf seinen Reisen, beobachten den Aufstieg Hitlers, sehen die Auswirkungen von dessen Politik auf die neue Wehrmacht. Hans marschiert mit uns in Polen ein und führt uns durch die Blitzsiege in Frankreich und Rußland. Er lernt in Nordafrika zum ersten Male die Niederlage kennen. Aber bald darauf lebt er in einem Penthaus in Paris und genießt das Leben eines Siegers. Er erzählt uns die Einzelheiten seiner bittersüßen Kriegsromanze. Dann muß er erneute Niederlagen einstecken durch die Briten in der Normandie, die Amerikaner in Ostfrankreich und die Russen südlich von Berlin. Wir enden in einem Kriegsgefangenenlager im Kaukasus, wo Hans als Bergmann in den Kohlenminen arbeitet.

Durch das ganze Buch ziehen sich wunderbare Darstellungen von Menschen, die ihm begegneten:
der Priester in der Kathedrale von Smolensk, die Madame eines Bordells in Bordeaux, die Beduinen in der Wüste, seine französischen Freunde im besetzten Paris und viele andere.
Berühmten deutschen Generalen wie Jodl, Kesselring und Guderian begegnen wir in dem Buch. Aber die dominierende Persönlichkeit, abgesehen von Hans selbst, ist Feldmarschall Erwin Rommel. Hans lernte ihn als seinen Taktiklehrer in der Vor-Hitler-Ära kennen. Von 1940 bis 1944 verbrachte Hans die überwiegende Zeit als Kommandeur von Rommels Panzeraufklärungsbataillonen. Rommel war der General, den Hans am meisten bewunderte, und natürlich hatte Rommel nicht nur eine hohe Meinung von Hans, sondern er fühlte sich ihm fast so nahe wie einem eigenen Sohn.
Daher ist es Hans möglich, uns Rommel in Aktion wie in der Kontemplation zu beschreiben. Es ergibt ein faszinierendes Porträt des Generals, das Militärhistoriker (ich eingeschlossen) als das beste aus dem Zweiten Weltkrieg einstufen würden.

Aber der wahre Held dieses Buches ist der deutsche Soldat. Hans' Männer in der 7. Panzerdivision in Frankreich und Rußland und der 21. Panzerdivision in Nordafrika, der Normandie, Ostfrankreich und Deutschland ließen ihn nie im Stich. Sie waren ungewöhnlich in ihrer Ausdauer, Zähigkeit, Kühnheit, Kameradschaft und Loyalität. Und so war auch Oberst von Luck. Als einer der herausragenden Soldaten des Zweiten Weltkrieges hat er Erinnerungen aufgezeichnet, die einfach großartig sind und zum Klassiker werden, der noch in kommenden Jahrzehnten gelesen werden wird.

Stephen E. Ambrose

Prolog: Die Entlassung

An einem kalten Wintertag des Jahres 1949 wird in einem Kriegsgefangenen-Sonderlager in der Nähe von Kiew nachts um 2.00 Uhr eine Barackentür aufgerissen: »Ganz von Luck«, schreit ein russischer Wachsoldat, »dawai (komm) zur Kommandantura.« Ich muß wieder einmal schmunzeln: Die Russen können kein ›H‹ aussprechen. Wie hatten wir uns vor ein paar Jahren amüsiert, als auf den Ruf »Goggenloge« hin sich niemand gemeldet hatte. Prinz Hohenlohe war gemeint gewesen.

Seit Juni 1945 sind wir deutschen Kriegsgefangenen in Rußland, seit dem Spätherbst 1948 sind ehemalige SS- und Polizeiangehörige sowie alle, die gegen Partisanen gekämpft hatten, in einer Art Straflager zusammengefaßt. Darunter, für uns alle unverständlich, sämtliche Stabsoffiziere.

Schlaftrunken stehe ich auf. Die Russen lieben es, nachts zu verhören. Aus müden Gefangenen ist leichter etwas herauszuholen.

Vor ein paar Wochen hatte mir die Dolmetscherin des Lagers, eine jüdische Ärztin, mit der ich mich erstaunlicherweise angefreundet hatte, verraten: »Ich habe gehört, daß auf Druck der westlichen Alliierten Stalin sich bereiterklärt hat, die Genfer Konvention zu respektieren und die Gefangenen zu entlassen. In den normalen Lagern sind die Entlassungen fast abgeschlossen, aber auch hier wird es Entlassungen geben. 15 Prozent werden verurteilt und hierbleiben. Wir wollen keine Kriegsverbrecher nach Haus schicken. Außerdem brauchen wir Arbeitskräfte.«

Tatsächlich kommen seit wenigen Wochen Kommissionen aus Moskau. Bei nächtlichen Verhören wurden 15 Prozent nach einem uns unverständlichen Schlüssel selektiert, die anderen offenbar nach Hause transportiert.

Und jetzt bin ich dran!
Meine Nerven sind auf das äußerste angespannt. Ich zwinge mich zur Ruhe. Ich spreche gut Russisch, habe in der Gefangenschaft meine Sprachkenntnisse verbessern können und bin oft als Dolmetscher eingesetzt worden. Hierauf baue ich meinen Plan. Bei der Kommandantur erwartet mich meine Dolmetscherin. Ich raune ihr zu: »Ich verstehe und spreche kein Russisch, verstehst Du?« Sie lächelt und nickt.

Ich werde in einen großen Raum geführt und sehe vor mir einen großen T-förmigen Tisch, an dessen Kopfende die Kommission sitzt. In der Mitte ein russischer

Oberst, anscheinend der Leiter der Kommission. Ein jovial aussehender Mann meines Alters, mit Orden behängt und einem fast quadratischen Kopf. Er ähnelt Marschall Schukow, dem »Befreier« von Berlin. An beiden Seiten sitzen Zivilisten, wahrscheinlich ein Staatsanwalt und KGB-Offiziere. Sie sehen weniger jovial aus, sie schauen mir mit undurchdringlicher Miene entgegen. Am anderen Ende des Tisches in einer Entfernung von etwa 6 Metern habe ich mit der Dolmetscherin Platz zu nehmen.
Das Verhör beginnt.

»Wie heißt Du, welcher Truppenteil, wo in Rußland warst Du im Einsatz?« — Übersetzung bitte. — »Ich habe das schon mindestens zwanzigmal zu Protokoll gegeben.«
»Wir wollen das noch einmal hören«, sagt der Oberst. Meine Angaben scheinen mit ihren Unterlagen übereinzustimmen. Man nickt zustimmend.
Dann: »Du Kapitalist, Reaktionär, *von* Luck ist wie *von* Ribbentrop (Außenminister unter Hitler), *von* Papen (Kanzler vor Hitler). Alle mit ›von‹ große Kapitalisten und große Nazis.«

Nach der Übersetzung antworte ich:
»Ich habe nichts mit Ribbentrop oder Papen zu tun. Ich war über fünf Jahre im Krieg und dann fünf Jahre in Gefangenschaft. Das sind mehr als zehn Jahre meines Lebens. Ich möchte nun in Ruhe mit meiner Familie leben, einen Beruf ausüben. Ich habe weder Geld noch Grundbesitz. Was soll das also heißen ›Kapitalist, Nazi‹ und so weiter.«
Die Dolmetscherin übersetzt wörtlich. Sonst scheint man mir nichts zur Last legen zu können. Der Oberst unterhält sich daraufhin leise mit den Beisitzern. »Was machen wir mit dem Polkownik? Er ist weder SS- noch Polizeiangehöriger. Zur Zeit der Partisanenkämpfe war er schon in Afrika.« Einer der KGB-Offiziere wirft ein: »Vielleicht hat er in russischen Dörfern Eier gestohlen und damit ›Sabotage‹ am russischen Volk begangen.«
Jetzt reicht es, und ich halte den Zeitpunkt für gekommen, meinerseits einzugreifen, denn ich weiß, daß man selbst für derartig kleine Delikte 10 bis 15 Jahre Straflager verhängt. Ich stehe auf und stoße zunächst einen der schlimmsten russischen Flüche aus. (Man sagt, die Russen und Ungarn hätten die gröbsten Flüche.) Ich sehe das entsetzte Gesicht der Dolmetscherin und die erstaunten Gesichter des Obersten und seiner Begleiter. Nur jetzt und auf diese Weise, denke ich, würde ich die Chance erhalten, alles von meiner Seite zu tun, um nicht anschließend zu den zurückbleibenden 15 Prozent zu gehören.

Nach einer kleinen Kunstpause sagte ich sinngemäß: »Polkownik, Du bist Oberst wie ich. (Ich benutze bewußt die gleiche vertrauliche Anrede.) Du hast genauso wie ich im Kriege Deine Pflicht getan. Beide glaubten wir, unsere Heimat verteidigen

zu müssen. Wir Deutschen waren wahrscheinlich fehlgeleitet durch eine perfekte, einseitige Propaganda. Beide haben wir einen Eid geleistet.«
Der Oberst scheint mir aufmerksam zugehört zu haben. »Es ist drei Uhr nachts«, fahre ich fort. »Ich bin müde. Um 6.00 Uhr werden wir wieder geweckt, um einen weiteren Tag unserer Gefangenschaft zu beginnen. Ich kenne die russischen Gesetze. Der Angeklagte hat seine Unschuld zu beweisen und nicht das Gericht dem Beklagten seine Schuld. Wie soll ich mich verteidigen? Ihr werdet schon einen Grund finden, wenn Ihr mich hierbehalten wollt. Also macht es kurz, und dann laßt mich schlafengehen.« Es folgte ein kurzes Gespräch im Flüsterton zwischen dem Obersten und seinen Beisitzern. Dann sagt der Oberst: »Du sprichst Russisch, wo hast Du es gelernt?« Sein Ton ist ruhig, fast wohlwollend.
»Ich habe schon als junger Mensch Interesse an der russischen Sprache, der Musik und den russischen Schriftstellern gehabt. Lange bevor der unselige Krieg ausbrach, lernte ich Russisch bei Emigranten. In den neun Monaten meines Einsatzes in Rußland, vor allem aber in den letzten viereinhalb Jahren habe ich meine Kenntnisse verbessern können. Ich gebe zu, daß es Taktik war, die Dolmetscherin übersetzen zu lassen.«
Man lächelt, und meine Lage erscheint mir weniger hoffnungslos. Dann kommt die überraschende Frage des Obersten: »Was hältst Du von Rußland und seinen Menschen?«

»Ich habe viel gesehen und gelernt in den Jahren der Gefangenschaft. Ich mag Euer weites Land, ich mag die Menschen, ihre Hilfsbereitschaft, ihre Liebe zur Heimat. Ich glaube, etwas von der russischen Mentalität und Seele begriffen zu haben. Aber ich bin kein Kommunist und werde nie in meinem Leben einer werden. Ich bin enttäuscht von dem, was von den Ideen von Marx und der Revolution Lenins übriggeblieben ist. Ich wünsche mir, daß unsere Völker lernen, sich trotz mancher Gegensätze und verschiedener Ideologien zu verstehen. — Das ist meine Antwort auf Deine Frage, Polkownik.«
Meine Vernehmung ist in ein gefährliches Stadium gekommen. Aber nur durch die Flucht nach vorn kann ich meine Situation verbessern, meine ich. »Selbst, wenn Du eines Tages nach Hause entlassen würdest, wissen wir, daß du wieder Soldat werden und gegen uns kämpfen wirst«, fährt der Oberst nun fort. »Ich möchte endlich nach Hause und mein zerbombtes Land und eine Demokratie mit aufbauen und in Frieden leben, sonst nichts.«

Daraufhin kommt das vertraute »dawai« vom Oberst.

Ich gehe in meine Baracke zurück. Meine Kameraden bedrängen mich sofort, und nachdem ich ihnen den Verlauf der Vernehmung geschildert habe, meinen sie alle: »Du bist wahnsinnig, das ist Dein Urteil. Du wirst hierbleiben müssen.« Ich aber schätzte die Russen aufgrund meiner gesammelten Erfahrungen anders ein.

Am nächsten Morgen kommt die Dolmetscherin. »Das war gewagt, Polkownik, aber gut. Ich glaube, Du hast dem Oberst imponiert. Er war Frontkämpfer wie Du und versteht eine harte Sprache.«
Zwei Tage später werde ich frühmorgens von einem Posten aus dem Bett geholt. »Mach's gut, Kumpel, wohin auch immer Deine Reise gehen mag«, verabschieden sich meine Zimmergenossen von mir. Auf dem Lagerhof versammeln sich Gefangene aus allen Baracken mit ihrem wenigen Hab und Gut. An einem Tisch sitzt ein russischer Offizier mit einer Namensliste, und er ruft einen nach dem anderen auf. Nun wird aus der langen Schlange, die wir bilden müssen, erneut selektiert. Der Aufgerufene geht zum Tisch. Und entweder hört er das jetzt erlösende »dawai« oder das schicksalhafte »njet«.
Wir sehen die entsetzten Gesichter derer, die mit »njet« aussortiert werden und trauen uns kaum sie anzusehen. Ich bin der Dritte, der vor den Tisch zu treten hat. Als mein Vordermann das »njet« hört, klopfe ich ihm mitfühlend auf die Schulter. Welches Wort würde ich jetzt als Nächster hören? Es ist »dawai«! Und mehr laufend als gehend eile ich zum Lagertor. Ein großer Stein fällt mir vom Herzen. Wir trauen uns nicht, uns umzusehen, aus Angst, man könne uns noch einmal zurückholen. War das nun die Entlassung?
Da entdecke ich die Dolmetscherin. »Domoi, Polkownik, alles Gute.« Ich denke noch heute voller Dankbarkeit an sie.

Dann marschieren wir zum Bahnhof, wo ein Zug zum Abtransport bereitsteht. Wir trauen dem Frieden noch immer nicht. In welche Richtung wird er fahren? Aber nachdem wir eingestiegen sind, bleiben die Türen unverschlossen. Das heißt westwärts, nach Hause. Unsere Freude ist grenzenlos. Wir können es kaum fassen, daß der Tag, von dem wir so viele Jahre geträumt haben, nun endlich gekommen ist. Es ist das erste Mal seit fast fünf Jahren, daß wir nicht eingeschlossen waren. Es ist bitterkalt. Trotzdem lassen wir die Türen einen Spalt offen, aus Angst, man könne sie wieder verriegeln. Wir liegen eng aneinander geschmiegt und spüren die Kälte kaum. Einige singen leise, andere malen sich aus, was sie als erstes essen wollen, wie es sein mag, nach fast fünf Jahren der eigenen Frau oder Freundin gegenüberzutreten. Niemand schämt sich seiner Gefühle.

Alle wissen wir, daß es wie eine Wiedergeburt sein wird, wenn wir unsere Heimat erreichen werden.

Meine Gedanken gehen zurück zu meiner Jugend, der Geborgenheit im Elternhaus und zu den vielen schönen Jahren, bis Hitler kam und der Krieg begann. Von meinen 39 Lebensjahren habe ich mehr als zehn Jahre im Krieg und in der Gefangenschaft verbringen müssen.

I. Jugend und die Vorkriegszeit

Jugend 1911 bis 1929

Ich stamme aus einer alten Soldatenfamilie, deren Wurzeln sich bis in das 13. Jahrhundert zurückverfolgen lassen. Aufzeichnungen von Mönchen belegen, daß meine Vorfahren 1213 in Schlesien erfolgreich gegen die Tataren kämpften — seither durften sie im Wappen eine Tatarenmütze führen. Der Dienst in der preußischen Armee galt nach der Familientradition als Selbstverständlichkeit. Mehrfach taucht der Name von Luck in Briefen Friedrichs des Großen auf; zwei Originale hängen im Wohnzimmer meines Hamburger Hauses. Am 29. Mai 1759, also während des Siebenjährigen Krieges, schrieb der König an den »Lieutenant von Luck«, er solle sich umtun, was der österreichische Feind treibe:

»Mein lieber Lieutenant von Luck. Ich bin mit eurem rapport sehr wohl zufrieden ihr müsst nun aber durch eure Patrollen zuerfahren suchen, was die Offiziers von den oesterreichern so bey Hermsdorff recognosziert da gemacht und wonach sie sich umgesehen und erkundigt haben, alsdann man baldt aus denen umständen sehen wirt, warum sie da gewesen. So viel ist gewiss, denn als wir gestern ausgerückt gewesen, haben sie viele Zelten auf dem Rehorn abschlagen lassen. Es kann also sein das wo die Höhe von Hermsdorff dominiert, sie haben unser Lager recognosziert wie wir sehen, und werdet ihr von denen Leuthen zu Hermsdorff dieses alles in Erfahrung ziehen können. Ich bin euer wohlaffectionierter König.
Reich Hennersdorff den 29 May 1759«
(Von einem Schreiber geschrieben.)

Von Friedrich II. handschriftlich hinzugefügt:
»Sein Rapport ist Sehr guth, nuhr vohr die Spions [unleserlich] *und wan er vohr Sie haben mus dan er Morgen hieer hohlen«*
gez. *F.*

Und zehn Jahre später, am 13. Oktober 1769, teilte der König seinem »General von der Cavallerie von Zieten« mit:
»Mein lieber General von der Cavallerie von Zieten.
So ungern Ich auch Meine Husaren-Offiziers die Erlaubnis zu heyrathen, das daher in Krieges-Zeiten zu besorgen des unnüzen Geschleppes wegen, zuertheilen pflege,

so habe ich gleichwohl die Heyrath des Rittmeisters von Luck Euers Regiment wozu Ihr in Eurem Schreiben vom 11ten dieses um Meinen Consens Ansuchung gethan, vor dies mahl noch nachgeben wollen, und bin übrigens Euer wohlaffectionierter König.
Potsdam, den 13ten 8 bris 1769«
gez. *F.*
(Der Brief ist von einem Schreiber nach Diktat geschrieben und von Friedrich II. unterschrieben.)

Vor dem Hintergrund dieser Familienüberlieferung war mein Vater, Otto von Luck, fast schon etwas aus der Art geschlagen, denn er war Marineoffizier. Als ich am 15. Juli 1911 in Flensburg geboren wurde, befand er sich als Kapitänleutnant mit einer Flotteneinheit im chinesischen Tsingtau — unterwegs in einer Welt, die damals nur Seeleuten und Händlern zugänglich war.
Unser Haus in Flensburg war voll von wertvollen Stücken aus Ostasien. Als Rest dieser Sammlung hüte ich noch heute eine kostbare China-Vase und ein japanisches Teeservice, das mein Vater anläßlich meiner Geburt anfertigen ließ. Vor einigen Jahren war ein japanischer Geschäftsfreund tief beeindruckt, als er bei mir Tee aus diesen hauchdünnen Tassen trank. Er meinte: »So etwas ist heute gar nicht mehr herzustellen. Früher fuhren die Japaner mit einem Boot auf einen stillen See, um vor dem Brennen die Handmalerei staubfrei ausführen zu können.«
Mein Vater war nach dem Ausbruch des Ersten Weltkrieges und seiner Teilnahme an der Skagerrak-Schlacht an die Marineschule in Flensburg-Mürwik versetzt worden. Zu meinen schönsten Kindheitserinnerungen gehört, daß mein jüngerer Bruder und ich auf den im Hafen liegenden Kriegsschiffen herumtollen und in der Kombüse mit den Matrosen Labskaus essen konnten. Mein Vater war ein begeisterter Sportler und galt als der beste Turner der Marine, während sein Freund, der später als »Seeteufel« weltberühmt gewordene Felix Graf Luckner, als der stärkste Mann der Marine angesehen wurde.

Unser Vater war für uns ein Vorbild, und wir mochten sehr seinen Sinn für Humor und seine Toleranz. Manchmal ging er, wenn er vom Dienst in der Marineschule kam, in voller Montur die Treppe zum Obergeschoß auf Händen hinauf, um uns dort zu begrüßen.
Wir waren natürlich auch von Graf Luckner begeistert, der bis ins hohe Alter ein Telefonbuch zerreißen und ein 5-Mark-Stück mit den Fingern einer Hand verbiegen konnte. Einmal nahm er mich auf seiner berühmten »Niobe« auf einen Törn mit. Ich mußte mit den Kadetten in die höchste Mastspitze klettern, um die Segel zu raffen. Auf seinen abenteuerlichen Reisen nach Indien und Fernost hatte er viele Zauberkunststücke gelernt, mit denen er sein Publikum auf Vortragsreisen verblüffte. So mußten mein Bruder und ich einmal eine Weidengerte schneiden, und unsere Mutter mußte ihm einen Ring geben, den er über die Gerte zog. Dann mußten

wir die Gerte an beiden Enden festhalten. Graf Luckner legte nun ein Taschentuch über den Ring. ›Simsalabim‹, er zog das Tuch fort und hatte den Ring in der Hand. Seine Tricks hat er nie verraten.

Unsere Generation war in den Ersten Weltkrieg hineingeboren worden. Wir erlebten als kleine Kinder das bittere Ende, die Revolution und die schweren Jahre danach. Im Gegensatz zum Zweiten Weltkrieg fand der Erste außerhalb Deutschlands statt. Wir realisierten nur die schlechter werdende Verpflegung, denn Steckrüben in jeder Form wurden für uns zur Grundnahrung. Wir sehnten uns nach der Seemannskost auf den Kriegsschiffen.
Anfang Juli 1918 starb mein Vater an einer aus Ostasien eingeschleppten Virusgrippe. So erlebte er das Kriegsende nicht mehr. Wir verloren mit ihm das Wertvollste in unserem jungen Leben: ein Vorbild, einen Partner, dessen Einfluß für uns noch heute spürbar ist.

Die Revolution 1918, die von der Marine ausging, und das Kriegsende realisierte ich nicht in der vollen Tragweite. Ich begriff nicht, warum die jungen Fähnriche, die noch von meinem Vater ausgebildet worden waren, nun von gröhlenden Matrosen, die unsere Freunde gewesen waren, durch die Straßen geschleift wurden. Wir fanden es eher spannend, daß einige Kadetten zu uns flohen und sich auf unserem Boden versteckten.
Der Tod unseres Vaters veränderte unser Leben. Unsere Mutter mußte unser Haus aufgeben. Wir fanden eine Bleibe bei einem Bauern in der Nähe. Um uns in der schlechten Zeit versorgt zu wissen, heiratete unsere Mutter wieder. Unser Stiefvater war Erzieher an einer Kadettenschule und Marinepfarrer.

Wir wurden jetzt »preußisch« erzogen. Unsere blonden Haare wurden zu einer Bürste gestutzt, die Betten mußten militärisch »gebaut« werden, Verspätungen wurden bestraft. Wenn auch die strenge Erziehung in vielerlei Hinsicht für unser Leben gut war, so fehlte uns doch unser Vater mit seiner Weltoffenheit und Liebe. Wir lernten bei unserem Stiefvater, für uns selbst sorgen zu können, was auch alle Aufgaben des Haushaltes einschloß. Das hat mir später, besonders in der Gefangenschaft, geholfen.

Am 1. April 1917 wurde ich in das Klostergymnasium in Flensburg, einer der ältesten Schulen Norddeutschlands, eingeschult. Mein Stiefvater verlangte, daß ich den humanistischen Zweig einschlug, was ich nie bereut habe. Ich begriff bald, daß die »toten« Sprachen Latein und Griechisch und die Kultur der Antike die Basis für alle neuen Sprachen bilden. So wurde mir das Erlernen von vier neuen Sprachen zu einer recht leichten Aufgabe. Unsere Lehrer vermittelten uns, was die alten Griechen unter Toleranz verstanden, und daß Diskussion bedeutet, auch die Meinung des anderen zu respektieren.

Mein Stiefvater verlangte, daß ich die Herkunft aller Fremdwörter lernte, und selbst beim Essen mußte ich vom Tisch aufstehen, sobald ich ein Fremdwort benutzt hatte, das Lexikon zur Hand nehmen und ihm die Bedeutung des benutzten Fremdwortes vorlesen. Das hatte zur Folge, daß ich bis heute kein Fremdwort benutze, dessen Bedeutung ich nicht kenne.

Trotz der schweren Nachkriegszeit genossen wir unsere Jugend und waren sehr unbeschwert. Unsere Jugendstreiche waren harmloser als die heutigen, sie waren eher Mutproben. So gehörte es zu unseren schönsten Winterfreuden, viele Kilometer auf Schlittschuhen auf der Flensburger Förde zurückzulegen. Einmal waren wir mit einer Gruppe wieder einmal mitten auf der Förde, als ein Mitschüler und ich im Eis einbrachen. Es gelang uns, auf das feste Eis zurückzukehren. Klitschnaß fuhren wir ans Ufer, das jedoch dänisches Gebiet war. Die Zöllner trockneten unsere Sachen, gaben uns heiße Getränke und schickten uns dann zurück. Ein kleines Zeichen »europäischer Einheit«.

Unsere Liebe zum Sport haben mein Bruder und ich wohl von unserem Vater geerbt. Im Alter von fünf Jahren lernten wir schwimmen und Schlittschuh laufen. Ich sehe noch das entsetzte Gesicht meiner Mutter, als mein Vater mich als Sechsjährigen in Davos auf den Bobschlitten nahm und die Bahn mit seinem Team herunterfuhr.

Im Alter von 17 Jahren machte ich 1929 mein Abitur, das ich beinahe verpaßt hätte: Der Vater eines Klassenkameraden schickte uns zum Wochenende immer seinen Wagen mit Chauffeur, da die Familie außerhalb Flensburgs lebte. Einmal entschlossen wir uns, in ein kleines Seebad an der Förde zu fahren, um unsere Mädchen zu treffen. Mit unseren Schülermützen und eine Zigarette rauchend saßen wir protzig im Fond, als wir unseren Schuldirektor überholten, der sich auf seiner Sonnabendwanderung befand. Nicht nur, daß das Rauchen streng verboten war, unser Direktor mußte auch noch den Staub schlucken. Zu allem Unglück hatte er uns erkannt, und am nächsten Morgen wurden wir zu ihm zitiert.
»Ihr wißt, daß das Rauchen mit Schülermütze verboten ist. Das Kollegium hat beschlossen, Euch von der Teilnahme am Abitur wegen Unreife auszuschließen.«

Mein Klassenkamerad schien wenig beeindruckt, denn er wollte so oder so die Fabrik seines Vaters übernehmen. Bei mir sah das anders aus. Für mich stand alles auf dem Spiel. Ich hätte eigentlich gern Jura studiert und die Anwaltspraxis eines Onkels in Berlin übernommen. Die Familientraditon und mein Stiefvater hatten jedoch entschieden, daß ich die Offizierslaufbahn einzuschlagen hätte. Unter über tausend Bewerbern bei nur etwa 140 Einstellungen in das 100 000 Mann starke Heer, die Reichswehr, war ich angenommen worden. Eine Zurückstellung vom Abitur hätte das Ende meiner noch nicht begonnenen Karriere bedeutet.

Also sagte ich vorsichtig: »Herr Direktor, ich bin von der Reichswehr als Fahnenjunker angenommen worden, um getreu unserer Familientradition dem Vaterland zu dienen. Wenn Sie mich wegen einer Zigarette vom Abitur zurückstellen, zerstören Sie meine Karriere. Können Sie das verantworten?« Er schien gerührt zu sein. »Das will ich natürlich nicht. Ich werde mit dem Kollegium sprechen. Aber mit der Note ›gut‹ können Sie nicht mehr bestehen. ›Genügend‹ ist das Äußerste.«

Die Logik dieser Entscheidung habe ich nie begriffen. Aber ein bestandenes Abitur reichte mir schon.

Ausbildung in der Reichswehr — Mein Lehrer: Rommel

Ich wurde einem Kavallerieregiment in Schlesien zugeteilt, überraschenderweise jedoch nach Ostpreußen zur Kraftfahrabteilung I versetzt, eine herbe Enttäuschung. Schnell begriffen wir, daß die 7 Kraftfahrabteilungen innerhalb der Reichswehr die Zelle für die spätere Panzerwaffe werden sollten. Laut Versailler Vertrag von 1919 waren Panzer und Panzeraufklärungswagen verboten. General von Seeckt, Chef der Heeresleitung, hatte daher schon frühzeitig mit Rußland ein Abkommen getroffen, das streng geheim gehalten wurde. In jedem Jahr wurden junge Offiziere der Kraftfahrabteilungen für drei Monate in ein russisches Ausbildungslager im Ural geschickt und an den dortigen Panzern in der Taktik motorisierter Verbände geschult. Leider konnte ich meinen für 1933 vorgesehenen Kursus nicht mehr antreten, da die Russen nach der Machtübernahme durch Hitler den Geheimvertrag gekündigt hatten.

Eine harte Schule begann. Seeckt hatte aus der Reichswehr einen »Staat im Staate« gemacht. Sie wurde bewußt unpolitisch gehalten und ihr ein gesundes Nationalbewußtsein anerzogen. Das »Diktat von Versailles« galt als nationale Schande, der »Polnische Korridor«, das frühere Westpreußen, der Ostpreußen vom übrigen Reich trennte, als Raub deutschen Gebietes. Die Wirtschaftskrise der dreißiger Jahre, die immer weiter steigenden Arbeitslosenzahlen (über 6 Millionen 1932), das bedrohliche Wachsen der Kommunistischen Partei und schließlich das Erstarken der Nationalsozialistischen Partei wurden eher am Rande zur Kenntnis genommen. Dafür wurden in der Reichswehr Kader gebildet, die es später erlaubten, in kurzer Zeit die Wehrmacht aufzustellen. Tradition und der geleistete Eid galten als sakrosankt und bestimmten die Haltung des Offizierkorps.

Die ostpreußischen Ausbilder galten als besonders hart. Das Wort »schleifen« wurde hier im wahrsten Sinne praktiziert. Unteroffiziere, die ihre geistige Unterlegenheit und Komplexe durch ausgeklügelte Methoden zu kompensieren suchten, hatten es besonders auf einen anderen Fahnenjunker und mich abgesehen. Zum kleinsten Übel gehörte es dabei, die Flure und Toiletten mit einer Zahnbürste zu reinigen. Ausgangsverbot am Wochenende war eine weitere Strafe, ebenso wie das Gejagtwerden über die Eskaladierbahn.
Besonders makaber fanden wir eine »Mutprobe«, die sich unser Ausbilder speziell für uns ausgedacht hatte. Eines Abends wurden wir auf seine Stube gerufen. Er holte eine Schädeldecke vom Schrank, die angeblich seinem Onkel gehört hatte, und in die genau der Inhalt einer Flasche Rum hineinpaßte. Wir hatten dann dies Behältnis leer zu trinken. Wir wagten es nicht, diese Schikane unserem Ausbildungsoffizier zu melden.

Wenn es uns auch nicht geschadet hat, so war diese Art von »Schliff« doch sinnlos. Ich beschloß schon damals, mir anvertraute junge Menschen anders, humaner, zu behandeln.

Ansonsten war unsere Ausbildung sehr vielseitig: Wir mußten sämtliche Führerscheine, einschließlich den für Kettenfahrzeuge, machen. Es schloß sich eine intensive Fahrpraxis mit Geländefahrten bei Tag und Nacht an sowie eine vierwöchige Ausbildung in unserer Kraftfahrzeugwerkstatt. Dann mußten wir die Lehrscheine machen und eine Prüfung ablegen, die uns zur Abnahme von Fahrprüfungen befähigte. Das war eine Ausbildung, die auch heute noch bis zu einem gewissen Grad wünschenswert wäre.

Besonders stolz war ich, als ich für vier Wochen Fahrer unseres Kompaniechefs sein durfte. Ihm stand der heute als »Oldtimer« beliebte Mercedes SK-Kompressor Cabriolet zur Verfügung. Da wir die einzige motorisierte Einheit in Ostpreußen waren, hatte ich die Chance, auch des öfteren den Divisionskommandeur zu fahren. Unsere Chancen bei den Mädchen stiegen natürlich auch aufgrund unserer Wagen.

Damals hatten die Wagen noch Rechtssteuerung und mußten mit der Handkurbel angeworfen werden. Die Scheibenwischer waren von Hand zu bedienen. Ebenso die Winker. Schon 1931 begannen wir, mit Panzerattrappen, die wir auf kleine Personenwagen montierten, den Einsatz von Panzern zu simulieren.

Bei unseren Übungsfahrten lernten wir die schöne Landschaft Ostpreußens kennen. Für uns Fahnenjunker gehörte auch der Reitunterricht zum Programm. Die Pferde bekamen wir von der Reiterstaffel des Infanterieregiments. Den Abschluß des Unterrichts bildete ein zehntägiger »Ausritt« an die Ostseeküste in der Nähe des Badeortes Neukuhren, wo unsere Pferde auf einem Bauernhof untergebracht waren. Jeden Morgen vor dem Frühstück ritten wir in die Dünen, dann die Steilküste hinab, um am breiten weißen Sandstrand zu galoppieren. Das anschließende Frühstück mundete uns dann besonders gut. Die Jahre von 1929 bis 1932 in Ostpreußen gehören zu den schönsten meiner militärischen Laufbahn.

1931 und 1932 kamen wir beiden Fahnenjunker für je 9 Monate auf die Infanterieschule Dresden, jeweils mit dem Abschluß der Beförderung zum Fähnrich bzw. Oberfähnrich.
Hier, in der 1945 sinnlos zerstörten Perle Sachsens, traf ich zum ersten Male Erwin Rommel. Er war Hauptmann, unser Infanterielehrer und gleichzeitig unser beliebtester Ausbildungsoffizier. Im Ersten Weltkrieg war er im Kampf gegen die Italiener mit dem Orden »Pour le mérite« hoch dekoriert worden. Rommels Unterricht über Infanterietaktik stellte den Höhepunkt unserer Ausbildung dar. Anhand selbst angefertigter Skizzen, Fotos und Zeichnungen vermittelte er uns etwas Kriegsatmo-

sphäre und demonstrierte, wie man mit unterlegenen Kräften erfolgreich sein kann, wenn der Truppenführer flexibel und improvisationsfähig ist.

Rommel hatte ein Gefühl für die Reaktion des Gegners und war unerschöpflich in der Anwendung von Tricks, die der Verwirrung des Gegners dienten. Von allen Kommandeuren, unter denen ich gedient habe, war Rommel sicherlich der unkonventionellste, und deshalb auch umstritten. Der Erfolg gab ihm jedoch Recht. Sein Verständnis für die ihm Untergebenen machte ihn bei der Truppe so beliebt. Er verlangte äußersten Einsatz, aber er verlangte niemandem mehr ab, als er sich selbst abzuverlangen bereit war. Er neigte zu einer gewissen Eitelkeit, die man vielleicht bei keinem anderen toleriert hätte, Rommel hingegen konzedierte.

Das »Phänomen Rommel« zeigte sich bereits damals auf der Schule. Mit seiner »Gespensterdivision« 1940 und ab 1941 als »Wüstenfuchs« ging Rommel als Berühmtheit in die Geschichte des Zweiten Weltkrieges ein; noch neute ist sein Name in aller Munde. Aber wir ahnten damals noch nicht, daß ein Gebirgstruppenoffizier später ein so erfolgreicher Panzerführer werden würde. Ich hatte das große Glück, unter seiner Führung im Kriege an mehreren Fronten eingesetzt zu werden, und die Begegnungen mit ihm haben mich tief beeindruckt und geprägt.

Auch in Dresden legte man großen Wert auf Sport nach dem Motto »mens sana in corpore sano«. Zusammen mit Handrick und Roland hatte ich das Glück, zur Vorbereitung auf die Olympiade 1936 in Berlin im militärischen Fünfkampf (Pentathlon) ausgesucht zu werden. Der Fünfkampf bestand aus den Disziplinen Reiten, Pistolenschießen, Säbelfechten, Schwimmen und Geländelauf. Fünf Jahre vor der Olympiade begann ein hartes Training. Neben dem normalen Lehrgangsablauf mußten wir an den Abenden und oft auch an den Wochenenden zum Schattenboxen und Fechten antreten, und morgens vor dem Unterricht absolvierten wir unser Lauftraining und Geländeritte. Alkoholgenuß war verboten, Mädchen waren »tabu«, ab 22.00 Uhr herrschte Nachtruhe. Oft sahen wir daher unseren Kameraden neidisch nach, wenn sie die Schule verließen, um sich ihrem Privatleben zu widmen. Ein Lichtblick in dieser harten Zeit war ein vierwöchiger Kurs an der Heeressportschule bei Berlin, wo wir auf viele bekannte Sportler trafen und man uns eine Dauerkarte für die Olympischen Spiele überreichte.

Nach knapp einem Jahr der Vorbereitung warf Roland, wohl der Begabteste unter uns, das Handtuch. Kurz darauf dann auch ich. Wir wollten unsere Jugend genießen und nicht fünf Jahre auf alles verzichten müssen. Nur Handrick brachte die Ausdauer auf, das fünfjährige Training durchzuhalten. Aber bekanntlich haben die Götter vor den Erfolg den Schweiß gesetzt. Handrick wurde entsprechend belohnt und gewann 1936 in Berlin die Goldmedaille im militärischen Fünfkampf.

Dresden, an den Ufern der Elbe gelegen, war damals neben Berlin das Kulturzentrum Deutschlands. Umgeben von einer reizvollen Landschaft, nahe der Sächsischen Schweiz, zog Dresden Künstler und Kunstfreunde aus aller Welt an. Die Stadt war bekannt für berühmte Bauwerke und Anlagen, unter ihnen die Semperoper, der Zwinger sowie die Brühlschen Terrassen (Graf Brühl war leitender Minister König Augusts des Starken). Zu den bedeutendsten Künstlern jener Zeit gehörten unter anderem die Dirigenten Fritz Busch und später Karl Böhm. Bekannt waren die Konzerte im Zwinger, die Liebhabern klassischer Musik Einmaliges boten. So fanden zum Beispiel Mozartkonzerte in Originalkostümen bei Kerzenschein im Freien statt. Eine Sängerin, die später weltberühmt wurde, begann an der Semperoper ihre Karriere: Maria Cebotari.

Hier in Dresden entdeckte ich mein Liebe zur Musik, nachdem ich zum ersten Male die Donkosaken erlebt hatte; sie waren damals noch Emigranten, die 1917 hatten aus Rußland fliehen müssen. Eine weitere Folge war, daß ich an der Infanterieschule Russisch als Wahlfach belegte. Mein Lehrer, ein Emigrant aus dem Baltikum, brachte mich mit der russischen Kolonie in Verbindung. Teilweise führten die Emigranten ein erbärmliches Dasein, aber ihre heimatliche Kultur pflegten sie trotzdem. Fürst Obolensky, ein liebenswürdiger Herr bester alter Schule, war ihr Doyen.

Mein stärkstes Erlebnis hatte ich am russischen Osterfest bei einer befreundeten Familie von Satin. Rachmaninow, der weltberühmte Pianist und Komponist, war Frau von Satins Bruder. Er kam oft aus Paris oder aus der Schweiz, um seine Verwandten zu besuchen. An besagtem Osterfest war Rachmaninow wiederum zu Gast. Wir aßen und tranken Tee aus dem Samowar, zu dem eingelegte Kirschen serviert wurden. Plötzlich setzte sich Rachmaninow ans Klavier und rief:
»Los, Ihr jungen Leute, jetzt tanzt einmal zu Ehren unseres Osterfestes.«
Wer hat je das Vergnügen gehabt, von Rachmaninow zum Tanz begleitet zu werden?
Mit meinem baltischen Lehrer begann ich, Dostojewski, Puschkin und Tolstoi zu lesen und war fasziniert von der Schönheit und Musikalität der russischen Sprache, die eine Harmonie bilden.

Die beiden Jahre bei meinen russischen Freunden und meine zunehmenden Sprachkenntnisse verhalfen mir dazu, etwas von der russischen Mentalität zu begreifen. Hinzu kam noch die Faszination, die vom Slawischen ausging. Alles zusammen sollte später in Rußland für mich eine wertvolle Hilfe sein.

1932 bestand ich die Prüfung zum Oberfähnrich und wurde nach einem kurzen Gastspiel bei meiner alten Einheit in Königsberg zur Kraftfahrabteilung 2 nach Kolberg versetzt, einem hübschen Seebad an der Ostseeküste Pommerns.

Schicksalsjahr 1933. Der Röhm-Putsch 1934

Kolberg hatte als alter Handelsplatz 1207 das Stadtrecht erhalten, war im Siebenjährigen Krieg dreimal von den Russen belagert und 1761 eingenommen worden. Gneisenau hatte 1807 mit den Bürgern Kolbergs die Stadt erfolgreich gegen die Franzosen verteidigt.

Als die Russen 1945 nach Pommern vordrangen, nutzten Hitler und Goebbels die historische Tat der Kolberger aus, um die Bevölkerung zu noch größerem Widerstand zu motivieren. Der darüber gedrehte Film »Kolberg« wurde in allen Kinos gezeigt.

1932 machte diese schöne Stadt mit seinen weißen Stränden, dem Kurhaus und Casino einen friedlichen Eindruck. Die Bevölkerung war äußerst freundlich und »militärfromm«, wie die Pommern überhaupt sehr konservativ waren, so daß der Nationalsozialismus kaum eine Resonanz in der überwiegend ländlichen Bevölkerung fand. Während Kolberg im Sommer durch Kurgäste belebt wurde, verfiel die Stadt dann in einen geruhsamen Winterschlaf, und wir als Garnison waren das einzig belebende Element.

Im Herbst wurde ich zum Leutnant befördert und als Rekrutenausbilder eingesetzt. Ich dachte an meine in Ostpreußen gesammelten Erfahrungen und hielt dementsprechend meine Unteroffiziere an, die jungen Menschen human zu behandeln und mehr Wert auf die Ausbildung im Gelände zu legen. Man konzentrierte sich jetzt immer mehr auf die zu erwartende Umstellung zu einer Panzeraufklärungsabteilung. 1933, nach Hitlers »Machtergreifung«, wurden plötzlich bei Nacht und unter strengster Geheimhaltung die ersten »echten« Spähwagen angeliefert, die wir auch nur nachts zu Übungszwecken benutzen durften. Offenbar riskierte Hitler es noch nicht, die Bestimmungen des Versailler Vertrages offen außer Kraft zu setzen. Aus 7 Kraftfahrabteilungen der Reichswehr wurden nun 7 Panzeraufklärungsabteilungen der neu aufzubauenden Wehrmacht. General Guderian wurde zum Inspekteur der gesamten Panzerwaffe ernannt, wir »Aufklärer« übernahmen die Aufgaben und den Geist der Kavallerie.

Ende 1932 verstärkte sich die Tätigkeit der Nationalsozialisten, besonders der SA (Sturmabteilungen) auch in dem kleinen Kolberg. Wir hörten von schweren Straßenkämpfen zwischen der SA und den Kommunisten in Berlin und in anderen Großstädten. Nach der »Machtübernahme« am 30. Januar 1933 wurden auch in Kolberg die wichtigsten Posten von den »Nazis«, wie wir sie schon damals nannten, übernommen. Im Gegensatz zu Berlin suchten die neuen Machthaber den Kontakt

mit uns. Wir waren mit unseren Panzerfahrzeugen die Stärkeren, da auch die SA mit Gewehren bewaffnet wurde.
Mußten wir sie zu Geländeübungen und Kasinoabenden einladen, blieben wir deutlich reserviert. Noch war Hindenburg Reichspräsident und für uns der Garant, daß die »Braunen« nicht die Oberhand gewannen.

Neben unserer intensiven Ausbildung genossen wir die Annehmlichkeiten einer kleinen Garnison in Kolberg. Im Sommer war es das Badeleben mit entsprechenden Flirts, im Herbst und Winter waren es die Einladungen auf die vielen Rittergüter im Hinterland mit der traditionellen »Hubertusjagd«. Als einzige motorisierte Einheit in Pommern kreierten wir die »Christophorusjagd«, die der heutigen Rallye vergleichbar ist.
Die Gutsbesitzer, die fast alle noch die Kutsche mit den berühmten Trakehner- oder Holsteinerpferden mit »Johann« auf dem Kutschbock benutzten, fanden es aufregend, an unseren Geländefahrten, die am Christophorustag stattfanden und mit einem Ball im Kasino oder Kurhaus endeten, als Copiloten teilzunehmen.

Hier passierte einmal ein »Drama«, über das man angeblich in ganz Pommern lachte und das mir als »verbürgt« erzählt wurde: Der Ball wurde traditionell mit einem Walzer eröffnet. Ein junger Leutnant erhielt von seinem Kameraden ein Zeichen, seine Hose zu schließen, was er offenbar in der Eile vergessen hatte. Geistesgegenwärtig ließ er eine Hand von seiner Tänzerin los, und es glückte ihm, die Hose zu schließen. Kaum war der Tanz beendet, als beide feststellten, daß er dabei den Tüllrock seiner Partnerin eingeklemmt hatte. Da standen die beiden nun mit hochrotem Kopf, während die anderen Tänzer amüsiert und taktvoll zur Seite blickten. Mit einem Ruck riß der junge Leutnant den Rock heraus, und beide stürzten beschämt aus dem Saal.

Wir führten ein schönes Garnisonsleben in den Jahren 1932 und 1933 und bemerkten nicht die Wolken, die sich über Deutschland zusammenzogen. Bei kurzen Kommandos nach Berlin realisierten wir zwar die Veränderung, seit Hitler an die Macht gekommen war, aber noch immer war Berlin das kulturelle Zentrum und bot alles, was man sich an Abwechslung nur wünschen konnte.

Mit dem Tod Hindenburgs und der endgültigen Übernahme der Staatsgewalt durch Hitler und seine Partei änderte sich, wenn auch zunächst kaum spürbar, unsere Situation. Die SA mit dem ehemaligen Hauptmann Röhm als oberstem SA-Mann schien zu versuchen, neben der Wehrmacht eine »zweite Kraft« aufzubauen. Die SS (Schutzstaffel) hatte schon im Geheimen begonnen, sich zu bewaffnen und sich der politischen Polizei zu bemächtigen; mit der »Gestapo« besaß sie ein Instrument, das viel gefährlicher werden sollte als die SA und alle anderen Nazi-Organisationen. Anfang Juni 1934 kursierten Gerüchte über Eigenmächtigkeiten Röhms und einiger höherer SA-Führer. Ein Machtkampf zwischen der SA und SS setzte ein, der in der Absicht der SA, die zunächst von Hitler favorisierte Wehrmacht zu schwächen, ihrem Höhepunkt zuzusteuern schien.

Mitte Juni wurden wir alarmiert und erhielten den Geheimbefehl, auf Abruf nach Stettin, der Provinzhauptstadt, zu marschieren, um die dortige SA-Führung — notfalls mit Gewalt — festzunehmen. Wir waren erfreut über diese Entwicklung in unserem Sinne und ahnten nicht, daß letztlich die SS als Sieger aus diesem Machtkampf hervorgehen würde. Am 30. Juni 1934 begann der »Röhmputsch«. Wir marschierten auf Stettin zu. In einer Blitzaktion und unter fadenscheinigen Gründen wurden gleichzeitig in Bayern Röhm und eine Reihe höherer SA-Führer festgenommen und erschossen. Damit ging der Putsch für uns unblutig zu Ende, die SA und andere Nazi-Organisationen wurden und blieben zahm und stellten keine Gefahr mehr für die Wehrmacht dar.

Aufbau der Wehrmacht 1934 bis 1939

Hitler fand zunächst viel Anerkennung in der Bevölkerung. Immerhin schaffte er es, über 6 Millionen Arbeitslose von der Straße zu holen. Er ließ Autobahnen bauen und führte den Reichsarbeitsdienst ein. Das von den Alliierten besetzte Rheinland wurde unblutig übernommen. Man hielt es für richtig, die militanten Kommunisten einzusperren, wobei das Wort »Konzentrationslager« noch nicht benutzt wurde. Die Aufkündigung des Versailler Vertrages und Deutschlands Austritt aus dem Völkerbund schienen rechtens zu sein und gaben dem deutschen Volk sein Nationalbewußtsein zurück. Dabei realisierten die wenigsten, daß die Autobahnen auch nach strategischen Grundsätzen angelegt wurden und der Arbeitsdienst eine klare paramilitärische Einrichtung war.

Es zeichneten sich die Vor- und Nachteile ab, die Reichswehr unpolitisch gehalten zu haben. Wir begriffen die Zusammenhänge einfach nicht. Hätte zum Beispiel die Führung der Wehrmacht die Absichten Hitlers erkannt, wäre der »Röhmputsch« die Gelegenheit gewesen, Hitler in seine Schranken zu verweisen und zu verlangen, die SA und SS als unbewaffnete Einheiten der Nationalsozialistischen Partei zu belassen. Hitler hatte jedoch die Gefahr erkannt, die von einer zu starken Wehrmacht ausgehen konnte, und rechtzeitig an die Spitze der Wehrmacht und der Wehrmachtsteile ihm genehme und ergebene Führer gesetzt. General von Blomberg, den wir »Gummilöwen« nannten, wurde Oberbefehlshaber der Wehrmacht — 1938 übernahm Hitler selbst diesen Oberbefehl — und Göring wurde Oberbefehlshaber der Luftwaffe.

Der Fall des Generalobersten Freiherr von Fritsch zeigte Hitlers Absicht deutlich. Fritsch war zwar eine starke Persönlichkeit, von dem wir uns erhofften, daß er sich gegen Hitler und seine SA sowie SS durchsetzten würde. Da Hitler Fritschs Widerstand gegen seine Kriegspolitik fürchtete, gab er 1938 einer Intrige Görings und Himmlers nach, die ihn wegen angeblich homosexueller Verfehlungen denunzierte und zu seiner Entlassung führte. Fritsch wurde dann zwar als Chef eines Regiments nach außen hin rehabilitiert; er begleitete sein Regiment ins Feld und fiel im Polenfeldzug.

Auch sein Nachfolger, der spätere Generalfeldmarschall von Brauchitsch, war Hitler zu konservativ und »antinazi» eingestellt. Er wurde im Winter 1941 abgelöst. Begonnen hatte die Entmachtung der Reichswehrführung schon 1934 mit der Liquidierung der Generale von Schleicher und von Bredow anläßlich des »Röhmputsches«, die die militärische Führung hingenommen hatte. Schleicher war vor 1932 Hitlers Vorgänger als Reichskanzler gewesen und wurde von ihm als Gegner betrachtet.

So hatte das »Tausendjährige Reich« begonnen. Wir erkannten nicht, daß wir zu einem Instrument der Politik Hitlers wurden und mitansehen mußten, wie die Kirchen und Juden bekämpft wurden. Vom Charisma und den »Leistungen« Hitlers fasziniert, strömten die jungen Menschen zur Wehrmacht. Die meisten von ihnen kamen aus der Hitlerjugend oder dem Reichsarbeitsdienst. Denunzierungen waren an der Tagesordnung, Offiziere wurden von ihren Rekruten, Eltern von ihren Kindern verraten, sobald sie Kritik an Hitler oder der Partei übten.
Wie kann ein Volk, dem ein Goethe und ein Beethoven entstammen, blind einem solchen »Führer« verfallen und in Hysterie geraten, wenn er Reden hält, wie zum Beispiel im Berliner Sportpalast? Ich glaube, daß alle Menschen bereit sind, Idolen und Idealen zu folgen, wenn sie genügend emotionalisiert werden. Wenn auch jede Epoche ihre Idole hervorbringt, bleibt der Mensch, der ihnen zujubelt, derselbe.

1936 wurde ich von Kolberg nach Berlin »strafversetzt«, genauer gesagt nach Potsdam, der traditionsbeladenen Stadt am Rande Berlins. Ich war immer kritisch eingestellt und versuchte, meinen Vorgesetzten in gebührender Form meine Meinung zu vermitteln, wenn sie von der ihren abwich. Nur wenige von ihnen waren tolerant genug, meine Meinung anzuhören. Die meisten fühlten sich kraft ihres militärischen Ranges überlegen und provoziert. So wurde ich von Kolberg nach Berlin »weggelobt«.
Die Panzeraufklärungsabteilung 8, in deren 3. Kompanie ich Zugführer wurde, lag in einer Kaserne gegenüber der Garde-du-Corps-Kaserne.

Ganz Potsdam atmete den Geist Friedrich des Großen, der hier sein Schloß Sanssouci hatte bauen lassen. Der Vater der nun schnell aufgebauten Panzerwaffe wurde General Guderian. Er hatte den englischen Historiker Liddell Hart und die Theorie de Gaulles studiert und daraus die »mobile Taktik« der deutschen Panzerwaffe entwickelt. Ebenso hatte er den Vorteil einer schnellen und beweglichen Truppe erkannt. Zunächst fand er bei vielen konservativen Generalen kein Verständnis, aber wir jungen Offiziere waren begeistert und fühlten uns als Speerspitze der Wehrmacht. Guderian pflegte jede einzelne Kompanie zu besuchen, ihrer Ausbildung beizuwohnen und anschließend mit Offizieren und Unteroffizieren seine Ideen zu diskutieren. Wir begriffen, daß neben der Ausbildung, dem Material und der modernen Technik auch der Geist, der eine Truppe beseelte, eine gewichtige Rolle spielte.

Die ersten Reserveoffiziere kamen zur Ausbildung. Es waren zum größten Teil Teilnehmer des Ersten Weltkrieges, aber auch junge Wehrpflichtige, die ihre Dienstzeit als Leutnant der Reserve beendet hatten. Unter ihnen war auch Franz von Papen junior, Sohn des früheren Reichskanzlers und späteren Botschafters in der Türkei. Wir waren in demselben Jahr und an demselben Tag geboren und wurden bald gute Freunde. Papens bewohnten eine repräsentative Villa im Berliner Nobelviertel Tiergarten, in die ich oft eingeladen wurde und in der ich interessante Menschen, unter ihnen den Botschafter Frankreichs, François-Poncet, kennenlernte. Auch die Tochter des amerikanischen Botschafters traf ich dort, die bekannt war für ihr Faible für die Russen.

Papen junior arbeitete für eine deutsche Rüstungsfirma, für die er als Repräsentant nach Buenos Aires geschickt wurde, wo er den Kriegsbeginn erlebte. Kurz vor dem Frankreichfeldzug 1940 erschien Papen plötzlich bei mir: »Wo kommst Du her, ich denke, Du bist in Argentinien«, fragte ich. »Nun, schließlich bin ich Reserveoffizier bei Dir und verpflichtet, mich bei der Mobilmachung bei meiner Einheit zu melden«, war seine Antwort. Soviel Verantwortungsgefühl hatte ich ihm dann doch nicht zugetraut. »Keiner hätte es Dir verübelt, wenn Du drüben geblieben wärest. Immerhin muß es doch schwierig gewesen sein, über den Atlantik zu kommen. Wie hast Du es geschafft?« »Es war in der Tat abenteuerlich. Ich ging an Bord eines neutralen spanischen Schiffes. Aus Versehen wurde es nachts etwa 100 Kilometer westlich der spanischen Küste von einem französischen Torpedoboot versenkt. Ich konnte gerade noch im Pyjama über Bord springen und wurde zusammen mit anderen Passagieren von den Franzosen an Bord genommen und in einen spanischen Hafen gebracht. Ich gab mich dort als Sohn des deutschen Botschafters von Papen aus.« — »Dann bin ich der Sohn von Generalissimo Franco«, war die Antwort des Zollbeamten. Da ich keine Papiere bei mir führte, wurde ich in Untersuchungshaft genommen, und es dauerte Tage, bis dem deutschen Botschafter in Madrid erlaubt wurde, mich zu identifizieren. Und nun bin ich hier, um meine Pflicht zu tun.«

Papen machte zunächst den Frankreichfeldzug mit, bis er auf einen rückwärtigen Posten versetzt wurde. Hitler wollte vermeiden, daß Prominente möglicherweise fallen könnten. Das galt auch für die Angehörigen des Hohenzollernhauses und anderer Fürstenfamilien.

Für mich war die Versetzung nach Potsdam faszinierend, da ich die Möglichkeit erhielt, mein geliebtes Berlin nun des öfteren zu besuchen. Ich war schon im Jahre 1932 drei Monate lang in Berlin gewesen und hatte dort viele Verwandte und Freunde. Berlin, die heimliche Hauptstadt Europas mit seinem kontinentalen Klima und seinen schlagfertigen Menschen, was konnte ein junger Mensch sich sonst noch wünschen? Die Theater- und Opernbühnen, namhafte Künstler, Modeschöpfer, Zeitungsverlage prägten diese Stadt. Deutsche Juden, viele von ihnen Teilnehmer des Ersten Weltkrieges, die oft deutscher waren als die Nichtjuden, waren maßgeblich am kulturellen und wirtschaftlichen Leben Berlins beteiligt. Berlin wurde ärmer, als viele von ihnen vor Hitler flüchten mußten oder in Konzentrationslagern verschwanden.
Unsere Ausbildung war sehr intensiv und konzentrierte sich auf zwei Dinge. Zum einen wurden wir mit der Technik und dem Waffenmaterial vertraut gemacht, zum

anderen übten wir im Gelände den beweglichen Einsatz. Meine Kradschützenkompanie, die motorisierte Infanterie für die beiden Panzeraufklärungskompanien, wurde mit den hervorragenden BMW 500-Motorrädern ausgerüstet. Sie waren überwiegend mit Beiwagen versehen, die später sogar über ein Differential angetrieben wurden. Langsam entwickelten wir uns zu wahren Künstlern auf dem Motorrad. Wir fuhren, auch bei Nacht, durch schwieriges Sand- und Waldgelände und durften am »Tag der offenen Tür« der Bevölkerung unsere Kunststücke vorführen, wie zum Beispiel einen Weitsprung mit dem Motorrad, bei dem einer meiner Unteroffiziere den Rekord mit 16 Metern hielt. Wir formierten uns zu einer Pyramide, wobei bis zu 12 Mann auf einem Motorrad standen, und eine Nummer war das »ferngelenkte Motorrad«. Hierbei lag ein Mann unsichtbar im Beiwagen und lenkte von dort aus mit Kabeln die Maschine. Wir durften auch an offiziellen Geländefahrten teilnehmen. Ich war jedes Wochenende für den Motorradsport unterwegs (ähnlich den heutigen Rallyes). Zunächst fuhr ich eine präparierte Solomaschine, dann eine mit Beiwagen, wobei ich einmal mit meinem Copiloten unterwegs war und es so abpaßte, daß ein Baum genau zwischen das Motorrad und den Beiwagen geriet. Mit ausgerenktem Schlüsselbein mußte ich dann für Wochen pausieren. Schließlich sattelte ich auf Sportwagen um, die uns von einer Autofirma für ein Dreierteam zur Verfügung gestellt wurden. Wir lernten, unser Material derart zu beherrschen, daß wir im Gelände mit aufmontiertem Maschinengewehr vom Beiwagen aus während der Fahrt schießen konnten. Dies war für die Beweglichkeit von großem Wert.

Am Wochenende genossen wir das Leben in Berlin. Wir jungen Leutnants waren gern gesehene Gäste auf Parties. Oft war ich bei einem Verwandten, dem damaligen Außenminister von Neurath, eingeladen. Dort lernte ich eines Tage auf einer seiner Parties einen jungen polnischen Militärattaché kennen. Zu besagter Party hatte ich auch eine junge Dame, mit der ich befreundet war, mitgenommen. Tage später erschienen zwei Offiziere bei mir in der Kaserne und baten mich, einige Sachen einzupacken. Sie wollten mich in ein Hotel außerhalb Berlins bringen. Auf meine erstaunte Frage nach den Gründen dafür antworteten sie mir: »Sie haben nichts verbrochen, aber wir müssen Sie für eine gewisse Zeit aus dem Verkehr ziehen.« Bei meiner Rückkehr nach einer Woche erfuhr ich den Grund: Der polnische Attaché hatte versucht, über die mir befreundete junge Dame Spionage zu treiben. Er war inzwischen abgeschoben worden.

Ich hatte mir von einer kleinen Erbschaft den damals berühmten DKW mit Holzkarosserie und dem ersten Zweitaktmotor gekauft. Um ihn finanziell unterhalten zu können, montierte ich eine Büchse im Wagen, in die jeder Mitfahrer den Bahntarif zahlen mußte. So war uns allen geholfen, denn von meinem Leutnantsgehalt konnte ich keine großen Sprünge machen. Im Schnellimbiß »Quick« am Kurfürstendamm pflegte ich mein Abendessen in Form von zwei belegten Brötchen und einer Limonade aus dem Automaten für insgesamt 1 Reichsmark einzunehmen. In der Majowski-Bar hielt ich mich an einem Curaçao für 70 Pfennige den ganzen Abend fest. Majowski war der Treffpunkt ehemaliger Flieger wie dem Kunstflieger Udet und dem späteren »Luftmarschall« Milch. Sie spendierten uns armen Leutnants oft einen Drink. Am wohlsten fühlte ich mich in einer kleinen Kneipe am Spittelmarkt, dem Treffpunkt der Berliner Taxifahrer, die dort zwischen zwei Fahrten schnell ein Bier tranken. Die Berliner Taxifahrer sind wegen ihrer Schlagfertigkeit und ihres Humors berühmt. Für ihre Stories über die Erlebnisse mit Fahrgästen hätte ich jede Kabarettvorstellung eingetauscht. Nur zwei dieser Stories will ich hier erzählen.

Einer der berühmten Bolle-Wagen, bespannt mit belgischen Kaltblütern, fährt durch Berlin, und aus unbekanntem Grunde gehen die Pferde durch. Sie galoppieren durch halb Berlin, über den Spittelmarkt und machen schließlich vor einer Schule Halt, nachdem ein beherzter junger Mann hinzugesprungen ist und den Wagen zum Stehen gebracht hatte. Es war gerade Schulpause, und die Jungen lehnten an der Mauer. Ganz trocken rief einer von ihnen aus: »Ben Hur, wa?«

Die andere Story: Die 60jährige Mutter eines Freundes kehrt nach dem Besuch ihres Sohnes mit der Schnellbahn zu einem Berliner Vorort zurück. Ihre Wohnung lag nur einige hundert Meter vom Bahnhof entfernt. Da es aber heftig regnete, bat sie den Fahrer der vordersten Taxe, sie doch trotz der geringen Entfernung nach Hause zu bringen. Er drehte sich um und sagte: »Na wissen Se, Frollein, auf diese Fuhre habe ick schon den janzen Abend jewartet. Nun steigen Se mal ein.«

Durch Freunde hatte ich Zugang zu verschiedenen Zirkeln gefunden, in denen sich Schriftsteller und Journalisten trafen. Viele von ihnen wußten nicht, daß ich, der »junge Mann«, Offizier war. Das war auch gut so, denn noch immer waren viele Juden in der Stadt. Sie sollten sich weiterhin sicher fühlen. Und sie hielten in ihrem geliebten Berlin aus bis zur berüchtigten »Kristallnacht« im Herbst 1938, die den Beginn der von Hitler und Himmler befohlenen »Endlösung« einleitete.

Trotz aller Bemühungen der Nazis, die Bevölkerung »gleichzuschalten«, wie die Nazifizierung genannt wurde, blieben die Berliner skeptisch. Naziwitze kursierten, und Kabarettisten machten sich über die »Braunen« lustig. Der geistvollste Kabarettist unter ihnen war zweifellos Werner Finck, der in seiner »Katakombe« durch so geschickte Wortwahl zu seinem Publikum sprach, daß ihm auch Goebbels nichts anhaben konnte, bis während des Krieges auch ihm das Schicksal so vieler Künstler drohte, nämlich verhaftet zu werden. Aus bestimmten Gründen kam Göring dem Propagandaminister Goebbels zuvor und zog Werner Finck zur Luftwaffe ein. Ich traf ihn 1943 auf meinem Rückflug von Nordafrika in Rom, wo wir beide des Nachts durch Rom wanderten und uns der »guten alten Berliner Zeit« erinnerten.

Finck sah in seiner Gefreitenuniform mit Käppi wie eine von ihm beschriebene Karikatur alles Militärischen aus.

Ein beliebter Berliner Treffpunkt, der sich bis zum Kriegsausbruch hielt, war das »Künstler-Eck« im Tiergartenviertel. Hier trafen sich Schauspieler und Sänger nach der Vorstellung. In diesem verräucherten, aber gemütlichen Lokal saß am Flügel ein früher berühmt gewesener, nunmehr erblindeter italienischer Maestro, der am Schritt »seine Künstler« erkannte und sofort ihre Arien spielte. Oft erlebten wir, daß Richard Tauber oder die Cebotari an seinen Flügel traten und sangen, während er sie unter dem Beifall der Gäste begleitete.

In den Jahren 1936/37 waren die »Braunen« noch nicht stark genug, um ihren Einfluß auf die Wehrmacht auszuüben. Wir jungen Leutnants konnten unbehelligt unsere Vorbilder der Berliner Kulturszene sehen.

Einer meiner besten Freunde war mein Kamerad »Mungo« Weltner, der in Potsdam einen besonderen Rekord hielt. Er hatte praktisch alle in Potsdam zu mietenden Zimmer ausprobiert. Eines Tages kam er zu mir und sagte: »Ich glaube, mit meinem Zimmer neben der Potsdamer Garnisonkirche das große Los gezogen zu haben. Sie ist billig, unten im Haus gibt es eine Kneipe. Ich habe ein Bad zu meiner eigenen Verfügung. Jetzt halte ich es aber nicht mehr aus. Jede Stunde schlägt das Glockenspiel das Lied ›Üb immer Treu und Redlichkeit‹. Ich habe langsam die Vision, daß Friedrich der Große und Königin Luise mit dem Tandem um die Kirche fahren. Mir reicht's. Ich brauche ein neues Quartier.« Er bekam dann die »ideale Wohnung«. Er erhielt die Erlaubnis, in der im ersten Stock befindlichen Musikloge unseres Kasinos sein Feldbett aufzuschlagen. Er war begeistert: »Nun bin ich gleich im Kasino und kann bei den Kasinobällen den Damen direkt ins Dekolleté schauen.«

Eines Tages, ich lag nach einem Rallye-Unfall im Bett, besuchte mich Mungo. »Ich muß für einige Zeit weg, darf Dir aber nicht sagen, warum und wohin. Hier hast Du eine Bankvollmacht und die Auszüge, die leider einen Soll-Saldo aufweisen, sowie eine Liste, was von meinem Gehalt alles zu bezahlen ist.« — »Mein Gott, das sind ja Rechnungen, die Deine Einkünfte weit übersteigen, wie soll ich das machen?« »Mache es so, wie ich es immer gemacht habe«, war seine Antwort, »jeden Ultimo schreibe ich kleine Zettel mit den Namen meiner Gläubiger und den Beträgen, die ich ihnen schulde. Wirf sie in einen Topf und ziehe so viele Zettel, wie es das Konto erlaubt.«

Bald wußte ich, wo Mungo abgeblieben war. Er nahm im Rahmen des Heereskontingents mit der »Legion Condor« am Spanischen Bürgerkrieg teil. Hier konnten beide am Bürgerkrieg beteiligten Nationen ihre neuen Panzer und Kampfflugzeuge unter kriegsähnlichen Bedingungen erproben. Franco hat die »Hilfe« Hitlers nicht honoriert, im Kriegsfall den Durchmarsch deutscher Verbände auf Gibraltar zu genehmigen, um den Eingang zum Mittelmeer sperren zu können. Im Jahr 1938, als ich schon Potsdam verlassen hatte, erschien Mungo plötzlich in meiner neuen Garnison, bedankte sich für das von mir fast ausgeglichene Konto, lud mich zum Champagner ein und verschwand dann so plötzlich, wie er gekommen war. Er fiel in den ersten Kriegstagen.

Im Zuge der Aufstellung neuer Panzerverbände wurde ich im Oktober 1938 nach Bad Kissingen versetzt, einem Bade- und Kurort in der Nähe der alten Bischofsstadt Würzburg, malerisch am Fuße der Rhön gelegen. Kissingen war nach seiner vorangegangenen Badesaison schon zum Winterschlaf übergegangen, und so waren wir als belebendes Element sehr willkommen.

Unser erstes Erlebnis war für uns alle grauenvoll. Es geschah in einer Nacht im November, die für ganz Deutschland beschämende »Kristallnacht«. Himmler, seine SS und die SA hatten die Ermordung eines deutschen Attachés in Paris zum Anlaß genommen, in jener Nacht in ganz Deutschland die jüdischen Synagogen und Geschäfte zu zerstören und in Brand zu stecken.

Wiederum griff die Wehrmachtführung nicht ein. Hitler hatte sein Regime schon derart festigen können und sich mit ihm genehmen Generalen umgeben, daß wir, die wir an der Basis agierten, uns nur noch von diesen Machenschaften distanzieren konnten. Am schlimmsten schien man in Berlin gewütet zu haben. In dem abgelegenen Kissingen hatten wir den Eindruck, als ob es den örtlichen SA-Funktionären peinlich war, was sich da in Deutschland zugetragen hatte. Der Röhmputsch mit seinen Folgen warnte auch die Zweifler innerhalb der Partei, sich kritisch zu äußern und sich gar gegen sie aufzulehnen.

Bis zum heutigen Tage wird im In- und Ausland die Frage gestellt, warum die Wehrmacht, insbesondere ihr Offizierkorps und die Generalität, nicht frühzeitig dem Erstarken des Nationalsozialismus entgegengetreten ist und seinen Kadern und Hitlers gefährlichem »Spiel mit dem Feuer« ein Ende oder wenigstens Grenzen gesetzt hat.

Meiner Meinung nach gibt es dafür folgende Gründe:

○ Das im Versailler Vertrag uns zugestandene Heer von 100000 Mann wurde bewußt unpolitisch erzogen. Dem Offizierkorps fehlte damit der politische Durchblick.

○ Die anfänglichen Erfolge Hitlers (Beseitigung der Arbeitslosigkeit und der kommunistischen Gefahr sowie die »Rückführung« angeblich deutscher Gebiete ins »Großdeutsche Reich«) gaben dem deutschen Volk und seiner erstarkenden Wehrmacht das Selbstbewußtsein wieder.

○ Die jungen Menschen, die zum Wehrdienst eingezogen wurden, rekrutierten sich weitgehend aus der Hitlerjugend und anderen Organisationen des Nationalsozialismus und waren entsprechend motiviert, wenn nicht fanatisiert.

○ Entscheidend scheint mir zu sein, daß der Fahneneid das Credo des Offizierkorps war. Spätestens seit Friedrich II., dem Großen, galt in der preußischen Armee — und seit Gründung des Kaiserreiches 1871 in der deutschen Armee — der Eid als sakrosankt, dem alles unterzuordnen war. Hitler wußte das und nutzte es schamlos aus. Trotz vieler Warnungen aus dem In- und Ausland und wider besseres Wissen stand das deutsche Offizierkorps zu seinem Eid, auch als er schließlich auf Adolf Hitler neu geleistet werden mußte.

Wer hätte es 1933 und 1934 als einzelner gewagt, den Eid auf Hitler zu verweigern? Blomberg selbst hatte die Neuvereidigung vorgeschlagen, und die militärische Führungsspitze war politisch unerfahren und von der Persönlichkeit Hitlers geblendet.

So wurde das Jahr 1934 zwangsläufig zum Wendepunkt. Die Reichswehr, von jeher ein politischer Machtfaktor, begab sich in die Hand Hitlers.

Die Frage, warum das Attentat vom 20. Juli 1944 nicht früher — spätestens nach Beginn des Einmarsches in Rußland 1941 — verübt wurde, wird bis zum heutigen Tage diskutiert. Zum einen war Hitler so stark abgeschirmt, daß ein Attentat nicht unbedingt erfolgversprechend war. Zum anderen fühlten sich die Offiziere um Graf Stauffenberg ihrem Fahneneid verpflichtet, mehrere Attentatsversuche waren fehlgeschlagen, und in der verzweifelten Lage nach der alliierten Landung 1944 wagten Stauffenberg und seine Freunde die »Verzweiflungstat«. Man war sich dabei bewußt, daß eine Legende um Hitler entstehen und das Strafmaß der Alliierten den Bedingungen einer totalen Kapitulation entsprechen könnte. Aber man wollte versuchen, Hitler zu stoppen und weiteres Leid vom deutschen Volke abzuwenden.

Insofern sind Stimmen, die noch heute das Attentat als »Bruch des Fahneneides« verurteilen, abzulehnen, denn ein Eid darf nur so lange bindend sein, wie er mit dem Gewissen des einzelnen zu vereinbaren ist.

Europa am Vorabend des Krieges: Reisen und Erfahrungen

Mitten hinein in die Aufstellung weiterer Einheiten der Panzerwaffe, die noch keineswegs beendet war, überstürzten sich die Ereignisse:

Österreich war von Hitler unter dem Jubel der Bevölkerung »heim ins Reich« geholt worden. Es folgte der Einmarsch in das zur Tschechoslowakei gehörende »Sudetenland«, der völlig unblutig verlief, für uns jedoch ein »Einsatz unter kriegsmäßigen Bedingungen« war und von Hitler als Vorbereitung für weitere Aktionen angesehen wurde. Die Reaktionen Englands und Frankreichs ermunterten Hitler förmlich, sein »Programm«, das er schon in seinem Buch »Mein Kampf« festgelegt hatte, durchzuführen. Hier zeigte sich, daß nur Stärke die Diktatoren von abenteuerlichen Aktionen abhalten kann. Daladier und Chamberlain hatten ihre entscheidenden Fehler gemacht, als sie glaubten, Hitler in Verhandlungen und mit Nachgiebigkeit zur Vernunft bringen zu können.

Der Begriff des »Großdeutschen Reiches« wurde nun zum Leitfaden der Propaganda Goebbels'. Trotz der Unrechtmäßigkeit hielten viele Deutsche die sogenannte »Heimkehr ins Reich« für den Ausdruck des freien Willens der betroffenen Bevölkerung, zumal die ausländische Presse nicht mehr erhältlich war und das Abhören fremder Sender die Verhaftung oder gar das Konzentrationslager bedeuteten. Es war zwar nicht verboten, ins Ausland zu reisen, aber durch die Restriktion auf 15 Reichsmark pro Tag wurden Auslandsreisen praktisch unmöglich.

Dennoch packte mich das Fernweh, und ich wollte auch dem Rat meines alten Mathematiklehrers folgen, der mir gesagt hatte: »Reise, so oft Du kannst, und sieh Dir Deine Heimat von außen an. Suche den Kontakt zu den Menschen anderer Länder. Erst dann kannst Du Dein Vaterland richtig beurteilen.«

In den Jahren 1933 bis 1935 wurden noch Devisen zugeteilt. Ich nutzte das aus, um Reisen nach Prag und Warschau zu unternehmen, also in Länder, in denen ich keine Freunde hatte. Als später pro Reise nur noch 15 Reichsmark genehmigt wurden, besuchte ich die westlichen und südlichen Länder Europas, in denen ich Freunde hatte und mich auch mit wenig Geld gut durchschlagen konnte. Der Flugverkehr war in seinen Anfängen, so daß Reisen zu anderen Kontinenten, wie sie heute üblich sind, für uns ein Traum blieben. Die Konfrontation mit anderen Menschen, anderen Sprachen und Kulturen haben den Rat meines Lehrers bestätigt. Sie haben mich zudem toleranter gemacht.
Prag, die »Goldene Stadt«, Schnittpunkt westlicher und östlicher Kultur, beeindruckte mich sehr. Ebenso die berühmten Kurbäder Karlsbad und Marienbad in

ihrer ganzen Pracht. In Warschau zeichneten sich noch keine Spannungen ab. Ich erhielt das Visum ohne Schwierigkeiten, obwohl ich ein junger Offizier war. Abgesehen vom »Korridor« im früheren Westpreußen, war Polen weitaus »russischer«, slawischer als die Tschechoslowakei. Das lag weitgehend daran, daß Polen immer der enge Nachbar Rußlands war, während die Tschechoslowakei bis 1918 zur österreichischen Monarchie gehörte und von dorther beeinflußt wurde.
Während auf dem Lande die kleinen Bauernkaten und die dortigen Bedingungen dem Leben, besonders im Westteil Weißrußlands, sehr ähnlich sind, wie ich es später in Rußland bestätigt fand, war Warschau eine sehr frankophile Stadt. Französische Baumeister haben durch ihre Bauten das Stadtbild geprägt, viele Menschen mit höherer Schulbildung sprachen Französisch. Dies erleichterte mir die Kontaktaufnahme zur Bevölkerung, und ich konnte feststellen, daß die Polen sowohl uns Deutsche als auch die Russen ablehnten, eine Folge ihrer langen, bitteren Geschichte zwischen den beiden Machtblöcken.

Weiteren Reisen nach Skandinavien folgten dann Reisen nach Frankreich, das mir schnell vertraut wurde. Meine Großeltern hatten eine französische Gouvernante gehabt, so daß im Hause viel Französisch gesprochen wurde. Überhaupt galt es damals noch als sehr chic, Französisch zu »parlieren«. Nicht nur die französische Sprache, sondern vor allem das »savoir vivre« faszinierten mich sehr. Der Charme der Franzosen und besonders der Weltstadt Paris waren für mich als junger Mensch atemberaubend. Die Concierges, die Bistros, das Meterbrot, die Bouquinisten an der Seine, die Maler auf dem Montmartre. Hier pulsierte das Leben. Man saß zusammen beim Wein und diskutierte, und alles Böse schien noch so fern zu sein.

Auch meine Reisen nach England waren für mich eine große Bereicherung. Die Engländer liegen uns Norddeutschen wohl noch mehr, und ich konnte als junger Mensch viel von ihrer Toleranz und ihrem Sinn für Humor lernen. Ist man erst einmal mit ihnen über den »small talk« hinausgekommen, beeindrucken ihre Herzlichkeit und ihre Gastfreundschaft. Was machte ihre Weltmachtstellung und ihre Sicherheit aus? Zunächst einmal ihre lange Tradition und der Zusammenhalt durch die Monarchie sowie eine durch Jahrhunderte gewachsene Demokratie.
Ein kleines Erlebnis, in dem die Achtung vor dem Nächsten zum Ausdruck kommt, wird mir unvergessen bleiben: Ich fuhr in der Underground von den Docks in Richtung Westend. Ein Docker steigt ein und setzt sich in seinen schmutzigen Klamotten neben ein Ehepaar. Sie im Abendkleid, er im Dinner-Jacket. »Sorry«, sagt der Docker. »You are welcome«, antwortete das Ehepaar. Kein Nasenrümpfer oder ängstliches Beiseiterücken. Ein Banker mit Bowler und Regenschirm stößt auf der Straße mit einem Straßenfeger zusammen. »Awfully sorry«, höre ich den Banker als ersten sagen.
Eines Mittags bin ich in Whitehall, um das »Changing of the Guards« anzusehen. Ein Mann in abgewetzter Kleidung bittet mich um Feuer. »Sind Sie Franzose, Sie

sprechen mit Akzent?« »Nein, ich komme aus Deutschland.« Da sprudelt es aus ihm heraus: »Ich war 1917—1918 Gefangener in Deutschland. Hatte es bei einem Bauern sehr gut. Sieh hier, meine Kriegsteilnehmer-Medaille. Jetzt bin ich Kommunist in diesem verdammten Staat, der nichts für mich tut. Ich bin seit Monaten arbeitslos, aber bei Euch! Der Hitler hat die Arbeitslosen von der Straße geholt, alles ist gut organisiert, jeder hat zu essen.« Ich will mich auf keine Diskussionen einlassen. Der Wachwechsel kommt mir zu Hilfe. Kürassiere in ihren blitzenden Uniformen reiten ein, die ganze Pracht des Königreiches entfaltet sich. »Sieh Dir das an«, ruft der Mann nun neben mir voller Entzücken und packt mich am Arm. »Das macht uns Engländern keiner nach, das ist unsere Monarchie.«

Auch der Satz Churchills zu Beginn des Krieges: »Es wird Blut und Tränen kosten«, wäre von anderen Völkern nicht so selbstverständlich hingenommen worden.

1938, bei meinem zweiten Besuch in London, werde ich für ein Wochenende vom damaligen »Speaker of the House of Commons«, dessen Tochter ich in Berlin kennengelernt hatte, in sein Country House eingeladen. Die Eltern kannte ich noch nicht.

An einem kleinen Bahnhof in Surrey steht ein Bentley mit Chauffeur. »Sir Hans?« Ich steige ein und werde durch den großen »Park Surrey« chauffiert. Das Country House entpuppt sich als ein für unsere Begriffe großes Gutshaus mit einem Neun-Loch-Golfplatz und einem privaten Zugang zum Fluß zum Angeln.

Ein Herr im Cut erscheint. Ist es der Hausherr oder der Butler? Es ist der letztere. Ich sehe niemanden von der Familie. Sie begrüßt den Fremden nicht an der Haustür. Ich werde also in den ersten Stock geführt und beziehe dort ein luxuriöses Appartment. »Darf ich das Bad einlassen und Ihr Gepäck auspacken, Sir Hans?« »Ja, bitte, vielen Dank.« Als ich in das Schlafzimmer komme, hält der Butler mein Dinner-Jacket in Händen, der damaligen Mode Berlins folgend ein Zweireiher. Ich bin gespannt, ob auch der Hausherr einen Zweireiher trägt. Wie sich später herausstellt, trägt er tatsächlich einen Zweireiher, den er, wie er mir erzählt, unter großen Schwierigkeiten beschafft hat.

Ich erstarrte vor Staunen, als ich sehe, wie der Butler meine Lackschuhe aus den Flanellhüllen nimmt, ein grünes Tuch zückt, sie abwischt und vor mich hinstellt. Ich bedanke mich, nachdem ich mein erstes Staunen überwunden habe, und der Butler verabschiedet sich mit den Worten, daß er mich in zwei Stunden zum Drink abholen werde.

Als es dann soweit ist, ich meine Gastgeber endlich kennengelernt habe, entwickelt sich schnell Sympathie, die über die normale Gastfreundschaft hinausgeht. Nach einem wunderbaren Abendessen sitzen wir dann vor dem Kamin und reden über die mögliche Gefahr, die von Hitler ausgehen könnte. Gegen Mitternacht fahren wir in ein Clubhaus zu einem für uns Deutsche ungewohnten Nachtmahl, und ich lerne viele nette Nachbarn kennen, die sich hier schon versammelt haben. Es wurde für mich ein unvergeßlich schönes Wochenende.

Im Frühjahr 1939 fahre ich dann zum letzten Mal vor dem Krieg nach London. Diese Reise fiel schon in eine brisante Zeit. Hitler hatte bislang alle Vorhaben, die er bereits in seinem Buch skizziert hatte, durchgeführt, ohne auf echten Widerstand bei den Franzosen und Engländern gestoßen zu sein.
Ich war schon bei meiner vorherigen Reise häufig bei dem damaligen Direktor der Marineakademie in Greenwich zu Gast gewesen. Auch er hatte, wie mein Vater, an der Skagerrakschlacht teilgenommen. Ich freute mich daher diesmal besonders auf eine offizielle Einladung zu einer Party an der Akademie, über die ich als aktiver Offizier zuvor unseren Militärattaché zu unterrichten hatte. Er hatte keine Bedenken.
Nur ein paar Tage vor dieser Party war Hitler in die Tschechoslowakei einmarschiert, eine Aktion, die nicht mehr durch den Slogan ›Heim ins Reich‹ zu rechtfertigen war. Prompt erhielt ich ein Schreiben von der Akademie etwa des Inhalts, »daß es bedauerlicherweise die Ereignisse in Europa nicht erlauben würden, die Einladung aufrechtzuerhalten. Man hoffe, sie zu einem anderen Zeitpunkt wiederholen zu können.« Ich kann mir vorstellen, wie schwer es meinen Freunden gefallen sein muß, mich aus politischen Gründen auszuladen.
Die Menschen in London wurden langsam nervös, man sprach offen vom Krieg, die Cartoons des berühmten Mr. Low wurden bissiger. Ich traf noch einmal den »Speaker« des Unterhauses und seine Familie. Scherzhaft meinte er: »Hans, bleiben Sie bei uns, es wird Krieg geben, aber bei uns auf der Insel sind Sie sicher.«

Lange nach dem Kriege und der Gefangenschaft kehrte ich nach London zurück. Ich fand nur wenige Freunde wieder, traute mich aber auch nicht, nach den anderen zu suchen und sie zu sehen. England hatte sich verändert. Das Imperium bestand nicht mehr, das Commonwealth hielt alte Strukturen nur mühsam am Leben. Die USA hatten die Führungsrolle in der westlichen Welt übernommen.
Die Menschen in England aber waren unverändert.

Italien war vor dem Kriege noch nicht das Touristenland Nummer 1 für uns Deutsche. Die Wirtschaftskrise in Deutschland mit über 6 Millionen Arbeitslosen und die Devisenbewirtschaftung im Dritten Reich erlaubten keine großen Reisen. Und trotzdem war Venedig das Traumziel der Hochzeitsreisenden, die Kulturstadt Rom wollte jeder kennenlernen, und da wir in unserem humanistischen Gymnasium viel über Goethes Reisen nach Italien gelesen hatten, wollte ich auf Goethes Spuren wandeln.

Ich plante also mit einem Freund eine dreiwöchige Reise nach Italien. Wir rüsteten meinen DKW zum Schlafen um, nahmen als Hauptgepäck soviele Benzinkanister aus Deutschland mit, daß wir zumindest nach Rom und zurück gelangen konnten, und packten auch genügend Verpflegung ein, um möglichst unabhängig zu sein. Wir hatten verabredet, daß angesichts der weiten Reise jeder 100 Kilometer lang fahren sollte, dann machten wir aus Spaß einen »fliegenden Fahrerwechsel«, und weiter ging die Reise. Wir übernachteten an Gebirgsbächen und freuten uns auf ein erfrischendes Bad am Morgen.

Die Schönheiten Florenz' und Roms überstiegen noch unsere Vorstellungen, und wir lernten auch die für uns neue italienische Küche schätzen und lieben. Wo möglich, fuhren wir auf Nebenstraßen durchs Land und kamen dadurch besser in Kontakt mit der gastfreundlichen Bevölkerung. Während mein Freund sich mehr für die Museen interessierte, suchte ich den Kontakt zu den Menschen und sah mir die Architektur an. So trennten wir uns oft morgens, jeder ging seiner Wege, und abends tauschten wir dann unsere Erlebnisse aus.

In Florenz lernten wir eine Dame kennen, die uns zum Essen in ihr Haus einlud. Sie führte uns in eine schmale Gasse, und vor einem Haus mit unsauberer Fassade blieben wir stehen. »Ecco, wir sind angekommen, kommen Sie bitte herein.« Uns war nicht sehr wohl zumute. Dann aber kamen wir in den Innenhof, und das von außen triste Haus entpuppte sich als ein Palazzo mit vielen Kunstschätzen und einem traumhaften Garten. Es war das Stadtpalais einer »Principessa«. Wir verbrachten in dieser herrlichen Umgebung einen wunderschönen Tag.

Rom auf seinen sieben Hügeln, die Villa Borghese, die Piazza Colonna und der Petersdom ließen uns Preußen aus dem Staunen über soviel Schönheit nicht mehr herauskommen. Wie hätte ich damals darauf kommen können, daß ich im Kriege Seite an Seite mit diesen mir so lieb gewordenen Italienern würde kämpfen sollen? Ich habe sie und ihre Mentalität sehr schätzen und lieben gelernt.

In die Schweiz reiste ich, weil wir dort Verwandte hatten: die Zeppelins. Ein besonderer Reiz bot das Skilaufen. Seinerzeit fuhr man noch mit der Kandaharbindung, die zum Aufstieg mit Fellen und zur Abfahrt gleichermaßen geeignet war. Skilifte gab es noch nicht. Man stieg fünf Stunden auf, hatte zur Gipfelrast ein Lunchpaket bei sich, und fuhr dann in einer Stunde durch den unberührten Pulverschnee zu Tal. Es waren einmalige Erlebnisse, die wir bei unseren Skiwanderungen hatten, die oft Tage dauerten und nur von der Nachtruhe in kleinen Gebirgshütten unterbrochen wurden. Zu der Zeit konnte man die Ruhe und Schönheit der Bergwelt noch genießen, denn Touristen gab es kaum.

Bei meinem zweiten Besuch in der Schweiz kam ich mit meinem Wagen aus Italien zurück und hatte gerade noch genügend Benzin, um nach Potsdam zu gelangen. Ich hatte nur noch 6,50 Reichsmark in der Tasche. Ich war schon über 12 Stunden gefahren und recht müde. Es war gefährlich, im Auto zu übernachten, da man Gefahr lief, als »Landstreicher« festgenommen zu werden. So suchte ich nach einer kleinen Pension. In dem berühmten Kurort, in dem zu übernachten ich beschlossen hatte, war aber alles überfüllt. So fuhr ich zum Palace-Hotel und frage den Portier zum Spaß nach einem Zimmer. »Bedaure, es ist alles besetzt, aber irgendwo müssen Sie ja schlafen, mein Herr.« Er schien Mitleid zu haben und sah offenbar in mir einen dennoch vornehmen Gast. »Ich wage es Ihnen gar nicht anzubieten«, fuhr er fort. »Wir haben unter dem Dach ein kleines Zimmer, das nur ab und an vom

Personal benutzt wird. Ich würde Ihnen das Zimmer kostenlos überlassen, und Sie hätten nur für das Frühstück zu zahlen.«
Ich tat so, als müßte ich mir dieses Angebot erst gründlich überlegen. »Sie sind sehr liebenswürdig, ich nehme Ihr Angebot an«, kam meine zögernde Antwort.
So bezahlte ich am Morgen von meinen 6,50 Reichsmark das Frühstück, steckte mir noch einige Brötchen als Wegzehrung ein und gab ihm den Rest meines Geldes als Trinkgeld.

Anfang August 1939 wurde mir völlig überraschend noch einmal ein 14tägiger Urlaub in der Schweiz genehmigt, obwohl bereits von Kriegsgefahr und Komplikationen mit Polen gemunkelt wurde. Vielleicht wollte man den Schweizern und dem internationalen Publikum damit beweisen, daß vom Kriege nicht die Rede sein konnte, wenn man sogar einen aktiven Offizier ausreisen ließ. Die zwei Wochen waren noch nicht vorüber, als ich zurückgerufen wurde. Meine Division war alarmiert, alle Urlauber hatten sofort in ihre Garnisonen zurückzukehren. »Jetzt gibt es Krieg«, meinten meine Freunde. Meine Beruhigungsversuche konnten sie nicht überzeugen. Ich fuhr also auf dem schnellsten Wege nach Kissingen in meine Garnison zurück. Dort waren alle in heller Aufregung.

Die Mobilmachung und unsere entsprechenden Vorbereitungen konnten nicht verborgen bleiben. Die Kurgäste, besonders die Ausländer unter ihnen, reisten überstürzt ab. Große Sorge breitete sich unter der Bevölkerung aus, zumal die von Berlin verbreiteten »Grenzverletzungen« von polnischer Seite unglaubwürdig klangen. Die braune Propaganda, daß Polen beabsichtige, Deutschland zu überfallen, verfing nicht. Trotzdem: Die »Befreiung« der nach 1918 enteigneten Gebiete Westpreußens, der »Korridor« und die »Rückführung der alten deutschen Stadt Danzig« fanden in weiten Teilen der Bevölkerung durchaus Zustimmung. Aber nichts von der spontanen Begeisterung war zu spüren, wie sie 1914 bei Ausbruch des Ersten Weltkrieges geherrscht haben mußte. Unsere Mobilmachung lief planmäßig. Die Bevölkerung Kissingens verabschiedete uns mit allen guten Wünschen. Die Dinge nahmen ihren Lauf!

II. Der Zweite Weltkrieg

Blitzkriege 1939 bis 1941: Polen — Frankreich — Rußland

Polen 1939

Die Herbstsonne scheint warm, als unsere 2. leiche Division unter Generalleutnant Stumme aus ihren Garnisonen abrückt. Zu ihr gehört das Panzeraufklärungsregiment 7 mit seinen beiden Abteilungen aus Meiningen und Bad Kissingen. Von den Höhen gleitet unser Blick noch einmal hinüber nach Bad Kissingen und zu den Bergen der Rhön, wo wir oft Ski gelaufen sind.

Offiziell sollen wir an einem »Großmanöver unter kriegsmäßigen Bedingungen« teilnehmen. Obwohl scharfe Munition mitgeführt wird, sind wir nur mit Platzpatronen ausgerüstet.

Wir machen uns keine Illusionen, denn es bleibt uns nicht verborgen, daß der größte Teil der Wehrmacht ins »Manöver« marschiert. Wir fragen uns, ob das »Manöver« dazu dienen soll, die Polen vor weiteren »Übergriffen« auf das Reichsgebiet zu warnen. Oder denkt Hitler an einen Einmarsch — sozusagen als Präventivmaßnahme —, um dann das seit 1918 besetzte Westpreußen und die alte Hansestadt Danzig »dem Reich einzuverleiben«?

Die Moral der Männer ist gut, mein Verhältnis zur Kompanie vorzüglich.

Der Gefreite Erich Beck, später meine 1. Ordonnanz auf mehreren Kriegsschauplätzen, erinnert sich: »Am 30. November 1938 wurde ich eingezogen. Vor der Vereidigung hielt unser Kompaniechef, Rittmeister von Luck, eine kurze Ansprache: ›Ich bin für jeden von Euch mit seinen dienstlichen und privaten Sorgen ansprechbar. Aber komme mir keiner, er glaube an nichts. An irgendetwas muß jeder glauben.‹ Wir hatten sofort Vertrauen zu unserem Chef. Wir sahen ein, daß die harte Ausbildung notwendig war, fühlten uns aber trotzdem gerecht behandelt.«
Und weiter: »Bad Kissingen lag im Winterschlaf. Trotzdem gab es genügend Lokale, Kinos und Theater, so daß wir unseren Stadturlaub genießen konnten. Nur die ›Weinstube Huber‹ war für uns tabu, denn dort pflegte unser Chef mit anderen Offizieren zu ›tagen‹.«

Auf unserem Marsch ostwärts kommen wir durch das Sudetenland, marschieren an Prag vorbei in Richtung Reichsgrenze in den Raum Gleiwitz. Die Bevölkerung begrüßt uns überall mit Blumen und Getränken. »Geht es nach Polen?« werden wir gefragt. »Aber nein, wir marschieren ins Manöver«, ist unsere Antwort.

Am 26. August erreichen wir auf Schleichwegen die Grenze und beziehen in einer Schonung Stellung. Plötzlich werden die Platzpatronen gegen scharfe Munition getauscht. Jetzt gibt es keinen Zweifel mehr: Es wird Krieg mit Polen geben.

Was geht in einem jungen Menschen vor, der nun beweisen soll, was er gelernt hat, nämlich den Gegner zu besiegen bei möglichst wenig eigenen Verlusten? Wir sind uns der ganzen Tragweite nicht bewußt, ahnen nicht, was auf uns zukommen kann. Wir haben noch immer das Gefühl, im Manöver zu sein, und trösten uns schließlich mit dem Gedanken, daß wir die Polen nicht zu fürchten brauchen, da ihr Heer nicht von großer Kampfstärke und schlechter ausgerüstet ist als wir.

Ich denke in diesen Augusttagen darüber nach, was die Engländer und Franzosen machen werden, die einen Beistandspakt mit Polen haben. Werden sie eingreifen? An unserer Westgrenze, im »Westwall«, stehen nur Infanterie- und Reservedivisionen. Das Gros unserer Luftwaffe liegt im Osten.

Keiner meiner Männer macht sich Gedanken, daß es ihn in den nächsten Tagen treffen könnte. Jeder denkt an das Heute. In dem Bereitstellungsraum gehe ich zu jedem einzelnen und scherze mit ihm. Sie haben offenbar großes Vertrauen zu mir und glauben, daß ihr »Chef« schon dafür sorgen wird, daß keine unnützen Opfer gefordert werden.
Am 31. August kommt plötzlich der Befehl, daß am Morgen des 1. September um 4.50 Uhr angegriffen wird.

Unsere schweren Maschinengewehre werden in einem Garten in Stellung gebracht, der einem Herrn Augustin gehört. Augustin lebt hier seit einiger Zeit. Seine Eltern besitzen eine Textilfabrik in Lodz, mitten in Polen. Ich frage ihn: »Wollen Sie nicht mit uns kommen? Sie sprechen fließend Polnisch und könnten uns als Dolmetscher große Dienste leisten bei der Vernehmung von Gefangenen und der Gewährleistung einer gerechten Behandlung der Zivilbevölkerung.« Er ist einverstanden. Sicherlich hofft er dabei auch auf ein Wiedersehen mit seinen Eltern. Wir kleiden ihn in eine Wehrmachtsuniform. Eine Armbinde weist ihn als »freiwilligen Dolmetscher« aus.

Bei Tagesanbruch überfliegt unsere Luftwaffe die Grenze. Wie man uns sagt, um die polnische Luftwaffe auf ihren Flugplätzen zu überraschen und möglichst auszuschalten. Das ist für uns eine moralische Stütze. Wir erfahren, daß unsere Marine den Hafen von Danzig beschießt und Truppen angelandet werden.

Wir treten mit dem Panzeraufklärungsregiment an. Die Grenze ist mit einem einzigen Zöllner besetzt. Als einer unserer Männer ihn anschreit, öffnet er erschrocken den Schlagbaum. Ohne Widerstand marschieren wir in Polen ein. Weit und breit ist keine polnische Truppe in Sicht, die sich angeblich auf einen »Überfall« auf Deutschland vorbereitet. Meine Kompanie schwärmt aus. In breiter Front stoßen wir zu Fuß vor und erreichen das erste polnische Dorf. Es sind keine Soldaten zu sehen. Auf dem Marktplatz werden wir von der Bevölkerung freundlich begrüßt. Man reicht uns Erfrischungen. Wo ist die polnische Truppe? Wir haben noch immer das Gefühl, uns im Manöver zu befinden.

Panzeraufklärungspatrouillen versuchen, in dem unwegsamen Waldgelände voranzukommen und es zu erkunden. Ich lasse die Fahrzeuge nachkommen und setze dann den Vormarsch fort.

In den späten Abendstunden des 1. September stoßen wir auf Widerstand. Die Polen haben auf einer Anhöhe eine Widerstandslinie aufgebaut. Wir erhalten plötzlich starkes Feuer. Granatsplitter zischen durch das Geäst. Äste brechen ab und fallen uns auf die Köpfe. Uns wird nun sehr mulmig im Magen. Wir haben zwar oft unter kriegsmäßigen Bedingungen geübt und uns dabei an Abschüsse und Einschläge von Artilleriegeschossen sowie an das scharfe Hämmern von Maschinengewehren gewöhnen können. Aber dabei lagen wir immer in sicherer Entfernung oder in Bunkern in Deckung. Nun aber ist die Lage ernst. Wir sind dem gegnerischen Feuer direkt ausgesetzt. Wir finden keine Deckung. Wir können uns auch nicht eingraben, denn wir sollen angreifen, den Überraschungseffekt nutzen. Wir formieren uns zum Angriff. Panzerspähwagen rücken vor, soweit und so gut es das Gelände erlaubt, um uns Feuerschutz zu geben. Vor uns liegt eine freie, ansteigende Fläche, an deren Ende ein Dorf und Waldstücke, in denen die Polen sitzen.

Plötzlich trifft eine Maschinengewehrsalve unweit von mir den Schützen Uhl. Er ist sofort tot. Er ist der erste Gefallene meiner Kompanie. Viele meiner Männer haben es gesehen. Jetzt haben wir alle Angst. Wer von uns wird der Nächste sein? Das ist nun kein Manöver mehr, es ist Krieg. Erich Beck beschreibt es so: »Wir mußten uns an den Gedanken gewöhnen, im Krieg zu sein. Jedes Mittel, um zu überleben, ist recht. Wer zuerst schießt, lebt länger, aber wofür?«

Ich erhalte den Befehl, die Höhe zu nehmen und den Gegner zurückzuwerfen. Ich schreie: »1. und 2. Zug angreifen, der 3. Zug in Reserve, der schwere Zug gibt Feuerschutz.« Nichts rührt sich. Alle haben Angst, der nächste zu sein, den es erwischen wird. Auch ich. Wer behauptet, im ersten Gefecht nie Angst gehabt zu haben, ist ein Lügner!
Mir wird plötzlich klar, daß es in einem solchen Augenblick darauf ankommt, mit gutem Beispiel voranzugehen. »Alle mir folgen«, schreie ich und stürme mit meiner

Maschinenpistole los. Jetzt folgen alle, wie sie es gelernt haben. Wir gewinnen etwas an Boden, werden aber dann vom Feuer der Maschinengewehre und der Artillerie in Deckung gezwungen. Der Angriff kommt zum Erliegen. Gottlob haben wir keine weiteren Verluste. Die Division arbeitet einen neuen Angriffsplan aus: Flugabwehrscheinwerfer leuchten während der Nacht die Anhöhe ab. Unsere Spähwagen schießen mit ihrer 2 cm-Leuchtspur auf erkannte Stellungen. Die Artillerie nimmt das Feuer auf. Die Szene ist gespenstisch.

Im Morgengrauen des 2. September greifen wir erneut an und erreichen das Dorf und die Höhe des Gegners. Die Polen haben sich zurückgezogen. Uns bietet sich ein Bild des Grauens. In den verlassenen Stellungen liegen Tote und Pferdekadaver umher. Die verlassenen Häuser brennen noch. Dieser Anblick vermittelt uns einen ersten Eindruck, was Krieg bedeutet. Wir müssen uns bemühen, mit der Realität fertigzuwerden. Die ersten Gefangenen, die wir anschließend machen, berichten, daß sie von unserem Einmarsch überrascht und in Richtung Grenze geworfen worden seien, um eine notdürftige Widerstandslinie aufzubauen. »Wolltet Ihr uns angreifen und nach Deutschland einmarschieren?«, lasse ich durch Augustin fragen. »Wir Euch, das starke Deutschland, wozu denn?«, kommt die erstaunte Gegenfrage. Hier entlarvt sich die Propaganda Goebbels'.

Wir stoßen jetzt vor. Das dichte Waldgelände ist unwegsam und macht Operationen unserer Panzerspähwagen und Panzer fast unmöglich. Zwei Tage müssen wir auf unsere Feldküche verzichten. Die Fahrzeuge kommen auf den schlechten Straßen und im dichten Wald nicht durch. Auf unserem Marsch durch Dörfer und kleine Städte bietet sich wieder das gleiche grausame Bild. Die Luftwaffe hat ganze Arbeit geleistet und die Polen stark demoralisiert. Trotzdem kämpfen die polnischen Divisionen heldenhaft. Erich Beck: »Wir bewunderten den Gegner wegen seines Nationalstolzes und Einsatzes. Er verlangte uns Respekt ab. Wir erfuhren, daß ein polnisches Kavallerieregiment eine Attacke gegen unsere Panzer geritten hatte. Man hatte ihnen gesagt, die deutschen Panzer seien nur Holzattrappen.« Alle Brücken sind gesprengt. Unsere Pioniere leisten übermenschliche Arbeit. Polnische Scharfschützen haben sich in Heuschobern und unter Strohdächern eingenistet, die nun mit Leuchtspurgeschossen ausgeräuchert werden müssen. Es brennt überall.

Kielce, Radom und Lodz sind in den nächsten Tagen unsere Angriffsziele. Erste Kessel bilden sich durch Umklammerung. Wir erfahren von der Division, daß der Vormarsch auf breiter Front von Oberschlesien bis zur Ostsee zügig vorankommt. Am 6. September schließlich stoßen wir noch einmal auf starken Widerstand in der Nähe eines Dorfes am Rande der Lysa Gory. Nach heftigen Gefechten mit wenig Verlusten überwältigen wir den Gegner, dessen Kraft nun endgültig gebrochen scheint. Krakau fällt am selben Tag. Starke Verbände stoßen von Westen und Nordwesten auf Warschau vor.

In Lodz, um das kaum noch gekämpft wird, trifft Augustin seine Eltern. Ich begleite ihn. Das Wiedersehen ist bewegend. Seitdem die Spannungen zugenommen hatten, hatten sie voneinander nichts mehr gehört. Nun haben die Eltern ihren Sohn wieder. Für immer, wie sie hoffen. Wir besuchen die Textilfabrik seiner Familie und setzen uns anschließend in ein Café am Markt. Wir bekommen Kaffee und einfaches Gebäck, beides für uns ein großer Genuß nach den ersten schweren Tagen. Nicht nur Westpreußen mit der alten Stadt Danzig scheint das alleinige Ziel zu sein. Anscheinend soll ganz Polen besetzt und ausgelöscht werden, und zwar unter Beteiligung der Russen, mit denen wir einen Nichtangriffspakt haben.

Wir erhalten den Befehl, die Wälder zu säubern, das gewonnene Gebiet abzusichern und uns dann für den entscheidenden Vorstoß auf Warschau bereitzuhalten. Auf der Suche nach einem geeigneten Kompaniegefechtsstand findet mein Vorauskommando inmitten der Wälder einen großen Landsitz. Er ist vom Krieg völlig unberührt geblieben. Ich fahre dorthin und werde von einem liebenswürdigen alten Herrn begrüßt, der fließend Deutsch und Englisch spricht. Er war polnischer Botschafter in London gewesen und hatte sich nun auf seinem Landgut zur Ruhe gesetzt. Sein Haus ist voller Gäste. Eine bekannte Pianistin und andere Künstler sind bei Kriegsausbruch aus Warschau hierher geflüchtet in der Hoffnung, hier sicher zu sein. Der Butler führt mich in ein Gästeappartement und fragt — makaber genug — nach meinem Gepäck.

Nachdem ich die nötigen Befehle an meine Kompanie gegeben und Meldung an die Division gemacht habe, lädt mich der Hausherr zu einem Spaziergang ein. »Ach hören Sie, etwa 30 Kilometer von hier entfernt lebt ein guter Freund von mir, der mit einer Deutschen aus Schlesien verheiratet ist. Ich mache mir Sorgen um sie. Können Sie etwas über die beiden in Erfahrung bringen?« Es stellt sich während des weiteren Gesprächs heraus, daß die Deutsche eine entfernte Verwandte von mir ist. Mir wird schlagartig bewußt, wie unsinnig dieser Krieg ist, und dennoch können wir uns ihm nicht entziehen. Ich verspreche herauszufinden, wie es den Freunden geht.

Mein Hausherr führt mich zu einem Hundezwinger, wo er mir einen Wurf junger Irish Setter zeigt. Die Mutter hatte er aus England mitgebracht. Er nimmt einen Welpen auf den Arm und fragt mich: »Darf ich ihn Ihnen schenken als Aufheiterung in einer traurigen Zeit?« Ich nehme ihn gern, taufe ihn »Boy« und gebe ihn später meinem Troß in Obhut mit dem Auftrag, ihn heil nach Deutschland zu bringen. Am Abend sitzen wir dann alle um das Kaminfeuer in der großen Halle herum, die bis unter das Dach reicht. Während die Pianistin Chopin spielt, hört man in der Ferne vereinzelt Gewehrfeuer. Hier sitze ich nun unter freundlichen Menschen in angenehmer Atmosphäre in einem Land, das wir überfallen haben. Ich erfahre, daß im nächsten Ort der berühmteste polnische Tiermaler lebt, und arrangiere am nächsten Tag einen Besuch bei ihm. Ich bin von seinen Werken sehr angetan und wünsche mir von ihm ein Aquarell, das die polnische Stimmung wiedergibt. Am nächsten Abend bringt er mir das Bild. Ich bin entzückt. Es zeigt einen Schäfer, der durch eine typisch polnische Landschaft ein »Panjepferd« an der Leine führt. Das Bild hat den Krieg überlebt. Es hängt noch heute in meinem Haus und erinnert mich an schwere, aber auch an schöne Stunden. Am selben Abend kommt ein Spähtrupp und meldet, daß die Freunde des Hausherrn wohlauf sind. Er ist sichtlich erleichtert.

Mein Kommandeur gibt an diesem Abend den Befehl für den weiteren Vormarsch auf Warschau. Am nächsten Morgen verlasse ich diese Oase mit meinem Aquarell und meinem Irish Setter. Mein Bataillonskommandeur teilt mir bei der Befehlsausgabe für den weiteren Vormarsch mit, daß Frankreich und England uns am 3. September 1939 den Krieg erklärt hätten, also zu ihrem Beistandspakt mit Polen stünden. Bisher hätten sie jedoch entgegen unseren Befürchtungen nicht angegriffen. Der tägliche »Wehrmachtsbericht« habe lediglich einige Artillerieduelle und verstärkte Luftaufklärung gemeldet. Wir sind erleichtert. Hitler scheint beide Staaten richtig eingeschätzt zu haben. Die Engländer hätten, soweit festgestellt, noch nicht einmal ein Expeditionskorps auf das Festland entsandt.

Wir marschieren jetzt auf Warschau. Im ostwärtigen Teil Polens wird von unserer Seite nicht operiert. Offenbar bestehen da gewisse Abmachungen mit den Russen. Südlich von Warschau beziehen die beiden Panzeraufklärungsabteilungen Bereitschaftsstellungen in einer Obstplantage. Am 9. September — nach neun Tagen Krieg — ist der größte Teil Polens, soweit er zum deutschen Einflußgebiet gehört, besetzt und in unserer Hand. Nur in Warschau wird noch gekämpft. Die restlichen, noch verfügbaren Teile der polnischen Armee haben sich hierher zurückgezogen, um ihre Hauptstadt zu verteidigen. Noch am 23. September liegt Warschau unter schwerem Bomben- und Artilleriefeuer. Am 27. September wird Warschau endgültig eingenommen. Wir kommen nicht mehr zum Einsatz. Polen scheint keinen Widerstand mehr leisten zu können. Wir werden nur zur Säuberung des gewonnenen Gebietes eingesetzt.

Auf einer meiner Erkundungsfahrten, die ich mit meinem Geländewagen zusammen mit meinem Fahrer Fink und einer Ordonnanz mache, entdecke ich in der Nähe eines Dorfes eine junge Polin in Uniform. Sie richtet eine Maschinenpistole auf uns. Ehe sie schießen kann, haben wir sie überwältigt. »Gehören Sie zu einem Frauenbataillon, oder sind sie Partisanin?«, frage ich sie auf Französisch. Ihr Blick ist haßerfüllt. Kein Wunder nach dem den Polen aufgezwungenen Krieg. Sie führt uns zu einem Haus, in dem ihr verwundeter Mann, ein polnischer Offizier, liegt. Ich lade beide in meinen Wagen ein und liefere sie bei unserer Sanitätsstaffel ab, wo ihr Mann sofort versorgt wird.

Jetzt bedankt sie sich. »Es ist alles so traurig und hoffnungslos. Warum laßt Ihr uns nicht in Frieden leben? Jetzt werden die mit Euch verbündeten und von uns gehaßten Russen kommen. Aber noch ist Polen nicht verloren.« Die letzten Worte sind die der polnischen Nationalhymne, wie mir Augustin erzählt.

Am 17. September marschieren die Russen in Ostpolen ein. Eine Demarkationslinie wird von je einer deutschen und russischen Delegation festgelegt. Als Dolmetscher fungiert Boris von Karzow, dem ich später in der russischen Gefangenschaft begegnen werde. Polen wird erneut geteilt. Die bittere Geschichte dieses Landes nimmt ihren Lauf. Am 5. Oktober findet in Warschau die Siegesparade in Hitlers Beisein statt. Unsere Division braucht nicht teilzunehmen. Rommel nimmt auf der Tribüne neben Hitler Platz. Er ist zu diesem Zeitpunkt noch Kommandant des Führerhauptquartiers; während der Kämpfe hatte er jedoch immer wieder die Truppe besucht und war, wie er später erzählte, fasziniert vom Einsatz der Panzertruppe unter General Guderian. Rommel erreicht bei Hitler, daß er eine Panzerdivision erhält.

Der Polenkrieg ist für uns beendet. Einige meiner Männer erhalten das Eiserne Kreuz II. Klasse, unter ihnen der tapfere Führer des schweren Maschinengewehrzuges. Er wird bald darauf zum Oberfeldwebel befördert. Besonders stolz bin ich auf die Verleihung an unseren Kompanieschneider. In Bad Kissingen wurde er immer als »unser Schneiderlein« verspottet. Doch während des Einsatzes war dieser schmächtige Mann über sich selbst hinausgewachsen. Er war wie der Kompanieschuster als Melder und Befehlsüberbringer zwischen unseren rückwärtigen Teilen und den sich im Einsatz befindlichen Kampfeinheiten eingesetzt worden. Bei schwerem Beschuß, bei dem wir in Deckung gehen mußten, kam »unser Schneiderlein« mit Meldungen und Befehlen nach vorn und riskierte dabei sein Leben. Es war für uns eine neue Erfahrung, daß häufig die kräftigsten und robust wirkenden Männer unter Kriegsbedingungen die Nerven verloren, während die angeblich Schwachen sich als stark erwiesen und in wirklich prekären Momenten die Nerven behielten.

Die in den neun Tagen Krieg erlittenen Verluste sind verhältnismäßig gering. Von meinen Zugführern ist Leutnant von Fürstenberg wegen eines schweren Bauchschusses ausgefallen. Er muß lange Zeit im Lazarett bleiben. Noch können wir unsere Gefallenen würdig und zum Teil mit militärischen Ehren begraben. Die folgenden Ruhetage tun uns gut. Ich habe Zeit, mich bei allen Männern meiner Kompanie zu bedanken.
»Wie gut, daß Sie uns gezwungen haben, uns schnell einzugraben. Die harte Ausbildung hat vielen von uns sicherlich das Leben gerettet«, erzählen sie mir. Die Moral ist erstklassig. Niemand denkt hier kurz vor Warschau daran, wie es weitergehen wird.

Ich erhalte die Genehmigung, nach Warschau zu fahren, was für mich ein Wiedersehen nach vielen Jahren bedeutet. Die Außen- und Industriebezirke haben unter den Luftangriffen schwer gelitten. Das Zentrum ist weitgehend erhalten geblieben. Man kehrt hier wieder zum normalen Leben zurück. Die Polen verstehen es immer wieder, mit Schicksalsschlägen fertig zu werden. Im Café des größten Hotels im Zentrum erhalte ich meinen Drink, als sei nichts geschehen. Man spürt, daß wir Deutschen den Polen als Besatzung noch lieber sind als die Russen. Das soll sich leider bald ändern!

Ende September wird die Division in ihre Garnisonen nach Deutschland zurückverlegt. Wir marschieren wieder durch das Sudetenland nach Bad Kissingen.

Interim

Der Empfang in Bad Kissingen ist überwältigend. Die Kissinger stehen am Straßenrand und bewerfen uns mit Blumen. Gegenüber dem bereits geschlossenen Kurhaus nimmt unser Kommandeur den Vorbeimarsch unseres Bataillons ab. Großes Gelächter kommt auf, als mein Irish Setter »Boy« auf dem Verdeck eines Lastwagens das Musikkorps mit lautem Gebelle begrüßt. Natürlich haben sich zum Empfang auch die Honorationen der Stadt eingefunden. Einige der Nazi-Funktionäre »sonnen« sich in unserem Erfolg, als ob sie die Leistung vollbracht hätten.

In den nächsten Tagen haben alle Ausgang. Viele Restaurants und Bars haben noch einmal geöffnet und stiften Freibier. »Huber Sepp«, der Inhaber der Huber-Bar, holt eine lang gehütete Flasche Scotch aus dem Keller. Es wird eine lange Nacht. Die Zivilbevölkerung und auch die meisten von uns glauben, daß mit dem Polenfeldzug der Krieg beendet sein wird. Die Franzosen und die Engländer haben nicht angegriffen. Sollte sich ein zweites »München« ergeben, die Premierminister Daladier und Chamberlain erneut versuchen, sich mit Hitler zu arrangieren? Vielleicht ist es ein Wunschgedanke, aber: Mit der unblutigen »Heimkehr ins Reich«, der Besetzung des Sudetenlandes und der Tschechoslowakei sowie der »Befreiung« Westpreußens und Danzigs in einem wenig verlustreichen Blitzkrieg scheinen nun alle Ziele erreicht zu sein, die das »Unrecht des Versailler Vertrages« wiedergutmachen. Ich habe Zweifel. Zu tief ist Hitlers Haß auf Frankreich, gegen das er im Ersten Weltkrieg gekämpft hatte. Die Propaganda läuft wieder auf Hochtouren. Es fallen auch die Namen von Elsaß und Lothringen, die nach dem Krieg von 1870/71 an Deutschland und nach 1918 wieder an Frankreich abgetreten werden mußten.

Umschichtig erhalten wir alle Urlaub für einen kurzen Besuch bei unseren Angehörigen. Wir genießen die Tage, doch die Realität holt uns bald wieder ein. Die Wehrmacht, besonders die Panzerwaffe, wird weiter ausgebaut. Neue Panzerdivisionen werden aus Kadern aufgestellt, die wir abgeben müssen. Unsere 2. leichte Division wird umgebildet und zur 7. Panzerdivision ausgerüstet. Generalmajor Erwin Rommel, mein Infanterielehrer aus Dresden, wird laut Befehl vom 6. Februar 1940 unser Divisionskommandeur. Am 10. Februar übernimmt er in Bad Godesberg die 7. Panzerdivision. Bei aller Hochachtung vor diesem Mann, aber ein Infanterist als Panzerführer?

Wir werden schnell eines Besseren belehrt. Rommel hat sich eingehend mit der Panzertaktik vertraut gemacht. Ein völlig neuer Wind weht von jetzt an bei uns. Die Division hat nur noch eine Panzeraufklärungsabteilung, die Abteilung 37 unter Major Erdmann. Er wird nun unser Kommandeur und ist wie viele andere Kommandeure Teilnehmer des Ersten Weltkrieges gewesen. Wir respektieren seine Kriegserfahrung und fassen sofort Vertrauen zu ihm. Die Division erhält neue, bessere Panzer. Der Panzer III mit seiner 5 cm-Kanone und der Panzer IV mit seiner 7,5 cm-(»Stummel«)-Kanone sind schneller, besser bewaffnet und gepanzert. Mit dem Dreiachs-Panzerspähwagen und einer 3,7 cm-Kanone erhalten wir ein besseres Aufklärungsfahrzeug.
Die Ruhe in den Garnisonen soll nicht von großer Dauer sein. Wir werden von Kissingen in das kleine Dorf Heimersheim am Nordrand der Rhön verlegt. Ein hartes Training beginnt, das durch den sehr strengen Winter erschwert wird, der nun einsetzt. Wir sind in kleinen Rhöndörfern untergebracht. Die Bauern haben es schwer, auf den kargen Böden ihr tägliches Brot zu verdienen. Sie leben ein einfaches Leben. In fast allen Bauernhäusern ist nur die Küche beheizbar, so daß sich hier das Familienleben abspielt. In den Schlafräumen ist es so kalt, daß wir die Betten vor dem Schlafengehen mit heißen Ziegelsteinen erwärmen müssen. Fließendes Wasser gibt es nicht. Am Morgen müssen wir die Eisschicht, die sich über Nacht auf den Waschschüsseln gebildet hat, zerschlagen, um uns zu waschen.

Rommel ordnet Geländeübungen bei jedem Wetter, auch nachts, an. Er besucht täglich alle Einheiten und legt großen Wert darauf, daß immer dieselben Einheiten zusammenarbeiten. So lernen sich Panzerleute, Artilleristen und Grenadiere kennen und spielen sich aufeinander ein. Es bildet sich innerhalb der Division eine Gemeinschaft, die sich später als äußerst wichtig erweisen soll. Die Propaganda verstärkt sich. Hitler verspottet die Franzosen. Immer häufiger spricht er vom »Whisky-Churchill« und später vom »Paralytiker Roosevelt«. Will er mit der immer stärker werdenden Wehrmacht die Westalliierten vor einem Angriff abschrecken, oder plant er den Einmarsch nach Frankreich? Wir wissen es nicht. Wir vertrauen uns selbst und unseren modernen Waffen, die denen der Gegner überlegen zu sein scheinen.

Die ersten SS-Panzerdivisionen werden aufgestellt. Die Zellen bilden die »Leibstandarte Adolf Hitler« unter ihrem Kommandeur Sepp Dietrich und die SS-Verfügungstruppe unter dem früheren Reichswehrgeneral Paul Hausser. Wir vermuten nicht zu unrecht, daß Hitler mit der Waffen-SS ein Gegengewicht zum Heer, besonders zu dem konservativen Offizierkorps, schaffen will, und sind keinesfalls glücklich darüber. Obwohl Himmler, der »Reichsführer-SS«, die Verantwortung für die Mannschaftsaufstellung und Ausrüstung übernimmt und aufgrund seines Einflusses die besten Leute für seine Waffen-SS rekrutiert, werden alle SS-Einheiten taktisch dem Heer unterstellt, also immerhin ein Miteinander statt eines Gegeneinanders. Aus Mangel an erfahrenen Truppenführern werden Heeresoffiziere zur Waffen-SS als Kommandeure versetzt und erhalten zu ihrem Entsetzen SS-Dienstgrade.

Der strenge Winter 1939/40 geht vorüber. Inzwischen haben die Engländer begonnen, ein Expeditionskorps nach Nordfrankreich zu verlegen. Immer noch bleibt es verhältnismäßig ruhig an der Westfront. Der U-Bootkrieg wird jetzt verstärkt. Englische Kriegsschiffe werden versenkt, die die Insel vor der deutschen Marine sowie die Konvois schützen sollen, die Material aus den USA nach England bringen. Trotzdem steigen die Versenkungsziffern alliierter Handelsschiffe bedenklich. Der Krieg gegen Frankreich und England spielt sich zunächst auf dem Meer ab, an der Landfront bleibt es verhältnismäßig ruhig. Unsere Luftwaffe wird nun offensiver eingesetzt. Alles deutet darauf hin, daß Hitler den Angriff plant und eine Entscheidung in Europa sucht.

Anfang April 1940 werden in einer Blitzaktion Dänemark und Norwegen besetzt, um »den Engländern zuvorzukommen«, wie es heißt. Jetzt ist auch unsere Nordflanke abgesichert. Im Süden sichert Italien unter Mussolini das Mittelmeer. Wir wissen nicht, was wir von der »Achse Berlin—Rom« zu halten haben. Es gelingt Hitler, mit Japan die Achse zu einer »Dreier-Achse« zu erweitern. Politisch nimmt der Krieg nun globale Dimensionen an.

Mitte Februar werden wir nach Dernau an der Ahr verlegt, also praktisch an die Westfront. Rommel besucht jede Einheit, um sich »vorzustellen«. Er sagt uns, daß er stolz sei, eine Panzerdivision führen zu dürfen. In gerader Linie nach Westen würden wir auf die belgische Grenze ostwärts von Lüttich stoßen, also weit nördlich der französischen Grenze. Ist das ein Vorzeichen, wohin ein eventueller Angriff führen wird?

Frankreich 1940

Anfang Mai werden wir plötzlich nach Westen in die Eifel verlegt. Rommel ist mit Teilen der Division auf einem nahen Übungsplatz zum Scharfschießen. Mit den älteren Kommandeuren und Reserveoffizieren, die am Ersten Weltkrieg teilgenommen haben, diskutieren wir, was uns erwartet. »Das wird kein Spaziergang wie in

Polen«, werden wir gewarnt. »Die Franzosen und Engländer sind ganz andere Gegner.« Wir Jüngeren entgegnen, daß es keinen Stellungskrieg wie 1914/1918 geben kann und darf. Dazu ist unsere Panzerwaffe zu beweglich, unsere Einstellung zu positiv. Immer denken wir Jungen an Guderian und seine blitzenden Augen, wenn er uns seine Taktik erläuterte. Rommel, der Gebirgsjäger des Weltkrieges, hat uns während unserer Übungen überzeugt, daß er sich auf die bewegliche Kampfführung eingestellt hat und der richtige Panzerführer für uns ist.

Am Abend des 9. Mai werden wir Kompaniechefs zu unserem Kommandeur, Major Erdmann, befohlen: »Morgen früh marschieren wir nach Belgien ein. Der erste Widerstand an der Grenze muß schnell überwunden werden, das Ziel der Division ist die Maas bei Dinant. Die 7. Panzerdivision gehört mit der 5. Panzerdivision zum Panzerkorps Hoth, das als Speerspitze durch die Ardennen vorstoßen wird. Wir können stolz darauf sein, mit unserer Aufklärungsabteilung an der Spitze der Division zu sein.« Mehr erfahren wir nicht, weder Einzelheiten des Gesamtplanes noch wo Guderian mit seinem Panzerkorps angreifen wird.

Um 5.32 Uhr des 10. Mai treten wir an. Die belgischen Grenzposten ziehen sich sofort zurück oder ergeben sich. Am Nordrand Luxemburgs vorbei stoßen wir durch die unwegsamen Ardennen genau nach Westen vor und erreichen ohne großen Widerstand am 12. Mai die Maas nördlich Dinant. Von den Höhen sehen wir das Tal und auf der Westseite wieder stark bewaldete Höhen. Wir sehen aber auch die zerstörten Brücken, die Rommel gern unversehrt genommen hätte. Wir tasten uns langsam in das Tal hinunter, bekommen aber sofort genau gezieltes Gewehrfeuer und werden von schwerer Artillerie eingedeckt.

Rommel erscheint bei uns, wie so oft in den folgenden Wochen, um sich persönlich ein Bild der Lage zu machen. Befehle für die Überquerung des Flusses werden sofort erteilt: Unsere Aufklärungsabteilung bleibt zur Sicherung auf den Höhen und hält sich für den weiteren Vorstoß bereit, sobald ein Brückenkopf auf dem Westufer gebildet ist. Panzerspähtrupps fahren das Ostufer ab, um Übergangsstellen zu suchen. Auch das Panzerregiment 25 unter seinem mit dem Pour le mérite dekorierten Oberst Rothenburg wartet ab.
Die beiden Panzergrenadierregimenter 6 und 7 sollen in der Nacht, unterstützt von Pionieren, einen Übergang erzwingen. Die Maisonne scheint schon warm. Das Flußtal liegt friedlich unter uns. Auch auf dem Westufer regt sich nichts mehr. Sind die Franzosen abgezogen? Dann sehen wir Teile des Panzergrenadierregiments 7 von den Höhen absteigen, begleitet von Pionieren mit Schlauchbooten. Weiter südlich bei Dinant geht das Panzergrenadierregiment 6 vor.

Kaum sind die ersten Boote zu Wasser gelassen, bricht die Hölle los. Scharfschützen und schwere Artillerie decken die wehrlosen Männer in den Booten ein. Mit unseren Panzern und eigener Artillerie versuchen wir, den Gegner auszuschalten. Ohne großen Erfolg. Er ist zu gut getarnt. Der Angriff kommt zum Stillstand. Um etwa 4.00 Uhr früh fährt Rommel nach Dinant, um zu sehen, ob das andere Regiment erfolgreicher ist. Aber auch hier war Schlauchboot um Schlauchboot versenkt worden.

»Nebel« ist Rommels Idee. Wir haben keine Nebelmunition. Wieder kommt eine der vor Ort getroffenen Blitzentscheidungen Rommels: Einige Häuser, die in der richtigen Windrichtung stehen, werden in Brand geschossen, und der Angriff wird im Schutze der Rauchwolken erneut in Gang gebracht.
Wie ein »Wirbelwind« kommt Rommel zu uns zurück, organisiert sofort den Feuerschutz für das Panzergrenadierregiment 7 und übernimmt persönlich den Befehl über dessen II. Bataillon. Mit der zweiten Welle setzt Rommel über den Fluß, wo ein kleiner Brückenkopf gegen die sich tapfer verteidigenden Franzosen gebildet werden kann. In der Nacht werden auf Pionierfähren die ersten Panzer übergesetzt. Am Morgen des 14. Mai treten die ersten Panzer zusammen mit Infanterie zum Angriff an.
Rommel ist wieder dabei, es hält ihn nicht auf seinem Gefechtsstand. Sein Befehlspanzer wird beschossen, der Fahrer setzt ihn in einen Graben. Rommel wird leicht verwundet, hastet aber zu Fuß weiter — mitten durch feindliches Feuer. »Ist Rommel immun?«, fragen wir uns. Alle Männer und Offiziere sind stark beeindruckt, sein Beispiel spornt uns an.

Es gelingt, aus dem Brückenkopf auszubrechen. Der Weg nach Westen scheint offen zu sein. Die Aufklärungsabteilung wird übergesetzt und aus dem Brückenkopf sofort zum Vorstoß nach Westen eingesetzt. »Fahren Sie, sehen Sie nicht nach links und rechts, nur vorwärts. Ich werde Ihre Flanken absichern, falls erforderlich. Der Gegner ist verwirrt, das müssen wir ausnutzen«, klingt Rommels unorthodoxer Befehl. Zum Teil parallel mit zurückströmenden Franzosen treten wir an. Südlich Charleroi stoßen wir auf die französische Grenze, hinter der die hier schwach ausgebaute Maginotlinie verläuft, die an Frankreichs Ostgrenze für unüberwindlich gehalten wird. Am 16. Mai erhalten wir den Befehl, bei Sivry die Grenze zu überschreiten.
Das Panzerregiment rückt auf. Mit ihm eine Spezialeinheit der Pioniere. Gemeinsam gelingt uns ein 2,5 Kilometer tiefer Einbruch durch die Maginotlinie. Rommel befindet sich wiederum ganz vorn und treibt uns vorwärts. In der Nacht zum 17. Mai stoßen wir bereits durch den Ort Avesnes und erreichen an diesem Tag die Sambre, deren Brücken unzerstört sind.

Die Franzosen sind völlig überrascht von unserem ungestümen Vorstoß und ziehen sich, zum Teil unter Auflösungserscheinungen, zurück. »La guerre est fini, je m'en fou«, hören wir einige französische Soldaten rufen.

Was ist mit der berühmten französischen Armee, die im Ersten Weltkrieg so tapfer und gleichwertig gegen uns kämpfte? Zum einen, glauben wir, hat ihr die »unüberwindliche« Maginotlinie das absolute Gefühl der Sicherheit gegeben, zum anderen hat man sicherlich unsere Kampfkraft und Beweglichkeit unterschätzt. Um Lehren aus dem »Blitzkrieg« in Polen zu ziehen, war es zu spät. Zudem scheint der Wille der Franzosen, gegen uns Krieg zu führen, sehr gering, obwohl so hervorragende Heerführer wie Maréchal Pétain und General Weygand an der Spitze der französischen Armee standen.

Wir kennen weder die Situation in den einzelnen Frontabschnitten noch die Gesamtlage. Wir haben das Gefühl, allein an der Spitze einer stürmisch vordringenden Division zu sein. »Vorwärts« lautet die Parole. Bereits am 18. Mai rollt unser Panzerregiment in Cambrai ein, diesem geschichtsträchtigen Ort, der im Ersten Weltkrieg berühmt wurde, als die Engländer erstmals mit Panzern eine Wende erzwangen.

Mit unserer Aufklärungsabteilung schirmen wir den Panzervorstoß nach Süden ab und haben es dabei immer wieder mit zurückflutenden Soldaten zu tun, denen große Teile der Zivilbevölkerung in ihrer Panik folgen.

Die Division schließt auf. Am 20. Mai wird der wichtige Canal de St. Quentin überschritten.

An diesem Abend hören wir, daß Guderian, der südlich von uns vorgestürmt ist, Abbéville an der Somme erreicht hat und somit nur noch 25 Kilometer von der Kanalküste entfernt ist.

Wo sind die Engländer, denen wir jetzt mehr Kampfwillen zugetraut haben? Einerseits sind sie zäher als die demoralisierten Franzosen, andererseits stehen sie mit dem Rücken zum Kanal, der sie von ihrer Basis auf der Insel trennt. Für sie gilt es zu siegen, um zu überleben.

Am 20. Mai erreichen wir die Gegend südlich von Arras. Zum ersten Mal erscheint eine Division der Waffen-SS zu unserer Unterstützung. Wir stoßen auf den La Bassée-Kanal vor. Rommel möchte unbedingt Arras westlich umgehen, um so den in diesem Raum vermuteten Engländern den Weg zur Küste abzuschneiden. Während Rothenburgs Panzer die von Arras nach Westen führende Ausfallstraße erreichen und sperren, bahnt sich für unsere Division eine schwere und verlustreiche Schlacht an. Ich liege mit meiner Kompanie am Kanal, um eine Überquerung zu erzwingen. Alle Brücken sind zerstört. Die Franzosen haben zusätzlich alle Flußschiffe versenkt.

Vom anderen Ufer erhalten wir gezieltes Scharfschützenfeuer. Als ich zu einem unserer Panzerabwehrgeschütze springe, um das Feuer zu leiten, erhalte ich einen Schuß in die rechte Hand. Meine Pistole wirbelt durch die Luft, mehrere Fingerkuppen sind durchschossen. Ich blute stark. Meine Ordonnanz, Erich Beck, erinnert sich: »Ich holte sofort einen Panzerspähwagen. Als ich meinen Chef herauflegen wollte, rutschte er mir unter der Hand weg. ›Mein Gott‹, dachte ich, ›jetzt hat es ihn ganz erwischt.‹ Aber am nächsten Tag war er wieder, den Arm in der Binde tragend, unter uns.«

Stoßtrupps haben einige Gefangene gemacht, die ich mir vorführen lasse.
Nach einigem Palaver stellt sich heraus, daß das uns gegenüberliegende englische Bataillon zu den Grenadier Guards gehört. Ihr Chef war ein alter Freund von mir, mit dem ich noch kurz vor dem Kriege im »Malborough Club« in London zusammengesessen hatte. »Wie sinnlos ist das alles«, geht es mir durch den Kopf.

In der Nacht ist es gelungen, einen Brückenkopf auf dem anderen Ufer zu erzwingen. Pioniere müssen die Pontonbrücke wie eine Schlange durch die versenkten Schlepper und Lastkähne bauen. Während des gewaltsamen Übergangs über den Kanal steht Rommel wie eine Zielscheibe auf dem Damm und lenkt das Feuer, während neben ihm Männer verwundet werden oder gar fallen. Wiederum spornt er uns durch sein beispielhaftes Verhalten an. Erst als Stukas (Sturzkampfbomber Ju 87) eingreifen, gelingt der endgültige Übergang. Inzwischen haben sich die Engländer entschlossen, auch ohne die Franzosen einen Gegenangriff ostwärts von Arras in unsere rechte Flanke zu starten. Er trifft genau eines unserer Panzergrenadierregimenter. Unsere eigenen Panzer stehen zu der Zeit bereits westlich von Arras. Die Situation wird zunehmend kritischer, so daß Rommel sich entschließt, erneut persönlich einzugreifen. Zu unserem Entsetzen treten die Engländer mit einem neuen, zwar langsamen, aber gut gepanzerten Panzer, dem MK II »Mathilda«, an, gegen den unsere Panzerabwehrkanone 3,7 cm machtlos ist. Rommel erkennt dies sofort und holt eine 8,8 cm-Batterie nach vorn, die er persönlich Schuß um Schuß dirigiert, mit dem Erfolg, daß über 30 englische Panzer abgeschossen werden und sich der Gegner zurückzieht. Rommel hat nicht einmal bemerkt, daß neben ihm einer seiner Ordonnanzoffiziere gefallen ist.

Die Schlacht um den La Bassée-Kanal und Arras dauert mehrere Tage und bringt der Division die bis dahin schwersten Verluste.
Die unorthodoxe Taktik Rommels entsetzt den Generalstab. Selbst Hitler will den ungestümen Vorwärtsdrang stoppen und ein Halt der Operationen anordnen. Rommel erzählt uns lachend davon: »Ich muß und werde die günstige Situation für uns ausnutzen. Der Gegner beginnt zu weichen und darf sich nicht mehr festsetzen.« Wir glauben und vertrauen ihm und machen mit.

Über zwei Brückenköpfe stoßen wir sofort wieder vor und erreichen am 27. Mai die Gegend südlich von Lille. Das Panzerregiment stößt noch in der Nacht weiter vor und kann am frühen Morgen die Ausfallstraße von Lille in Richtung Dünkirchen bei Lommé sperren. Wir leiden unter dem Staub, der die Fahrzeuge bedeckt und uns das Gefühl gibt, »dauernd auf einen trockenen Keks zu beißen«.

Am 28. Mai ist Rommel mit seinem Befehlspanzer auf dem Gefechtsstand des Panzerregimentes, als plötzlich schweres Artilleriefeuer einsetzt, das eigentlich der Richtung nach nur von eigener Artillerie kommen kann. Zu schnell waren wir wohl vorgestoßen. Die Kommunikation klappte nicht immer gleich schnell. Bei Rommel ist auch mein Kommandeur, Major Erdmann, um neue Befehle entgegenzunehmen.
Erich Beck erinnert sich: »Wir wollten gerade frühstücken, als ein Melder kommt und unseren Chef von Luck zu Rommels Gefechtsstand ruft. Ich brauche etwas Zeit, um alles zu verpacken.
›Mensch, Beck, wo bleiben Sie denn? Ich muß zum General‹, ruft der Chef.
Als wir zum Ortsrand kommen, wo wir Rommel treffen sollen, geht dort gerade schweres Artilleriefeuer auf den Ort nieder. Vor einem Haus liegt ein Toter. Es ist unser Kommandeur Erdmann. Rommel steht daneben und klopft sich den Staub von seiner Uniform. Rommel scheint schwer betroffen von diesem Verlust zu sein. Er hat einen seiner alten, bewährten Kommandeure verloren. Ich denke: ›Ist es unserem Schutzengel zu verdanken, daß wir mit ein paar Minuten Verzögerung abgefahren sind?‹«
Rommel wendet sich an mich: »Von Luck, Sie übernehmen sofort das Kommando der Panzeraufklärungsabteilung 37. Sie erhalten gleich neue Befehle.«
Ich bin der zweitjüngste Kompaniechef der Abteilung und wende ein: »Herr General, einige Kompaniechefs sind älter als ich. Bleibt es trotzdem bei Ihrer Entscheidung?«
»Sie führen, basta. Sollten sich die Kompaniechefs Ihren Anordnungen widersetzen, werde ich sie ablösen.«
Dies ist wieder eine der unorthodoxen Maßnahmen Rommels. Mehr zählt für ihn die Leistung als der Dienstgrad.

Unter Absicherung unserer rechten Flanke stößt nun die ganze Division auf das Gebiet westlich Lille vor. Die Engländer haben nach ihrem mißglückten Versuch eines Gegenangriffs das Stichwort »Dynamo« ausgelöst, den Beginn der Evakuierung über Dünkirchen.
Am 31. Mai ergibt sich eine französische Division in und um Lille. Den Engländern gelingt es, über 330 000 Mann über den Kanal nach England zurückzubringen. Wir verstehen nicht, warum wir so viele Engländer entkommen lassen.

Wie uns unsere Aufklärung meldet, haben die Franzosen nach dem Verlust des Gebietes nördlich der Somme und ihrer dort eingesetzten Divisionen anscheinend in Eile eine neue Verteidigungslinie südlich der Somme aufgebaut, die nach ihrem Befehlshaber die »Weygand-Linie« genannt wird. An der Somme sichern inzwischen auf dem Nordufer die nachgerückten Infanteriedivisionen unsere Südflanke.
Die 7. Panzerdivision, die inzwischen von den Franzosen achtungsvoll »Division Phantome« getauft wurde, erhält einige Tage Ruhepause zur Auffrischung der Leute und des Materials.

Am 2. Juni wird Rommel als erstem Divisionskommandeur im Westen das Ritterkreuz zum Eisernen Kreuz von Hitler persönlich verliehen. Hitler sagt dabei zu Rommel: »Wir waren alle sehr beunruhigt, aber der Erfolg hat Ihnen Recht gegeben.«

Die umseitig erwähnte Ruhepause benutzt Rommel, um uns einen Überblick über Ansatz und Ziel der bisherigen Operationen zu geben. Bereits Anfang 1940 hatte der begabte Generalstabsoffizier und spätere Feldmarschall von Manstein einen genialen Plan entwickelt: Anstatt der Wiederholung des im Ersten Weltkrieg angewandten »Schlieffenplans« hatte von Manstein den »Sichelschnittplan« ausgearbeitet. Danach sollte die Masse der Panzerdivisionen durch die schwer passierbaren Ardennen im Rahmen der Heeresgruppe A südlich Lüttich nach Westen vorstoßen, die Heeresgruppe B nördlich von Lüttich den Gegner zunächst nur binden.
Gerade dort jedoch erwarten die Franzosen den Hauptstoß, sind nicht auf einen Angriff durch die Ardennen vorbereitet. Nach dem Gelingen dieser Operation sollte dann laut Manstein die südliche Panzergruppe eine Sichelbewegung nach Nordnordosten ansetzen, um die Engländer von den Franzosen zu trennen und ihren Einsatz weiter südlich unmöglich zu machen. Die gesamte Südflanke sollte durch die nachfolgende Infanterie abgesichert werden.

Dieser Plan wurde von Hitler gebilligt und fand die ungeteilte Anerkennung durch die Panzerführer.
Nun wird auch uns langsam klar, welchen riskanten Vorstoß wir hinter uns gebracht haben. Die Ruhetage tun uns allen gut. Wir können unseren gefallenen Kommandeur Erdmann und unsere Toten würdig und mit militärischen Ehren begraben. Erste Post geht an unsere Familien.

Wie schon nach dem Polenfeldzug besuche ich nun meine Kompanien und bedanke mich für ihren Einsatz. Ich halte mich länger bei meiner Kompanie auf, die jetzt vom Oberfeldwebel Werner Almus geführt wird, nachdem der einzige Offizier meiner Kompanie in Polen verwundet wurde. Rommel hatte meinem Vorschlag zugestimmt, die Kompanie von Almus, der mit allen Männern und Unterführern gut vertraut war, führen zu lassen und nicht einen Offizier aus der »Offizierreserve« einzusetzen.
Ich schärfe allen Männern ein, sich der Zivilbevölkerung gegenüber korrekt zu verhalten und sich nicht als »Sieger« aufzuspielen. Die Bevölkerung dankt uns dies Verhalten. Kein einziges Mal hören wir die Worte »sale Boche«.
Orden werden in diesen Tagen feierlich verliehen. Ich erhalte das Eiserne Kreuz I. Klasse.
Rommel kommt nach der Verleihung des Ritterkreuzes von Hitlers vorgezogenem Hauptquartier in Charleville zurück und ruft uns Kommandeure zur neuen Befehlsausgabe zu sich. Sinngemäß sind seine Worte: »Die ›Sichelbewegung‹ hat zu einem vollen Erfolg geführt. Jetzt gilt es, die Engländer einzukesseln und weitge-

hend zu verhindern, daß sie sich auf ihre Insel zurückziehen.« In seinem schwäbischen Dialekt fährt er fort: »Der Feind ist der Vernichtung ›preisgegeben‹. Wir werden über die Somme auf die Seine vorstoßen und uns nicht um den Gegner kümmern, den wir auf unserer rechten und linken Flanke überholen und liegenlassen. Unser Ziel ist die Seine, die wir am rechten Flügel des Korps bei Rouen erreichen müssen. Dabei werden wir versuchen, die Seinebrücken unversehrt in die Hand zu bekommen. Macht weiter so, wie bisher, ich vertraue Euch.«

Am 5. und 6. Juni stoßen wir in »offener Schlachtordnung« über das flache Gelände vor, vermeiden die Hauptstraßen, auf denen sich die Zivilbevölkerung und zurückflutende Teile der französischen 10. Armee südwärts bewegen. Wir erreichen die Somme, deren Brücken wir überraschend unversehrt in Besitz nehmen. Immer vorneweg bewegt sich die Aufklärungsabteilung. Ihr folgen die Panzer, dann die Grenadierregimenter und die Artillerie. Wir kümmern uns nicht mehr um den Gegner und haben keine Zeit, Gefangene zu machen. Jenseits der Somme stoßen wir plötzlich auf Widerstand, die »Weygand-Linie«. Ich lasse die Kradschützen absetzen und unter Feuerschutz angreifen. Ich bin selbst bei ihnen und muß in Deckung gehen, als heftiges Artilleriefeuer einsetzt. Da höre ich hinter mir eine Stimme: »Herr Hauptmann, Ihr Frühstück.« Ich drehe mich um und traue meinen Augen nicht. Einer meiner Melder, Gefreiter Fritsche, Hotelier im Saarland, kommt im gegnerischen Feuer mit einem Holzbrett in der Hand zu mir gekrochen, auf dem einige Sandwiches liegen, die sogar mit Petersilie und einer Papierserviette garniert sind.
»Mann, sind Sie wahnsinnig? Ich habe zwar Hunger, aber im Augenblick anderes zu tun, als zu frühstücken.«
»O doch, ein hungriger Kommandeur wird nervös. Ich fühle mich für Ihr Wohl verantwortlich.« Und schon ist er durch das Feuer zurückgesprungen. Die Männer um mich herum, die in voller Deckung liegen, schütteln nur den Kopf und finden es völlig in Ordnung, daß ich diesem Mann etwas später das Eiserne Kreuz II. Klasse anheften kann.
Unterstützt von Panzern und Artillerie gelingt der Durchbruch durch die »Weygand-Linie«. In nur zwei Tagen überwinden wir etwa 100 Kilometer im offenen Gelände und erreichen am 7. Juni die Seine bei Rouen. Hier hat die Luftwaffe ganze Arbeit geleistet. Schon von weitem sehen wir riesige schwarze Rauchwolken am Himmel stehen. Von den Höhen am Südrand von Rouen sehen wir die Öltanks und den Hafen brennen, aber auch die Seinebrücken, die ausnahmslos zerstört sind. Ich melde es Rommel, der befiehlt, die Höhen bis zum Eintreffen neuer Befehle besetzt zu halten. »Das wird ein schwieriger Übergang«, denken wir bei uns.

Am nächsten Tag kommt der neue Befehl:
»Die Division verläßt die Seine, dreht nach Westen ab, um die Kanalküste nördlich von Le Havre zu erreichen. Angeblich sollen in den Häfen zwischen Le Havre und Dieppe noch englische Verbände liegen, die auf die Evakuierung warten.«

Am 8. und 9. Juni stoßen wir in Richtung Kanalküste vor. Franzosen und Engländer decken die geplante Evakuierung durch schnell aufgebaute Abwehrlinien.

Hier erhalte ich von Rommel einen seiner unorthodoxen »Wahnsinns-Aufträge«. Nachdem meine Abteilung am Abend des 8. Juni das erste Ziel erreicht hat, wobei wir teilweise quer durch französische Kolonnen vorgestoßen sind, ohne uns um Gefangene oder Widerstand in den Flanken gekümmert zu haben, so wie es Rommel befohlen hatte, erscheint Rommel auf meinem Gefechtsstand, setzt sich an einen Tisch und studiert die Karte.
»Von Luck, Sie treten morgen früh vorm Hellwerden an und stoßen etwa 30 Kilometer nach Westen durch. Sie werden dort eine Höhe erreichen, von der aus Sie das ganze Gelände übersehen können. Nehmen Sie die Höhe, setzen Sie sich dort fest, bis ich mit Panzern eintreffe. Sehen Sie nicht nach rechts oder links, immer nur vorwärts. Sollten Sie in Schwierigkeiten kommen, lassen Sie es mich wissen.«

Meine Aufklärung hat mir inzwischen gemeldet, daß die Alliierten offenbar 5 Kilometer westlich eine stärkere Panzerabwehrfront gebildet haben. Mir ist klar, daß ich das Angriffsziel mit meiner Abteilung unmöglich erreichen kann. Aber ich kenne Rommel und weiß, daß er die Angriffsziele möglichst weit steckt, Widerspruch nicht duldet und von seinen Kommandeuren erwartet, daß sie das Bestmögliche zu erreichen suchen. (Ich konnte immer wieder feststellen — besonders in Nordafrika —, daß Kommandeure seinen oft unausführbar erscheinenden Befehlen widersprachen und prompt abgelöst wurden.) Ohne Einwände zu machen, antworte ich ihm deshalb: »Herr General, ich habe Ihren Auftrag verstanden. Wie ich aus der Karte ersehe, liegt die zu nehmende Höhe nur etwa 10 Kilometer von der Kanalküste entfernt. Warum soll ich nicht gleich bis zum Kanal vorstoßen, dann können wir dort wenigstens ein Bad nehmen?« Rommel lacht, er mag solche Reaktionen seiner Kommandeure.

Wir treten also am nächsten Morgen an und stoßen, wie es vorauszusehen war, auf starke Panzerabwehr, gegen die wir nichts einzusetzen haben.
Wir kommen nur ganze 5 Kilometer voran. Ich melde dies an Rommel. Nach kurzer Zeit trifft er bei uns ein und überzeugt sich selbst von der Situation. »Ich werde sofort Artillerie einsetzen und mit einigen Panzern durchstoßen lassen. Dann geht es weiter, wie ich es befohlen habe.«
Die Männer um mich herum haben strahlende Augen. Sie haben Vertrauen zu Rommel und wissen, daß Rommel keine Befehle gibt, die ihr Leben unnötig gefährden.
Am 9. Juni erreichen wir die Küste. Rommel setzt seinen berühmten Funkspruch an das Hauptquartier ab:
»Ich am Meer.«
Weiter nördlich liegt der kleine Hafen St. Valéry s/Mer, in dem laut Luftaufklärung noch erhebliche Kräfte der Alliierten liegen. Rommel holt mich zu sich.

»Ich werde mit der Division St. Valéry nehmen. Sie erhalten zur Verstärkung eine 8,8 cm-Batterie (Flakartillerie der Luftwaffe) und werden den kleinen Hafen Fécamp südlich von hier nehmen und Richtung Le Havre sichern.«

Während Rommel mit der Division auf St. Valéry vorstößt, wo er auf starken Widerstand trifft, beginnt für meine kleine Panzeraufklärungsabteilung eine der eigenartigsten, ja fast amüsantesten Episoden des Frankreichfeldzuges: Panzerspähwagenpatrouillen, die zur Aufklärung und zum Schutz vor Überraschungen dienen, fahren vorweg, wir marschieren auf der Steilküstenstraße die etwa 30 Kilometer nach Süden hinterher. Wir treffen auf keinen Gegner. Auch der Zivilverkehr ist hier zum Erliegen gekommen.

Am Abend des 9. Juni stehen wir auf den Höhen nördlich von Fécamp. Wir verhalten uns ruhig, denn niemand soll von unserer Anwesenheit erfahren. Der Überraschungseffekt muß ausgenutzt werden. Wir sehen einen kleinen Hafen, in dem zwei englische Zerstörer liegen. Sie sind offenbar für die Evakuierung vorgesehen. Wir sehen die Strandpromenade mit hübschen Villen und einem Casino, wie wir vermuten. Wir erkennen im Hafen und auf den Straßen viel Feindbewegung. Franzosen und Engländer scheinen sich auf die Einschiffung vorzubereiten. Zu unserer Verwunderung sind weder der Hafen noch der Ort selbst durch Posten auf den Höhen gesichert. Niemand scheint uns zu erwarten. Die Abendsonne taucht diesen hübschen Badeort in ein warmes Licht.

In Anbetracht der Kräfteverhältnisse und der Anwesenheit der beiden Zerstörer fasse ich einen Plan für den nächsten Morgen, den ich noch abends den Kompaniechefs und dem Führer der 8,8 cm-Batterie erläutere: »Die Höhe vor Fécamp wird von den Kradschützen besetzt, die Panzerspähwagen halten sich zurück, um eingreifen zu können, die schwere Kompanie sichert die Kradschützen ab. Die 8,8 cm-Geschütze werden auf der Steilküste so in Stellung gebracht, daß sie die beiden Zerstörer sowohl im Hafen als auch beim eventuellen Verlassen auf See bekämpfen können. Alles hat unbemerkt zu erfolgen. Keine lauten Kommandos, keine unnötigen Fahrzeugbewegungen.«

Ich hole von Kardorff, meinen Ordonnanzoffizier, zu mir. Kardorff spricht fließend Französisch, er hatte in Berlin ein französisches Gymnasium besucht. »Kardorff, Sie fahren morgen früh mit einem Melder und weißer Flagge nach Fécamp, fragen nach dem Befehlshaber des Ortes und fordern die gesamte Besatzung zur Übergabe auf. Sagen Sie ihm, daß der Ort von allen Seiten umzingelt ist und die beiden Zerstörer, ohne Leute an Bord zu nehmen, den Hafen unverzüglich zu verlassen haben. Alles klar?«
Am frühen Morgen fährt Kardorff los. Wir sehen ihn im Ort verschwinden. Wird mein Trick Erfolg haben? Nach kurzer Zeit kommt Kardorff zurück. »Der Bürger-

meister und der französische Kommandant scheinen einverstanden zu sein, aber die Engländer haben glatt abgelehnt.« Was nun?
Ich kann mein Gesicht nicht verlieren und muß das Spiel also fortsetzen.

Gegen 10.00 Uhr hole ich Kardorff erneut zu mir.
»Fahren Sie noch einmal in den Ort und sagen Sie dem Bürgermeister, daß ich seinen schönen Ort schonen möchte. Er möge im Interesse der Bevölkerung Einfluß auf die alliierten Kommandanten nehmen. Es gebe kein Entrinnen, sondern nur unnötige Verluste. Sollte die Besatzung erneut eine Übergabe ablehnen, werde ich Stadt und Hafen um 12.00 Uhr aus allen Rohren beschießen und die Luftwaffe zur Bombardierung anfordern.«

Kardorff fährt erneut in den Ort und kommt wiederum mit einer Absage zurück. Ich hole die Kompaniechefs und den Führer der 8,8 cm-Batterie zu mir. »Jetzt müssen wir unser Wort halten und Punkt 12.00 Uhr den Ort beschießen«, sage ich. Außer der 8,8 cm habe ich nur einen 3,7 cm-Panzerabwehrzug, die 2 cm-Geschütze der Spähwagen und die normale Maschinengewehrausrüstung der Kradschützen. Mein Befehl lautet also: »Pünktlich um 12.00 Uhr wird aus allen Rohren geschossen, einschließlich der Signalmunition, um mehr an Kampfkraft vorzutäuschen, als tatsächlich vorhanden ist. Die 8,8 cm versuchen, die Zerstörer in Brand zu schießen, halten Sie auf die Geschütztürme und die Kommandobrücke.«

Alle bereiten sich vor. Uns ist komisch zumute. Eine halbe Stunde vor dem Feuerüberfall kommt ein Zivilist die Höhe herauf. Er hält ein weißes Tuch in der Hand. Man bringt ihn zu mir.
»Was ist los im Ort, Monsieur? Warum übergibt Euer Bürgermeister nicht die Stadt?«, frage ich ihn. »Beschreiben Sie mir, wo der Engländer sitzt und welche Gebäude wichtig sind.«

Der Mann berichtet, er habe Angst und sei deshalb fortgelaufen. Der Engländer sitze vornehmlich im Hafen und bereite die Einschiffung vor. »Die hauen ab und überlassen uns unserem Schicksal. Bitte schonen Sie unsere Stadt. Sehen Sie, das Gebäude dort drüben ist das alte Benediktinerkloster, dort in der Mitte steht das alte Rathaus und dort an der Promenade unser Casino.«

Ich kombiniere und frage ihn: »Das Kloster, in dem der berühmte Benediktinerlikör hergestellt wird?« — »Ja, genau das«, antwortet er. Daraufhin hole ich die Chefs erneut zu mir und gebe die Anweisung: »Das Kloster, das Rathaus und das Casino werden nicht beschossen. Konzentrieren Sie sich auf den Hafen und den Radiosender. Der Mann hier hat mir gesagt, es sei *der* Sender, der täglich Nachrichten in deutscher Sprache ausstrahlt. Die 8,8 cm wird zunächst den Sender zerstören und sich anschließend auf die Zerstörer konzentrieren.«

Das Glück ist auf unserer Seite:
Wenige Minuten vor 12.00 Uhr überfliegt eine Bomberstaffel unserer Luftwaffe den Ort, die offenbar auf dem Weg nach England ist. Zusätzlich klingt eine Maschine drei Bomben aus, aus Versehen oder um die Zerstörer zu treffen. Wir wissen es nicht. Gleichzeitig befehle ich »Feuer«.
Ein zwar ziemlich unwirksames, aber doch heftiges Feuer geht auf den Hafen wie ein Feuerwerk nieder. Wir müssen alle lachen, als blaue, rote und gelbe Signalmunition für die Untermalung sorgen.

Plötzlich geht die weiße Fahne über dem Rathaus hoch: Kapitulation! Beide Zerstörer verlassen mit voller Kraft voraus den Hafen und beginnen mit der Beschießung unserer Stellungen. Leider kostet uns das einige Tote, bis es der 8,8 cm-Batterie gelingt, einen der Zerstörer zu treffen, der mit einer Rauchwolke seine Fahrt fortsetzt.

Ich stoppe sofort das Feuer und rufe Kardorff zu mir. »Wir fahren jetzt beide in den Ort und regeln die Übergabe.«

In diesem Augenblick kommt eine Rotte von zwei Wellington-Bombern auf uns zugeflogen. Die 8,8 cm-Flakbatterie nimmt sofort das Feuer auf. Eine Maschine stürzt brennend ab. Die Crew häng an Fallschirmen und landet genau in meinen Stellungen. »Da habt Ihr aber Glück gehabt. Ihr bleibt zunächst hier bei mir«, begrüße ich sie.

Nun treten wir mit einem Panzerspähwagen unsere Fahrt in den Ort an, wo mir der Bürgermeister den Schlüssel der Stadt überreicht.

»Monsieur le Maire, ich hatte angeordnet, Ihr Rathaus, das Kloster und das Casino aus Achtung vor diesen historischen Gebäuden nicht zu beschießen. ›La guerre est finie pour vous‹, holen Sie die Bevölkerung aus den Kellern, öffnen Sie die Geschäfte. Wir zahlen in echter Währung. Ihnen allen wird nichts geschehen.« Ich habe selten einen so dankbaren und verwunderten Franzosen in all den Wochen gesehen wie diesen Bürgermeister.

Während ich bei ihm bleibe, schicke ich Kardorff auf die Höhe, um die Chefs zu mir zu holen. Ich ordne an, die südlichen Höhen zu besetzen, den Radiosender auszuschalten und mit Spähtrupps nach Süden vorzufühlen. Der Ort wird nach allen Seiten hermetisch abgeriegelt. Jeweils die Hälfte aller Einheiten bekommt einige Stunden frei, um ein Bad im Meer zu nehmen und einzukaufen. Über Funk melde ich an Rommel, daß Fécamp mit nur geringen Verlusten genommen sei, viele englische und französische Gefangene gemacht und Sicherungen nach Süden aufgebaut wurden.

Rommel läßt zurückfunken: »Bravo, von Luck, Sie bleiben für den Ort verantwortlich. Mein Ultimatum zur Übergabe von St. Valéry ist abgelehnt. Ich bereite Bombenangriffe und einen Angriff mit Panzern vor.«
Am darauffolgenden Tag funkt Rommel: »St. Valéry hat sich ergeben, mehrere Generale, darunter der Kommandeur der schottischen 51. Division. Tausende von Gefangenen gemacht. Die Division hat ein bis zwei Tage Ruhepause.«

Wir sind überglücklich. Aus einer Laune heraus frage ich Rommel über Funk: »Können Sie mir die Musikkapelle der Division nach Fécamp schicken? Die Bevölkerung ist dankbar und freundlich. Außerdem habe ich den Ort nach allen Seiten abgeriegelt, und für ›deutsche Besucher‹, außer Ihnen persönlich natürlich. Sind Sie einverstanden?«
Rommel versteht Spaß, er ist guter Laune durch seinen Erfolg und genehmigt beides, die Musikkapelle und die Abriegelung der Stadt.

Mit dem Bürgermeister und meinem Adjutanten sehe ich mir nun die Stadt an. Zunächst besuchen wir das Benediktinerkloster. Der Abt begrüßt uns. »Monsieur Abbé (richtig hätte ich ihn ›Monseigneur‹ nennen müssen), ich hörte im letzten Augenblick vor der Beschießung der Stadt von Ihrem Kloster und habe sofort Order gegeben, keinen Schuß auf Ihr Gebäude abzugeben. Ich hoffe, daß alles unversehrt ist.«
Der Abt dankt mir überschwenglich für diese Haltung und fragt, ob er mir das Kloster zeigen dürfe. Ich schäme mich etwas, daß auch der Benediktinerlikör mit ausschlaggebend war, das Kloster zu schonen. Als wir in die Keller hinabsteigen, sehe ich Tausende von Flaschen und viele alte Fässer. »Kommt aus diesen Kellern etwa der berühmte ›Benediktiner‹?« frage ich scheinheilig. »Sicher, ich möchte allen Ihren Männern zum Dank eine Flasche offerieren.« Der Abt erblaßt, als ich ihm die Stärke meiner Einheit mit 1 000 Mann beziffere. Aber er steht zu seinem Wort. Seit diesem Tage habe ich den »Benediktiner« immer mit besonderer Achtung getrunken.

Am Nachmittag des 12. Juni gibt, wohl zum einzigen Mal während dieses Feldzuges, eine deutsche Kapelle ein Promenadenkonzert vor dem Casino. Franzosen und deutsche Landser flanieren gemeinsam auf der Promenade und sind froh, daß die Schlacht um Fécamp so unblutig zu Ende gegangen ist.

Ich beauftrage meinen »Hotelier«, den Melder mit dem Frühstück, einzukaufen und für den Abend ein Essen im Casino vorzubereiten. Nun ist er in seinem Element. Da erscheint der Bürgermeister mit einem deutschen U-Boot-Offizier, dessen Boot im Kanal versenkt wurde. Er ist als einziger von den Franzosen gefangengenommen worden. »Wir hatten gestern in der Aufregung vergessen, daß wir diesen Monsieur in unserem Gefängnis hatten«, entschuldigt sich der Bürgermeister.

Am Abend sitzen an der festlich gedeckten Tafel zusammen: die Offiziere meiner Abteilung, der erfolgreiche Chef der 8,8 cm-Batterie, ein deutscher U-Bootoffizier und die Crew eines englischen Wellington-Bombers sowie der Bürgermeister von Fécamp.

Sozusagen als »Nachtisch« erscheint ein Melder vom Ostrand Fécamps und teilt mit, daß einige Offiziere der Division leider vom Posten nicht nach Fécamp hereingelassen worden seien, furchtbar geschimpft, sich aber schließlich dem Funkspruch Rommels gefügt hätten, wonach der Ort für jeden »off limits« sei.

Noch am selben Abend erhalten wir einen Funkspruch von Rommel: »General Guderian ist bei Châlons-sur-Marne durchgebrochen, rollt die Maginotlinie von hinten auf und rückt Richtung Schweizer Grenze vor.« (Dort trifft er am 17. Juni ein und hat etwa 500 000 Franzosen eingeschlossen.)

Unsere Moral ist gut, wir sind stolz auf unsere Erfolge und besonders auf Rommel.

Am 15. und 16. Juni werden wir wieder in Marsch gesetzt. Le Havre bleibt liegen und wird von anderen Einheiten genommen. Rommel teilt uns mit, daß wir nunmehr die Seine überschreiten sollen, nachdem zwischenzeitlich Brücken gebaut seien und größere Brückenköpfe gehalten werden. Ziel ist nun der Kriegshafen Cherbourg, der als Festung ausgebaut worden ist und für unsere Marine ein wichtiger Stützpunkt sein wird.

Am 17. Juni überschreiten wir die Seine und stürmen förmlich durch die Normandie auf Cherbourg zu. Wir schaffen pro Tag über 350 Kilometer, wobei unsere Aufklärung wegen ihrer größeren Beweglichkeit wieder die Spitze bildet.
Am 18. Juni früh stehen wir vor den Außenforts der Festung. Rommel fordert Stukas an, die Fort um Fort bombardieren.
Am 19. Juni übergibt der französische Kommandant die Festung in einer feierlichen Zeremonie. Rommel ist sehr höflich und zollt der Besatzung seine Hochachtung. Ich glaube, daß diese faire Haltung, die er selbst dem geschlagenen Gegner immer entgegenbrachte, ihm die Achtung — auch im Ausland — verschafft hat.

Etwas eitel war Rommel schon, aber wir sehen ihm das gern nach. Er hatte immer seine Kamera zur Hand, um die wichtigsten Szenen zu fotografieren. Man nahm ihm später übel, daß er die Erfolgszahlen offenbar »verschönt« hatte. Im wesentlichen aber war es seine unkonventionelle Kampfführung, die ihm die Kritik, aber auch den Neid vieler höherer Offiziere einbrachte.
Nach Rommels Berichten hatte die Division in sechs Wochen 97 648 Mann gefangen genommen bei eigenen Verlusten von 1 600 Toten und Verwundeten. Sicher eine stolze Bilanz.

Wir halten uns nicht bei Cherbourg auf, sondern stoßen sofort nach Süden durch die Bretagne vor mit allgemeiner Richtung Rennes und Nantes an der Loire.

Ein gefangener französischer Capitain teilt Rommel, der sich gerade bei mir aufhält, mit, daß Maréchal Pétain den Waffenstillstand angeboten habe. Trotzdem stoßen wir weiter nach Süden vor, um möglichst die gesamte Atlantikküste unter Kontrolle zu bekommen. St. Nazaire und La Rochelle fallen in unsere Hand, Widerstand wird praktisch nicht mehr geleistet. Der Flüchtlingsstrom hört langsam auf, halb Paris scheint südwärts an die Mittelmeerküste und nach Bordeaux geflüchtet zu sein.

Am 21. Juni wird der Waffenstillstand in Compiègne unterzeichnet, von den Modalitäten erfahren wir zunächst nichts.

Weiter geht es nach Süden. »Bordeaux ist unser Ziel«, teilt Rommel mit. Als ich mit den ersten Teilen meiner Aufklärungsabteilung an der Gironde, einem Fluß nördlich von Bordeaux, eintreffe, kommt von Rommel das »Halt«. Bei einer Kommandeurbesprechung erfahren wir: Pétain ist noch in Bordeaux mit seiner provisorischen Regierung, wird aber seinen Sitz nach Vichy verlegen, in den von uns zunächst nicht zu besetzenden Teil Frankreichs. Die Gironde darf nicht überschritten werden. Ich erhalte von Rommel den Befehl: »Sie sichern mit Ihrer Abteilung das Gebiet am Fluß. Geben Sie Ihren Männern etwas Ruhe zum Auffrischen. Der Frankreichfeldzug ist mit dem Waffenstillstand beendet und gewonnen.«
Ich postiere einen Panzerspähtrupp und einige Kradschützen am Nordrand der Brücke. Meine Leute erholen sich und benehmen sich der Bevölkerung gegenüber vorbildlich.

Hier erlebe ich die letzte, diesmal amüsante Episode des Frankreichfeldzuges:
Am zweiten Tag unserer »Brückenwache« kommt ein Melder zu mir: »Herr Hauptmann, ein französischer Oberst mit weißer Fahne ist eingetroffen und möchte den örtlichen Kommandeur sprechen.« Ich fahre hin, begrüße den Oberst höflich und erkundige mich nach seinem Anliegen.

»Mon Capitaine, General Weygand, Chef des französischen Stabes, bittet um Entsendung eines bevollmächtigten Offiziers nach Bordeaux, um die Modalitäten des Abzugs der provisorischen Regierung von Marschall Pétain vorzubereiten sowie die Übergabe der Stadt an die Wehrmacht. Ihr Bevollmächtigter wird mit General Weygand und dem Bürgermeister zusammenarbeiten. Er wird ein Büro im Militärdistriktgebäude und Unterkunft im Grand Hôtel erhalten. Würden Sie diese Frage bitte sofort mit Ihrem Divisions- oder Korpskommandeur klären. Ich habe Auftrag, hier auf Ihre Antwort zu warten.« Ich blinzle Kardorff zu: »Das ist unser Job, Kardorff.«

Ich informiere Rommel über Funk und schlage vor: »Herr General, ich spreche gut Französisch, habe Kardorff als Dolmetscher, ich glaube, ich sollte nach Bordeaux gehen.« Rommels Antwort lautet: »Einverstanden. Ich übernehme die Verantwortung und werde das Generalkommando informieren. Der Auftrag an die Abteilung bleibt bestehen. Übergeben Sie an den ältesten Kompaniechef.«

Ich bin froh, daß ich etwas zu tun habe, und lasse zwei Panzerspähwagen in Eile auf Hochglanz bringen, mit Munition ausrüsten (wer weiß, was in Bordeaux los ist?) und die besten Männer als Besatzung einteilen. Ich entscheide mich für meinen Jeep und nehme außer Kardorff noch den Fahrer und eine Ordonnanz mit. So erscheint unser kleiner Konvoi an der Brücke, wo der fanzösische Oberst noch wartet. »C'est moi-même, mon Colonel, ich komme mit Ihnen nach Bordeaux.« — »Três bien, fahren wir los.« Ich ahne noch nicht, was mich dort erwartet.

Je mehr wir uns Bordeaux nähern, um so dichter wird der Verkehr. Die Stadt scheint überfüllt zu sein. Viele, die noch genügend Geld haben, sind aus Paris hierher geflüchtet. Der Oberst quartiert mich im Grand Hôtel ein. Neben mir wohnt Kardorff, und auch für die Besatzung der Spähwagen sind hier Zimmer freigemacht worden. Es ist mir etwas peinlich, daß unseretwegen andere Gäste wahrscheinlich ihre Zimmer räumen mußten.

»Können wir jetzt zu General Weygand fahren?«, fragte mich der Oberst, als ich in die Halle zurückkehre. Ich stimme zu und gebe noch schnell Anweisungen an meine Männer: »Die beiden Spähwagen werden vor dem Hotel aufgestellt, die Funkstelle ist Tag und Nacht besetzt zu halten. Vor jedem Spähwagen steht ein Posten mit schußbereiter Maschinenpistole. Der Rest verläßt nicht das Hotel. Bitte keine Diskussionen mit der Bevölkerung oder den Soldaten. Benehmt Euch äußerst korrekt.«

Ich folge dem Oberst nun zum örtlichen Militärkommando, wo mir ein Büro zugewiesen wird. Eine Sekretärin und ein Dolmetscher stehen mir zur Verfügung.

Anschließend empfängt mich Weygand. Er bedankt sich zunächst, daß wir ohne große Formalitäten bereit sind, die Übersiedlung der provisorischen Regierung unter Marschall Pétain reibungslos durchführen zu lassen. Ich bin doch sehr beeindruckt, einem der bekanntesten französischen Generale gegenüberzustehen, der noch bis vor einigen Tagen unser Gegner war und von der Nazi-Propaganda als »Erzfeind« angesehen wurde. Ich versuche, durch respektvolles Verhalten ihm unsere Achtung als Soldaten zu bezeugen, und sehe seinen müden Augen an, wie schwer diese Stunde für ihn sein muß. »Commandant«, beendet er die kurze Audienz und gibt mir die Hand, »in zwei Tagen wird die französische Regierung Bordeaux in Richtung Vichy verlassen können. Der Oberst wird die Einzelheiten

der Übergabe der Stadt an die deutsche Wehrmacht mit Ihnen regeln.« (Ich ahne noch nicht, daß Pétain und Weygand später der »collaboration« mit den Deutschen bezichtigt und als Landesverräter abgestempelt werden. Welch ein bitteres Ende für hochverdiente Heerführer.)
Auf dem Weg zurück ins Hotel sagt mir der französische Oberst: »Engländer gibt es nicht in der Stadt, aber Zehntausende von französischen Soldaten, die aufgefordert sind, ihre Waffen abzugeben. Ob alle der Aufforderung nachgekommen sind, weiß ich nicht. Wir durchkämmen die ganze Stadt.«

Ich habe ein komisches Gefühl im Magen und weiß nicht, ob wir uns nicht mit unserem kleinen Verbindungstrupp übernommen haben. Ich fühle mich wie in einem Bienenkorb. Ich verabrede mit dem Oberst, mit ihm am nächsten Morgen in mein »Büro« zu fahren.
Am Hotel angelangt, inspiziere ich die Posten. Viele Franzosen, darunter entwaffnete Soldaten, stehen mit bösen oder neugierigen Blicken um unsere gepanzerten Wagen herum.

Zum Abendessen hat man Tische für uns auf der Terrasse des Hotels reserviert. Auch hier begegnen uns die feindlichen Blicke vieler Hotelgäste. Ich fühle mich in meiner Haut etwas unwohl. Dennoch sitzt es sich schön auf der Terrasse. Es ist ein angenehm warmer Abend. Im Hafen liegt ein neutraler Passagierdampfer. Ich kann mit seinem internationalen Status nichts anfangen, weiß aber, daß sich viele Franzosen auf ihm eingeschifft haben.

Ich funke an Rommel, daß alles in Ordnung ist, und berichte über das, was hier abläuft. Er teilt mir mit, daß das Armeeoberkommando unsere Mission inzwischen gebilligt habe. Ich bin erleichtert.

Am nächsten Morgen bringt mich der Oberst, wie verabredet, ins Büro, wo ein Bevollmächtigter der Stadtverwaltung und Journalisten warten. Der Bevollmächtigte wendet sich an mich: »Mon Capitaine, es ist bereits angeordnet, daß niemand die Stadt nach Norden verlassen darf. Die Entwaffnung geht weiter und dürfte heute beendet werden.« Dann wollen die Journalisten von mir wissen:
»Auf welche Zeit setzen Sie ›couvre-feu‹, die Ausgangssperre, an? Wir schlagen 22.00 Uhr vor.«
»Außerhalb der Stadt befindet sich ein Benzindepot mit etwa 60000 Litern. Es wird ständig bewacht. Wir haben Notfälle, die es erforderlich machen, daß einzelne Flüchtlinge nach Norden fahren, besonders nach Paris. Dazu brauchen sie von Ihnen ein ›laissez passer‹ und einen Gutschein, mit dem sie im Depot tanken dürfen. Ebenso brauchen Versorgungsfahrzeuge und Ärzte ein ›laissez passer‹.«
Nun muß ich viel mehr und andere Entscheidungen treffen, als ich mir bei der Übernahme der Aufgabe vorgestellt hatte.

Ich überlege kurz und gebe bekannt:
»Mit der Ausgangssperre von 22.00 Uhr bin ich einverstanden (schließlich haben wir Hochsommer, und es bleibt lange hell).
Ich brauche bis morgen einen Stempel, um Benzingutscheine und ›laissez passer‹ amtlich abzeichnen zu können. Bis dahin werde ich Ihnen mitteilen können, welche Straßen benutzt werden dürfen, um unsere Truppenbewegungen nicht zu stören.
Ich brauche eine Liste der Ärzte und Versorgungsorgane, die Sie für notwendig erachten.
Ab morgen früh um 8.00 Uhr bin ich hier und rechne auch weiterhin mit Ihrer Unterstützung.«

Der Autoverkehr ist fast zum Erliegen gekommen, aber offenbar treiben einige Soldaten einen blühenden Schwarzhandel mit Militärbenzin. Darum kümmere ich mich jetzt aber nicht.
Ich muß von Rommel oder dem Armeeoberkommando wissen, welche Straßen nicht benutzt werden dürfen. Noch in der Nacht werden von der Division einige Straßen benannt, die nach Norden freigegeben werden können.
Als ich ins Hotel zurückkomme, erhalte ich einige Extrablätter, in denen meine Funktion, der Sitz meines Büros und die Uhrzeit des »couvre-feu« bekanntgegeben werden.

Nachdem ich wiederum auf der Hotelterrasse mein Abendessen eingenommen habe, erscheint bei mir der Kapitän des neutralen Passagierschiffes und fragt, ob er auslaufen dürfe. Wieder kommt ein Problem auf mich zu, das nur diplomatisch oder durch das Oberkommando zu lösen ist. Ich erkundige mich also und erhalte die Antwort:
»Das Schiff muß im Hafen bleiben, bis Bordeaux übergeben ist. Weitere Anweisungen folgen.«

Da der freundliche Kapitän nun im Hafen bleiben muß, lädt er mich für den nächsten Tag auf sein Schiff zu einem lange entbehrten Whisky ein, um mit mir in der Offiziersmesse wie in friedlichen Zeiten zu sitzen. Eine angenehme Abwechslung erwartet mich. — Am nächsten Morgen fahre ich — nun schon ohne Begleitschutz des Oberst — ins Büro. Ich traue meinen Augen nicht. Dort wartet eine Schlange von Hunderten von Zivilisten auf ein ›laissez passer‹. Im Büro wartet eine alte, ehrwürdige Dame, die mir als Madame Lyautey vorgestellt wird. Sie ist die Witwe des berühmten Maréchal Lyautey, der im Marokko-Krieg eine große Rolle gespielt hatte und als Volksheld gilt. »Mon Capitain, ich bin eine alte Dame, die nach Hause möchte. Können Sie mir bitte ein ›laissez passer‹ und Benzingutscheine geben? Ich wäre Ihnen dankbar.«
Was muß in dieser alten Dame vor sich gehen, die einen jungen Deutschen, der gegen ihr Land gekämpft hat, um diesen Gefallen bitten muß?

Ohne Zögern gebe ich ihr die Papiere und ein Blatt, auf dem die Straßen eingezeichnet sind, die sie benutzen darf. Sie bedankt sich sehr herzlich. Ich kann in ihren Augen keinen Haß feststellen, sondern eher Verständnis für den Lauf der Dinge, den weder sie noch ich haben beeinflussen können.
Die Straßenkarte wird hektographiert und allen Empfängern der begehrten Papiere ausgehändigt. Auf meine Bitte hin ist ein deutscher Verwalter in das Benzindepot geschickt worden, der die Ausgabe überwacht. Der Tag ist angefüllt mit dem Ausstellen der Papiere und Beantworten von Fragen. Kardorff unterstützt mich dabei kräftig, und wir sind froh, als wir am späten Nachmittag in das Hotel zurückkehren können, um uns anschließend an Bord des Schiffes bei einem Whisky zu laben.

Für den nächsten Tag ist die Übersiedlung Pétains nach Vichy vorgesehen. Ebenso wird die Übergabe der Stadt vorbereitet, und in zwei Tagen werde ich von meiner ungewohnten Arbeit befreit sein.

Am Abend, unser »Mohr« im Hotel hat gerade den Mokka serviert, frage ich Kardorff: »Was meinen Sie, wollen wir nicht noch irgendwo in der Stadt einen Drink nehmen?« Er findet die Idee gut. Wir setzten uns in den Jeep und fahren zum Rathaus, in dessen Nähe wir eine Bar zu finden hoffen.

Die Stadt ist völlig ausgestorben. Da fällt uns ein, daß ab 22.00 Uhr »couvre-feu« ist, von mir selbst angeordnet! Es ist bereits 22.15 Uhr. Was ist zu tun?
Da entdecken wir einen einsam dastehenden Fiaker, das zur Zeit häufigste Transportmittel, mit einem schlafenden Kutscher auf dem Bock. »Monsieur«, rütteln wir ihn wach. Er sieht uns in unseren Uniformen und stottert entsetzt: »Mon Général, ich habe Familie, ich bin eingeschlafen, um Gottes Willen.«
Wir beruhigen ihn: »Ist schon in Ordnung, aber wissen Sie, wo man noch etwas zu trinken bekommt?«
»Non, Monsieur, alles ist geschlossen wegen ›couvre-feu‹, alle haben Angst. Es gibt zwar noch eine ›maison sérieuse‹, aber ich weiß nicht, ob man Ihnen öffnen wird.«
Wir haben keine Ahnung, was eine ›maison sérieuse‹ ist, wollen aber einen Versuch wagen. Wir lassen uns also vom Kutscher zu unserem erhofften Drink bringen. Die Straßen werden immer enger, die Gegend wird immer obskurer. Ab und an glauben wir zu erkennen, daß man uns hinter den Gardinen beobachtet. Allmählich wird uns die Situation unangenehm. »Wo fahren Sie uns hin, Monsieur?« »Voila, wir sind schon angekommen.« Er steigt vom Kutschbock, klopft, und eine ältere Dame erscheint in der Tür: »Bitte kommen Sie herein, Herr General.« (Sie hat mich sicherheitshalber befördert, man kann ja nie wissen!) Ich schärfe dem Kutscher ein, auf uns zu warten, wenn ihm sein Leben etwas wert sei.

Kaum sind wir eingetreten, haben wir auch schon begriffen, was eine »maison sérieuse« ist. Ein Bordell. Allerdings auf französische Art. Die Einrichtung ist

gediegen, die Dame ist sehr liebenswürdig, die jungen Mädchen machen einen intelligenten Eindruck.
»Madame«, versuche ich in unsere Anwesenheit zu erklären, »wir sind bis zur Übergabe der Stadt die verantwortlichen deutschen Offiziere in Bordeaux. Wir wollten eigentlich nur etwas trinken und sind dabei auf die von uns angeordnete Polizeistunde selbst hereingefallen.« »Sie sind uns willkommen, trinken wir ein Glas Champagner darauf, daß dieser Krieg beendet ist. Wir Frauen sind immer die Leidtragenden.«
Nach einer halben Stunde angeregter Unterhaltung über den Sinn und Unsinn des Krieges empfehlen wir uns, nicht ohne der alten Dame zu versichern, daß wir ihr Etablissement der deutschen Kommandantur empfehlen würden. Sie ist hocherfreut und gibt uns zur Sicherheit ihre Visitenkarte mit.
Unser Kutscher schläft schon wieder, aber er ist da, gottlob.
Langsam traben wir zum Rathaus zurück, wo unser Jeep wartet. Der Kutscher will kein Geld. Als ich ihn dennoch reichlich entlohne, ruft er aus: »Die Deutschen sind doch gar nicht so böse, wie man uns gesagt hat. Ich werde jeden Abend bis zur Polizeistunde hier auf Sie warten, mon Général, falls Sie mich brauchen.« Zufrieden trabt er von dannen.

Pétain hat mit seiner provisorischen Regierung inzwischen die Stadt verlassen. Für den darauffolgenden Tag ist der feierliche Einmarsch unserer Division angesetzt mit einem Vorbeimarsch an unserem Kommandierenden General, General der Infanterie Hoth.
Ich melde mich bei Rommel zurück und kann es mir nicht verkneifen, ihm von der »maison sérieuse« zu erzählen, was ihn sehr amüsiert.

Unsere 7. Panzerdivision wird in den Raum westlich Bordeaux verlegt. Weitere Befehle sollen folgen. Es gelingt mir, von Rommel die Erlaubnis zu erhalten, mit meiner Aufklärungsabteilung nach Arcachon, dem herrlichen Seebad an der Atlantikküste, zu ziehen, dem die Halbinsel Cap Ferret vorgelagert ist. Hier in den Dünen richte ich in einer der hübschen Sommervillen mein Hauptquartier ein. Für wenige Tage genießen wir das Baden im Meer, die frischen Austern, die jeden Tag von den Austernbänken geholt werden, und dazu den köstlichen trockenen Weißwein.
Das Ende des Frankreichfeldzuges hätte sich nicht besser präsentieren können.
Trotz Verbotes hören wir die englischen Sender, weniger aus Sensationslust, sondern vielmehr, um uns ein objektives Urteil über die Gesamtsituation bilden zu können.
Churchill löst den erfolglosen Premier Chamberlain ab und hält seine berühmte Rede, die damit endet, daß er nur »Blut und Tränen« anbieten kann. Im Gegensatz zu unserer volltönenden, abfälligen Propaganda ist das ein deutliches Wort und zeigt uns, daß die Engländer sich keineswegs geschlagen geben.

Nachdem wir mit unserem Bombenangriff auf die Stadt Coventry die Luftschlacht auf die Heimatgebiete eröffnet haben, beginnen die Engländer in immer stärker werdendem Maße, deutsche Städte, vor allem Berlin, zu bombardieren.
Entgegen dem Vorschlag prominenter Jagdflieger wird auf Anordnung Hitlers und Görings die Produktion von Bombenflugzeugen zu Lasten der Jagdfliegerflotte forciert.
Gespannt und voller Sorge verfolgen wir die nun einsetzende »Luftschlacht über England«.
Die USA verstärken deutlich den Nachschub kriegswichtiger Güter nach England — trotz einschneidender Versenkungsziffern durch die deutsche U-Boot-Waffe. Unter anderem werden eingemottete US-Zerstörer wieder in Dienst und der englischen Navy zur Verfügung gestellt (so erfahren wir es aus den englischen Nachrichten).
Alle diese Nachrichten stimmen uns nachdenklich, nehmen uns aber nicht die Genugtuung über die bisherigen Erfolge.

Interim

Jeder Krieg bringt durch das Verlegen von Kriegsschauplätzen längere oder kürzere Pausen mit sich, die »Zeiten zwischen den Feldzügen«.

Diese Pausen haben sowohl für den einzelnen Soldaten als auch für die Gemeinschaft einen hohen Stellenwert. Jeder versucht, seine seelischen Kräfte zu mobilisieren, ist bereit, Negativerlebnisse zu verdrängen und auch das geringste Positive in sich aufzunehmen. Man macht sich gegenseitig Mut und bestärkt einander in der Hoffnung, daß man dieser ständigen tödlichen Bedrohung zu irgendeinem Zeitpunkt für immer entrinnen werde.
Wohl jeder Soldat macht im Laufe eines Krieges die Erfahrung, daß er das Tötenmüssen und die Gefahr des Getötetwerdens über längere Zeiträume nur ertragen kann, wenn er sich die Lebensregeln der Stoiker zu eigen macht: Lerne alle Dinge mit Gleichmut zu ertragen. Das kann er nur, wenn er ein eigenes Immunsystem aufbaut gegen das Gefühl der Angst und des Mitleidens und bis zu einem gewissen Grad wohl auch gegen ethische, moralische und Gewissensfragen. Er kann es sich nicht leisten, die Dinge, die um ihn geschehen und an denen er selbst teilhat, zu hinterfragen. Er muß handeln und seine ganze Konzentration darauf verwenden. Er lernt es durch einen langen Gewöhnungsprozeß, Bilder des Grauens zu verdrängen, Distanz zum Nächsten zu schaffen, um sich nicht zu verzehren und um rational handlungsfähig zu bleiben. Wenn er dies schafft, steigen seine Überlebenschancen.

Diese Gedanken und Emotionen bewegen uns jetzt nach dem Ende des Frankreichfeldzuges. Wir wissen, daß unsere Angehörigen in der Heimat unter knapper werdender Versorgung und der Sorge um ihre Söhne und Männer leiden. Wir alle empfinden echte Trauer um unsere Toten und Schwerverwundeten. Wir gedenken auch der Verluste, die wir dem Gegner zugefügt haben. Es überwiegt aber die Freude, bisher davongekommen zu sein.

Die Marine und Luftwaffe bleiben im Einsatz, die ersten Bombenangriffe der Alliierten auf unsere Industrieanlagen und Verbindungswege machen die Heimat erstmals zum Kriegsschauplatz.

Rommel fliegt für einige Wochen auf Urlaub nach Wien, seiner letzten Garnison vor dem Kriege, um sich bei seiner Frau Lucie und dem Sohn Manfred zu erholen.

Durch Vertraute im Generalstab erfahre ich, daß Hitler versucht hat, mit den Engländern einen Separatfrieden abzuschließen. Für ihn waren die Engländer, außer den Skandinaviern und den Deutschen natürlich, Angehörige der germanischen Rasse, die er im Stillen bewunderte.
Er scheint Churchill völlig falsch einzuschätzen, der, wie wir den englischen Nachrichten entnehmen, Hitler und seinen Nationalsozialismus vernichten will.
Hitler reagiert wütend. Die Propaganda gegen England eskaliert. Anfang Juli beginnt die »Luftschlacht über England«. Unsere Division wird im Juli in den Raum westlich Paris verlegt. Rommel kehrt zurück und informiert uns, daß die »Operation Seelöwe« vorbereitet wird, die Invasion Englands. Auch die 7. Panzerdivision ist für dieses Unternehmen vorgesehen. Es beginnen ermüdende Wochen und Monate der Vorbereitung. Auf umgebauten Schleppkähnen und einigen Spezialschiffen wird immer wieder das Be- und Entladen unter kriegsmäßigen Bedingungen geübt.

Ich ziehe mit der Aufklärungsabteilung in den Pariser Vorort Le Vesinet, der an der Seine-Schleife westlich von Paris liegt. In der Villa uns gegenüber wohnt Josephine Baker, unser Nachbar ist der Besitzer des ›Lido‹, das er sofort nach dem Waffenstillstand mit einer neuen Show wiedereröffnet hat. Unsere Villa gehört einem Schweizer, der in die Schweiz zurückkehren will, da er in Paris momentan keine Geschäfte machen kann. Uns sieht er als Garanten dafür an, daß er seine Villa eines Tages unversehrt wieder vorfinden wird.

»Ich weiß nicht, wie lange wir hierbleiben werden, aber seien Sie unbesorgt, ich werde alles in Ordnung halten«, versichere ich ihm. Er zeigt mir die Villa und die Weinkeller.
»Bitte bedienen Sie sich, so oft Sie mögen.«
Ich lehne sein großzügiges Angebot dankend ab. Schließlich einigen wir uns auf einen »symbolischen« Preis von einem Franken pro Flasche seines guten alten Weines. Besonders genieße ich einen 1929er »Chambertin«.

Meine Leute sind im Sanatorium untergebracht. Eine Baronin ist die Sprecherin der Bürger von Vesinet. Sie lobt unser Verhalten. Freundschaften werden geschlossen, die aber nichts zu tun haben mit der sogenannten »collaboration«, die später in grauenvoller Weise von den Franzosen bestraft werden wird.

Unser Zahlmeister erhält französische Francs, mit denen er im Ort zu der Normalverpflegung hinzukaufen kann. Unser Hauptlieferant ist die »Grande Ferme de l'Asile«. Monsieur Eeckhout freut sich über die neue Kundschaft. Erich Beck und mein Fahrer Fink kommen täglich mit Crême fraiche, Butter, Fleisch und frischem Gemüse für meinen »Privathaushalt«. Es entsteht eine echte Freundschaft im Laufe der Zeit. Als ich im April 1941 noch einmal von Deutschland nach Paris komme, gibt es ein herzliches Wiedersehen. Die Baronin fragt: »Mon Commandant, können Sie mit Ihren Männern nicht zurückkommen? Seit Sie fort sind, bestimmen hier SS- und Versorgungseinheiten. Wir fühlen uns nicht mehr sicher, werden bespitzelt und schlecht behandelt.« Ich versuche, sie zu beruhigen.
Mr. Eeckhout erkundigt sich: »Wie geht es Ihnen allen und speziell meinen jungen Freunden Erich Beck und Adolf Fink? Bringen Sie sie bitte das nächste Mal mit«. Er setzt sich schnell an seinen Schreibtisch und gibt mir folgenden Brief mit (aus dem Französischen übersetzt):

»Grand Ferme de l'Asile, den 23. April 1941.
Liebe Freunde, ich bin froh, von Euch zu hören. Wir sind alle bei guter Gesundheit und sprechen oft von Euch. Leider hat die ›gute Zeit‹ nur kurz gedauert. Wir hatten denn Besuch von Monsieur von Luck, der uns versprochen hat, Euch bei seinem nächsten Besuch in Paris mitzubringen, was für uns eine große Freude wäre. Ich muß schließen, denn draußen warten Soldaten. Ich sage Eurem Chef bonjour, alle guten Wünsche von Alma, Gérard, Eliane und Laurent.
Auf Wiedersehen, Hérich und Adolph, Gott beschütze Euch.«

Das war echte Freundschaft, die beweist, wie hohl das Wort der »Erbfeindschaft« zwischen unseren beiden Völkern ist.

Juli 1940: Paris liegt vor der Tür. Eine Kommandantur wird eingerichtet und das Betreten der Stadt nur mit Sonderausweis gestattet.
Ich erhalte diesen Ausweis und benutze alle freien Stunden, meine Erinnerungen an diese einmalige Stadt aufzufrischen und die einzelnen Quartiers zu erforschen. Durch Zufall gerate ich eines Abends in die Bar »Le Cavalier« in der Nähe der Champs Elysées. Der Besitzer ist Clement Duhour, Olympiateilnehmer von 1932 und ein bekannter Chansonsänger und späterer Filmproduzent. Wir verstehen uns auf Anhieb, das »Le Cavalier« wird zu meiner Stammbar. Hier trifft man keine Deutschen der sich immer mehr aufblähenden Verwaltung, die sich oft überheblich als Sieger aufführten. Gerade sie haben nie einen Schuß gehört, geschweige denn

am Krieg teilgenommen. Oft ist es beschämend, wenn betrunkene Angehörige der Heeresverwaltung in den Bars Nazilieder singen, während die französischen Gäste den Chansons zuhören möchten. Als es mir einmal zu bunt wird und es zu Handgreiflichkeiten zu kommen droht, hole ich die Feldpolizei und lasse das Lokal von den deutschen Randalierern räumen.

Bei Clement Duhour lerne ich viele französische Künstler kennen. Ich trage Zivilkleidung, um nicht zu provozieren. Hier lerne ich auch J. B. Morel kennen, bis heute einer meiner besten Freunde. Er ist Innenarchitekt und kennt jeden und alles in Paris. Er ist so alt wie ich und hat als Oberleutnant gegen mich gekämpft. Er bewohnt ein hübsches Appartement in der Rue du Dobropol nahe dem alten »Tivoli-Park« am Bois de Boulogne. Durch ihn finde ich Zugang zu Zirkeln, die sonst keinerlei Kontakt zu Deutschen wünschen. Eines Abends nimmt er mich in einen Jazzkeller mit, in dem verbotenerweise schwarze Amerikaner Jazz und den uns unbekannten Swing spielen. Hier kommt man nur auf Klopfzeichen herein. »In the Mood« von Glenn Miller und »Down Mexico Way« werden zu meinen Lieblingsmelodien und werden später in der Gefangenschaft noch von uns gespielt.

Mit meinem Sonderausweis und dem treuen Mercedes-Cabrio habe ich keine Schwierigkeiten, mit meinen neuen französischen Freunden durch Paris zu streifen. Oft sind sie bei mir zu Gast in Les Vesinet, und wir fahren mit einem der herrenlosen Motorboote, die im Yachthafen liegen, auf der Seine spazieren und setzen nach Le Peq über, um im berühmten Restaurant »Le Coq Hardi« zu essen.

Meine Männer erstehen von ihrem Kriegssold für ihre Angehörigen Dinge, die man bei uns seit langem entbehren muß, wie Seidenstrümpfe, Parfüm, herrliche Stoffe und Getränke.

Hitler ist enttäuscht von seinem vergeblichen »Liebeswerben« um die Engländer, möchte Gibraltar nehmen, eine zu diesem Zeitpunkt erfolgversprechende Aktion. Aber Generalissimus Franco verweigert ihm den Durchmarsch durch Spanien, obwohl unsere Legion Condor ihm erst zu seiner Macht verholfen hat. Mit der Besetzung Gibraltars wäre das Mittelmeer von Westen gesperrt gewesen. Der Mittelmeerraum, mit dem von den Italienern besetzten Libyen, wird zum strategischen Schwerpunkt. Mussolini, der am 10. Juni in Südfrankreich einmarschierte, als die französische Armee schon fast geschlagen ist, hat seinen ersten »Sieg« gefeiert und nun, Anfang September 1940, eine Offensive unter Marschall Graziani nach Ägypten gegen die zahlenmäßig unterlegenen Engländer gestartet.

Die Italiener, wenn auch ein liebenswertes Volk, sind nicht die gut ausgebildeten und ausgerüsteten Soldaten, als die wir uns verstehen. Wir haben ihnen später oft Unrecht getan, wenn wir sie wegen ausgebliebener Erfolge beschimpften.

Es ist Ende Juli 1940, ein warmer Sommer. Paris findet zu einem erträglichen, normalen Leben zurück, obwohl die Versorgung der Stadt zunehmend schwieriger wird. Der Schwarzhandel blüht. Die Pariser versuchen, aus der Situation das Beste zu machen.

Wir üben immer noch im Raum Paris–Rouen für das »Unternehmen Seelöwe«, die Landung auf der »Insel«. Aber es geschieht halbherzig, denn die Übungen sind zur Routine erstarrt. Den Wehrmachtsberichten entnehmen wir zwischen den Zeilen, daß die Luftschlacht über England nicht zu gewinnen zu sein scheint. Diese Meinung finden wir beim verbotenen Abhören englischer Sender bestätigt.

Rommel setzt immer neue Gefechtsübungen an. Die Männer müssen beschäftigt werden, um nicht dem französischen »laissez faire« zu verfallen.
Ich fahre, so oft ich kann, nach Paris, um Freunde zu sehen, einzukaufen und in dieser faszinierenden Stadt zu bummeln.

Ende August erhalte ich für 14 Tage Urlaub. Das ist für mich ein weiteres Zeichen, daß niemand in der Führung mehr mit einer Landung in England rechnet. Ich will die 14 Tage in Bad Kissingen, meiner letzten Garnison, verbringen, um Freunde zu besuchen und einiges zu regeln. Meine Ordonnanz und Vertrauten Erich Beck nehme ich mit. Er möchte nach Hause.
»Beck, machen Sie den Mercedes fertig. Ich nehme auch den Setter ›Boy‹ mit, um ihn zu Hause in Obhut zu geben.« Beck kommt aufgeregt zu mir: »Herr Hauptmann, ich habe in einer Garage einen brandneuen Buick entdeckt. Können wir nicht mit ihm fahren, Ami-Wagen sind doch bei uns nicht bekannt?« Ich lasse mich überzeugen und erhalte tatsächlich von der Kommandantur Papiere und Wehrmacht-Nummernschilder.
Stolz fahren wir los, aber der Wagen schafft nicht mehr als 80 bis 90 Kilometer in der Stunde. Der Motor stottert. Keine Werkstatt traut sich an den Wagen heran, bis unsere Abteilungswerkstatt in Kissingen nach unserer Ankunft feststellt, daß im Tank ein Lappen liegt, der die Benzinzufuhr behindert.
In Kissingen herrscht — wenn auch eingeschränkt — Kurbetrieb, und ich fahre stolz mit den jungen Schönen im bestaunten Buick durch die Gegend. Der Setter »Boy« kommt zu einem Förster in die Rhön, wo er leider an einer Viruskrankheit stirbt, während wir später in Rußland sind.
Als wir nach 14 Tagen nach Vesinet zurückkehren, melde ich den Buick wieder ab und stelle ihn sauber in die Garage zurück.

Inzwischen, während wir noch die Landung in England üben, nimmt die Geschichte ihren Lauf.
Im Oktober wird die »Operation Seelöwe« abgeblasen. Unsere Luftwaffe hat unter großen Verlusten die Vorherrschaft nicht erringen können. Der Kriegsmarine fehlt

es an ausreichenden Großkampfschiffen, um das Übersetzen über den Kanal wirksam zu sichern.

Aus englischen Sendern, der eigenen Propaganda und aus meinen »Quellen« entnehme ich, daß dieser Krieg offenbar globale Ausmaße annimmt.

Am 3. Oktober hören wir im Radio vom Treffen Hitlers mit Mussolini am Brennerpaß, wonach die beiden Achsenmächte alle Anstrengungen unternehmen werden, den verbliebenen Gegner England zu besiegen.
Die Offensive Grazianis ist jedoch inzwischen zum Stillstand gekommen und, viel schlimmer, Mussolini hat, ohne Hitler zu informieren, am 28. Oktober 1940 eine Offensive gegen Griechenland gestartet. Anscheinend glaubt er, ein leichtes Spiel zu haben und so den Mittelmeerraum noch besser kontrollieren zu können. Der Einmarsch nach Griechenland entwickelt sich zu einem Desaster und zwingt Hitler, mit deutschen Truppen einzugreifen.

Wie soll es nun weitergehen, wenn eine Landung in England nicht möglich ist? Wir haben zwar fast ganz Europa besetzt, aber ein Unsicherheitsfaktor bleibt der Mittelmeerraum, von dem keine guten Nachrichten kommen. Durch den Nichtangriffspakt mit Stalin haben wir den Rücken frei. Wie aber sollen wir mit den Engländern fertig werden?
Sie haben fast ihr gesamtes Material auf dem Festland zurücklassen müssen und eine nicht unerhebliche Zahl Gefangener verloren. Die Masse des englischen Heeres ist jedoch noch gar nicht im Einsatz. Das Material wird laufend von Amerika ersetzt — trotz der den Engländern im U-Boot-Krieg zugefügten großen Verluste. Die englische Luftwaffe bekommt langsam die Überlegenheit. Churchill läßt keinen Zweifel aufkommen, daß er Hitler und seinen Nationalsozialismus vernichten will.
Nach der Aufgabe der Operation »Seelöwe« erhält unsere Division den Befehl, in den Raum Bordeaux zu verlegen, um den Einmarsch in den bislang unbesetzten Teil Frankreichs abzusichern. Endlich wieder Bewegung! Ich verabschiede mich von den Freunden in Vesinet und meinen Freunden J. B. Morel und Clement Duhour. Beide sagen mir: »Hans, Ihr könnt diesen Krieg nicht mehr gewinnen, wir wissen das.« Clement bietet mir sogar an, im Notfall bei seiner Mutter im Baskenland unterzuschlüpfen. »Da bist Du sicher, wir Basken verraten nie einen Freund.«
Es ist gut von ihm gemeint, für mich natürlich indiskutabel. Daraufhin übergibt er mir einen silbernen Ring mit einem baskischen Sinnspruch, der auf der Innenseite die französische Übersetzung eingraviert hat: »Mieux vaut penser que dire« (es ist besser zu denken als zu reden). Ich werde das Gefühl nicht los, daß die beiden Freunde der immer stärker werdenden Résistance angehören. Diese Annahme soll sich später bewahrheiten. Aber unsere Freundschaft soll sich als stärker und wichtiger erweisen als Rachegelüste und Verrat.

Auf unserem langen Marsch nach Bordeaux machen wir einen Tag Rast auf einem der alten Rothschild-Schlösser. Dort besucht mich mein älterer Freund Siebel. Er war Jagdflieger im Ersten Weltkrieg und Erfinder der »Siebelfähre«, die in Nordafrika viele Männer vor der Gefangennahme bewahren sollte. Auf einfache Fähren ließ Siebel ausgediente Flugzeugmotoren montieren, die mit ihren Propellern die Fähren antrieben und die kurze Verbindung zwischen Tunesien und Sizilien in einer Nacht überbrückten.

In Bordeaux angelangt, kann ich es mir nicht verkneifen, die »maison sérieuse« aufzusuchen. Ich werde überschwenglich begrüßt:
»Mon Général, wir sind offiziell von der Kommandantur anerkannt. Ich bedanke mich bei Ihnen. Sie werden hier immer Freunde finden und Champagner auf unsere Kosten.«
Ich hoffe, daß diese charmante Frau später nicht als ›collaborateuse‹ hat leiden müssen.

Inzwischen trifft weiterer Ersatz aus der Heimat ein, darunter als neuer Kommandeur der Abteilung Major Riederer von Paar, der noch am Ersten Weltkrieg teilgenommen hat und bald unser Vertrauen gewinnt. Ich übernehme wieder meine 3. Kompanie, die so hervorragend vom Feldwebel Almus geführt wurde. Leutnant von Poschinger kommt als neuer Zugführer zur Kompanie.

Ich finde die Zeit, um meine Sammlung französischer Weine und Cognacs zu ergänzen. Auf teilweise kleinen Weingütern nördlich von Bordeaux erstehe ich Flaschen mit Seltenheitswert, die nie zum Verkauf kommen würden. Meine Sammlung von alten Burgundern, Cognacs und Armagnacs, zum Teil in mundgeblasenen Flaschen und handbeschrifteten Etiketten, umfaßt inzwischen fast 1000 Flaschen, die ich bei erster Gelegenheit nach Deutschland schicken will.

Im Dezember 1940 liegen wir noch im Raum Bordeaux, als ich krank werde. Erich Beck notiert in seinem Tagebuch:
»Im Dezember wird Hans von Luck schwer krank. Mit Wadenwickeln päpple ich ihn auf. Nach seiner Genesung erhält er einen kurzen Heimaturlaub. Der inzwischen beförderte Oberfeldwebel Almus übernimmt die Kompanieführung. Er wurde im Januar 1941 wegen Tapferkeit vorm Feinde zum Leutnant befördert und hat mir auf von Lucks Empfehlung am 31. Dezember 40 das Eiserne Kreuz I. Klasse verliehen.«

Im Januar 1941 wird die Division nach Deutschland in den Raum westlich Bonn verlegt. Das Kapitel Frankreich ist nun endgültig abgeschlossen. Zurück bleiben Reserveeinheiten, eine sich aufblähende Heeresverwaltung und die Gestapo (Geheime Staatspolizei) mit ihrem Schreckensregiment.

Meine Kompanie wird im Dorf Heimerzheim untergebracht, ich selbst in einem Wasserschloß aus dem 15. Jahrhundert, das dem Baron von Boeselager gehört, dessen Söhne auch Offiziere im Heer sind. Wenn ich abends von anstrengenden Gefechtsübungen zurückkehre, sitzen wir oft zusammen und diskutieren die Situation. Der »alte Boeselager« ist kein Anhänger Hitlers. Er befürchtet, daß ein nächster Waffengang gegen England zum Desaster führen kann. Während wir diskutieren, sitzt die »alte Baronin« neben uns und legt Patiencen. Sie ermuntert mich, es auch einmal zu versuchen, da es so beruhigend sei. Um ihr eine Freude zu machen, lasse ich mir zwei Versionen zeigen und finde das Spiel gar nicht so langweilig und altdamenhaft. Zum Abschied schenkt sie mir ein Kartenspiel. Die Karten sollen mir in kritischen Situationen später sehr helfen, um meine innere Ruhe wiederzufinden. Meine jungen Offiziere pflegen dann zu sagen: »Der Chef legt Patiencen und läßt sich nicht stören. Also wird alles nicht so schlimm sein.« Noch bis zum heutigen Tage lege ich gern meine »Beruhigungspatiencen«.

Zu diesem Zeitpunkt versuche ich, ein *Fazit* aus dem bisherigen Verlauf des Krieges zu ziehen und mir Gedanken zu machen, wie es weitergehen kann und soll.

In zwei Blitzkriegen sind Polen und Frankreich besiegt worden, Dänemark und Norwegen sowie Griechenland von uns besetzt. Bis auf die alarmierenden Nachrichten vom nordafrikanischen Kriegsschauplatz scheint auch der Mittelmeerraum unter Kontrolle zu sein. Die Wehrmacht muß jedoch erhebliche Kräfte freimachen, um alle Gebiete zu sichern, besonders gegen eine mögliche Invasion durch die Engländer an einer nicht vorhersehbaren Stelle.
Noch haben wir den Rücken durch den Nichtangriffspakt mit Stalin frei, der erkauft ist durch Gebietszugeständnisse in Polen und dem Baltikum. Wie aber soll England bezwungen werden, das in zunehmendem Maße von Amerika unterstützt wird, seine Luftangriffe auf das Reich beginnt und die Seeherrschaft behalten hat?

Was wir nicht wissen, ist, daß es den Engländern gelungen ist, unseren Code zu knacken. Im berühmt gewordenen Bletchley Park nördlich von London sitzt eine Elite von Spezialisten, unter ihnen Mrs. Jean Howard, die ich 1985 in London kennengelernt habe. Sie erzählte mir: »Hans, ich kannte Sie, seit Sie nach Nordafrika kamen, wußte alles über Sie und Ihre Aktionen. Schon zu Beginn des Jahres 1941 konnten wir Befehle vom Führerhauptquartier, geplante Operationen und durchgegebene Meldungen entschlüsseln und an unser Hauptquartier durchgeben.«

Auch in den langen Gesprächen mit Baron von Boeselager, in denen wir nach einem Weg suchen, diesem Krieg ein Ende zu machen, finden wir keinen. Wir beide befürchten, daß dieser Krieg, der voller Hoffnungen begonnen hatte, wohl noch lange dauern wird.

Anfang Februar 1941 wird uns mitgeteilt, daß unser Divisionskommandeur Rommel von Hitler nach Afrika geschickt wird. Die Lage in Tripolitanien hat sich so zugespitzt, daß wir den Italienern zu Hilfe kommen müssen. Rommel verbringt gerade einen kurzen Urlaub bei seiner Familie und hat anschließend nicht mehr die Zeit, sich bei uns zu verabschieden. Am 10. Februar 1941 fährt er mit der Bahn nach Rom und fliegt am 12. zusammen mit Hitlers Chefadjutant Oberst Schmundt nach Tripolis. Am 14. Februar überwacht er persönlich das Ausladen der ersten deutschen Einheiten, der Panzeraufklärungsabteilung 3, die ich aus meiner Zeit in Potsdam gut kenne, und der Panzerjägerabteilung 39.

Unter der Hand höre ich, daß die Italiener bis auf 500 Meilen an die Grenze Tripolitaniens zurückgedrängt worden sind und an die 130 000 Mann verloren haben. Der Verlust des letzten Hafens Tripolis würde die Gesamtlage im Mittelmeerraum sehr zu unseren Ungunsten verändern.

Wir sind sehr unglücklich, Rommel verloren zu haben und begegnen unserem neuen Divisionskommandeur, General Freiherr von Funk, mit einiger Skepsis. Er ist das Gegenteil Rommels: Generalstabsoffizier alter Schule, kein ›Troupier‹ wie Rommel. Er führt ›von hinten‹ aus seinem Gefechtsstand und sucht nicht wie Rommel den Kontakt zu seinen Männern. Trotzdem stellen wir Einheitsführer uns auf ihn ein, zumal er nicht versucht, uns in unserer Beweglichkeit einzuschränken.

Die Wochen und Monate gehen dahin. Die übliche Routine beginnt: Gefechtsübungen unter erschwerten Bedingungen, Ausbildung und Integration des Ersatzes. Der Krieg findet zur Zeit woanders statt.

Aus Wehrmachtsberichten erfahren wir von den Erfolgen Rommels in Nordafrika, seinem unkonventionellen und für die Engländer überraschenden Vorstoß nach Osten und der Wiedereinnahme der Cyrenaika. Von Kämpfen in Jugoslawien und am Nordkap hören wir und von den stärker werdenden Luftangriffen auf Deutschland. Das bedrückt uns am meisten. Nun wird also auch — im Gegensatz zum Ersten Weltkrieg — die Zivilbevölkerung in den Krieg einbezogen. Wir bangen um unsere Familien.
Hitler hält wütende Reden, sein Propagandaminister Goebbels und die von ihm völlig beherrschte Presse und der Funk rufen zum »Endsieg« auf, die Juden werden verteufelt. Wir erfahren von ihrem Schicksal nichts.

Im April erhalte ich einen kurzen Urlaub, den ich zur Hälfte bei meinen Eltern verbringe; aber zu Hause fühle ich mich nicht mehr wohl. Mein Bruder ist mit seinem Walfangschiff irgendwo in Norwegen im Einsatz, meine Schwester büffelt für das Notabitur, mein Stiefvater leidet an unheilbarem Darmkrebs und wird von meiner Mutter aufopfernd versorgt. Er kann sich mit der modernen Kriegführung nicht abfinden und zieht immer wieder Vergleiche zum Ersten Weltkrieg. Wir geraten immer häufiger aneinander.

Die andere Hälfte meines Urlaubs verbringe ich im geliebten Paris. Dort prophezeien mir J. B. Morel und Clement Duhour erneut, daß die Engländer, allein oder mit der Unterstützung der Amerikaner, siegen werden. Ihrer Ansicht nach hat Deutschland dem unerschöpflichen Material der Engländer und Amerikaner nichts entgegenzusetzen. Besonders nicht, da in Deutschland die Industriestätten und die Verkehrswege immer häufiger den Luftangriffen ausgesetzt sind. Ich widerspreche ihnen, weiß aber auch nicht, wie wir den Krieg gewinnen können.

Ich kehre anschließend zu meiner Kompanie zurück, und wieder beginnt das Einerlei, das auf Dauer entnervt. Die Bevölkerung fragt uns immer öfter, wie es nun weitergehen soll. Die Ratlosigkeit ist groß. Wir können nur feststellen, daß die anfängliche Euphorie inzwischen einer nüchternen Beurteilung gewichen ist.
Während meiner Abwesenheit ist ein schrecklicher Unfall passiert, zu dem Erich Beck notiert hat: »In der Nacht vom 19. zum 20. April 1941 fuhr nach einer Feier ein Pkw unserer Kompanie mit fünf Männern, darunter Feldwebel Almus (dessen Beförderung schon auf dem Tisch lag), frontal gegen einen Baum. Zwei Tote und drei Schwerverletzte, darunter Almus, waren die Folge. Almus wurde ein Arm amputiert. Er fiel für Monate aus. Unser Chef von Luck bemühte sich, den Fall aufzuklären. Es gab ein langes gerichtliches Nachspiel, zu dem von Luck später sogar von Nordafrika aus noch einmal Stellung nehmen mußte, aber schließlich verlief infolge der Kriegsereignisse alles im Sand.«

Nach verhältnismäßig geringen Verlusten im Frankreichfeldzug nun gleich fünf Ausfälle durch Unfall.

Ich möchte meine ›Sammlung‹ an einen sicheren Ort bringen und frage Baron von Boeselager, ober ich sie bei ihm lassen könne. »Aber selbstverständlich, ich werde sie zusammen mit meiner eigenen Sammlung im Schloßgraben versenken. Dort vermutet sie niemand.«
Später in Rußland erhalte ich Post von Boeselager. Er hatte aus meinem Bestand zwei Flaschen Champagner zur Hochzeit seiner Tochter entliehen. Alle Flaschen hätte er nehmen sollen, denn: Am Ende des Krieges wurde der französischen Besatzungstruppe das Versteck verraten. »Die ›sale boches‹ haben unseren Wein und Cognac gestohlen. Alles gehört rechtmäßig uns«, so die Franzosen. So berichtete mir Boeselager später. Aus war es mit dem Traum von der französischen Sammlung.

Plötzlich und ohne Vorwarnung wird unsere Division Anfang Juni in Bonn auf die Eisenbahn verladen und nach einer Fahrt von zwei bis drei Tagen in Insterburg/Ost-

preußen entladen. Die Abteilung wird in den umliegenden Dörfern untergebracht. Ich benutze die Gelegenheit, Bekannte auf einem nahen Rittergut zu besuchen, wo ich vor Jahren die Hochzeit eines meiner Kameraden lustig und unbeschwert gefeiert hatte.
Die alte Dame, die ihr Gut nach dem Tod ihres Mannes nun allein bewirtschaftet, begrüßt mich traurig: »Wie deprimierend, Sie unter diesen Umständen wiederzusehen. Wie vergnügt waren wir damals, und jetzt droht uns ein langer, schwerer Waffengang mit Rußland. Begreifen Sie das alles? Was will Hitler denn noch? Den von ihm und Rosenberg oft zitierten ›Lebensraum‹?«

Wir gehen durch die sauberen Ställe. Es ist wie ein Abschied von der alten deutschen Heimat. Nach dem Essen bittet mich meine Gastgeberin: »Bitte spielen Sie etwas auf dem Flügel. Lustiges, bitte, es soll eine Erinnerung für mich sein.«
Da sitze ich nun bei Kerzenschein und spiele, was mir in den Sinn kommt. Tränen stehen der alten Dame in den Augen.
Als ich mich verabschiede, sind ihre letzten Worte: »Leben Sie wohl, Gott beschütze Sie.«
Heute gehört ihr Rittergut zu Polen. Leider weiß ich nicht, was aus der alten Dame geworden ist.

Ein warmer Spätfrühling liegt über Ostpreußen. Ich denke an meine Rekrutenjahre zurück, an Königsberg, die Marienburg, die Masurischen Seen. Ich habe dieses Fleckchen Erde liebgewonnen mit seinen trockenen Sommern und sehr kalten, tief verschneiten Wintern. Ich bewundere die Menschen, die mit dem Deutschen Ritterorden Anfang des 13. Jahrhunderts hierher kamen und sich durch die Auseinandersetzungen mit Polen, Schweden und Rußland im Laufe der Jahrhunderte und nicht zuletzt durch das Klima zu einem zähen Menschenschlag entwickelten. Die Gastfreundschaft der Ostpreußen ist berühmt, ihr trockener Humor sprichwörtlich. Die Weite Ostpreußens läßt erahnen, wie es in Rußland aussehen wird.

Was hat Hitler vor? Der Einmarsch nach Rußland scheint sicher zu sein. Die Masse der Wehrmacht wird an den Ostgrenzen konzentriert. Dies läßt darauf schließen, daß es sich nicht um eine begrenzte Operation handeln wird, um die »Baltischen Provinzen«, die einst vom Deutschen Ritterorden besetzt waren, »heim ins Reich« zu holen. Wird Hitler den Nichtangriffspakt mit Rußland für null und nichtig erklären? Wie würde er dies der Bevölkerung erklären wollen? Die Propagandawelle Goebbels' läuft auf vollen Touren. Von »Untermenschen« ist wieder die Rede, vom »Lebensraum«, den es der germanischen Rasse zu sichern gilt. Und wieder gelingt es, die Volksmeinung um 180 Grad zu drehen.

Der Vorabend des Einmarsches ist herangekommen. Wir sind in einer eigenartigen Verfassung: Das Riesenreich ist wie durch einen Vorhang verdeckt. Die riesigen

Entfernungen können wir gedanklich nicht bewältigen. Das Uralgebirge, das über 3 000 Kilometer entfernt ist, bildet nur den Abschluß des europäischen Teils, dahinter beginnt die unendliche Weite Sibiriens.
Wir denken an das Schicksal Napoleons, dessen siegreiche Heere in der Weite und Kälte Rußlands untergingen.

Wir haben eigentlich keine Angst, wir wissen aber auch nicht, wie wir uns auf einen Gegner einzustellen haben, dessen Stärke und Potential wir nicht kennen und dessen Mentalität uns völlig fremd ist.

Die Euphorie der letzten Monate ist einer eher nüchternen Einschätzung gewichen. Selbst die Jungen, die in den Jahren nach 1933 durch die Schule des Nationalsozialismus gegangen sind und in der Hitlerjugend auf ihren Führer eingeschworen wurden, sind nun still geworden. Sie fühlen wohl, daß mit Idealismus allein Rußland nicht bezwungen werden kann.

Werden wir die »Zweite Front« verkraften können, wobei die erste Front im Westen überwiegend mit Reservedivisionen besetzt ist? Wird England diese Schwachstelle zu nutzen wissen?

Trotz aller Zweifel und Fragen tun wir das, was Soldaten zu jeder Zeit getan haben: Wir stellen uns auf das Heute ein und sind bereit, unsere Pflicht zu tun.

Rußland, Juni 1941 bis Januar 1942

Am 22. Juni 1941 um 4.00 Uhr früh überschreitet die deutsche Wehrmacht die Grenze zu Rußland. Die Luftwaffe fliegt massierte Angriffe auf Flugplätze und Eisenbahnknotenpunkte. An diesem Morgen rollen noch russische Güterzüge mit Warenlieferungen im Rahmen des Nichtangriffspaktes über die Grenze. Wenige Tage zuvor war ich zu dem neuen Divisionskommandeur, Generalmajor Freiherr von Funck, bestellt worden: »Luck, Sie werden ab sofort zum Divisionsstab kommandiert und als mein Adjutant eingesetzt.« Ich bin entsetzt. »Herr General, ich möchte zu diesem entscheidenden Zeitpunkt meine Kompanie nicht verlassen. Können Sie keinen anderen finden?«
»Nein«, antwortet er, »der von mir angeforderte Adjutant ist noch nicht eingetroffen. Außerdem sind die Verluste an Kompanieführern bislang schon zu groß und werden noch größer werden. Insofern halte ich Sie gewissermaßen als Führerreserve.«
Zähneknirschend verabschiede ich mich vom Abteilungskommandeur und meinen Leuten. Mit Erich Beck und dem treuen Mercedes melde ich mich beim Divisions-

stab. Ich ahne nicht, wie kurz meine Rolle dort und auf dem russischen Kriegsschauplatz und wie lang und verlustreich dieser Feldzug für die Wehrmacht sein wird.

An der gesamten Front stoßen die deutschen Divisionen, allen voran die Panzerdivisionen, vor und überrollen die schwachen russischen Grenztruppen. Die Russen scheinen vom Einmarsch völlig überrascht zu sein, obgleich ihnen unser Aufmarsch nicht entgangen sein konnte. Unsere Luftüberlegenheit ist offenkundig, sowohl in der Quantität als auch in der Qualität.
Es stellt sich bald heraus, daß die russische Luftwaffe nur über veraltetes Material verfügt, besonders jedoch, daß die Piloten nicht annähernd so gut operieren wie unsere Jagd- und Sturzkampfflieger oder die Piloten unserer westlichen Gegner. Das ist natürlich eine große Entlastung für uns, und wir gehen kaum in Deckung, wenn russische Flugzeuge auftauchen. Wir müssen oft sogar lächeln, wenn aus deren Bombenschächten Tausende von Nägeln auf uns abgeworfen werden in Ermangelung von Bomben.

Wir kommen bald zu der Erkenntnis, daß der See- oder Luftkrieg der russischen Mentalität nicht entspricht. Rußland hat in seiner Geschichte meist Landkriege geführt, sein Heer aus den Millionen der Landbevölkerung rekrutiert. Eine ernst zu nehmende Seemacht war Rußland nie, an den Aufbau einer modernen Luftwaffe hat die schwerfällige Militärbürokratie offenbar nie ernsthaft gedacht. Dafür aber müssen wir uns sehr bald an die schier unerschöpflichen Massen an Landstreitkräften, Panzern und Artillerie gewöhnen.
Unser Panzerkorps stößt zunächst nach Nordosten vor. Ziel ist die Stadt Wilna im ehemaligen Litauen. Der Widerstand, auf den wir treffen, ist verhältnismäßig gering, aber schon tauchen die ersten, später berühmt gewordenen Panzer T 34 auf, die das Rückgrat der russischen Panzerwaffe bilden. Es ist eine unkomplizierte Konstruktion. Die Panzerplatten sind grob zusammengeschweißt, das Fahrwerk ist einfach, alles ohne große Schnörkel und Finessen. Schäden sind leicht zu beheben. Zudem sind die Russen Meister der Improvisation. Abertausende T 34 werden in Werken produziert, die außerhalb der Reichweite unserer Luftwaffe liegen.
Wilna wird von Norden und Süden umgangen und eingenommen. Wir werden sofort nach Osten abgedreht in Richtung Minsk.

Als Divisionsadjutant obliegen mir viele Aufgaben, die mir absolut nicht gefallen. Ich sitze zwar jeden Abend im Befehlswagen des Kommandeurs und erfahre einiges über Pläne und Einsatz, die General von Funk mir anhand von Karten erläutert, die auf seinem Tisch ausgebreitet sind. Wenn auch nicht weniger effizient, so ist sein Führungsstil doch ein ganz anderer als zuvor der Rommels.
Ich bemühe mich erfolgreich um einen Einsatz, der von den täglichen Schreibtischarbeiten wegführt. So werde ich immer häufiger vom Divisionskommandeur

als Verbindungsoffizier zu den Einheiten geschickt, besonders dann, wenn die Nachrichtenverbindungen nicht funktionieren.

Wir erreichen jetzt ein Gebiet, das typisch für die russische Landschaft ist. Riesige Wälder, Steppen und Straßen, die wir nicht einmal als Feldwege bezeichnen würden. Sie verwandeln sich nach kurzen Regengüssen zu Schlammwegen, die teilweise nur dann passierbar sind, wenn Pioniere oder abgesessene Grenadiere Bäume fällen, um mit den Stämmen eine hölzerne Rollbahn herzustellen. Mehr als durch den Gegner wird unser Vormarsch durch die katastrophalen Wege verzögert.
In diesem unwegsamen Gelände geht eines Tages die Verbindung zu unserem Kradschützenbataillon verloren. Der Divisionskommandeur befürchtet, daß es abgeschnitten ist.
»Luck, Sie wollen doch etwas anderes als Schreibtischarbeit leisten. Unser Kradschützenbataillon meldet sich nicht. Es muß etwa hier sein. (Er zeigt es mir auf der Karte.) Versuchen Sie, die Verbindung herzustellen und berichten Sie mir über die Lage. Seien Sie vorsichtig, in dem großen Waldgelände können überall noch Russen sitzen.«

Ich habe nur meinen Mercedes zur Verfügung und fahre mit Erich Beck los. Ohne Feindberührung, aber mit erheblichen Schwierigkeiten wegen der schlecht passierbaren Wege, erreiche ich die mir genannte Gegend und finde dort tatsächlich das Bataillon. Man sagt mir: »Hier ist alles o.k. Wir scheinen jedoch wie ein Dorn in russische Einheiten eingedrungen zu sein, ohne daß sie uns richtig erkannt haben. Es wäre schon gut, wenn uns die Division aus dieser Lage befreien könnte. Sobald uns der Russe erkannt haben wird, sieht es schlecht für uns aus.«
Ich verspreche, dem Divisionskommandeur alles zu melden und um sofortige Entlastung zu bitten.
Auf demselben Weg fahre ich wieder zurück. Neben mir sitzt Erich Beck mit seiner Maschinenpistole im Anschlag. Nach wenigen Kilometern durch dichten Wald kommen wir an einer Lichtung vorbei. Beide Seiten des Weges sind voller Russen. Sie erkennen uns sofort, und ich sehe, wie sie ihre Gewehre in Anschlag bringen. Noch 30 Meter fehlen, bis der Weg in einer Kurve wieder in den dichten Wald führt. »Beck, ducken Sie sich und feuern Sie Salven nach rechts und hinter mir vorbei nach links«, schreie ich, ducke mich am Lenkrad so tief wie möglich und gebe Gas. Schon pfeifen die ersten Kugeln an uns vorbei, ungenau jedoch, da Beck mit seinen Salven die Russen in Deckung gezwungen hat. Unser Mercedes-Cabrio, das sicher nie für russische Straßen konzipiert wurde, holpert und springt über die Bodenwellen. Ein einziger Schuß hat es getroffen, aber keinen großen Schaden angerichtet. »Danke, Beck, und Dank an unseren Wagen, da haben wir aber Glück gehabt.«
Ich berichte dem Divisionskommandeur, der mich über seine Lesebrille hinweg anlächelt und sagt: »Sie wollten doch etwas erleben. Was wollen Sie also mehr.

Jedenfalls danke ich Ihnen für Ihren Bericht, ich werde sofort etwas für die Entlastung des Kradschützenbataillons veranlassen.«

Wir erkennen langsam die Taktik der Russen: Sie lassen sich überrollen, um dann in kleinen Gruppen in unserem Rücken den Nachschub und die nachfolgende Infanterie anzugreifen. Von Gefangenen erfahren wir, daß der unselige Befehl Hitlers, »alle Kommissare sind sofort umzulegen«, sich als Bumerang erweist. Die Reaktion der Russen ist so einfach wie wirksam. Die Kommissare, Polit-Offiziere, die jeder Einheit zugeteilt sind und die Moral der Truppe und ihrer Kommandeure zu kontrollieren haben, kennen Hitlers Befehl. Sie halten ihre Leute daher in Schach, indem sie ihnen sagen: »Wenn Ihr in deutsche Gefangenschaft geratet, werdet Ihr sofort umgelegt. Geht Ihr nur einen Schritt zurück, legen wir Euch um.« Das erklärt, warum sich so viele Russen, meist nur mit einer Ration Trockenbrot ausgerüstet, überrollen lassen. Es erklärt auch die später immer stärker werdende Partisanentätigkeit. Ein wesentlicher Faktor ist, daß Stalin, wissend um die Heimatliebe der Russen, den Krieg zum »Großen Vaterländischen Krieg« erklärt. Wir sind die Angreifer, die die Heimat der Russen zerstören, sie sind die Verteidiger von »Mütterchen Rußland«.
Unsere Luftaufklärung meldet größere Truppenansammlungen westlich und um Minsk, der ersten größeren Stadt in Rußland östlich der ehemaligen polnischen Grenze.

Unsere Division soll nördlich an Minsk vorbeistoßen und den Russen den Rückweg nach Osten abschneiden. Ein weiteres Panzerkorps soll südlich der Stadt vorbeistoßen. Die Vorhut bilden die Aufklärungsabteilung und das Kradschützenbataillon. In einer Zangenbewegung wird Minsk eingeschlossen, der erste Kessel wird gebildet, und es werden viele Gefangene gemacht. Unsere in Fußmärschen nachrückende Infanterie, die wir wegen der unmenschlichen Strapazen bedauern, soll sich um die eingeschlossenen Russen kümmern. Die Panzerdivisionen werden sofort zum weiteren Vorstoß nach Osten eingesetzt. Wieder müssen wir uns durch Wälder und auf miserablen Straßen vorankämpfen. Für unsere Division heißt das Ziel Witebsk, eine Stadt, die nördlich der Verbindungsstraße Minsk — Smolensk — Moskau liegt. Wir stoßen immer wieder auf Widerstand, es fehlt jedoch bei den Russen die organisierte Abwehr. Zu schnell ist unser Vormarsch, als daß der Gegner die Zeit hätte, wirksame Abwehrlinien aufzubauen. Es sieht sehr nach einem weiteren Blitzkrieg aus.

Erstmals kommen wir auf unserem Vormarsch mit der Bevölkerung in Kontakt. Wir durchfahren die typischen russischen Dörfer, in denen Holzhäuser beiderseits des Feldweges aufgereiht sind und zu denen eine Dorfkirche gehört. Die Kirchen sind ausnahmslos in Warenlager umfunktioniert, aber meist geplündert worden. Die kärglich ausgestatteten Häuser haben in der Mitte einen großen Lehmofen, auf dem im Winter die ganze Familie schläft. Darunter steht die Ofenbank und davor ein Holztisch. In der Ecke des Raumes brennt eine Kerze, darüber hängen eine oder mehrere Ikonen, Heiligenbilder. In der Dorfmitte befindet sich eine Sauna, die für alle Russen unerläßlich ist, zumal es in den Häusern kaum Waschgelegenheiten gibt. Direkt mit dem Haus verbunden ist ein Stall für ein paar Stück Vieh, die sich ein Bauer privat leisten darf, abgesehen von einem kleinen Stück Land für den Anbau von Kartoffeln und Mais für den täglichen Bedarf. Im übrigen arbeitet die Bevölkerung in den staatlichen Kolchosen und Sowchosen, eine Art dörflicher und staatlicher Kooperativen. Hier gilt es, die »Norm« zu erfüllen, der Maßstab für alle ausschließlich staatlichen Betriebe.

Der Zustand der Dorfstraßen ist noch schlimmer als der der Wege, die wir bislang zu passieren hatten, denn hier haben die Bauernwagen ziehende Panjepferde noch zusätzlich den Boden aufgewühlt. Hier gibt es nichts zu »requirieren«, um unsere Truppenverpflegung aufzubessern. Im Gegenteil: Wir schenken den Frauen und Kindern etwas Schokolade oder Zigaretten von unserer Ration. Als Divisionsadjutant finde ich Zeit und Gelegenheit, mit der Bevölkerung in Kontakt zu kommen, wobei mir meine spärlichen Russischkenntnisse gute Dienste leisten. Ich bin erstaunt, daß ich keinen Haß bei den Menschen spüre. Oft kommen Frauen aus den Häusern, die sich eine Ikone vor die Brust halten und rufen:
»Wir sind immer noch Christen. Befreit uns von Stalin, der unsere Kirchen zerstört hat«.
Manche bieten ein Ei und ein Stück trockenes Brot als Willkommensgruß an. Wir bekommen langsam das Gefühl, tatsächlich als Befreier angesehen zu werden.

Der heiße Sommer beginnt in Rußland. Er wird oft von starken Regengüssen unterbrochen, die uns zwingen, für die Nacht Unterschlupf in den Häusern zu suchen. Wenn möglich, bevorzugen wir als Nachtquartier unsere Fahrzeuge oder die Gräben neben den Wegen, da wir Angst vor Ungeziefer haben.

Witebsk wird wie auch Minsk nördlich und südlich weit umgangen. Ein neuer kleinerer Kessel bildet sich, dessen Beseitigung wir wiederum der Infanterie überlassen, die bislang nur marschiert und noch nicht zum eigentlichen Einsatz gekommen ist. Da erreicht uns die Meldung, daß Major Riederer von Paar, der Kommandeur der Panzeraufklärungsabteilung, gefallen ist.
»Luck, Ihre Tätigkeit bei mir war kürzer, als ich gedacht hatte. Sie übernehmen sofort die Abteilung, als deren Kommandeur ich Sie bestätigen lassen werde. Ich danke Ihnen für alles, machen Sie es gut.« Der Divisionskommandeur verabschiedet mich.
»Beck, es geht wieder an die Front, machen Sie den Mercedes und das Gepäck fertig. Wir fahren schnellstens zur Abteilung.« Ich informiere ihn über den Tod des Kommandeurs.

Schon am Abend kommt der Einsatzbefehl: Vormarsch nach Osten Richtung Smolensk. Unser Panzerkorps wird von Nordwesten, ein weiteres Panzerkorps von Südwesten starke russische Kräfte, die westlich und um Smolensk gemeldet sind, angreifen und zu vernichten suchen. Meine Abteilung soll die Spitze bilden und nach Osten und Nordosten aufklären.
Nachdem wir Major von Riederer feierlich begraben haben und ich das Kommando übernommen habe, gebe ich die Einsatzbefehle für den nächsten Morgen.

Unterwegs treffen wir auf versprengte Russen, die sich meist schnell ergeben. Es scheint sich herumgesprochen zu haben, daß Gefangene von uns nicht erschossen werden. Wir kommen zügig voran und stoßen hart westlich von Smolensk auf eine breite Trasse, die auf unseren Karten nicht verzeichnet ist. Wir finden bald heraus, daß die Russen diese Trasse von Moskau bis Minsk als zukünftige Autostraße angelegt haben, die, wie wir später feststellen, westlich von Moskau bereits asphaltiert ist. Diese Trasse wird auf unserem weiteren Vormarsch für uns zur Orientierungshilfe. Schon bald stoßen wir auf stärkeren Widerstand und weichen nach Rücksprache mit der Division nach Nordosten aus. Die Umzingelung von Smolensk bietet sich förmlich an. Tatsächlich gelingt es in wenigen Tagen mit Unterstützung unserer Luftwaffe, Smolensk von Norden und Süden einzuschließen und einen riesigen Kessel zu bilden, in dem angeblich mehr als 100000 Russen die Gefangennahme droht. Mit meiner verstärkten Abteilung besetze und sperre ich die Trasse Smolensk — Moskau. Wir sind »nur« noch etwa 400 Kilometer von Moskau entfernt.

Wir erhalten einige Tage Ruhepause, von denen ich einen nutze, um in ein Sammellager zu fahren, das provisorisch bei Smolensk eingerichtet wurde. Tausende russischer Gefangener sind hier auf engstem Raum zusammengepfercht, ohne Schutz vor der heißen Sonne oder sintflutartigen Regenfällen. Sie wirken apathisch, ihre Gesichter sind ausdruckslos. Ihre Uniformen, die einfach, aber zweckmäßig sind, sind fade und unterstreichen noch den Eindruck einer grauen Masse. Wegen der Verlausungsgefahr sind ihre Köpfe kahlgeschoren. Sie wirken dem Schicksal ergeben, denn sie kennen seit Menschengedenken nur die Unterdrückung. Ob Zar, Stalin oder Hitler, Unterdrückung bleibt Unterdrückung. In einem Beutel tragen sie ihre »Dauerverpflegung« bei sich: Trockenbrot. Auch wir sollen dies später noch schätzen lernen.
»Woda« (Wasser), rufen mir viele zu. Sie scheinen sehr unter Durst zu leiden. Unsere rückwärtigen Dienste sind auf so viele Gefangene nicht vorbereitet. Selbst bei gutem Willen können sie sie nicht annähernd versorgen und zügig abtransportieren. Auch den russischen Offizieren geht es nicht besser. Auch sie liegen apathisch herum. Hin und wieder stimmt der eine oder andere einen der russischen Gesänge an, die ein Stück russischer Seele preisgeben. Ich empfinde Mitleid mit ihnen, denn sie sind auch Menschen wie wir.

Im Gegensatz zu der einen Fremden anrührenden Art der Russen lernen wir sie aber auch von der anderen Seite kennen. Sie sind wie Kinder, die einer Fliege die Flügel ausreißen und im nächsten Augenblick über einen toten Vogel weinen können. Sie teilen in einem Moment ihr letztes Stück Brot, um anschließend demselben Menschen über den Kopf zu schlagen. Ihre andere Mentalität ist für uns schwer einzuschätzen. Eine solche Erfahrung machen wir, als wir auf dem Vormarsch in ein verlassenes Dorf kommen. Ein Hund läuft auf uns zu. Er wedelt mit dem Schwanz und wimmert. Als wir ihn streicheln wollen, kriecht er unter ein gepanzertes Fahrzeug. Plötzlich hören wir einen Knall, eine Explosion. Das Fahrzeug ist beschädigt, gottlob fängt es nicht an zu brennen. Wir laufen hin und stellen fest, daß der tote Hund in seinem Rückenfell verborgen eine Sprengladung mit einem beweglichen Stift als Zünder hatte. Beim Kriechen kippte der Zünder um und löste die Explosion aus. Der Hund war offenbar darauf abgerichtet, unter Panzerfahrzeugen Fleisch zu finden.

Ein weiteres Beispiel:
In einem verlassenen Dorf will einer der Männer ein Haus nach Versprengten durchsuchen. Beim Öffnen der Tür gibt es eine Explosion. Das Haus stürzt ein, der Mann wird zerrissen. Soweit es die Zeit den Russen erlaubt, bringen sie häufig Sprengladungen an Türen und Fenstern an. Unsere Einheiten werden unverzüglich gewarnt und zu größter Vorsicht ermahnt. Leider müssen wir von nun an alle Hunde erschießen, die auf uns zukommen.

Während die Masse der russischen Gefangenen ihr Schicksal als von Gott gegeben zu nehmen scheint, ist unsere Angst, in russische Gefangenschaft zu geraten, groß. Oft hören wir von Verwundeten: »Bitte nehmt mich mit oder erschießt mich. Ich könnte eine russische Gefangenschaft nicht ertragen.«

An einem anderen Tag erhalte ich die Erlaubnis, nach Smolensk zu fahren, um mir die alte Stadt anzusehen. Ich nehme meinen Ordonnanzoffizier und zwei Leute zur Bewachung mit. Hier gibt es praktisch noch keine deutsche Besatzung, da sich der Kessel mehr westlich der Stadt gebildet hat und nun von der Infanterie ausgeräumt wird. Auch hier zeigt sich, daß der Widerstand angesichts unserer Panzerverbände und der energisch nachstoßenden Infanterie sehr schnell erlahmt, nicht zuletzt auch durch den konzentrierten Einsatz unserer Luftwaffe.

Smolensk scheint wie verlassen. Die Zerstörungen in den Industrievierteln und der Brücken über den Dnepr sind gewaltig. Inmitten der Trümmer ragt die Kathedrale gen Himmel. Sie scheint weitgehend unbeschädigt zu sein. Ich folge den Frauen und alten Männern und bin beim Betreten der Kathedrale tief beeindruckt von ihrer Schönheit. Sie wirkt unversehrt. Der Altar ist geschmückt, viele reich mit Gold verzierte Ikonen und brennende Kerzen tauchen das Innere der Kathedrale in ein

feierliches Licht. Als ich mit meinem Begleiter zum Altar gehe, spricht mich in gebrochenem Deutsch ein alter Mann mit wehendem Bart an, der ärmlich gekleidet ist.
»Gospodin (Herr) Offizier, ich bin ein Pope, der vor der Ära Lenin-Stalin hier gepredigt und sich jetzt viele Jahre als Schuster verborgen und durchgeschlagen hat. Jetzt habt Ihr unsere Stadt befreit. Darf ich in dieser Kathedrale eine erste Messe lesen?« Ich frage ihn: »Wie kommt es, daß Eure Kathedrale in einem so guten Zustand ist?«
Seine Antwort überrascht mich:
»Nach Amerika emigrierte Russen aus der Zarenzeit haben sofort nach der Revolution die Kirche mit allen Schätzen den Russen abgekauft, die damals dringend amerikanische Dollars brauchten. Die Kathedrale ist amerikanisches Eigentum, deshalb ist alles — fast — unverändert.«
Ich habe seine Aussage nie nachprüfen können, aber es war für mich auch ohne Belang. Ohne mich rückzuversichern, erlaube ich dem Popen, am nächsten Tag die Messe zu zelebrieren, zu der er einen weiteren Popen hinzuziehen möchte.
Am nächsten Tag fahre ich erneut nach Smolensk, nachdem ich zwischenzeitlich den Divisionskommandeur informiert habe, und nehme sicherheitshalber einen Panzerspähtrupp mit.

Das Bild, das sich bei unserem Eintreffen bietet, ist atemberaubend. Der Platz vor der Kathedrale ist voller Menschen, die sich langsam zum Eingang bewegen. Mit einem Ordonnanzoffizier drängele ich mich vor. Es gibt schon jetzt keine Ecke mehr in der Kathedrale, in der nicht Menschen stehen, sitzen oder knien. Wir bleiben an der Seite stehen, um die Andacht nicht durch unsere Anwesenheit zu stören.

Ich bin mit dem russisch-orthodoxen Ritual nicht vertraut, aber das nun beginnende Zeremoniell zieht mich mehr und mehr in seinen Bann. Unsichtbar hinter dem Altar beginnt einer der beiden Popen mit einem monotonen Gesang, der von einem vor dem Altar stehenden achtstimmigen Chor beantwortet wird. Der Gesang des Vorsängers und des Chores erfüllt den riesigen Kirchenraum. Die Akustik vermittelt den Eindruck, als käme der Gesang von oben, vom Himmel. Die Menschen fallen auf die Knie und beten. Alle haben Tränen in den Augen. Es ist für sie die erste Messe nach über zwanzig Jahren. Mein Begleiter und ich sind stark bewegt. Wie tief muß die Gläubigkeit dieser armen, unterdrückten Menschen sein, daß keine Ideologie, kein Zwang und Terror sie ihnen hat nehmen können. Dieses Erlebnis werde ich nie vergessen. Beim Schreiben dieser Zeilen werde ich stark an die Vorgänge in Polen Mitte der achtziger Jahre erinnert. Der Glaube ist eine starke innere Kraft.

Die kurze Ruhepause verbinden wir mit dem Warten auf den Nachschub, der bei den großen Entfernungen sich immer schwieriger gestaltet. Noch sind die Bahnlinien nicht wieder betriebsbereit. Alles muß auf den schlechten Straßen mit Lastwagen herangebracht werden. Nur die Trasse nach Moskau bringt etwas Entlastung. Unser nächstes Ziel heißt Wjasma, eine Stadt an der Straße Smolensk — Moskau, nur noch gut 200 Kilometer von Moskau entfernt. Mit der Aufklärungsabteilung soll ich nördlich der Trasse nach Osten und Nordosten vorfühlen, in der Flanke aufklären und möglichst rasch vorstoßen.

Nach etwa 50 Kilometern begegnen wir starkem Widerstand. Östlich eines breiten Tales an einem Nebenfluß des Dnjepr, einige Kilometer nördlich des Ortes Jarcewo, haben die Russen anscheinend eine starke Widerstandslinie aufgebaut. Sie erkennen die für Moskau drohende Gefahr. Auch weiter südlich stößt die Division auf sehr starken Widerstand. Die Russen haben mit ihren T 34-Panzern und starker Artillerie die Höhen ostwärts des Flusses besetzt. Es entbrennen heftige Panzer- und Artillerieduelle, die tagelang andauern.

Am 15. Juli ist mein Geburtstag, den ich irgendwie feiern möchte, da es vielleicht der letzte ist. Da wir bewegungsunfähig festliegen, lade ich meine Kommandeur-Kollegen zum »Essen« ein. Mein »Hotelier« Fritsch aus meiner Kompanie erhält den Auftrag, etwas zu zaubern. Auf der westlichen Höhe wird im Angesicht der etwa 1 000 Meter entfernt liegenden Russen eine Tafel aufgebaut, die mit mancherlei Köstlichkeiten gedeckt ist. Zu normalen Zeiten würde man sie kaum beachten, aber hier in Rußland sind sie eine Rarität. Mit einer »organisierten« Flasche Wodka und einigen Flaschen Mosel trinken wir auf eine ungewisse Zukunft.
Die Kämpfe bei Jarcewo dauern länger, als uns lieb ist. Der »Blitzkrieg« scheint beendet zu sein.

Nach Auffrischung unserer Munitions- und Betriebsstoffvorräte tritt die Division im Rahmen unseres Panzerkorps schließlich erneut zum Angriff an. Unter ziemlichen Verlusten gelingt der Durchbruch, eine Panzerschlacht wird zu unseren Gunsten entschieden. Leider fällt auch der Kommandeur des Kradschützenbataillons, dessen Führung ich nun zusätzlich übernehmen muß.
Der Widerstand wird immer stärker. Die Russen erscheinen jetzt mit dem Panzer T 50, der wesentlich besser gepanzert und bewaffnet ist. Um ihn frontal zu erledigen, müssen wir die 8,8 cm-Kanone einsetzen. Wjasma bleibt unser Ziel. Vorher müssen wir den Oberlauf des Dnjepr überwinden.
Es ist sehr heiß in diesen Augusttagen. Die trockene Kontinentalhitze ist ganz gut zu ertragen, nur die zu Fuß nachrückende Infanterie leidet sehr.
Während die Masse der Division sich langsam vorwärts kämpft, sollen wir nach Nordnordosten in unserer linken, offenen Flanke aufklären. Es gibt noch keine zusammenhängende Front. Die Panzerdivisionen stoßen wie Keile vor und sind in ihren Flanken gefährdet. Wir kommen durch unwegsames, kaum besiedeltes Gebiet und durch nicht endenwollende Wälder.

Als ich einmal zu Fuß einen Weg erkunde, um eine nicht passierbare Brücke zu umgehen, stehe ich zum erstenmal seit Kriegsbeginn einem Gegner von Angesicht zu Angesicht gegenüber. Er steht neben einem Baum, will sich anscheinend von uns überrollen lassen. Ich sehe, wie er im Zeitlupentempo sein Gewehr hebt und auf mich anlegt. »Entweder — oder«, denke ich, reiße meine Maschinenpistole hoch und schieße als erster. Der Russe verliert sein Gewehr und fällt zu Boden. Als ich bei ihm bin, lebt er noch für einige Augenblicke. Ich werde seine Augen nie vergessen. Das »Warum« steht in ihnen. Hier wird mir zum erstenmal deutlich, daß das »Ich oder Du« entscheidend ist. Gefühle haben da keinen Platz. Nur kurz denke ich daran, daß dieser junge Russe auch eine Mutter und eine Familie hat. Ich muß ihn liegenlassen, wie so viele auf beiden Seiten liegenbleiben, ohne daß sich jemand um sie kümmert.

Nach etwa 50 Kilometern sind wir aus dem Waldgelände heraus. Wir treffen auf keinen Widerstand. Vor uns liegt ein kleines Dorf, an das wir uns langsam heranwagen. Die Dorfbewohner kommen aus ihren Hütten. Sie scheinen uns für Russen zu halten. Als ich ihnen erkläre, wer wir sind, kommt ein altes Mütterchen auf mich zu: »Ist Krieg? Was macht unser Väterchen Zar?«
Es stellt sich heraus, daß die Russische Revolution, Stalin und unser Krieg gegen Rußland diesen Menschen noch nicht ins Bewußtsein gerückt worden ist. Hier scheint die Zeit stehengeblieben zu sein. Hier gibt es keinen Parteifunktionär. Wir verweilen hier einige Stunden und versuchen zu erklären, was inzwischen in der Welt geschehen ist, seit Rußland den Zaren verloren hat. Zum Abschied erhalte ich vom Dorfstarosten eine Ikone geschenkt mit den Worten: »Danke, daß Ihr uns versteht. Laßt uns weiterleben wie bisher. Gott behüte Euch.«

Unser Vormarsch wird immer langsamer und schwieriger, der Widerstand immer stärker. Die Russen werfen uns ihre Elitedivisionen aus dem Raum Moskau entgegen.
Zusätzlich wird auch die Versorgungslage immer kritischer. Vom Reichsgebiet muß alles über fast 1 000 Kilometer herangefahren werden. Mein Versorgungsoffizier, der mit seiner Lkw-Kolonne Munition, Verpflegung und Ersatzteile nach vorn gebracht hat, meldet mir, daß langsam Depots eingerichtet und die Eisenbahnverbindungen wiederhergestellt werden.
Aber die Zeit verrinnt. Wir sind immer noch über 200 Kilometer von Moskau entfernt, unserem ersten Ziel, ganz zu schweigen von dem »großen Ziel«, dem Uralgebirge, das etwa 2 000 Kilometer weiter ostwärts liegt. Bei einem Besuch beim Divisionsstab erfahre ich einiges über die Gesamtlage:

○ Der Einmarsch nach Rußland ist um fast zwei Monate verzögert worden, da Hitler den Italienern in Griechenland helfen und sich anschließend auf dem Balkan mit stärker werdender Partisanentätigkeit auseinandersetzen mußte.

○ Südlich von uns stößt Guderian in Richtung Kaluga, knapp 200 Kilometer südlich von Moskau vor, mit dem Ziel, die Verbindungsstraße Moskau — Krim bei Tula abzuschneiden.

○ Der russische Winter steht vor der Tür, auf den die Wehrmacht nicht eingestellt, geschweige denn dafür ausgerüstet ist. Hitler und das Oberkommando scheinen eine Verzögerung zum Winter hin überhaupt nicht eingeplant zu haben. Moskau soll und muß, so berichtet unser Divisionskommandeur, schnellstens eingeschlossen, die Verbindungswege nach Osten müssen abgeschnitten werden. »Dieser Krieg wird länger dauern, als uns lieb ist. Die Zeiten der Blitzkriege sind vorbei«, ist das Fazit unseres Kommandeurs bei der nüchternen Beurteilung der Lage.

Beiderseits der Moskau-Trasse treten die Panzerverbände zum Angriff auf Wjasma an. Gegen erbitterten Widerstand wird die Stadt nördlich und südlich umgangen und am Ostrand ein weiterer Kessel geschlossen. Die Verluste auf beiden Seiten sind hoch. Auch der gute Beck wird verwundet. Gottlob nur leicht, aber es reicht zum Verwundetenabzeichen.
Wieder muß der Kessel von der langsam nachrückenden und durch die langen Fußmärsche ermüdeten Infanterie gesäubert werden. Die Panzerverbände sichern nach Osten. Aufklärung wird nach Osten und Nordosten vorangetrieben. Überall treffen wir auf sich verstärkenden Widerstand. Dabei liegt Moskau zum Greifen nahe!

Nach der Säuberung des Wjasma-Kessels fragen wir uns, woher Stalin immer wieder die neuen Divisionen nimmt, nachdem nach unseren Schätzungen eine Million, wenn nicht mehr, Russen in Gefangenschaft gerieten. Woher kommen die Tausende von Panzern und Geschützen? Von gefangenen Offizieren hören wir, daß Stalin in einer Blitzaktion die Industriebetriebe um Moskau und die weiter südlich an der Wolga gelegenen nach Osten bis hin zum Ural verlegt hat. Eine einmalige logistische Leistung.

Wir halten unverändert an unserem Plan, Moskau einzunehmen, fest. Der Fall Moskaus, das Herz des riesigen Reiches, soll und wird eine bedeutende psychologische Wirkung auf die Moral des Volkes und der russischen Armee haben.
Während im Norden Leningrad eingekesselt und im Süden auf breiter Front nach Osten auf Charkow und die Krim vorgestoßen wird, soll unser Panzerkorps nach Nordosten in den Raum zwischen Moskau und Kalinin, einer Stadt am Oberlauf der Wolga, vorstoßen mit dem Ziel, den Moskau-Wolga-Kanal zu überschreiten und von Norden her in den Rücken Moskaus vorzustoßen.

Es wird Spätherbst, bis wir uns durch unwegsames Gelände gegen den erbitterten Widerstand der Russen auf Wolokolamsk vorkämpfen, einem Ort etwa 100 Kilometer westlich von Moskau. Hier bildet das Gelände eine natürliche Widerstandslinie, die von den Russen besetzt gehalten wird. Es kommt erneut zu längeren Halts, Benzin und Munition muß nach vorn gebracht werden. Meine beiden Abteilungen erhalten Mannschaftsersatz, um die Ausfälle zu ergänzen. Die Jungens müssen sich erst an die harten Bedingungen gewöhnen. Sie haben in der Heimat immer nur von dem »unbändigen Vorwärtsdrang« gehört und davon, daß »Rußland in Kürze besiegt sein wird«.

Es ist inzwischen Oktober, und wir treten erneut zum Angriff an, durchbrechen die russischen Linien bei Wolokolamsk und stoßen auf Klin vor, einer Stadt an der wichtigen Straße Moskau–Kalinin–Leningrad. Klin wird nach schweren Kämpfen genommen. Damit ist Moskau von Leningrad abgeschnitten. Eine andere Panzerdivision erreicht und nimmt Kalinin. Die Infanterie ist inzwischen aufgerückt und übernimmt die Sicherung an dieser bedeutenden Verbindungsstraße.
Ich liege hart ostwärts Klin. Bis zum Moskau-Wolga-Kanal sind es doch noch etwa 50 Kilometer. Ich werde zur Division befohlen.
»Luck, Sie treten kurz vor Hellwerden mit beiden Abteilungen an und versuchen, die Brücke über den Kanal bei Jachroma unversehrt in die Hand zu bekommen. Glückt das, bilden Sie einen Brückenkopf am Ostufer, bis die Masse der Division eintrifft. Sie müssen mit heftigen Gegenangriffen rechnen. Der Winter steht vor der Tür. Wir müssen unsere Ziele vorher erreichen.«
Der Divisionsadjutant nimmt mich beiseite:
»Luck, streng vertraulich, Sie sind von Rommel zur Übernahme der Panzeraufklärungsabteilung 3 in Nordafrika angefordert worden. Ein entsprechender Befehl vom Heerespersonalamt liegt vor. Der General will Sie in diesem Stadium nicht freigeben. Er wird den Befehl negieren und Ihnen gegenüber nichts erwähnen. Ich wollte aber, daß Sie es wissen.«
Ich bin völlig überrascht. Wie kommt Rommel gerade auf mich? In der Heimat müßten aus der sogenannten »Führerreserve« genugend Kommandeure zur Verfügung stehen. Ein Wechsel von Moskau nach Tripolis erscheint mir atemberaubend. Aber noch ist nichts offiziell, nur der nächste Angriff steht uns unmittelbar bevor.

Am nächsten Morgen treten wir noch bei Dunkelheit an. Es ist schon merklich kalt. Mit Scheinwerferklappen, die nur einen Spalt Licht durchlassen, damit Vorder- und Hintermänner sich wenigstens erkennen können, tasten wir uns auf kleinen Wegen voran. Kurz nach dem Hellwerden sind wir am Kanal, das Städtchen Jachroma liegt am Ostufer. Vom Gegner ist nichts zu hören und zu spüren. Die vorderen Spähtrupps finden die Brücke unzerstört und fahren sofort ans Ostufer. Plötzlich vernehmen wir etwas ungezieltes Feuer aus dem Ort und dann sich entfernendes Motorengeräusch. Ich stoße sofort mit beiden Abteilungen nach und besetze den Ort, der von den Russen Hals über Kopf verlassen wurde.

»Der Ort ist sofort zu durchkämmen, das Kradschützenbataillon übernimmt, unterstützt von Panzerspähwagen, die Sicherung am Ortsrand. Der Brückenkopf ist auf alle Fälle zu halten«, lautet mein Befehl. Meinen Adjutanten beauftrage ich, ein Haus in der Ortsmitte zu finden, in dem ich meinen Gefechtsstand einrichten und von wo aus ich Meldung an die Division machen will.

»Willkommen zum russischen Frühstück«, kommt mein Adjutant auf mich zu und zeigt auf ein Haus. Zu meiner Überraschung finden wir eine mit einem Samowar, Brot, Butter, Eiern und luftgetrocknetem Schinken gedeckte Tafel vor.
»Welch reizender Empfang«, rufe ich aus. Da erscheint der Besitzer des kleinen Gasthauses und macht uns klar, daß er hier für das Frühstück des russischen Kommandeurs gedeckt habe. Der aber habe alles stehen und liegen lassen müssen, als wir überraschend im Städtchen erschienen seien. Hungrig und hocherfreut machen wir uns über das Frühstück her. Dieses Frühstück soll für mich später eine überraschende Rolle spielen.

Unser kleiner Brückenkopf wird eigenartigerweise nicht angegriffen. Die Division rückt auf und erweitert ihn. Panzer und Artillerie werden eingesetzt. Der Weg weiter nach Süden und Südosten auf Moskau zu scheint offen zu sein.
In unserem Rücken schließt die Infanterie auf und übernimmt die Sicherung der wichtigen Verbindungsstraße Moskau–Leningrad. Viel später — in der russischen Gefangenschaft — treffe ich ›Köbes‹ Witthaus, der mir vor ein paar Jahren beim Wiedersehen folgendes erzählte:
»Ich war in jenem Winter auch vor Moskau. Unsere 35. Infanteriedivision wurde im Zuge dieser wichtigen Straße von Kalinin auf Moskau angesetzt. Mit einem Spähtrupp gelang es mir, bis in die Vorstädte von Moskau einzudringen. Dort wurde ich abgeschnitten, und wir konnten uns Tage versteckt halten, bis wir dann durch einen russischen Gegenangriff gezwungen wurden, uns zurückzuziehen.«
So dicht war also die Wehrmacht an ihrem ersten großen Ziel. Dabei halfen unsere Panzerverbände, die energisch von Südwesten vordrangen, erheblich mit.

Ende Oktober bricht der Winter herein! Die Temperaturen sinken von einem Tag zum anderen weit unter den Gefrierpunkt. Es beginnt zu schneien. Wie in Ländern mit kontinentalem Klima üblich, fällt Schnee in unvorstellbaren Mengen. Er macht uns schwer zu schaffen. Der einzige Vorteil ist, daß die Schlamm- und Staubwege sich nun in festgefrorene Pisten verwandeln. Der Schnee ebnet die Rillen und Furchen ein. — Die Wehrmacht ist auf den Winter, wie schon erwähnt, überhaupt nicht eingerichtet. An der gesamten Nord- und Mittelfront ersticken fast alle Truppenbewegungen im Schnee. Am schlimmsten sind die Infanterieverbände und unsere Kradschützen dran, da sie ungeschützt sind.
Zu unser aller Entsetzen haben die Russen gut ausgerüstete Skidivisionen aus Sibirien und dem Fernen Osten herangeführt. Durch weiße Überzüge gut getarnt, sickert russische Infanterie fast unhörbar und unsichtbar in unsere Abwehrlinien ein.

Wir ahnen die Katastrophe und denken an das Schicksal Napoleons. Die Meldungen von der Front sind so alarmierend, daß in der Heimat sofort Maßnahmen eingeleitet werden, Winterausrüstung an die Front zu schaffen. Goebbels ruft die Bevölkerung auf, »den tapferen Männern an der Front durch freiwillige Spenden zu helfen«. »Deutsche Bürger, spendet freiwillig Eure Skier, Winterbekleidung, Pelze und warme Unterwäsche für Eure Söhne und Männer an der Front.«
Wie wir aus der Heimat erfahren, setzte sofort eine riesige Spendenaktion ein. Von Sammelstellen aus werden die Spenden weitergeleitet. Wie nicht anders zu erwarten, werden jedoch die Nachschubstellen und Depots zum größten Teil so bürokratisch verwaltet, daß sie nicht in der Lage sind, die Spenden zügig an die richtige Adresse zu verteilen. So erhalten unsere Panzer teilweise Schlitten und Skier, der wertvollen Pelze bedienen sich oft erst einmal die rückwärtigen Dienste, die ohnehin in warmen Russenhütten sitzen. Wir helfen uns selbst, so gut es geht, und requirieren warme russische Schafspelze, um sie unseren Kradschützen und Grenadieren zu geben.

Es hat verheerende Auswirkungen auf unsere Panzer und Radfahrzeuge, nicht auf extreme Kälte eingerichtet zu sein. Das Sommeröl ist zu dünn, und das Kühlwasser friert sofort ein. Bald sind wir gezwungen, morgens das Kühlwasser mit Lötlampen aufzutauen, heißes Wasser zu besorgen, sobald wir uns Dörfern nähern, oder aber wir müssen die Motoren die ganze Nacht über laufen lassen. Kein West-, Südeuropäer oder Amerikaner kann sich vorstellen, was es heißt, bei bis zu 40 Grad Celsius Frost und in eisigen Oststürmen zu kämpfen.

Da ich persönlich damit rechne, über kurz oder lang nach Nordafrika versetzt zu werden, beauftrage ich Beck, sich um meinen Mercedes zu kümmern, mit dem wir die Fahrt von fast 2 000 Kilometern nach Deutschland antreten wollen. Beck kommt zwei Tage lang nicht von einer Fahrt zur Versorgungskompanie zurück. Dann meldet er:
»Die Vorderfedern waren infolge der schlechten Straßen gebrochen. Ich habe mit dem Werkstattzug andere Federn provisorisch zurechtgeschmiedet und sie bei fast 40 Grad Frost montiert. Der Wagen müßte die Fahrt durchstehen.« Guter Beck, wenn ich ihn nicht hätte.

Nördlich von Jachroma, zwischen Klin und Kalinin, sind russische Ski-Einheiten durchgesickert und drohen, uns abzuschneiden. Mein Divisionskommandeur befiehlt: »Der Brückenkopf muß aufgegeben werden. Wir können die Front so nicht halten. Sie lösen sich in der kommenden Nacht vom Feinde und decken den Rückzug der Division ostwärts Klin an der großen Straße Moskau–Leningrad. Unsere Infanterieverbände gehen auf eine neue Abwehrstellung nördlich und südlich Wolokolamsk zurück, in die die Division hinhaltend kämpfend aufgenommen werden soll.«

Der General sieht mich über seine Brille hinweg an: »Luck, das war zu erwarten. Hitler hat sich übernommen. Wir alle, besonders die armen Infanteristen und Grenadiere, müssen das nun ausbaden. Geben Sie Ihren Männern Rückhalt. Viele werden in Panik geraten und sich, koste es, was es wolle, zu retten versuchen. Die Absetzbewegung, sprechen Sie nicht von ›Rückzug‹, muß und wird gelingen, wenn wir alle die Nerven behalten. Wir werden viel an Material verlieren, aber die Hauptsache ist, die Männer kommen zurück. Gott befohlen, Luck.«

Obwohl sich die Katastrophe abzeichnet, will ich es nicht fassen. Zum ersten Mal nach den erfolgreichen Blitzkriegen geht es unter enttäuschenden Bedingungen zurück! Schnee, Frost, eisige Winde und ein Gegner, der dieses Klima kennt und nicht aufgibt, haben uns besiegt.

Der Vergleich mit Napoleon drängt sich auf. Ich sehe die Bilder aus meinen Geschichtsbüchern vor mir, wie sich der traurige Rest einer stolzen Armee zurückwälzt und die Beresina überschreitet.

Den Männern sowie den meisten unserer Offiziere wird das Ausmaß nicht bewußt. Für sie haben andere Probleme Vorrang: Wie bekomme ich mein Fahrzeug heil zurück, kommt genügend Nachschub nach vorn, wie schütze ich mich vor der barbarischen Kälte?

Hitler und Goebbels tönen noch immer von der siegreichen Wehrmacht. Unser Rückzug wird als Frontbegradigung dargestellt. So berichtet es mein Funker, der ab und an die Nachrichten über Kurzwelle hört.

Am 3. Dezember beginnt der Rückzug.

Wie es heißt, wird die Auffanglinie bei Wolokolamsk fieberhaft von der Infanterie vorbereitet. Nach und nach lösen sich die einzelnen Verbände unserer Division aus dem Raum Klin–Jachroma. Ich bleibe mit den beiden Abteilungen noch in diesem Städtchen und drumherum. Die Russen sind hier nicht sehr aktiv. Sie bevorzugen den Weg nördlich und südlich an uns vorbei. Schließlich räumen auch wir das Ostufer des Moskau-Wolga-Kanals, wobei immer ein großer Fächer von Aufklärungspanzern nach Osten hin sichert, soweit es Schnee und Zustand der Wege erlauben. In aller Eile werden zwei Rückzugswege vom Schnee befreit. Riesige Schneeberge türmen sich dadurch beiderseits der Wege auf und machen ein Ausweichen unmöglich.

Bis auf starke Aufklärungstätigkeit setzt der Gegner frontal nicht sehr stark nach. Um so heftiger versucht die russische Luftwaffe aber, mit alten Doppeldeckern und leichten Bombern die Rückwärtsbewegungen anzugreifen. Unsere Luftwaffe ist kaum zu sehen. Anscheinend werden die Feldflugplätze auch nach Westen verlegt, oder aber die Kälte und die Schneestürme verhindern den Einsatz.

Die Wirkung der feindlichen Luftangriffe ist verheerend. Da niemand auf den Rückmarschstraßen ausweichen kann und die Russen immer von Osten, also von hinten kommen, trifft es zunächst die Infanterie am stärksten. Die pferdebespannten Nachschub- und Artillerieeinheiten sind die nächsten Opfer. Bald verstopfen Pferdekadaver und liegengebliebene Fahrzeuge die schmalen Wege. Die Männer kämpfen sich zu Fuß weiter westwärts durch und werden oft von russischen Skipatrouillen von den Flanken angegriffen.
Da wir mit großem Abstand die Nachhut bilden und unsere leichten Luftabwehrgeschütze einsetzen können, werden wir weniger belästigt. Einmal jedoch geraten wir in einen Luftangriff. Unbemerkt sehr tief fliegend, greifen uns veraltete Jagdflieger von rückwärts an. Zwei Geschosse gehen zwischen Beck und mir hindurch und durchschlagen die Windschutzscheibe. Wir haben Glück gehabt.

Westlich der großen Straße Moskau–Leningrad müssen auch wir die freigemachten Wege benutzen. Lediglich unsere Panzer haben teilweise im tiefen Schnee beiderseits der Wege eine Spur gelegt, auf der die meisten unserer Ketten- und Halbkettenfahrzeuge die vielen Hindernisse umgehen können.
Uns bietet sich ein Bild des Grauens. Neben toten Pferden liegen tote und verwundete Infanteristen. »Nehmt uns mit oder erschießt uns«, flehen sie uns an. Wir nehmen sie auf unseren Versorgungsfahrzeugen zu schnell eingerichteten Verbandsplätzen mit, soweit es der Platz erlaubt. Die armen Kerle. Mit Fußlappen notdürftig gegen die Kälte geschützt, sind sie nur noch ein Schatten derer, die durch Polen und Frankreich stürmten.

Die Versorgung kommt nur schwer, manchmal gar nicht zu uns durch. Die Lkw-Fahrer müssen gegen den Strom der zurückflutenden Verbände nach vorne. Gelingt das nicht, fehlt es plötzlich an Betriebsstoff.
Wir können dann bestenfalls noch unsere wichtigsten Kampffahrzeuge auffüllen und müssen die anderen zerstören und liegenlassen. »Mit Mann und Roß und Wagen hat sie der Herr geschlagen.« Dieser Ausspruch wird hier Wirklichkeit. Nur der Wille, die rettende Auffangstellung zu erreichen, hält die Männer aufrecht. Nur nicht liegenbleiben und den Russen in die Hände fallen!

Unser Divisionspfarrer Martin Tarnow beschreibt in seinen Aufzeichnungen »Letzte Stunden« das Leiden und Sterben so vieler Männer:

»›. . . alles versuchen‹: Der Oberarzt wies auf einen Schwerverwundeten. Sein Blick besagte, ›nicht mehr viel zu machen.‹ Auch er, Arzt aus Leidenschaft, leidet wie so viele andere unter der Ohnmacht in dunklen Situationen. Ich spreche mit dem Verwundeten. Ängstlich flüstert er: ›Es wär doch schad', wenn ich abrutschen tät.‹ Viel Hoffnung spricht aus ihm. ›Der Oberarzt soll mich operieren, bitten Sie ihn, Pastor.‹ Alle Bemühungen des Arztes und seiner Helfer bleiben erfolglos, wir alle blicken traurig zur Seite. Wir sprechen es aus: ›Mach' End mit aller Not, mach' End mit diesem elenden Krieg.‹ Wir fragten es, weil wir unser Vaterland lieben.

›Wodä, wodä (Wasser)‹: In einer Art Scheune liegen Verwundete, darunter auch Russen. Angesichts des Todes gibt es keine Feinde mehr. Immer wieder das durchdringende Rufen eines Russen ›wodä, wodä‹. Ich gab ihm meine Feldflasche, er leert sie in einem dankbaren Zug. Als ich die Decke hebe, sehe ich den völlig durchbluteten Verband. Bauchschuß, keine Rettung möglich. Verständigen konnten wir uns nicht, aber plötzlich umklammert er mein silbernes Kreuz. Vielleicht hing auch bei ihm zuhause ein Kreuz an der Wand bei seinen Eltern? Ich denke an den Gekreuzigten, der einmal ausrief: ›Heute wirst Du mit mir im Paradies sein.‹ Bald ließ seine Hand mein Kreuz los, er starb sehr schnell. Ich glaube, es war für ihn ein tröstliches Sterben ...«

Endlich — nach Wochen, die uns wie eine Ewigkeit vorkommen, gekennzeichnet von dem miterlebten Leid und den durchlittenen Strapazen, treffen wir in der Wolokolamsk-Auffangstellung ein, die sich etwa 100 Kilometer von Moskau befindet. Wir werden durch die Infanteriestellung geschleust und sollen einige Kilometer weiter rückwärts aufgefrischt werden. Plötzlich werden für uns die primitiven Bauernkaten zu Luxuswohnungen. Voller Dankbarkeit, dem Inferno entkommen zu sein, legen wir uns neben den wenigen verbliebenen alten Dorfbewohnern auf den Öfen nieder und wollen nur noch das eine: schlafen, schlafen, schlafen.

Der erste Nachschub trifft ein: besser für den strengen russischen Winter ausgerüsteter Mannschaftsersatz, Fahrzeuge, Benzin, lange entbehrte Verpflegung und ... Post aus der Heimat. Dabei stellen wir fest, daß inzwischen Weihnachten war und ein neues Jahr begonnen hat. Wir hatten beides nicht registriert. Was wird uns 1942 bringen?

Bei einer Besprechung beim Divisionskommandeur erfahren wir von dem Überfall der Japaner auf Pearl Habour am 7. Dezember.
Eine schwache Hoffnung kommt in uns auf: Nun kämpft der dritte Achsenverbündete an unserer Seite. Er wird sicher auch Rußland den Krieg erklären und damit unsere Front entlasten. Bald erfahren wir, daß die Japaner Rußland nicht angreifen werden. Eine herbe Enttäuschung für uns. Trotzdem sind die Meldungen vom Fernen Osten ermutigend. Die Japaner haben große Erfolge gegen die völlig überraschten und unvorbereiteten Amerikaner. Wird Hitler nun den USA auch den Krieg

erklären oder umgekehrt? Die Kriegserklärung Hitlers an die USA enthebt Roosevelt dieser Entscheidung. Die USA können jetzt ihr volles Potential gegen uns und Japan einsetzen.

Uns wird klar, daß über 2 500 Kilometer entfernt noch eine zweite Front besteht, die von den Engländern und den mit ihnen verbündeten Amerikanern bedroht wird. Werden sie in Frankreich landen oder erst eine Entscheidung in Nordafrika suchen, oder werden sie die Entwicklung an der Ostfront abwarten?

Die Nachrichten aus der Heimat sind alarmierend: Die Bombenangriffe auf deutsche Städte, Industrieanlagen und Verkehrsknotenpunkte werden verstärkt. Die Bevölkerung leidet unter dem auch in Deutschland strengen Winter 1941/42. Ohne Klagen leisten unsere Mütter und Schwestern Übermenschliches.

Es scheint, daß dieser Krieg noch lange andauern wird. Wie wird er enden?

Mitte Januar werde ich zum Divisionskommandeur befohlen. General von Funk empfängt mich besonders freundlich. »Luck, zwei für Sie wichtige Nachrichten. Ich hatte Sie zum Ritterkreuz eingereicht. Vor einigen Wochen hat Hitler einen neuen Orden gestiftet, das ›Deutsche Kreuz in Gold‹, das zwischen dem EK I und dem Ritterkreuz rangiert. Alle Ritterkreuzanträge sind umgestellt worden. So auch der Ihrige. Ich habe die Ehre, Ihnen diesen neuen Orden wegen Tapferkeit vor dem Feinde ›im Namen des Führers‹ zu überreichen.«
Ich bin entsetzt. Ein großer plumper Stern, auf der rechten Brust zu tragen, mit einem übergroßen Hakenkreuz in der Mitte. Der General lächelt. »Ist er nicht hübsch und wirkungsvoll? Ich darf Sie trotzdem beglückwünschen.« Ironie spricht aus seinen Worten.

Wir haben sofort einen neuen Namen für das Monstrum parat: »Hitlers Spiegelei«. Außer zu besonderen Anlässen habe ich diesen Orden nie getragen.

»Nun die zweite Nachricht, Luck: Sie sind ab sofort zum Afrikakorps versetzt, um die Panzeraufklärungsabteilung 3 zu übernehmen. Ich muß gestehen, daß diese Versetzung schon im November auf meinem Tisch lag. Ich habe Sie nicht informiert und freigegeben, da Sie in dieser entscheidenden Phase nicht entbehrlich waren. Nun hat Rommel mit Konsequenzen gedroht, wenn ich Sie nicht sofort in Marsch setze. Es fällt mir schwer, Sie gehen zu lassen. Trotz mancher kleinen Differenzen haben Sie mir als Adjutant sehr geholfen und als Kommandeur hervorragend geführt. Bereiten Sie alles vor. Sie können mit Ihrem geliebten Mercedes fahren. Melden Sie sich zunächst beim Personalamt in Berlin. Kommen Sie vorbei, sobald Sie abfahren. Einen entsprechenden Marschbefehl wird Ihnen mein Adjutant ausstellen. Nochmals Dank für alles und viel Glück weiterhin.«

Die Nachricht von meiner Versetzung schlägt wie eine Bombe bei meinen Männern und Offizieren ein. Schließlich hatten wir seit Anfang des Krieges zusammen gekämpft, Freud und Leid geteilt und waren zu einer echten Gemeinschaft verschmolzen.

Die Moral der Truppe ist wieder gestiegen. Wenn auch die Bedingungen sich nicht verbessert haben, so haben die Tage der Ruhe doch gut getan.

Am 25. Januar 1942 will ich abfahren. Beck hat den Mercedes durchgecheckt und Verpflegung für mehrere Tage sowie Reservekanister mit Benzin besorgt. Wie unter Männern üblich, will beim Abschied niemand seine Rührung zeigen. Einige Scherze gehen hin und her, und ab geht es zum Divisionsstab, wo ich nochmals verabschiedet und mit dem Marschbefehl versehen werde: »Bestimmungsort Berlin, dem Hauptmann von Luck ist von allen Dienststellen volle Unterstützung zu gewähren.« Bei meiner Nachschubstaffel nehmen wir noch Post für die Heimat mit, beim Doktor besorge ich Pervitin, ein Aufputschmittel. Der letzte, von dem ich mich verabschiede, ist Oberfeldwebel Kuschel, der »Spieß« meiner alten Kompanie.

Ich wende mich an Beck: »Wir fahren so lange ohne anzuhalten, bis wir aus Rußland heraus sind. Wir lösen uns alle 100 Kilometer ab, schlucken Pervitin und halten nur zum Tanken.«

Nach etwa 200 Kilometern unser erster Halt bei einer Versorgungseinheit, um zu tanken. »Wir sind nicht berechtigt, an einzelne Fahrzeuge Benzin auszugeben«, bedeutet mir ein »Silberling«, wie wir die rückwärtigen Dienste nennen.
»Hören Sie, in fünf Minuten habe ich Betriebsstoff, wenn Ihnen Ihr Leben etwas wert ist. Im übrigen ist der Russe bei uns durchgebrochen und könnte schon morgen hier auftauchen«, lüge ich ihm vor.

Helle Aufregung, und binnen weniger Minuten habe ich nicht nur Benzin, sondern auch an der Front nie gesehene Köstlichkeiten, wie eine Flasche Cognac, Zigaretten und Fleischkonserven. Wir sind angewidert vom Etappenleben. Den Nachschubeinheiten der Wehrmacht folgten bald die ersten Parteifunktionäre, die das zivile Kommando übernahmen und die Bevölkerung, die uns zu Beginn oft als »Befreier« begrüßt hatte, so behandeln, wie es die Partei und ihr Propagandaminister Goebbels befehlen, als »Untermenschen niederer Rasse«.

Niemand interessiert sich für uns, die wir müde und unrasiert in unserem weißgetünchten Wagen auftauchen. Jedes Dorf, jede Brücke wird von alten, dienstverpflichteten Soldaten bewacht. Ein einziges Mal, als wir wiederum unseren Marschbefehl vorzeigen, fragt mich ein alter Reservist: »Herr Offizier, kommen Sie von

›vorn‹? Wie sieht es aus, man hört nichts Genaues. Ich habe einen Sohn bei der Infanterie. Seit Wochen hat meine Frau keine Nachricht von ihm erhalten. Bitte sagen Sie mir die Wahrheit, Herr Offizier. Wir sind in großer Sorge.« Ich versuche, den alten Reservisten etwas zu beruhigen.

Aus der Gegend von Wolokolamsk fahren wir weiter gen Westen auf notdürftig geräumten Nebenwegen, um möglichst bald die »Rollbahn« Moskau–Minsk zu erreichen, auf der ein Fortkommen leichter sein wird.

Wir hören Artilleriefeuer von beiden Seiten, das mit jedem Kilometer, den wir uns entfernen, immer schwächer wird. Und dann herrscht völlige Ruhe. Kein Kampflärm mehr, nur einige Versorgungsfahrzeuge fahren ostwärts. Die Fahrt ist jetzt fast romantisch. Wir fahren über weite, schneebedeckte Flächen, tiefverschneite Wälder und ausgestorbene Dörfer. Der Schneesturm, der uns von hinten packt, verwischt unsere Spuren im Handumdrehen. Wir fahren mit offenem Verdeck, um russische Flieger schnell erkennen zu können. Beck hat seine Maschinenpistole schußbereit auf den Knien liegen. Alles kommt uns unwirklich vor. Wir durchfahren ein jungfräuliches Land, das von niemandem begriffen oder in Besitz genommen werden kann. Beck und ich hängen unseren Gedanken nach und genießen die Ruhe. Aber wir wollen weiter, Abstand gewinnen von den grauenvollen Erlebnissen der lezten Wochen, heraus aus diesem Land, in dem wir unsere Kameraden zurücklassen mußten.

Schließlich erreichen wir die Rollbahn. Ich hatte Karten mitgenommen, um uns ja nicht zu verfahren. Wir werden müde. Pervitin muß her, denn wir wollen auch nachts durchfahren. Auf der »Trasse« ist der Verkehr lebhafter und holt uns damit in die Wirklichkeit zurück. Die Trasse führt an den Städten Wjasma und Smolensk nördlich vorbei. Ich widerstehe der Versuchung, noch einmal die Kathedrale von Smolensk zu besuchen. Die Etappe wird sich auch hier eingenistet haben.
Ich entschließe mich, die auf unserem Vormarsch benutzte Route zurückzufahren. Zum einen ist sie uns vertraut, zum anderen bin ich neugierig zu sehen, wie es jetzt dort aussieht. Es ist kein großer Umweg, um nach Berlin zu kommen.

Wir fahren Tag und Nacht im Wechsel. Nördlich Minsk verlassen wir die Trasse in Richtung Wilna, der Hauptstadt der Sowjetrepublik Litauen, dem früher selbständigen baltischen Staat, der von den Russen 1940 vereinnahmt wurde, Hitlers »Geschenk« an Stalin für den Nichtangriffspakt.

Der Kilometerzähler zeigt an, daß wir etwa 1 000 Kilometer gefahren sind. Wir wissen in diesem Augenblick nicht, wieviele Tage und Nächte es waren. Langsam hilft auch das Pervitin nicht mehr. Wir sind hundemüde und versuchen, die Müdigkeit zu überwinden, indem wir uns gegenseitig Erlebnisse erzählen oder singen.

»Beck, Wilna ist nicht mehr Rußland, Litauen gehört eher zu Europa als zum Osten. Wir fahren jetzt noch 200 Kilometer und werden dann übernachten.« Hier sind die verschneiten Straßen platt gefahren, der Mercedes rollt lautlos und wie ein Uhrwerk.
Schließlich, an einem Spätnachmittag, erreichen wir unser Ziel. Auch hier gibt es eine deutsche Kommandantur. Wir treffen auf einen verständnisvollen Reserveoffizier, der uns ein Zimmer im Hotel »Regina« anweist.
Wir werfen uns auf die Betten. Zum ersten Male nach acht Monaten ein Bett! Und ein Bad! Jetzt erst begreifen wir, daß wir nicht mehr an der russischen Front sind. Der Druck der letzten Wochen beginnt langsam von uns abzufallen.
»Beck, jetzt nehmen wir ein Bad, rasieren uns die Stoppelbärte und gehen ins Restaurant essen. Und dann schlafen wir uns richtig aus.«

Wir kommen uns wie neugeboren vor, als wir das Restaurant betreten. Wir glauben zu träumen: Offiziere der rückwärtigen Einheiten sitzen mit Frauen am Tisch und scheinen ein »dolce vita« zu leben. Die kleine Musikkapelle kann sich gegen das laute Grölen kaum durchsetzen. Hier scheint man vom Krieg nichts wissen zu wollen. Angewidert schlingen wir unser Essen hinunter, liefern unseren von der Kommandantur ausgestellten Gutschein ab und verschwinden in die lang entbehrten Betten.
Am späten Vormittag werde ich wach:
»Los, Beck, wir fahren, so schnell es geht, weiter nach Berlin. Auch hier hält uns nichts mehr.«
Weitere rund 600 Kilometer liegen vor uns. Über Grodno, Warschau und Posen erreichen wir nach zwei Tagen endlich Berlin.
Das Kapitel Rußland ist abgeschlossen.
»Die Wüste ruft, Beck.«

Interim: Zwischen Rußland und Nordafrika

Unser erstes Ziel ist die Ersatzabteilung 3 in Stahnsdorf bei Berlin, unser Standort bis zur Abfahrt nach Afrika. Die Ersatzabteilungen sind zuständig für die Ausbildung von Soldaten, um die Verluste an der Front auszugleichen. Sie sind auch Sammelbecken und Anlaufstation für Verwundete und Urlauber, die auf die Wiederverwendung warten. Offiziere und Unteroffiziere, die aufgrund ihrer Verwundung nicht mehr »kriegsverwendungsfähig« sind, wie der Terminus heißt, werden als Ausbilder eingesetzt, um ihre Erfahrungen weiterzugeben.

Ich melde mich beim Kommandeur der Ersatzabteilung, der sich freut, mich zu sehen.

»Endlich sind Sie da, Rommel und die Abteilung warten seit November auf Sie. Sie sollen sich sofort beim Personalamt melden, dort erhalten Sie Marschbefehl und alle Informationen.«

Für die erste Nacht besorgt man uns erst einmal ein Bett. Am nächsten Morgen will ich zum Personalamt. Doch zuvor fahre ich noch mit Beck zur Kraftfahrzeugwerkstatt. »Dieser Mercedes hat den Rußlandfeldzug überstanden. Bitte checken Sie ihn durch und entfernen Sie die weiße Tarnfarbe. Ich hole ihn wieder ab, falls ich aus Afrika zurückkomme.«

Beck, der bis zur Abfahrt in der Kaserne untergebracht ist, wird sich um den Wagen kümmern und ihn mit Argusaugen bewachen. Mit einem Kübelwagen und einem Fahrer der Ersatzabteilung fahre ich früh nach Berlin.
Wie hat sich diese Stadt verändert, seit ich zum letzten Mal hier war!
Die Menschen wirken verängstigt und mutlos. Die von der Ostfront eingehenden Nachrichten, die häufiger werdenden Bombenangriffe, das Leben auf Lebensmittelkarten sowie das arrogante Gebaren der NS-Funktionäre und der SA lähmen den Lebensnerv der sonst so schlagfertigen und lebensfrohen Berliner.

Überall sieht man Flugabwehrgeschütze aller Kaliber, nachts sind alle Häuser und Straßen zu verdunkeln. Berlin wirkt wie eine Gespensterstadt.
Freunde berichten mir, wie sie Abend für Abend auf ihrem Köfferchen hocken, das die wichtigsten Papiere enthält, ein Notgepäck an ihrer Seite, um beim ersten Alarm von den Luftschutzwarten in die Keller gerufen zu werden.

Das Benzin ist rationiert, der Privatverkehr fast zum Erliegen gekommen. Der einst so pulsierende Kurfürstendamm oder die Straße »Unter den Linden« werden fast nur noch von Fahrzeugen der Prominenz, der Wehrmacht und von Parteiorganisationen beherrscht.
Beim Personalamt finde ich nach langem Suchen den für Nordafrika zuständigen Referenten.
»Willkommen in der Heimat, jetzt ruhen Sie sich erst einmal aus und akklimatisieren Sie sich. Hier haben Sie eine Einweisung für ein kleines Hotel am Kurfürstendamm und eine Anweisung an das Heeresbekleidungsamt für sich und Ihre Ordonnanz, um die Tropenausrüstung zu empfangen. Wo wollen Sie Urlaub machen? Ich lasse Ihnen entsprechende Marschbefehle ausstellen.«
Ich protestiere heftig:
»Ich weiß, daß ich seit November von Rommel angefordert bin. Mein Divisionskommandeur hat mich aber nicht informiert und freigelassen. Ich möchte so schnell wie möglich nach Afrika.«
»Ich weiß, ich weiß«, antwortet er, »Rommels Stab ist schon informiert worden, daß Sie erst jetzt aus Rußland zurückgekehrt sind und eine Ruhepause brauchen. Mel-

den Sie sich Ende März bei mir. Am 1. April werden Sie in Marsch gesetzt. Also, wo wollen Sie die nächsten vier Wochen verbringen?«
Ich kann offenbar nichts ändern, also frage ich: »Kann ich 14 Tage zu meiner Mutter und 14 Tage nach Paris?«
Der Referent lächelt und sagt: »Paris ist nicht schlecht, aber so einfach geht das nicht. Schließlich muß ich die Fahrt begründen können.«
»Ich habe viele Freunde dort, kenne Paris noch vor dem Kriege, außerdem ist der Stadtkommandant ein ehemaliger Kommandeur unserer 7. Panzerdivision, den ich gern wiedersehen möchte.«
»Nun gut, für einen Kommandeur von Rommels ehemaliger Division tun wir schon etwas. Sie können sich die Marschbefehle morgen abholen.«

So habe ich aus der Situation das Beste gemacht, wenn ich schon nicht sofort nach Afrika abreisen darf. — Als ich nach Stahnsdorf zurückkehre, beantrage ich auch für Beck sofort vier Wochen Urlaub.

Ehe ich zu meiner Mutter nach Flensburg fahre, möchte ich noch einige Freunde sehen, von denen ich seit Kriegsausbruch nichts mehr gehört habe. Ich fahre zu Gisela von Schkopp. Sie wohnt noch immer in Potsdam, wo wir damals in Garnison waren. Ihre Hochzeit mit dem »flotten Bernhard«, wie er genannt wurde, hatten wir auf dem Rittergut in Ostpreußen noch so unbeschwert gefeiert. Sie erzählt mir, daß sie seit einigen Wochen ohne Nachricht von ihrem Mann ist. Auch er ist an der Ostfront. Wir essen zusammen und brauen uns aus dem Bohnenkaffee, den ich auf der Rückfahrt aus Rußland in einem Depot requirierte, einen Kaffee. Ihn zu genießen, bleibt uns keine Zeit, denn da hören wir schon das Bellen der Flakgeschütze und das Heulen der Luftschutzsirenen. Zum ersten Mal erlebe ich nun einen alliierten Luftangriff auf die Heimat mit.
»So geht das nun fast jede Nacht, komm in den Keller«, ruft mir Gisela zu.
»Nein, auf keinen Fall gehe ich in den Keller. Ich fühle mich im Freien wohler, wo ich sehen kann, was passiert, und notfalls Deckung finde, wenn Bomben auch auf Potsdam fallen sollten.«

Ich gehe ins Freie. Es bietet sich mir ein gespenstisches Bild. Mit langen weißen Fingern tasten die Scheinwerfer den Himmel ab. In der Ferne hört man das Brummen der Bomber und das Bellen der Flakgeschütze. Der Angriff gilt Berlin, nicht Potsdam, das keine strategische Bedeutung für den Gegner hat. Ich hole Gisela aus dem Keller.

»Sieh Dir das Schauspiel an. Aber wieviele Häuser werden in Schutt und Asche fallen, wieviele unschuldige Menschen in ihren Kellern verschüttet werden.«
Mir wird klar, wieviel schwerer es doch die Zivilbevölkerung im Vergleich zu uns an der Front hat, da sie hilflos und passiv den Luftangriffen ausgeliefert ist. Ich

verstehe auch, warum es unsere Verwundeten nach ihrer Heilung so schnell wie möglich wieder an die Front treibt.
Ich verabrede mich mit den Ehefrauen meiner Freunde, die ausnahmslos im Einsatz sind. Ich schenke ihnen Bohnenkaffee aus meinem Vorrat. Kaffee ist mehr wert als Gold, denn alle Vorräte sind für die Truppe reserviert. Die Bevölkerung muß sich aus Gerste oder Surrogaten einen »Ersatzkaffee« brauen.

Da ich außer den Verwundeten so ziemlich der erste bin, der von der Ostfront berichten kann, werde ich ausgefragt. Um die Freunde nicht noch mutloser zu machen, verschweige ich einen Teil der Wahrheit.

Das Schicksal dieser Frauen bewegt mich sehr. Viele von ihnen haben geheiratet und Kinder bekommen, und ihre Männer sind gefallen. Sie sind Witwen geworden, ohne je eine richtige Ehe geführt zu haben.
Aus diesem Grund hatte ich mir bei Kriegsausbruch vorgenommen, nicht zu heiraten, ehe der Krieg beendet sein würde. Wenn es auch Bindungen und Beziehungen gab, die mich an eine Heirat denken ließen, so bin ich doch meinem Vorsatz treu geblieben.

Das Nachtleben in Berlin ist fast zum Erliegen gekommen. Werner Finck, der große Kabarettist, hält seine »Katakombe« noch geöffnet.
Trotz aller Wiedersehensfreude mit meinen Freunden hält es mich nicht lange in Berlin. Ich fahre also zu meiner Mutter nach Flensburg.
Obwohl Flensburg Marinestützpunkt ist, wird diese Stadt nicht bombardiert. Am 9. Juli 1941 war mein Stiefvater gestorben. Ich hatte die Nachricht erst Wochen später in Rußland erhalten. Mein jüngerer Bruder, Walfänger aus Leidenschaft, ist zur Kriegsmarine eingezogen worden und schippert mit seinem zum Minensucher umfunktionierten Fangboot irgendwo an der norwegischen Küste herum. Nur meine Schwester Anneliese ist — noch — zu Hause, um unserer Mutter zur Hand zu gehen. Ende 1942 wird sie nach Holland »dienstverpflichtet« und zum Stab des Militärbefehlshabers von Holland versetzt. Unsere 7-Zimmer-Wohnung wird als zu groß erachtet, und es werden für Flüchtlinge mehrere Räume requiriert.
Meine Mutter ist sehr tapfer und läßt sich die Sorgen um ihre Kinder nicht anmerken. Sie freut sich riesig über unser Wiedersehen und über den mitgebrachten Bohnenkaffee sowie ein paar Wehrmachtkonserven.

Die schönen gemeinsamen Tage mit meiner Mutter gehen zu Ende. Ich fahre anschließend nach Berlin zurück, um meinen Mercedes abzuholen. Mit Marschbefehl, den Tank voller Benzin und etwas von meinem Vorrat an Bohnenkaffee im Gepäck fahre ich zunächst nach Bonn und zu Boeselagers. Die Freude über das Wiedersehen ist groß. Ich erzähle der alten Baronin, wie sehr mir ihre Patiencekarten in schweren Stunden geholfen haben. Abends sitzen wir am Kamin zusam-

men und tauschen unsere Gedanken aus. Aus dem Schloßgraben haben wir zuvor noch eine weitere Flasche ›Veuve Cliquot‹ herausgefischt.
»Die Aussichten, diesen Krieg zu gewinnen, sind schlechter denn je«, meint der Baron. »Es war töricht, den Krieg gegen Rußland anzufangen, ehe im Westen eine wie auch immer geartete Lösung mit den Engländern gefunden ist.« Beide machen sich große Sorgen um ihre Söhne, die im Osten im Einsatz sind. Mit allen guten Wünschen werde ich am nächsten Morgen verabschiedet.

Wie zuvor Berlin, wird nun auch Paris zur Enttäuschung: Die Versorgung ist schwieriger geworden. Die Stadt wimmelt von Angehörigen der rückwärtigen Dienste. Auch die Gestapo hat bereits ihr Netz über Frankreich gelegt.
Bei der Kommandantur erhalte ich sofort ein Zimmer in einem der vielen beschlagnahmten Luxushotels an den Champs Elysées zugewiesen. J. B. Morel und Clement Duhour freuen sich riesig über das Wiedersehen. Sie kennen aus englischen und Untergrundquellen unsere Lage an der Ostfront besser als ich und geben uns keine große Chance, diesen Krieg zu gewinnen. Trotzdem verlebe ich in Clements Bar »Le Chevalier« schöne Stunden. Ich gehe dorthin nur in Zivil. Man trifft dort keine Deutschen. Auch Le Vesinet, unserem Standort nach dem Frankreichfeldzug 1940, statte ich einen Besuch ab. Etwas früher als geplant verlasse ich Paris. Ich fühle mich hier nicht mehr so zu Hause wie früher. Was hat der Krieg aus der Stadt gemacht? »C'est la guerre«, die Franzosen arrangieren sich und rechnen bereits damit, daß wir den Krieg verlieren werden.

Bei der Ersatzabteilung finde ich Beck schon vor. Auch ihn hat es nicht zu lange zu Hause gehalten.

Es ist Mitte März 1942. Der harte Winter ist vorüber, und wir glauben, uns ausreichend akklimatisiert zu haben, um nach Afrika zu gehen.
Beck und ich fahren zur Heeresbekleidungskammer, um unsere Tropenausrüstung in Empfang zu nehmen. Was uns hier »verpaßt« wird, spottet jeder Beschreibung. Man merkt, daß Deutschland seit 1918 keine Kolonien mehr besitzt und somit keine Ahnung hat, was für die Tropen zweckmäßig ist. Wir hätten nur bei den mit uns verbündeten Italienern anzufragen brauchen, aber nein, die Intendantur hat strikt nach preußischer Art die Tropenausrüstung entworfen: Aus festem Stoff eine khakifarbene, eng anliegende Uniform mit Leinenkoppel und hohen Schnürstiefeln. Dazu ein Tropenhelm, der nach landläufiger Meinung unbedingt in den Tropen getragen werden muß. Zusammen mit den übrigen Teilen, luftundurchlässigen Hemden, einer braunen Krawatte usw., quittieren wir den Erhalt unserer Ausrüstung und veranstalten in der Kaserne erst einmal eine Modenschau.

Verwundete aus Nordafrika, die hier auf ihre Wiederverwendung warten, erzählen uns, daß sie, wie auch viele andere, mit den Italienern einen schwunghaften Handel

betrieben haben, um wenigstens einen Teil der Ausrüstung gegen die zweckmäßigeren Uniformen der Italiener zu tauschen.
Sie berichten auch über die ersten Einsätze in der Wüste, Rommels schnellen Vormarsch, mit dem er die Engländer überraschte, und die Bedingungen des Wüstenkrieges wie Hitze, Sandstürme und kalte Nächte.

Schließlich ist es soweit. Wir erhalten unsere Marschbefehle. Am 1. April 1942 besteigen wir den Kurswagen Berlin — Rom mit einem eigenen Schlafwagenabteil. Beim Rattern der Räder denken wir beide zurück an unsere Rückkehr aus Rußland bei Schnee und Eis. Wie schnell ändern sich die Dinge!

Eine Nacht in Rom, das nichts vom Krieg zu spüren scheint. Beim deutschen Verbindungsoffizier erfahren wir, daß wir weiter nach Brindisi fahren und von dort über die Insel Kreta mit einem Versorgungsflugzeug nach Derna fliegen werden, das in der libyschen Cyrenaika liegt.
Was erwartet uns? Wir sind äußerst gespannt, fast abenteuerlustig.

Nordafrika 1942 bis 1943: Rommel, der Wüstenfuchs

Gazala und Alam Halfa

Von Brindisi fliegen wir nach Kreta, der Insel, über der vor einem Jahr unsere Fallschirmspringer, unter ihnen Max Schmeling — unser Boxeridol — absprangen. Wir genießen die Frühlingswärme. Am Morgen des 8. April 1942 heben wir mit unserer Junkers 52, liebevoll »Tante Ju« genannt, Richtung Nordafrika ab. Ich darf im Cockpit sitzen. »Wir müssen flach über dem Meer fliegen«, informiert mich der Pilot, »trotz unserer Luftüberlegenheit tummeln sich immer ein paar Spitfires oder Hurricanes über dem Mittelmeer. Sie kommen von Malta, das aus mir unverständlichen Gründen bislang nicht besetzt wurde.«

Ich denke in diesem Augenblick nicht an Krieg und an das, was auf mich zukommen wird. Zu sehr bin ich fasziniert von dem Gedanken, einen neuen Kontinent kennenzulernen.
Plötzlich wird die Maschine hochgezogen. »Glück gehabt«, lacht der Pilot, »wir werden in Kürze in Derna landen.«
Afrikas Konturen tauchen vor uns auf: der schmale, von den Italienern kultivierte Küstenstreifen. Man erkennt Dattelpalmen, Olivenhaine, die weißgekalkten Siedlerhäuser und das lange Asphaltband der Küstenstraße der »Via Balbia«.
Dahinter flimmert die Wüste. »Das ist die Kieswüste«, belehrt mich der Pilot, »etwa 200 bis 300 Kilometer tief, ehe die eigentliche Sahara mit ihren riesigen weißen Dünen beginnt. In dieser flachen, oft von Felsen und Kiesbergen unterbrochenen Ebene haben sich seit gut einem Jahr die Kämpfe abgespielt.«
Ich habe Bücher über die Wüste und die Beduinen gelesen, dieses Nomadenvolk, das seit über 2500 Jahren durch die arabischen und libyschen Wüsten zieht und nach eigenen Gesetzen ohne Staatsform lebt.
Schon jetzt glaube ich, etwas von der Sehnsucht zu spüren, die angeblich jeden befällt, der einmal in der Wüste war. Hoffentlich werde ich die Zeit haben, die Wüste und die Nomaden zu erleben.
Eine riesige Staubwolke hinter sich lassend, setzt die »Tante Ju« weich auf der Sandpiste auf. Die Mittagshitze macht uns zu schaffen, selbst um diese Jahreszeit. Welch ein Kontrast zu den eisigen Schneestürmen in Rußland!

»Ick bin Oberjefreiter Manthey«, stellt sich ein Mann in verblichener Khakiuniform vor, »Major von Luck, vermute ick?« Sein Ur-Berliner Dialekt ist Musik in meinen Ohren und erinnert mich an meine Jahre in Potsdam und Berlin. »Ick soll Se abholen, man wartet schon auf Ihnen.« Beck und ich kommen uns in unseren neuen braunen Tropenuniformen wie »Greenhorns« vor. Wir verfrachten unser Gepäck.

»Danke fürs Abholen, Manthey. Was sollen wir bei dieser Hitze nur mit unseren dicken Mänteln?«

»De werden Se verdammt jut brauchen. Es ist saukalt in den Nächten. Ick werde Ihnen etwas ›Italienisches‹ als Uniform besorjen, die wissen, wat praktisch ist hier unten.«

Die Windschutzscheibe des Kübelwagens ist heruntergeklappt und gegen Sonnenreflexion abgedeckt.

»Ick soll Ihnen zuerst zu Rommel bringen, ehe wir zur Division und unserer Abteilung fahren.« Jeder spricht hier nur von »Rommel«, nicht vom General. So populär ist er bei seinen Leuten. Er ist einer von ihnen. Auf der Fahrt berichtet Manthey über die Kämpfe des letzten Jahres, so wie er sie erlebt hat. Er erzählt von dem »Vater« der Aufklärungsabteilung, Oberstleutnant von Wechmar, seiner Beliebtheit, seinen Erfolgen und davon, wie stolz Wechmar war, als erster 1941 auf afrikanischem Boden gelandet zu sein. »Unsere Abteilung ist Rommels Lieblingskind«, fügt er stolz hinzu. Ich werde es nicht leicht haben, geht es mir durch den Kopf.

Bei der Fahrt durch Derna zeigt mir Manthey ein weißes Haus: »Det ist unser ›Haus von Wechmar‹, ein Erholungsheim, das wir nach der Wiedereroberung der Cyrenaika für Leichtverwundete und Leute hergerichtet haben, die lange in der Wüste im Einsatz waren.« Er berichtet von einer lustigen Geschichte:

»Jeden Morgen kommt ein Araberjunge mit frischem Obst, das er unseren Leuten verkaufen will. Eines Tages bringen sie ihm bei, wie er in deutscher Sprache besser für seine Früchte werben könne. Am nächsten Tag kommt er laut schreiend wieder: ›Kauft gutes Obst, alles Scheiße, alles Sch . . .‹.« Der Erfolg war riesengroß.

Wir haben Derna in Richtung Osten verlassen. Irgendwo in den Olivenhainen muß Rommels Hauptquartier liegen.

»Eener muß auf die Fliejer uffpassen. Die kommen meist von hinten.« Beck übernimmt das.

Plötzlich biegen wir von der Straße ab. Kein Weg, keine Piste ist zu sehen. Alle Radspuren werden immer wieder beseitigt — zur Tarnung. Plötzlich halten wir. Rommels Hauptquartier. Alle Fahrzeuge weit auseinander gezogen und getarnt. In der Mitte ein Ungetüm von Wagen. »Det ist der ›Mamut‹. Den haben wir den Engländern abgenommen und zu Rommels Befehlswagen umfunktioniert.«

Ich erkenne einige 8-Rad-Spähwagen. Es ist das neue, schnelle Aufklärungsfahrzeug, das wir in Rußland noch nicht hatten.

Ich bin ziemlich aufgeregt. Schließlich habe ich Rommel seit dem Frankreichfeldzug 1940 nicht mehr gesehen. Ein Ordonnanzoffizier bringt mich zu ihm.

»Ich melde mich zum Afrikakorps versetzt, Herr Generaloberst.« Rommel lächelt: »Fein, daß Sie da sind, ich habe lange genug gewartet. Leider mußte ich Wechmar nach Deutschland schicken, er wurde krank. Sie übernehmen meine Lieblingsabteilung, machen Sie ihr Ehre.«

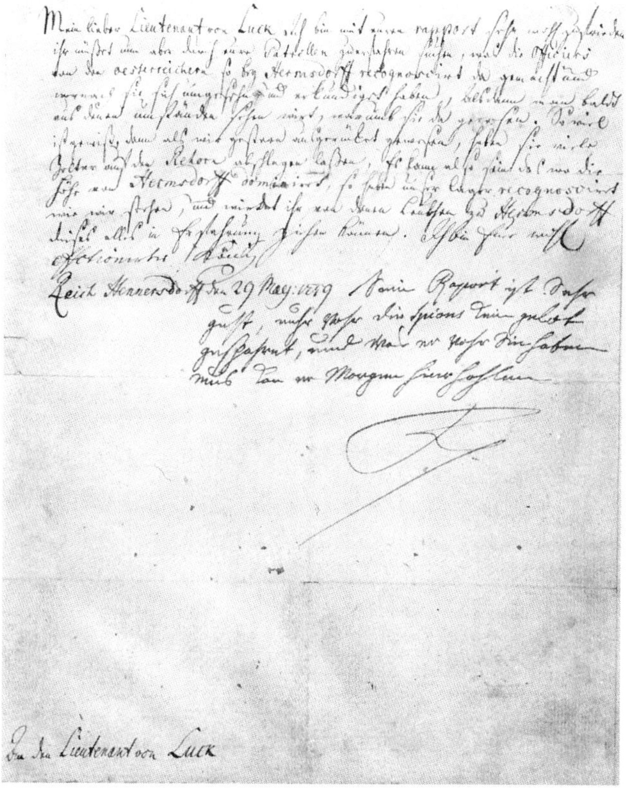

Mein lieber Lieutenant von Luck ...

Reich Hennersdorff den 29 May: 1759

An den Lieutenant von Luck

Handschriftliches Schreiben von Friedrich dem Großen an einen Vorfahren Hans von Lucks

Die Mutter des Verfassers mit ihrem ältesten Sohn Hans-Ulrich

Der Vater als Kapitänleutnant der Kaiserlichen Marine

Letzter Appell der Kradschützen-Kompanie Abteilung 37, Garnison in Bad Kissingen vor dem Einsatz in Polen

Einsames Grab eines der ersten Gefallenen der Kompanie am 6. September 1939

Die ersten polnischen Gefangenen, September 1939

Verwundeter polnischer Offizier mit seiner Frau auf dem Weg zum Verbandsplatz

Rückkehr von Polen nach Bad Kissingen. Der dem Verfasser vom polnischen Botschafter geschenkte Irish Setter amüsiert das »Empfangskomitee«.

General Erwin Rommel, neuer Kommandeur der 7. Panzer-Division, studiert vor dem Einmarsch nach Belgien die Karte.

Kurzes Frühstück während des Vormarsches (links von Rommel ein gefangener Offizier)

Rommel bespricht mit Oberst Rothenburg, Kommandeur des Panzer-Regiments, den nächsten Angriff. (Man sieht auf der rechten Wange eine leichte, ihn nicht störende Verwundung.)

Rommel, nach dem Durchbruch zum Kanal, diktiert seine bekannte Meldung »Ich am Meer«.

Von der Luftwaffe zerstörte Güterzüge bei Arras

Bei Arras gefangengenommene englische Soldaten freuen sich über die erste Zigarette. Ein friedliches Bild

Zerstörter französischer Panzer nach den schweren Kämpfen am La Bassé-Kanal

Symbolisch bricht ein Panzer durch die Strandmauer am Meer.

Aus Nischen strömen immer mehr Gefangene an den Strand vor der gewaltigen Steilküste.

Ein französischer Hauptmann meldet Rommel vor seiner angetretenen Kompanie, daß Marschal Pétain um einen Waffenstillstand gebeten hat (halbverdeckt hinter Rommel fungierte der Verfasser als Dolmetscher).

Fécamp, zwischen St. Valerie und Le Havre, wie es sich von der Steilküste bot, bevor es mit einem »Trick« genommen wurde.

Die »Straßen« behindern die deutsche Seite zunächst mehr als den Gegner.

Generaloberst Guderian, der »Vater« der deutschen Panzerwaffe, besucht beim Vormarsch 1941 eine unterstützende Jagdbomber-Einheit, um sich für die Hilfe zu bedanken.

Die wie durch ein Wunder unbeschädigte Kathedrale von Smolensk

Kosaken der mit den Deutschen kämpfenden »Armee Wlassow« in ihren traditionellen Uniformen

Die vom Verfasser genehmigte erste Messe seit fast 25 Jahren: ein überwältigendes Erlebnis

Der Verfasser ist zu General Rommel nach Nordafrika versetzt worden, von 50 Grad minus zu 40 Grad Celsius plus. Abschied von Feldwebel Kuschel zu einer Non-Stoß-Fahrt von mehr als tausend Kilometern mit dem unverwüstlichen Mercedes.

Die Partisanen-»Gefahr wird größer, Warnung an alle«

Dann, typisch für ihn, kommt er sofort zur Sache: »Sie kommen gerade rechtzeitig. Ich plane eine neue Offensive, um den Engländern zuvorzukommen. Ihre Abteilung wird dabei eine wichtige Rolle spielen. Mein Chef des Stabes Gause wird Sie informieren. Dann melden Sie sich bei Ihrer Division. Wie geht es meiner alten 7. Panzerdivision, war es schlimm in Rußland?« Ich berichte kurz und bin entlassen. Eine neue Phase beginnt.

Generalmajor Gause, Rommels Chef des Generalstabes, mit dem ich es noch oft zu tun haben werde, gibt einen Überblick über die Lage. Dann setzt er hinzu: »Rommel ist sehr enttäuscht über das Desinteresse der Obersten Führung. Hitler und das Oberkommando der Wehrmacht sehen Nordafrika als ›Nebenkriegsschauplatz‹ an. Für die Engländer ist er jedoch kriegsentscheidend. Außerdem ist Rommel über die lasche Seekriegführung der Italiener erbost. So sind im März statt der angeforderten 60 000 Tonnen Material nur 18 000 Tonnen eingetroffen.«
Nach Rommels Meinung sind die Chancen für einen Sieg in Afrika schon vertan. Trotz großer Verluste durch unseren U-Boot-Krieg und trotz eines 12 000 Meilen langen Seeweges gelangt ausreichend Nachschub für die Engländer an die Front. Das klingt wenig ermutigend. Dennoch scheint Rommel gewillt, das Blatt noch einmal zu seinen Gunsten zu wenden. Er hofft, mit einem überraschenden Vorstoß Tobruk nehmen und weit nach Ägypten vorstoßen zu können, vorausgesetzt, er kann den Engländern zuvorkommen. Ich melde mich ab.
»Manthey, wir müssen jetzt zur Division (es ist die 21. Panzerdivision) und dann ab zur Abteilung.«
»Is jut, Herr Major. Sie scheinen bei Rommel einen Stein im Brett zu haben, wenn er Sie sogar persönlich bejrüßt«, meint Manthey.
Ich erzähle ihm etwas über Rommel.
»Na ja«, meint er, »is ja auch unjewöhnlich, jemanden von Rußland hierher zu holen. Unser Kommandeur von Wechmar war ein prima Kerl. Seit 14 Tagen ist nun auch sein Sohn Rüdiger als junger Leutnant bei uns. Det is Tradition! Sie werden es schon schaffen, Herr Major.« Seine Beruhigungen kommen von Herzen und sind mehr wert als ein Lob von Vorgesetzten.

Wieder gut getarnt unter Palmen und Olivenbäumen der Divisionsstab. Generalmajor von Bismarck begrüßt mich freundlich. Er war mein Kommandeur 1930 in Ostpreußen gewesen, als meine militärische Laufbahn begann. Er sieht — wie so viele — ausgemergelt aus. Die gnadenlose Hitze am Tag, Eiseskälte in der Nacht, Sandstürme, Millionen von Fliegen und die harten Kämpfe haben ihre Spuren hinterlassen.
»Herzlich willkommen, Luck, wir haben uns 12 Jahre nicht gesehen. Sie treten ein großes Erbe an. Wechmar und seine Abteilung haben Großes geleistet und sind die Lieblingskinder Rommels. Sie werden sich nach Ihrem Einsatz in Rußland umstellen müssen. Machen Sie sich mit den Verhältnissen schnell vertraut. Wir werden

wohl bald zu einer entscheidenden Offensive antreten. Hals- und Beinbruch.« Der Erste Generalstabsoffizier informiert mich über die Lage. Die drei Panzeraufklärungsabteilungen haben im wesentlichen die Aufgabe, im tiefen Süden aufzuklären, Umgehungsversuche des Gegners zu verhindern oder zu melden und bei Vorstößen die Spitze zu bilden.
»Die Engländer haben inzwischen die ›Gazala-Stellung‹ stark ausgebaut«, fährt er fort, »ein gigantisches Minenfeld mit etwa 500 000 Minen erstreckt sich von der Küste bis Bir Hacheim, einer einst von den Italienern ausgebauten Wasserstelle südlich von Tobruk. Bir Hacheim wird von Franzosen unter General Koenig gehalten. Hinter diesem Abwehrriegel werden sich die Engländer zur Offensive bereitstellen, sobald sie genügend Material heranbringen konnten. Und dem will Rommel anscheinend zuvorkommen. Wir müssen daher äußerst wachsam sein, daß die Engländer nicht südlich um Bir Hacheim herum in unsere tiefe Flanke vorstoßen. Das zu beobachten und zu verhindern, ist unter anderem Ihre Aufgabe, Luck.«

Wir verlassen die grüne Cyrenaika nach Süden. Manthey kennt die Piste. Normalerweise wird in der Wüste nur nach Kompaß gefahren, dem wichtigsten Instrument, das jeder bei sich hat. Wir wirbeln eine riesige Staubwolke hinter uns auf, die über uns zusammenschlägt, wenn kurz abgebremst werden muß.
Die Wüste flimmert. Bei der weiten Sicht ist es oft schwer, zu unterscheiden, ob das flimmernde »Etwas« ein Fahrzeug oder nur ein Kameldornbusch ist.
Plötzlich, erst wenige Meter vorher zu erkennen, kommen wir zu einem »Wadi«, einem der vielen ausgetrockneten Flußtäler, in dem weit auseinandergezogen »meine« neue Abteilung liegt.

Hauptmann Everth, der die Abteilung bisher geführt hat, und einige Offiziere begrüßen mich: korrekt aber auch etwas reserviert, wie mir scheint. Wechmar, »der Alte«, wird schwer zu ersetzen sein.

Wir gehen zum »Kommandowagen«, einem umgebauten Opel-Blitz-Lastwagen. Wie mir Everth erklärt, sind alle Fahrzeuge mit Spezialölfiltern gegen den Staub ausgerüstet. Viele Wagen haben profillose Reifen, damit sie nicht im Sand festmahlen. Außer den neuen 8-Rad-Spähwagen erkenne ich Kettenkräder, 750er BMW-Motorräder mit zwei schmalen Ketten anstatt des Hinterreifens. Sie sind speziell für die Wüste entwickelt worden.
Ich bitte alle Offiziere, sich zur Begrüßung zu versammeln. Wiederum komme ich mir in meiner neuen Tropenuniform deplaziert vor, denn all die anderen Offiziere tragen verblichene Uniformen, auf die sie stolz sind, oder weite italienische Hosen und Blusen. (Der gute Manthey organisiert auch für mich in den nächsten Tagen etwas Ähnliches.)
»Ich kenne Ihre Abteilung aus den Vorkriegsjahren, als ich in Potsdam war. Es gab zwischen unseren Abteilungen immer eine gesunde Rivalität, wer die bessere oder

prominentere war. Aber wir haben auch gemeinsam manche Rallye gefahren. Es ehrt mich, der Nachfolger Ihres beliebten und bewährten Kommandeurs von Wechmar zu sein. Ich habe nur meine Erfahrungen aus dem Frankreich- und Rußlandfeldzug. Ich habe hier viel zu lernen und wäre Ihnen dankbar, wenn Sie mir dabei helfen würden. Ich möchte möglichst bald mit einem Ihrer Spähtrupps auf Erkundung fahren, um mich mit den Bedingungen vertraut zu machen.«
Ich begrüße jeden einzelnen mit Handschlag, das »Eis« scheint gebrochen zu sein.

Ich erfahre, daß wir es auf englischer Seite meist mit den Royal Dragoons, den 11th Hussards und der gefürchteten »Long Range Desert Group« unter Führung des sagenhaften Oberstleutnants Stirling zu tun haben. Die Engländer fahren den besser gepanzerten, aber langsameren »Humber«, wir den schnellen, wendigen 8-Rad-Spähwagen. Inzwischen »kennt man sich«. Es herrscht eine Atmosphäre des Respektes und des Fairplay.

Ich gewöhne mich an die »Fata Morgana«, diese Luftspiegelung, die einem einen See vorgaukelt, der sich beim Näherkommen in Nichts auflöst. Ich muß mich auch an den grausamen Sandsturm, den die Italiener »Ghibli« nennen, gewöhnen. Er dauert meistens einen Tag, manchmal aber auch drei Tage. Man sieht ihn kommen: Der Himmel verdunkelt sich, der feine Sand dringt durch alle Poren und macht jede Bewegung, geschweige denn Kampfhandlung, unmöglich.

Ich lerne, nach dem Kompaß zu fahren und nach Eintritt der Dunkelheit mit gegenseitigen Leuchtsignalen zur Abteilung zurückzufinden. Die Erkundungsfahrten in der Wüste üben eine große Faszination auf mich aus.

In den nächsten Wochen bleibt es ziemlich ruhig. Einzelne englische Spähtrupps fühlen im Süden vor. Sie werden aber von unseren weit gefächerten Spähtrupps abgefangen. Dabei sind unsere schnellen 8-Rad-Wagen besonders wertvoll.
Anfang Mai 1942 fühle ich mich »integriert«. Ich habe alle Kompanien besucht und kennengelernt und bin mit mehreren Spähtrupps mitgefahren. Ich gewöhne mich an den Rhythmus des alltäglichen Lebens. Morgens trinken wir einen halben Liter Flüssigkeit, während des Tages nichts und am Abend dann den »zweiten Stoß«. Der Nachschub kommt alle paar Tage, meistens im Konvoi, um nicht von den Engländern abgefangen zu werden.

Auch an die nächtliche Kälte gewöhnt man sich. Den dicken Tropenmantel und einen unvorschriftsmäßig dicken Schal behält man bis in den Vormittag hinein an, bis die Hitze ihn langsam durchdringt. Das ist das Thermosprinzip, das wir den Beduinen abgeschaut haben. Eine Plage sind jedoch die Millionen von Fliegen. Erst wenn man tiefer in die Wüste vordringt, nimmt die Menge von Fliegen ab. Die Hitze am Tage wird langsam unerträglich. Jeder sucht einen kleinen schattigen

Fleck. Daß einige Männer auf den überhitzten Panzerplatten ihre Spiegeleier brieten, ist keine Mär. Ich habe es selbst versucht.

Die Hauptzeit der sindflutartigen Regengüsse ist zwar vorbei. Wenn jedoch der Regen kommt, füllen sich in Minuten die kleinen Wadis mit meterhohen Sturzfluten, die alles mitreißen. Ich habe einmal erlebt, daß ein Lastwagen mit unserer Feldküche, der nicht schnell genug aus dem Wadi kam, von solch einer Welle Hunderte von Metern mitgerissen wurde.
Bei unseren Erkundungsfahrten treffen wir manchmal auf eine Beduinenfamilie. Nur die Beduinen wissen, wo sie graben müssen, um an den unterirdischen Süßwassersee zu kommen: In irgendeinem Wadi graben sie eine Wasserstelle aus, leiten das Wasser durch schnell gegrabene Kanäle, pflanzen ihre Hirse und bleiben, bis sie sie ernten können. Das Korn wird auf Kamele geladen, die Wasserstelle zugeschüttet, und nach einem Tag ist nichts mehr zu sehen. Den Italienern gelang es, einige wenige dieser Wasserstellen zu lokalisieren, Brunnen anzulegen und sie so als lebenswichtige Versorgungsstelle zu nutzen. Bir Hacheim ist eine solche Wasserstelle.

Einmal habe ich Glück, mit einer Beduinenfamilie in Kontakt zu kommen. Sie scheint gerade im Aufbruch zu sein. Die Frauen rennen sofort in die Zelte, als wir uns nähern. Kein Fremder darf sie ansehen. Der Familienscheich kommt auf uns zu. Wir geben uns als Deutsche zu erkennen. »Wir wollen Euch nicht stören oder gar vertreiben. Es tut uns leid, daß wir Euch hier in Eurem angestammten Land Unannehmlichkeiten machen. Habt Ihr keine Angst vor dem Krieg, den Minen und so weiter?« versuche ich mich in einem Kauderwelsch von Deutsch, Italienisch und einigen Brocken Arabisch verständlich zu machen.
»Wir wissen immer, wo Ihr seid, und weichen aus, wenn es gefährlich wird«, antwortet der Scheich. »Wir haben viele Stellen, wo wir Wasser finden und unsere Hirse anbauen können. Wir freuen uns, Euch als Deutsche begrüßen zu können. Wir lieben die Italiener nicht, die unser Land besetzt haben, genauso wenig die Engländer, die unsere Brüder in Ägypten und den anderen arabischen Ländern unterdrücken. Eines Tages werdet Ihr alle wieder verschwunden sein, und die Wüste wird wieder uns gehören. Allah sei mit Euch, wir mögen Euch.«
Das Makabre ist, daß die Beduinen nicht nur Kaiser Wilhelm II. und Bismarck verehren (von denen viele glauben, sie seien noch am Leben), sondern Hitlers Kampf gegen die Juden ihrer eigenen Abneigung entgegenkommt. Wir vermeiden jedes Gespräch mit ihnen über die Judenfrage.

Plötzlich, am 24. Mai 1942, ich bin nun sieben Wochen in Afrika, werden wir zur Division bestellt. General von Bismarck informiert die Kommandeure:
»Rommel hat sich entschlossen anzugreifen. Die Engländer erhalten täglich neuen Nachschub. Es ist abzusehen, wann sie ihrerseits eine Offensive starten werden.

Unsere Versorgung kommt viel zu schleppend, dazu noch über die Häfen Tripolis und Benghasi anstatt über Derna. Das heißt, daß aller Nachschub über bis zu 2000 Kilometer auf der einzigen Küstenstraße herangebracht werden muß.«
»Die Engländer dürften wissen, daß und wann unsere Offensive starten wird. Unsere Meldungen und der Funkverkehr scheinen abgehört zu werden. Sie wissen nur nicht, wo der Hauptstoß kommen wird.«

Dann gibt uns Bismarck die Einsatzbefehle und betont, daß Rommel mit einem gewaltigen Nachtmarsch das ganze Afrikakorps südlich um Bir Hacheim herumziehen und dann nach Norden einschwenken will, um Tobruk abzuschneiden und nach Osten zur ägyptischen Grenze vorzustoßen. Ein Scheinangriff im Norden gegen die Gazala-Stellung soll die Engländer täuschen.
Meine Panzeraufklärungsabteilung soll selbständig am rechten Flügel weit ausholend um Bir Hacheim herumstoßen und ostwärts Tobruk die Küstenstraße sperren sowie mit Spähtrupps die rechte Flanke des Afrikakorps absichern.

In der Nacht vom 26. zum 27. Mai treten wir an. Es ist stockdunkel. Nur der klare südliche Sternenhimmel ist zu sehen. Die genauen Kompaßzahlen sind jedem Fahrzeug bekannt. An diese müssen wir uns strikt halten, damit die Tausende von Fahrzeugen, die durch die dunkle Nacht fahren, nicht durcheinander geraten.
Es ist gespenstisch. Jeder sieht gerade seinen Vorder- oder Nebenmann. Wir fahren mit gedrosseltem Tempo, um nicht zu viel Staub aufzuwühlen und somit den Kontakt zum Nächsten zu verlieren. Langsam schieben wir uns durch die Nacht. Wir müssen jetzt südlich von Bir Hacheim sein, das wir nicht sehen können.
Weit im Norden sehen wir das Aufblitzen des italienischen Artilleriefeuers. Wie wir später hören, hatte Rommel vor der Gazalafront Lastwagen mit aufmontierten ausgedienten Flugzeugmotoren und erbeutete englische Panzer querfeldein fahren lassen, um einen Panzerangriff vorzutäuschen. Unter Führung des bewährten Kommandierenden Generals des Afrikakorps, General der Panzertruppe Crüwell, waren italienische Infanteriedivisionen zum Angriff auf die Gazalastellung angetreten. Die Engländer scheinen uns nicht erkannt zu haben.
Am frühen Morgen des 27. Mai dreht meine Abteilung am rechten Flügel der 15. Panzerdivision nach Norden ab in Richtung auf den britischen Stützpunkt »Knightsbridge« auf den Trigh Capuzzo, eine Piste parallel zur Via Balbia, die wir bald erreichen. Wir sind in bester Stimmung, die Überraschung scheint geglückt. Nur noch wenige Kilometer bis zur Via Balbia, unserem Ziel. Der Engländer in der Gazalastellung und in Tobruk scheint eingeschlossen zu werden.

Gegen Mittag des 27. Mai sehe ich plötzlich eine von Osten kommende englische Panzerkolonne. Das sind neue Panzer, die wir noch nie gesehen haben! (Erst später erfahren wir, daß es sich um den amerikanischen »Grant« handelt, der unserem Panzer IV überlegen ist.)

Plötzlich drehen einige dieser »Grants« nach Süden ab und eröffnen das Feuer auf meine Angriffsspitzen auf eine Entfernung, die für unsere Panzerabwehrgeschütze vom Kaliber 5 cm zu groß ist.
Ich stoppe sofort den Vormarsch und ordne an, eine Abwehrfront nach Norden aufzubauen. Um den Einsatz unserer Abwehrwaffen zu koordinieren, verlasse ich meinen Befehlspanzer und renne zu den Abwehrgeschützen. Ehe ich sie erreichen kann, spüre ich plötzlich einen heftigen Schlag in meinem rechten Bein und stürze sofort zu Boden. Blut quillt aus meiner Hose. Ich verliere für Sekunden die Besinnung. Ein Spähwagen kommt längsseits, nimmt mich auf und bringt mich ein paar hundert Meter zurück zu unserem Arzt.

Eine schwere Verwundung. Ich bin wütend und verzweifelt. Ist meine Zeit in Nordafrika bereits abgelaufen?
»Sie haben Glück im Unglück gehabt, Herr Major«, stellt unser Doktor nach der Untersuchung fest. »Sie haben ein faustgroßes Loch in der rechten Leiste. Aber weder eine Vene noch Knochen oder Nerven sind getroffen. Ich hätte an der Stelle auch niemals abbinden können. Sie müssen unbedingt zum nächsten Verbandsplatz zur Behandlung.«
Das ist leichter gesagt als getan, denn: inzwischen hat das Afrikakorps offenbar große Teile der Engländer in der Gazalastellung eingeschlossen, die britischen Panzerverbände blieben aber außerhalb. Daher sind im Gegenteil jetzt *wir* eingeschlossen. An ein Herauskommen aus der Umklammerung von Osten ist kaum zu denken. Es gelingt mir, mit Hilfe von Morphiumspritzen in meinem Kübelwagen einigermaßen schmerzfrei das Kommando wieder zu übernehmen. »Hauptmann Everth, für den Fall, daß ich nicht mehr kann, übernehmen Sie das Kommando. Ich versuche, mit Rommel eine Funkverbindung herzustellen, um zu hören, wie die Lage ist und welche Befehle gegeben werden.«

Gott sei Dank, die Verbindung zu Rommel klappt. Die Lage ist äußerst gefährlich: Bei Knightsbridge, südöstlich von Tobruk, ist der Angriff des Afrikakorps im Feuer der englischen Artillerie und unter rollenden Angriffen der Royal Air Force zum Erliegen gekommen. So auch der Frontalangriff der Italiener im Norden.
Es gelingt mir, eine Abwehrfront nach Osten aufzubauen. Zu unserem Glück richtet sich der englische Angriff vom Osten mehr gegen die beiden Panzerdivisionen des Afrikakorps. Die Engländer vermuten, daß Rommel versuchen wird, nach Osten auszubrechen. Darauf richten sie sich in den nächsten Tagen ein.

Da faßt Rommel einen seiner tollkühnen Entschlüsse: Anstatt nach Osten, befiehlt er dem Afrikakorps, nach Westen durch das Minenfeld der Gazalastellung aus der Umklammerung zu kommen.
Ich erhalte Befehl, den Durchbruch nach Osten abzuschirmen und eine mögliche Umgehung im Süden zu verhindern.

Fünf Tage sitze ich — immer unter Morphium — in meinem Kübelwagen, bis es Rommel am Morgen des 1. Juni gelingt, mit Hilfe auch der italienischen Pioniere Gassen im Minenfeld freizumachen und, wenn auch unter Zurücklassung vieler Fahrzeuge, die kein Benzin mehr haben, das ganze Afrikakorps aus der Umklammerung zu lösen. Als letzte lösen wir uns vom Feind und sammeln uns hinter der italienischen Linie.

Meine Wunde sieht nicht gut aus. »Ich kann keine Verantwortung mehr übernehmen«, meint unser Doktor, »Sie müssen jetzt schnellstens nach Derna in unser Feldlazarett.« Ich sehe ein, daß ich so nicht weitermachen kann, hoffe jedoch, daß man mich in Derna in Kürze wieder einsatzfähig pflegen wird. Ich übergebe schweren Herzens das Kommando an Everth, habe fast Tränen vor Wut und Enttäuschung in den Augen und lasse mich vom »juten Manthey« und dem getreuen Beck nach Derna fahren.

Eine Überprüfung durch die deutschen Ärzte ergibt zu meinem Entsetzen, daß die Verwundung nicht nur schwer, sondern in fünf Tagen im Kübelwagen und durch den Staub eines Ghibli-Sturmes infiziert ist.

»Sie müssen sofort nach Deutschland, ein italienisches Lazarettschiff liegt im Hafen. Es wird Sie morgen nach Europa bringen.« Das ist der lapidare Bescheid des Arztes.

Tief enttäuscht lasse ich mich, nun doch ziemlich geschwächt, am nächsten Tag aufs Schiff transportieren. »Ade, Afrika, nicht für lange.«

Das Schiff ist ein großer Passagierdampfer. Er ist weiß gestrichen und mit einem großen roten Kreuz als Lazarettschiff gekennzeichnet. Später erfahre ich, daß das Schiff auf dem Weg zurück nach Afrika versenkt wurde. Angeblich, weil es Kriegsmaterial geladen hatte.

Ich komme in eine kleine Kabine und hadere mit meinem Schicksal. Am nächsten Morgen legen wir ab in Richtung Italien.

Als Schwerverwundeter werde ich als einer der ersten in den Operationsraum gebracht, in dem ein italienisches Chirurgenteam arbeitet, das, wie mir eine Schwester zuraunt, von einer der besten italienischen Kliniken kommt.

Man nimmt den Verband ab, die Schmerzen werden stärker, zumal ich seit gestern keine Morphiumspritze mehr bekommen habe. »Sie werden mir sonst noch süchtig«, meinte mein Doktor.

»Die Wunde ist gottlob nicht kompliziert. Wir werden sie erst einmal säubern und dann sehen wir weiter.« Dann entschließt man sich zu einer kleinen Operation und verkündet mir, daß man die wenigen Anästhesiemittel für ganz schwere Fälle benötigte. »Bitte beißen Sie die Zähne zusammen«, sagt man mir kurz und knapp. Während mich zwei Schwestern festhalten, beginnt der Arzt, der mir wie ein Schlachter vorkommt, in meiner Wunde herumzuschneiden. Ich schreie wie ein Tier und glaube, vor Schmerzen ohnmächtig zu werden.

Da höre ich: »Bitte halten Sie an.« Neben mir steht Generalleutnant von Vaerst, Kommandeur der 15. Panzerdivision.
»Was ist mit Ihnen, Luck, warum schreien Sie so?«
Ich erkläre ihm die Situation und bitte ihn, eine Anästhesie durchzusetzen. Die Ärzte erklären sich auf seine Intervention hin dazu bereit, so daß der Rest der Prozedur erträglich ist. General von Vaerst erzählt mir, daß auch er unweit von mir verwundet wurde. Ebenso habe es General Gause und Oberstleutnant Westphal von Rommels Stab erwischt. Das letzte, was er von Rommel erfahren habe, sei, daß er das Afrikakorps nach dem geglückten Durchbruch nach Westen neu ordnen und die Offensive fortsetzen wolle.
Nach der Versorgung meiner Wunde sitze ich während der kurzen Überfahrt mit Vaerst zusammen. Wir diskutieren die Chancen Rommels, trotz ungenügenden Nachschubs den Durchbruch nach Ägypten zu schaffen. In Neapel werde ich erneut untersucht und transportfähig geschrieben.
In einem italienischen Lazarettzug geht die Fahrt am nächsten Morgen nach Norden. Ich kann zwar nicht aufstehen, genieße jedoch die Fahrt durch die oberitalienische Ebene und über die Alpen. Die Sonne scheint, die Landschaft wirkt friedlich, und nichts deutet darauf hin, daß auch Italien sich im Krieg befindet. Die Versorgung durch den begleitenden Arzt und die Schwestern ist vorbildlich. Nach den Strapazen und Kämpfen in der Wüste überkommt mich eine wohltuende Ruhe.

An der österreichischen Grenze werden wir in einen deutschen Lazarettwagen umgeladen, an einen normalen Zug gehängt und landen schließlich in Eßlingen, einer kleinen Industriestadt bei Stuttgart. Wir sind nur noch zu dritt, unter uns ist ein junger Reserveoffizier aus meiner Abteilung.
Das Städtische Krankenhaus, romantisch in den Hügeln am Stadtrand gelegen, war zum Lazarett erklärt worden. Dort lagen bis zu unserem Eintreffen ausschließlich Verwundete von der Ostfront.
Eßlingen ist vom Krieg noch ziemlich verschont geblieben, wenn man davon absieht, daß die Bevölkerung sich auch hier nur durch den Kauf mit Essensmarken ernähren kann. Darüber hinaus gibt es nichts mehr. Wie gut, daß ich mich noch in Afrika mit genügend Bohnenkaffee und Zigaretten versorgen konnte, die begehrter sind als Gold. Ich setze nun alles daran, so schnell wie möglich gehfähig zu werden. Nach wenigen Wochen kann ich an Krücken und dann am Stock vorsichtig laufen. Meine Mutter und Schwester kommen aus Flensburg zu Besuch. Es ist eine beschwerliche Fahrt durch ganz Deutschland, da durch die Bombenangriffe immer wieder Knotenpunkte zerstört oder längere Halte erforderlich sind. Auch mein Onkel kommt aus Stuttgart zu Besuch, und wir genießen die warme Sonne auf der Terrasse bei Bohnenkaffee und aus Surrogaten gemachtem Kuchen.

Nordafrika erscheint so weit entfernt. Dennoch hänge ich täglich am Radio, um Neues vom Kriegsschauplatz zu hören. Wir sind gerade zwei Wochen im Lazarett,

als die Sondermeldung kommt, daß Rommel am 21. Juni 1942 Tobruk eingenommen und der südafrikanische General Klopper die Festung übergeben hat. Fast 30 000 Gefangene sind gemacht worden und viel Kriegsmaterial ist in deutschen Besitz übergegangen, darunter erhebliche Bestände an Benzin, das die Deutschen so dringend brauchen. Dann folgt die Meldung, daß Rommel sofort nach Osten abgedreht und am 23. Juni die ägyptische Grenze überschritten hat. Rommel wird mit 50 Jahren zum Generalfeldmarschall ernannt!
Wie mag es meiner Abteilung gehen? Die alten »Kämpen« Everth, von Fallois und Kiehl, der Rommels Begleitstaffel führt, werden es schon machen. Davon bin ich überzeugt. Die Abteilung wird sicher — wie schon immer — wieder tief in der Wüste operiert haben.

Wir drei »Afrikaner« sind natürlich »Hahn im Korbe«. Nachdem es an der Rußlandfront schlecht aussieht, die Einschließung von Stalingrad sich abzuzeichnen beginnt, sind Rommels Erfolge in Nordafrika endlich wieder ein Hoffnungsstrahl für die Bevölkerung. Dennoch fühlt sie sehr wohl, daß dieser Krieg noch lange dauern und verlustreich sein wird. Hitler und sein Propagandaminister Goebbels versäumen es daher nicht, Rommels Erfolge über Gebühr zu bewerten, obwohl sie unseren Kriegsschauplatz in der Wüste nur als zweitrangig ansehen.

Nach etwa drei Wochen bin ich soweit wiederhergestellt, daß ich mich am Stock auch weiter fortbewegen kann. Bad Kissingen, meine letzte Garnison vor dem Kriege, ist nicht allzuweit entfernt. Ich kann den Chefarzt überreden, mich bis zu meiner völligen Genesung dorthin zu verlegen. Ich möchte in die Nähe meiner alten Freunde und die Atmosphäre des Kurbades genießen. An einem Sonntagmorgen werde ich mit dem Krankenwagen in eine für genesende Frontsoldaten beschlagnahmte Klinik gebracht.

Da es Sonntag ist, hat nur eine Schwester Notdienst. Sie weist mir ein schönes Zimmer mit Blick auf den Kurpark zu. »Ich bringe Ihnen gleich das Abendessen. Ich hoffe, Sie werden sich bei uns wohlfühlen. Morgen früh wird sich der Oberarzt um Sie kümmern.« Mit diesen Worten überläßt sie mich meinem Schicksal.
Es gibt kein Telefon im Zimmer. Wie soll ich Kontakt zu meinen Freunden aufnehmen? Mich hält es nicht in der Klinik. Ich finde einen Besenstiel und humple heimlich aus dem Haus zu der nur einige hundert Meter entfernten »Huber-Bar«.
Als ich in meiner verblichenen Tropenuniform in die Bar komme — es ist noch früh am Abend und nur wenige Gäste sitzen herum —, sieht mich Huber mit entgeisterten Augen an:
»Nein, das gibt es nicht. Unser Luck ist da! Mein Gott, wie kommen Sie hierher? Sie sind ja verwundet! Alles Platz machen für unseren Major, hier an den Ehrentisch mit Ihnen.« Sepp Huber und seine Frau können kaum die Fassung wiedergewinnen, so sehr freuen sie sich.

»Hier, meine letzte Flasche Whisky, die ich all die Jahre für einen besonderen Anlaß gehütet habe. Die köpfen wir jetzt.« Langsam füllt sich die Bar, und bald bin ich der Mittelpunkt einer großen Runde und muß erzählen.
Alles erscheint mir unwirklich. Da sitze ich nun wie im letzten Jahr vor dem Kriege, als ob nichts gewesen wäre. Gegen Mitternacht schließt Huber seine Bar. Nur wenige Gäste bleiben noch. Da fällt mir plötzlich siedend heiß ein, daß ich keinen Schlüssel zur Klinik habe. Was ist zu tun? »Unerlaubte Entfernung von der Truppe«, »Gefährdung meiner Wiederherstellung« und so weiter geht es mir durch den Kopf. »Sie schlafen bei uns, Herr Major«, meint Huber. »Sie als Afrikakämpfer werden hier in Kissingen keine Schwierigkeiten bekommen.« Da klopft es an der Tür. »Bitte aufmachen«, kommt eine energische Stimme von draußen. Herein kommt ein Bäderarzt, den ich von früher gut kenne und mit dem ich manchen Abend bei Huber verbrachte. »Ich habe gehört, daß Sie in Kissingen sind. Hier spricht sich alles schnell herum. Ich bin gleich losgelaufen und freue mich so, Sie einigermaßen in Ordnung zu sehen. Seit wann sind Sie hier? In welchem Krankenhaus liegen Sie?«
»Ich freue mich auch, darauf trinken wir noch einen.« Ich nenne ihm meine Klinik und erzähle ihm unter Hinweis auf meinen Besenstiel, wie ich zu Huber gelangt sei. »Aber ich habe keinen Schlüssel. Das ist das Problem, das mir Sorgen bereitet.«
Mein Arztfreund schlägt sich auf die Schenkel und lacht schallend. »In der Klinik bin ich der verantwortliche Oberarzt, mein Lieber.« Ich muß wohl kreidebleich geworden sein, denn er fährt fort: »Das ist schon in Ordnung, ich habe meinen Schlüssel bei mir. Ich bringe Sie hin, und morgen werde ich sehen, daß ich Ihnen einen eigenen Schlüssel organisiere.«
Besser hätte ich es nicht treffen können.

Der Juli geht ins Land. Meine Heilung macht gute Fortschritte. Man glaubt, mich Ende August/Anfang September voll verwendungsfähig schreiben zu können.

Im Laufe der Wochen, nunmehr ausgerüstet mit einem Stock statt des Besenstiels, besuche ich alle alten Freunde. Zu meinem Erstaunen spielt noch täglich das Kurorchester im Kurpark. Eine friedliche Welt, wenn nicht täglich die Nachrichten von der Ostfront kämen und über die Bombardierungen unserer Städte. In bin gewillt, die mir aufgezwungene Zeit zu nutzen und das Unangenehme zu verdrängen, wie alle Frontsoldaten es tun, wenn sich die Gelegenheit ergibt.

Inzwischen kommt die Nachricht durchs Radio, daß Rommel weit nach Ägypten eingedrungen ist und bei El Alamein, etwa 100 Kilometer westlich von Alexandria, zum Stehen gekommen ist. Aus Telefongesprächen mit unserer Ersatzabteilung bei Berlin und nach Aussagen von Männern, die aus Afrika zurückgekommen sind, erfahre ich, daß die schlechte Versorgung aus Mangel an Nachschub der Hauptgrund ist. Ich kann mir gut vorstellen, wie wütend Rommel sein mag über so wenig Verständnis im Führerhauptquartier und so wenig Unterstützung durch die Italiener.

Während meiner Zeit in Kissingen bin ich oft in meiner alten Kaserne, in der ich viele Verwundete meiner alten Aufklärungsabteilung 37 treffe, die an der Ostfront im Einsatz waren. Manche meiner Leute sind gefallen und habe ihre Familien und Freunde in Kissingen zurückgelassen.
Die Kämpfe im Winter 1941/42 und die Rückzugskämpfe haben die Männer ausgelaugt. Niemand glaubt mehr an ein schnelles Ende. Natürlich werde ich um meinen Einsatz in Nordafrika beneidet. Viele einfache Männer bitten mich, Grüße an Rommel zu bestellen.
Auch der Bürgermeister und die meisten Funktionäre, die alle der Partei Hitlers angehören, sehen die Dinge jetzt nüchterner und äußern Zweifel, ob unser Einmarsch nach Rußland nicht ein Fehler war. Unerträglich sind die Propagandatiraden, die Goebbels regelmäßig im Radio abzieht. Von »Untermenschen« und dem für Deutschland wichtigen »Lebensraum« ist immer die Rede und vom »Glauben an unseren geliebten Führer«. Niemand traut sich, seine Zweifel offen zu äußern, zu groß und gefährlich ist das Netz der Denunzianten.

Wohin ich auch komme, werde ich aus »Schwarzmarktbeständen« bewirtet, die jeder hortet und die aus Tauschgeschäften bei Bauern stammen. Für Lebensmittel hat man seinen Schmuck, Parfüm, Pelze und andere Luxusgegenstände hergegeben. Manchmal schäme ich mich, wenn ich in den Restaurants die Einwohner oder Kurgäste ihr »Menü auf Lebensmittelkarten« essen sehe. Aber alle haben Verständnis dafür, daß es für mich eine meiner letzten Mahlzeiten sein kann. Aus meinem noch vorhandenen Bestand an Bohnenkaffee kann ich mich etwas revanchieren.

Anfang September 1942 werde ich »bedingt kriegstauglich« geschrieben. Ich fahre für eine Woche zu meiner Mutter und dann zur Ersatzabteilung Stahnsdorf nach Berlin. Hier treffe ich einige Offiziere und Unteroffiziere, die schwer verwundet waren und nun als Ausbilder für den Mannschaftsersatz eingesetzt sind. Auch meinen getreuen Mercedes finde ich vor, der repariert und blitzblank in der Garage steht. Mit ihm fahre ich ein paar Mal nach Berlin, um meine Freunde zu sehen. Berlin leidet am meisten unter den Bombenangriffen und der angespannten Verpflegungslage. Die Gesichter der sonst so fröhlichen, schlagfertigen Berliner sind grau geworden. Mit ihrem Sinn für die Realität machen sie sich keine Illusionen.

Mich hält nun nichts mehr in Deutschland. Ich möchte wieder zur Truppe. Beim Personalamt erhalte ich dann endlich Mitte September den Marschbefehl. Ich soll mich in Rom beim deutschen Verbindungsstab melden und dann über Sizilien nach Tobruk fliegen. Das bedeutet Abschied von Berlin, von zu Hause. Für wie lange?

Über die Alpen geht es nach Rom und von dort aus sofort weiter nach Sizilien. Dieses Mal fliege ich mit einem riesigen Flugboot von Blom & Voß, das zum Materialtransport eingesetzt ist. Und wieder fliegen wir flach über das Meer. Die englischen Flugbasen auf der Insel Malta liegen nicht weit entfernt. Es ist faszinierend, vom Meer abzuheben und dann, eine riesige Gischtwolke hinter sich lassend, zu landen. Aus der Luft habe ich die heiß umkämpft gewesene, schwer zerstörte Stadt Tobruk und den Hafen gesehen. Wir sind nun in Tobruk und wassern neben einem versenkten englischen Frachter.

Da stehe ich nun am Kai und atme die heiße Wüstenluft ein, die mir so vertraut ist. Jetzt im September ist es noch heißer am Tage als in den Wochen meiner Verwundung.
Ein Wagen bringt mich mit meinem Aluminiumkoffer zu Rommels Hauptquartier, das irgendwo in der Wüste bei Marsah Matruk liegt. »Wir haben schwere, aber erfolgreiche Kämpfe hinter uns, Herr Major«, erzählt mir der Fahrer. »Jetzt ist Ruhe eingetreten an der Alamein-Front. Wer wird wohl zuerst wieder antreten?« Ich habe keine Ahnung, wo meine Abteilung liegt. Sicherlich auch tief in der Wüste.
Und dann bin ich bei Rommel. Ich melde mich gesund zurück und gratuliere ihm zunächst zum Feldmarschall und den Erfolgen. »Ich freue mich, daß Sie wieder da sind. Hauptmann Everth hat Sie gut vertreten und mit der Abteilung Hervorragendes geleistet. Dafür konnte ich ihm das Ritterkreuz überreichen. Leider hat auch ihn eine dieser tückischen Tropenkrankheiten erwischt. Er hat nur Ihre Rückkehr abgewartet, um dann in die Heimat verlegt zu werden. Auch ich muß unbedingt eine Kur antreten. Sie kommen gerade rechtzeitig, um mir auf Wiedersehen zu sagen. Sobald ich kann, komme ich zurück. Alles Gute und lassen Sie sich von Gause einweisen.«
In diesem Augenblick tritt ein General von kleiner Gestalt ein, General der Panzertruppe Stumme.
»Hallo, Luck, fein, Sie zu sehen, ich vertrete den Feldmarschall während seines Heimataufenthaltes. Ich werde Ihre Abteilung bald besuchen.«
Stumme war im Polenfeldzug mein Divisionskommandeur gewesen. Ich melde mich ab und gehe zu General Gause zur Einweisung. »Gut, daß Sie da sind, Luck. Wir befürchteten schon, Sie könnten nicht zurückkommen.«

Auch Gause sieht müde und ausgemergelt aus. Er hatte es besonders schwer, die richtigen Entscheidungen zu treffen, wenn Rommel oft für Tage »vorne führte« und unerreichbar war.
Er setzt mich kurz ins Bild, besonders über den Vorstoß nach Ägypten, der aus Mangel an Betriebsstoff und Nachschub bei Alamein zum Stehen gekommen war — nur noch 100 Kilometer von Alexandria entfernt. Er schildert mir die tiefe Enttäuschung Rommels über die lasche Kriegsführung durch das Oberkommando der

Wehrmacht, sprich Hitler, und die halbherzigen italienischen Anstrengungen, für ausreichend Nachschub zu sorgen.
Ich werfe ein: »Der Feldmarschall kam mir soeben enttäuscht und deprimiert vor. Hängt das mit seiner Gesundheit oder auch mit dem mißglückten, wohl letzten Vorstoß auf Kairo Ende August zusammen? Ich habe darüber in Deutschland wenig hören können.«
»Mit beidem«, antwortet Gause, »sein Gesundheitszustand ist tatsächlich beunruhigend. Rommel braucht Ruhe und Erholung. Aber Sie kennen ihn ja. Er will ›seinen‹ Kriegsschauplatz nicht verlassen, besonders nicht in der kommenden entscheidenden Phase. Dann kommt noch die tiefe Enttäuschung über die Offensive Ende August hinzu.« (Die Schlacht von Alam Halfa wird von unseren Landsern mit ihrem Galgenhumor »Sechs-Tage-Rennen« genannt nach dem populären Sechs-Tage-Rennen im Berliner Sportpalast.)

»Wir wußten«, fährt Gause fort, »daß Montgomery die entscheidende Offensive vorbereitete, sie aber nicht starten würde, ehe er nicht alles Material für einen vollen Erfolg bekommen haben würde. Rommel hoffte, ihm mit einer eigenen Offensive zuvorkommen und das Blatt zu unseren Gunsten noch einmal wenden zu können. Die letzte Chance war Ende August, bei Vollmond. Für diesen Zeitpunkt hatte Marschall Cavallero ihm die Ankunft mehrerer Tanker und Kesselring täglich 500 Tonnen Benzin über eine Luftbrücke versprochen.
Am 30. August war das Benzin noch nicht da, Rommel *mußte* nun antreten. Starke Sandstürme verhinderten den Einsatz der überlegenen Air Force (unsere Messerschmitt-Jäger standen ohne Treibstoff auf den Flugplätzen). Am 2. September trafen gerade 900 Tonnen Benzin der angekündigten 5 000 Tonnen ein, 2 600 Tonnen waren versenkt, 1 500 lagerten noch in Italien.
Am nächsten Morgen hatte sich der Sturm gelegt. Nun griff die Air Force — fast in Paradeformation — in rollendem Einsatz das hinter der Alamein-Stellung nach Norden vorstoßende Afrikakorps an. Eine bis dahin nicht ausgemachte englische Division hatte den Höhenzug von Alam Halfa mit Front nach Süden besetzt. Beide zusammen brachten den Angriff zum Stehen.
Der fehlende Nachschub und die fast hundertprozentige Luftüberlegenheit machten den Angriff zunichte. Die Aufklärungsgruppe, dabei auch Ihre Abteilung, war gleich zu Beginn nach Osten angesetzt, um sofort auf Kairo, etwa 300 Kilometer ost- und südostwärts, zu marschieren, sobald das Afrikakorps hinter dem Engländer die Küste erreicht hätte. Die Gruppe wurde besonders stark von den Luftangriffen betroffen und hatte schwere Verluste.«

In der Nacht vom 2. zum 3. September entschied Rommel schweren Herzens, den Angriff einzustellen und hinter die Alamein-Stellung zurückzugehen. Bei diesem Rückzug wurde Brigadier Clifton von der New Zealand-Division gefangengenommen und zu Rommel gebracht. Sein Schicksal ist bemerkenswert:

»Immer, wenn es möglich war«, fuhr Gause fort, »wollte Rommel sich mit prominenten Gegnern unterhalten. So auch mit Clifton, dem er zunächst seine Hochachtung für den Kampf seiner Division aussprach. Er beschwerte sich jedoch über die Grausamkeiten, die an deutschen Gefangenen verübt worden waren. ›Das sind die Maoris, die Ureinwohner Neuseelands, die ähnlich grausam wie die Sikhs aus Indien kämpfen. Ich bedaure das‹, antwortete Clifton.
Clifton hatte 1940 in Frankreich gegen uns gekämpft und meinte nun: ›Jetzt ist der Endsieg sicher.‹ Innerlich ist Rommel auch schon dieser Überzeugung. Durch eine Toilette floh Clifton kurz darauf und wurde, nur mit einem Wasserkanister in der Hand, allein in der Wüste aufgegriffen. Rommel konnte seinem Wunsch nicht entsprechen, ihn in deutsche Gefangenschaft zu schicken und nicht zu den Italienern. Er bedauerte, daß alle Gefangenen in Nordafrika auf Wunsch Mussolinis den Italienern überstellt werden mußten.«
Erst später wurde bekannt, daß Clifton, nachdem er acht vergebliche Ausbruchsversuche unternommen hatte, beim neunten Versuch — wenn auch verwundet — in die Schweiz entkommen konnte.
»Während seiner Unterhaltung mit Clifton erwähnte Rommel, daß sich auch die Alliierten darauf einstellen müßten, daß die Gefahr in Zukunft aus dem Osten käme.« (Sehr weitsichtig, wie ich glaube.)

»So, Luck, nun wissen Sie, warum Rommel so enttäuscht ist.«

Noch Wochen nach Rommels mißglückter Offensive ging das Gerücht um, ein italienischer General habe den Engländern den Plan Rommels verraten. Das wurde zwar nie bestätigt, aber als ich vor ein paar Jahren in London Jean Howard traf, die zum Team von Bletchley Park (damals unter dem Namen Jean Alington, »HUT 3 B. P.«) gehört hatte, dem es im Krieg gelungen war, den deutschen Code zu knacken, wurde mir klar, woher die Engländer ihre Kenntnisse hatten. »Wir hörten sämtliche Funksprüche der deutschen Seite ab, so daß unsere Führung in London wie auch in Afrika ziemlich lückenlos über die deutschen Pläne informiert war.« Die streng geheime »Ultra«-Funkaufklärung war der Grund dafür, daß die Engländer immer so gut über unsere Aktionen informiert waren und Geleitzüge mit Nachschub oder die Tätigkeit unserer Luftwaffe so präzise gestört werden konnten.

Gause fährt dann fort:
»Rommel will in Deutschland Hitler aufsuchen und ihm unmißverständlich klarmachen, daß ohne genügend Nachschub der Krieg in Nordafrika nicht zu gewinnen ist.
Zudem wissen wir aus unseren Quellen, daß Churchill Anfang August in Kairo war und Montgomery am 13. August das Oberkommando über die 8. Armee übernommen hat. Ein frischer Wind scheint bei unserem Gegner zu wehen. Man wird sicher an einer Offensive arbeiten, die diesmal entscheidend sein kann.

Zunächst jedoch haben die Engländer ihre Alamein-Stellung fest ausgebaut mit über 800000 Minen, aufgefrischten Divisionen und starken Panzerdivisionen dahinter.
Nun zu Ihnen: Ihre Abteilung hat wieder einmal ›das große Los gezogen‹. Sie liegt in der Oase Siwa, etwa 300 Kilometer südlich Marsah Matruk in der Kattara-Senke. Ich war gestern mit Rommel und General Bayerlein dort unten. Wahrlich ein Paradies, das zu unserem Kampfraum hier in der Wüste so gar nicht paßt. Aber wir müssen dort präsent sein. Die Gefahr einer südlichen Umgehung der Alamein-Stellung ist zu groß.
Ich gönne Ihnen diese schöne Aufgabe nach den schweren Einsätzen und Verlusten der letzten Monate.
Sie müssen mit einer Ju 87 (Sturzkampfbomber) hinfliegen. Die Piste ist zu kurz für andere Maschinen und die Entfernung für den Fieseler Storch zu groß.« Die Stuka-Besatzungen reißen sich um diese Flüge. »Sie, Luck, unterstehen der Panzerarmee direkt, sind also aus dem Verband der 21. Panzerdivision zeitweise herausgelöst. Hauptmann Everth wird Sie genau einweisen, ehe er leider — auch aus Krankheitsgründen — in die Heimat muß. Ich wünsche Ihnen alles Gute, genießen Sie die Zeit dort unten, ehe es wieder losgeht.«
Damit bin ich verabschiedet und werde sofort zum Feldflugplatz der Ju 87 gebracht. Der interessanteste Teil meines Afrikaeinsatzes beginnt.

Man bringt mich zu Hauptmann Hamester, einem Staffelkapitän. »Ich habe das Glück, Sie nach Siwa fliegen zu dürfen. Wir nutzen diese Flüge, um Einsätze in der tiefen Wüste zu proben und um im Fall eines Zusammentreffens mit englischen Einheiten Bomben abzuwerfen oder um uns englischer Jagdflieger zu erwehren. Darum fliegen wir mit einer Kette von drei Maschinen. Sie haben sicher von unseren Sturzflügen und den demoralisierenden Sirenen gehört. Es wird für Sie als ›Landratte‹ sicher interessant sein.
Von meinen Kameraden, die gestern noch Rommel nach Siwa flogen, hörte ich, wie schön diese Oase ist und daß es für sie die Krönung war, im Bad der Kleopatra zu schwimmen.
Wir fliegen morgen früh runter. Sie müssen als Heckschütze fliegen. Wir haben nur zwei Mann Besatzung, die 2 cm-Kanone kennen Sie ja von Ihren Spähwagen.«

Am 23. September 1942 fliegt Rommel nach Deutschland, um Hitler zu treffen, und eine Kur anzutreten. Am selben Tag besteige ich die Ju 87 des Hauptmanns Hamester. Ich zwänge mich auf den Hecksitz, mein Tropenkoffer muß senkrecht zwischen dem Piloten und mir verstaut werden. Ich stülpe mir Kopfhörer und Mikro über. Noch spürt man die Kühle der Nacht. Die Sonne färbt die Wüste in einen goldgelben Farbton.
»Startklar«, höre ich den Staffelkapitän, »ich starte.« Unter großer Staubentwicklung heben die drei Maschinen ab und ziehen in einer Steilkurve nach oben. Dicht

gestaffelt hinter mir sehe ich die beiden anderen Maschinen, ab und an winke ich den Piloten zu. Für mich ist dieser Flug faszinierend, Luftkrankheit kenne ich nicht.

Hamester meldet sich über Bordfunk:

»Wir fliegen wegen der englischen Jagdflieger nicht allzu hoch, aber hoch genug, um einem möglichen Abwehrfeuer englischer Patrouillen schnell ausweichen zu können. Falls wir keine Feindberührung haben, werden wir Ihnen kurz vor dem Ziel einen ›klassischen Bombenwurf‹ demonstrieren.«

Ich bin natürlich einverstanden, aber dennoch etwas aufgeregt. Man hat mir erzählt, daß Piloten beim Abfangen für eine Sekunde einen »blackout« haben, wenn das Blut aus dem Hirn fließt.

Der Flug dauert etwa eine Stunde. Wir fliegen in rund 1 000 Meter Höhe. Die Kieswüste mit ihren kleinen Felshügeln und Kameldornbüschen liegt friedlich unter uns. Wenn ich mich umdrehe, sehe ich die Sandwüste mit ihren hohen Dünen in der Ferne liegen wie ein riesiges Wellenmeer. Auch die Kamelpfade kann man erkennen und die sich durch die Wüste windenden Pisten unserer Aufklärungswagen. Oder sind es Pisten der Royal Dragoons oder der Long Range Desert Group?

Wir müßten uns langsam der Kattara-Senke nähern. Kein Feind ist weit und breit zu sehen. Da kommt auch schon das Kommando von Hamester: »Übungs-Bombenwurf vorbereiten.«

»Auffällige Kameldorngruppe 10.00 Uhr vorab.«

»Angriff, ich stürze.«

Plötzlich dreht Hamester über die linke Tragfläche ab und stürzt — für mein Gefühl fast senkrecht — nach unten. Ich werde gegen meinen Aluminiumkoffer gepreßt. Für ein paar Sekunden weiß ich nicht, wo oben und unten ist. Dann geht ein Ruck durch die Maschine, die Bombe ist ausgeklinkt. Dann ein erneuter Ruck. Jetzt fällt mir mein Koffer ins Kreuz. Ich sehe tatsächlich für ein paar Sekunden nichts. Doch dann beobachte ich, wie die beiden folgenden Maschinen ebenfalls ihre Bombenlast loswerden und steil nach oben ziehen. Unter mir erkenne ich die Explosion der Bomben, gewaltige Sandfontänen steigen hoch.

»Na, wie hat es Ihnen gefallen?«, fragt Hamester.

»Ich fand das prächtig, vielen Dank. Ich glaube aber, Sie haben meinetwegen einen besonders ›scharfen Angriff‹ geflogen. Aber das Bad in Siwa haben Sie sich schon verdient.«

»Na ja, etwas angeben tun wir wohl alle, wenn wir einem Greenhorn etwas vorführen wollen. Wir werden in ein paar Minuten in Siwa sein.«

Und da ist auch schon der steile Abstieg zur Kattara-Senke. Der Steilhang dürfte etwa 50 Meter betragen. Links vorab sehe ich die Oase, zu der nur eine einzige Serpentine herabführt. (»Die ist leicht zu sperren«, geht es mir durch den Kopf.)

»Wir setzen zur Landung an«, kommt das Kommando, »wir müssen sehr frühzeitig aufsetzen und sofort voll anbremsen, denn die Landebahn ist verflucht kurz. Die anderen Maschinen landen, sobald ich die Bahn freigegeben habe.«

Erneut — und diesmal, um der Bevölkerung und meinen Leuten Furcht einzujagen — stürzt Hamester mit heulender Sirene auf die Oase herunter. Ich sehe die Araber in Panik fortlaufen und das »Empfangskomitee« meiner Abteilung neben der Piste stehen, offenbar unberührt vom Lärm.
Nachdem er eine Schleife gezogen hat, setzt Hamester zur Landung an, hat aber so viel Fahrt drauf, daß er kurz vor der ersten großen Düne durchstarten muß. Beim zweiten Mal klappt es dann. Die beiden anderen Maschinen landen im ersten Ansatz.
Wir werden zu einer Palmengruppe eingewiesen, wo die drei Maschinen Deckung finden.

»Willkommen im Paradies«, begrüßt mich Hauptmann Everth, der frisch mit dem Ritterkreuz dekoriert ist. »Wir freuen uns, daß Sie wieder gesund zu uns zurückkommen. Mich hat auch eine der blöden Tropenkrankheiten erwischt, so daß ich über kurz oder lang zurück nach Deutschland muß.«
Ich begrüße jeden, der zu meinem Empfang gekommen ist, darunter auch den guten Manthey und den getreuen Erich Beck.

»Einen schöneren Ort hätte ich mir nach meiner schweren Verwundung nicht wünschen können. Ich danke Euch für den Empfang.«
Während die Stuka-Crews zum Bad der Kleopatra gefahren werden, gehen wir zum »Gefechtsstand«. Die Abteilung ist weit auseinandergezogen in Zelten unter Palmen untergebracht.
»Wir haben uns absichtlich etwas von den Arabern abgesetzt, um diese stolzen Wüstensöhne nicht in ihrem täglichen Leben zu stören«, berichtet Everth. »Darf ich vorschlagen, daß wir zuerst eine Rundfahrt durch die Oase machen? Dabei kann ich Ihnen etwas über dieses schöne Fleckchen Erde und über unseren eigenen Auftrag berichten.«
Ich bin sofort einverstanden.

Die Oase Siwa

Ich komme mir vor wie in einem Märchen aus Tausendundeinernacht. Über mir blauer Himmel, die heiße Sonne, endlose Palmenwälder mit fast reifen Datteln. Kleine Wasserkanäle durchziehen die Oase. Im Süden, unmittelbar neben der letzten Palme, türmen sich die riesigen weißen Dünen wie ein Wellenmeer auf. Im Norden der 50 Meter hohe Steilhang, der senkrecht abfällt. Im Osten die Kattara-

Senke, ein ausgetrockneter Salzsee, der sich 300 Kilometer nach Osten bis etwa 100 Kilometer südostwärts Alamein erstreckt.
»Die Kattara-Senke ist unpassierbar«, erläutert Everth, »nur in der Trockenzeit gibt es eine kleine Piste, die von leichten Fahrzeugen benutzt werden kann. Da müssen wir aufpassen, daß der Tommy nicht mit seiner Long Rang Desert Group uns überrascht.« Wir liegen etwa 300 Kilometer südlich Marsa Matruk. Nur 50 bis 70 Kilometer der Alamein-Linie sind besetzt. Dazwischen ist Niemandsland, also ein für beide Seiten offenes Operationsfeld.

Ich hatte schon in der Schule von Siwa gehört, vom Palast und dem Bad der Kleopatra (51 bis 30 vor Chr.). Siwa, ursprünglich Ammonion genannt, kam 1820 unter ägyptische Herrschaft. Es wird jetzt repräsentiert durch drei Beamte: den Arzt, den »Landrat« und den »Postmeister«. Siwa galt früher als Sitz eines Orakels, das auch von Alexander dem Großen besucht wurde, der beinahe den Weg zur Oase verpaßt hätte.
Die etwa 5 000 Einwohner waren ursprünglich Beduinen, die hier seßhaft wurden und sich seitdem nicht mehr mit anderen Stämmen mischten. Trotz der Inzucht sind sie gesund. So durften sich die Senussis auf ihrer Flucht vor den Italienern aus Libyen nur kurz in Siwa aufhalten und mußten dann weiter nach Osten ziehen. Jeder Großfamilie steht ein Scheich vor, der größten Familie ein Oberscheich, ein »primus inter pares«.

Während der ägyptische Arzt seine Daseinsberechtigung hat, ist der »Landrat« weniger beliebt, da er für die Einziehung der Steuern verantwortlich ist. Völlig nutzlos ist der »Postmeister«, denn niemand kann hier schreiben und lesen.

So hat er sich eine lukrative Nebenbeschäftigung gesucht, er treibt Handel. Er hat seine Sternstunde, als vor einigen Tagen Rommel Siwa besuchte und die Scheichs ihm einen Umschlag mit einem gestempelten Satz Siwa-Marken schenkten, eine philatelistische Rarität.

Wir kommen zum Bad der Kleopatra, in dem sich noch die Crews der Stukas tummeln. Ich stehe vor einem Brunnen mit einem Durchmesser von etwa 10 Metern. Das Wasser ist so klar, daß man den Grund in etwa 6 Meter Tiefe sehen kann. Hier sprudeln mehrere kohlensäurehaltige Quellen. Das Wasser hat konstante Temperatur von 18 Grad Celsius und bedeutet eine herrliche Erfrischung. Everth fordert mich auf, am Abend mitzukommen: »Wir mußten einen Stundenplan aufstellen, damit alle Männer baden können.«

Nicht weit entfernt steht der ehemalige Palast Kleopatras, die hier angeblich jedes Jahr eine Zeit der Erholung verbrachte. Man sieht noch Reste der großen Steinquader, von denen niemand weiß, wie sie hierher gelangten.

»Vom Brunnen Kleopatras und einigen kleineren Brunnen herum wird das Wasser nach einem ausgeklügelten System in die Gärten der Scheichs geleitet, die so das ganze Jahr über bewässert werden.
Wir fahren jetzt in die ›Stadt‹, wie wir es nennen. Ich muß Sie nach arabischer Sitte zunächst dem Oberscheich vorstellen, der Sie als Gast willkommen heißen wird«, erklärt Everth.

In der »Stadt« angekommen, betreten wir durch ein Tor in der hohen Mauer den Garten des Oberscheichs. Der Anblick raubt mir den Atem. Hier grünt und blüht es, daß man vergißt, in der Wüste zu sein. Unzählige kleine Kanäle durchziehen den üppigen Garten.
Herrlicher Wein und Bougainvilleas ranken an den Lehmmauern empor. Zwischen exotischen Pflanzen Quadratmeterbeete, sogenannte chinesische Beete, in denen Getreide und Gemüse gepflanzt werden, die die zehnfachen Erträge erbringen. Dazwischen stehen Zitrus-, Granatäpfel- und Olivenbäume. Sie alle werden überragt von den Dattelpalmen.
Am Ende des Gartens steht das flache, weiß getünchte Haus des Oberscheichs, der uns mit einer tiefen Verbeugung begrüßt. Wir erwidern sein »salem« und bitten, von ihm empfangen zu werden. Er führt uns in den Innenhof, der mit kostbaren Teppichen ausgelegt ist. Nach arabischer Sitte sind keine Frauen zu sehen. Man darf sich auch nicht nach ihnen erkundigen, wie es bei uns als höflich gilt. Wir hocken uns im Schneidersitz auf die Teppiche, was mir binnen Kürze Wadenkrämpfe verursacht, da ich an diese Sitzart nicht gewöhnt bin. Die Söhne reichen uns gekühlte Fruchtsäfte, denn Alkoholgenuß ist streng verboten. Außerdem befinden wir uns noch im »Ramadan«, dem Fastenmonat, in dem tagsüber nichts gegessen wird.
»Seid willkommen, Deutsche«, begrüßt uns der Oberscheich. »Nachdem wir vor wenigen Tagen die große Ehre des Besuchs Eures berühmten Marschalls Rommel hatten, heiße ich nun Sie, Herr Major, als neuen Kommandanten unserer Oase willkommen. Sie wissen, daß wir Euch bewundern und Euch Erfolg in diesem Krieg wünschen. Ich habe Rommel gebeten, den von uns hoch verehrten großen Scheich Bismarck zu grüßen (gottlob erwähnt er Hitler nicht). Leider trennt der Krieg uns von Kairo und Alexandria. Wir können unsere Produkte nicht verkaufen und das Notwendige nicht kaufen, wobei der Tee, unser Hauptgetränk, langsam zur Neige geht.« — Er wiederholt, was ich schon von den Beduinen gehört hatte. »Eines Tages werdet Ihr wieder, ich hoffe gesund, in Euer Land zurückkehren, und die Wüste und unsere Oase werden wieder uns gehören.«

Der Oberscheich ist eine imposante Erscheinung: Er ist groß gewachsen, sein Gesicht ist tiefbraun und fein geschnitten. Ein weißer Bart gibt ihm ein würdevolles Aussehen. Sein Burnus ist von feinstem weißen Stoff.
»Wenn wir in wenigen Wochen das Ende des ›Ramadan‹ feiern, müssen Sie unsere Gäste sein«, verabschiedet er uns.

Wir fahren zum Flugplatz, um die Stuka-Crews zu verabschieden, die in einer großen Schleife und mit den Tragflächen wedelnd nach Norden entschwinden, um wieder zum harten Einsatz an der Alameinfront zurückzukehren.

Everth und ich kehren zu dem Gefechtsstand zurück, zum geschickt ausgestatteten Opel-Blitz, der einem heutigen Caravan-Wohnwagen vergleichbar ist. Everth berichtet nun im einzelnen über die Ausrüstung und die Aufgaben der Abteilung: »Die Versorgung der Abteilung erfolgt nur selten über Land, da dazu Konvois zusammengestellt werden müssen als Schutz gegen englische Patrouillen oder Kommandos. Meistens werden Versorgungsgüter wie Verpflegung, Benzin und Munition von Stukas oder Heinkels (He 111) abgeworfen, die diese Flüge gleichzeitig zur Aufklärung ausnutzen. Da wir hier in der Oase Getreide kaufen können, hat uns Rommel einen Bäckereizug mitgegeben, der unser Brot und manchmal an Sonntagen auch frische Brötchen bäckt.

Vor einigen Tagen hat man uns eine italienische »Ghibli«, vergleichbar unserem Fieseler Storch, mit einem netten Piloten und den nötigen Ersatzteilen geschickt. Dieses Flugzeug erspart uns aufwendige Patrouillenfahrten Richtung Norden aus der Kattara-Senke heraus oder Richtung Oase Giarabub in Libyen, den einzigen Wegen, die aus der Oase führen.
Ich habe organisiert, daß die Ghibli jeden Tag einen Erkundungsflug macht, an dem im Wechsel die älteren Offiziere mitfliegen, um eventuelle Ergebnisse sofort auswerten zu können.

Bisher hat uns der Tommy in Ruhe gelassen. Er hat noch nicht einmal mit eigener Flugaufklärung bis hierher vorgefühlt. Insofern ist unser Flugabwehrzug bislang brotlos.
Eine Bedrohung ist nur möglich über die einzige, leicht zu sperrende Serpentine in den Steilhängen oder von Giarabub, was ziemlich unwahrscheinlich ist. Etwa 300 Meilen südlich von hier liegt die bekannte Oase Kufra in Libyen, in der die Italiener früher eine kleine Besatzung hatten. Von Kufra gibt es nur eine Piste nach Norden zur Cyrenaika. Kaum denkbar, daß von dort die Engländer in unseren Rücken stoßen können. Aber der Long Range Desert Group ist alles zuzutrauen. Darum müssen wir in Giarabub und westlich davon aufpassen.
Ich habe, obwohl wir hier schwer zu fassen sind, ständig einen Spähtrupp oben an der Serpentine und einen anderen an der Westflanke der Oase stehen.«

Nun weiß ich ungefähr, was zu tun ist, und nehme mir vor, die wahrscheinlich kurze Zeit in Siwa auszunutzen.

Am nächsten Morgen, das Bad im Kleopatra-Brunnen war herrlich, berichtet Everth bei einer Fahrt durch die Oase von weiteren Besonderheiten:

»Es wird Sie erstaunen, daß alle Häuser, Mauern und so weiter aus Lehm gefertigt sind, wobei Palmenzweige solange mit feuchtem Lehm bepackt werden, bis die Mauern dick genug sind«, erzählt Everth. »Der Lehm trocknet in wenigen Tagen und wird so fest wie Stein. Da es seit Jahrhunderten nie regnet, ist diese Bauweise möglich. Ein einziger Regenguß würde die Häuser sofort fortschwemmen.
Noch erstaunlicher ist, daß die furchtbaren Sandstürme, die uns in der Wüste so zusetzen, über die Oase hinwegfegen, ohne daß ein einziges Staubkorn herunterfällt. Vielleicht ist es so zu erklären, daß die Sandstürme aus der Sahara und den die Oase überragenden Dünen mit großer Geschwindigkeit in die 50 Meter höher liegende Kieswüste wehen und so die Oase verschonen.
Holz gibt es hier nicht. Darum verwendet man die Stämme abgestorbener Palmen, die von Hand einmal durchschnitten werden, um die Häuser abzudecken.

Sie sehen da vorne zwei merkwürdige Hügel mitten in der Oase, die aussehen, als ob sie von einem Bombenhagel zerstört wurden. An diesen Hügeln hatten sich bis vor etlichen Jahren die einfachen Bauern und Arbeiter ihre Lehmhütten gebaut, indem sie diese Palmstämme zum Abdecken der Hütten nahmen, während die darüber wohnende Familie die Abdeckung als Fundament benutzte. Da die Palmen den Reichtum der Araber bilden und selten absterben, sind sie das kostbarste Baumaterial.
Vor einigen Jahrzehnten entschied König Fuad, die einmalig schöne Oase dem Tourismus zugänglich zu machen und entsprechende Safaris zu organisieren. Zu der Zeit war Siwa durch Millionen einer gefährlichen Moskitoart so verseucht, daß niemand die Oase besuchen konnte, ohne nicht umgehend an Malaria zu erkranken. Wissenschaftler entwickelten im Auftrag König Fuads ein Insektizid, das in die Wasserkanäle gebracht wurde und die Brut vernichtete. Nach wenigen Jahren waren die Moskitos ausgerottet. — Um die Brutplätze bekämpfen zu können, mußten alle Bewohner der beiden Hügel ihre Häuser räumen und Flachhäuser in der Oase bauen. Da die Palmstämme so kostbar sind, rissen die Bewohner sie einfach heraus und verwandten sie für die Neubauten. So entstanden diese bizarren Hügel. Auf dem dritten Hügel dort hinten ließ Fuad ein Gästehaus bauen. Es wurde jedoch nie benutzt. Wir haben es behelfsmäßig als Messe eingerichtet. Hier haben wir auch Rommel und seine Begleitung bewirtet.«
Everth hatte mir viel Neues und Interessantes berichtet.

Inzwischen geht der Tag seinem Ende zu, und ein Naturschauspiel bietet sich uns: Die untergehende Sonne färbt die Steilhänge der Kattara-Senke blutrot und taucht die ganze Oase in ein grünblaues Licht. Ich bereue, keinen Fotoapparat bei mir zu haben, denn der Anblick ist überwältigend.

Am nächsten Tag mache ich meinen ersten Rundflug mit der »Ghibli«. Jetzt erkenne ich das Ausmaß der Oase, sehe die unberührten riesigen Dünen unter mir, im Norden die Steilhänge und im Osten die sich kaum abzeichnende Piste durch den ausgetrockneten Salzsee, der jetzt nicht mehr von den Kamelkarawanen begangen wird. Auch die Oase Giarabub in Libyen fliegen wir an. Noch steht die alte Moschee, die wegen ihrer Mosaikarbeiten berühmt ist und die alte Senussi-Bibliothek beherbergt hatte.

Es ist kein Leben mehr festzustellen. Die Dattelpalmen sind abgestorben, die Gärten verwahrlost, die Wasserkanäle ausgetrocknet. Die Italiener hatten unter Marschall Balbo ganze Arbeit geleistet. In den kommenden Wochen fliege ich oft mit dem symphatischen Piloten auf Erkundungstour. Eines Tages fragt er mich: »Wollen Sie einmal selber fliegen, Herr Major?«
Und ob ich will. Er legt den Steuerknüppel zu mir herum, und ich mache meine ersten Versuche. Die Maschine beginnt zu tanzen, kippt mal nach rechts, mal nach links, bis ich herausgefunden habe, mit wie wenig Ausschlag die Maschine zu dirigieren ist. Schade, ich hätte gern meinen Pilotenschein gemacht.

Im Laufe der nächsten zwei Wochen, wir haben nach wie vor keine Feindberührung, verlassen uns einige der bewährten Offiziere: Hauptmann Everth fliegt krank nach Deutschland und kommt nicht mehr zurück, von Fallois, der Adjutant meines Vorgängers, wird ersetzt. Hauptmann Kiehl führt schon seit längerem erfolgreich die »Kampfstaffel Rommel«.
Bis auf wenige der »alten Hasen«, die bis zum Schluß bleiben, kommen neue Kompaniechefs, Zugführer und Ordonnanzoffiziere. Darunter Leutnant Rüdiger von Wechmar, der Sohn meines Vorgängers und später bundesdeutsche Botschafter in London. Hauptmann Meyer wird neuer Kompaniechef, er war bis vor wenigen Jahren deutscher Botschafter in Luxemburg. Leutnant von Mutius ist neu. Ihm gelingt spater eine abenteuerliche Flucht aus Tunesien. Er lebt heute in Brasilien. Als Reserveoffizier kommt der fröhliche und immer zu Schabernak aufgelegte Oberleutnant Wenzel Lüdecke, bis dahin Regieassistent bei der UFA-Filmproduktion, heute Inhaber einer Synchronfirma in Berlin. Ihm sollte ich später viel zu verdanken haben.
Vom alten Stamm verbleiben mir Hauptmann Bangemann und — als immer ruhiger und zuverlässiger Adjutant — Oberleutnant Bernhardt.
Diesen entscheidenden Wechsel im Offizierskorps schaffen wir ohne Probleme dank des großartigen Teamgeistes und der Toleranz, die dieser ungewöhnlichen Abteilung und allen Männern innewohnt.
Nach etwa einer Woche sagt sich General Stumme bei uns an. Auch er will sich von unserem Einsatz »überzeugen«, aber wohl auch das Paradies Siwa kennenlernen.
Die Stukas (Ju 87) landen planmäßig, diesmal ohne Steilflug mit Sirenen. Mit meinem Offizierkorps begrüße ich Stumme an der Piste. Während die Flugzeugcrews zum Kleopatra-Bad gefahren werden, absolvieren wir das übliche »Besuchspro-

gramm«: Rundfahrten durch die Oase zum Bad und ehemaligen Palast der Königin, dann Besuch beim Oberscheich und Postmaster.
Allmählich kommen wir uns wie ein »Sightseeingunternehmen« vor, und das auf einem Kriegsschauplatz, auf dem die endgültige Entscheidung bevorsteht.
Aber so ist das im Krieg. Zwischen harten Einsätzen und mörderischen Gefechten gibt es Spielräume zum Abschalten, Regenerieren. Und das alles in dem Bewußtsein, es könnte der letzte Tag sein. Bei der anschließenden Lagebesprechung läßt Stumme keinen Zweifel daran, daß die entscheidende Schlacht bevorsteht.

»Nach unseren Informationen erhalten die Engländer große Mengen an Kriegsmaterial, das in Suez angelandet und dann sofort an die Front gebracht wird. Montgomery handelt wie alle englischen Truppenführer: Wenn mit Material Menschen geschont werden können, dann wird es auch gemacht.
Wir sind leider nicht in der glücklichen Lage. Der Nachschub, der uns erreicht, deckt nicht entfernt das Minimum, das wir benötigen. Die größte Sorge macht mir die fast absolute Luftüberlegenheit der Engländer, die in der deckungslosen Wüste eine tödliche Gefahr darstellt. Wir haben viel zu wenige Jäger, und die wenigen stehen zumeist noch ohne Betriebsstoff auf dem Boden.
Ich habe Rommel gerade nochmals gebeten, seinen ganzen Einfluß bei Hitler und Göring geltend zu machen, daß wir schnellstens mit Benzin, weiteren Panzern, 8,8 cm-Geschützen und Jägern versorgt werden.
Ihre Aufgabe bei der kommenden englischen Offensive wird es sein«, schließt Stumme, »unsere offene Südflanke zu schützen und Umgehungsversuche zu verhindern.«
Dann fliegt Stumme zurück.

Ich kenne ihn, meinen Divisionskommandeur im Polenfeldzug 1939, als einen energischen, temperamentvollen Menschen. Er hat, soweit ich weiß, einen zu hohen Blutdruck. Das ist gefährlich für den Einsatz in den Tropen. Dies soll sich später bewahrheiten.

Noch herrscht, es ist inzwischen Oktober 1942, Ruhe an der Front, besonders in unserer Oase. Die täglichen Flüge mit der »Ghibli« ergeben in unserem Abschnitt nichts Außergewöhnliches.
In der Oase hat die Dattelernte begonnen: Während die Männer auf die Bäume klettern und die Dattelzweige abschlagen, werden diese von den Frauen auf Esel verladen.

Noch heute habe ich das Schreien der Esel in Siwa im Ohr, wenn sie morgens durch die Palmenhaine zogen und abends schwer beladen zurückkamen. Zusätzlich zu ihrer Traglast ritten noch die Männer auf ihnen, während die Frauen nebenher gehen mußten. Patriarchalische Sitten!

Bei einem Rundgang durch den Ort sehe ich eines Tages einen Araber, der vor einem der Gärten mit einem großen Stein hantiert. »Was machst Du hier?« frage ich den Mann.
»Ich bin vom ägyptischen Landrat geschickt«, erzählt er, »der Großbauer hat seine Steuern nicht bezahlt. Nun sperre ich mit dem Stein den Zufluß des Wassers in seinen Garten. Du wirst sehen, morgen zahlt er, denn sonst verdorrt alles innerhalb von Tagen.«

So einfach ist das hier, ähnlich wie in Rußland, wo für einige Tage kein Brot zu haben war, wenn die Strafgefangenen ihr Arbeitssoll nicht erfüllten. Wir in der zivilisierten Welt machen alles so kompliziert, arbeitsaufwendig und teuer.

Etwa Mitte Oktober ist der Ramadan-Monat beendet. Das ist überall in der arabischen Welt ein Grund für große Feiern.

Die drei größten Scheichs laden mich zum »Ramadanfest« ein. Das ist eine große Ehre, wie mir der Postmaster erzählt. Er ist nicht eingeladen.

Mit einem jungen Leutnant, der gerade aus Deutschland zu uns gekommen ist, gehe ich zuerst zu den beiden kleineren Scheichs, um dann — der Rangordnung folgend — beim Oberscheich den Tag zu beenden. Zuvor warnte ich den jungen Offizier:
»Sie dürfen bei den Arabern nichts loben, denn sonst sehen sie sich gezwungen, es Ihnen zu schenken. Das ist arabische Sitte.« Sieht man vielleicht deswegen nie die Frauen?
Nachdem wir zunächst von allen Speisen etwas genippt haben, um nicht unhöflich zu sein, sparen wir uns den großen Appetit für den Oberscheich auf.
Wir werden dort am Eingang begrüßt und dann ins Innere des Hauses geführt. Hier sieht es noch prächtiger aus als damals im Innenhof.

Zu unserem größten Erstaunen kommen die kleinen Töchter des Scheichs, um uns zu begrüßen — unverhüllt sogar. Das soll das Optimale sein, was ein Araber »Nichtgläubigen« an Ehre erweisen kann. Mit großen schwarzen Augen sehen mich die Mädchen an und können sich vor Freude gar nicht fassen, als ich ihnen mitgebrachte Schokolade schenke.
Dann hocken wir uns zum Essen auf die kostbaren Teppiche, die auch die Wände bedecken. Die Frauen sind nicht zu sehen. Die Söhne bedienen uns. Da es auch hier vor Fliegen wimmelt, vertreibt einer der Söhne mir vor jedem Bissen die Fliegen mit einem Bastwedel.

In silbernen Schalen werden nun sieben Gänge mit Hammelfleisch serviert, wobei jedes Gericht anders zubereitet ist. Nach arabischer Sitte darf man keinen Gang

auslassen, also probiert man von jedem nur wenig. Zuletzt wird eine große Schüssel mit Kuskus (Hirsebrei) gereicht. Das ist für jeden Eingeweihten das Zeichen. Es ist der letzte Gang, jetzt mußt Du Dich satt essen. Als Getränk werden die köstlichsten Fruchtsäfte gereicht. Zum Schluß wird in die Mitte eine riesige, handgetriebene Silberschale mit Früchten gesetzt. »Was ist das für eine wunderschöne Schüssel?« ruft plötzlich mein junger Leutnant aus, »so eine Arbeit habe ich noch nie gesehen«.
Ich erstarre, ich hatte ihn doch vorgewarnt.
Schon bemerkt er seinen Fehler und will sich entschuldigen. Doch da nimmt der Scheich schon die Schüssel in die Hände, kippt das Obst auf den Teppich und reicht sie dem Leutnant. Der ist puterrot geworden.
»Nehmen Sie um Gotteswillen die Schüssel«, raune ich ihm zu, »sonst würde es die Sache nur noch schlimmer machen.«
»Im Namen des jungen Mannes, meiner Truppe und im Namen Rommels bedanke ich mich für das großherzige Geschenk, dessen wir nicht würdig sind. Ich hoffe, wir können uns revanchieren«, versuche ich die Situation zu retten.
Die Silberschale unter dem Arm, verabschieden wir uns mit vielen guten Wünschen, Danksagungen und Verbeugungen.

Der junge Leutnant kann noch gar nicht fassen, was passiert ist. Ich muß mir nun etwas einfallen lassen, um unsere Reputation wiederherzustellen.
Am nächsten Morgen gebe ich einen ungewöhnlichen Funkspruch an Gause ins Hauptquartier:
»Ich bin den Scheichs sehr verpflichtet, bitte mit nächstem Nachschub zwei Kisten Tee mitzuschicken.«
Gause zeigt Verständnis, und nach wenigen Tagen werden zwei Kisten besten Tees abgeworfen. Ich hatte mich an mein erstes Gespräch mit dem Scheich erinnert, in dem er erwähnte, daß der Teevorrat zu Ende gehe.
Ich fahre mit dem jungen Leutnant und den beiden Kisten zum Scheich. »Ich bin untröstlich, daß ich Ihnen unseren Dank nur mit etwas Tee zum Ausdruck bringen kann. Marschall Rommel hofft jedoch, daß Sie seine bescheidene Gabe annehmen.« Damit überreichen wir ihm die Kisten. Ich sehe das freudige Aufflackern in seinen Augen und weiß, daß dies das richtige Geschenk ist.
Damit nicht genug. Ich lade alle Scheichs ein, an einem der nächsten Tage unsere Abteilung zu besuchen.

Ich lasse um meinen Befehlswagen ein Viereck mit je 20 Meter Draht einfassen, beauftrage den Bäckereizug mit dem Backen von Kuchen und lasse am Eingang zu dem Viereck zwei 8-Rad-Wagen postieren. Alle meine Offiziere bilden Spalier, als die Scheichs eintreffen und von mir feierlich begrüßt werden.
Nach der Teestunde, unterbrochen von langen Reden und Trinksprüchen, biete ich den Scheichs einen Whisky an.

»Schade, nein, Alkohol dürfen wir als strenggläubige Araber nicht annehmen«, lehnt der Oberscheich für alle höflich ab.

»Exzellenz, Sie befinden sich hier in diesem Viereck auf exterritorialem Gebiet. Für heute erkläre ich diesen kleinen Teil als Hoheitsgebiet des Deutschen Reiches«, erwidere ich ihm. Das macht Eindruck und überwindet die letzten Hemmungen. Mit großem Genuß trinken die Scheichs nun den Scotch, den sie heimlich doch mögen.
Damit ist der Fauxpas mit der Silberschale aus der Welt.
»Die Schale kommt natürlich zur Erinnerung in unser Kasino in Deutschland«, entscheide ich. Leider bleibt sie später — wie so vieles — auf tunesischem Boden zurück.

Unsere Tage in der einmalig schönen Oase Siwa sind zweifellos gezählt. Die Nachrichten von den englischen Vorbereitungen einer Offensive häufen sich. Ich arbeite einen Plan aus, wie die rückwärtigen Teile, einschließlich des Bäckereizuges, Richtung Küste marschieren sollen, ohne vom Vorstoß der Engländer gefährdet zu sein.

Weiterhin bespreche ich mit den Kompaniechefs die zwei Möglichkeiten unseres Einsatzes: entweder über die Serpentine nach Norden oder nach Westen über die Oase Giarabub und von dort nach Norden abdrehend. Mit Benzin und Munition bin ich gut bevorratet. Alle Wasserkanister sind aufgefüllt. Wir müssen damit rechnen, daß nach der kommenden Offensive die Verwirrung so groß sein wird, daß mit Nachschub in die tiefe Wüste in den ersten Tagen nicht zu rechnen ist.

Noch einmal besuche ich die Honorationen und Scheichs. Sie wissen anscheinend, daß sich etwas Entscheidendes anbahnt. Sie alle wünschen uns den Segen Allahs. Wir hinterlassen gute Freunde.

In wenigen Tagen wird die Offensive der Engländer beginnen.

Entscheidung bei El Alamein

Die Meldungen und Informationen unseres Hauptquartiers lassen keinen Zweifel mehr aufkommen: Wir haben den »Krieg des Nachschubs« verloren.
Mit 450000 Minen und tief gestaffelt klammert sich die Afrikaarmee an der Alamein-Stellung fest.
Nach unseren Informationen verfügen die Engländer Mitte Oktober über 1 000 Panzer, darunter 400 der neuen, überlegenen »Shermans«, denen wir 600, darunter nur 234 deutsche Panzer (die italienischen waren unseren unterlegen) entgegenstellen können. 195 000 Engländern einschließlich ihren Verbündeten, die alle voll motorisiert sind, stehen etwa 60000 Mann auf unserer Seite gegenüber. Mitte Oktober erhalten wir für die nächsten elf Tage nur 44 Prozent des Minimums an Nachschub. Unsere Panzer sind lediglich für 300 Kilometer mit Benzin ausgerüstet. Zudem ist die Luftüberlegenheit des Gegners total. Unsere wenigen Jäger, die ebenfalls unter Treibstoffmangel leiden, können nicht mithalten.
Dann bricht das erwartete Inferno los.
Am 23. Oktober eröffnet Montgomery mit 1 000 Geschützen und rollenden Luftangriffen der Royal Air Force das konzentrierte Feuer auf unsere Stellungen und sprengt dabei ein Loch in unsere Minenfelder.
Meine Abteilung wird in Alarmzustand gesetzt.
»Gegenangriff mit 15. Panzerdivision für morgen vorgesehen, Rommel benachrichtigt. Sie halten sich zum Gegenangriff oder zum Schutz der Südflanke bereit«, kommt ein Funkspruch von Gause, der bei »Ultra« in Bletchley Park abgehört wird. Daß alle unsere Aktionen den Engländern sofort bekannt werden, stellt für uns eine zusätzliche Katastrophe dar.
Am nächsten Tag erhalten wir eine weitere Schreckensnachricht: General Stumme ist bei einer Fronterkundungsfahrt in einen Feuerüberfall geraten und vermutlich am Herzinfarkt gestorben. Rommel bricht sofort seine Kur ab und kehrt — noch nicht gesundet — am 25. Oktober nach Derna zurück. Das gibt unseren Leuten neuen Mut. Unser Gegenangriff schlägt nicht durch. Er bleibt im Hagel der Bomben und der erstmals von den englischen Jägern eingesetzten Raketen sowie vor einem Panzerabwehrriegel liegen. Das Afrikakorps und die italienischen Divisionen leisten harten Widerstand. Bis zum 29. Oktober gelingt es »Monty« nicht, den Durchbruch zu erzwingen, obwohl unsere Stellungen pausenlos den Angriffen der Royal Air Force und schwerem Artilleriebeschuß ausgesetzt sind.
Die Bomberverbände und Jagdflieger fliegen anscheinend friedensmäßig in Paradeformation, selbst nachts, wenn das ganze Schlachtfeld von Leuchtbomben taghell erleuchtet wird. Monty gliedert sich neu. In der Nacht vom 1. zum 2. November 1942 unternimmt er seinen entscheidenden Durchbruchsversuch. Mit starker Artillerie- und Luftwaffenunterstützung und 500 Panzern tritt er auf engstem Raum

an der Nordfront gegen die deutsche 90. leichte Afrikadivision, die angeschlagen ist, an und erreicht am Morgen nach Südwesten bei den italienischen Divisionen den Durchbruch. Die Divisionen »Littorio« und »Trieste« werden aufgerieben. Rommel zieht die im Süden stehende italienische Panzerdivision »Ariete« ab und setzt sie gegen die Einbruchstelle ein. Zur selben Zeit erhalte ich den Befehl, die Lücke zu füllen und das auf sich alleingestellte X. italienische Korps zu unterstützen. Nach dem vorbereiteten Plan ordne ich noch am 2. November an, die Versorgungsteile einschließlich des Bäckereizuges zu unserem Versorgungszentrum in der Cyrenaika zu bringen. Um die wichtige Verbindung für unseren Nachschub aufrechtzuerhalten, gebe ich ihnen einen Funk-Panzerspähwagen mit.
Vor Tagesanbruch — am 3. November — verlassen wir »unsere« Oase. Wir erreichen den Raum des X. italienischen Korps, das — mit Ausnahme von Luftangriffen — zunächst noch nicht stark angegriffen wird.

Gottlob halte ich ständigen Kontakt mit Rommels Hauptquartier. Mir wird mitgeteilt, daß Rommel in Kürze den Rückzugsbefehl geben wird, da unsere an vielen Stellen durchbrochene Front dem überlegenen Gegner und den ständigen Luftangriffen nicht mehr standhalten kann. Rommel plant, wie ich einige Tage später erfahre, unter Aufgabe der Cyrenaika Tripolitanien zu erreichen, um dort eine für uns günstige Verteidigungslinie aufzubauen. Wichtig erscheint ihm dabei, so viele Einheiten wie möglich über eine Entfernung von fast 2000 Kilometern zu retten, insbesondere die angeschlagenen, nicht motorisierten italienischen Infanteriedivisionen.
In diese Überlegungen trifft mittags ein kurzgefaßter »Führerbefehl« bei Rommel mit dem Wortlaut ein, daß es für unsere Soldaten keine andere Wahl gebe, als »zu siegen oder zu sterben«. Damit ist jeder Rückzug von höchster Stelle untersagt. Wie er mir einige Wochen danach erzählt, schwankte Rommel zwischen Pflichterfüllung, dem strikten Gehorsam zum geleisteten Eid, und der Realität an der Front, nämlich der drohenden Vernichtung der gesamten Afrikaarmee. Noch am Nachmittag des 3. November entscheidet er sich, den Führerbefehl zum Durchhalten an die Kommandeure weiterzugeben. Rommel ist zutiefst enttäuscht, gehorcht aber zunächst.
Am Morgen des 4. November treten die Engländer nach starker Artillerievorbereitung zum Angriff gegen das Afrikakorps an. Unter Einsatz von 200 Panzern, darunter vielen »Shermans«, gelingen gegen erbitterten Widerstand der uns verbliebenen 20 Panzern tiefe Einbrüche. Aber immer noch hält das Afrikakorps stand und fügt dem Gegner, überwiegend mit unseren 8,8 cm-Panzerabwehrwaffen, erhebliche Verluste zu. Während der Gegner seine Verluste kurzfristig ersetzen kann, fehlt bei uns jeglicher Nachschub von Panzern, schweren Waffen und Munition.
Dann jedoch, gegen 10.00 Uhr, treten nach erneutem starken Artilleriefeuer und rollenden Angriffen der Royal Air Force die Engländer gegen die Front des XX. italienischen Korps im Südteil des Nordflügels, bei dem wir inzwischen eingetrof-

fen sind, an. Die Italiener haben mit ihren veralteten Abwehrwaffen keine Chance, diesen Angriff zu stoppen.
Ich versuche, ihnen so gut wie möglich zu helfen, kann aber mit meinen Panzeraufklärungswagen und den ebenso schwachen Panzerabwehrgeschützen eher moralisch als effektiv Hilfe leisten.
Es ist erschütternd, mit ansehen zu müssen, wie die Panzerdivision »Ariete« (unsere treuesten Verbündeten) und die Reste der Divisionen »Trieste« sowie »Littorio« todesmutig kämpfen — auch wie Panzer (die von uns so oft verspotteten »Sardinenbüchsen«) abgeschossen werden und brennend auf dem Schlachtfeld liegenbleiben. Obwohl selbst in Kämpfe verwickelt, halte ich noch Verbindung zu dem XX. italienischen Korps, bis es fast umzingelt ist. Um 15.30 Uhr gibt der Kommandeur der »Ariete« seinen letzten Funkspruch an Rommel: »Wir sind eingeschlossen, die Panzer der ›Ariete‹ noch in Aktion.«
Am Abend ist das XX. italienische Korps vernichtet. Wir haben gute, tapfere Freunde verloren, von denen wir mehr verlangten, als sie zu geben in der Lage waren.
Durch eine 20 Kilometer breite Bresche stoßen die Engländer nummehr stürmisch vor und drohen, das im Norden verzweifelt kämpfende Afrikakorps im Süden zu umgehen. Daraufhin entschließt sich Rommel, den sofortigen Rückzug anzutreten und damit den Befehl Hitlers zu ignorieren.
Von den etwa 600 Panzern, über die die Afrikaarmee vor der englischen Offensive verfügte, stehen uns nur noch 12 Panzer zur Verfügung.
Ich erhalte den Befehl, mich vom Gegner zu lösen und zunächst einmal in den Raum zwischen Siwa und der Oase Giarabub zu verlegen, die westlich Siwa bereits auf libyschem Gebiet liegt. Der Auftrag lautet: Aufklärung nach allen Seiten und jeden Umgehungsversuch südlich der Rückzugsbewegungen zu melden beziehungsweise zu verhindern.

Am Morgen des 5. November erreiche ich einen Raum nördlich der Oasen Siwa und Giarabub, ohne mit dem Gegner in Berührung zu kommen. Weitgefächert stehen unsere Spähtrupps mit Beobachtung nach Osten, Südosten und Süden.
Schwere Regenfälle und Sandstürme setzen ein und machen viele Pisten für die nun zurückweichenden Teile der Afrikaarmee fast unpassierbar. Am nächsten Tag kommt es zu einer ersten Feindberührung mit englischen Spähtrupps, die anscheinend die südlichen Umgehungsmöglichkeiten erkunden sollen, aber leicht zurückgeworfen werden können.
Ein weit nach Osten vorfühlender Spähtrupp entdeckt am 7. November tief in der Wüste Generalmajor Ramcke, den Kommandeur der Fallschirmjägerbrigade, die am rechten Flügel der Alameinfront eingesetzt war.
General Ramcke kommt zu uns an Bord eines Spähwagens. Er sieht ausgemergelt aus und verlangt, sofort zu Rommel gebracht zu werden. Seine Fallschirmjäger — eine Elitetruppe — hatten abenteuerliche Tage hinter sich:

Nur zum Teil motorisiert, waren Ramckes Leute nach dem Durchbruch der Engländer beim XX. italienischen Korps abgeschnitten. Nach nächtlichen Überfällen auf englische Nachschubkolonnen konnte Ramcke seine Leute zu gut 50 Prozent motorisieren und begann, die schweren Waffen und Teile seiner ermüdeten Männer zu verladen, während ein großer Teil den Fußmarsch durch die Wüste nach Westen antreten mußte.
Ich übermittelte unverzüglich einen Funkspruch an Rommel: »General Ramcke ist mit 700 Mann und allen Waffen von uns entdeckt und er selbst bei mir auf dem Gefechtsstand.« Ohne Transportmittel sind seine Männer seit 3 Tagen und Nächten zu Fuß im Rückzug, wegen Benzinmangels ist die Hälfte der Fahrzeuge im Schlepp.
Rommel gibt zurück, daß er in großer Sorge wegen der Fallschirmjäger sei und sie schon fast aufgegeben habe. Ich soll den General umgehend zu ihm bringen lassen und mit verfügbaren Fahrzeugen ihm seine Männer zuführen.

Niemals vergesse ich den Anblick, als Ramckes Männer übermüdet aus der Wüste zu uns kamen. Sie hatten aus Platzgründen außer Waffen und Wasser alles zurückgelassen und waren von einer erstaunlichen Moral.

Am Morgen des 8. November erscheint Rommel auf meinem Gefechtsstand — ostwärts der ägyptisch-libyschen Grenze — und gibt mir endlich einen Überblick der Gesamtlage:
Danach ist die Afrikaarmee seit dem 4. November in vollem Rückzug auf die libysche Grenze. Das Afrikakorps stemmt sich dem energischen Vorstoß der Engländer mit letzten Kräften entgegen. Der in Benghasi angelandete Betriebsstoff kommt zu spät oder gar nicht erst zu den deutschen Panzerdivisionen, so daß einige der letzten Panzer gesprengt werden müssen.
In diesem Augenblick stehen nur 4 Panzer einsatzbereit, so daß die Abwehr hauptsächlich von den 8,8 cm-Abwehrgeschützen getragen wird.
Rommel berichtet, welche entsetzlichen Szenen sich auf der Küstenstraße abspielen: Verfolgt von englischen Panzern und unentwegt mit Bombenteppichen zugedeckt, bleiben die Fahrzeuge brennend liegen, während sich die Männer zu Fuß zu retten versuchen. Wegen dieser unüberwindbaren Hindernisse kommen die Nachschubfahrzeuge kaum noch nach vorn.
Rommels Absicht ist es, die Grenzpässe nach Libyen offenzuhalten und — dirigiert durch Offiziersposten — den Großteil der Afrikaarmee durchzuschleusen.
Ich sehe Rommel die tiefe Enttäuschung an:
»Mit dem irrsinnigen Durchhaltebefehl Hitlers haben wir einen wichtigen Tag verloren, der uns nicht wiedergutzumachende Verluste gebracht hat. Ich kann die Cyrenaika nicht halten und werde daher mit den Resten des Afrikakorps unter Oberst Bayerlein die südliche Cyrenaika trotz der Regenfälle und der Sandstürme durchqueren, um eine erste Verteidigungslinie bei Marsa el Brega (bereits Tripolitanien) aufzubauen.«

Rommel fährt fort: »Ich habe Informationen, daß die Engländer versuchen, mit Aufklärungsabteilungen und ›scout-cars‹ eine südliche Umgehung der gesamten Afrikaarmee zu erkunden und vorzubereiten. Das ist eine tödliche Gefahr. Ich werden Ihnen, Luck, daher die ›Aufklärungsgruppe Voß‹ (Panzeraufklärungsabteilungen 580 unter Major Voß und 33 unter Major Linau) zuführen. Sie sind mit den dann 3 Abteilungen somit stark genug, um jede Umgehung zu verhindern. Voß hat gestern noch bei Fuka (an der Küste) die Nachhut für die Afrikaarmee gebildet, ist dann vor der Einschließung nach Süden in die Flanke der Engländer ausgebrochen und hat dem Gegner schwere Verluste zugefügt. Ich verlasse mich auf Sie.«
Rommel scheint ungebrochen. Es ist aber unübersehbar, wie enttäuscht er ist, derartig von höchster Stelle im Stich gelassen worden zu sein. Was ist aus Rommels stolzer Afrikaarmee geworden? Wie deprimierend muß es für ihn sein, in wenigen Tagen alles aufgeben zu müssen, was einst in einmaligen Operationen erobert worden war.
Wir alle fühlen, daß wir jetzt zu »unserem Rommel« stehen müssen.

Major Voß und Major Linau erscheinen mit ihren Abteilungen, die »Panzeraufklärungsgruppe« der Afrikaarmee wird gebildet. Von Voß erfahre ich, welche entsetzlichen Szenen sich an der Küste abspielen. Fahrzeug um Fahrzeug wird von den pausenlos angreifenden Jagdbombern vernichtet. Die Männer flüchten in die Wüste, bemüht, den Anschluß an die zurückflutenden Einheiten nicht zu verlieren. »Es ist grausam«, berichtet Voß, »mit ansehen zu müssen, wie Trauben von unseren Leuten und Italienern an den wenigen, intakten Fahrzeugen hängen. Einige der verbliebenen Panzer sind im Schlepp, da das Benzin ausgegangen ist. Die Versorgungsfahrzeuge kommen gegen die zurückflutenden Massen kaum nach vorn. Am schlimmsten ist die Hilflosigkeit gegenüber der Royal Air Force, die sowohl tagsüber als auch nachts die einzige Asphaltstraße mit Bomben und Maschinengewehrfeuer belegt.«

Ich teile unser Operationsgebiet so ein, daß es von den drei Abteilungen lückenlos überwacht werden kann.
Am nächsten Tag schickt Gause uns zusätzlich einen Fieseler Storch, jenes erprobte leichte Aufklärungs- und Verbindungsflugzeug, das uns jetzt von großem Nutzen sein wird, nachdem wir die italienische »Ghibli« zurückschicken mußten. Wir bewachen den »Storch« wie unseren Augapfel: Wir haben Tarnnetze für die Zeit dabei, wenn er auf dem Boden steht. Mein Adjutant oder ich steigen täglich ein- bis zweimal mit dem Flugzeug auf, um uns einen Überblick auf das Gelände oder eventuelle Feindbewegungen zu verschaffen. Das spart Benzin für unsere Aufklärungsfahrzeuge.

Am 5. November überschreitet der Rest der einst so stolzen Afrikaarmee die Grenze nach Libyen, in vier Tagen mußte ein Gebiet von 400 Kilometern aufgegeben werden. Bis zum 24. November erreichen unsere ermüdeten, dezimierten Verbände die Marsa-el-Brega-Stellung. Unter furchtbaren Verlusten sind 1000 Kilometer zurückgelegt, die 21. Panzerdivision hat noch vier Panzer.

Am 8. November informiert mich das Hauptquartier, daß die Amerikaner in Marokko gelandet sind und die Gefahr bestehe, daß die Afrikaarmee von zwei Seiten eingeschlossen werden kann. Daraufhin sind am 9. November deutsche Luftwaffenverbände und am 11. November Fallschirmjäger in und um Tunis gelandet; folgen werden die 10. deutsche Panzerdivision sowie eine italienische Division, die 5. Panzerarmee wird gebildet.
Die Nachricht von der Landung der Amerikaner beunruhigt uns, obgleich wir noch weit von Tunesien entfernt sind. Es gibt »Gerüchte«, wonach die Franzosen mit einer Kampfgruppe vom Tschad auf dem Marsch durch die Wüste Richtung Tunesien unterwegs sind, um uns vom Süden her abzuschneiden.

Tage später teilt mir Rommels Hauptquartier mit, daß mir noch die italienische Panzeraufklärungsabteilung »Nizza« zugeführt wird.
Zunächst bin ich nicht erfreut, da ich die Bewaffnung und die Kampfmoral nicht sehr hoch einschätze. Gleichwohl belehrt mich die »Nizza« eines besseren:

Die Italiener

Da kommen sie, weit auseinandergezogen und augenscheinlich noch in normaler Kampfstärke. Ihr Kommandeur, ein blonder, hochgewachsener Major, meldet sich bei mir. Wie er mir später erzählt, ist er wegen einer »Affäre« mit einer Angehörigen des Königshauses hierher »strafversetzt« worden. Die Offiziere und Mannschaften kommen ausschließlich aus dem Norden. Es sind stolze Piemonteser und Venezianer. Sie wollen beweisen, daß sie zu kämpfen wissen.
»Dürfen unsere Patrouillen mit Ihren zusammen Feindaufklärung fahren? Denn nur so können wir am besten lernen«, werde ich vom Kommandeur und seinen Offizieren gefragt. Ich sehe mir ihre Panzerspähwagen und Waffen an: »Das sind ja Sardinenbüchsen«, meinen unsere Männer, die neugierig herumstehen. In der Tat entspricht die Ausrüstung nicht einmal annähernd dem Standard, mit dem wir den Polenfeldzug begonnen haben. Sie sind den englischen Humbers und Panzerabwehrwaffen hoffnungslos unterlegen. Trotzdem wollen sie an der Front eingesetzt werden. — Zwischen Bewunderung und Mitleid schwanken meine Empfindungen in den darauffolgenden schweren Wochen für diese tapferen Männer, die trotz großer Verluste nicht aufgeben und damit bis zum Ende unsere guten Freunde bleiben.

Wir haben unseren italienischen Verbündeten sicher oft Unrecht getan. Von unseren Männern häufig als »Spaghettiesser« verspottet, wurden sie wegen ihrer kämpferischen Leistungen eher als Ballast denn als Hilfe angesehen. Wir haben nicht bedacht, daß

- sie nicht mit den gleichen militärischen Maßstäben gemessen werden dürfen, die wir oder die Engländer anlegen,
- ihre Waffen und Panzerwagen nicht annähernd dem Standard entsprechen, die wir oder unsere Gegner in Nordafrika einsetzen,
- unsere italienischen Freunde mentalitätsmäßig wie auch aus klimatischen Gründen andere Voraussetzungen mitbringen, und sie deshalb überfordert waren.

Die Italiener haben ein fröhliches, liebenswürdiges Naturell, sie sind von anderer Mentalität als wir Deutschen. Ihnen wird nachgesagt, daß sie »arbeiten, um zu leben«, während wir vermutlich »leben, um zu arbeiten«. Es bleibt dahingestellt, welche Lebensweisheit die bessere ist. Zweifellos sind die Italiener hervorragende Techniker, Konstrukteure und Straßenbauer, sie haben der Welt die schönsten Opern geschenkt, und sie sind die besten Interpreten klassischer Musik. Die vergangene Kultur der Römer prägt auch heute noch dieses Volk, und sie hat alle anderen heutigen Kulturen beeinflußt. Charme, Fröhlichkeit und ein mediterranes Klima üben noch immer ihre Faszination auf den Besucher dieses schönen Landes aus.

Alle diese Eigenschaften und Merkmale bestimmen daher die Wesenszüge des italienischen Soldaten. Er nimmt den Krieg nicht bitterernst und beendet ihn für sich, wenn er ihn für aussichtslos hält. Hitlers pathetische, menschenverachtende Maxime, »der deutsche Soldat steht oder stirbt«, ist dem Italiener zutiefst fremd und unheimlich.

So ist es auch nicht verwunderlich, daß der Einsatz von Hunderttausenden ihrer Landsleute nicht den Rückhalt in der Heimat findet, der den Soldaten zu großen Leistungen ansporn. Oft habe ich bei kurzen Aufenthalten in Rom die beinahe nebensächliche Frage hören müssen, »ach ja, wir haben ein Expeditionskorps in Nordafrika, werden die nun bald siegen?«, um dann zur Tagesordnung übergehen zu können.

Das »dolce vita« und die Korruption sind manchen wichtiger als das Schicksal ihrer Männer in der Wüste, selbstverständlich allerdings mit Ausnahme der betroffenen Familien.

Vor diesem Hintergrund ist der Einsatz und die Leistung unserer Verbündeten zu sehen, die nicht die Erfolge bringen, die Mussolini von ihnen erwartet. Daß, wenn auch mit Einschränkungen, die italienische Flotte, die u.a. über zwei hochmoderne Schlachtschiffe verfügt, nicht in der Lage oder willens ist, unseren Nachschub sicher und ausreichend über das Mittelmeer zu geleiten, ist vor dem gleichen Hintergrund zu sehen. Um so höher bewerten wir den Einsatz der Aufklärungsabteilung »Nizza«, deren Offiziere und Mannschaften bis zum bitteren Ende tapfer neben und mit uns kämpfen.

Nachschub

Scheiterte bereits unser letzter Versuch, aus der Alamein-Stellung in Richtung Kairo–Alexandria durchzustoßen, am fehlenden Nachschub von Waffen, Munition und Benzin, so wirkt sich nun das Versorgungsproblem für den Rückzug katastrophal aus. Nicht nur, daß viele Panzer und Kampffahrzeuge im Schlepp zurückgebracht oder gesprengt werden müssen, zeitweise stehen Teile des deutschen Panzerkorps mit leeren Tanks den Angriffen der englischen Panzer und der Royal Air Force gegenüber.
Von 5 000 Tonnen Benzin, die am 18. November in Benghasi (anstatt wie gewünscht in Derna) entladen werden, schießt die Air Force 2 000 Tonnen sofort in Brand (hat da wieder »Bletchley Park« geholfen?), während die restlichen 3 000 Tonnen Benzin bewegungslos im Hafen liegen, da einerseits die Straße zur Front verstopft ist, andererseits zu wenig Transportraum zur Verfügung steht. Ein Zerstörer, der mit 500 Tonnen Benzin in Benghasi entladen soll, dreht plötzlich nach Westen in Richtung Tripolis ab. Vermutlich ist ihm die Lage zu brenzlich.
Unsere Aufklärungsabteilung ist unserem Nachschuboffizier zu großem Dank verpflichtet: Er schafft es immer wieder, das für uns lebenswichtige Benzin zu organisieren und uns durch die Wüste in kleinen Konvois zuzuführen. Ein einziges Mal gerät ein Konvoi zwischen englische Linien und wird vernichtet, wie uns der begleitende Funkspähwagen meldet, der sich dank seiner Panzerung retten kann. Das heißt für uns, Wasser zu rationieren: ein halber Liter Wasser pro Mann und Tag — das zehn Tage lang. Einen halben Liter zum Trinken, für das stets verdampfende Kühlwasser, ohne ans Waschen und Rasieren zu denken. Diese Maßnahme ist notwendig, da wir — tief in der Wüste — ohne Wasser hoffnungslos verloren wären. Trotz großer Entbehrungen überstehen wir die zehn Tage.

Freie Jagd in der Wüste

Ab 6. November operiert die Aufklärungsgruppe — numehr tief in der Wüste — zunächst von der Oase Giarabub aus, die etwa 300 Kilometer südlich in der Wüste liegt. Die Kieswüste ist hier nicht so flach wie weiter im Norden, wo sie Verbänden größere Operationen ermöglicht. Je weiter wir nach Süden kommen, desto gebirgiger wird das Gelände. Zum Teil ziehen sich Bergrücken mit vom Wind ausgewaschenen Steilhängen von Nord nach Süd und bilden so ein Hindernis, das kaum zu überwinden ist. Weiter südlich beginnt dann die Sandwüste mit ihren hohen, unpassierbaren Dünen. Langgezogene Wadis bieten Deckung und somit Schutz vor Überraschungen.
Tagsüber ist es sehr heiß und nachts so kalt, daß jeder froh ist, Mantel und Schal dabei zu haben. Immer wieder überraschen uns die Sandstürme und sintflutartigen Regengüsse.

Der Kontakt zum Gegner ist wieder vorhanden. Wir treffen auf unsere »alten Freunde«, die Royal Dragoons und 11th Hussards, mit denen wir es schon auf unserem Vorstoß auf Alamein zu tun hatten. Obwohl wir wissen, daß wir den Rückzug der Afrikaarmee Richtung Westen decken und absichern sollen, haben wir nicht das Gefühl, uns auf der Flucht zu befinden. Wir operieren nach allen Himmelsrichtungen mit der Absicht, Kontakt zum Gegner zu halten und ein klares Bild über seine Absichten zu bekommen. Gefangene müssen gemacht werden, um von ihnen etwas über die Pläne des Gegners zu erfahren.
Unsere Panzerspähtrupps entwickeln ihre »Netztaktik«: Bei einer Sichtweite in flachem Gelände von mehr als 15 Kilometern bilden unsere sehr schnellen 8-Rad-Wagen einen großen Kreis, in den sie die englischen Humbers und »scout-cars« hereinlocken, um das Netz von zwei Seiten zu schließen. Meistens glückt diese Taktik, manchmal verlieren wir einzelne Spähwagen durch die stärkere Kanone der Humbers.
Die ersten Gefangenen werden zu mir gebracht. Einige begrüßen mich: »Glad to meet you again, Recces.« Offenbar bewahren sich die Engländer ihren Humor in allen Lebenslagen. Nach den üblichen »small talks« wissen wir, daß die beiden englischen Abteilungen hauptsächlich verhindern sollen, daß wir versuchen, durch einen Angriff aus der tiefen Wüste die Nachschubwege Montgomerys zu unterbrechen.
Viel interessanter ist jedoch die Aussage eines jungen Offiziers, die ausgesprochen zu haben er sofort bedauert. Die Long Range Desert Group unter Major Stirling hat den Auftrag, weiter südlich durch das Bergland einen Weg für eine komplette englische Panzerdivision zu finden. Von da ab beginnt die »Jagd auf Stirling«, wie wir sie nennen. Manchmal finden wir Fahrzeugspuren, die nur von seinen »scout cars« kommen können. Aber immer wieder kann sich diese clevere Einheit unserem Zugriff entziehen. Einige Wochen später gelingt es einem Spähtrupp, ein Kommandofahrzeug der Long Range Desert Group zu schnappen, das sich verfahren hat. Im Fahrzeug erbeuten wir eine Karte, die den genauen Weg über eine Bergkette eingezeichnet hat, über den eine volle englische Panzerdivision versuchen kann, unsere Auffangstellungen an der Küste weit zu umgehen. Dank dieser Karte kann Rommel Teile des Afrikakorps aus der drohenden Umklammerung retten.
Mit der Zeit kennen wir die Namen der Kommandeure der beiden englischen Aufklärungsabteilungen. Auch ich werde oft von Gefangenen angesprochen: »Sie sind Major von Luck, wir hätten Sie gern geschnappt.«
Während die Afrikaarmee an der Küste und dann quer durch die Cyrenaika mit letztem Einsatz einen geordneten Rückzugskampf führt, dabei besonders unter den laufenden Luftangriffen zu leiden hat, können wir, die vier Abteilungen, unbehelligt von Panzer- und Luftangriffen, drei Wochen lang frei operieren.

Fairness

Wir entwickeln schnell eine gewisse Routine: Gegen 17.00 Uhr brechen die Aufklärungstrupps ihre Operationen ab, um rechtzeitig vor dem Dunkelwerden die Basis zu erreichen, die in Form einer Wagenburg vor Überraschungsangriffen schützen soll. Es ist unmöglich, in der baum- und orientierungslosen Wüste bei Dunkelheit zur Basis zurückzufinden. Um uns nicht zu verraten, werden Leuchtzeichen nur im Notfall gegeben. Die beiden englischen Abteilungen verfahren ähnlich, so daß ab 17.00 Uhr jede Aufklärungs- und Kampftätigkeit eingestellt und am nächsten Morgen bei Helligkeit erneut aufgenommen wird.
»Eigentlich können wir mit den Engländern Waffenruhe von 17.00 Uhr bis zum anderen Morgen vereinbaren«, meine ich mehr scherzhaft zu meiner Umgebung.
»Warum nicht«, unterstützt mich der humorvolle Leutnant Wenzel Lüdecke, der Reserveoffizier, der von der UFA kommt. »Die Engländer haben doch Sinn für Humor«, fährt er fort, »wir sollten ihnen den Vorschlag unterbeiten.« Der Zufall hilft uns: Eines Abends, alle Patrouillen sind zurück, kommt mein Nachrichtenoffizier zu mir: »Die Royal Dragoons sind am Funkgerät und möchten Sie an den Apparat haben.« — »Hallo, here are the Royal Dragoons. Es ist zwar ungewöhnlich, mit Ihnen Funkverkehr aufzunehmen, aber wir vermissen seit heute abend Leutnant Smith mit seinem Scout-Spähtrupp. Ist er bei Ihnen und wenn ja, wie geht es ihm und seinen Leuten?«
Einem Spähtrupp ist es tatsächlich gelungen, Gefangene zu machen. Es stellt sich heraus, daß es sich um besagten Leutnant handelt. »Ja, er ist bei uns, alle Mann sind unverletzt und lassen ihre Angehörigen und Kameraden grüßen.« Dann kommt der »Gedankenblitz«:
»Können wir Sie oder die 11th Hussards auch ansprechen, falls wir jemanden vermissen?«
»Sure, your calls are always welcome.«
Es dauert nur ein paar Tage, bis wir ein »gentlement agreement« abgeschlossen haben:
- Strikt 17.00 Uhr werden alle Feindseligkeiten eingestellt, wir nennen es »tea-time«;
- um 17.05 nehmen wir unverschlüsselt Kontakt mit den Engländern auf, um »Neuigkeiten« über Gefangene etc. auszutauschen.

In der Tat können wir oft auf eine Entfernung von etwa 15 Kilometern sehen, wie die Engländer ihre Primuskocher herausholen und ihren Tee kochen. Das »agreement« wird von beiden Seiten eingehalten, bis wir in Tunesien aufgrund der Ereignisse die Verbindung aufgeben müssen. Gefangene, die wir machen, müssen oftmals mehrere Tage bei uns bleiben, bis der nächste Versorgungskonvoi eintrifft und sie mitnehmen kann. Wir geben ihnen von unserer Ration ab, was wir entbehren können.

Eines Abends, als unsere Funkstellen wiederum den Sender Belgrad einschalten, und wir das »Lied von Lilli Marleen« hören, stimmen einige Gefangene mit ein. »Wir hören drüben jeden Abend Lilli Marleen, es gibt schon eine englische Fassung. Monty hat es streng verboten, aber wir lieben dieses Lied und seinen sentimentalen Text.«
Auch die Franzosen und Amerikaner hören das Lied, wie wir später erfahren. Irgendwie macht es die Dinge leichter.

Unser »five o'clock tea agreement« hat einige bemerkenswerte Ergebnisse:
An einem Abend bringt ein Spähtrupp einen einzelnen Jeep mit, den er in der Wüste aufgegriffen hat. Ein junger, großer, blonder Leutnant und sein Fahrer werden zu mir gebracht. Der Leutnant ist der Typ des »snobistischen, arroganten« Engländers. Korrekt gibt er mir lediglich seine Militärnummer, sonst keine Einzelheiten.
Ich versuche, mit ihm ins Gespräch zu kommen und erzähle von meinen Besuchen in London, meinen Freunden, darunter dem Captain der Grenadier Guards. Langsam taut er auf und entpuppt sich als Neffe eines Inhabers der Player's Zigarettenfabrik. Meine Offiziere tuscheln mir etwas zu, ich muß lachen: »Leutnant, was halten Sie davon, wenn wir Sie und Ihren Fahrer gegen Zigaretten eintauschen? Wir sind momentan sehr knapp.«
»Gute Idee«, meint er.
»Wie viele Zigaretten sind Sie wert, was soll ich Ihrem Kommandeur vorschlagen?«
Ohne Zögern kommt seine Antwort: »Eine Million Zigaretten, das sind 100 000 Päckchen.« — Mein Funkoffizier stellt die Verbindung zu den Royal Dragoons her, und ich gebe unseren Vorschlag durch.
»Bitte warten Sie, wir kommen gleich zurück«, ist die Antwort. Nach wenigen Minuten: »Sorry, wir sind selber etwas knapp, wir können 600 000 Zigaretten anbieten, bitte kommen.« Zu meinem größten Erstaunen bekomme ich von dem jungen Leutnant eine glatte Absage: »Nicht eine einzige Zigarette weniger als eine Million, basta«, ist seine Antwort. So muß dieser junge Mann seine mehr als sportliche Haltung mit der Gefangenschaft bezahlen.

Eine Woche später verschwindet unser Doktor kurz vor Dunkelheit zu dem obligaten »Spatengang« hinter einer Anhöhe. »Doktor, gehen Sie nicht zu weit, es ist bald dunkel«, rufe ich ihm zu. Er scheint mich nicht zu hören und geht weiter.
Als er nach einer halben Stunde nicht zurück ist, werden wir unruhig. Der Doktor ist nicht nur sehr beliebt, er ist mit seiner Tropenerfahrung für uns lebensnotwendig. Wir schicken ein paar Leute aus und schießen die verabredeten Leuchtsignale. Der Doktor bleibt verschwunden. Hat er sich verirrt oder ist er von den Engländern geschnappt worden?
Als wir ihn am nächsten Tag nicht finden, entschließe ich mich, die Engländer zu fragen.

»Ja, wir haben Euren Doktor, er ist direkt in unsere zurückfahrenden Spähtrupps gelaufen. Diesmal haben wir einen Vorschlag: Die Japaner haben die Verbindung nach Fernost abgeschnitten. Wir bekommen kein Chinin mehr und leiden stark unter Malaria. Können wir Euren Doktor gegen Euer künstlich hergestelltes Atebrin tauschen? ... Bitte kommen.«
»Warten Sie«, gebe ich zurück. Jetzt stellt sich die Gewissensfrage: Was ist wichtiger, die Kampfkraft der Engländer durch die Malaria zu schwächen oder unseren Doktor zurückzubekommen? Ich entscheide mich schnell:
»O.k., wir machen das Geschäft. Wieviel Packungen wollen Sie für den Doktor?«
Wir einigen uns sogleich auf eine für uns entbehrliche Menge und verabreden den Tausch für den nächsten Morgen. Je ein Jeep mit weißer Flagge fährt zwischen die Linien zur feierlichen Übergabe.
»Ein teurer Spatengang, Doktor. Gut, daß Sie wieder da sind.« Rommel, dem ich bei einem seiner Besuche bei uns davon erzähle, hat Verständnis: »So schätze ich die Engländer ein. Ich freue mich, daß Sie hier in der Wüste diese Fairness praktizieren können, an der Küste gilt es nur noch zu überleben.«

Lediglich ein einziges Mal wird unbeabsichtigt unser »agreement« verletzt:
Eines Abends kommt ein Spähtrupp vom Einsatz mit einem englischen Versorgungslastwagen zur Basis.
Der Führer ist ein junger Leutnant, der erst kürzlich aus Deutschland zu uns gestoßen ist. Stolz berichtet er:
»Herr Major, der Lastwagen ist voll geladen mit Corned Beef, anderen Konserven, Bier und Zigaretten.«
»Wann und wo haben Sie ihn erbeutet?« ist meine erste Frage. Es stellt sich heraus, daß er den Wagen gegen 17.30 Uhr erbeutet hat, also *nach* der vereinbarten Zeit.
»Sind Sie wahnsinnig, Sie kennen die Abmachung, das wird Folgen haben.« Der Leutnant ist erstaunt: »Aber das sind doch Dinge, die wir gut gebrauchen können und die den Engländern fehlen werden. Krieg ist Krieg.«
Ich ahne, was passieren wird. Sofort setze ich einen Funkspruch an Rommel ab: »Habe Eindruck, daß englische Spähtrupps uns südlich umgehen wollen. Schlage vor, nach Süden zu verlegen.«
Rommel ist einverstanden und gibt durch, daß am nächsten Tag eine andere kleine Einheit meine Position übernehmen wird. Ich weise den Einheitsführer in die Lage bei mir ein und warne ihn ausdrücklich vor englischen Spähtrupps, die plötzlich auftauchen und versuchen, bei uns Gefangene zu machen. Am Nachmittag verlege ich nach Süden. Was ich vermutete, tritt prompt ein:
Am Abend gegen 17.30 Uhr überfällt ein englischer Kampftrupp diese Einheit, erbeutet *zwei* Lastwagen und verschwindet in der Dunkelheit. »Gentleman agreement« ist eben »gentleman agreement«.
Das Ende unseres »agreements« kommt später irgendwo in der tiefen Wüste Tunesiens:

Für einige Tage hatten wir die Verbindung zu den beiden englischen Abteilungen verloren. Eine Ordonnanz kommt eines Abends in meinen Befehlswagen. »Da ist ein Beduine, der Sie sprechen will, Herr Major.« Mit einer tiefen Verbeugung tritt er ein: »Salem, ich habe einen Brief für Sie, ich warte auf Antwort.«
Ein Beduine mit einem Brief, hier tief in der Wüste, wo niemand uns eigentlich finden könnte? Die Beduinen wissen anscheinend immer, wo wir sind. Ich öffne den Brief:

»Royal Dragoons
Der Kommandant
Lieber Major von Luck,
wir hatten andere Aufgaben, konnten daher die Verbindung zu Ihnen nicht halten. Der Krieg in Afrika ist entschieden, bedauerlicherweise nicht zu Ihren Gunsten. Ich möchte daher Ihnen und allen Ihren Leuten im Namen meiner Offiziere und Mannschaften für das Fairplay danken, mit dem wir auf beiden Seiten miteinander gekämpft haben.
Ich und meine Abteilungen wünschen Ihnen allen, daß Sie heil aus dem Krieg zurückkehren und wir einmal die Möglichkeit finden, uns unter besseren Bedingungen wiederzusehen.
Hochachtungsvoll...

Ich war tief beeindruckt. Ebenso meine Leute, denen ich das Schreiben vorlas. Eine wahrhaft einmalige Geste der Achtung vor dem Gegner.
Ich setze mich an den Tisch und verfasse ein ähnliches Schreiben an die Royal Dragoons.
»Geben Sie diesen Brief dem Mann, von dem Sie das Schreiben an mich erhalten haben. Sagen Sie ihm many thanks, aber verraten Sie nicht, wo Sie uns gefunden haben.«
Mit einer tiefen Verbeugung wendet sich der Beduine zum Gehen.

Rommels Prophezeiung

Schwere Regenfälle setzen ein und machen den englischen Vormarsch und den Nachschub so schwierig, daß Monty eine Atempause einlegt, die uns etwas Luft gibt, um die Marsa-el-Brega-Stellung auszubauen.

Nicht nur für uns, auch für die beiden englischen Abteilungen sind die sintflutartigen Regengüsse ein Hindernis. Wir können die Wadis nicht benutzen, die uns Deckung geben, denn meterhohe Sturzbäche reißen alles mit.
Wir stehen jetzt südlich Agedabia, fast an der Grenze der Cyrenaika zu Tripolitanien.

Am 20. November erreicht mich der Befehl, mit dem »Fieseler« zu Rommel zu kommen, der für kurze Zeit sein Hauptquartier in der Nähe eines Flugplatzes hat.

Rommel sieht erschöpft aus. Die harten Rückzugskämpfe, die tiefe Enttäuschung und seine noch nicht ausgeheilte Krankheit haben ihn gezeichnet. Er begrüßt mich kurz. Anstatt mir neue Befehle zu geben, deretwegen ich zu ihm geflogen bin, nimmt Rommel meinen Arm: »Kommen Sie, wir machen einen kleinen Spaziergang.« General Gause nickt mir zu, anscheinend froh, Rommel etwas ablenken zu können. Wir wandern am Rand des Feldflugplatzes entlang.
»Ich weiß nicht mehr, wie ich mit den Nachschubproblemen fertigwerden soll«, beginnt Rommel. »Vor einigen Tagen ist ein italienischer Zerstörer mit 500 Tonnen Benzin abgedreht und entlädt in Tripolis anstatt hier in Benghasi. Kesselring (Generalfeldmarschall der Luftwaffe und Oberbefehlshaber Süd) hat mir jetzt Benzin über eine Luftbrücke zugesagt. Die ersten 50 Ju 52 sind auf dem Weg hierher.«

In der Ferne hören wir das Brummen von Motoren, jedoch auch das Knattern von Bordkanonen. Von den 50 Maschinen landen kurz darauf gerade noch fünf, die restlichen sind über dem Meer abgeschossen worden. Wie haben die Engländer das wissen können? Ist hier wieder »Bletchley Park« am Werk gewesen? Rommel ist tief enttäuscht, er stampft mit den Füßen. »Luck, das ist das Ende! Wir können auch Tripolitanien nicht halten, müssen auf Tunesien zurückweichen. Dort treffen wir dann zusätzlich auf Amerikaner und womöglich auf Franzosen, die angeblich mit einer Kampfgruppe vom Tschad durch die Wüste auf Südtunesien marschieren.

Was ich schon vor Wochen befürchtete, wird eintreten: Unsere stolze Afrikaarmee und die neuen Divisionen, die im Norden Tunesiens gelandet sind, sind verloren. Erst der Verlust von Stalingrad mit 200 000 kampferprobten Männern, jetzt verlieren wir auch Afrika mit Elitedivisionen.«
Ich bin zutiefst beeindruckt:
»Herr Feldmarschall, wir haben doch noch Chancen, die Männer halten zu Ihnen, die Moral ist erstklassig. Wenn wir genügend Nachschub erhalten, müssen wir es schaffen.«
Rommel lächelt: »Ich weiß, und ich bin stolz auf die Männer. Aber den Nachschub werden wir nicht bekommen. Hitlers Hauptquartier hat diesen Kriegsschauplatz schon abgeschrieben. Er verlangt nur noch, daß der ›deutsche Soldat kämpft oder stirbt‹. Notwendig ist es, ein ›deutsches Dünkirchen‹ zu schaffen; das bedeutet, so viele Offiziere, Männer und Spezialisten wie möglich nach Sizilien unter Zurücklassung des Materials auszufliegen. Wir brauchen die Männer im entscheidenden Kampf um Europa.«
Ich wende ein: »Wie wollen Sie das bei Hitler erreichen?«
»Ich werde nach Rücksprache mit Kesselring und den Italienern zu Hitler nach Rastenburg (Ostpreußen) fliegen und ihm meine Meinung unmißverständlich klar-

machen. Noch gilt mein Wort, noch werde ich im Volk und bei meiner Truppe respektiert. Ich glaube nicht mehr, daß wir das Notwendige an weiteren Divisionen, Flugzeugen und Nachschub erhalten, um das Rad noch einmal zu drehen. Luck, dieser Krieg in Nordafrika ist verloren!«

Ich bin entsetzt. Sollte alles vergebens gewesen sein? »Noch stehen wir tief in Rußland, halb Europa ist von uns besetzt. So bitter der Verlust Nordafrikas auch sein wird, wir können den Kampf in Europa fortsetzen und eine Wende herbeiführen«, werfe ich ein.

»Luck, wir müssen um einen Waffenstillstand nachsuchen, gerade, weil wir noch so viele Faustpfänder in der Hand haben. Möglichst einen Waffenstillstand mit den Westalliierten. Noch haben wir etwas anzubieten. Das setzt allerdings voraus:

- Hitler muß zum Abdanken gezwungen werden,
- wir müssen die Judenverfolgung unverzüglich aufgeben und Konzessionen an die Kirche machen.

Das mag utopisch klingen, ist aber der einzige Weg, weiteres Blutvergießen und noch mehr Zerstörungen in unseren Städten zu vermeiden.«

Was hat Rommel zu dieser völligen Umkehr seiner Einstellung zu Hitler und dem Krieg veranlaßt? Sicherlich die große Enttäuschung, allein gelassen worden zu sein, die Mißachtung seiner Ideen und der Wichtigkeit dieses Kriegsschauplatzes. Wir gehen langsam zum Hauptquartier zurück. Noch einmal nimmt Rommel meinen Arm:

»Luck, Sie werden eines Tages an meine Worte denken. Die Gefahr für Europa und unsere Zivilisation kommt aus dem Osten. Wenn sich die europäischen Völker nicht zusammenschließen, um dieser Gefahr zu begegnen, wird das westliche Europa verspielt haben. Zur Zeit sehe ich nur einen ›Degen‹, der sich für ein vereintes Europa einsetzt: Churchill!« Ich bin tief beeindruckt von den Worten Rommels. Welch ein Weitblick, welch ein Wandel!

Zurück im Gefechtsstand erhalte ich neue Befehle für den weiteren Rückzug und den Schutz der Südflanke.

Wie mir General Gause Anfang Dezember mitteilt, hatte Rommel eine entscheidende Besprechung mit den Marschällen Kesselring und Cavallero am 24. November. Am 28. November fliegt er nach Rastenburg zu Hitler. Das entscheidende Treffen hat, anders als Rommel es sich erwünscht hat, eine gegenteilige Wirkung. Hitler hält Rommel für krank und verbraucht und seinen Lagebericht für weit übertrieben.

Hitler scheint Rommel fallen zu lassen. Göring spielt sich in den Vordergrund und verspricht Hitler, mit seiner Luftwaffe dem Krieg in Nordafrika die entscheidende Wende zu geben. Göring ist böse auf Rommel, nachdem dieser geäußert hat, die Divisionen Görings und der Waffen-SS seien nur »Prätorianergarden« und gehörten dem Heer eingeordnet. Da Rommel keine Unterstützung mehr von Hitler erwarten kann, ist somit der Krieg in Nordafrika bereits vorzeitig entschieden.

Rommel kehrt zu »seinen« Männern zurück, obgleich ihm nahegelegt wurde, seine Tropenkrankheit zu kurieren.
Rommels Prophezeiung wird, wie sich später herausstellt, bittere Wirklichkeit.

Aufgabe Libyens

Am 13. November wird Tobruk nach Zerstörung aller Anlagen und Vorräte kampflos von den Engländern genommen. Viel Blut ist hier auf beiden Seiten während der letzten 18 Monate geflossen.
Der Rückmarsch durch die südliche Cyrenaika war ein Meisterstück Rommels. Viel Material ging verloren, sonst hatten wir kaum Verluste.
Das Benzinproblem wurde immer kritischer: Von den versprochenen 250 Tonnen Benzin mit Lufttransport waren nur 60 Tonnen eingetroffen. Wir konnten damit gerade 150 Kilometer fahren und durften uns nicht auf Kämpfe einlassen. Einsetzender starker Regen hinderte auch die Engländer, energisch nachzustoßen. Italienische Zerstörer mit Benzin an Bord drehten nach Westen ab, wieder liegt das Afrikakorps ohne Benzin bewegungslos fest. Mit letzten Reserven gelingt es, die Panzerverbände hinter die Marsa-el-Brega-Stellung zu verlegen. — General Gause gibt durch, daß ein starker englischer Geleitzug nördlich Derna Richtung Westen gesichtet ist. Wollen die Engländer in unserem Rücken landen und uns so einkesseln? Rommel rechnet mit einem starken Umfassungsangriff, südlich um den Salzsee bei Marsa el Brega herum. Ich soll in diesem Raum verstärkt aufklären. Gleichzeitig wird meine Aufklärungsgruppe aufgelöst, die beiden Abteilungen Voß und Linau werden dem Afrikakorps zugeführt. Nur die »Nizza« bleibt noch bei uns.
Wieder meldet sich Gause: »Aus Benzinmangel können wir uns nicht auf einen Kampf mit den Engländern bei und südlich Marsa el Brega einlassen. Alles deutet auf einen starken englischen Angriff hin.«
Mit großen Anstrengungen werden ein paar Benzintransporte von Tripolis organisiert. Rommel entschließt sich, die Marsa-el-Brega-Stellung heimlich aufzugeben und die Reste des Afrikakorps in den Raum westlich Nofilia, 150 Kilometer weiter nordwestlich an der Syrte, zu verlegen. Dort soll das Afrikakorps eine Verteidigungsstellung aufbauen, dahinter bewegliche deutsche und italienische gepanzerte Restverbände, um einen Umfassungsangriff der Engländer aufzufangen.
»Mit Ihrer Aufklärungsabteilung sichern Sie den Süden ab und melden jeden Versuch, uns südlich zu umgehen«, befiehlt Gause.
Nach starker Artillerie- und Luftwaffenvorbereitung tritt der Engländer südlich Marsa el Brega zum Umgehungsangriff an und ... stößt ins Leere!

Seit dem 6. Dezember werden die nichtmotorisierten deutschen und italienischen Teile nach Tunesien verlegt, was wegen des Benzinmangels nicht einfach ist.
Das Nachschubproblem wird immer kritischer.

Ich bewundere unseren Versorgungsoffizier, der es immer wieder schafft, uns das lebenswichtige Benzin und Wasser zu bringen. Er berichtet immer wieder über die Versenkung von italienischen Zerstörern und kleinen Transportschiffen, die Mitte Dezember an einem Tag über 3 500 Tonnen betragen. Wahrscheinlich werden wir etwas bevorzugt, denn ohne Benzin und Wasser in der tiefen Wüste gibt es nur noch eine Alternative: Gefangennahme oder Verdursten.
Immer wieder bleiben ganze Divisionen oder Teile bewegungslos liegen. Nur der großen Kampferfahrung und der überragenden Moral ist es zu verdanken, daß es irgendwie immer wieder gelingt, sich aus der Umklammerung zu lösen, sobald etwas Benzin organisiert werden kann.
Den »Fieseler Storch« muß ich wieder abgeben, er wird im Hauptquartier benötigt. Dadurch wird das Überraschungsmoment einer Umgehung erheblich größer, ich muß das Netz der Spähtrupps viel enger ziehen. Gottseidank verdichtet sich unsere Luftaufklärung nach Süden. Dabei kommt es vor, daß wir von eigenen Jägern angegriffen werden, die uns so tief im Süden nicht vermuten. Bei Luftangriffen müssen alle ihre Fahrzeuge verlassen und sich 20 bis 30 Meter entfernt flach in die Wüste legen. Oft bleibt dabei der Funker freiwillig am Gerät, um unsere Meldungen abzusetzen.
Die Engländer haben sich nach dem »Stoß ins Leere« bei Marsa el Brega neu formiert und bereiten einen Angriff auf die provisorisch besetzte Nofilia-Stellung vor, hinter der die gepanzerten Rest-Teile der Afrikaarmee sich zu einem Gegenstoß bereitstellen. — Da meldet die Luftaufklärung, daß weiter südlich eine starke Kolonne, wahrscheinlich eine komplette englische Panzerdivision, zur Umgehung der Nofilia-Stellung ansetzt. Am 17. Dezember wird meine Abteilung nach Norden befohlen und tritt mit Teilen des Afrikakorps zum Angriff in die Flanke dieser Division an. Gemeinsam können wir 20 englische Panzer abschießen und die Gefahr zunächst bannen.
Rommel weiß, wie wir alle, daß auch die Nofilia-Stellung nicht zu halten ist. Er bereitet mit Italienern die nächste Stellung bei Buerat vor, bereits am Westrand der Großen Syrte, nur noch 200 Kilometer von Tripolis entfernt. Er läßt mehrere Scheinstellungen anlegen, hauptsächlich mit 8,8 cm-Panzerabwehrattrappen, auf die die Engländer prompt hereinfallen werden.

Während sich an der Küste die Reste der Afrikaarmee ihrer Haut wehren und ständig unter Benzinmangel leiden, kehren wir wieder in die Wüste zurück. Zu groß bleibt die Gefahr eines neuen Umgehungsversuchs.
Südlich der Bueratstellung treffen wir wieder auf unsere englischen »Freunde«, das alte Zeremoniell des »five o'clock-agreements« wird wieder aufgenommen. Aber auch auf Spuren der Long Range Desert Group stoßen wir, Spuren, die nach Westen führen, deuten auf die Tätigkeit des sagenumwobenen Oberstleutnants Stirling.
General Gause gibt durch, daß die Engländer anscheinend eine Pause einlegen, da sie die nun schon sehr langen Nachschubwege neu organisieren müssen. Die Bue-

ratstellung sei so gut wie möglich zur Verteidigung ausgebaut, aber man erwarte erneut einen Umgehungsangriff. Auftrag für uns: bis südlich Homs – Tripolis verstärkt aufzuklären. Besonderes Augenmerk auf einen fast unüberwindlichen Nord-Süd-Höhenzug zwischen Homs und Tripolis.

An einem Nachmittag kurz vor Weihnachten gegen 16.00 Uhr, entschließe ich mich, auf eine Anhöhe etwa 12 km südlich zu fahren in der Hoffnung, von dort einen guten Überblick zu haben. Leichtsinnigerweise nehme ich einen leichten Panzerspähwagen ohne (!) Funk, ich beabsichtige ja, bis 17.00 Uhr zurück zu sein.
Ich kann nichts Ungewöhnliches feststellen und trete die Rückfahrt an, als ich genau zwischen mir und meiner Abteilung einen größeren englischen Spähtrupp entdecke, der sich dort anscheinend für die Nacht einrichten will. Glücklicherweise werde ich nicht endeckt und weiche sofort etwas nach Süden und dann nach Westen aus. Das Gelände ist schwierig, ich brauche viel Zeit, um mich von den Engländern abzusetzen. Darüber wird es dunkel, und es gibt keine Chance, zu meiner Abteilung zu kommen.
Da stehe ich nun, ohne Funkgerät, aber immerhin mit meinem Kompaß. Im letzten Tageslicht sehe ich ein Wadi, in dem ich mich während der Nacht verstecken will. Als ich an den Rand des Wadis komme, entdecke ich eine Beduinenfamilie mit mehreren Zelten und ihren Kamelen. Mit einem weißen Tuch fahre ich auf die Beduinen zu, die nun alle zusammenlaufen, und gebe mich als Deutscher zu erkennen. Mit einem Kauderwelsch von Italienisch-Arabisch schildere ich meine Situation und bitte um Gastfreundschaft für die Nacht.
»Kommen Sie, Deutscher, Sie sind unser Gast. Es wird Ihnen nichts passieren und Sie werden morgen heil zu Ihren Leuten geleitet werden. Wir brechen morgen auch auf nach Süden, bis Ihr und die Engländer verschwunden seid.«
Wie immer bleiben die Frauen in den Zelten, wagen nur verstohlene Blicke auf die Fremden. Der Familienälteste geleitet uns zum Feuerplatz, um den herum wir uns hocken. Mit Kameldornbuschholz wird ein niedriges Feuer unterhalten, über dem drei Kessel an Eisengabeln hängen. Dann beginnt das Zeremoniell der arabischen Teestunde.
In einem Kessel wird Zuckerwasser gekocht, im anderen kochendes Wasser über Teeblätter gegossen, im dritten Kessel dann Tee- und Zuckerwasser vermischt. Die Prozedur wiederholt sich laufend, bis zum Schluß ein starker, fast zähflüssiger Tee in eine Teekanne gefüllt wird. Kleine Porzellanschalen in Messingbechern werden gereicht, gefolgt vom erstaunlichsten dieser feierlichen Handlung:
Der Familienälteste nimmt der Reihe nach die Porzellanschalen, hält die Tülle der Kanne dicht über sie und zieht beim Eingießen die Kanne steil in die Höhe, so daß der Strahl schließlich aus über einem Meter Höhe in die Tasse fließt, ohne daß ein einziger Tropfen daneben geht. Man sagt mir später, daß sich so der Tee mit Luft vermischt und das ganze Aroma des Tees herauskommt. Angeblich soll es der Stolz der Beduinen sein, vom Rücken eines Kamels genau in die Tasse einzugießen.

Da sitzen wir nun zusammen, die Beduinenfamilie, mein Fahrer und ich. Inzwischen ist es Nacht, der ganze Himmel ist von Sternen bedeckt, man erkennt das »Kreuz des Südens«. Eine unheimlich, wohltuende Stille umgibt uns. Ohne viel zu reden, sitzen die Männer in ihren Burnussen um das glimmende Feuer, das ihre Gesichter in ein rötliches Braun verwandelt.
Ich habe plötzlich das Gefühl, daß wir auch vor Tausenden von Jahren oder in tausend Jahren hier sitzen könnten, so zeitlos kommt es uns vor. Für ein paar Stunden hüllen wir uns in unsere Mäntel, die Nacht ist kühl. Kurz vor Sonnenaufgang brechen die Beduinen ihre Zelte ab. Der älteste kommt zu mir, um sich zu verabschieden.
»Deutscher, wir ziehen jetzt weiter, zur nächsten Wasserstelle. Du mußt jetzt drei Stunden (Kamelstunden) auf diesem Kamelpfad hier fahren, dann findest Du einen anderen Pfad, der nach rechts abgeht. Den fährst Du fünf Stunden, bis Du zu einer Höhe kommst. Von dort siehst Du Deine Freunde. Die Engländer werden Dich nicht sehen. Wir wünschen Dir Allahs Segen, daß Ihr gesund in Euer Land zurückkommt.«
Ein Händedruck und er zieht mit seinen Kamelen in die Wüste.
Ich habe nie begriffen, woher der Mann so genau unsere und die Positionen der Engländer kannte.

Ich rechne die Kamelstunden in »Spähwagenstunden« um, nehme die Kompaßzahlen und fahre vorsichtig auf den mir genannten Kamelpfaden und ... treffe genau auf meine Abteilung!
Dort hatte helle Aufregung geherrscht. Man hatte kurz vor Dunkelwerden noch Spähtrupps losgeschickt, die nur mit Leuchtsignalen zur Abteilung zurückfanden, ohne mich zu finden. Schließlich hatte man bei der Royal Dragoons und 11th Hussards angefragt, ob sie mich gefangengenommen hätten. »Sorry, leider nein, wir hätten Ihren Kommandeur gern bei uns begrüßt.«

Weihnachten 1942. Wir haben keine Zeit, das Fest zu feiern. Wie auch? Tief in der Wüste, ohne Baum und Strauch und mit der Hitze am Tag gehen unsere Gedanken in die Heimat, wo unsere Angehörigen unter Bombenangriffen und Lebensmittelrationierung zu leiden haben.
Die englische Aufklärung verstärkt sich im Süden. Alles deutet auf einen Vorstoß südlich Sirte auf Homs und Tripolis hin.
Am 25. Dezember, auch die Engländer nehmen sich nicht die Zeit zum Feiern, treten sie südlich Sirte gegen die Bueratstellung an, um uns zu binden. Mit einer starken Kampfgruppe stoßen sie weiter südlich nach Westen vor. Größte Gefahr, denn wir haben zu wenig Munition und Benzin, um uns auf große Operationen einzulassen.
Plötzlich stoppen die Engländer ihren Vormarsch, sie haben anscheinend Versorgungsprobleme.

Das gibt uns Luft, alle noch kampfkräftigen Teile der Afrikaarmee erreichen bis Ende des Jahres die Bueratstellung.

Am 31. Dezember, am Silvestertag, kommt überraschend Rommel mit seinem Fieseler Storch zu mir. Er informiert mich über die Lage und seine Pläne: »Luck, irgendwann wird der Tommy wieder antreten und die Bueratstellung südlich umgehen. Ich brauche die Reste der Panzerdivisionen im Norden. Die Aufklärungsgruppe wird wieder formiert, in den nächsten Tagen werden Linau und Voß bei Ihnen eintreffen, auch den Fieseler Storch bekommen Sie wieder, der Sie bei der Aufklärung unterstützen wird.
Ich mache mir große Sorgen«, fährt Rommel fort, »daß die Amerikaner mit ihrem Riesenpotential an Waffen aus dem Atlasgebirge vorstoßen und bei Gabes (in Tunesien) uns von der 5. Panzerarmee in Nordtunesien abschneiden. Ich habe mich heute früh mit Marschall Bastico getroffen. Das italienische Comando Supremo ist mit mir einer Meinung, es bei Buerat nicht zur Vernichtung der Afrikaarmee kommen zu lassen.
Ich habe vorgeschlagen, die Reste der 21. Panzerdivision nach Südtunesien zu verlegen, sie dort aufzufrischen und einen möglichen Angriff der Amerikaner abzuwehren.«
Dann wiederholt Rommel, was er mir schon vor Wochen angedeutet hatte:
»Ich bleibe dabei, daß wir, bei der verheerenden Versorgungslage, mit unseren zwar erfahrenen, aber ausgelaugten Männern diesen Krieg nicht mehr wenden, geschweige gewinnen können. Ich möchte daher möglichst viele Männer und Material nach Tunesien bringen. Dort sind die Verteidigungsmöglichkeiten besser und, das ist mein Hauptanliegen, so viele Menschen wie möglich können auf dem kurzen Weg nach Sizilien gerettet werden.«
Rommel fährt fort: »Nun zu Ihnen: Sie sichern mir mit der Aufklärungsgruppe den gesamten Raum südlich Homs und Tripolis. Der Engländer darf uns auf keinen Fall im Rücken fassen.«

Bis Mitte Januar 1943 bleibt es ruhig. Am 13. Januar wird die 21. Panzerdivision in die Mareth-Stellung im Süden Tripolis' verlegt und aufgefrischt. Noch machen die Amerikaner keine Anstalten, aus dem zerklüfteten Atlasgebirge nach Osten anzutreten.
Voß und Linau sind mit ihren Abteilungen eingetroffen, auch der Fieseler Storch. Mit einem breiten Fächer decken wir nach Süden ab, die Kontakte mit unseren »Freunden« auf der Gegenseite funktionieren wieder. Sehr zu meiner Überraschung wird meine Abteilung für ein paar Tage in den Raum südwestlich Tripolis verlegt, um aufgefrischt zu werden, Major Voß übernimmt das Kommando für den Rest der Aufklärungsgruppe. Die Ruhe in einem Palmenhain tut uns gut, Mannschaftsersatz, Munition und Benzin treffen ein. Ich benutze die Gelegenheit zu einem kurzen Besuch in Tripolis. In der Bar des Hotels Ouadan serviert mir der italienische Bar-

keeper einen Cocktail: »Den nächsten werde ich wohl Montgomery servieren müssen.« Die Italiener nehmen es leichter.

Am 13. Januar bin ich wieder bei der Aufklärungsgruppe. Am 15. treten die Engländer mit massiver Artillerie- und Luftunterstützung auf die Buerat-Stellung an. Mit starken Kräften stoßen sie dann südlich dieser Stellung auf Tarhuna – Homs, also praktisch schon auf Tripolis vor.
Sofort werden meine Aufklärungsgruppe sowie Teile der 164. Division und der Fallschirmjäger dagegen angesetzt. Trotz erheblicher Verluste an Panzern wird der Vorstoß auf Garian und Azizia fortgesetzt, beide Ziele werden teilweise erreicht. Damit steht der Engländer bereits südwestlich von Tripolis. Dank der Long Range Desert Group hat eine komplette Panzerdivision einen Weg durch eine zerklüftete Höhenstufe gefunden. Die Homs-Tarhuna-Stellung ist in höchster Gefahr. Rommel läßt sie räumen, um der Vernichtung zu entgehen. Am 20. Januar hören wir, sogar tief im Süden, das Dröhnen der Sprengungen in Tripolis. Wie ich später erfahre, sind etwa 95 Prozent der Vorräte durch übermenschliche Leistungen der Nachschubeinheiten aus Tripolis Richtung Tunesien gerettet, alle Hafen- und Versorgungsanlagen gesprengt und Verpflegungsdepots dem italienischen Bürgermeister übergeben worden.

Am 23. Januar besetzen die Engländer kampflos Tripolis. Einige Tage später, wir sichern südwestlich von Tripolis das Absetzen unserer Verbände, kommt von einem Spähtrupp die Meldung: »Etwa 6 bis 8 Kilometer nordostwärts Ansammlung hoher Militärs, glauben, Monty zu identifizieren, starke Sicherung mit Panzern und Spähwagen.« Ich fahre sofort hin. Es scheinen tatsächlich Montgomery und, viel sensationeller, Churchill zu sein. Für eine Feueraufnahme mit unseren Waffen ist es zu weit, 8,8 cm und Artilleriegeschütze sind nicht verfügbar. Ich gebe sofort einen Funkspruch an Gause: »Glauben, bei Punkt ... (ich gebe die Position an) Churchill und Monty lokalisiert zu haben. Wegen starker Sicherung und zu großer Entfernung Eingreifen nicht möglich.«
Später erfahre ich, daß es durchaus Churchill gewesen sein kann, der auf dem Weg nach Casablanca bei Monty und seinen Truppen einen Stopp eingelegt hat. Wie dem auch sei: Hitler haben wir auf diesem Kriegsschauplatz nie gesehen, und auch nur selten höhere Offiziere des Oberkommandos der Wehrmacht (OKW).

Im Januar war es gelungen, Oberstleutnant Stirling von der Long Range Desert Group gefangenzunehmen.
»Nice to meet you«, war sein erster Kommentar, »ich freue mich, für einige Tage bei Ihnen zu sein und vielleicht Euren berühmten Marschall Rommel kennenzulernen.« Unter strenger Bewachung wurde er zum Hauptquartier gebracht, von wo er prompt nach wenigen Tagen floh. Er wurde jedoch nach einem mißglückten »Handel« mit Beduinen von diesen uns wieder übergeben.

Tunesien bis zum Ende

Die Engländer legen eine Ruhepause ein, um ihren Nachschub zu organisieren. Unter größten Anstrengungen, immer belästigt von der Air Force, können alle unsere Verbände über die libysch-tunesische Grenze zur Mareth-Stellung verlegt werden. Nachhuten der 15. Panzerdivision treffen Mitte Februar dort ein.

Mit Erreichen Tunesiens wird die Aufklärungsgruppe erneut aufgelöst, auch den Fieseler Storch muß ich, leider, wieder abgeben.
Ich erhalte den Befehl, südlich von Mareth jede Annäherung englischer Verbände aufzuhalten oder zumindest zu melden. Besonderes Augenmerk soll ich auf die Piste legen, die von dem Wüstenfort Foum Tatahouine nach Norden führt. Von dort wird die französische Kolonne erwartet, die in einer einmaligen Leistung vom Tschad durch die Sahara in unsere südliche Flanke stoßen sollte. Es war ihr nicht gelungen, rechtzeitig in Tunesien einzutreffen.
Ich schicke einen Verbindungsoffizier in Rommels Hauptquartier, um etwas über Lage und Absichten unseres weiteren Kampfes in Tunesien zu erfahren. Nach seiner Rückkehr teilt er mir mit:
Die Mareth-Stellung wurde von den Franzosen mit Bunkern einst ausgebaut, um die Südflanke dieses Kolonialbesitzes gegen Libyen zu sichern. Die Bunker sind verlassen und nur noch zum Schutz gegen Artilleriefeuer zu gebrauchen.
Rommel scheint einen Angriff über die von den Amerikanern besetzten Pässe des Atlasgebirges zu planen, um gegen die völlig kriegsunerfahrenen Amerikaner einen Einbruch zu erzielen und in derem Rücken nach Norden vorzustoßen.
Die Aufklärungsabteilung 3 hat sich für diese Operation bereitzuhalten. Kurz darauf trifft ein Ordonnanzoffizier von Rommel ein, bei sich hat er je einen Zug Luftabwehrgeschütze und leichte Artillerie.
»Herr Major, folgender Auftrag für Sie:
Da Rommel eine weite Umgehung der Engländer vom Süden oder aber das Eintreffen der französischen Kampfgruppe für möglich hält, soll Ihre verstärkte Abteilung auf das Fort Foum Tatahouine vorstoßen, die französische Besatzung gefangennehmen und von dort nach Süden und Südosten aufklären. Sollte kein Gegner festgestellt werden, kehrt Ihre Kampfgruppe sofort auf die Mareth-Stellung zurück. Antritt nach Süden morgen früh, die Funkverbindung muß unbedingt aufrecht erhalten bleiben.«
Ein reizvoller Auftrag, der uns teuer zu stehen kommen sollte.

Wir kommen, weit auseinander gezogen, zunächst gut voran, bis uns ein englischer Aufklärer überfliegt, über uns kreist und zurückfliegt. Das ist uns unheimlich. Ich setze einen Funkspruch an Gause ab: »Erwarte Luftangriff auf meine Kampfgruppe, können Sie unsere Jäger alarmieren? Komme sonst gut auf Fort Tatahouine voran.«

Dann kommen sie: Knapp über dem Boden fliegend und aus der Sonne kommend, greifen uns Hurricanes an, die von Spitfires gedeckt sind, die hoch über ihnen sichern.
Es bedarf keines besonderen Befehls: Jede Bewegung wird gestoppt, alle Männer verlassen die Fahrzeuge und legen sich 30 Meter entfernt flach in die Wüste. Meine Kradschützen nehmen mit ihren Maschinengewehren das Feuer auf, ohne Erfolg. Wir wissen nicht, daß die Hurricanes am Boden gepanzert sind. Ihr Ziel ist der Flakzug, der ausgeschaltet ist, ehe er zum Feuern kommt.
Beim zweiten Anflug trifft es den Artilleriezug, dessen Fahrzeuge auch schwer beschädigt werden. So schnell wie sie gekommen sind, drehen die Jäger wieder ab, alles hat nur ein paar Minuten gedauert.

Die Hurricanes müssen meine gepanzerten Aufklärungsfahrzeuge gesehen haben, ich rechne mit einem zweiten Anflug.
Wieder setze ich einen Funkspruch ab: »Sind von Hurricanes angegriffen, Flak- und Artillerie-Züge weitgehend außer Gefecht. Rechne mit erneutem Angriff, schickt Messerschmitts.«
Die englischen Basen müssen dicht hinter der Front liegen. Schon nach einer knappen Stunde sind sie wieder da. Diesmal sind unsere gepanzerten Fahrzeuge dran. Mit Entsetzen sehe ich, wenige Meter von mir entfernt, wie die Hurricanes Raketen abschießen, die unsere Panzerung glatt durchschlagen. Das ist neu für uns.
Als einziger ist mein Funker in seinem Wagen geblieben und setzt neue Funksprüche ab. Neben dem Wagen steht mein Nachrichtenoffizier, der dem Funker hereingibt, was ich ihm zurufe.
Da setzt eine Maschine, ich glaube das Emblem Kanadas zu erkennen, im Tiefflug auf die gepanzerte Funkstelle zum Angriff an.
Auf 20 Meter kann ich das Gesicht des Piloten unter seiner Fliegerhaube genau erkennen. Aber, anstatt zu schießen, gibt er mit der Hand ein Zeichen an meinen Funkoffizier, zu verschwinden und zieht die Maschine in einem großen Bogen hoch. Ich schreie: »Holen Sie den Funker aus dem Fahrzeug und verschwinden Sie beide in Deckung.«
Die Maschine hat gedreht und kommt nun zum zweiten Mal aus der Sonne auf uns zu. Diesmal schießt er eine seiner Raketen ab und trifft den Funkwagen, Gottseidank ohne zu großen Schaden anzurichten. Diese Einstellung des Piloten, ob Kanadier oder Engländer, wurde für mich *das* Beispiel von Fairness in diesem gnadenlosen Kampf. Ich werde das Gesicht und die Handbewegung des Piloten nie vergessen.
Bis auf zwei Fahrzeuge, die wir aufgeben müssen, sind alle fahrbereit, wobei wir einige mit unseren Kettenrädern ins Schlepp nehmen müssen.
Aber noch drehen die englischen Jäger ihre Kreise über uns, wir müssen mit einem dritten Angriff rechnen. Plötzlich erscheint eine Staffel Messerschmitts hoch am Himmel und verwickelt die Engländer sofort in einen Luftkampf. Sie entfernen sich

nach Norden, aber wir sehen noch eine englische Maschine getroffen abstürzen. So wird wenigstens ein dritter Angriff verhindert und wir haben die Genugtuung des Abschusses.

Sofort treten wir wieder auf Foum Tatahouine an. Wir sind jetzt mitten in der Wüste, die hier flach und gut befahrbar ist.
Über Funk informiere ich General Gause.
Und dann sehen wir das kleine Wüstenfort vor uns liegen. Ein Haufen aufeinander geschichteter Steine, kein Baum, kein Strauch. Welch ein nervtötendes Dasein für die Besatzung, hier Monate oder Jahre auf Posten zu stehen.
Wir erhalten Maschinengewehrfeuer, das wir sehr schnell zum Schweigen bringen. Gesichert von zwei noch intakten Geschützen und unseren Kradschützen, fahre ich, gedeckt von Panzerspähwagen, in das Fort. Ein französischer Capitaine kommt auf uns zu, seine Leute haben die Waffen niedergelegt und die Hände erhoben. »Was tun Sie hier noch, nachdem sich die Front nach Tunesien verlagert hat?« frage ich ihn. »Wir stehen hier schon über ein Jahr und haben die Aufgabe, das Fort besetzt zu halten. Andere Befehle liegen mir nicht vor«, ist seine Antwort.
Ich gehe mit ihm in sein schmuckloses Büro, wo ich ein Funkgerät stehen sehe. Auf mein Zeichen wird es von meinem Nachrichtenoffizier unbrauchbar gemacht. »Betrachten Sie sich und Ihre Leute als gefangen. Packen Sie die nötigsten Sachen, ich werde Sie mitnehmen müssen«, teile ich ihm mit. Inzwischen sind alle Teile meiner kleinen Kampfgruppe im Fort erschienen und durchsuchen es nach Waffen.
Sofort sende ich Spähtrupps nach Süden und Südosten aus, die mir keine Feindberührung melden. Ich funke an Gause:
»Foum Tatahouine besetzt, Besatzung gefangengenommen, Funkgeräte zerstört, Aufklärung weit nach Süden: keine Feindberührung. Kehre mit Kampfgruppe und mehreren Fahrzeugen im Schlepp auf die Mareth-Stellung zurück.«

Wir sind noch gut 50 Kilometer von Mareth entfernt, als es dunkel wird. Ich entschließe mich, mitten in der Wüste für die Nacht zu bleiben. Es dürfte keine Gefahr drohen, auch die Engländer stellen ihre Bewegungen während der Nacht ein.
Hier erreicht mich der »Abschiedsbrief« der Royal Dragoons, von dem ich berichtete.
Am Morgen erreichen wir unbelästigt die Marethlinie, hinter die wir als Reserve für weitere Aktionen gezogen werden. Wir liefern die Besatzung von Foum Tatahouine bei unserem Abwehroffizier ab. Es stellt sich heraus, daß der Capitaine dem »Deuxième Bureau« angehört, der französischen Spionageabteilung. Er hatte den Auftrag, im Raum des Wüstenforts, einer von den Franzosen umgebauten Wasserstelle, unsere Bewegungen aufzuklären und sowohl den Engländern als auch der französischen Kolonne aus dem Tschad zu melden.

Nach diesem verlustreichen Raid bekommen wir wenige Tage Ruhe zur Auffrischung. Ich benutze die Gelegenheit, mich bei General Gause zu informieren: Rommels Idee sei, meint Gause, mit der frisch ausgerüsteten 21. Panzerdivision und in Zusammenarbeit mit der neu eingetroffenen 10. Panzerdivision des Generalobersten von Arnim (Oberbefehlshaber der 5. Panzerarmee) sowie allen Teilen des Afrikakorps die Amerikaner bei ihrem Aufmarsch zu stören, einen Vorstoß auf die Küste zu verhindern und möglichst tief in den Rücken der Amerikaner vorzustoßen. »Rommel hält diese Operation aufgrund der völligen Unerfahrenheit der Amerikaner für aussichtsreich«, meint Gause. »Die Italiener sollen mit allen Mitteln die Mareth-Stellung ausbauen und halten, obwohl eine Abwehrstellung bei und westlich von Gabès wegen der Salzseen wesentlich günstiger wäre. Aber Mussolini und das italienische Comando Supremo bestehen auf der Mareth-Stellung. Leider klappt die Zusammenarbeit mit Arnim nicht sehr gut, er will seine eigenen ›Brötchen backen‹«, schließt Gause. »Gottlob haben wir immer noch starke Regen, die den Einsatz der Air Force fast unmöglich machen. Ihre Abteilung klärt westlich von Gabès auf, um ein Abschneiden unserer Teile von der 5. Panzerarmee im Norden zu verhindern. Rommel geht es gesundheitlich nicht gut, aber er will mit seinen Männern aushalten und rechnet sich noch Chancen aus, wenn seinem Plan zugestimmt wird.«
Wir schöpfen wieder Hoffnung und machen uns mit dem Gelände vertraut, das so anders ist als die Wüste. Wir werden im Atlasgebirge mit Pässen, steilen Berghöhen, in der Ebene mit Salzseen und weiter nördlich mit kultiviertem Land zu tun haben.
»Gerade hat Rommel einen Funkspruch vom Comando Supremo erhalten«, fährt Gause fort, »daß er wegen seines schlechten Gesundheitszustandes das Kommando nach Erreichen der Mareth-Stellung an den italienischen General Messe abgeben soll, der bislang das italienische Expeditionskorps in Rußland geführt hat. Rommel kann den Zeitpunkt seiner Ablösung bestimmen. Rommel scheint zwei Lösungen anzustreben:

○ Entweder wir erhalten sämtliches erforderliche Material an Panzern (darunter den überlegenen ›Tiger‹), Panzerabwehrwaffen, Munition und massive Luftunterstützung von Sizilien aus,
○ oder wir versuchen, tief in den Rücken der Amerikaner vorzustoßen, die Hauptpässe zu besetzen und die Engländer in der Mareth-Stellung aufzuhalten, um dadurch die Masse der kriegserfahrenen und in Europa dringend benötigten Truppen aus Tunesien zu evakuieren. Die zweite Lösung dürfte, leider, die wahrscheinlichste sein. Halten Sie sich für einen Vorstoß gegen die Amerikaner bereit.«

Während sich die Italiener in der Mareth-Stellung zur Verteidigung einrichten, tritt die voll aufgefrischte 21. Panzerdivision am 1. Februar 1943 gegen den Faidpaß an, um eine Ausgangsstellung für den Angriff hinter die amerikanischen Linien nach Norden zu schaffen. Die überraschten Amerikaner verlieren den Paß und 1000

Gefangene. Aus dem Faidpaß-Brückenkopf tritt meine alte Division dann Mitte Februar nach Norden an und trifft auf die 2. amerikanische Panzerdivision. In harten Kämpfen Panzer gegen Panzer wird die Masse dieser Division vernichtet, eine große Anzahl von »Grant«-, »Lee«- und »Sherman«-Panzern bleibt brennend auf dem Schlachtfeld liegen. Im Nachstoßen gelingt der 21. Division weiterer Geländegewinn gegen nun verbissen kämpfende Restteile der Amerikaner. Etwa 150 Panzer und 1 600 Gefangene Verluste zwingen die Amerikaner, nun auch den wichtigen Platz Gafsa aufzugeben, der uns die Ausgangsposition nach Norden schafft. Kampfgruppen der Afrikaarmee und der 5. Panzerarmee stoßen sofort nach Südwesten, Westen und Norden weiter vor, große Mengen Benzin werden erbeutet, die Amerikaner setzen 30 Flugzeuge auf einem Feldflugplatz in Brand.
Meine Panzeraufklärungsabteilung wird vorgezogen, um aus dem Raum Gafsa nach Norden vorzustoßen und die Amerikaner nicht zur Ruhe kommen zu lassen.

Von Gause erfahre ich, daß Rommel auf Tebessa stoßen will, also weit in den Rücken des Gegners. Das erscheint jedoch dem Comando Supremo und auch Arnim zu riskant, sie können und wollen Rommels Plänen nicht folgen. Es wird daher nur ein Vorstoß auf Le Kef befohlen, viel zu dicht hinter der Front der Angloamerikaner. In der Nacht zum 19. Februar erhalte ich den Auftrag, in einem Überraschungscoup den Kasserinepaß zu nehmen und für die folgenden Einheiten offenzuhalten.
Mit den Kradschützen voraus trete ich vor der Dämmerung an in der Hoffnung, die Amerikaner zu überraschen. Sie sind jedoch wachsam und decken uns mit starkem Artilleriefeuer ein, das von Beobachtern gelenkt wird, die auf den Höhen beiderseits der Paßstraße sitzen. Ich komme nicht durch. Auch ein Schützenregiment nicht, das auf den Paß angesetzt wird.

Die Amerikaner

Trotzdem machen wir ein paar Gefangene, die der 34. US-Divison angehören. Wir sind überrascht von der erstklassigen Ausrüstung der Leute, am meisten von der »Tagesration«, die jeder bei sich hat: Nicht nur eine Tafel Schokolade, Kaugummi, Butter und Zigaretten sind für uns ungewohnte Genüsse, sondern ein Merkzettel fasziniert uns, der jeder Packung beigefügt ist. Auf ihm steht geschrieben: »Du bist der am besten bezahlte und ausgerüstete Soldat der Welt. Wir haben Dir die besten Waffen der Welt mitgegeben. Ob Du auch der beste Kämpfer bist, mußt Du jetzt beweisen.«

Wie wir sehr bald feststellen, haben die Amerikaner erstklassige Panzer und Abwehrkanonen. Hinter der Front werden sofort große Nachschublager eingerichtet, die jeden Ausfall schnell ersetzen können. Daß sie keine Kriegserfahrung haben

und gegen unsere »Wüstenfüchse« im Nachteil sind, kann man ihnen nicht anlasten. Eines scheinen sie den verbündeten Engländern voraus zu haben:
Sie sind außerordentlich flexibel, stellen sich auf eine veränderte Lage sofort ein und kämpfen mit großer Verbissenheit. Ich werde nie das Bild vergessen, als ein paar »Tiger«-Panzer mit ihren überlegenen 8,8 cm-Panzerkanonen von einer Gruppe Shermans, die über einen Paß nach Osten vormarschieren wollte und nicht begreifen konnte, daß sie den »Tigern« völlig unterlegen waren, einen nach dem anderen abschossen. Wir bewunderten den Mut und den Elan, mit dem die Amerikaner ihre Angriffe vortrugen, wenn sie uns manchmal auch leid taten, ihre ersten Kriegserfahrungen mit so hohen Verlusten bezahlen zu müssen. Wir haben später in Italien, ich persönlich während der Kämpfe in Frankreich 1944, erfahren, wie schnell die Amerikaner ihre Erfahrungen auswerten und durch flexible und unkonventionelle Kampfführung in Erfolge umsetzen konnten.
So verschieden die Engländer und Amerikaner in ihrer Kampfweise und Mentalität auch waren, wir hatten vor beiden Gegnern die größte Achtung.

Das Ende

Unser so hoffnungsvoll begonnener Vorstoß nach Norden kommt zum Stillstand, einerseits wegen des falschen Ansatzes auf Le Kaf, andererseits wegen ungenügenden Nachschubs. Außerdem kommen wir, nach schweren Regenfällen, nur schwer voran und werden in Gebirgstälern immer wieder von der feindlichen Artillerie eingedeckt. Wir müssen uns auf den Kasserinepaß zurückziehen, während im Norden die 5. Panzerarmee einen Entlastungsangriff startet, der gegen massiven angloamerikanischen Widerstand nicht durchdringt.
Rommel wird Ende Februar Oberbefehlshaber der »Heeresgruppe Afrika«, mit den Restarmeen unter General Messe im Süden und unter Generaloberst von Arnim im Norden.
Die Front ist entsetzlich lang und kann nur an einigen Punkten besetzt werden. Um dem erwarteten Angriff Montgomerys auf die Mareth-Stellung zuvorzukommen, entschließt sich Rommel Anfang März 1943, über die Mareth-Stellung anzugreifen. Monty hat inzwischen eine starke Panzerabwehrstellung aufgebaut, durch die wir nicht durchkommen. Die Mareth-Stellung wird aufgegeben und bei Gabès eine neue Stellung bezogen. Das Material, besonders das der Amerikaner, ist erdrückend. Rommel möchte den Süden Tunesiens nun aufgeben und mit dem Rest der »Heeresgruppe« einen starken Brückenkopf um die Stadt Tunis, mit der Halbinsel Bône, bilden, um von dort mit dem Abtransport zumindest eines Teiles der kampferprobten Afrikaarmee zu beginnen. Der Plan wird abgelehnt.

Anfang März höre ich von Gause, daß Rommel beabsichtigt, ins »Führerhauptquartier« zu fliegen, um zu retten, was zu retten ist. Da ich gerade in Reserve liege —

meine Abteilung hat kaum noch Panzerspähwagen und Munition —, fahre ich zu Rommels Gefechtsstand, der nicht weit entfernt ist.
»Kann ich Rommel sprechen und ihm ›Auf Wiedersehen‹ sagen?« frage ich Gause.
»Natürlich, er wird sich freuen, den Kommandeur seiner Lieblingsabteilung zu sehen.«
In seinem »Mammut« sitzt Rommel, wie immer über seiner Lagekarte. Ich habe ihn wochenlang nicht gesehen und bin erschüttert, wie schlecht er aussieht.
»Herr Feldmarschall, ich habe gehört, daß Sie ins Hauptquartier fliegen wollen. Nach Lage der Dinge glaube ich nicht, daß Sie hierher zurückkommen werden. Als Kommandeur *der* Abteilung, die als erste einst in Nordafrika gelandet ist und alle Schlachten mit Ihnen schlagen durfte, darf ich Ihnen, im Namen jedes einzelnen Angehörigen meiner Abteilung ›Auf Wiedersehen irgendwann, irgendwo‹ sagen. Wir werden hier aushalten, so lange es geht, immer nach dem Beispiel, das Sie uns gegeben haben.«
Rommel steht auf, er hat Tränen in den Augen. Was muß in diesem Mann vorgehen, der immer hart gegen sich selber war und sich mit dem Kriegsschauplatz und seinen Männern identifiziert hatte? Von diesen Tränen habe ich niemandem erzählt, bis ich lange nach dem Krieg und der Gefangenschaft seine Frau Lucie traf, der ich von der Prophezeiung und den Tränen ihres Mannes erzählte.
Rommel geht zu einem Wandschrank und kommt mit einem großen Foto zu mir, das ihn als erfolgreichen und gesunden Mann zeigt.

Mit einer Widmung setzt er seinen Namen unter sein Bild:
»Hier, Luck, nehmen Sie das als Dank und Anerkennung für Ihre tapfere Abteilung. Bleiben Sie gesund, ich hoffe, wir sehen uns in der Heimat wieder. Gott mit Ihnen.«
Er dreht sich um, ich verlasse ihn tief bewegt.

Am 9. März fliegt Rommel nach Deutschland.

Nun geht alles sehr schnell.
Generaloberst von Arnim übernimmt den Befehl über die Heeresgruppe Afrika, unterstützt von General Gause, dem afrikaerfahrenen Generalstabsoffizier.
Während täglich mit einem Großangriff Montgomerys gegen die Mareth-Stellung gerechnet wird, schlagen wir uns mit den Amerikanern herum, die versuchen, aus dem Atlasgebirge zur Küste durchzustoßen. Wir haben ziemliche Verluste.

Am 23. März tritt Monty an und überrollt mit einem Panzerkorps, Mareth umgehend, die schwachen italienischen Stellungen. Die Mareth-Stellung muß aufgegeben werden, die Masse der Artillerie kann nicht zurückgebracht werden. Bei Gabès versucht der Rest der alten Panzerarmee Afrika, die jetzt 1. italienische Armee heißt, sich noch einmal festzusetzen. Meine Abteilung soll die westliche Flanke abschirmen, unsere Versorgungsteile sind bereits zur Halbinsel Bône verlegt.

Die »Mission«

Da erreicht mich Ende März der Befehl, mich persönlich sofort bei Arnim zu melden. Ich weiß nicht, was man von mir will. »Hauptmann Bernhard, Sie übernehmen bis zu meiner Rückkehr das Kommando über die Abteilung. Sehen Sie zu, daß wir möglichst heil aus dem Schlamassel herauskommen. Ich bin schnellstens zurück.«
General Gause empfängt mich. »Rommel hat bei Hitler nichts erreicht. Weder bekommen wir genügend Nachschub noch will der ›Führer‹ etwas von einem ›deutschen Dünkirchen‹ wissen. Er hat Rommel zur Kur geschickt und seine geplante Rückkehr nach Afrika verboten. Kommen Sie, der Oberbefehlshaber erwartet Sie.«
Was will Arnim von mir? Ich kenne ihn nicht.
Ein schlanker, großgewachsener Mann mit scharfen Gesichtszügen erwartet mich. »Zur Stelle, Herr Generaloberst«, melde ich mich. »Fein, Sie kennenzulernen, Luck. Ich habe die Freude, Ihnen im Namen des Duce die ›Medaglia d'Argento‹ zu überreichen, eine Auszeichnung, die etwa unserem ›Ritterkreuz‹ entspricht.« Er heftet mir den Orden an die Brust und übergibt mir die Urkunde.
Ich freue mich natürlich, habe die Auszeichnung sicher meinen Freunden bei der Abteilung »Nizza« zu verdanken. Mit dem Orden ist sogar eine kleine monatliche Pension und die Freifahrt für zwei Personen I. Klasse auf allen italienischen Eisenbahnen lebenslang verbunden.
Aber wegen des Ordens wird mich Arnim doch kaum zu sich bestellt haben? Und dann kommt's auch schon:
»Luck, nach Abstimmung mit Rommel und Gause habe ich entschieden, daß Sie sofort in das Führerhauptquartier fliegen, um Hitler einen detaillierten Plan für die Evakuierung möglichst großer Teile der Afrikaarmee vorzulegen und zu erläutern. Sie werden dazu zunächst nach Rom fliegen und den Plan von Feldmarschall Kesselring gegenzeichnen lassen. Dann fliegen Sie weiter nach Berlin und melden sich bei Generaloberst Guderian (Generalinspekteur der Panzertruppe) und General Schmundt (Chefadjutant der Wehrmacht und Heerespersonalchef), ebenfalls zur Gegenzeichnung. Dann fliegen Sie nach Berchtesgaden ins Führerhauptquartier, melden sich bei Keitel oder Jodl, um sich einen Termin bei Hitler geben zu lassen. Überall werden Sie über ein 1 000-Watt-Gerät und Spezialcode mit uns Verbindung halten. Generalmajor Seidemann (Fliegerführer Tunis, den ich, wie auch seine Frau — ›Seidefrau‹ — aus Berliner Tagen gut kenne) wird Ihnen seine Heinkel 111 zur Verfügung stellen. Abflug schnellstens.«
»Die Aufgabe ehrt mich, Herr Generaloberst, aber: Was soll ich, als kleiner Frontsoldat, bei Hitler ausrichten? Außerdem möchte ich im letzten Stadium bei meiner Truppe sein.«

»Wir haben uns das alles genau überlegt: Die Heeresgenerale sind dem ›Führer‹ äußerst suspekt, selbst Rommel soll anscheinend kaltgestellt werden. Selbst nach dem Verlust von Stalingrad bleibt Hitler bei seinem Standpunkt ›siegen oder ster-

ben, aber nicht weichen‹. Das heißt, daß wir etwa 130000 Männer mit bester Kampferfahrung und hoher Moral nun auch in Nordafrika verlieren werden. Hitler wird auf einen ›kleinen‹ Major und ›Fronthasen‹, wenn überhaupt, eher hören, wenn Sie ihm die Lage und Stimmung bei der Truppe deutlich vermitteln. Sie werden in ihrer staubigen, ausgeblichenen Uniform reisen und vor ihn treten. Das wird seinen Eindruck nicht verfehlen. Der Plan, den Sie mitnehmen, ist schon seit einiger Zeit ausgearbeitet und sieht, proportional, die Evakuierung der wichtigsten Offiziere, Frontkämpfer und Techniker vor. General Gause wird die Einzelheiten mit Ihnen besprechen. Ich wünsche ihnen und uns einen vollen Erfolg, melden Sie sich täglich über Funk.« Mit einem Händedruck werde ich verabschiedet.
Gause ergänzt den Auftrag:
»Sie kehren nicht zur Abteilung zurück, sondern fahren zu Ihrer Nachschubbasis auf der Halbinsel Bône. Dorthin schicke ich Ihnen einen Fieseler Storch, der Sie übermorgen so rechtzeitig zum Feldflugplatz bringen wird, daß Sie vor Tagesanbruch starten können. Kesselring, Guderian und Schmundt sind über Ihr Kommen informiert. Ich weiß nicht, ob man Sie, erfolgreich oder nicht, wieder nach Afrika zurückkehren läßt, versuchen Sie es. Eile tut not, jeder verlorene Tag wird die Evakuierung schwieriger machen. Alles Gute, Luck.«

Ich muß erst einmal tief Luft holen. Zu überraschend und bedeutungsvoll trifft mich dieser Auftrag. Nach all den Jahren Fronteinsatz nun eine Aufgabe, die weit über das Niveau eines Abteilungskommandeurs hinausgeht.
In einem großen Umschlag übergibt Gause mir den »Plan«, ich bin entlassen. Es ist nicht allzu weit zu unserer Nachschubbasis, wo ich kurz vor Dunkelheit eintreffe. Das Erstaunen ist entsprechend groß, als ich meinen Leuten dort mitteilen muß, daß ich in »besonderer Mission« nach Deutschland fliegen werde. Über Funk setze ich sofort Hauptmann Bernhard in Kenntnis:
»Ich glaube, in einer Woche bin ich zurück. Haltet Euch tapfer, und sehen Sie zu, daß möglichst viele Männer auf die Halbinsel Bône zurückkommen. Grüßen Sie alle von mir.«

Am nächsten Tag packe ich das Notwendigste zusammen, mein Hauptgepäck, auch das Bild von Rommel, lasse ich in meinem Befehlswagen zurück. Am Nachmittag landet der Fieseler Storch bei uns. Der junge Pilot teilt mit, daß ich etwa um 5.30 Uhr früh auf dem Feldflugplatz sein muß, damit die Heinkel über das Mittelmeer kommt, ehe die Spitfires den Luftraum unsicher machen. Dann erscheinen mehrere Offiziere der Abteilung »Nizza«, die fast aufgerieben ist und nur noch einen einzigen kampffähigen Spähtrupp im Einsatz hat. Sie bringen ein paar Flaschen Chianti mit und übergeben mir Briefe und Päckchen für ihre Angehörigen in Italien, die ich mitnehmen soll. Am Abend hocken wir alle unter Palmen zusammen. Man hört hier keinen Kampflärm, alles erscheint so friedlich und unwirklich. Es wird später als ich mir wünsche, der Pilot des Fieselers muß mich aufrütteln,

wir sind später dran als geplant. Ein letztes Winken aus der Maschine, und wir starten in den anbrechenden Tag. Die Heinkel steht schon mit laufendem Motor abflugbereit, der Fieseler rollt bis an die Einstiegsluke. Der Pilot, ein anscheinend sehr erfahrener Feldwebel, ruft mir aus der Kanzel zu: »Herr Major, Eile — Eile, wir sind spät dran, die Spitfires kommen bald.«
Ich muß mich flach in die Bugkanzel legen und als Bugschütze die 2 cm-Kanone bedienen, auf andere Weise kann man mich nicht befördern. »Sind Sie mit der Kanone vertraut, Herr Major?« fragt mich der Pilot über Bordfunk. »Hören Sie, wir haben diese Waffe in unseren Spähwagen bereits gehabt, als Sie sich noch in die Windeln gemacht haben«, antworte ich. »O.k., probieren Sie bitte die Waffe aus, sobald wir über dem Meer sind, wir werden sehr flach fliegen«, kommt es zurück. Im Osten zieht der Tag herauf, als wir mit heulenden Motoren abheben. Nach wenigen Minuten sind wir über dem Meer, ich schätze 10 bis 15 Meter über der ruhigen Wasserfläche.
Ich setze also ein Magazin ein, lade durch und drücke ab: Nichts! Ich lade erneut durch, wieder nichts.
»Was für eine verdammte Kanone haben Sie an Bord«, schreie ich dem Piloten zu. Ich versuche es wieder und wieder, nehme schließlich die Kanone halb auseinander. Wieder durchladen, wieder nichts. Der Pilot wird unruhig: »Wir brauchen Ihr Geschütz bei einem Frontalangriff englischer Jäger, bitte versuchen Sie es weiter, es ist schon hell draußen.«
Ich bin nun völlig mit dem verdammten Geschütz beschäftigt, sehe nicht, wo und wie hoch wir fliegen oder ob irgendwo englische Jäger erscheinen. Plötzlich zieht der Pilot die Maschine hoch. »Wir nähern uns Sizilien, sind bald außer Gefahr«, kommt es vom Piloten durch. Ich höre das kaum, bin zu beschäftigt mit der Kanone.
Und plötzlich funktioniert sie: Ein langer Feuerstoß geht in den Himmel. »Hurra«, schreie ich, »jetzt klappt es.«
»Hören Sie auf«, schreit der Pilot, und schon sausen die ersten Flaksalven an uns vorbei. Die italienische Flugabwehr hält uns für eine von den Engländern erbeutete Heinkel. Gottlob zielen sie nicht genau. Mein Pilot schießt Erkennungsleuchtkugeln ab, die Italiener stellen das Feuer ein, wir können landen.
»Danke für den Flug«, rufe ich dem Feldwebel zu, »das nächste Mal bringe ich meine eigene Kanone mit.«

Noch am gleichen Tag fliege ich mit einer Verbindungsmaschine nach Rom, erhalte vom deutschen Verbindungsoffizier ein Zimmer im berühmten Hotel »Excelsior« an der Via Veneto und werde am nächsten Morgen zu Kesselring bestellt.
Rom macht einen fast friedlichen Eindruck. Es gibt keine Verdunkelung wie in Deutschland, es sind kaum Militärfahrzeuge zu sehen, auf der berühmten Via Veneto pulsiert das Leben wie in Friedenszeiten. In meiner ausgeblichenen Tropenuniform komme ich mir deplaciert vor.

Im Hotel gebe ich die Briefe meiner italienischen Freunde dem Portier, der mir sofort voller Hochachtung zur »Medaglia d'Argento« gratuliert. Nach einem lange entbehrten Bad entschließe ich mich, bei »Chez Alfredo« zu essen. Alfredo ist wegen seiner Spaghetti berühmt, hat vom italienischen Königshaus ein goldenes Besteck erhalten, mit dem er große Persönlichkeiten selbst bedient. Sein kleines Restaurant an der Piazza Colonna ist an den Wänden bedeckt mit Fotos und Widmungen berühmter Politiker, Schauspieler und Schriftsteller, sein »goldenes Gästebuch« vermittelt einen Querschnitt von Prominenten aus aller Welt.

Als Alfredo mich sieht, stürzt er auf mich zu:

»Comandante, welche Ehre und Freude, Gratulation zur Medaglia d'Argento. Ich werde Ihnen persönlich die besten Spaghetti servieren, die es, trotz des Krieges, noch bei mir gibt.«

Von allen Tischen sieht man zu mir herüber, als Alfredo sein goldenes Besteck aus der Tasche zieht, um die Spaghettis zu servieren.

Und dann die Krönung: Das Licht geht aus, der Chefkellner bringt ein brennendes »Omelette Surprise« an meinen Tisch, Alfredo ruft entzückt aus: »Ecco, maestoso.« Von allen Tischen wird geklatscht. Ich muß mich erst fassen: am Morgen noch auf dem letzten Schlachtfeld Nordafrikas, hier nun ein Zeremoniell, das so gar nichts mit Krieg und Tod zu tun hat.

Ich bedanke mich bei Alfredo: »Wunderbar, erstklassig, davon konnten wir in Afrika nur träumen. Jetzt krönen wir das festliche Essen mit einem schönen Mokka.« Alfredo kommen fast die Tränen: »Comandante, es ist doch Krieg, Kaffee gibt es schon lange nicht mehr. Wie ich das bedaure, dieser verdammte Krieg!«

Ich greife in meine Tasche und hole ein Päckchen mit echtem Bohnenkaffee heraus: »Hier, Don Alfredo, haben wir unseren Mokka. Der ist für Sie, den Küchenchef und eine Tasse für mich, o.k.?«

Ich werde nie die strahlenden Augen Alfredos vergessen, der mich kurz darauf bittet, in das Allerheiligste zu kommen, zum Chef in die Küche. Am »Cheftisch« sitzen wir dann zu dritt und genießen den Mokka, für mich eine Ehre, beim Chef persönlich zu sitzen.

Ich darf nicht bezahlen, muß mich aber in das goldene Gästebuch eintragen, wo nun mein Name bescheiden neben so vielen Prominenten steht. Gelöst und friedlich wandere ich durch die Nacht die »Veneto« hinauf und genieße seit langem wieder ein Bett.

Am nächsten Morgen bringt mich ein Wagen des Verbindungsoffiziers nach Frascati, der Weinstadt bei Rom, wo sich das Hauptquartier Kesselrings befindet. Hier ist die Zeit völlig stehengeblieben, vom Krieg nichts mehr zu spüren.

Es ist schon Frühling hier, umgeben von seinen Weinbergen liegt der romantische Ort an die Hügel geschmiegt.

Ich werde sofort bei Kesselring vorgelassen, er weiß anscheinend schon Bescheid. »Wie war der Flug, hat Seidemanns Heinkel Sie gut über den Teich gebracht?« Er muß schallend lachen, als ich ihm die Geschichte mit der 2 cm-Kanone erzähle. »Ich habe nicht viel Hoffnung, bei Hitler mit unserem Plan durchzukommen, versuchen müssen wir es, zusätzlich mit den Unterschriften von Schmundt und Guderian. Sie können noch heute mit einer Kuriermaschine nach Berlin fliegen, jeder Tag ist jetzt wertvoll. Viel Glück«, er drückt mir die Hand.

Immer noch in meiner ausgeblichenen, staubigen Tropenuniform lande ich in Berlin, nachdem ich noch in Frascati eine Meldung an Arnim abgesetzt habe. Welch ein Unterschied zu Rom!

Die Stadt bietet ein Bild der Zerstörung, viele Häuser sind nur noch Ruinen, die sonst so geschäftigen Berliner haben graue Gesichter. Man sieht ihnen an, daß sie nicht mehr an Hitlers und Goebbels' »Endsieg« glauben, obwohl keiner es zu sagen wagt, zu gefährlich ist das Denunziantentum.

Noch am Abend werde ich bei Generalmajor Schmundt vorgelassen. Auch er ist informiert. Verantwortlich für die personelle Seite der Evakuierungsmaßnahmen, zeichnet er den Plan ab, ohne ihn noch einmal zu lesen. Am nächsten Morgen bin ich bei Generaloberst Guderian, dem Generalinspekteur der Panzertruppe. Ich habe ihn seit Kriegsbeginn nicht mehr gesehen. Er sieht müde aus, nur seine Augen haben den alten Glanz. »Luck, ich freue mich, einen der ›alten Kämpen‹ der Panzerwaffe gesund wiederzusehen, wie viele der ersten Stunde unserer stolzen Waffe hat es schon erwischt. Gerade haben wir Stalingrad verloren, Sie wissen vielleicht, wie viele erfahrene Offiziere und Männer dort gefallen oder in Gefangenschaft geraten sind. Und nun droht das gleiche in Afrika. Ich darf gar nicht an die bewährten wüstenerfahrenen Angehörigen der drei Divisionen des alten Afrikakorps und die in Tunesien eingesetzten Divisionen denken.

Ich habe daher dem Evakuierungsplan, der ja schon von Rommel aufgestellt wurde, sofort zugestimmt, obwohl wir alle wenig Hoffnung haben, daß Hitler ihm folgt. Die Idee, Sie als altes ›Frontschwein‹ zu ihm zu schicken, hat jedenfalls mehr Gewicht als unsere, von Hitler als ›defätistisch‹ angesehene Meinung. Sie können noch heute mit dem Nachtzug fahren und sind so morgen Vormittag in Berchtesgaden.«

»Herr Generaloberst, eine Frage, ehe ich gehe. »Warum sind Sie, nachdem Hitler Sie gefeuert hat, nun doch wieder gekommen? Das fragen wir uns jetzt oft.«

»Hören Sie«, antwortet Guderian, »hätte ich abgelehnt, was mir am liebsten gewesen wäre, säße ein anderer auf meinem Stuhl, der unter Umständen nichts von der Panzertaktik verstünde oder nur ein ›Jasager‹ zu Hitlers Ideen wäre. So kann ich versuchen, zu retten, was zu retten ist und das Schlimmste zu verhüten suchen. Mehr denn je droht nun eine Invasion der westlichen Alliierten in Italien oder Südfrankreich oder an beiden Stellen. Dafür brauche ich eine intakte, erfahrene Panzerwaffe. Was immer ich für Euch tun kann, will ich tun.«

Dann kommt eine überraschende Frage von Guderian:
»Luck, Sie haben doch sehr gute Beziehungen zu Rommel. Da ich ihn Jahre nicht mehr getroffen habe, wäre ich sehr an einem Gespräch mit ihm interessiert. Sollten Sie Rommel im Führerhauptquartier oder woanders treffen, fragen Sie ihn bitte, ob er einem Treffen zustimmt, am besten in München. Niemand darf davon erfahren, Hitler würde sofort eine Konspiration vermuten, mit schlimmen Folgen für uns. Haben Sie mich richtig verstanden?« — »Natürlich, Herr Generaloberst, ich tue, was ich kann und lasse es Sie wissen.« Mit seinem gewinnenden Lächeln verabschiedet er mich.

Wieder gebe ich einen Funkspruch an Arnim und kündige meinen Besuch im Hauptquartier für den nächsten Tag an.
Eine lange Nacht rolle ich, ungestört von Bombenangriffen, im Schlafwagen nach Süden.
Den ersten, den ich in Berchtesgaden treffe, ist Oberstleutnant von Bonin, den ich zum letzen Mal am Silvesterabend 1942 als Begleiter von Rommel auf meinem Wüstengefechtsstand gesehen hatte.
»Was machen Sie denn hier, ich denke, Sie kämpfen ihren letzten Kampf in Tunesien?« begrüßt er mich. Vertraulich setze ich ihn über meine Mission ins Bild und frage, durch oder über wen ich am besten zum Vortrag bei Hitler kommen könne.
»Mein Lieber«, antwortet er, »wir sind hier nicht auf dem Gefechtsfeld, hier hat auch Rommel nicht das Sagen. Hier regiert die Bürokratie. Das heißt, Sie müssen zuerst zum ›Sachbearbeiter Afrika‹, einem Oberst, der Sie dann bei Generaloberst Jodl anmeldet. Der wird sich bei Feldmarschall Keitel das o.k. holen, ob und wann Sie zum Führer dürfen. Aber von 12.30 bis 14.00 Uhr ist Mittagspause, da ist überhaupt niemand zu sprechen. Kommen Sie, ich bringe Sie zur ›ersten Instanz‹.«

So ist das also. In Afrika verbluten und kämpfen weit über Hunderttausend um ihr Leben, und hier muß die Mittagspause eingehalten werden, so lange ruht der Krieg!
Oberst X empfängt mich sehr freundlich. Ich trage ihm meinen Auftrag vor und bitte, mich sofort bei Jodl anzumelden.
»Hören Sie, mein Lieber, den Evakuierungsplan können Sie vergessen, der Kriegsschauplatz Nordafrika ist praktisch schon abgeschrieben. Wir versuchen zwar, noch möglichst viel Nachschub herüber zu bringen, um den Kampf fortzusetzen, aber viel Hoffnung haben wir nicht. Freuen Sie sich, daß Sie aus dem Schlamassel heraus sind, Ihre Mutter wird dankbar sein, Sie gesund wiederzusehen.«
Ich bin entsetzt: So leicht macht man es sich anscheinend, der Kriegsschauplatz wird einfach »abgeschrieben«.
»Wissen Sie überhaupt«, antworte ich ziemlich scharf, »wie es dort unten aussieht, was wir hinter uns haben, und daß wir den Krieg nur verlieren, weil wir nie genügend Nachschub bekommen haben? Bitte vermitteln Sie für heute Nachmittag einen Termin bei Generaloberst Jodl.«

Um 15.00 Uhr bin ich bei Jodl angesagt. Beim Essen in der schmucklosen Messe gibt mir Bonin die Anschrift und Telefonnummer von Rommel, den ich auf jeden Fall über das Ergebnis informieren will.
Mit dem großen Umschlag stehe ich dann vor Jodl. Ich erläutere ihm meine Mission und warum Arnim mich als Überbringer bestimmt hat. »Es sieht sehr schlecht aus, Herr Generaloberst, wir sind dem Druck der Engländer und Amerikaner nicht mehr gewachsen. Besonders die Royal Air Force verhindert, wenn es nicht regnet, fast alle unsere Bewegungen. Die lange Front von Gabès bis Tunis kann von uns nicht annähernd besetzt werden. Um ein Desaster zu verhindern, sollten sofort so viele wie möglich evakuiert werden, um an Fronten zur Verfügung zu stehen, wo mit Sicherheit die Westalliierten landen werden. Zu dem Zweck habe ich einen Evakuierungsplan zu übergeben, der sorgfältig ausgearbeitet und von Kesselring, Guderian und Schmundt gegengezeichnet ist.«
Damit übergebe ich den Umschlag.
»Man hat mich«, fahre ich fort, »als kleinen Truppenoffizier hierher geschickt in der Hoffnung, daß der Führer davon beeindruckt sein wird.«

Jodl sieht mich lange an, ohne den Umschlag zu öffnen.
»Hören Sie, Luck, es ist überhaupt nicht daran zu denken, Teile der Afrikaarmeen zu evakuieren oder, wie Sie es nennen, ein ›deutsches Dünkirchen‹ ins Auge zu fassen. Der Führer ist nicht bereit, an einen Rückzug zu denken. Wir werden Sie auch nicht zu ihm persönlich vorlassen. Er wird einen Wutanfall bekommen und Sie rausschmeißen. Außerdem sind wir froh, den Führer für ein paar Tage auf dem politischen Gleis zu haben, da er gerade den Staatsbesuch von Antonescu aus Rumänien hat.« Ohne Übergang nimmt mich Jodl beim Arm und führt mich zur riesigen Lagekarte, die eine ganze Wand bedeckt.
»Hier sehen Sie die Front in Rußland, wenn wir Stalingrad verlieren werden. Was halten Sie von Stalingrad?«
»Herr Generaloberst, wir haben mit unserem Kriegsschauplatz so viel Ärger, daß wir keine Zeit haben, uns mit Stalingrad zu befassen. Wir fragen uns lediglich, ob es notwendig ist, Hunderttausend kriegserfahrener Männer ihrem Schicksal zu überlassen? Das Wort Stalingrad ist für uns ein Reizwort, da wir ein ähnliches Schicksal befürchten, wenn nicht gerettet wird, was noch zu retten ist.«
Jodl schweigt. Nach einer kurzen Pause gibt er mir die Hand:
»Ich kann Sie alle verstehen, aber Ihre ›Mission‹ ist nutzlos, teilen Sie das Arnim mit.«

Tief enttäuscht gehe ich zur Funkzentrale und setze meinen Funkspruch an Arnim ab: »Beim Führer nicht vorgelassen, Plan von Jodl abgelehnt, fliege nach Rom zurück, von dort nach Tunesien.«
Ich melde mich bei Oberst X ab und treffe noch einmal mit Bonin zusammen. »Bitte teilen Sie Rommel den Mißerfolg meiner Mission mit, ich versuche, nach Afrika

zurückzufliegen. Sollte das nicht möglich sein, nehme ich mit Rommel Verbindung auf.«
Mich hält nichts mehr in Deutschland, ich möchte zu meinen Leuten. In Rom teilt mir der deutsche Verbindungsoffizier mit, daß strikte Anweisung besteht, kein Personal mehr nach Afrika fliegen zu lassen, nur Nachschub soll noch im Rahmen des Möglichen nach Tunis geflogen werden. Ich gebe die Hoffnung nicht auf, doch noch hinüberzukommen, bleibe zunächst in Rom und bin täglich beim Verbindungsstab.

Die täglichen Nachrichten von der Front sind alarmierend. Die Mareth-Stellung ist verloren, aber noch hält der Rest der Afrikaarmee bei Gabès und die 5. Panzerarmee westlich und südwestlich von Tunis. Die Amerikaner versäumen es, in die Riesenlücke zwischen beiden Armeen zu stoßen, um sie voneinander zu trennen. Jetzt in der ersten Hälfte April wäre es noch möglich, einen großen Teil der Truppen über die Halbinsel Bône und nördlich Tunis nach Sizilien zu schaffen. Dafür waren vorgesehen: alle Junkers 52 (»Tante Ju«), die Nachschub ein- und leer zurückfliegen, Schnellboote und die berühmten »Siebelfähren«, große flache Fähren, die von ausgedienten Flugzeugmotoren angetrieben werden. Aber außer Verwundeten darf kein Mann Tunesien verlassen. Eines Tages im April treffe ich General Gause in Rom, der zum Comando Supremo geschickt wurde (ich glaube, Arnim wollte diesen bewährten Generalstabsoffizier für Rommel retten), und General Bayerlein, der schwer krank ist.
Die Front im Süden ist Ende April kurz vorm Zusammenbruch, es kommen kaum mehr Munition, Benzin und Ersatzteile hinüber.

Plötzlich trifft in Rom ein Befehl vom Führerhauptquartier ein: »Es ist sofort mit der Evakuierung deutscher und italienischer Truppen aus Tunesien zu beginnen, alle verfügbaren Transportmittel sind einzusetzen.«
Und es folgt genau der Evakuierungsplan, den ich vor Wochen Jodl übergeben hatte. Junkers, Schnellboote und Siebelfähren werden in Marsch gesetzt. Meine Abteilung befindet sich immer noch im Süden bei der Afrikaarmee, sie wird keine Chance haben, nach Norden zur Halbinsel Bône durchzustoßen. Ich erhalte einen letzten Funkspruch von Hauptmann Bernhard: »Habe kein Benzin und Munition mehr, erwarten bewegungslos den entscheidenden Angriff. Wir grüßen unseren Kommandeur und unsere Familien, Panzeraufklärungsabteilung 3.«
Als die ersten, zur Evakuierung bestimmten Offiziere und Männer auf den Feldflugplätzen eintreffen, stehen dort amerikanische Panzer:
»Come on, boys, it's finished.«

Über 2 Wochen hatte man im Hauptquartier gezögert, nun doch ein »deutsches Dünkirchen« zu versuchen. Tausende hätten gerettet werden können, hätte Jodl unseren Plan sofort genehmigt.

Am 6. Mai, nach einer mit aller Kraft durchgeführten Offensive der Alliierten, kapitulieren die deutsch-italienischen Reste der stolzen Afrikaarmee, allein über 130 000 deutsche Soldaten gehen in die Gefangenschaft.
Gefangengenommen zu werden, galt von je her als »nationale« oder persönliche Schande. Obwohl mit einer humanen Behandlung durch die Engländer und Amerikaner zu rechnen ist, versuchen viele, sich der Gefangennahme zu entziehen. Einigen gelingt es auf abenteuerliche Weise:
○ Angehörige der Fallschirmdivision schnallen sich an den wenigen überfüllten Ju 52 am Fahrgestell fest und erreichen Sizilien;
○ Leutnant von Mutius von meiner Abteilung erscheint in Rom und berichtet: »Ich hielt mich, da ohne Aufklärungsfahrzeuge und Munition, bei unserer Versorgungsabteilung auf der Halbinsel Bône auf. Als alles zu Ende ging, entdeckte ich durch Zufall in einer Bucht, gut getarnt, eine intakte Siebelfähre. Techniker stellten fest, daß die Fähre fahrbereit war. Ich fragte die planlos in der Gegend herumlaufenden Männer, wer mit mir nach Sizilien fahren wolle. Es meldeten sich fast hundert Mann, mit denen ich vorm Hellwerden losfuhr. Nur nach meinem Kompaß fahrend, erreichten wir unbehelligt einen Hafen in Sizilien. Dort verweigerte man uns die Landung, weil wir keine Schiffspapiere hätten. ›Dann eben nicht‹, rief ich den Italienern zu, ›dann laufen wir wieder aus.‹ In einer unbewachten Bucht gingen wir an Land. Hier sind wir, um zu unseren Einheiten zu kommen.«
○ Leutnant von Wechmar aus meiner Abteilung, der nach dem Krieg zunächst Korrespondent von UP-Agency in Deutschland und später Botschafter war, berichtete von seinem Schicksal: »Ende August 1942 wurde ich von der Abteilung zu einem Kursus nach Deutschland geschickt. Anfang April 1943 kehrte ich mit mehreren alten Afrikakämpfern auf drei von den Griechen übernommenen Zerstörern nach Tunesien zurück. Durch Verrat wurden wir von den Engländern entdeckt, zwei Zerstörer versenkt, während unser Schiff mit Schlagseite gerade noch einen Hafen in Tunesien anlaufen konnte. Es glückte nicht, bis zur Abteilung durchzukommen, ich wurde für die letzten Tage im Norden eingesetzt. Nach der Kapitulation setzte ich mich mit einem anderen Offizier ab, fand einen amerikanischen Jeep, mit dem wir versuchten, nach Marokko durchzukommen. Schon in Algerien wurden wir bei dem Versuch, Benzin zu organisieren, von den Amis entdeckt und gefangengenommen. Wie fast alle deutschen Gefangenen wurden wir in die USA verschifft, wo ich in einem POW-Lager in Trinidad/Colorado lande und gut behandelt werde. So sehr ich damals bedauerte, in Gefangenschaft zu geraten, so hat es mir, rückblickend, vielleicht das Leben gerettet.«
○ Winfried von St. Paul, Neffe eines guten Freundes, wurde auf meine Bitten Ende 1942 zu meiner Abteilung versetzt und bei dem erfolgreichen »Spähtrupp Molinari« eingesetzt. Lange nach dem Krieg traf ich ihn in Hamburg wieder. Er erzählte von den letzten Tagen meiner Abteilung: »Als wir noch im Süden Tunesiens operierten, entkam unser Spähtrupp gerade noch den Engländern, die allerdings unseren kleinen Werkstattwagen schnappten. Am nächsten Tag tauchte der Wagen wieder bei

uns auf, die Besatzung berichtete: ›Wir können Euch ja nicht ohne Ersatzteile und Wasser in der Wüste lassen‹, sagte uns der englische Kommandant, ›hier habt Ihr Wasser, fahrt zu Eurer Abteilung zurück.‹ Das war wieder ein Beweis für die Fairness auf diesem Kriegsschauplatz.«
Und weiter erzählte mir St. Paul: »Als Sie nach Deutschland flogen, übernahm Hauptmann Bernhardt die Führung. Wir kämpften Anfang Mai 1943 noch immer im Südabschnitt. Die Abteilung hatte noch 90 Mann im Einsatz, keine Spähwagen mehr und nur wenig Benzin, als wir am 9. Mai kapitulieren mußten. Der englische Offizier, der uns gefangen nahm, ging auf Bernhardt zu und sagte ihm: ›Es ist uns eine Ehre, Sie und die Aufklärungsabteilung 3 gefangen nehmen zu können. Bitte behalten Sie Ihre Pistole. Können wir etwas für Sie tun?‹ ›Bitte lassen Sie uns nicht zu Fuß bis Tunis laufen, wir sind müde‹, antwortete Bernhardt. Daraufhin wurden englische LKW organisiert, die uns zum Gefangenenlager brachten, vorbei an zu Fuß marschierenden Gefangenen, darunter einem General.«
St. Paul fuhr fort: »Von Constantine wurden wir mit dem Zug nach Casablanca gebracht, von Amerikanern mit Holzknüppeln bewacht. ›Wir sind keine Hunde‹, riefen wir ihnen zu, ›legt die Knüppel weg.‹ Von da ab wurde die Behandlung gut, wir kamen mit den Wachen ins Gespräch. Vorbei an riesigen Benzin- und Munitionslagern, groß wie Fußballfelder, fuhren wir nach Westen. ›Bei diesem riesigen Material hatten wir nie eine Chance, den Krieg zu gewinnen‹, war die einhellige Meinung. Im Lager Opelika/Alabama wurden wir erstklassig behandelt, bis wir Anfang April 1946 entlassen wurden, leider nach England, von wo wir erst ein Jahr später nach Hause geschickt wurden.«

Alle Berichte, die ich zum Teil noch in Rom, andere erst lange nach dem Krieg hörte, markieren das traurige Ende eines erbarmungslosen, doch immer fairen Krieges in Nordafrika.
Während man in Rom bereits darüber rätselt, ob und wo die Alliierten in Italien landen werden, ist auch für mich das Kapitel Afrika beendet. Meine Gedanken gehen zu meinen tapferen Männern über das Meer, für die der Krieg ganz zu Ende ist.
Was erwartet mich?

Interim 1943/44

Wieder rollt der Zug nach Norden. Über den Appenin, durch die Poebene und über die Alpen. Die Landschaft wirkt so friedlich, daß ich mir kaum vorstellen kann, die Italiener könnten die Grauen des Krieges am eigenen Leib erleben. Es ist sommerlich warm. Im Vorbeifahren sehe ich die Menschen ihrer Arbeit nachgehen. Vom Verbindungsoffizier in Rom habe ich mir einen Marschbefehl über München nach Berlin ausstellen lassen.

In München will ich nicht nur ein paar Freunde wiedersehen, sondern mich hauptsächlich um das von Guderian gewünschte Treffen mit Rommel kümmern. Man weist mir ein Zimmer im berühmten Hotel »Vier Jahreszeiten« zu, das den Brüdern Walterspiel gehört. Am Semmering, wo Rommel seine Kur macht, erreiche ich ihn am Telefon.
Ich berichte von der mißglückten »Mission« und der viel zu spät erteilten Genehmigung zur Evakuierung. Rommel gibt keinen Kommentar. Vielleicht wird sein Telefon abgehört.
Etwas »verschlüsselt« trage ich Guderians Wunsch vor, dem Rommel sofort zustimmt. Nach Rücksprache mit Guderian wird der Tag des Treffens im »Jahreszeiten« vereinbart. Ich bitte Walterspiel, ein Zimmer zu reservieren und das Treffen der prominenten Generäle unbedingt geheimzuhalten.

Am Tag des Zusammentreffens begrüße ich Rommel, der sich genau nach den Ereignissen der letzten Tage erkundigt, bevor ich nach Europa geschickt wurde. Er meint, daß er zur Zeit bei Hitler in Ungnade gefallen sei und sich freue, mit Guderian nach so langer Zeit einen Gedankenaustausch zu haben. Kurz darauf trifft Guderian ein, der mich begrüßt, ehe sich beide Männer zu einem Gespräch zurückziehen, über dessen Inhalt ich nie etwas erfahren habe. Walterspiel, der sich durch den hohen Besuch geehrt fühlt, hat mir etwas abseits der Hotelgäste einen Tisch reserviert und läßt nun aus seinen »schwarzen Beständen« ein Menü auffahren, das auch für viel Geld von einem »normalen« Gast nicht bestellt werden kann. Als ich in der Halle auf Rommel und Guderian warte und eine Zigarette rauche, kommt eine alte, gutaussehende Dame an meinen Tisch und richtet die Worte: »Sie erlauben bitte?« an mich. Dabei zieht sie eine silberne Dose aus ihrer Handtasche, nimmt meinen Zigarettenstummel aus dem Aschenbecher und legt ihn in die Dose, in der ich schon mehrere Reste liegen sehe.
»Verzeihen Sie bitte«, es scheint ihr peinlich zu sein, »aber die Tabakration ist so klein, daß ich mir aus den Resten Zigaretten drehe. Nachdem es Kaffee schon seit langem nicht mehr gibt, ist die Zigarette das einzige, was mir bleibt, um über die schweren Zeiten hinwegzukommen. Entschuldigen Sie nochmals.«
Ich bin zutiefst betroffen. Wie schwer muß es den Menschen zu Hause fallen, mit Rationierungen, Bombenangriffen und den Sorgen um ihre Angehörigen an der Front fertigzuwerden.
Als ich der Dame den Rest meiner Zigarettenschachtel gebe, lächelt sie mir dankbar zu.

Rommel und Guderian kommen getrennt in die Halle. Ein kurzer Händedruck: »Alles Gute für Sie, Luck«, und schon sind beide verschwunden.

Nach einigen Tagen Aufenthalt in München fahre ich weiter nach Berlin, in die zerbombte, einstige »Hauptstadt Europas«.

Wenzel Lüdecke, mein Ordonnanzoffizier in Afrika und Regieassistent bei der UFA, hat mir für die Zeit in Berlin sein Penthouse in der Nähe des Kurfürstendamm als Bleibe angeboten, was ich gern annehme. Offiziell melde ich mich bei der Ersatzabteilung, wo ich mein treues Mercedes-Cabriolet vorfinde.
Wegen meiner weiteren Verwendung muß ich das Personalamt aufsuchen. Ich lasse mich direkt bei General Schmundt melden, dem ich von der mißglückten »Mission« berichte.
Was wird auf mich zukommen? Die Ostfront?
Schmundt beendet meine Überlegungen: »Luck, Sie werden ab sofort für ein Jahr zur ›Führerreserve‹ abgestellt. Wir haben derartig große Verluste an Kommandeuren gehabt, daß wir eine Reserve bilden müssen für einen möglichen neuen Kriegsschauplatz in Italien oder Frankreich. Ich werde für Sie eine Tätigkeit finden, bei der Sie Ihre Erfahrungen weitergeben können.« Ich bin entsetzt. Um Gottes willen nicht ein Jahr lang in der Heimat herumsitzen. Ich möchte wieder an die Front. Plötzlich kommt mir ein Gedanke:
»Herr General, das können Sie mir nicht antun. Ich mache Ihnen einen Vorschlag. Anstatt eines Jahres nur ein halbes Jahr und das in Paris, wo sich die Kommandeurschule für Panzeraufklärungsführer befindet. Dort kann ich angehenden Kommandeuren meine Erfahrungen am besten vermitteln. Was halten Sie von meinem Vorschlag?«
Schmundt muß laut lachen.
»Das ist typisch für Euch Aufklärer, immer flexibel und zu ungewöhnlichen Lösungen bereit. Ich bin einverstanden.«
Ein paar Tage später werde ich offiziell ab August 1943 bis März 1944 an die Schule in Paris versetzt, wo ich mich bei Oberst von Wechmar, einem Vetter meines Vorgängers, zu melden habe.

Es ist inzwischen Ende Mai 1943. Der warme Frühling läßt das geplagte Berlin etwas versöhnlicher erscheinen.
Ich richte mich im Penthouse ein. Abends muß verdunkelt werden. Das kleine Handgepäck steht immer bereit. Es enthält die wichtigsten Papiere sowie meinen Vorrat an Bohnenkaffee und Zigaretten, die ich im Verpflegungsdepot bei Tunis organisiert habe. Sobald die Sirenen heulen — und das tun sie fast täglich —, eile ich mit dem Handgepäck in den Luftschutzkeller. In dem Häusermeer Berlins kann ich die Bombenangriffe nicht im Freien miterleben. Die Gefahr, von Trümmern oder Bombensplittern getroffen zu werden, ist zu groß. Außerdem hat sich jeder den »Anordnungen der Luftschutzwarte« zu fügen.
Die Alliierten werfen jetzt vermehrt Phosphorbomben ab, die sofort große Flächenbrände und bei Wind die gefürchteten Feuerstürme entfachen. Natürlich ist mein Penthouse besonders gefährdet, aber ich gehe das Risiko ein. Auch ich erhalte jetzt Verpflegungsmarken. Zu viele, um zu verhungern, zu wenige, um richtig satt zu werden. Bei der Ersatzabteilung ist die Verpflegung besser. Schließlich sollen die

Männer für den Fronteinsatz fit gemacht werden. Mit dem Mercedes pendle ich zwischen Kurfürstendamm und der Kaserne hin und her. Viele meiner Freunde treffe ich nicht mehr an. Einige sind aufs Land geflüchtet, andere, besonders meine jüdischen und literarischen Freunde, für immer verschwunden. Die nicht ins Ausland flüchten konnten, dürften in Konzentrationslager verbracht worden sein.

Wir Frontsoldaten, aber auch alle Freunde, die ich befrage, wissen von der Existenz der KZ (Sachsenhausen bei Berlin ist hier das bekannteste) und kennen in dem Zusammenhang den Begriff »Schutzhaft«. Wir haben keine Ahnung, was sich hinter dem Stacheldraht abspielt.

Anfang Juni werde ich zu einer Party bei einer Preußen-Prinzessin eingeladen, die ich vor dem Krieg bei meinem Freund von Papen kennengelernt hatte. Wahrscheinlich wegen des »exotischen Flairs«, aus Afrika zu kommen, mehr wohl aber noch wegen des Bohnenkaffeegeschenkes, bin ich bevorzugter Gast. Hier lerne ich Dagmar kennen, die Tochter des Besitzers der größten Baumschule Europas. Sie feiert ihren 21. Geburtstag.
Es »funkt« sofort zwischen uns. Ich lade sie für den nächsten Tag zum Essen ein. Dabei erzählt sie mir als erstes (»damit Du weißt, woran Du bist«), daß sie als »Achteljüdin« eingestuft ist und »arische Rechte« genießt. Ihre Mutter, eine der elegantesten Frauen Berlins, ist »Vierteljüdin«. Makaber, wie bürokratisch die »Judenfrage« in Deutschland behandelt wird. Ich lerne Dagmars Eltern kennen, beide Kosmopoliten, die — wie auch Dagmar — fließend Englisch und Französisch sprechen.
Wir sehen uns, sooft es möglich ist. Dagmar verliert langsam die Scheu vor allem Militärischen, das sie, neben den Parteifunktionären, als Inbegriff der Macht des »Dritten Reiches« ansieht.

Ich denke an Verlobung, aber auch an meinen Vorsatz, vor dem Ende des Krieges in beider Interesse keine enge Bindung einzugehen. Ich verspreche ihr jedoch, sie nach Paris zu holen für die Zeit meiner Lehrtätigkeit. Ich möchte sie aus der Enge Berlins und der Bombengefahr herausholen und sie nicht länger den oft beleidigenden Bemerkungen über ihren »Achtelstatus« als Arierin ausgesetzt wissen.

Ende Juni nehme ich Urlaub, um Freunde in Hamburg zu besuchen und meine Mutter und Schwester in Flensburg zu sehen.
Meine Freunde Boos leben außerhalb Hamburgs, nicht weit entfernt von Friedrichsruh, dem Alterssitz Bismarcks. In der Nacht, bevor ich nach Flensburg weiterfahren will, erlebt Hamburg die schlimmste Bombennacht des Krieges. Ganze Häuserviertel fallen in sich zusammen. Die Verluste unter der Zivilbevölkerung sind enorm. Von Boos' Garten aus sehen wir das brennende Hamburg. Am frühen Morgen kommen Tausende von Flüchtlingen, viele von ihnen mit Phosphorbrandwun-

den, zu Fuß in die Vororte. Ich sehe noch heute diese armen Menschen vor mir, die zum Teil nur das nackte Leben retten konnten. Sie werden in Notaufnahmelagern untergebracht. Jetzt verstehe ich, warum alle Verwundeten so schnell wie möglich wieder an die Front wollen, wo sie aktiv das Geschehen mitbestimmen können, während die Bevölkerung zur Passivität verurteilt ist.

Flensburg, obwohl Marinebasis, ist bisher verschont geblieben. Unsere große Wohnung ist bis auf zwei Zimmer für Flüchtlinge requiriert worden. Meine Schwester ist nach Holland zum dortigen Militärbefehlshaber zwangseingezogen worden. Meine Mutter treibt regen Handel mit Bauern, die wir von früher kennen. Gegen wertvolle Kunstgegenstände, die mein Vater aus Fernost mitgebracht hatte, erhält sie Butter und Fleisch. So kann sie die karge Markenration aufbessern. Als alte Dame bekommt sie nämlich keine Vorzugskarten, da sie »an der Produktion für den totalen Krieg« nicht beteiligt ist. Wenn es mich auch schmerzlich berührt, so rede ich ihr doch zu, weiterhin Dinge einzutauschen, und verspreche gleichzeitig, ihr von Frankreich alles zu schicken, was ihr nützlich sein kann.
Ich bewundere meine Mutter, die nicht nur den Tod meines Stiefvaters, sondern auch den Kriegseinsatz ihrer drei Kinder tapfer erträgt. Wir verleben schöne Stunden miteinander, und ich versuche, ihr Trost zuzusprechen. Der mitgebrachte Bohnenkaffee wird ihr in den nächsten Wochen etwas weiterhelfen.

Zurück in Berlin. Die Tage und Wochen gehen dahin. In der Ersatzabteilung halte ich Vorträge vor den jungen, gerade eingezogenen Soldaten über meine Erfahrungen auf den verschiedenen Kriegsschauplätzen. Dagmars Mutter, die keinen arischen Ausweis hat, aber als Frau ihres prominenten Mannes »toleriert« wird, hat eine Reise zu Freunden in die Schweiz benutzt, um sich abzusetzen. Ein weiterer Verbleib in Berlin erschien ihr zu riskant.
Mit Dagmar und einigen Freunden verbringe ich meinen 32. Geburtstag, zu dem mir Baron von Boeselager aus meinem »versenkten Bestand« einige Flaschen Champagner und Cognac geschickt hat. Sollte es mein letzter Geburtstag sein? In jedem Fall der letzte in der Heimat.

August 1943. Es heißt Abschied nehmen in eine immer unbekannter werdende Zukunft. Der Abschied von Dagmar fällt mir schwerer als vermutet. »Ich hole Dich nach Paris, so oder so, verlaß Dich drauf.«
Mit dem Marschbefehl für mich und den Mercedes lasse ich Berlin hinter mir. Meine persönlichen Dinge aus Lüdeckes Penthouse habe ich Dagmar übergeben, die sie in der Baumschule außerhalb von Berlin unterbringt. Als ob ich es geahnt hätte: 14 Tage später wird die Penthousewohnung durch Phosphorbomben zerstört.

Nach einem Stopp bei Boeselagers in der Nähe von Bonn erreiche ich Paris und melde mich bei »Bubi« von Wechmar, dem Kommandeur der Panzeraufklärungs-

schule. Dann geht es zur Kommandantur, zum Stadtkommandanten, General von Boineburg, der in Rußland die Grenadierbrigade in unserer 7. Panzerdivision geführt hatte.
»Ich freue mich sehr, Sie gesund zu sehen, lieber Luck. Sie möchten sicher eine Wohnung in der Nähe Ihrer Schule am Invalidendom?« »Gern, Herr General, außerdem hätte ich gern die Fahrerlaubnis für meinen Mercedes, der die Monate in Rußland so gute Dienste geleistet hat.«
In der Rue Bixio bekomme ich ein wunderbares Penthouse mit Blick über ganz Paris zugewiesen. Es gehört einem Schweizer Geschäftsmann, der nach Hause gefahren ist und seine Wohnung der Kommandantur zur Verfügung gestellt hat — einschließlich einer »femme du chambre«, die dort auch wohnt. Für sie wird es eine unvergeßliche Zeit, da ich ihr immer wieder Lebensmittel besorgen kann, die in Paris nicht mehr erhältlich sind.

Der erste Vierwochenkursus beginnt. Zwischen zwei Kursen gibt es eine Pause von einer Woche zur Auswertung des letzten Kurses. Zu einem dieser Kurse erscheint mein Freund Franz von Papen, der bislang an der Ostfront eingesetzt war. Dann de Maizière, der spätere General der Bundeswehr, und Major Waldow, später Kommandeur in meiner Panzerdivision.

Ich nehme Verbindung zu J. B. Morel und Clement Duhour auf, die sich riesig freuen, mich gesund wiederzusehen. Sie haben keinen Zweifel daran, daß die Westalliierten irgendwo in Frankreich landen werden. »Hans, das werdet Ihr nicht durchstehen. Ihr könnt diesen Krieg nicht gewinnen mit zwei Fronten und dem erdrückenden Material. Nochmals, bleibe hier, wenn es zu Ende geht. Wir werden Dich vor Entdeckung schützen.«
»Ihr wißt selbst«, antworte ich, »daß ich das nicht kann. Wir sind anders erzogen und haben unseren Eid geschworen. Also muß ich, wenn nötig, bis zum bitteren Ende dabeibleiben.«

Nach einigen Wochen in Paris kommt Clement aufgelöst in meine Wohnung: »Hans, die Gestapo hat J. B. festgenommen. Wir wissen nicht, wo er ist. Ich vermute, er gehört der Résistance an oder hat abfällige Bemerkungen über die Deutschen gemacht. Du weißt doch, daß J. B. aktiver Offizier in der französischen Armee war und ein großer Patriot ist.«
Ich verspreche Clement, zu tun, was möglich ist.
Zufällig wohnt im selben Haus mit mir in der Rue Bixio ein sehr hoher Gestapomann. Wir sind uns einige Male im Fahrstuhl oder auf der Straße begegnet und haben ein paar Worte miteinander gewechselt. Er scheint in mir den guten Typ des Frontsoldaten zu sehen und mich irgendwie zu bewundern. Ich entschließe mich — wenn auch widerwillig —, seine Hilfe zu erbitten, und suche ihn in seiner Wohnung auf. Nachdem ich ihm den Namen von J. B. genannt habe, fahre ich fort:

»Hören Sie, M. Morel hat gegen mich 1940 gekämpft. Er war ein tapferer Gegner und ist ein integrer Patriot. Ich glaube nicht, daß er sich abfällig über uns Deutsche geäußert hat. Dazu schätzt er mich zu sehr. Möglicherweise hat er gemeint, daß dieser Krieg nach Stalingrad und Nordafrika nun eine entscheidende Wende nimmt. Dieser Meinung kann ich mich dann nur anschließen. Ich wäre Ihnen dankbar, wenn Sie dafür sorgen würden, daß M. Morel auf freien Fuß gesetzt wird.«
Das war zweifellos riskant. Auch meine Äußerungen gelten bei den »Nazis« und der Gestapo als »defätistisch«.

Vier Tage später erscheint J. B. bei mir in der Wohnung. Er hat Tränen in den Augen. »Hans, das vergesse ich Dir in meinem ganzen Leben nicht.« Mit einer Flasche Cognac bedanke ich mich beim Gestapomann.

Inzwischen bemühe ich mich darum, Dagmar nach Paris zu holen. In der Kommandantur sagt man mir, das dies leicht wäre, wenn sie eine Arbeit bei einer französischen Firma nachweisen könne, die für die deutsche Besatzungsmacht arbeite. In der Nähe der Champs-Elysées finde ich eine Firma, die Lastwagen auf Holzfeuerung umrüstet (Benzin ist schon lange Mangelware). Man ist froh, mit Dagmar eine Dolmetscherin gefunden zu haben.
Über die Kommandantur erhalte ich eine Aufenthalts- und Arbeitsgenehmigung für Dagmar und teile es ihr voller Freude mit.
Mein Brief an sie kreuzt sich mit einer Hiobsbotschaft:
Die Gestapo hat ihren Vater abgeholt und in das KZ Sachsenhausen gebracht. Angeblich hatte er abfällige Bemerkungen über Hitler gemacht. Ich bin entsetzt. Das kann und wird dieser stolze, konservative Mann nicht durchhalten. Nach meinem Erfolg bei der Gestapo im Fall J. B. muß ich versuchen, Dagmars Vater herauszuholen. Ich bekomme von Wechmar, dem ich die Situation geschildert habe, die Erlaubnis, zwischen zwei Kursen für vier Tage Urlaub nach Berlin zu nehmen.
Nach einer Woche ist es soweit. Mit den nötigen Marschbefehlen und einem Fahrer von der Schule fahre ich die mehr als 1 000 Kilometer von Paris nach Berlin ohne anzuhalten. Vom Stadtkommandanten in Paris habe ich ein Schreiben in Händen, mit dem alle Dienststellen der SS und Gestapo gebeten werden, mich als Frontsoldaten zu unterstützen. Das Wiedersehen mit Dagmar ist überschattet durch die Ereignisse. Sie liebt ihren Vater sehr und ist zudem als »Achteljüdin« zweifellos keine Anhängerin des »Dritten Reiches«. Sie trägt jedoch ihr Schicksal mit Fassung. Obwohl sie in meine »Mission« wenig Hoffnung setzt, ist sie doch dankbar, daß überhaupt etwas unternommen wird.
Am nächsten Morgen fahren wir mit meinem Mercedes nach Sachsenhausen. Meine Uniform (ich trage immer noch die Tropenuniform), meine Auszeichnungen und das Schreiben von Boineburg verfehlen ihren Eindruck nicht. Der Kommandant des Lagers kommt persönlich zur Wache. Dagmar darf nicht mit ins Lager. So nehme ich das große Paket mit Lebensmitteln und werde in das Besucherzimmer

geleitet. Dabei versichert mir der Kommandant: »Auch wir an der Heimatfront leisten unseren großen Anteil am Sieg.« Das klingt wie Hohn. Ich enthalte mich jeden Kommentars, denn schließlich will ich Dagmars Vater hier rausholen.
Und dann wird er hereingeführt. Ein Schatten seiner selbst, voller Angst in den Augen. Was haben diese Wochen aus dem gesunden, aufrechten Mann gemacht?

»Wie geht es Dir?« Eine überflüssige Frage meinerseits. »Dagmar sitzt auf der Wache. Sie durfte nicht herein, läßt Dich aber herzlich umarmen.«
Worüber kann ich mit Dagmars Vater reden? Ein SS-Mann sitzt in der Ecke und kann jedes Wort mithören, soll es wohl auch.
»Ich habe Dir hier ein Paket mitgebracht mit Lebensmitteln, Kaffee und Zigaretten, das Deine Tochter Dir gepackt hat. Morgen bin ich bei Kaltenbrunner angemeldet«, fahre ich fort. (Kaltenbrunner ist der Chef des SS-Reichssicherungshauptamtes, der zweitmächtigste Mann nach Himmler, dem Reichsführer-SS). Ich habe ein Empfehlungsschreiben bei mir und werde darauf dringen, daß man Dich unverzüglich freiläßt.«
Ich merke an seiner Reaktion, daß er nicht viel Hoffnung hat. »Danke, daß Du extra von Paris hierhergekommen bist. Grüße meine Tochter. Ich wünsche Euch beiden alles Gute, werdet glücklich.«
Er steht auf, denn der Wachmann hat uns bedeutet, daß die Sprechzeit vorbei ist. Wir geben uns die Hand. »Kopf hoch, ich werde Dich hier herausholen.« Ein letztes Winken. Mit müden Schritten verläßt dieser aufrechte Deutsche den Raum.

Am nächsten Morgen bin ich in der SS-Zentrale und werde sofort bei Kaltenbrunner vorgelassen. Er steht im Rang eines SS-Generals. »Ich freue mich, einen hochdekorierten Offizier von der Front begrüßen zu können. Wie Sie im Fronteinsatz, so leisten wir hier an der Heimatfront Übermenschliches, um den endgültigen Sieg zu erzielen.«
Das übliche Bla-Bla, ich kann es kaum mehr ertragen. Aber ich will ja etwas von dem Mann, also pflichte ich ihm halbherzig bei.
Dann trage ich meinen Wunsch vor:
»Man hat mir gerade vier Tage Urlaub gegeben. Ich bin eine Nacht ununterbrochen nach Berlin gefahren und habe gestern meinen Schwiegervater in spe in Sachsenhausen besucht. Es geht ihm nicht gut. Er weiß auch nicht, warum er festgenommen wurde. Glauben Sie mir, Herr Obergruppenführer, mein Schwiegervater ist ein guter Deutscher und eine bekannte Persönlichkeit in Berlin. Ich halte es für ausgeschlossen, daß er sich irgendetwas hat zu Schulden kommen lassen. Da muß ein Irrtum vorliegen.«
Kaltenbrunner zeigt Verständnis und läßt seinen Adjutanten kommen. »Holen Sie mir die Akte über Herrn ...« — Nach kurzer Zeit kommt der Mann zurück: »Alle Akten über Insassen von Sachsenhausen sind in die Tschechoslowakei verlagert. Ich müßte sie von dort anfordern.«

»Das tut mir leid, ich muß auf die Akte warten, das kann aber dauern. Aber verlassen Sie sich darauf, ich werde dafür sorgen, daß Ihr Schwiegervater entlassen wird. Das bin ich einem so tapferen Frontoffizier schuldig.«
Ich gebe ihm meine Feldpostnummer und Einheit und bin mit einem Händedruck entlassen. Habe ich Erfolg gehabt? Ich weiß es nicht. Kann man Kaltenbrunner und dem ganzen Gestapo-Apparat trauen? Ist die »Verlagerung der Akten« nur eine Finte gewesen, um mich loszuwerden?

Dagmar ist äußerst skeptisch. »Ich traue den Leuten nicht. Sie sind infam und unmenschlich. Ich danke Dir, daß Du gekommen bist. Ich freue mich, daß ich nun zu Dir nach Paris kommen kann. Das wird mir helfen, Abstand zu gewinnen. Für meinen Vater kann ich hier sowieso nichts tun.«
Ich muß zurück nach Paris. Dagmar wird nachkommen, sobald sie zu Hause das Nötige geregelt hat.

Dagmar in Paris. In normalen Zeiten die Erfüllung eines Traumes, aber die Wolken am Himmel sind dunkel. Ich kaufe ihr ein Fahrrad, damit sie von den oft nicht funktionierenden Verkehrsmitteln unabhängig ist. Wir genießen die Tage im Penthouse in der Rue Bixio. J. B. und Clement kommen oft zu Besuch. Wir sind häufig bei Clement im »Cavalier«, wo wir am Abend mit Max Schmeling und der damals berühmten Schauspielerin Vivianne Romance zusammensitzen, die mit Clement befreundet ist.
Gemeinsam mit Dagmar kaufe ich Parfums, Seidenstrümpfe und Stoffe ein, die ich meiner Mutter schicke, damit sie etwas zum Tauschen hat.

Der Winter geht vorüber und damit meine Zeit in Paris. Dagmar und ich beschließen, uns zu verloben. Bei einem bekannten Juwelier an der Place Vendôme kaufen wir die Ringe.
Die Verlobung feiern wir zusammen mit J. B. Morel und Clement Duhour. Sie ist überschattet vom Schicksal von Dagmars Eltern. Dagmar ist ohne Nachricht ihres Vaters. Alle ihre Anfragen in Sachsenhausen blieben unbeantwortet. Sie hat kaum noch Hoffnung, ihn lebend wiederzusehen. Die Verbindung zu ihrer Mutter ist abgerissen. Sie hat Dagmar lediglich mitgeteilt, daß sie von der Schweiz aus nach Amerika reisen werde.
Auch ich habe nichts mehr von Kaltenbrunner gehört.

Als ich später über einen Freund im Führerhauptquartier vorfühle, ob einer Heiratsgenehmigung bei dem Status der Achteljüdin etwas entgegenstehe, erlebe ich dieselbe herbe Enttäuschung. Die Auskunft lautet: Wenn Major von Luck Reserveoffizier wäre, stünde einer Heirat mit einer Achteljüdin mit arischen Rechten nichts im Wege. Als aktivem Offizier aber kann ihm die Genehmigung nicht erteilt werden.

Dies zeigt eine besondere Logik und Auslegung der »Rassengesetze«. Gilt ein Reserveoffizier vom rassischen Standpunkt her weniger als ein aktiver Offizier?

Anfang März werde ich zu einem Kurzlehrgang für Regimentskommandeure nach Deutschland geschickt. Dort erhalte ich die Nachricht, daß ich als Regimentsführer zur Panzerlehrdivision versetzt bin, die von Generalmajor Bayerlein, dem erfahrenen Afrikakämpfer, geführt wird.
Ich fahre Anfang April nach Paris zurück, um meinen Haushalt aufzulösen. Dagmar soll so lange wie möglich in Paris bleiben. Sie ist von mir beim Stadtkommandanten gemeldet. J. B. und Clement wollen sich um sie kümmern. »Für den Fall, daß es kritisch wird, werde ich eine Transportmöglichkeit für Dich organisieren. Geht das nicht, wende Dich an den Stadtkommandanten, damit Du mit einem Nachschubfahrzeug nach Deutschland fahren kannst.«

Das ist nun unser Abschied. Wir wissen beide nicht, wann und unter welchen Umständen wir uns wiedersehen werden.

Bayerleins Division liegt irgendwo in der Normandie oder der Bretagne. Mit meinem Mercedes mache ich mich auf den Weg und beschließe, an Rommels Gefechtsstand in La Roche Guyon, westlich von Paris, vorbeizufahren und mich bei ihm zu melden.
General Gause, sein Chef des Stabes und getreuer Generalstabsoffizier in Afrika, empfängt mich.
»Fein, Sie gesund wiederzusehen. Ich bin gerade dabei, meinen Nachfolger, General Speidel, einzuarbeiten. Gratuliere zu Ihrer Versetzung nach Frankreich, wo wir über kurz oder lang mit einer Landung rechnen müssen.« Auf meine Frage, ob ich mich beim Feldmarschall melden kann, kommt sofort Gauses Antwort:
»Auf jeden Fall. Rommel ist ziemlich deprimiert, daß er mit seinen Argumenten, wie einer Landung zu begegnen ist, sich bei Hitler nicht durchsetzen kann. Er wird sich freuen, Sie zu sehen. Machen Sie einen Spaziergang mit ihm. Das wird ihn ablenken.«

Rommel empfängt mich mit seinem mir so vertrauten Lächeln. Er sieht viel besser aus, als ich ihn von meinem letzten Treffen her in Erinnerung habe. »Ich freue mich, Sie hier an der Westfront begrüßen zu können. Es wird einiges auf uns zukommen in den nächsten Wochen. Sorgen Sie dafür, daß das Regiment, das Sie übernehmen sollen, motiviert und sich des Ernstes der Lage bewußt ist.«
Wir spazieren durch den schönen Schloßpark, als Rommel seine Prophezeiung wiederholt, die er in Nordafrika gemacht hatte. »Ich bin gegen jede gewaltsame Lösung. Ich muß Hitler überzeugen, daß wir den Krieg nicht mehr gewinnen, sondern höchstens das Ende hinauszögern können. Sobald sich eine Möglichkeit ergibt, will ich ihm persönlich, notfalls schriftlich, klarzumachen versuchen, daß

der Krieg endgültig verloren ist, wenn es den Alliierten gelingen sollte, eine Zweite Front hier im Westen zu errichten. Wir müssen jeden Gegner, der seinen Fuß auf französischen Boden setzt, in den ersten Stunden ins Meer zurückwerfen. Das geht nur, wenn unsere Panzerdivisionen dicht an der Küste stehen und genügend Jäger in der Luft sind, die den starken allliierten Luftstreitkräften entgegengeworfen werden können. Göring hat uns in Afrika schon einmal im Stich gelassen und auch bei Stalingrad sein Versprechen nicht gehalten. Ich nehme ihm die »tausend Jäger«, die er hierherschicken will, nicht ab.
Machen Sie es gut, Luck, ich werde Ihre Division in den nächsten Wochen noch öfter besuchen. Wir müssen unsere Pflicht tun.«
Ich verabschiede mich von Rommel — tief beeindruckt und beunruhigt.

Bei der Panzerlehrdivision werde ich sofort von General Bayerlein empfangen, der mich mit einer »schlechten« Nachricht begrüßt: »Lieber Luck, ich hatte Sie als Kommandeur des Panzerregiments vorgesehen, erhielt jedoch vor wenigen Tagen die Nachricht, Sie sofort zur neu aufgestellten 21. Panzerdivision in Marsch zu setzen. Ihr Kommandeur, Generalmajor Feuchtinger, hat anscheinend einen besseren Draht zum Führerhauptquartier. Ich bedaure es sehr, einen alten Afrikakämpfer nicht in meine Division bekommen zu können.«

Ich bin ziemlich unglücklich über diese Entscheidung, aber so ist das nun mal.

Keiner weiß, wo die 21. Panzerdivision liegt. Also geht es zurück nach La Roche Guyon, wo ich Gause noch einmal treffe. »Die 21. ist gerade von ihrem »Ungarn-Ausflug« zurück, wohin sie wegen eines befürchteten Aufstandes zugunsten der Russen verlegt worden war. Sie liegt im Raum Rennes in der Bretagne, hat aber gerade den Befehl erhalten, sich in den Raum um Caen, der Hauptstadt der Normandie, zu verlegen. Bitte melden Sie sich dort bei Feuchtinger.«

In den ersten Maitagen 1944 finde ich die Division und melde mich zu ihr versetzt. »Ich heiße Sie herzlich willkommen«, begrüßt mich Feuchtinger, »Oberst Maempel, Kommandeur des Panzergrenadierregimentes 125, muß aus Gesundheitsgründen in die Heimat. Ich werde Sie mit der vertretungsweisen Führung seines Regimentes beauftragen, bis die endgültige Ernennung erfolgt.«
Diese Division, ab 1943 in der Bretagne überwiegend aus kriegserfahrenen Einheiten vom russischen Kriegsschauplatz und Ersatz aus Deutschland zusammengestellt, ist eine in vieler Hinsicht unorthodoxe Panzerdivision:
○ General Feuchtinger, ein Artillerist, hat keine Kriegserfahrung, schon gar nicht in der Panzertruppe. Er ist in Deutschland bekannt geworden als Organisator des militärischen Teiles der sogenannten »Reichsparteitage« und dadurch mit Hitler und seinem Parteiapparat gut bekannt. Diese »Beziehung« hat er anscheinend genutzt, um mich als Nachfolger von Oberst Maempel in seine Division zu holen.

○ Die Division hat mangels ausreichenden Nachschubes weitgehend französisches Kriegsmaterial, das nach dem Frankreichfeldzug 1940 gefunden wurde, mit Genehmigung des Oberbefehlshabers West zur beschleunigten Neuaufstellung verwenden dürfen. Dazu ist ein »Sonderstab Paris« gegründet worden, dem die Organisation und so weiter obliegt.
Hier spielt Major Becker, Reserveoffizier und Besitzer einer kleinen Fabrik im Westen Deutschlands, die entscheidende Rolle. Technisch hochbegabt, mit vorzüglichen Verbindungen zur Rüstungsindustrie und ein persönlicher Freund Feuchtingers, hat er freie Hand, zu improvisieren und mit dem französischen Material eigene Konstruktionen zu verwirklichen.
Becker entdeckte in den Hotchkiss-Werken bei Paris eine Unzahl von Panzerchassis, für die er in Deutschland gefertigte Panzerplatten und Geschütze organisierte, um eine Sturmgeschützabteilung aufzustellen. Außerdem läßt er nach eigenen Plänen »Raketenwerfer« bauen, die im Mai 1944 Feldmarschall Rommel und einigen Armeeführern an der Normandieküste vorgeführt werden und sogar Hitler begeistern, als ihm davon berichtet wird.
Ebenfalls aufgrund seiner Beziehungen erhält seine Abteilung die modernste Funkausrüstung.
Beckers Sturmgeschützkompanien werden für eine enge Zusammenarbeit mit den Grenadieren ausgebildet, was sich später als entscheidende Hilfe für unsere Abwehrkräfte zeigen soll. Wir belächeln zunächst die wie »Ungetüme« aussehenden Sturmgeschütze, werden aber schnell eines besseren belehrt. Feuchtinger ist natürlich sehr stolz auf die Leistung Beckers und daher häufig in Paris bei seinem »Sonderstab«, um dessen Arbeiten verfolgen zu können. Zudem ist Feuchtinger ein Mensch des »Leben und leben lassen«. Er ist allen schönen Dingen des Lebens zugetan, wofür sich Paris naturgemäß anbietet.
Wissend, daß er keine Kriegserfahrung und Kenntnisse der Panzerführung besitzt, hat Feuchtinger die Größe zu delegieren, das heißt uns erfahrenen Kommandeuren die Ausführung von Befehlen zu überlassen.
Das ist die Division, mit der ich mich vertraut zu machen und in die ich mich zu integrieren habe. Das Panzergrenadierregiment 125, mit dessen Führung ich betraut werde, besteht überwiegend aus verschiedenen Einheiten, die an der russischen Front eingesetzt waren, und jungem Ersatz aus der Heimat: dem Regimentsstab, dem I. Bataillon auf gepanzerten Halbkettenfahrzeugen (SPW) und dem II. Bataillon auf Lastwagen.

Feuchtinger setzt mich ins Bild über die allgemeine Lage: »Unsere Division ist die einzige in Küstennähe hinter dem hier in der Normandie noch nicht voll ausgebauten Atlantikwall, der von nicht sehr kriegserfahrenen Infanteriedivisionen besetzt ist. Obwohl die erwartete Landung der Alliierten nicht in der Normandie, sondern eher am Pas de Calais, der kürzesten Entfernung zwischen England und dem Kontinent erwartet wird, ist Caen als wichtige Industriestadt auch ein Knotenpunkt. Des-

halb wurde entschieden, eine Panzerdivision hierher an den Atlantikwall zu verlegen. Wir müssen jedoch mit Luftlandungen oder größeren Kommandounternehmen rechnen, die zur Ablenkung von der eigentlichen Landung dienen.
Deshalb legt Rommel größten Wert darauf, daß die Division auch im Hinterland gefechtsmäßige Stellungen bezieht.
Ihr Regiment ist laut Befehl der Heeresgruppe B (Rommel), der die Division direkt unterstellt ist, nordostwärts von Caen, also ostwärts der Orne, eingesetzt, das andere Regiment 192 nördlich Caen, westlich der Orne. Südlich von Caen das Panzerregiment, die Artillerie und die anderen Divisionseinheiten. Zu Ihrer Unterstützung haben Sie zwei Kompanien von Beckers Sturmgeschützabteilung.
Unsere Division hat *strikten Befehl*, erst bei Freigabe durch die Heeresgruppe B bei feindlichen Landungen einzugreifen. Rommel wünscht, daß sich alle Einheiten mit dem Gelände — auch bei Nacht — vertraut machen und daß laufend Einsatzübungen durchgeführt werden. Ich hoffe, lieber Luck, daß Sie sich bei uns wohl fühlen werden, und wünsche Ihnen viel Glück.«

Im Laufe des Mai erscheint Rommel mehrmals bei der Division, um sich über den Ausbildungsstand und die Moral der Truppe zu informieren. Bei einem seiner Besuche äußert er sich fast prophetisch: »Ich kenne die Engländer aus Frankreich 1940 und aus Nordafrika. Sie werden genau dort landen, wo wir es am wenigsten vermuten. Könnte auch hier sein.«
Um die ungenügenden Befestigungen an der Küste zu ergänzen, befiehlt Rommel, Pfahlhindernisse an der Küste und im Hinterland zu errichten, die sogenannten »Rommelspargel«. Außerdem werden Minenfelder dort gelegt, wo mit Luftlandungen zu rechnen ist.
Etwas beunruhigt uns, daß die Zivilbevölkerung sich frei bewegen kann. Wir müssen sogar Gassen in den Minenfeldern offenlassen, damit die Bauern ihrer Arbeit nachgehen können. An eine Evakuierung wird nicht gedacht. Wozu auch? Schließlich wissen wir nicht, wo eine Landung erfolgen wird. Dadurch hat die Résistance, die mit Sicherheit auch in der Normandie aktiv ist, die Möglichkeit, unsere Stellungen, die Unterkunftsräume der Panzer und der Artillerie sowie die Lage der Minenfelder den Engländern bekanntzugeben. Tatsächlich finden wir später bei Gefangenen Lagekarten mit genauer Einzeichnung unserer Stellungen.

Die Wochen vergehen. Für eine Panzerdivision, die in den bisherigen Feldzügen an bewegliche Kampfführung gewöhnt war, ist die Untätigkeit ermüdend und gefährlich. Die Aufmerksamkeit läßt leicht nach, besonders nach dem Genuß von Calvados und Cidre, beides für diese Gegend typische Getränke. Hinzu kommt die Ungewißheit, ob die Landung überhaupt in unserem Abschnitt erfolgen wird.
Ich bin täglich unterwegs, um jede Einheit des Regiments zu besuchen, Offiziere und Unterführer kennenzulernen und mich dem einzelnen Mann vorzustellen, um sein Vertrauen zu gewinnen. Bei Besprechungen beim Divisionsstab lerne ich die

anderen Divisionskommandeure kennen. Sie alle sind kriegserfahren und hoch dekoriert. Auch sie sind sehr unglücklich über Hitlers Entscheidung, die Panzerdivisionen im Hinterland zu belassen, statt sie an die möglichen Landungsstellen zu verlegen.

Noch einmal fahre ich im Mai 1944 nach Paris. Feuchtinger wünscht, daß ich den »Sonderstab Becker« besuchen soll, um mich mit den von ihm entwickelten Sturmgeschützen und Raketenwerfern vertraut zu machen und mit Becker über die enge Zusammenarbeit mit unseren Grenadieren zu sprechen.
Dagmar, der ich meinen Besuch ankündige, hat eine freudige Überraschung: Herbert von Karajan spielt mit den französischen Philharmonikern die 5. Symphonie von Beethoven. Da Dagmar mit Karajans Frau eng befreundet ist, hat sie sofort Karten organisieren können. Die Musik läßt mich den Krieg und die Gedanken an die Zukunft für ein paar Stunden vergessen.

Am 30. Mai kommt Rommel zum letzten Mal zur Division. Becker führt an der Normandieküste seine neuen Raketenwerfer mit scharfer Munition vor, was Rommel sehr begeistert.
Bei der abschließenden Besprechung mit allen Kommandeuren unserer Division ermahnt uns Rommel erneut zur größten Wachsamkeit und schließt mit den Worten: »Sie sollten nicht damit rechnen, daß der Feind bei schönem Wetter und bei Tage kommt.«
Noch präziser formuliert es General der Artillerie Marcks, Kommandierender General des LXXXIV. Armeekorps, dem wir unterstellt sind: »Wie ich die Engländer kenne, werden sie am Sonntag, dem 4. Juni, noch einmal in die Kirche gehen und am Montag kommen.«
Die Marine und unsere Meteorologen berechnen als günstigsten Zeitpunkt für eine Landung den 5. Juni, dann erst wieder den 28. Juni 1944.

In den ersten Junitagen verstärkt sich die englische Luftaufklärung über der Normandie erheblich. Wie die Division von Rommels Stab erfährt, stehen in Frankreich etwa 130 Messerschmittjäger zur Verfügung. Von einer Verlegung der von Göring versprochenen »1 000 Jäger« nach Frankreich ist in den nun doch kritischen Tagen nichts zu sehen. Die Masse der 130 Jäger ging bei der Verlegung verloren. Wir wissen zu diesem Zeitpunkt nicht, daß Rommel auf eigenen Wunsch hin zur Besprechung zu Hitler gebeten wurde und am 4. Juni nach Deutschland abgefahren ist. Wir wissen auch nicht, daß General Feuchtinger und sein Erster Generalstabsoffizier nach Paris zum »Sonderstab« gefahren sind. Beide also werden in der vielleicht entscheidenden Nacht von 5. zum 6. Juni nicht in ihren Hauptquartieren sein. Wir kennen nur den unseligen Befehl, uns in keinerlei Kampfhandlungen einzulassen, ohne dafür von der Heeresgruppe B (Rommel) bzw. dem Oberbefehlshaber West (Generalfeldmarschall von Rundstedt) freigegeben worden zu sein.

Am 5. Juni 1944 liegen die beiden Panzergrenadierregimenter in ihren ausgebauten Gefechtsstellungen beiderseits der Orne nördlich von Caen. Ich genehmige dem II. Bataillon, daß die 5. Kompanie des Oberleutnant Brandenburg in der kommenden Nacht eine Übung durchführt und dazu mit Platzpatronen ausrückt. Das entspricht dem Plan, der Reihe nach alle Kompanien für einen Nachteinsatz zu trainieren.

Der Weg in die Niederlage 1944 bis 1945: Von der Normandie in den Osten Deutschlands

Beginn der Invasion

Der Abend des 5. Juni 1944 war ungemütlich. Die Normandie zeigte sich hier von ihrer schlechten Seite — am Tage hatte es geregnet und gestürmt.
Ich saß in einem schmucklosen Haus am Dorfrand von Bellengreville, einige Kilometer westlich von Vimont, einer kleinen Stadt ostwärts von Caen, der Industrie- und Hafenstadt an der Normandieküste, über Karten und Papieren, um Übungen für mein Regiment vorzubereiten. Mein Adjutant, Oberleutnant Helmut Liebeskind, befand sich im Gefechtsstand im Dorf. Ich war Major, 32 Jahre alt. Sechs Wochen zuvor war ich als Kommandeur des Panzergrenadierregiments 125 zur 21. Panzerdivision versetzt worden. Ich wußte, daß ich Ende Juli zum Oberstleutnant und nach weiteren zwei Monaten zum Oberst befördert werden würde — eine schnelle Karriere, wie mir schien.

Die von den Marine-Meteorologen täglich erarbeitete Großwetterlage, die uns jeweils von der Division übermittelt wurde, gab für den 5. und 6. Juni »Entwarnung«: Mit Landungen war danach nicht zu rechnen, denn hochgehende See, Stürme und tiefliegende Wolken würden größere Operationen des Gegners zur See und in der Luft unmöglich machen.
Ich empfand an diesem Abend unser Los als höchst unbefriedigend: Ich war — wie die meisten meiner Männer — an Bewegungskämpfe gewöhnt, wie wir sie auf den anderen Kriegsschauplätzen ausgefochten hatten, und fand das Warten auf die mit Sicherheit kommende Invasion entnervend — dies um so mehr, als die höchsten Stellen eine Landung am Pas de Calais, nicht aber in der Normandie mit ihren Steilküsten und der großen Entfernung zu den mutmaßlichen britischen Einschiffungshäfen erwarteten.
An diesem regnerischen Abend warteten mein Adjutant und ich auf die Meldung des II. Bataillons, daß die Nachtübung beendet sei. Dieses Bataillon lag im Raum Troarn-Escoville, also ziemlich dicht an der Küste, während das mit Schützenpanzerwagen und gepanzerten Halbkettenfahrzeugen ausgerüstete I. Bataillon weiter rückwärts Wartestellungen bezogen hatte.
Ich hatte den grundsätzlichen Befehl erteilt, bei möglichen Landungen alliierter Kommandotrupps hätten die betroffenen Bataillone und Kompanien sofort und selbständig anzugreifen, und zwar ohne Rücksicht auf das Verbot von höchster Stelle, erst nach Freigabe durch das Oberkommando West den Kampf aufzunehmen. Doch angesichts der uns übermittelten Großwetterlage dachte ich in dieser Nacht an einen solchen Einsatz nicht.

Etwa um Mitternacht hörte ich das anschwellende Dröhnen von Flugzeugen, die uns überflogen. Ich überlegte, ob dieser Angriff wohl wieder den Verkehrswegen im Hinterland oder dem Reichsgebiet selbst gelten würde. Die Maschinen schienen ungewöhnlich tief zu fliegen — des Wetters wegen?
Ich blickte aus dem Fenster und war hellwach: Am Himmel hingen Leuchtraketen. Im selben Augenblick erreichte mich schon der Anruf meines Adjutanten: »Herr Major, Fallschirmjäger springen ab, Lastensegler landen in unserem Abschnitt. Ich versuche, Verbindung mit dem II. Bataillon herzustellen. Ich komme sofort zu Ihnen.« Ich befahl ohne Zögern: »Es ist sofort alles zu alarmieren und die Division zu verständigen. Das II. Bataillon soll eingreifen, wo es nötig ist. Es sind möglichst Gefangene zu machen und mir zu bringen.«
Mit meinem Adjutanten fuhr ich dann zum Gefechtsstand. Die mit Platzpatronen ausgerückte 5. Kompanie war von der Nachtübung noch nicht zurückgekehrt — eine gefährliche Situation. Erste Meldungen besagten, über Troarn seien englische Fallschirmjäger abgesprungen. Der Kommandeur des II. Bataillons habe bereits mit nicht betroffenen Teilen den Gegenangriff eingeleitet, und es sei ihm gelungen, nach Troarn einzudringen, wohin sich Teile der 5. Kompanie schon aus eigener Kraft zurückgezogen hatten.
Wir telefonierten mit dem Kompaniechef, der in einem Keller saß: »Brandenburg, halten Sie durch. Das Bataillon greift bereits an und muß in wenigen Augenblicken bei Ihnen sein.« Seine Antwort: »O. k., ich habe hier den ersten Gefangenen, einen englischen Stabsarzt der 6th Airborne Division.« »Schicken Sie ihn her, sobald die Lage geklärt ist.«
Inzwischen telefonierte mein Adjutant mit der Division: General Feuchtinger und sein Generalstabsoffizier waren noch nicht zurückgekehrt. Wir gaben dem Ordonnanzoffizier, Oberleutnant Messmer, einen kurzen Lagebericht und baten ihn, unverzüglich nach der Rückkehr des Divisionskommandeurs für uns die Freigabe für einen konzentrierten Nachtangriff zu erwirken.
Unterdessen hatten wir die Lage etwas mehr in den Griff bekommen und auch etwas mehr Übersicht gewonnen: Gefangene, die falsch abgesprungen und uns bei unserem begrenzten Gegenangriff in die Hände gefallen waren, wurden zu mir gebracht. Bis ich sie befehlsgemäß zur Division abführen ließ, erfuhren wir beim »small talk«, die 6th Airborne Division solle in der Nacht abspringen, um die Brücken über die Orne bei Ranville unversehrt zu erorbern und ostwärts der Orne einen Brückenkopf für die am Morgen des 6. Juni geplante Landung von See her zu bilden.
Allmählich packte uns die Wut: Die Freigabe für einen sofortigen Nachtangriff, um die erste Verwirrung beim Gegner auszunutzen, hatten wir immer noch nicht bekommen, obwohl unsere Meldungen über die Division an das Korps und den Oberbefehlshaber West dort längst vorliegen mußten. Wir rechneten uns durchaus Erfolgschancen aus, bis zur Küste vorzustoßen und die Bildung des Brückenkopfes zu verhindern oder wenigstens zu erschweren.

Ich entsinne mich des britischen Stabsarztes, der als erster Gefangener zu mir gebracht wurde: In seiner Fallschirmausrüstung unterschied er sich nicht von der Truppe. Er wahrte seine Haltung als guter Engländer, schien aber tief enttäuscht und entnervt, bei seinem ersten Einsatz gleich Gefangener zu werden. Da auch er mir nur seine Nummer und seinen Namen angab, begann ich, wie immer bei englischen Gefangenen, mit »small talk«: ich erzählte ihm von meinem letzten Besuch in London im März 1939, vom Piccadilly Circus und meinen englischen Freunden. Da taute er auf, und ich erfuhr mehr von den Absichten der Engländer und dem Auftrag der 6th Airborne Division.

Die Stunden vergingen. Wir hatten eine Abwehrfront dort aufgebaut, wo wir zur Untätigkeit verurteilt waren. Der Rest der Division mit dem Panzerregiment und dem Panzergrenadierregiment 192 lag ebenfalls fest, wenn auch in höchster Alarmbereitschaft. Mein Adjutant telefonierte noch einmal mit der Division. Major Forster, Ic (Dritter Generalstabsoffizier) und für die Vernehmung von Gefangenen zuständig, meldete sich am Apparat. Auch er konnte die Befehlslage nicht ändern. Die Armee ließ uns lediglich wissen, es handele sich um ein Ablenkungsmanöver; die Engländer hätten Strohpuppen an Fallschirmen abgeworfen. Im Morgengrauen entsandte ich meinen Adjutanten mit der Bitte zum Divisionsgefechtsstand, für uns sofort die Freigabe zum Gegenangriff zu erwirken. Liebeskind wurde bei seinem Eintreffen Zeuge eines erregten Telefongespräches, das Feuchtinger anscheinend mit der Armee führte: »Herr General, ich bin soeben aus Paris zurückgekehrt und habe an der Küste ostwärts von Cabourg eine riesige Armada von Kriegs-, Versorgungsschiffen und Landungsbooten gesehen. Ich möchte mit der geschlossenen Division sofort ostwärts der Orne angreifen, um zur Küste vorzustoßen.«
Doch die Freigabe wurde strikt verweigert.
Hitler, der bis tief in die Nacht zu arbeiten pflegte, schlief an diesem frühen Morgen noch. Keiner wagte ihn zu wecken, zumal die Lage noch zu unübersichtlich war.

So nahm die Tragödie ihren Lauf. Die tapfer kämpfenden Einheiten in den Küstenbefestigungen konnten schon nach wenigen Stunden dem feindlichen Druck nicht mehr standhalten oder wurden von der alliierten Schiffsartillerie zerschlagen, während eine einsatzbereite deutsche Panzerdivision unbeweglich hinter der Front lag und starke alliierte Bomberverbände dank der völligen Luftüberlegenheit die Küstendivisionen und Caen mit konzentrierten Angriffen eindeckten. In den frühen Morgenstunden sahen wir von den Hügeln östlich Caen die riesige alliierte Armada, die mit Lastenseglern bedeckten Felder und die zahllosen Beobachtungsballons über der Landungsflotte, mit deren Hilfe die schweren Schiffsgeschütze uns unter Punktfeuer nahmen.

Die Lage zwang uns zur Umgruppierung. Östlich und westlich der Orne wurde je eine starke Kampfgruppe gebildet. Wir warteten weiter auf die Freigabe zum Gegenangriff. Angesichts dieser Übermacht, so überlegte ich beim Anblick der Landungsflotte, gab es kaum noch eine Chance, die Alliierten ins Meer zurückzuwerfen. Das Heranführen von Reserven war schon jetzt für uns äußerst schwierig. Die »Zweite Front« war gebildet. Der übermächtig drängende Feind im Osten, die pausenlose Bombardierung unserer wichtigsten Industriezentren und Eisenbahnverbindungen — selbst eine noch so erfahrene und tapfere Truppe konnte diesen Krieg nicht mehr gewinnen. Ich dachte: Die gelungene Invasion — das ist der Anfang vom Ende.

Was wir damals nicht wußten, waren sensationelle Informationen, die ich Anfang Mai 1987 erhielt: Werner Kortenhaus, ehemaliger Panzeroffizier in unserer Division und Verfasser der Geschichte der 21. Panzerdivision, stellte mir zwei Schreiben zur Verfügung, die General Speidel, seinerzeit Chef des Generalstabes der Heeresgruppe B (Rommel) Ende 1979 an ihn geschickt hatte:
Schreiben vom 26. Oktober 1979:
». . . Ich rief am 6. Juni 1944 zwischen 1.00 und 2.00 Uhr Feuchtinger an, konnte ihn aber nicht erreichen. Er wurde von meinem 1. Generalstabs-Offizier erst am Vormittag des 6. Juni erreicht... Feuchtinger hatte die allgemeine Weisung, *im Falle einer* Luft*landung sofort anzugreifen...«*
Schreiben vom 15. November 1979:
». . . Die 21. Panzerdivision hatte den Befehl, bei einer Luftlandung des Gegners sofort anzutreten, und zwar die ganze *Division...«*

Dieser generelle Befehl, bei *Luft*landungen sofort mit allen Kräften, also mit meiner ganzen Kampfgruppe, noch in der Nacht vom 5. zum 6. Juni anzugreifen, war weder mir, noch meinem damaligen Adjutanten, dem späteren Bundeswehrgeneral Liebeskind bekannt. Auch die anderen Verbände der Division kannten anscheinend diesen Befehl nicht, sondern wir alle hielten uns an den strikten Befehl, noch die kleinste Operation nur nach Freigabe durch die Heeresgruppe B durchzuführen. Der Divisionsstab mußte den anderen Befehl gekannt haben, was aus den Schreiben von General Speidel ersichtlich ist.
Es stellt sich die Frage: Hätte ich den Befehl des Eingreifens bei Luftlandungen gekannt, wäre ich auf eigene Verantwortung mit dem gesamten, durch die Sturmgeschützabteilung Becker verstärkten, Regiment gegen die Luftlandungen ostwärts der Orne zum Angriff angetreten. Ich bin mit meinem damaligen Adjutanten der festen Ansicht, daß es uns, unter Ausnutzung der ersten Verwirrung beim abgesprungenen Gegner, gelungen wäre, bis zur Küste vorzustoßen und wahrscheinlich auch die beiden Brücken über die Orne bei Bénouville wieder in Besitz zu nehmen. Parallele Operationen wären dann auch vom Regiment 192 und dem Panzerregiment gestartet worden.
Damit wäre die Invasion als Ganzes nicht zu verhindern gewesen, wohl aber eine Verzögerung bei der Landung von See, mit großen Verlusten für die Engländer, ein-

getreten. Ein Beispiel, wie sich eine ungenaue Befehlsgebung nachteilig auf eine große Operation auswirken kann.

Eine weitere, hochinteressante Information erhielt ich Anfang Juni 1987 vom damaligen Hauptmann im Generalstab, dem späteren Bundeswehrgeneral Wagemann, die er Anfang Mai 1987 einem Historiker gegeben hatte. Wagemann war von Mai bis Juli 1944 zum Divisionsstab zur Ausbildung kommandiert und vertrat in der Nacht vom 5. zum 6. Juni den Ersten Generalstabsoffizier, der sich mit Feuchtinger in Paris aufhielt. Wagemann berichtet:

○ Am späten Abend des 5. Juni 1944 habe die Funkmeldekompanie der Division englische Klartextfunksprüche aufgenommen, die auf eine Beladung von Lastenseglern schließen ließen. Diese Meldung sei weitergeleitet worden.

○ Er habe nach den ersten Meldungen über Luftlandungen sofort die gesamte Division alarmiert und Feuchtinger zwischen 2.00 und 3.00 Uhr am Morgen des 6. Juni in Paris informiert. Feuchtinger sei dann mit seinem Generalsstabsoffizier zwischen 6.00 und 7.00 Uhr auf dem Gefechtsstand eingetroffen. Wir waren alle verwundert, daß Speidel bei seinem Anruf um 2.00 Uhr nachts des 6. Juni in Kenntnis der »allgemeinen Anweisung« nicht den Befehl gab, »sofort mit allen in meinem Abschnitt ostwärts der Orne *verfügbaren* Teilen den *luft*gelandeten Gegner anzugreifen«.

Daß es in den kritischen Stunden den nicht voll informierten Kommandeuren der Division überlassen wurde, mit der Situation fertig zu werden, erscheint mir im nachhinein unverzeihlich.

In der Nacht vom 5. zum 6. Juni 1944 ist der Obergefreite Hammel als Wache eingeteilt. Er gehört zur Panzeraufklärungsabteilung unserer Division, die als Reserve in der Nähe eines Dorfes südlich von Caen in Stellungen liegt.

Hammel erzählt später: »Die Beschäftigungslosigkeit störte sehr. Wir waren immer als Aufklärer und ›Speerspitze der Division‹ im Einsatz. Jetzt lagen wir seit Wochen hier und warteten auf etwas, das uns vielleicht gar nicht berühren würde, die ›Landung‹. Auf Befehl Rommels mußten wir fast täglich Nachtübungen durchführen, um bei eventuellen Luftlandungen mit dem Gelände bis hin zur Küste vertraut zu sein. Um uns zu beschäftigen, mußten wir die ›Rommelspargel‹ setzen zur Abwehr von ›Lastenseglern‹ oder auch Stellungen im Gelände hinter dem Atlantikwall vorbereiten. Zweimal war die Abteilung geschlossen zusammen: einmal während eines Feldgottesdienstes durch den Divisionspfarrer Tarnow, das andere Mal Anfang Juni bei einem ›open air concert‹ unserer Divisionskapelle.

Plötzlich, um Mitternacht vom 5. zum 6. Juni, brach die Hölle los: Ich sah von meinem Posten aus Leuchtkugeln am Himmel, gefolgt von einem konzentrierten Bombenangriff auf das nahe Caen. ›Jetzt geht's los‹, war mein erster Gedanke.«

Der damalige Leutnant Rupprecht Grzimek von der Aufklärungsabteilung erinnert sich genau: »Noch in der Nacht vom 5. zum 6. Juni wurden wir alarmiert, daß im

Abschnitt des Panzergrenadierregiments 125 unter Major von Luck Fallschirmjäger abgesprungen und Lastensegler gelandet seien. Zusammen mit der Bombardierung von Caen ließ das auf mehr als ein Kommando-Unternehmen schließen. Wir kannten den Befehl ›Angriff *nur* auf Befehl von höchster Stelle‹. Trotzdem war die Abteilung binnen kürzester Zeit einsatzbereit. Unser Kommandeur, Major Waldow, befand sich auf Urlaub. Er sollte am 8. Juni zurückkommen. Bei Hellwerden meldete ein von uns zu von Luck geschickter Verbindungsoffizier, daß nicht nur eine Luftlandedivision ostwärts der Orne abgesprungen sei, sondern der Gegner eine riesige Armada vor der Küste aufgefahren habe und zur Landung von See ansetze. Schwere Schiffsartillerie griff nun in die Landeoperationen ein. Anscheinend waren die schwachen Verbände an der Küste bereits in heftige Kämpfe verwickelt. Bald darauf kam der Befehl: ›Die Abteilung wird der Kampfgruppe von Luck unterstellt und sofort Richtung Troarn, etwa 12 Kilometer ostwärts von Caen, in Marsch gesetzt‹. Unter Ausnutzung jeder Deckung erreichten wir am frühen Nachmittag ziemlich ungeschoren den Raum hart westlich Troarn.«

Obergefreiter Hammel später: »Beim Vorrücken nach Nordosten sahen wir gegen Mittag des 6. Juni zwei Messerschmittjäger im Tiefflug über der Orne nach Norden fliegen, die einzigen deutschen Flugzeuge an jenem Tag.
Ostwärts Caen lagen die ersten abgeschossenen englischen Fallschirmjäger. Wir schneiderten uns aus der Fallschirmseide Schals zum Schutz gegen den Staub. Der Vertreter unseres Kommandeurs gab uns den Angriffsbefehl. Wir traten praktisch aus dem Marsch zum Angriff an. Weiter westlich hörten wir Kampflärm. Dort sollte, wie wir hörten, unsere gepanzerte Gruppe angreifen. Der Feind konzentrierte sein Schiffsartilleriefeuer anscheinend auf diesen für ihn gefährlichen Vorstoß. Auch seine Luftwaffe war dort im Einsatz. So kamen wir ganz gut bis zum Ortsrand von Escoville vor, also nur wenige Kilometer von Ranville und den beiden Ornebrücken entfernt.«
Am frühen Morgen des 6. Juni sind die Lage und die Befehlsgebung angesichts der Luftlandungen, der Armada von Kriegs-, Handels- und Landungsschiffen und der beginnenden Landung von See her mehr als verwirrend:
○ Wir haben trotz der angeblichen ›allgemeinen Weisung‹ keine Erlaubnis bekommen, noch in der Nacht anzugreifen.
○ Feuchtinger erhält auch am frühen Morgen keine Freigabe der Division zum Gegenangriff.
○ Der Oberbefehlshaber West (von Rundstedt) ist — wie auch das Oberkommando Hitlers — der Ansicht, es handele sich um ein Ablenkungsmanöver. Die eigentliche Landung werde am Pas de Calais erwartet.
○ Dagegen hält unser Kommandierender General, General Marcks, die Landung für »echt«.
○ Rommel ist, wie wir hören, auf dem Weg in sein Hauptquartier, ohne Hitler getroffen zu haben.

So vergehen die Nacht und die ersten Stunden des 6. Juni. *Zu spät, viel zu spät!*, ist unser Eindruck. Wir sind entsetzt und wütend, daß man uns an höchster Stelle nicht glaubt.
Schließlich gibt General Marcks, ob dazu autorisiert oder nicht, unserer Division den Befehl, sofort mit der ganzen Division *ostwärts* der Orne anzugreifen und die dort gelandeten Einheiten der 6th Airborne Division zu zerschlagen und von der Verbindung nach Westen abzuschneiden. Während die nötigen Befehle erteilt werden und die Division sich zum Angriff gliedert, wird das Ausmaß der Seelandungen ersichtlich. Mitten in unsere von englischen Fliegern immer wieder gestörten Bewegungen kommt ein neuer Befehl, diesmal von der 7. Armee: »Die 21. Panzerdivision greift mit Masse den *westlich* der Orne angelandeten Feind an, nur mit Teilen der Kampfgruppe von Luck den Brückenkopf ostwärts der Orne.« Das kostet Zeit und weitere Verluste durch Luftangriffe.
Die Umgruppierung der Division dauert Stunden. Die meisten Verbände müssen sich aus der Gegend ostwärts Caen und der Orne durch das Nadelöhr Caen zwängen und über die einzigen in diesem Abschnitt verfügbaren Brücken. Caen liegt praktisch unter Dauerbeschuß der Navy und den Jägern der Air Force.
Feuchtinger informiert mich, daß eine gepanzerte Gruppe, dabei mein I. Bataillon auf SPW (Schützenpanzerwagen), westlich der Orne bis zur Küste durchstoßen soll. Befehl an mich:

»Sie greifen mit Ihrem II. Bataillon, verstärkt durch die Panzeraufklärungsabteilung 21 und die Sturmgeschützabteilung 200 (Major Becker) und einen Zug Panzerabwehrgeschütze 8,8-cm, ostwärts der Orne an. Ihr Auftrag ist, den Brückenkopf der 6th Airborne einzudrücken, die beiden Ornebrücken bei Bénouville zurückzuerobern und die Verbindung zu den Küsteneinheiten herzustellen. Teile der Artillerie werden Sie unterstützen. Angriffsbeginn, sobald alle Teile bei Ihnen eingetroffen sind.«

Der Einsatz der Aufklärungsabteilung bedrückt mich sehr: Schließlich war ich auf allen Kriegsschauplätzen als Panzeraufklärer im Einsatz, immer als »Speerspitze« der Division. Für direkte Angriffsoperationen sind wir nicht ausgerüstet.

Die 4. Kompanie des Panzerregiments trifft gegen 17.00 Uhr des 6. Juni bei mir ein, die Batterien von Major Becker erst in der Nacht zum 7. Juni. Ich muß also ohne sie antreten.
Mein II. Bataillon steht in schweren Abwehrkämpfen gegen die gelandeten Fallschirmjäger, die offenbar versuchen, den noch sehr kleinen Brückenkopf zu erweitern. Ich kann nur kleine Teile des Bataillons für den Angriff freimachen.
Fast gleichzeitig mit der gepanzerten Gruppe westlich der Orne treten wir am Spätnachmittag an. Ziel: über Escoville – Hérouvillette auf Ranville und die beiden Ornebrücken durchzustoßen.

Die Aufklärungsabteilung tritt aus dem Marsch direkt zum Angriff an und dringt gegen den überraschten Gegner nach Escoville ein, wobei sie von der Panzerkompanie unterstützt wird.

Dann bricht das Inferno los. Mit schwersten Schiffsgeschützen bis zu 38 cm-Kaliber, Artillerie und Jagdfliegern werden wir pausenlos eingedeckt. Die Funkverbindungen fallen aus, Verwundete kommen zurück, die Männer der Aufklärungsabteilung sind gezwungen, in Deckung zu gehen.
Ich bin mit dem Angriff mitgefahren und sehe das Desaster. Es gelingt mir, zum Kommandeur der Abteilung vorzulaufen.
Ich gebe ihm den Befehl: »Um weitere schwere Verluste zu vermeiden, brechen Sie den Angrifff sofort ab und beziehen Abwehrstellungen am Südrand von Escoville. Dort bauen Sie eine Verteidigungslinie auf und verhindern jedes weitere Eindringen des Gegners. Die 4. Kompanie des Panzerregimentes sowie nach ihrem Eintreffen die Sturmgeschütze von Major Becker unterstützen Sie. Sorgen Sie dafür, daß sich Ihre Männer und auch die Besatzungen der Panzerspähwagen eingraben.«

Ich laufe zu meiner Regimentsfunkstelle zurück. Mein Adjutant Liebeskind soll der Division den Abbruch des Angriffes melden. Dabei gibt Feuchtinger durch, daß die gepanzerte Gruppe in der Lücke zwischen den angelandeten Teilen der englischen 3. Infanteriedivision und der 3. kanadischen die Küste erreicht habe. Starkes Feuer der Navy, rollende Angriffe der Jagdflieger und im Rücken der Panzergruppe neu abgesprungene Fallschirmjäger hätten sie gezwungen, sich zurückzuziehen, um einer Einkesselung zu entgehen. Mein Schwesterregiment 192 hätte etwa auf gleicher Höhe mit uns eine Abwehrstellung bezogen.

Nun ist genau das eingetreten, was Rommel befürchtet hat: Der Gegner ist nicht in den ersten Stunden der Landung von unserer ganzen Division angegriffen und in die See zurückgeworfen worden.

Die beiden anderen Panzerdivisionen liegen weit entfernt in rückwärtigen Räumen. Von den »1 000 Jägern«, die Göring versprochen hatte, ist nichts zu sehen.
Jetzt, am Abend des 6. Juni 1944, scheint auch Hitler klar geworden zu sein, daß es sich um eine Invasion größeren Stils handeln muß. Wie uns Feuchtinger mitteilt, rechnen Hitler und sein Oberkommando aber immer noch mit einer weiteren Landung am Pas de Calais. Die dort liegenden Panzerdivisionen und Reserveverbände dürfen auf Hitlers ausdrücklichen Befehl hin nicht abgezogen werden.

Damit ist auch dem letzten Soldaten klar, daß die Invasion geglückt ist, daß es sich nur noch um Tage oder Wochen handeln kann, bis die Alliierten genügend Kräfte angelandet haben werden, um zum Angriff auf Paris und schließlich auf das Deutsche Reich antreten zu können.

Wenn nur diese verdammte Luftüberlegenheit nicht wäre!
Selbst während der Nacht hängen »Christbäume« am Himmel, die das ganze Gelände in helles Licht tauchen. Die Bombenangriffe hören nicht auf, die Navy schießt Sperrfeuer auf unsere Stellungen und bombardiert die Stadt Caen, durch die unsere Querverbindungen laufen.
Am Tage ist es noch schlimmer: Auf jede Bewegung auf dem Gefechtsfeld, selbst einzelner Fahrzeuge, reagiert der Gegner mit konzentriertem Feuer der Navy oder Angriffen seiner Jäger. Entweder wird unser Funkverkehr angepeilt oder die Navy hat das gesamte Gebiet in Planquadrate eingeteilt und braucht nur die Quadratnummer durchzugeben, um einen Feuerüberfall einzuleiten.
Wir alle haben für derartige Überfälle sowie für die Nacht Deckungslöcher neben unseren Fahrzeugen gegraben, die einigen Schutz geben. Der gesamte Nachschub kommt aus dem Raum Paris und kann nur nachts durchgeführt werden.

In der Nacht zum 7. Juni erhalte ich den Befehl, auch in den nächsten Tagen die Angriffe auf Escoville fortzusetzen. »Wir müssen versuchen, den noch kleinen Brückenkopf ostwärts der Orne einzudrücken«, gibt der Divisionskommandeur durch.
Am Morgen sehen wir dann auf dem ansteigenden Gelände nördlich von Escoville an die hundert Lastensegler am Boden liegen, ein Zeichen dafür, daß weitere Einheiten der 6th Airborne Division abgesetzt worden sind.

Einheiten der Panzeraufklärungsabteilung liegen immer noch eingegraben am Südrand von Escoville. Ein Kampfspähtrupp dringt in den Ort ein, hat schwere Verluste, bringt aber 13 Gefangene mit. Einer von ihnen plaudert aus: »Wir haben den Auftrag, über Escoville nach Süden anzugreifen, um den Brückenkopf zu erweitern und unser ursprüngliches Ziel zu erreichen. Wir warten nur noch auf Verstärkungen.«
Zurück auf meinem Gefechtsstand, komme ich mit einem Unteroffizier der 6th Airborne Division ins Gespräch. Er ist leicht verwundet und wird gerade von unserem Arzt versorgt. Er bedankt sich für die faire Behandlung, ist aber verbittert: »Ich gehöre zur B-Company unter Major John Howard. Wir hatten den Auftrag, um Mitternacht mit 6 ›glidern‹ an den beiden Ornebrücken bei Bénouville zu landen und die Brücken unzerstört in die Hand zu bekommen. Für diese Operation waren wir über ein Jahr lang trainiert worden. Wir landeten genau an den Brücken. Der Gegner war völlig überrascht. Er fand nicht einmal die Zeit, die vorbereiteten Sprengungen durchzuführen. Ich glaube, wir waren die allerersten, die auf französischem Boden gelandet waren. Wir waren mächtig stolz, zumal wir nur geringe Verluste hatten.
Major Howard hatte uns gesagt, daß wir nach geglückter Landung nach England zurückgeflogen würden, um für einen weiteren Einsatz bereitgehalten zu werden. Dann, gestern abend, erhielt unser Major den Befehl, heute früh das Dorf Escoville

anzugreifen. Der kleine Brückenkopf müsse erweitert werden. Eine Aufgabe, für die wir meiner Meinung nach gar nicht vorgesehen waren. Wir drangen in das Dorf ein, bekamen aber von allen Seiten starkes Feuer, besonders von Ihren verdammten ›eighty-eights‹. Ich glaube, mehr als die Hälfte unserer Kompanie ist gefallen, verwundet oder in Gefangenschaft geraten. Nach dem schwachen Widerstand an den Brücken scheinen wir hier auf einen starken, kampfgeprobten Gegner gestoßen zu sein.
Unser Major John Howard war so stolz auf den ›coup de main‹. Und nun dieses Desaster. Wir wissen jedoch, daß unsere Landung von See her gelungen ist. Ihr werdet nicht mehr verhindern können, daß wir in Kürze auf Paris marschieren. Diesen Krieg werdet Ihr nicht mehr gewinnen.«

Erst jetzt wird mir schlagartig klar, welche große Rolle die beiden Brücken für die Engländer spielten, von denen eine heute die »Pegasus-Bridge« heißt, benannt nach dem Emblem des »Ox and Bucks«-Regiments von Major Howard.

Inzwischen treffen Meldungen von der rechten Flanke ein: Mein II. Bataillon steht in schweren Abwehrkämpfen, besonders an der rechten Flanke bei und nördlich Troarn. Der Gegner darf auf keinen Fall hier in unsere ungeschützte rechte offene Flanke durchbrechen. Am 7. Juni fällt dessen Kommandeur, Hauptmann Kurzon. Er wird posthum zum Major befördert und erhält das Ritterkreuz. Auch Oberstleutnant Brandenburg, der mit seiner 5. Kompanie die erste Feindberührung in der Nacht zum 6. Juni hatte, fällt. Beide werden im rückwärtigen Gelände beigesetzt und später umgebettet.
Das ist ein schwerer Verlust für uns alle. Die Division schickt noch am selben Tag Hauptmann der Reserve Kurz als neuen Bataillonskommandeur. Es ist Infanterist, hat Rußlanderfahrung und ist insofern für die momentane Aufgabe gut geeignet. In kurzer Zeit integriert er sich und wird einer meiner zuverlässigsten und erfolgreichsten Führer in der Kampfgruppe.

Am 8. Juni greifen weder wir noch die Engländer an. Auf beiden Seiten müssen die Verwundeten versorgt, Ausfälle ergänzt werden. Zu unserer Überraschung erscheinen plötzlich einige Messerschmitts. Sie werden sofort in einen Luftkampf verwickelt.
Über den englischen Stellungen wird ein britischer Jäger abgeschossen. Alle Männer reißen die Arme hoch. Sollten doch noch die versprochenen »1 000 Jäger« kommen?
Aber auch eine Messerschmitt wird abgeschossen. Der Pilot kann sich am Fallschirm retten und landet zwischen den Stellungen der Aufklärungsabteilung. Man bringt ihn zu mir. Er schimpft und fuchtelt mit den Armen: »Was sollen wir mit den paar Jägern gegen diese Übermacht ausrichten? Wo bleiben die verdammten 1 000 Jagdflugzeuge?« Wir wissen es auch nicht.

Am Nachmittag meldet sich Major Waldow vom Urlaub zurück. Seine Männer der Aufklärungsabteilung freuen sich. Er ist sehr beliebt, besonders weil er sich für sie einsetzt und immer versucht, unnötige Verluste zu vermeiden.
Gleichzeitig mit Waldow trifft ein Befehl der Division ein: »Die Kampfgruppe von Luck tritt am Morgen des 9. Juni zum entscheidenden Angriff auf Escoville an, stößt auf Ranville vor und nimmt die Ornebrücken in Besitz. Dazu bleiben unterstellt: die Panzeraufklärungsabteilung 21, die 4. Kompanie des Panzerregimentes 22, 3 Batterien der Sturmgeschützabteilung 200 von Major Becker und eine Kompanie der Panzerabwehrabteilung 220 mit 8,8 cm-Geschützen. Die Divisionsartillerie wird wird den Angriff im Rahmen ihrer Munitionsbestände unterstützen.«

Am späten Abend sind bei mir alle Kommandeure sowie ein Artilleriebeobachter versammelt.
»Wir treten vor Hellwerden an, damit die feindliche Luftwaffe nicht eingreifen und die Navy noch nicht wirksam werden kann. Die Kradschützen der Aufklärungsabteilung und die nicht vom Gegner gebundenen Grenadiere des II. Bataillons voran, gefolgt vom I. Bataillon, das noch heute nacht in den Verband des Regiments zurückkommt und von den Panzern der 4. Kompanie sowie den SPW Beckers unterstützt wird. Die 8,8 cm-Panzerabwehrgeschütze gehen auf der Höhe südlich Escoville in Stellung, um Gegenangriffe englischer Panzer abzuwehren.«
Das müßte eine schlagkräftige und erfolgreiche Kampftruppe sein, wenn es gelingt, die Schiffsartillerie und Jagdflieger nicht zur Wirkung kommen zu lassen.

Eine Stunde vor Hellwerden treten wir an. Ich fahre mit einer kleinen Befehlsgruppe hinter der Aufklärungsabteilung, um an Ort und Stelle Entscheidungen treffen zu können.
In der vergangenen Nacht wurden wir mit schwerem Schiffsartilleriefeuer und Bomben eingedeckt. Vermutlich hatte man unsere Bereitstellung erkannt.
Obergefreiter Hammel, der als Kradschütze den Angriff mitmachte, erinnert sich: »Mit Unterstützung der Panzer und Sturmgeschütze drangen wir schnell nach Escoville ein. Die verbliebene Zivilbevölkerung hatte sich bei der Kirche versammelt. Wir fanden einige Kinder, die herumliefen und ihre Eltern suchten. Wir brachten sie zur Kirche. Die Engländer der 6th Airborne Division leisteten erbitterten Widerstand. Als es hell wurde, setzte schweres Feuer der Navy auf die Mitte und den Südrand des Dorfes ein. Wir kamen nicht vorwärts. Da erreichte uns die Nachricht, daß unser geliebter Kommandeur, Major Waldow, gefallen war, nur einen Tag nach Rückkehr von seiner Frau. Das traf uns wie ein Schlag. Wir konnten ihn zunächst wegen des Sperrfeuers noch nicht einmal bergen. Erst in der Nacht konnte ein Spähtrupp aus Freiwilligen, den die Engländer fairerweise passieren ließen, Major Waldow zurückbringen und ihn weiter rückwärts begraben. Später betteten ihn die Engländer auf ihren Soldatenfriedhof in Ranville um, wo er inmitten seiner ehemaligen Gegner seine letzte Ruhe fand.«

Mir persönlich geht Waldows Tod sehr nahe. Ich hatte mit ihm beim Lehrgang in Paris oft Gespräche geführt, denen ich seine Verachtung Hitler gegenüber entnehmen konnte. Wie ich später erfahre, gehörte er zum weiten Kreis der Männer des 20. Juli.
Ich hatte Waldow von Rommels Prophezeiung erzählt. Auch er hatte auf Rommel seine Hoffnungen gesetzt.
Waldow war ein Offizier alter preußischer Schule, hoch dekoriert in Rußland, bescheiden und immer auf das Wohl seiner Männer bedacht. Seine Schwester erzählte mir später, daß er zum Beispiel einmal in einem russischen Dorf von Partisanen umzingelt gewesen war. Die Bevölkerung hatte seit Tagen nichts mehr zu essen gehabt. Daraufhin verteilte Waldow die Rationen seiner Männer an die Frauen und Kinder. In der Nacht erschien plötzlich eine Abordnung der Partisanen: »Deutscher, Du hast unseren Frauen und Kindern zu essen gegeben, ›spacibo‹ (danke). Du kannst dafür heute nacht mit Deinen Männern das Dorf verlassen. Wir werden nicht angreifen.«
Ein Zeichen von Menschlichkeit auf beiden Seiten.

Hauptmann Brandt aus der Führungsreserve der Division übernimmt für Waldow die Aufklärungsabteilung.

Auch für Werner Kortenhaus, seinerzeit Panzerkommandant in der 4. Kompanie, wurde der 9. Juni zum Alptraum:
»Dieser Tag war für uns einer der schwersten Einsätze überhaupt. Mit etwa zehn Panzern stellten wir uns unter den Chausseebäumen südlich von Escoville bereit. Mit geschlossenen Luken fuhren wir Panzer hinter Panzer rechts am Château vorbei auf eine große Wiese, die von Hecken eingezäunt war. Dort wollten wir dann in die Breitkeil-Formation zum Angriff wechseln, die Grenadiere hinter und neben uns.
Dann ging alles sehr schnell: In wenigen Minuten verloren wir vier Panzer. Vermutlich hatte die Schiffsartillerie sie erwischt. Bei meinem Panzer (Panzer IV mit Kurzkanone) klemmte der Turm, so daß ich lediglich mit meinem Maschinengewehr in die Hecken schießen konnte. Das Feuer verstärkte sich, so daß wir wie auch die Grenadiere uns auf Befehl von Major von Luck zurückziehen mußten. Das Artilleriefeuer hielt unvermindert an. Etwa 30 bis 40 Grenadiere sollen dabei gefallen sein.
Am Abend dieses 9. Juni wurde uns klar, daß wir die Engländer nicht mehr ins Meer zurückschlagen können.
1960, als die Château-Ruine noch stand, habe ich vor Ort noch einmal dieses Gefecht rekonstruiert:
Unser Angriff konnte nicht erfolgreich sein, denn hinter der Hecke stand eine kräftige Mauer, die wir mit unseren Panzern nur auf die Gefahr hin hätten durchstoßen können, unsere Kanonen zu dejustieren. Vor der Mauer war ein Graben — sehr

günstig für die sich dort verteidigenden Teile. Durch Löcher in der Mauer, die durch Artilleriebeschuß entstanden waren, konnten sich die Verteidiger leicht zurückziehen.
Es war also ein für uns ungünstiger Abschnitt für einen Panzerangriff.«
Spähtruppmeldungen ergeben, daß am 8. Juni die 51. Scotch Highland Division in den Brückenkopf verlegt wurde, um die schwer kämpfende 6th Airborne zu entlasten. Damit wird die Wahrscheinlichkeit, den Brückenkopf einzudrücken, immer geringer.
Ich kenne die 51. Scotch Highland Division von Nordafrika her. Sie galt schon dort als erfahrene Elite-Einheit.
Zu meiner Überraschung kommt eines Tages ein Kampfspähtrupp zurück, darunter ein Mann auf einem DKW-Motorrad. Ich sehe mir die Maschine an. Sie ist khakifarben gestrichen und ... trägt das Zeichen meiner Aufklärungsabteilung 3 auf dem Schutzblech. Diese Maschine hatte ihre eigene kleine »Safari« gemacht. In Nordafrika war sie mir weggenommen worden, nach England verbracht und von dort in die Normandie gelangt, wo sie mir »intakt« zurückgegeben wird.

Inzwischen sind in den Nächten zum 7. und 8. Juni die beiden Panzerdivisionen (Panzerlehr- und 12. SS-Panzerdivision) unter schweren und verlustreichen Märschen aus ihren Bereitstellungsräumen weit ostwärts und südlich von Caen an der Invasionsfront eingetroffen, westlich von Caen zu Gegenangriffen und Abwehrkämpfen eingesetzt. Auch sie, dezimiert und genervt durch die ständig angreifende Air Force, können die Brückenköpfe westlich von Caen nicht mehr eindrücken und liegen fest.

Hitler scheint nun zu begreifen, daß es sich um die Invasion und nicht um ein Ablenkungsmanöver handelt, aber er will eine weitere Operation am Pas de Calais immer noch nicht ausschließen.
Wie Rommel mir bei einem seiner Frontbesuche erzählt, hat er Hitler mündlich und schriftlich gebeten, an die Front zu kommen und sich persönlich ein Bild der Lage und Stimmung in der Truppe zu machen. Das scheint uns das mindeste zu sein, was man von einem »Heerführer« erwarten kann. Statt dessen gibt er seine Befehle vom Obersalzberg aus. Einer von ihnen lautet, daß keine Division ohne seinen persönlichen Befehl eingesetzt werden darf.
Da loben wir uns Churchill, der an die Invasionsfront kommt, sich seinen Soldaten zeigt und ihnen Mut macht.
Nicht nur Rommel, sondern wir alle sind deprimiert, daß Hitler die Lage viel zu optimistisch sieht und mit Divisionen und Armeekorps »jongliert«, die nur noch aus dezimierten Teilen bestehen. Die Moral der Truppe bleibt erstaunlicherweise gut. Wir alle begreifen, daß ein Erfolg der Alliierten im Westen das Ende bedeutet. Der Einsatz der V 1-, später der V 2-Raketen und die Ankündigung neuer »Wunderwaffen« gibt den Männern etwas Hoffnung auf eine Wende.

Für den 12. Juni gibt die Division erneut einen Angriffsbefehl: Das Dorf St. Honorine, auf einem beherrschenden Hügel gelegen, soll zurückerobert werden, um uns einen Einblick in das feindliche Gefechtsfeld zu geben und den Engländern den Einblick in unsere Stellungen zu nehmen. Meine Kampfgruppe wird weiter verstärkt. Eine Nebelwerferbrigade mit über 300 Raketenrohren von 21 und 30 cm-Kaliber wird uns unterstützen. Diese Werfer haben einen besonderen psychologischen Effekt: unter lautem, nerventötendem Röhren fliegen sie über das Gefechtsfeld und zwingen den überraschten Gegner, sofort in Deckung zu gehen.
Mit den beiden Kradschützenkompanien der Aufklärungsabteilung, abgesessenen Grenadieren des I. Bataillons und der Unterstützung der wenigen intakten Panzer der 4. Kompanie und von Beckers Sturmgeschützen treten wir nach einem schweren Feuerüberfall der Nebelwerfer kurz vor Tagesanbruch auf St. Honorine an. Wir überrumpeln den Gegner, Teile einer kanadischen Division, der das Dorf sofort räumt.
Ich bin knapp hinter den Kradschützen im Dorf und sehe zum ersten Mal die gegnerischen Stellungen. Hunderte von Landungsseglern liegen am Boden. Wir graben uns sofort am nördlichen Ortsrand ein, um die Höhe für uns zu sichern.

Dann setzt das schwerste Schiffsartilleriefeuer ein, das wir bisher gekannt haben. Wir sehen die Abschüsse der Schlachtschiffe, Kreuzer und Zerstörer.
Wie schwere Koffer rauschen die Geschosse mit Kalibern bis zu 38 cm heran, zerbersten und reißen riesige Krater in unsere Stellungen. Englische Jagdflieger stoßen ungehindert auf uns herab, ein wahres Inferno bricht über uns herein.
Dann kommen, den Dunst und Staub der Einschläge ausnutzend, die Kanadier zurück und zwingen uns nach verlustreichen Nahkämpfen auf beiden Seiten dazu, das Dorf wieder aufzugeben.
Was können wir dieser Überlegenheit an Schiffsartillerie und den Jagdfliegern noch entgegensetzen?
Wir geben nun endgültig die Hoffnung auf, den Brückenkopf der Engländer einzudrücken, geschweige denn zu beseitigen. Uns ist bewußt, wie wichtig dieser Brückenkopf an unserer ungeschützten rechten Flanke ist.
Obergefreiter Hammel berichtet später: »Das Trommelfeuer auf St. Honorine war das schlimmste, was wir bis dahin erlebt hatten. Wir beteten. Als wir uns auf das Dorf Cuverville, einige Kilometer weiter südlich, zurückgezogen hatten, prasselte erneut schweres Trommelfeuer auf dieses Dorf. Wo gibt es hier überhaupt noch eine Stelle, um etwas Luft und Schlaf zu bekommen?
Einen Erfolg bringen unsere häufigen Angriffe und Spähtrupp-Unternehmungen wenigstens: Die Engländer beginnen, sich in der von ihnen erreichten Linie zu verminen. Das ist ein untrügliches Zeichen dafür, daß sie vorerst keine weiteren Angriffsabsichten haben.
Für einige Wochen herrscht etwas Ruhe in meinem Abschnitt. Nur Spähtrupps schwärmen immer wieder aus, um vorzufühlen.

Nur noch einmal versuchen wir am 15. Juni mit starker Artillerieunterstützung, Escoville anzugreifen, denn hier ist die Schlüsselstellung, um die Ornebrücken zurückzuerobern. Doch auch dieser Angriff ist vergeblich und bringt beiden Seiten schwere Verluste ein. Solange wir im Bereich der Schiffsgeschütze liegen und der Gegner den Luftraum hundertprozentig beherrscht, wird sich auch die Lage für uns nicht ändern.
Die tapfere, schwer angeschlagene Panzeraufklärungsabteilung 21 wird am 16. Juni herausgezogen, muß jedoch noch bis zum 29. Juni am Ostrand von Caen Versuche des Gegners abwehren, Caen und die dortigen Orne-Brücken in Besitz zu nehmen. Am 30. Juni wird die Abteilung in den Raum südlich Caen verlegt, um aufgefrischt zu werden.

Bei einem Besuch auf meinem Gefechtsstand teilt General Feuchtinger mir mit, daß die Engländer und Amerikaner an der ganzen Invasionsfront feste, wenn auch teilweise kleine Basen besetzt haben. »Es gibt keinen Zweifel, daß die Alliierten irgendwo und irgendwann einen Ausbruch aus den Landeköpfen versuchen müssen, wenn die Invasion nicht umsonst gewesen sein soll. Unser Schwachpunkt ist unsere rechte Flanke, Ihr Abschnitt, mein lieber Luck. Südlich und ostwärts von Ihnen gibt es keine Reserven. Der einzige Vorteil für Sie ist, daß das Gelände zwischen der Orne und der überfluteten Dives so schmal ist, daß höchstens eine Division aus dem Brückenkopf angreifen kann. Dafür jedoch müssen wir gerüstet sein. Sie erhalten daher weitere Verstärkungen und bauen eine tief gestaffelte Abwehrfront auf. Das Gelände ist zwar günstig für einen Panzerangriff, aber mit seinen vielen Dörfern, Waldstücken und Hecken ein noch besseres ›tank-killing-country‹.
Ihr Auftrag lautet unverändert, jeden Aus- oder Durchbruch aus dem Brückenkopf nach Süden und Südosten zu verhindern.«

Der Juni geht vorbei. Der Juli ist besonders heiß. Wir alle leiden unter den Moskitos, einige Leute müssen wegen zugeschwollener Augen in ärztliche Behandlung. Das Korn steht hoch und ist reif, aber die Bauern wagen sich nicht mehr auf die Felder aus Angst, als Feind angesehen und beschossen zu werden.
Das II. Bataillon muß sich fast täglich der Angriffe starker Stoßtrupps erwehren und erleidet dabei schwere Verluste.

Als ich an einem heißen Vormittag mit Major Kurz die Front beobachte, durchschlägt ein Infanteriegeschoß meine Mütze. Glück gehabt.

Anfang Juli greift der Gegner plötzlich an, die »Operation Epsom« wird gestartet. (Die Engländer lieben es, ihre Operationen nach englischen Rennplätzen zu benennen.) Hart westlich der Orne, im Abschnitt des Regiments 192, versucht der Gegner durchzubrechen. Es ist die 11st Armoured Division unter Generalmajor »Pip« Roberts, dem wohl jüngsten und erfahrensten Panzerkommandeur.

Ich kenne Pip Roberts von Nordafrika her, wo er die Panzerbrigade der berühmten 7th Armoured Division führte. Seine 11. Panzerdivision hingegen ist neu aufgestellt und unerfahren. Wie fast immer bei den Engländern, führen sie ihre Angriffe mit Panzern ohne Infanteriebegleitung durch, so daß sie kleine Panzerabwehrnester, die gut getarnt in Waldstücken und Hecken liegen, nicht sofort ausschalten können. Der Hauptangriff bleibt im Abwehrfeuer liegen, obwohl in der Flanke englische und kanadische Infanterie in den Westteil von Caen eindringen kann. Unsere Front hält noch.

Wie von Feuchtinger angekündigt, wird meine Kampfgruppe Anfang Juli erheblich verstärkt:
○ Die Tigerabteilung 503 wird in meinen Abschnitt verlegt. Wegen ihrer gefürchteten 8,8 cm-Kanone und starker Panzerung gelten die Tiger als unverwundbar und als allen feindlichen Panzern überlegen.
○ Major Becker wird mit seiner Sturmgeschützabteilung 200 mit allen fünf Kompanien mir unterstellt und soll eng mit den Grenadieren zusammenarbeiten.
○ Die noch verbliebene Abteilung unseres Panzerregiments wird mir unterstellt (die andere Abteilung ist zur Umrüstung auf den Panzer V »Panther« nach Deutschland verlegt worden).
○ Eine Abteilung Nebelwerfer wird mir unterstellt.
○ Ein Bataillon der 16. Luftwaffenfelddivision kommt unter mein Kommando, um eine schwache Linie vor meinen Stellungen zu besetzen.
○ Wie mir Feuchtinger mitteilt, werden auf und hinter den Höhen von Bourgebus drei Panzerabwehrabteilungen mit 8,8 cm-Geschützen in Stellung gebracht. Hinzu kommt die Divisionsartillerie.
○ Meine beiden Bataillone I/125 und II/125 werden links und rechts hinter der Luftwaffenfeldeinheit in sogenannten »Blockpositionen« postiert, aus denen sie entweder zum Gegenangriff antreten oder eine Verteidigungsfront aufbauen können. Bei ihnen sind die Kompanien von Major Becker.

Somit haben wir eine gestaffelte Verteidigung von ungefähr 15 Kilometern Tiefe aufgebaut, die in der Lage ist, einen feindlichen Angriff früher oder später zum Stillstand zu bringen.

Trotz intensiver Luftaufklärung haben die Engländer diese tiefgestaffelte Verteidigung nicht erkannt. Wie wir später erfahren, rechneten sie nur mit einer Tiefe von 7 Kilometern. Erbeuteten Karten entnehmen wir, daß die Engländer mindestens zwei, wahrscheinlich sogar drei deutsche Panzerdivisionen in ihrem Angriffsabschnitt vermuteten. Diese Fehleinschätzung ist möglicherweise der Grund für das spätere vorsichtige Vorgehen.
Trotz heftigen Protestes werden die beiden Panzerabteilungen auf Befehl des Kommandierenden Generals, eines Infanteristen, dicht hinter die vorderste Front gelegt.

Besser wäre es, sie weiter rückwärts für Gegenangriffe bereitzuhalten. Diese Entscheidung soll sich später als verhängnisvoll erweisen.

Am Spätnachmittag des 14. Juli werde ich zum Hauptquartier von SS-Obergruppenführer »Sepp« Dietrich bestellt, der seit kurzem unser Kommandierender General ist. Sepp Dietrich kennt mich, seit ich ihn wegen meiner Probleme um die Heirat mit Dagmar um Rat gebeten hatte. Er hatte die merkwürdige Antwort aus Hitlers Hauptquartier seinerzeit nur ungläubig zur Kenntnis genommen und mir versprochen, deswegen direkt vorstellig zu werden. Durch die einsetzenden schweren Kämpfe blieb es leider bei der Absicht.

Auf dem Korpsgefechtsstand, wo mich Dietrich begrüßt, ist auch Feuchtinger anwesend. Sepp Dietrich sagt: »Lieber Luck, Sie haben in den sechs Wochen seit der Landung Ihre Kampfgruppe hervorragend geführt und einen frühen Durchbruch der Engländer an unserer gefährdeten Ostflanke verhindert. Ihr Kommandeur hat Sie zum Ritterkreuz eingereicht. Ich weiß auch, daß Sie morgen Geburtstag haben und Ihre Verlobte in Paris arbeitet. Um Ihnen ein paar Ruhetage zu geben, habe ich mich entschlossen, Sie statt einen meiner Stabsoffiziere mit einer Sondermission nach Paris zu schicken.
Sie fahren heute nacht ab und kehren am 18. frühmorgens zurück. Ich wünsche Ihnen schöne Tage.«
»Obergruppenführer«, rufe ich aus, »das kann ich nicht annehmen, so verlockend es klingt. Ich kann in dieser kritischen Lage meine Leute nicht allein lassen. Ich rechne damit, daß die Engländer in meinem Abschnitt den nächsten Aus- oder gar Durchbruch versuchen werden. Ich danke Ihnen für Ihr Angebot, aber lassen Sie mich bitte hier.«
»Luck«, antwortet Sepp Dietrich, »nach unseren Informationen ist in den nächsten 10 bis 14 Tagen mit einem neuen Angriff nicht zu rechnen. Die Engländer müssen sich nach der verlustreichen ›Epsom‹-Offensive erst wieder neu gliedern und ihre entsprechende Logistik aufbauen. Also fahren sie nur.«
Ich lasse mich schließlich überzeugen, nachdem auch Feuchtinger mir zugeredet hat. Zu verlockend ist die Aussicht, Dagmar noch einmal zu sehen.
Als ich auf meinen Gefechtsstand zurückkehre, fahre ich zum I. Bataillon und beauftrage dessen Kommandeur, die Führung der Kampfgruppe während meiner Abwesenheit zu übernehmen.
Mein Mercedes wird nach vorn geholt und mit den Schätzen der Normandie vollgepackt. Über die Armeetelefonleitung lasse ich mich in Paris in das zivile Ortsnetz umschalten und informiere Dagmar und die »femme de chambre« über meine Ankunft.
Mit gemischten Gefühlen verlasse ich meinen Gefechtsstand. Aus Sicherheitsgründen und zur Beobachtung des Luftraumes nehme ich einen Fahrer mit. Drei Tage Paris liegen vor mir!

Nachdem ich meine »Mission« erledigt und unserem »Sonderstab Paris« einen kurzen Besuch abgestattet habe, habe ich nun Zeit für Dagmar und meine Freunde. Die mitgebrachte Verpflegung von insgesamt rund 50 Kilogramm löst bei allen riesige Freude aus, besonders die 2 Kilogramm Bohnenkaffee, denn er ist in Paris überhaupt nicht mehr zu haben. »Wir leben hier von ›Ersatz‹«, meint J. B., »wir haben dieses traurige Wort von Euch übernommen.«
Trotz der Wiedersehensfreude bin ich unruhig. Ich telefoniere jeden Tag mit der Division. »Alles ruhig hier, ziemlich normal, keine Veränderung der Lage erkennbar«, gibt man mir jedesmal durch. Noch einmal spreche ich mit Dagmar und meinen Freunden durch, was zu tun ist, falls Paris gefährdet sein sollte. Dagmar will bis zum letztmöglichen Termin bleiben, um in meiner Nähe zu sein.
Am 17. Juli abends sitzen wir alle noch einmal zusammen bei einer Flasche Champagner. Am 18. Juli starte ich noch in der Nacht, um vor Tagesanbruch meinen Gefechtsstand zu erreichen, ehe die Hurricanes und Spitfires kommen. Die Fahrt dauert wegen des nächtlichen Versorgungsverkehrs länger als beabsichtigt. Erst kurz vor 9.00 Uhr bin ich auf den Höhen ostwärts meines Kampfabschnittes. Nur noch wenige Kilometer trennen mich von meinem Gefechtsstand. Ich halte an und wir suchen den Himmel nach Jägern ab. Es ist sehr dunstig über dem Einsatzgebiet. Alles scheint in Ordnung zu sein.

»Operation Goodwood«

Kurz nach 9.00 Uhr treffe ich auf meinem Gefechtsstand ein, freue mich auf ein Normandiefrühstück und will dann meine Ausgangsuniform gegen den Kampfanzug eintauschen.

Der Kommandeur des I. Bataillons begrüßt mich kurz. Ich spüre, daß etwas nicht in Ordnung ist, denn alle Männer auf dem Gefechtsstand erscheinen mir nervös. Dann kommt der Bericht, der mir fast den Atem raubt: »Seit 5.00 Uhr früh haben die Engländer mit Tausenden von Bombern unseren Abschnitt, besonders beim I. Bataillon, pausenlos bombardiert. Diesem Bombardement folgte eine Feuerwalze der Artillerie. Erst vor einer knappen halben Stunde hat das Feuer aufgehört.«
»Was ist mit Ihrem I. Bataillon, haben sie Nachrichten?« ist meine erste Frage. »Noch nicht, wir haben keine Funkverbindung«, kommt die Antwort. »Was ist mit den Tigern und dem Panzerbataillon unseres Regiments?« Antwort: »Keine Funkverbindung. Ich weiß nicht, wie es dort aussieht.« »Und das II. Bataillon, Major Beckers Sturmgeschütze? Haben Sie die Division informiert?« Meine Fragen werden immer dringender, aber offenbar war nichts veranlaßt worden.

Das ist nun der erneute Ausbruchsversuch. Und nichts, gar nichts ist unternommen worden! Mein Stellvertreter scheint unter Schock zu sein. Er wirkt absolut hilflos.

Ich befehle ihm, sich zu meiner Verfügung zu halten. Nach einigen Tagen beauftrage ich meinen Adjutanten, persönlich zum Heerespersonalamt zu fahren und die Ablösung des Kommandeurs zu verlangen. Dem wird sofort stattgegeben.
Ich bin um eine große Erfahrung reicher geworden: Ich habe jetzt erneut erlebt, wie Offiziere und Unteroffiziere, die in Friedenszeiten hervorragende Ausbilder waren, beliebt bei Vorgesetzten und Kameraden, im Ernstfall die Nerven verlieren und unfähig sind, mit der Realität fertig zu werden. Auch General »Pip« Roberts hat, wie er mir später erzählte, dieselbe Erfahrung gemacht. Aus den gleichen Gründen, wie ich den Bataillonskommandeur, mußte er einen Brigade- und einen Regimentskommandeur ablösen lassen. Die Erfahrung hat außerdem gezeigt, daß eine sofortige Ablösung erfolgen muß, wenn nicht die Truppe angesteckt und in ihrer Moral geschwächt werden soll.

Da stehe ich nun auf meinem Gefechtsstand. Keiner weiß, was passiert ist, obwohl es offenkundig ist, daß der Gegner zu einem entscheidenden Angriff angetreten ist.

Ich verwerfe den Gedanken an ein gutes Frühstück und meinen Kampfanzug. Ich laufe zu einem Funkpanzer IV, den mir das Panzerregiment zur Verfügung gestellt hat, biete dem Fahrer eine Zigarette an und befehle: »Los, auf der Hauptstraße Richtung Caen.«
Meinem Adjutanten rufe ich zu: »Ich melde mich von unterwegs. Stellen Sie sofort eine Verbindung zur Division her. Und wenn Sie persönlich hinfahren müssen. Berichten Sie über die Geschehnisse und bitten Sie um Reserven, damit wir die Engländer aufhalten können. Schicken Sie einen Offizier zu den Panzern.«
Langsam fahre ich unbehelligt an das Dorf Cagny heran, das genau in der Mitte meines Abschnitts liegt und von uns nicht besetzt ist. Der Ostteil ist bis zur Kirche unzerstört, der Westteil ist dem Erdboden gleichgemacht. Als ich an den Westrand des Dorfes komme, sehe ich zu meinem Entsetzen etwa 25 bis 30 englische Panzer, die die von Osten nach Westen verlaufende Hauptstraße nach Caen bereits Richtung Süden überquert haben.
Dann ein Blick nach Norden, wo mein I. Bataillon in Gefechtsstellungen liegen muß oder lag. Das ganze Gelände ist übersät mit Panzern, die langsam südwärts rollen.
»Mein Gott«, denke ich, »der Bomben- und Artilleriebeschuß ist genau über das Bataillon hinweggerollt. Es gibt keine Möglichkeit, zum ehemaligen Gefechtsstand des Bataillons zu gelangen.«

Mir ist klar: Mit einem Bombeneinsatz nie erlebten Ausmaßes versucht der Engländer auf engstem Raum, unsere Stellungen zu durchbrechen. Wie kann ich dieses Loch stopfen? Vielleicht mit einem Angriff der überlegenen Tiger und Panzer IV? Also, zurück zum Gefechtsstand, um zu versuchen, Gegenmaßnahmen zu organisieren.

Als ich an der Kirche von Cagny, die in dem nicht zerstörten Teil des Dorfes liegt, vorbeifahre, sehe ich zu meiner Überraschung eine Luftwaffenbatterie mit ihren vier 8,8 cm-Flakgeschützen, alle Rohre nach oben gerichtet.
»Was machen die hier, die habe ich auf dem Hinweg gar nicht gesehen«, geht es mir durch den Kopf. Unter einem Baum lasse ich anhalten, »boote« aus und renne zu der Batterie.
Ein junger Hauptmann kommt auf mich zu: »Herr Major, was geht hier eigentlich vor?« fragt er mich. »Mein Gott, was machen Sie hier? Wissen Sie überhaupt, was sich dort links von Ihnen abspielt?« Ruhig antwortet er: »Ich gehöre zu einem Luftabwehrring, um die Fabriken und die Stadt Caen gegen Luftangriffe zu schützen. Im Augenblick warte ich auf die nächsten Bombenangriffe.«
»Mann«, antworte ich so ruhig wie möglich, »Sie sind von feindlichen Panzern bereits umgangen worden. Nördlich von hier wimmelt es nur so von Panzern. Sie werden sofort mit Ihren vier Geschützen am Nordrand von Cagny in Stellung gehen und die vorrückenden Panzer bekämpfen. Kümmern Sie sich nicht um Panzer, die bereits nach Süden vorgehen. Packen Sie den Gegner von der Flanke. Damit werden Sie seinen Vormarsch zum Halten zwingen.«
Ebenso ruhig kommt seine Antwort: »Herr Major, ich kümmere mich um feindliche Flugzeuge, Panzer zu bekämpfen ist Ihre Aufgabe.« Er will sich abwenden. Da gehe ich auf ihn zu, ziehe meine Pistole (die wir für Fahrten nach Paris tragen müssen), richte sie auf ihn und sage: »Entweder Sie sind gleich ein toter Mann oder Sie können sich eine hohe Auszeichnung verdienen.« Der junge Hauptmann scheint zu verstehen, daß es mir ernst ist. »Ich weiche der Gewalt. Was habe ich zu tun?«
Ich nehme ihn bei der Hand, renne mit ihm im Schutz der Hecken und Bäume an den Nordrand des Dorfes.
»Hier, in diesem Apfelgarten gehen Sie mit Ihren vier Geschützen in Stellung. Das Korn dort steht so hoch, daß Sie gut geschützt sind und gerade über das Korn Schußfeld haben. Ich will sehen, ob ich Ihnen einen Zug Grenadiere schicken kann, der Sie vor Überraschungen bewahrt. Sollte die Lage für Sie kritisch werden, zerstören Sie Ihre Geschütze und ziehen sich nach Süden zurück. Ich hoffe, daß unsere Tigerabteilung in Kürze zum Gegenangriff aus der rechten Flanke antreten kann. Mit ihr und mit Ihnen müßten wir den feindlichen Angriff zurückschlagen können, zumal er nicht von Infanterie begleitet ist, soweit ich feststellen konnte.
Hören Sie, in einer halben Stunde bin ich zurück. Alles klar?« Er scheint immer noch unschlüssig, aber schließlich nickt er. »Jawohl, Herr Major.«

Zurück auf meinem Gefechtsstand, erfasse ich das ganze Ausmaß der vorbereitenden Bombenteppiche.
Mein Ordonnanzoffizier berichtet, daß die Tigerabteilung von schwersten amerikanischen Bomben völlig zugedeckt wurde. Er habe selber einige 62-Tonnen-Kolosse auf dem Kopf liegen sehen, Krater mit einem Durchmesser von 10 Metern hätten das ganze Gelände fast unpassierbar gemacht, an einen Einsatz der Tiger sei in den

nächsten Stunden gar nicht zu denken. Ähnlich sei es der Panzer IV-Abteilung ergangen. Major Becker, der jetzt auf meinem Gefechtsstand ist, hat Verbindung zu seinen Batterien. Er meldet: »Eine Batterie ist durch Bomben komplett ausgefallen, 2 Batterien in der linken Flanke sind intakt und werden die Grenadiere des I. Bataillons, die den Kampf gegen englische Infanterie aufgenommen haben, unterstützen. Die beiden anderen Batterien werden jede Minute den Kampf an der rechten Flanke aufnehmen, wo Major Kurz, ohne erst Befehle abzuwarten, eine Verteidigungsfront mit seinem II. Bataillon aufgebaut hat.«

Hauptmann Liebeskind, mein Adjutant, kommt von der Division zurück. Um das Loch an meiner *linken* Flanke zu stopfen, gäbe es keine Reserven, läßt mir Feuchtinger ausrichten. Jedoch würde die Aufklärungsabteilung mir unterstellt, um meine schwache *rechte* Flanke zu sichern, Hauptmann Brandt würde sich bei mir melden. Befehl an mich: Jeden Versuch des Gegners, durch die offene rechte Flanke nach Osten durchzubrechen, unbedingt verhindern.
Hauptmann Brandt meldet sich noch am Vormittag:
»Herr Major, ich bin Ihnen wieder unterstellt, liege mit der Aufklärungsabteilung etwa 7 Kilometer ostwärts Troarn. Seit dem 6. Juli lagen wir in Reserve südlich Caen und sind einigermaßen mit Mannschaften und Material aufgefrischt worden. Wir haben die furchtbaren Bombenangriffe heute früh sehen können. Ist Ihre Kampftruppe schwer betroffen?«
Ich setze Brandt kurz ins Bild: »Auf meinem linken Flügel klafft eine große Lücke bis Caen und dem Regiment 192, die ich nicht ausfüllen kann. Aber auf den Höhen von Bourgebus sind drei Panzerabwehrabteilungen mit 8,8 cm-Kanonen in Stellung. Sie müßten eigentlich jeden Panzervorstoß stoppen können, solange der Engländer keine Infanterie einsetzt. Aber zwischen meinem Gefechtsstand hier und dem II. Bataillon von Major Kurz besteht auch eine sehr gefährliche Lücke. Wenn der Engländer sie durchstößt, ist der Weg nach Südosten für ihn offen.
In dieser Lücke will ich Sie einsetzen. Halten Sie rechts zu Kurz Verbindung, links zu mir. Eine Batterie von Major Becker mit ihren 7,5 cm-Panzerabwehrkanonen (lang) wird Ihnen unterstellt zur Bekämpfung feindlicher Panzer. Schicken Sie mir einen Verbindungsoffizier hierher. Machen Sie es gut, Brandt, wir müssen den heutigen Tag überstehen.«

Aufgrund offizieller Berichte, Aussagen meiner Einheiten und von Gefangenen, ergibt sich ein düsteres Bild der Lage. Berichte, die ich nach Kriegsende einsehen konnte, bestätigten die seinerzeitige Situation:
Montgomery hatte entschieden, einen Großangriff aus dem kleinen Brückenkopf zu starten und Richtung Falaise ins französische Hinterland vorzustoßen. Mit einer beispiellosen Logistik und unter größter Geheimhaltung wurden dazu bereitgestellt:
○ 1 Panzerkorps mit der 11th Armoured Division, der Guard Armoured Division plus der mir aus Nordafrika gut bekannten 7th Armoured Division,

○ je eine kanadische Infanteriedivision (rechts) und eine englische Infanteriedivision (links) zum Schutz der Flanken,
○ über 1000 Geschütze aller Kaliber plus der Schiffsartillerie.
○ Die 6th Airborne und 51st Scotch Highland Divisionen sollen zur Sicherung im Brückenkopf verbleiben.
○ Zur Vorbereitung des Angriffs wird die größte Luftflotte aus englischen und amerikanischen Bombern, die im Kriege bislang zusammengestellt wurde, mit etwa 2500 Bombern eingesetzt. Auf einer Breite von etwa 4 Kilometern und in einer Tiefe von etwa 7 Kilometern soll der Angriffsstreifen so zugedeckt werden, daß praktisch niemand das Bombardement überleben kann.
○ Dem Bombenangriff soll eine Feuerwalze aus den 1000 Geschützen plus Schiffsartillerie folgen, hinter der die ersten Panzerwellen dichtauf vorstoßen sollen.
○ Ziele sind zunächst die Höhen bei Bourgebus — etwa 15 Kilometer von der Startlinie entfernt.

»Niemand wird dieses Inferno überleben. Wir brauchen mit unseren Panzern nur zu marschieren, um uns den Weg nach Paris zu öffnen.« Das ist die einhellige Meinung der am Angriff beteiligten Alliierten. »Wie sehr wir uns aber irrten, sollte sich bald herausstellen«, sagten mir nach dem Kriege viele Kommandeure des englischen Panzerkorps.

Da sich sämtliche Verbände durch die freigeräumten Minengassen zwängen müssen, folgt eine Division der anderen, um nach dem Ausbruch in breiter Front auf das Höhengelände bei Bourgebus vorzustoßen.

Meine einzige Hoffnung ist, daß die 8,8 cm-Batterie in Cagny und die beiden 7,5 cm-Sturmgeschützkompanien den Gegner solange aufhalten werden, bis Reserven herangeführt werden können. Das sind die 1. SS-Panzerdivision und die 12. SS-Panzerdivision »Hitlerjugend«. Beide sind vor kurzem aus der Front herausgezogen worden, um nun im Raum Falaise und Lisieux aufgefrischt zu werden.

Am späten Vormittag des 18. Juli melden zwei Batterien von Becker, die beim I. Bataillon an der linken Flanke im Einsatz sind: »Einzelne Kompanien des I. Bataillons haben den Kampf gegen die nachfolgende Infanterie aufgenommen. Wir unterstützen, soweit wie möglich.
Eine zweite Welle englischer Panzer hat nach dem Desaster in Cagny nach Westen abgedreht und stößt auf die Bourgebushöhen vor. Wir müssen uns daher langsam absetzen, um nicht eingeschlossen zu werden.«
Major Becker ist auf meinem Gefechtsstand. Ich rufe ihn zu mir: »Hören Sie, Becker, ich brauche Ihre Batterien nötiger denn je, nachdem beide Panzerabteilungen durch das Bombardement zunächst ausgefallen sind. Alle Batterien, besonders

die an der linken Flanke isolierten, sollen mit eigener Verantwortung operieren, den Grenadieren solange wie möglich Schutz geben, und vor allem die vorrückenden englischen Panzer von den Flanken aus angreifen. Wir müssen den Panzervorstoß zum Halten bringen.«

Mit Major Bill Close, der eine Kompanie Panzer von dem Regiment der 11th Armoured Division führte, das westlich abgedreht hatte, bin ich heute eng befreundet. Er erzählte mir später:
»Wir hatten die nach uns vorgehende Guards Armoured Division vor Cagny gewarnt. Trotzdem stieß sie weiter vor und verlor vor Cagny innerhalb von Sekunden etwa 20 Panzer. Wir konnten sehen, wie das vordere Regiment versuchte, dem Feuer aus Cagny auszuweichen. Dabei wurden erneut mehrere Panzer abgeschossen, diesmal aus Waldstücken im Osten. Der Angriff kam dann zum Stillstand. Wir waren froh, daß wir nach Westen ausweichen durften und damit dem Feuer Eurer verdammten ›eighty-eights‹ entkamen. Über die Straße Paris–Caen stießen wir nach Süden vor. Wir sahen das teilweise brennende Caen rechts liegen und etwa 5 Kilometer südlich vor uns die Bourgebushöhen, unser erstes Ziel, das wir schon am frühen Morgen hätten erreichen sollen.
Ungehindert fuhren wir in breiter Formation vor, meine Kompanie in Front. Plötzlich, als wir bis etwa 1 000 Meter an die Dörfer auf den Höhen herangekommen waren, erhielten wir konzentriertes Feuer von ›eighty-eights‹. Innerhalb von Sekunden blieben etwa 15 unserer Panzer brennend liegen. Alle Versuche, nach links oder rechts auszuweichen, scheiterten. Am späten Nachmittag hatte ich nur noch wenige intakte Panzer. Den anderen Kompanien ging es ähnlich. Wir mußten unseren Vorstoß abbrechen und uns zurückziehen. Kurz darauf kam der Befehl der Brigade, den Kampf für den Tag einzustellen. Neue Befehle folgten am nächsten Tag.«
Nach dem Eintreffen der Aufklärungsabteilung glaube ich, meine rechte Flanke einigermaßen stabilisiert zu haben. Noch immer habe ich nicht die Zeit, mich umzuziehen, geschweige denn etwas zu essen. Alles hängt für die nächsten Stunden von der Flakbatterie in Cagny ab. Wieder setzte ich mich in meinen Panzer und rolle vorsichtig zum Dorf. An der Kirche lasse ich den Panzer stehen und laufe zu den vier Geschützen, wo sich mir ein kaum beschreibliches Bild bietet:
○ Die 8,8 cm-Kanonen schießen eine Salve nach der anderen. Man sieht die Geschosse wie Torpedos durch das Korn fliegen. Die Männer an den Kanonen sind stolz auf ihren ersten Einsatz als Panzerabwehreinheit. Alle vier Geschütze sind intakt und werden nicht angegriffen.
○ In den weiten Kornfeldern nördlich des Dorfes liegen mindestens 40 englische Panzer brennend oder zerschossen. Ich sehe, wie die Panzer, die bereits die Hauptstraße überquert hatten, langsam zurückrollen.
○ Auch Beckers Sturmgeschütze haben in den Kampf eingegriffen. Von der rechten Flanke schießen sie jeden Panzer ab, der das Dorf zu umgehen versucht.

Der junge Hauptmann kommt auf mich zu. Ich gratuliere ihm: »In wenigen Augenblicken wird ein Zug meiner Stabskompanie hier eintreffen, der Sie gegen Überraschungen schützen soll. Ich wiederhole meinen Befehl von heute morgen: Sie halten, solange es geht, Ihre Stellung und bekämpfen den gegnerischen Panzerangriff. Sobald die Lage kritisch wird, zerstören Sie Ihre Geschütze und ziehen sich mit den Grenadieren auf meinen Gefechtsstand zurück.« Damit verlasse ich diese Batterie, die an diesem 18. Juli eine so entscheidende Rolle gespielt hat.

Zurück an meinem Gefechtsstand, nehme ich Verbindung mit Feuchtinger auf. Ich schildere die Lage, wie sie sich mir gegen Mittag des 18. Juli darstellt, und schließe: »Herr General, ich glaube, der gesamte Angriff der Engländer ist zum Stillstand gekommen dank des Einsatzes aller Teile meiner Kampfgruppe und nicht zuletzt auch dank einer Luftwaffen-8,8 cm-Batterie, die ich zufällig in Cagny fand und im Erdkampf eingesetzt habe. Ich sehe jedoch eine große Gefahr an meinem rechten Flügel. Sollte der Engländer seine Infanterie vorziehen, sehe ich schwarz für meine ziemlich dünne Abwehrfront. Im Augenblick geht es noch, aber im Laufe des Nachmittags müßten Reserven eintreffen.«
»Gratuliere, Luck, zu diesem Abwehrerfolg. Ich kann Ihnen eine gute Nachricht mitteilen: Die 1. SS-Panzerdivision hat Auftrag, sofort von Falaise zu uns vorzuziehen und unsere Abwehr, besonders auf den Bourgebushöhen, zu verstärken. Auch die 12. SS-Panzerdivision hat den Auftrag, in unserer rechten, also Ihrer Flanke, Sie zu unterstützen und einen Durchbruch nach Süden zu verhindern.
Die 1. SS wird heute am späten Nachmittag, die 12. SS nicht vor morgen mittag eintreffen. Bis dahin *müssen* wir halten.«

Am späten Nachmittag kommt Feuchtinger noch einmal durch: »Die ersten Teile der 1. SS sind eingetroffen. Mit ihnen zusammen haben wir viele Panzer abgeschossen. Mit Ihren Abschüssen dürften die Engländer mindestens 200 Panzer verloren haben. Ich bin beruhigt, daß Sie an der rechten Flanke halten können. Übermitteln Sie Kurz (Kommandeur II. Bataillon) meine Anerkennung.«

Am Nachmittag endlich ziehe ich mich um und fühle mich sofort besser. Das Tigerbataillon gibt durch, daß ungefähr 10 Tiger wieder einsatzbereit sind, mit denen ein Angriff in die linke Flanke des Gegners gefahren werden soll.
Der damalige Leutnant Freiherr von Rosen, Kompaniechef einer Panzer VI-Tigerkompanie berichtet:
»Das Bombardement am frühen Morgen des 18. Juli war das schlimmste, was wir je im Krieg erlebt haben. Obwohl wir in Deckungslöchern unter unseren Panzern lagen, hatten wir viele Gefallene. In Bombenkratern von 10 Meter Durchmesser lagen einige der 62-Tonnen-Wagen auf dem Kopf, wie Spielkarten waren sie durch die Luft gewirbelt. Zwei meiner Leute begingen Selbstmord, da sie dem psychologischen Effekt nicht gewachsen waren. Von meinen 14 Tigern war kein einziger ein-

satzbereit. Alle waren mit Staub und Erde zugedeckt, die Geschütze dejustiert, das Kühlsystem der Motoren ausgefallen. Dennoch hatten wir am frühen Nachmittag einige meiner Tiger einsatzbereit. Mit ihnen sollte ich nach Westen in die Flanke der englischen Panzer angreifen.«
Aus erbeuteten Karten und Lageplänen wissen wir, daß die »Guards« Richtung Südosten, die 7th Armoured Division in der Mitte nach Süden und die vordere 11th Armoured Division Richtung Südwesten angreifen sollen.
Während die Guards, es ist ihr erster Einsatz überhaupt, vorsichtig vorfühlen und immer wieder unter großen Panzerverlusten abgewiesen werden, ist die 7th Armoured Division noch nicht bei uns aufgetaucht. Sie wird erst am späten Nachmittag des 18. Juli die wenigen Gassen im Minenfeld passieren können.
Ich fühle mich ganz gut. Der Durchbruch nach Südosten scheint für heute gescheitert zu sein. Wir hören, daß die ersten Teile der 1. SS-Panzerdivision auf den Bourgebus-Höhen eingetroffen sind und den weiteren Vorstoß der Engländer unter großen Verlusten für diese abgeschlagen haben.
Die englische Offensive ist für den 18. Juli zum Stehen gekommen. Der Geländegewinn ist noch nicht sehr groß, von einem Aus- oder Durchbruch kann nicht die Rede sein. Wir sind aber sicher, daß die Engländer sich für den nächsten Tag vorbereiten werden. Die Frage bleibt, ob wir diesen Angriff mit unseren geschwächten Kräften noch einmal werden stoppen können.

Der Vormittag des 19. Juli bleibt erstaunlicherweise ruhig. Bei einzelnen Panzervorstößen werden wieder eine Anzahl englischer Panzer abgeschossen. Dann aber, am frühen Nachmittag, tritt Monty mit allen drei Panzerdivisionen, die von Infanterie und inzwischen vorgezogener Artillerie unterstützt werden, an.
Während die »Guards Division« mangels Erfahrung sehr vorsichtig operiert, stellen wir mit Staunen das gleiche bei der 7th Armoured Division fest. Sie macht die gleiche Erfahrung, die auch wir gemacht haben: Sie ist *zu* erfahren und operiert daher äußerst vorsichtig. Es gelingt uns, am rechten Flügel alle Angriffe abzuwehren, wobei wir den beiden englischen Divisionen schwere Verluste zufügen. Das haben wir dem geschickten Einsatz meines II. Bataillons unter Major Kurz sowie der Panzeraufklärungsabteilung und den Sturmgeschützen von Becker zu verdanken.
Von der Aufklärungsabteilung kommt ein Verbindungsoffizier zu mir: »Herr Major, ich soll melden, daß wir durch eigene Gegenangriffe den Gegner immer wieder gezwungen haben, sich zurückzuziehen. Zeitweise befand sich ein englischer Verbandsplatz hinter unseren eigenen Linien.
Vor einer Stunde erschien ein englischer Panzer mit weißer Flagge und brachte einen Teil unserer Verwundeten zurück. Wir haben uns sofort bedankt.«
Das war wirkliche Fairness!

Von der Division und den beiden nun auf meiner linken Flanke allein operierenden zwei Batterien Becker erfahren wir, daß die 11th Armoured Division gegen 16.00 Uhr

mit Grenadieren, unterstützt von Panzern und schwerer Artillerie, zum Angriff auf zwei Dörfer am Nordrand der Bourgebus-Höhen angetreten sei, die von Teilen der 1. SS-Panzerdivision verteidigt würden.
Kurz darauf kommt folgende Meldung von einer Sturmgeschützbatterie: »Beide Dörfer sind vom Gegner eingenommen, der weitere Angriff gestoppt. Unsere beiden Batterien sind kämpfend — teilweise parallel mit den Engländern — ohne Verluste auf den Höhen eingetroffen.«
Jetzt wird es kritisch, aber der englische Angriff wird nicht fortgesetzt und kommt erneut zum Stehen. Erstaunlich, daß in meinem Abschnitt so zögernd angegriffen wird. Der Schock durch unsere 8,8 cm-Panzerabwehrgeschütze, einige Tiger und Beckers Sturmgeschütze sitzt anscheinend tief bei den Engländern. Mit nur noch rund 400 Grenadieren müssen wir die lange Front im Osten halten. Das sind zu wenige, um einem energischen Angriff standhalten zu können.

Endlich, gegen 17.00 Uhr, treffen die ersten Teile der 12. SS-Panzerdivision ein. Ein Generalstabsoffizier nimmt Verbindung zu mir auf: »Die Division hat einen verlustreichen Marsch hinter sich. Immer wieder wurden wir von englischen Jägern beschossen und in Deckung gezwungen. Im Laufe der Nacht wird die Masse der Division hier sein. Wie sieht es bei Ihnen aus?«
Ich setze ihn ins Bild und erfahre, daß meine Kampfgruppe von dieser Division abgelöst werden soll. Kurz darauf kommt der Befehl meiner Division: »Im Laufe der Nacht löst sich die Kampfgruppe von Luck vom Gegner und übergibt an die 12. SS-Division. Sie beziehen eine Verteidigungsstellung beiderseits von Troarn am Ostufer der überfluteten Dives. Die Kampfgruppe Rauch wird ebenfalls abgelöst und ostwärts der Dives eingesetzt.«

Die Ablösung erfolgt ohne Schwierigkeiten. Hoffentlich kann ich den völlig übermüdeten und abgekämpften Männern etwas Ruhe geben. Am späten Abend des 19. Juli ist zu übersehen, was den Engländern gelungen oder von ihnen nicht erreicht worden ist: Der kleine Brückenkopf ist um etwa 9 Kilometer erweitert, Caen jetzt völlig besetzt worden. Aber, der Durchbruch Richtung Falaise nicht erzielt. Monty behauptet später, mehr sollte nicht erreicht werden, die »Operation Goodwood« habe zum Ziel gehabt, so viele deutsche Panzerdivisionen wie möglich zu binden, um den Amerikanern ihren geplanten Ausbruch weiter westlich zu erleichtern.
Außer mir bezweifeln auch andere diese Version, und zwar aus folgenden Gründen:
○ Gefangene Canadier berichteten uns, daß Monty ihnen kurz vor dem Angriff zugerufen habe: »Auf nach Falaise, Boys, wir wollen auf Paris marschieren.«
○ Wer Monty und seinen Ehrgeiz kennt und seine Operationen in Nordafrika analysiert hat, muß davon ausgehen, daß er sich nicht nur mit einer »Bindung deutscher Panzerdivisionen« und einer »Erweiterung des Brückenkopfes« zufrieden geben würde.

Wie dem auch sei, die »Operation Goodwood« kostete die Engländer etwa 450 Panzer. Sie war von der Vorbereitung und Logistik ein Meisterstück. Und dennoch konnten wir verhindern, daß dem Gegner ein Durchbruch gelang.

In der Nacht vom 19. zum 20. Juli setzt strömender Regen ein, der unsere Ablösung erschwert. Ich werde nie den Gestank herumliegender toter Kühe während unseres Nachtmarsches nach Norden vergessen. Am 20. Juli gehen außerdem noch schwere Gewitter nieder und verwandeln das Schlachtfeld in ein Sumpfgelände. Die englische Luftwaffe muß am Boden bleiben.
Als wir unsere neuen Stellungen erreichen, erhalten wir zwei Meldungen, die uns erschüttern:
○ Am 17. Juli ist Feldmarschall Erwin Rommel bei einem Jagdfliegerangriff auf sein Fahrzeug schwer verwundet worden. Wir können es nicht fassen. Für uns galt Rommel als »unverwundbar«.
○ Am späten Abend des 20. Juli erfahren wir — zunächst durch abgeworfene Flugblätter der Engländer, dann auch von unserer Funkstelle — von dem Attentat auf Hitler.

Die Älteren von uns haben gemischte Gefühle, die Jüngeren sind wütend. »Die fallen uns hier an der Front doch in den Rücken.« Bei einem Gespräch mit Speidel lautete die Reaktion Sepp Dietrichs auf die Nachricht der Heeresgruppe B über das Attentat: »Wer war es, die SS oder Wehrmacht?«

Ich selbst muß an die Gespräche mit Rommel in Nordafrika 1943 und in Frankreich 1944 denken: »Ein Attentat auf Hitler wird eine ›Dolchstoßlegende‹ schaffen. Wir müssen ihn, sobald eine zweite Front gebildet und damit das Ende abzusehen ist, zur Abdankung zwingen, um weitere Verluste zu vermeiden und uns auf den Krieg im Osten konzentrieren zu können.«

Am nächsten Tag erscheint ein Kriegsberichterstatter auf meinem Gefechtsstand. »Herr Major, was sagen Sie hier an der Front zum Attentat auf den Führer?« Meine Antwort kommt sehr prompt: »Hören Sie, wir stehen hier seit Wochen im schweren Abwehrkampf und haben keine Zeit, darüber überhaupt nachzudenken. Kommen Sie wieder, wenn sich die Lage für uns beruhigt hat.« Eine saloppe, riskante Antwort, aber was soll's?

Avranches und die Folgen

Obwohl die Royal Air Force pausenlos angreift und die Guards Division versucht, mit starken Spähtrupps eine Lücke nach Osten zu finden, empfinden wir die nächsten Tage fast als Erholung. Durch die starken Regenfälle ist die überflutete Dives noch unpassierbarer geworden. Für mich ist es wichtig, das durch den Bombenangriff am 18. Juli fast aufgeriebene I. Bataillon neu aufzustellen.
Bei der Feldersatzabteilung der Division wird aus Restkadern und gut ausgebildetem Ersatz aus der Heimat ein neues Bataillon mit fabrikneuen SPW's (gepanzerten Mannschaftstransportwagen) in nur wenigen Tagen einsatzbereit gemacht. Wir bewundern die Logistik, die immer wieder Ersatz, Munition und Fahrzeuge an die Front bringt.

Nach nur einer Woche in unserer »Ruhe-Abwehr-Stellung« wird die Division herausgezogen, um aufgefrischt zu werden. Wir alle hoffen auf ein paar Tage Ruhe, um »unsere Wunden zu lecken«.

Doch da deutet sich die nächste englische Offensive an, von den Engländern »Bluecoat« genannt, und setzt der Ruhe ein Ende. Nach nur zwei Tagen wird die Division in den Raum südlich Villers Bocage an der großen Verbindungsstraße Nummer 175 südlich Bayeux verlegt. Zusammen mit der tapferen 21. Panzeraufklärungsabteilung gelingt es, die Front zu halten.
Die Männer sind müde und ausgelaugt, die Verluste hoch. Wir sind nun schon seit acht Wochen ununterbrochen im Einsatz und damit länger als alle anderen Divisionen.
Trotz allem ist die Moral gut. Die Männer kämpfen bis zum Umfallen. Dann aber gelingt es am 25. Juli den Amerikanern, nach einen vierstündigen Bombenangriff bei der Panzerlehrdivision durchzubrechen. Wir nehmen unsere Front etwas zurück und halten nun eine Linie von Avranches–St. Lô bis südlich Caen.

Dann, am 31. Juli, erhalten wir die Nachricht, daß General Patton, der wohl flexibelste Panzerführer der Alliierten, bei Avranches nahe dem berühmten Mont St. Michel, durchgebrochen ist. Damit scheint der Weg ins Innere Frankreichs, nach Paris und das Reichsgebiet frei zu sein.

Hitler reagiert sofort: Er setzt General der Panzertruppe Eberbach mit einer schnell zusammengestellten Panzergruppe auf Avranches an, um Patton von seinen Verbindungen abzuschneiden.
Wieder sind es die Leute von Bletchley Park, die unseren Code knacken und die US Air Force, die den Angriff im Keim erstickt. Schlimmer jedoch ist, daß nun allen im Westen eingesetzten Divisionen die Einkesselung droht, da Patton seinen Vorstoß nach Osten offenbar ungehindert fortsetzen kann.

Dann geht alles sehr schnell:
Wir müssen zurück, denn die dezimierten, ausgemergelten Divisionen können einem weiteren Vorstoß nicht standhalten.
Es dauert noch zwei Wochen, bis wir — hinhaltend kämpfend und immer wieder nach Südosten ausweichend — den Raum Falaise, südlich von Caen erreichen. Damit ist die ganze Cotentin-Halbinsel mit ihrem wichtigen Hafen Cherbourg endgültig verloren.

Inwischen ist auch Montgomery aus dem durch die »Operation Goodwood« erweiterten Brückenkopf angetreten und mit der 4. kanadischen und polnischen Panzerdivision in den Raum nordostwärts Falaise vorgedrungen. Montys Angriff von Nordwesten und Pattons Vorstoß von Südwesten drohen fast die ganze deutsche Normandiefront in einem riesigen Kessel einzuschließen.
Am 17. August stoßen sowohl die kanadische wie auch die polnische Panzerdivision durch und trennen unsere Division in zwei Teile: die Kampfgruppe Rauch mit dem Regiment 192, der Aufklärungsabteilung 21 und den letzten acht Panzern gerät in den sich bildenden Kessel, meine Kampfgruppe und der Divisionsstab bleiben hart außerhalb.
Von nun an stoßen die Bomber der Alliierten pausenlos auf die zurückflutenden Divisionen nieder. Die hervorragende Artillerie der Amerikaner belegt alle Straßen und Wege Tag und Nacht mit schwerem Feuer.
Am schlimmsten sind die Infanteriedivisionen dran, die zu Fuß und mit ihren pferdebespannten Einheiten nach Osten streben und sämtliche Straßen verstopfen. Entsetzliche Szenen spielen sich ab: Die Panzer, gepanzerte Teile und motorisierte Versorgungseinheiten bahnen sich rücksichtslos ihren Weg nach Osten. Auf und neben allen nach Osten führenden Straßen und Wegen bleiben zerschossene Fahrzeuge liegen, Pferdekadaver liegen umher. Selbst Sanitätsfahrzeuge, vollgestopft mit Verwundeten, liegen brennend am Straßenrand. Beherzte Offiziere versuchen, etwas Ordnung in das Chaos zu bringen, meistens jedoch ohne Erfolg.

Mit meiner Kampfgruppe erhalte ich den Befehl, mit Front nach Westen einen Abwehrriegel aufzubauen, um ein weiteres Vordringen der polnischen und kanadischen Division zu verhindern. Von den Höhen westlich Vimoutiers, wo am 17. Juli Rommel schwer verwundet wurde, habe ich einen weiten Einblick in das Riesental. Ununterbrochen stoßen die feindlichen Jäger dort auf alles, was sich bewegt, herunter. Ich sehe die Rauchpilze der explodierenden Bomben, brennende Fahrzeuge und Verwundete, die von zurückfahrenden Fahrzeugen aufgenommen werden. Es ist unbeschreiblich, was sich im Kessel abspielen muß, wir können nicht helfen.
»Mit Mann und Roß und Wagen hat sie der Herr geschlagen.« Dieser Satz (aus einem Gedicht über die Kämpfe der Kreuzritter etwa 1213 in Palästina) kam mir schon zweimal in den Sinn, im Dezember 1941 vor Moskau und 1943 in Nordafrika.

Noch hat sich der Ring um den Kessel nicht ganz geschlossen: Weiter südlich, bei dem kleinen Dorf Chambois am Dives-Fluß, besteht noch eine Lücke, die von den Amerikanern und den beiden Divisionen Montgomerys noch nicht geschlossen wurde. Der Grund hierfür ist wohl einerseits, daß es uns gelungen war, die polnische Panzerdivision immer wieder aufzuhalten, zum anderen scheint Patton nicht mehr daran interessiert zu sein, seinen Vorteil auszunutzen, sondern zügig auf die Seine ostwärts Paris vorzustoßen. Eine gewisse Animosität Pattons gegenüber Monty verhilft uns, doch noch beträchtliche Teile aus dem Kessel zu retten, wenn auch meist ohne ihr Material. Oberst Rauch und Major Brandt, Kommandeur der Panzeraufklärungsabteilung, berichten später, unter welch abenteuerlichen Umständen es ihnen gelungen war, sich aus der Umklammerung zu retten:
Zusammen mit Restteilen einiger SS-Panzerdivisionen, die eine Bresche durch den sich schließenden Kessel schlugen und den Weg nach Osten freihielten, konnte die Kampfgruppe Rauch unter schwerem nächtlichen Artilleriefeuer die Dives durchwaten.
Unteroffizier Korflür, Kommandant eines der letzten Panzer IV der 4. Kompanie, berichtet: »Am 19. August trifft der Befehl ein ›Rette sich, wer kann‹. Mit einem zweiten Panzer IV machen wir uns auf den Weg nach Osten. Beim Anblick nackter, halbverbrannter Panzersoldaten versprachen wir uns gegenseitig, uns nicht im Kessel fertigmachen zu lassen. Es war eine Höllenfahrt. Beim Ausweichen an einer pferdebespannten Kolonne vorbei rutschten wir so unglücklich ab, daß wir unseren Panzer liegenlassen mußten. Zu Fuß ging es weiter. In der Nacht schlichen wir uns am Gegner vorbei, der uns teilweise verdutzt nachsah.
Am Morgen waren wir durch und — zunächst — gerettet.«

Leutnant Höller von der 8. schweren Kompanie des Regiments 192 erlebte den Ausbruch:
»Wir bekamen den Befehl, uns in der Nacht zum 20. August aus unseren Stellungen zu lösen und in Richtung Trun durchzubrechen. Dort gäbe es noch eine Lücke von 5 Kilometer, in der nur einige feindliche Spähtrupps festgestellt worden seien. Das Herausziehen in der Nacht war für unsere abgekämpfte Einheit fast übermenschlich.
Je näher wir der Ausbruchstelle kamen, umso grauenhafter war das sich uns bietende Bild: Die Straßen verstopft mit zwei bis drei nebeneinander liegenden, zusammengeschossenen, ausgebrannten Fahrzeugen, Munition ging hoch, Panzer brannten, Pferde lagen auf dem Rücken und strampelten, bis sie schließlich erlöst wurden. Auf den Feldern weit und breit das gleiche Chaos. Die feindliche Artillerie schoß von allen Seiten in das Gewühl, alles drängte nach Osten. Wir mußten durch St. Lambert. Hier hatte sich ein kleiner Führungsstab gebildet, Panther und Tiger-Panzer der SS-Divisionen übernahmen die Führung. Während der Gegner mit Pak und Artillerie pausenlos in den Ort schoß, bahnten wir uns rücksichtslos den Weg. Abgeschossene Panzer und Fahrzeuge wurden beiseite geschoben, von vorherigen

Ausbrüchen lagen viele Tote und Verwundete am Straßenrand. Soweit Platz vorhanden war, nahmen wir Verwundete mit oder versorgten sie zumindest.
Wir sprangen von unseren SPW's, um die SS-Panzer zu sichern, die mehrere feindliche Panzerabwehrgeschütze ausschalteten.
Zwei Generäle, deren Infanteriedivisionen aufgerieben worden waren, schüttelten nur den Kopf über unseren waghalsigen Ausbruchsversuch. Sie marschierten mit uns mit.
In der Nacht eine kurze Pause, damit sich die Männer ausruhen und die Verwundeten versorgt werden konnten. Durch den energischen Vorstoß der SS-Panzer erlitt der Gegner so starke Verluste, daß er auch am nächsten Tag, dem 21. August, den Kessel nicht schließen konnte. Während die Panzer die Lücke offenhielten, sickerten immer neue, zum Teil kleine Gruppen durch das Loch nach Osten durch. Mit dem Kompaß legten wir die Marschzahl fest, marschierten los und waren wieder einmal der Hölle entronnen.«

Am Nachmittag des 21. August ist alles zu Ende, der Kessel wird geschlossen. Wie, wenn überhaupt, wird sich die Truppe von diesem Aderlaß und grauenvollen Erleben erholen können?
Das Chaos im Falaise-Kessel erlaubt kaum genaue Zahlen:
Schätzungen besagen, daß sich zwischen 90 000 und 100 000 Mann im Kessel befanden, bevor am 21. August die letzte Lücke geschlossen wurde. Hitler hat es versäumt, unsere Divisionen, trotz dringender Bitten, rechtzeitig zurückzunehmen. Belegt ist, daß etwa 10 000 Mann gefallen sind und zwischen 40 000 und 50 000 Mann ausbrechen konnten. Im Kessel gerieten etwa 40 000 Mann in Gefangenschaft, darunter einige Generalkommandos und die Reste von 15 Divisionen, überwiegend Infanterie. Daß überhaupt so viele Männer dem Kessel entrinnen konnten und sich sofort wieder sammelten, um Widerstand zu leisten, beweist den hohen Ausbildungsstand der Truppe.

Noch ist die Gefahr nicht vorüber.
Ich bekomme endlich Verbindung zum Divisions-Kommandeur, der mich unterrichtet: »Die Lage ist völlig unübersichtlich. Fest steht nur, daß General Patton am 18. August bereits Chartres, südwestlich von Paris, und am 21. August die Seine bei Fontainebleau erreicht hat. Nach nicht bestätigten Meldungen hat er dort zwei kleine Brückenköpfe über die Seine bilden können.« General Feuchtinger fährt fort: »Von Chartres ist Patton mit einem Teil seiner Armee nach Norden abgedreht und stößt auf den Raum Rouen vor. Niemand scheint ihn aufhalten zu können. Jetzt droht uns ein neuer Kessel südlich und westlich der Seine, deren Brücken ausnahmslos zerstört zu sein scheinen.
Ich habe die Genehmigung, die Kampfgruppe Rauch und die Panzeraufklärungsabteilung, die im Kessel fast das gesamte Material verloren haben, sofort über die Seine zu bringen und in einen nordostwärts Paris gelegenen Raum zu verlegen, wo

sie aufgefrischt werden können. Der Divisionsstab verlegt noch weiter nach Osten, wahrscheinlich bis in die Gegend westlich der Vogesen, um dort eine Abwehrstellung und Auffanglinie für die aus Südfrankreich sich absetzenden Truppen einzurichten. »Mein lieber Luck«, fährt Feuchtinger fort, »Sie übernehmen alle noch gefechtsklaren Teile der Division, die sich nordostwärts Rouen sammeln sollen. Panzer habe ich nicht mehr, dafür bekommen Sie die letzten beiden Spähtrupps der Aufklärungsabteilung.
Wenn Montgomery jetzt energisch vorstößt, sehe ich sehr schwarz für Sie, die Seine noch überqueren zu können. Sie setzen sich erstmal langsam Richtung Seine ab, wo Restteile des Pionierbataillons mit den letzten Pontons auf Sie warten.
Sie sind von nun ab sich selbst überlassen. Ich kann Ihnen nicht sagen, wo Sie Benzin, Munition und Verpflegung bekommen werden. Helfen Sie sich selbst. Für Ihre Marschroute nach Osten und das Ziel, wo sich die Division sammeln soll, bekommen Sie noch Befehle, ehe ich mich absetzen werde.
Alles Gute, Luck, bringen Sie mir viele Männer unserer Division zurück.«

An diesem entscheidenden 21. August habe ich meine Kampfgruppe geordnet in der Abwehrstellung. Am 22. August löse ich mich vom Feind. Gottlob stößt Montgomery nicht energisch nach. Ganz im Gegenteil, er operiert sehr vorsichtig, ohne etwas zu riskieren. Das gibt uns etwas Luft. Die alliierte Luftwaffe kann nicht mehr so gezielt eingreifen, denn zu schwer ist zu unterscheiden, »wer ist wer«?
Am 23. August fühlen wir in Richtung Rouen vor, immer noch unbelästigt von den Divisionen Montys. Sorge macht mir Feuchtingers Information, daß Patton am selben Tag, praktisch parallel zu uns, auf Rouen vorstößt. Wer wird der erste sein, und wie kommen wir schnell genug über die Seine? Von Patton ist jedoch noch nichts zu sehen, wie mir unsere eigene Aufklärung meldet. Dafür stoßen Teile einer SS-Panzerdivision zu uns. Wir verabreden, mit Hilfe der Pioniere an einer der Seineschleifen westlich Rouen über den Fluß zu setzen.
Erst nach dem Kriege erfahre ich, daß Montgomery eine neue Trennungslinie zwischen den Engländern und Amerikanern gezogen hat, die bei Mantes an der Seine, westlich Paris, weit nach Nordnordost über Amiens–Lille bis nach Gent in Belgien führt. Das bedeutete, daß Patton seine auf Rouen vorstoßenden Teile zurückrufen und neu einsetzen mußte. Wir haben es zur Zeit nur mit Monty zu tun, der, aus welchen Gründen auch immer, sehr zögernd vormarschiert.

Wir sind an der Seine!
Nach Süden sichern wir mit den SS-Panzern, aber alle provisorischen Seineübergänge sind hoffnungslos überfüllt. Hier drängen sich Versorgungsteile der Infanterie mit versprengten Einheiten zum Teil unter Gewaltanwendung um die wenigen Fähren.
An den von uns gewählten Übergangsstellen lassen wir nun niemand mehr durch. Wir wollen unsere Kampffahrzeuge und Männer retten. Während die Pioniere eine

Pontonfähre bauen, werden alle Möglichkeiten, über den 400 Meter breiten Fluß zu kommen, erwogen und ausprobiert. Hauptmann Kreglinger, zeitweise mein Adjutant, berichtet mir einige Tage später, daß er mit seinen Leuten Türen in den benachbarten Dörfern ausgehängt und mit leeren Benzinkanistern schwimmfähig gemacht habe. Somit konnten auf jeder dieser Kleinfähren etwa acht Mann übersetzen. Die Zusammenarbeit mit den SS-Panzerleuten klappt gut. Ich sichere ihnen zu, daß sie als letzte auf unserer Pontonfähre übergesetzt werden sollen. Wir bewahren die Ruhe, die Männer warten ruhig im Waldgelände bei unserer Übergangsstelle, bis sie aufgerufen werden. Es herrscht nicht die Hektik wie in Rouen, wohin sich die Masse zurückgezogen hat, um über eine intakte Eisenbahnbrücke überzusetzen.
Bei meiner Stabskompanie habe ich einen VW-Schwimmwagen, den ich bis dahin nie benutzt habe. Ich frage an, ob der Wagen in Ordnung ist. Die Antwort lautet: »Soweit wir feststellen können, müßte er schwimmtüchtig sein.« Trotz aller vorherigen Strapazen und trotz der angespannten Lage entschließe ich mich, als letzter meiner Kampfgruppe mit dem Schwimmwagen überzusetzen.
Bis zum 26. August sind alle Teile meiner Kampfgruppe drüben und Befehle zum Sammeln erteilt.
In der Nacht zum 29. August tarnen wir unseren Schwimmwagen mit Buschwerk, um nicht von alliierten Jägern entdeckt und versenkt zu werden. Am Morgen setzte ich mich ans Steuer, neben mir mein Adjutant Liebeskind, hinter uns der Fahrer und ein Luftbeobachter.
Wir finden ziemlich schnell eine flache Stelle. Vorsichtig fahre ich in den Fluß. »Paßt auf, ob irgendwo Wasser eindringt.« Er schwimmt! Ich lasse mich mit den Fluß stromabwärts treiben, Liebeskind sucht eine Stelle, um an Land zu gehen. Vorsichtig drücke ich den Wagen nach rechts, um nahe ans andere Ufer zu kommen.
»Jäger von links«, ruft unser Beobachter. Ich stelle sofort den Motor ab und lasse den »Busch« flußabwärts treiben. Die Jäger scheinen uns für das zu halten, was wir mit unserer Tarnung beabsichtigt haben, einen Busch. Liebeskind sucht verzweifelt nach einer flachen Stelle zum Landen. Aber überall verhindern dieses Vorhaben Steilränder und starkes Buschwerk.
Endlich, nach einer Flußfahrt von fast 15 Kilometern, finden wir die Stelle, an der wir bequem und ungesehen an Land gehen können. Nach einer Stunde sind wir bei meiner Kampfgruppe, die uns schon fast verloren sah.

Zum letzten Male bekomme ich Verbindung mit unserem Divisionskommandeur, der mich über die Lage und unseren Auftrag informiert: »Luck, ich freue mich, daß Sie praktisch Ihre ganze Kampfgruppe über die Seine haben retten können. Die Großlage ist zur Zeit völlig unübersichtlich. Ich wurde zum Korps bestellt, das jedoch seinen Gefechtsstand vor angreifenden Amerikanern fluchtartig räumen mußte. Niemand weiß, wo noch eigene, wo schon feindliche Verbände stehen. Ich

habe vor zwei Tagen einen klaren Befehl bekommen, wonach der Divisionsstab, die schwer angeschlagenen Einheiten der Kampfgruppe Rauch und alle Versorgungsteile sofort in den Raum Molsheim westlich von Straßburg verlegt und aufgefrischt werden. Die Division soll so weit westlich wie möglich eine Auffangstellung bilden für die aus Südfrankreich über Belfort zurückweichenden Teile der schwachen 1. und 19. Armee.
Am 15. August sind starke Teile der Amerikaner in Südfrankreich gelandet und dringen nun nach Norden vor.
Sobald Sie Ihre Kampfgruppe zusammen und geordnet haben, marschieren Sie nach Osten, um möglichst schnell den Raum westlich Straßburg zu erreichen. Passen Sie auf, daß Sie nicht den Amerikanern in die Hände fallen, die jetzt in breiter Front über die Seine vorstoßen. Wo und wie Sie Benzin, Munition und Verpflegung organisieren können, weiß ich nicht. Sie müssen sich selbst helfen. Alles Gute.«

Wir haben nur noch wenig Munition, so daß wir uns auf Kämpfe nicht einlassen können. Bis in den Raum Straßburg ist es weit, ich rechne mit mindestens einer Woche, falls wir gut vorankommen. Um nicht von den nach Norden vordringenden Amerikanern überrumpelt zu werden, befehle ich:

- Die beiden Spähtrupps der Panzeraufklärungsabteilung sollen südlich meiner geplanten Marschroute aufklären und jede Feindberührung über Funk melden.
- Alle 100 Kilometer wird ein Offizier mit Funkgerät an den wichtigsten Straßenkreuzungen postiert, um Feindbewegungen zu melden.
- Ein Versorgungstrupp mit den letzten drei Lastwagen und zwei SPW mit Funk werden laufend nach Versorgungsdepots suchen, die in der Nähe größerer Städte liegen müßten.
- Die Masse meiner Kampfgruppe marschiert in großen Abständen, zum Teil auf Nebenstraßen, nach Osten. Täglich lege ich das Marschziel fest.

Dann treten wir an. Zunächst weit nördlich Rouen ausholend und weit nördlich an Paris vorbei gen Osten. Wir kommen in den ersten beiden Tagen nur langsam vorwärts. Wir marschieren parallel zur Front und quer zur amerikanischen Stoßrichtung. Am dritten Tag wird das Benzin knapp. Der Auftrag an den Versorgungstrupp lautet, unbedingt Benzin und möglichst auch Munition zu organisieren. Tatsächlich kommen abends Lastwagen mit dem Gewünschten beladen bei uns an und bringen sogar noch Verpflegung mit. Wir alle sind diesen Männern dankbar, die noch irgendwo ein Depot gefunden haben. Als der verantwortliche Offizier seine Meldung macht, müssen wir lachen, aber auch fluchen.
Wütend berichtet er:
»Als wir das Depot entdeckten und Benzin für unsere Kampfgruppe verlangten, kam die typische, dummdreiste Antwort: ›Ohne schriftliche Anweisung können wir nichts herausgeben.‹ Auf meine Frage: ›Und was macht Ihr, wenn morgen die Amerikaner hier auftauchen, was durchaus möglich ist?‹ kam die Antwort: ›Dann spren-

gen wir auftragsgemäß das Depot in die Luft.‹ Das machte meine Männer so wütend, daß sie drohend auf den Lagerverwalter zugingen. Ich mußte sie zurückhalten.
Ruhig aber unmißverständlich antwortete ich dem bürokratischen Herrn: ›Wenn ich nicht in einer halben Stunde Benzin, Munition und Verpflegung habe, garantiere ich für nichts mehr. Also los, rücken Sie Ihr Zeug raus.‹ «

Während unser Versorgungsproblem dank meines vorzüglichen Versorgungstrupps bis zum Eintreffen im befohlenen Versammlungsraum gesichert werden kann, tut sich an meiner rechten Südflanke gottlob keine Gefahr auf.
Die Amerikaner scheinen nicht zu vermuten, daß vor ihnen eine Kampfgruppe quer zu ihrem Vorstoß nach Osten marschiert. Auch die Air Force zeigt sich nicht. Nur ein einziges Mal meldet einer der beiden Spähtrupps »Feindberührung mit amerikanischen Spähtrupps, die jedoch abdrehen, anscheinend ohne uns entdeckt zu haben.«

Über Compiègne, wo Hitler vor vier Jahren den Waffenstillstand mit den Franzosen abschloß, marschieren wir an Verdun vorbei in Richtung Metz. Wir sind aus dem eigentlichen Kampfgebiet heraus und legen öfter eine Pause ein, um den ermüdeten Fahrern etwas Ruhe zu gönnen und die Einheiten zu sammeln. Die Versorgung klappt jetzt besser, wenn auch manchmal unter Androhung von Gewalt.
Noch weit südlich von Metz drehen wir dann nach Südosten ab in Richtung Nancy, weiter über Baccarat. Nach elf Tagen Marsch erreichen wir am 9. September den befohlenen Raum westlich Straßburg.
Wir sind alle totmüde.
Wir sind seit über drei Monaten ununterbrochen im Einsatz. Wir brauchen Ruhe und dringend Ersatz an Menschen und Material. Die Kompaniestärke meiner Grenadiere ist auf 50 Mann geschrumpft. Unser Versammlungsraum liegt zwischen den Vogesen und Straßburg, zwischen der Maginotlinie und dem Westwall.
Ich lasse die Männer in den umliegenden Dörfern unterziehen und mache mich auf die Suche nach dem Divisionsgefechtsstand.
Die Herbstsonne scheint noch warm. Die Rheinebene liegt friedlich unter mir, als ich die Serpentinen zur Vogesenhochstraße hinauffahre. Seit über vier Jahren hat der Krieg hier eine Pause eingelegt. Ich treffe ein Versorgungsfahrzeug der Division. Der Fahrer meint, irgendwo am Westrand der Vogesen müßte der Divisionsstab liegen. Über Funk habe ich keine Verbindung bekommen.
Plötzlich hält neben mir ein Kübelwagen mit einem Armeestander. Ich grüße und stehe vor Generalleutnant Hasso von Manteuffel, einem »Kollegen« aus der 7. Panzerdivision, der 1941 in Rußland ein Grenadierregiment geführt hatte.
»Luck, welche Freude, Sie hier nach Jahren wiederzusehen«, begrüßt er mich. »Was treiben Sie hier?« Ich setze ihn kurz ins Bild und frage, ob er vielleicht weiß, wo unser Divisionsstab liegt und wie die Lage allgemein ist.

»Die Lage ist mehr als ›beschissen‹, lieber Luck. Ich bin auch erst gestern aus Belgien hier eingetroffen, um das Kommando über die 5. Panzerarmee zu übernehmen.« Das Bild, das mir Manteuffel schildert, ist nicht ermutigend:
»Bevor ich Belgien verließ, war Montgomery mit seiner Heeresgruppe angetreten und hatte gegen schwachen Widerstand am 3. September Brüssel und am 4. September Antwerpen erreicht. Viel gefährlicher jedoch war der Vorstoß des US-Generals Patton mit seiner 3. US-Armee. Patton war es, dem bei Avranches der entscheidende Durchbruch gelang und der dann, ohne Rücksicht auf seine offene Südflanke, energisch nach Osten vorstieß. Ich möchte ihn fast den ›amerikanischen Rommel‹ nennen, der bei Eisenhower großes Ansehen genießt und in den USA als Held gefeiert wird. Gefangenenaussagen bestätigen das immer wieder.
Ende August mußten die Amerikaner eine Zwangspause einlegen, die Nachschubwege von Cherbourg und einigen Normandiehäfen wurden zu lang. Seit Anfang September sind die Amerikaner jedoch wieder angetreten: Die 1. US-Armee hat am 2. September Mons erreicht und 30000 Gefangene gemacht. Patton ist, ohne auf seine rechte Flanke zu achten, am weitesten vorgeprescht, hat Verdun erreicht und stößt jetzt auf Metz und Nancy, also auf die Mosel vor.
Die 6. US-Heeresgruppe, einschließlich der 1. französischen Armee, kommt von Südfrankreich und soll sich mit Patton vereinen. Die Reste unserer zurückweichenden Armeen vom Mittelmeer und der Atlantikküste halten zwar noch einen weit bis Dijon reichenden Keil besetzt, aber wie lange noch?
Das Schlimme ist«, fährt Manteuffel fort, »daß Hitler mit Divisionen jongliert, die keine mehr sind.« Ironisch und kopfschüttelnd meint er, »und jetzt will Hitler aus dem Raum Dijon einen Panzerangriff nach Norden führen, um, wie er sich auszudrücken beliebt, ›Patton in der Flanke zu packen, von seinen Verbindungen abzuschneiden und zu vernichten‹. Welche Verkennung der Lage und unserer Möglichkeiten!«
Ich bin tief beeindruckt und betroffen.
»Was würden Sie für richtig halten?«, frage ich Manteuffel.
»Hier am Westhang der Vogesen und bis westlich Saarbrücken beweglich verteidigen, um den Westwall wieder abwehrfähig zu machen und zu besetzen. Das wäre eine Chance, den Gegner für einen längeren Zeitraum aufzuhalten. Wir brauchen hier im Westen Zeit, um uns auf die russischen Offensiven einstellen zu können. Aber das dürfte Illusion bleiben, lieber Luck. Ich wünsche Ihnen alles Gute, kommen Sie heil durch den letzten Orlog.« Ein Händedruck.

Erst lange nach dem Krieg werde ich Manteuffel wiedersehen.

Schließlich finde ich den Divisionsstab. Feuchtinger freut sich, daß ich ihm die Kampfgruppe geschlossen zurückgebracht habe. Ich informiere ihn über das Treffen mit Manteuffel. »Ich bin froh, etwas über die große Lage zu hören. Unsere Division gehört zu Manteuffels 5. Panzerarmee. Ich habe ihn aber noch nicht getroffen.

Zu allererst etwas Erfreuliches«, Feuchtinger winkt seinen Adjutanten heran. »Im Namen des Führers habe ich die Ehre und große Freude, Ihnen das Ritterkreuz zum Eisernen Kreuz umhängen zu dürfen.« Feierlich entnimmt er den Orden einem schwarzen Schmuckkasten und legt ihn mir um den Hals. Wie bestellt ist auch jemand mit einer Kamera zur Stelle, ich muß mit Feuchtinger »posieren«.
»Die Auszeichnung liegt hier schon seit August, aber da waren Sie ja noch auf dem ›langen Marsch‹. Ich hatte Sie schon lange eingereicht wegen besonderer Tapferkeit und ihrem persönlichen Einsatz in der Normandie, besonders bei der Abwehr von Montys ›Operation Goodwood‹ am 18. Juli.« Irgend jemand ist mit einem Glas Champagner zur Stelle. Wir stoßen nicht auf den ›Endsieg‹ an, sondern darauf, daß wir alle heil aus diesem Krieg nach Hause kommen.
Natürlich bin ich stolz auf dic Auszeichnung. »Herr General, ich kann und will diesen Orden nur für alle meine Leute annehmen. Ohne sie wäre es mir nie gelungen, das zu erreichen, wofür Sie mich auszeichnen wollen.«

Wir müssen zur Tagesordnung übergehen.
»Gönnen Sie Ihren Männern etwas Ruhe«, beginnt Feuchtinger, »Material und ein Luftwaffenersatzbataillon sind eingetroffen. Stellen Sie sich vor, voll ausgebildete Piloten sind dabei und Jungen von 16 und 17 Jahren. Wie sollen wir die Alliierten mit ihrem unerschöpflichen Material noch aufhalten, wenn man uns Ersatz schickt, der ›verheizt‹ werden wird?«
»Sie wissen schon von Manteuffel, daß wir einen Abwehrriegel aufbauen müssen, damit die von Westen und Süden sich absetzenden Reste zweier Armeen in die Lücke zwischen uns und der Schweizer Grenze eingesetzt werden können.
Ich habe schweren Herzens Oberst Rauch mit seinem notdürftig aufgefrischten Regiment gestern in den Raum Epinal schicken müssen, um die Moselübergänge zu sichern. Nach uns vorliegenden Meldungen stößt Patton mit Teilen von Nancy nach Süden, die 2. französische Panzerdivision von Westen auf Dijon vor, die wir unbedingt aufhalten müssen.
Sie müssen damit rechnen, ebenfalls in den nächsten Tagen zum Einsatz zu kommen.« Damit bin ich entlassen.
Auf der Karte habe ich gesehen, daß Baccarat mit der berühmten »Christallerie« in der Nähe liegt. Ich mache den kleinen Umweg, um sie mir wenigstens anzusehen. Einer der Direktoren führt mich durch die Ausstellung. Ich bin begeistert vom Design »Talleyrand«. Einer guten Laune folgend, frage ich nach dem Preis. »Mon Commandant, wir haben im Keller ein komplettes Set Gläser, das für die USA bestimmt war. Ich würde es gern verkaufen.« Der Preis ist niedrig. Ich kaufe es. Morgen wird der Fahrer die Kiste abholen.
Am nächsten Abend ist die Kiste bei mir. Es gelingt mir, sie anschließend einem Lastwagen, der in Berlin Ersatzteile holen muß, mitzugeben. Der Fahrer soll sie bei Dagmar abgeben, die jetzt in einer Zweigstelle der Baumschule außerhalb von Berlin lebt, um vor Bombenangriffen sicherer zu sein.

Leider fällt das Kristall später den Russen in die Hände, so wie seinerzeit meine »1 000-Flaschen-Sammlung« den Franzosen.

Molsheim ist eine kleine Stadt in der Rheinebene westlich von Straßburg. Hier und in den umliegenden Dörfern soll meine Kampfgruppe aufgefrischt werden. Die Menschen sprechen Französisch und Deutsch. Sie haben, wie alle Elsaß-Lothringer, während der deutsch-französischen Kriege mehrmals die Nationalität gewechselt. Im Augenblick beansprucht Hitler Elsaß-Lothringen. Wie es aussieht, wird es in ein paar Wochen wieder französisches Gebiet sein. In den Dörfern, deren Häuser im Stil denen im Schwarzwald ähneln, sind meine Leute untergebracht. Die meisten schlafen zum ersten Mal seit Monaten wieder im Bett. In einem kleinen Gasthof bin ich mit meinem Stab untergebracht. Mein Adjutant und die Offiziere meines Stabes hocken in der Gaststube vor einem Glas »Traminer«, dem berühmten Wein aus der Gegend. Ein großes Hallo bricht los, als ich den Raum betrete. Ich hatte schon vergessen, daß das Ritterkreuz am Hals hängt.
»Wir gratulieren, das war auch höchste Zeit, Herr Oberstleutnant.« Ich wehre ab. »Es gilt allen Männern unseres Regiments. Für sie trage ich es mit Stolz.« Das ist alles, was ich sagen kann. »Ich will nur noch versuchen, in Berlin anzurufen. Dann erzähle ich Ihnen etwas über die Lage und unsere Aufgaben.«
Schon nach 15 Minuten kommt mein Nachrichtenoffizier. »Die Verbindung nach Berlin ist da.« Dagmar ist am Apparat!
»Gott sei Dank, Du lebst. Ich konnte schon nicht mehr schlafen, habe über Freunde beim Personalamt versucht, etwas zu erfahren. Niemand konnte mir etwas sagen. ›Die Lage ist zu unübersichtlich‹, war alles, was man mir mitteilte. Wie geht es Dir?«
»Mir geht es soweit gut. Ich bin nur entsetzlich müde. Auch ich habe mir täglich Sorgen gemacht und mich gefragt, ob Du wohl heil aus Paris herausgekommen bist. Wie ist es gegangen?«
»Wie verabredet, tauchte zwei Tage vor dem Einmarsch der Alliierten ein Lastwagen der Kommandantur bei mir auf, der mich und mein Fahrrad nach Berlin brachte. Der Abschied von unseren Freunden in Paris fiel mir schwer. Sie boten mir erneut an, mich in Südfrankreich bis Kriegsende zu verstecken. Alle lassen Dich grüßen.«

Als ich Dagmar gerade vom Ritterkreuz berichten will, bricht die Verbindung ab. Zumindest wissen wir voneinander, daß der andere lebt und gesund ist.

Ich lasse alle Kommandeure zu mir kommen und berichte über die Lage, wie sie mir von Manteuffel und Feuchtinger geschildert wurde. »In den nächsten zwei bis drei Tagen müssen alle Einheiten in Zusammenarbeit mit den Nachschubstellen der Division, Mannschaftsersatz und Material bekommen. Sorgen Sie dafür, daß unsere erfahrenen Unteroffizere und Gefreiten die jungen Männer bei der Hand

nehmen und sie schnell integrieren. Sie müssen kurzfristig mit einem Einsatz rechnen.«
Dann hocken wir alle zusammen, ein verschworenes Team, das die letzten Monate überlebt hat.
Uns wird plötzlich klar, daß uns nur noch wenige Kilometer vom »Reich« trennen und daß Hitler von uns verlangt, »bis zum Endsieg« zu kämpfen oder »unterzugehen«, wie es sein Propagandaminister Goebbels täglich verbreiten läßt.
»Glauben Sie, Herr Oberstleutnant, den Gerüchten, daß Hitler einen Separatfrieden mit den westlichen Alliierten anstrebt, um den Rücken für den Kampf gegen die Russen frei zu haben?« ist eine der Fragen, die auch von den Männern diskutiert werden.
»Nein«, ist meine Antwort, »Sie hören wohl wie ich ab und an die englischen Sender, wenn auch verbotenerweise. Churchill und die Amerikaner wollen Hitler und sein Regime vernichten. Da gibt es keinen Platz für einen Sonderfrieden.« Ich kann ziemlich frei reden, und wir alle sind nüchtern genug, um Tatsachen von Wunschträumen zu unterscheiden.
Niemand wird uns deshalb für defätistisch halten. »Ich halte Manteuffels Idee für die einzige Lösung, nämlich den Westwall erneut zu besetzen, wenn es dazu nicht schon zu spät ist. Soweit ich weiß, sind sämtliche Waffen und Kommunikationssysteme 1940 abgebaut und im Atlantikwall wieder eingebaut worden. Wenn dem so ist, können wir uns im Westwall vielleicht vor Bomben und Artilleriebeschuß schützen, aber nicht verteidigen.
Mich beunruhigt die Lage an der Ostfront, wo die Russen sicher zu ihren letzten großen Offensiven antreten werden, die sie weit in deutsches Gebiet vordringen lassen. Die Meldungen über Greueltaten an unseren Frauen und Töchtern lassen das Schlimmste befürchten.«

Sehr nachdenklich sitzen wir noch eine Stunde vor unserem Glas Traminer. Zunächst einmal denkt jeder an unsere Lage und an die vor uns liegenden Wochen und Monate. Nach zwei Tagen ist es mit der Ruhe vorbei.
Die Division ordnet an, daß mein II. Bataillon sofort der Kampfgruppe Rauch unterstellt und an den Moselübergängen im Raum Epinal eingesetzt wird.
Major Kurz hat nur wenig Ersatz und Material bekommen.
»Sehen Sie zu«, gebe ich ihm mit auf den Weg, »daß die jungen Neuzugänge von ›alten Hasen‹ an die Hand genommen werden und sich schnell an den Kampfeinsatz gewöhnen. Ich rechne damit, daß ich in den nächsten Tagen auch wieder eingesetzt werde. Ich will versuchen, Major Liehr für sein I. gepanzertes Bataillon neue SPWs zu besorgen. Tut mir leid, lieber Kurz. Wir können nur versuchen, unsere größere Kriegserfahrung dem an Material und Menschen weit überlegenen Gegner entgegenzusetzen.«
Kurz ist ein erfahrener Kommandeur, der in den Kämpfen der letzten Monate mehr als einmal Umsicht und persönliche Tapferkeit bewiesen hat.

Doch auch mich erwischt es kurze Zeit später. Ich werde zum Divisionskommandeur bestellt:
»Lieber Luck, Oberst Rauch ist krank und muß zurück in die Heimat. Sie übernehmen ab sofort seine Kampfgruppe, die jetzt ›Kampfgruppe der 21. Panzerdivision‹ heißt.
Hitler hält an seiner Absicht fest, aus dem Raum westlich Epinal nach Norden in die tiefe Flanke Pattons anzugreifen. Ein Wahnsinn, wenn man an den physischen Zustand auf beiden Seiten denkt.
Es sind drei neu aufgestellte Panzerbrigaden eingetroffen, eine neue Konzeption des Oberkommandos. Sie sind zwar mit neuestem Kriegsmaterial, wie dem ›Panther‹, und erfahrenen Truppenführern ausgestattet, aber niemand kennt den anderen. Die Einheiten haben noch nie den Einsatz geübt. Warum gibt man nicht uns nach den schweren Verlusten dieses neue Material?
Der Auftrag an Sie lautet, die Moselübergänge nördlich Epinal mit Front nach Westen zu halten, während eine Panzerbrigade westlich Epinal nach Norden stößt, wobei sie durch Reste der Infanteriedivisionen unterstützt wird. Aber Achtung: Nachdem sich französische Einheiten der 2. Panzerdivision und Teile der von Süden kommenden französischen 1. Armee getroffen und Dijon eingenommen haben, droht von ihnen der Vorstoß nach Osten, um die Reste der Infanterie und die Panzerbrigade einzuschließen. Das hängt davon ab, wie die Franzosen kämpfen werden. Übernehmen Sie noch heute nacht mit Ihrem Stab die Kampfgruppe der Division. Weitere Befehle folgen.«

Am Morgen des 12. September erhalte ich den Befehl, den Angriff der Panzerbrigade zu unterstützen, die mit ihrer Panthergruppe westlich Epinal nach Norden und mit ihrer Panzer IV-Gruppe gegen die 2. französische Armee vorstoßen soll. Ich soll die Panthergruppe unterstutzen.
Dann beginnt das »Debakel von Epinal«.

Vielleicht haben wir in Erinnerung an 1940 die Franzosen unterschätzt: Mit der 2. Französischen Panzerdivision, die — unterstützt von massiven Luftangriffen und der hervorragenden amerikanischen Artillerie — mit bestem Material ausgerüstet, außerdem glänzend von General Leclerc geführt ist, bekommen wir es mit einem Gegner zu tun, der nicht nur als erster in Paris einmarschiert war, sondern nun die Chance sieht, tatkräftig daran mitzuwirken, Frankreich von den »verhaßten Nazis« zu befreien.

Wie Gefangene aussagen, haben Zivilisten dem französischen Colonel Langlade mitgeteilt, daß meine Kampfgruppe auf dem Weg von Epinal nach Westen marschiere. Langlade entschloß sich, am 13. September früh die im Norden stehende Panthergruppe anzugreifen und sie von der Südgruppe zu trennen, ehe ich mit meiner Kampfgruppe zur Entlastung eintreffen könne.

Der Plan glückt. Nur noch vier Panther können sich durchschlagen und treffen bei mir ein. Der weiter südlich operierenden Panzer IV-Gruppe gelingt es wegen der heftigen Luft- und Artillerieangriffe der Amerikaner nicht, die französische Division aufzuhalten.
Beide Panzergruppen verloren an diesem 13. September 34 Panther und 26 Panzer IV. Unsere Infanterie in diesem Raum wurde vernichtet. Um ein völliges Debakel zu verhindern, greife ich mit meiner Kampfgruppe — wenn auch ohne Panzer — am späten Nachmittag an. Wir kommen zunächst gut voran, aber dann muß ich wegen des starken Widerstandes das Gefecht abbrechen.
Am 14. September kann sich meine Kampfgruppe mit der Panzer IV-Gruppe vereinigen. Zusammen mit noch 17 verbliebenen Panzern treten wir noch einmal zum Angriff an. Mit nur 240 Grenadieren und kaum eigener Artillerie können wir etwas an Boden gewinnen, werden jedoch von massiver amerikanischer Artillerie zum Halten gezwungen.
Das Generalkommando befiehlt daraufhin, in der Nacht rückwärtige Stellungen westlich Epinal zu beziehen, denn wir sollen »geschont« werden, um für den von Hitler immer noch geplanten Angriff in Pattons Flanke zur Verfügung zu stehen.
Es war nicht gelungen, unsere Infanteriedivision aus der Umklammerung zu befreien. Nur 500 Mann erreichen unsere Linien. 7 000 Mann sind gefallen oder in Gefangenschaft geraten.
Nachdem die 2. französische Panzerdivision und Teile der von Süden kommenden 1. französischen Armee sich erneut die Hand gereicht haben, überschreiten sie südlich von uns am 14. September die Mosel. Am 15. September fällt Nancy den Amerikanern in die Hände. Am 16. September gibt es westlich der Mosel praktisch keine deutschen Kräfte mehr.
Der sinnlose, wirklichkeitsfremde Plan Hitlers, Pattons Armee in der Flanke zu packen und zu vernichten, ist illusorisch geworden, so, wie es von Manteuffel und wir alle vorhergesehen hatten.

Drei Flüsse fließen aus den Vogesen praktisch parallel nach Nordwesten: Die Mosel, die Mortagne und die Meurthe.
An allen dreien klammern wir uns immer wieder fest, bis wir irgendwo umgangen oder unsere schwachen Abwehrriegel durchbrochen werden. Lunéville an der Meurthe, südostwärts Nancy, ist ein wichtiger Knotenpunkt. Wenn es dem Gegner gelingt, nach Nancy auch Lunéville zu erobern, steht ihm der Weg nördlich an den Vogesen vorbei nach Saarbrücken und dem Reichsgebiet offen.
In der zweiten Septemberhälfte entbrennen schwere Kämpfe um Lunéville. Amerikanische Einheiten dringen in die Stadt ein. Teile von zwei der insgesamt drei neuen Panzerbrigaden gewinnen in erbitterten Gegenangriffen einen Teil der Stadt zurück. Schwere Häuserkämpfe von Mann zu Mann verursachen auf beiden Seiten große Verluste.

Die Kampfgruppe 21. Panzerdivision unter meiner Führung hat den Auftrag, mit einem Bataillon die Übergänge über die Mortagne südlich Lunéville zu sperren und dann mit der Masse von Süden her ebenfalls nach Lunéville vorzustoßen.
Trotz des Ersatzes durch das Luftwaffenbataillon ist die Stärke des den Angriff auf Lunéville tragenden Bataillons des Regimentes 192 nur noch 100 Grenadiere, mein II. Bataillon unter Major Kurz hat gerade noch 140 Mann, mit denen der lange Flußabschnitt verteidigt werden soll. Während Feuchtinger den Kampf um Lunéville führt, gilt mein Interesse meinem II. Bataillon.
Wir haben es erneut mit der 2. französischen Panzerdivision zu tun. An der Mosel war es Major Kurz noch gelungen, dieser Division einen Brückenkopf zu nehmen und einen beachtlichen Erfolg zu erringen. Jetzt sind wir dem Angriff der ganzen Division ausgesetzt, die wieder von konzentriertem, schwerem Artilleriefeuer der Amerikaner unterstützt wird. Einen ersten Angriff einer verstärkten französischen Panzergruppe können wir mit Hilfe unserer Artillerie und einiger 8,8 cm-Panzerabwehrgeschütze zurückschlagen. Mit einem noch stärkeren Angriff gelingt es den geschickt operierenden Franzosen, in der Nacht vom 18. zum 19. September die Mortagne zu durchwaten und einen Brückenkopf zu bilden.

Der Gegner droht nun, unsere schwache Front an der Mortagne von Süden her aufzurollen. Unter diesem Eindruck genehmigt die Heeresgruppe G das Absetzen der Kampfgruppe 21. Panzerdivision hinter die Meurthe, über die noch in der Nacht unsere Pioniere eine Pontonbrücke bauen.

Noch tobt die Schlacht um Lunéville, während wir schon die zweite Flußverteidigung aufgeben müssen. Gottlob braucht der Gegner erneut eine Pause, um Nachschub nach vorn zu holen. Trotzdem fühlen die Franzosen mit Spähtrupps bis an die Meurthe vor, wo sie von uns sofort zurückgeworfen werden. Lunéville geht nach harten Kämpfen verloren.
Anfang Oktober werde ich mit meinen Kommandeuren zum Divisionsgefechtsstand befohlen.
General Feuchtinger überreicht Major Willi Kurz das Ritterkreuz, Major Liehr vom I. Bataillon das Deutsche Kreuz in Gold. Beide erhalten die Auszeichnungen für ihren persönlichen Einsatz während der Kämpfe in der Normandie.
Am 25. Oktober 1944 werde ich erneut zu Feuchtinger bestellt, dieses Mal mit dem Kompaniechef meiner Stabskompanie, Oberleutnant Karl Sommer, und dem Obergefreiten Maurer seiner Kompanie.
Für ihren beispiellosen Einsatz bei den Abwehrkämpfen bei Epinal, Lunéville und Chatel erhalten Oberleutnant Sommer das Deutsche Kreuz in Gold und Maurer das Ritterkreuz feierlich überreicht. Es kommt selten vor, daß ein Obergefreiter das Ritterkreuz erhält. Daher sind in diesem Fall Kriegsberichterstatter und ein Filmteam sofort zur Stelle.

Die Tat, für die Maurer die hohe Auszeichnung erhält, ist nicht nur bemerkenswert, sondern zeigt auch den hohen Ausbildungsstand und die gute Moral unserer Männer:
Bei einer unserer Absetzbewegungen hatte ich meine Stabskompanie beauftragt, auf einem Höhengelände den Rückzug meiner Kampfgruppe solange zu decken, bis wir unsere nächsten Stellungen erreicht hätten. Ohne die Unterstützung von Artillerie und Panzerabwehrwaffen, sondern nur auf die eigenen schweren Maschinengewehre angewiesen, hatte Sommer von den beherrschenden Höhen den Gegner immer wieder in Deckung gezwungen und uns dadurch die nötige Zeit verschafft, eine neue Abwehr aufzubauen. Am linken Flügel seiner Kompanie wurde Obergefreiter Maurer mit seinem Maschinengewehr und einem Munitionsschützen zur Sicherung der linken Flanke eingesetzt. Auftrag an ihn: den Gegner aufzuhalten und sich erst bei starkem Feinddruck abzusetzen. Bei der Suche nach einer geeigneten Stellung war Maurer zu weit nach links geraten und praktisch ohne Verbindung zu seiner Kompanie. Er fand auf einem beherrschenden Hügel eine ideale Stellung und kannte seinen Auftrag.
Plötzlich sah er im Tal unter sich eine Kolonne des Gegners nach Süden marschieren. »Die wollen uns umgehen und von der Flanke angreifen«, ist sein erster Gedanke. Der Gegner vermutet anscheinend niemanden mehr auf den Höhen, denn Fahrzeug für Fahrzeug bewegt sich die Kolonne unter ihm vorbei.
Als der Feind nahe genug heran ist, eröffnet Maurer das Feuer in die Kolonne, die sofort stoppt. Die Männer springen von ihren Fahrzeugen und suchen Deckung. Maurer sieht Verwundete zusammenbrechen. Mit Hilfe seines Munitionsschützen feuert er einen Gurt nach dem anderen aus seinem MG. Die ersten Lastwagen fangen Feuer, die Verwirrung ist komplett. Dann erfolgen die ersten Reaktionen: Panzerabwehrgeschütze und leichte Artillerie werden in Stellung gebracht und eröffnen das Feuer.
Maurer lacht: »Die können uns aus dem Schußwinkel gar nicht treffen; los, den nächsten Patronengurt her.«
In der Tat zischen die Geschosse über ihn hinweg. Dann formiert sich der Gegner zum Angriff auf die Höhe.
»Das war eben der letzte Gurt Patronen, Kumpel, wir müssen abhauen«, schreit sein Munitionsschütze. »Los, zur Kompanie zurück.«
Aber Hauptmann Sommer hat sich bereits abgesetzt und zunächst Maurer gar nicht vermißt. »Na gut, dann marschieren wir eben nach Osten, irgendwo werden wir die Kompanie oder die Kampfgruppe von Luck schon finden.« Während sich die beiden zu Fuß aufmachen, hören sie noch die Geschütze des Gegners und in der Ferne schon das Geschrei der angreifenden Infanterie.
Als Maurer seine Kompanie gefunden hat und vom Hauptmann Sommer zu mir gebracht wird, wundert er sich am meisten des Aufhebens, das von ihm gemacht wird. »Das war doch mein Auftrag, oder?« ist seine erstaunte Reaktion. Nie ist einem Ritterkreuzantrag so schnell entsprochen worden wie bei Maurer.

Er wird von der Propaganda sofort als »leuchtendes Beispiel« den ganz Jungen vorgehalten, die in immer größerer Zahl zum Fronteinsatz geholt werden.
Im November gerät Sommer leider in Gefangenschaft.

Der Oktober geht vorüber. Das Nachschubproblem der Alliierten scheint gelöst. General Patton tritt nach Nordosten an in Richtung Saarbrücken. Wir stehen nun mit dem Rücken zu den Vogesen hinter der französischen Panzerdivision.
Michel Dufresne ist ein erfolgreicher Unternehmer, der ein wunderschönes altes Schloß in der Normandie bewohnt, das seine Frau Elisabeth, Sproß einer alten Adelsfamilie, mit in die Ehe gebracht hat. Das Schloß Vimer liegt nur wenige Kilometer außerhalb von Vimoutiers, einer idyllischen Kleinstadt, die 1944 zu traurigem Ruhm gelangte: Im Juli wurde am dortigen Stadtrand Feldmarschall Erwin Rommel bei einem Jagdfliegerangriff schwer verwundet. Im August spielten sich in der Stadt und deren Umgebung erbitterte Kämpfe ab zwischen den aus dem Kessel Falaise ausbrechenden Deutschen und den Alliierten, die den Kessel schließen wollten.
Ich selbst hatte nördlich der Stadt mit meiner Kampfgruppe eine Abwehrfront aufgebaut, um ein weiteres Vordringen der Engländer zu verhindern.
Während Elisabeth Dufresne ihr Schloß in ein Kriegslazarett umfunktionierte, das Dach trug ein riesiges »Rotes Kreuz«, sie die Verwundeten ohne Ansehen der Person bei sich aufnahm, diente ihr Mann Michel in der 2. französischen Panzerdivision. Das alles mag ein Grund sein, daß Michel nach dem Krieg zu einem enthusiastischen Hobbyhistoriker wurde und sich dabei mit den Kämpfen in der Normandie und speziell um den Kessel von Falaise beschäftigte. Neben dem Studium von Archivmaterial und Interviews mit prominenten Truppenführern beider Seiten sowie vielen bekannten Historikern stöberte Michel auch mich in Hamburg auf, und wir wurden gute Freunde.
Ende Oktober 1944 jedoch standen sich im Raum Epinal – Lunéville – Baccarat zwei Gegner gegenüber, ohne zu wissen, daß sie einmal Freunde werden sollten. Am untersten Ende der militärischen Rangordnung der »Soldat Michel Dufresne«, als Führer einer Panzerkampfgruppe der »deutsche Oberst Hans von Luck«.
Michel erzählte mir später:
»Ich war damals Fahrer des Jeeps eines Zugführers in der 4. Pionierkompanie in der 2. französischen Panzerdivision unter General Leclerc. Am 30. Oktober griff unsere Division an, um den Übergang über die Meurthe zu erzwingen. Dieser Angriff war anscheinend schlecht vorbereitet und wurde zurückgeschlagen. Am 31. Oktober dann hatten wir uns in der Nacht davor an die Deutschen herangeschlichen und ihre Minen beseitigt. Mit guter Artillerievorbereitung begleiteten wir unsere Panzer und konnten nordwestlich von Baccarat die Meurthe überschreiten. In einem kleinen Dorf machten wir ein paar Gefangene, Jungen von 16 Jahren, von denen ich einen den ganzen Tag in meinem Jeep behielt. Von Gefangenen wußten wir, daß uns die deutsche 21. Panzerdivision gegenüber lag.«

Ich kann mich an die Kämpfe um Baccarat gut erinnern, auch daran, daß wir einen Angriff der Franzosen abwehren konnten.
Leider machte Feuchtinger aus diesem unserem Abwehrerfolg eine Siegesmeldung: »In zusammengefaßtem Feuer der Artillerie und der wenigen Panzerabwehrgeschütze konnten wir in kürzester Zeit über 40 Panzer des Gegners vernichten.« Es ist menschlich verständlich, daß man in einer so verzweifelten Situation wie der unsrigen durch solche Meldungen bei den höheren Kommandostellen zu glänzen und den eigenen Leuten Mut zu machen versucht. Als der zuständige Kampfgruppenkommandeur kann ich den Abwehrerfolg in dieser Form nicht bestätigen.

Michel Dufresne wollte später natürlich wissen, wie es bei uns ausgesehen hatte. Als ich ihm von Feuchtingers Erfolgsmeldung erzählte, meinte er: »Wir hatten in unserem Zug mehrere Tote und Verwundete. Bei den Angriffen am 30. und 31. Oktober verlor die Division etwa ein Dutzend Panzer und Männer. Das wird vom ›Fonds Historique, Archives-Musée‹ in Paris und dem General Cholley bestätigt, der Feuchtingers Angaben ›etwas folklorique‹ findet.«

Es gelingt uns, die Westausgänge der Vogesen während der nächsten Tage zu halten. Dann erreicht uns der Befehl, am 12. November in den Raum westlich Straßburg zu verlegen, um dort 14 Tage lang aufgefrischt zu werden.
Am 9. November setzt heftiger Schneefall ein. Die Straßen sind binnen kurzem vereist und nur noch schwer passierbar. Wir befürchten, daß uns der Gegner in die Vogesen drücken wird, wo wir enorme Schwierigkeiten haben würden, über die vereisten Serpentinen zu kommen. Aber auch der Gegner verlangsamt seinen Vorstoß. Er orientiert sich nunmehr nach Nordosten in Richtung Straßburg. Eine aus der Slowakei herangebrachte Infanteriedivision löst uns ab. Wir werden herausgezogen. Alle freuen wir uns auf ein paar Tage Ruhe, auf Ersatz an Mannschaften und Material.
Statt dessen wird die Division am Abend des 11. November nach Norden in Marsch gesetzt, an der Nied, zwischen Metz und Saarbrücken, den Vormarsch Pattons aufzuhalten. Nach einigen Tagen schwerer Abwehrkämpfe werden wir links umgangen und am 18. November abends herausgezogen.
Langsam kommen wir uns wie die Feuerwehr vor, die überall, wo es brennt, löschen muß. Und es brennt überall!

Am nächsten Tag bereits werden wir nach Norden in Marsch gesetzt, um bei Saarlautern das Vorfeld des Westwalls zu besetzen. Beim Überschreiten der alten französisch-deutschen Grenze wird uns allen bewußt, daß wir von nun an auf unserem Heimatboden kämpfen werden.
Anfang November erkrankt mein Adjutant Liebeskind schwer und muß in ein Lazarett eingeliefert werden. Er kommt erst am 22. Dezember zurück. Hauptmann Krieger übernimmt seine Aufgaben. Nach der Rückkehr von Liebeskind muß ich

ihm Sonderurlaub geben. Sein einziger Sohn ist bei einem Luftangriff auf Solingen ums Leben gekommen.
Das Kapitel Frankreich ist abgeschlossen.
Noch stehen wir im Vorfeld des einst so stolzen, »unüberwindlichen« Westwalls. Eine schnelle Inspektion der Befestigungsanlagen bestätigt unsere Befürchtungen: Seit dem Ende des Frankreichfeldzuges 1940 sind die Bunker und Verteidigungsanlagen in einen Dornröschenschlaf verfallen. Bewaffnung und Kommunikationssysteme sind aus- und im Atlantikwall eingebaut worden. Im Vorfeld der Bunker hat sich eine wilde Flora gebildet, die zwar die häßlichen Betonklötze mit Bäumen, Büschen und Blumen friedlicher erscheinen läßt, das Schußfeld aber auf Null reduziert hat. Ich schicke sofort ein Kommando zum Westwall, um festzustellen, ob er überhaupt zu benutzen sein wird.
Mein Ordonnanzoffizier kommt zurück:
»Herr Oberstleutnant, wir haben zunächst den zuständigen ›Verwalter‹ in einem Kino aufstöbern müssen, um die Bunker aufschließen zu können. Es dürfte Wochen dauern, die Anlagen in einen Verteidigungszustand zu versetzen; ganz zu schweigen von der Bewaffnung mit schweren Geschützen und Panzerabwehrwaffen und Minenfeldern. Der ›Verwalter‹ hat nicht einmal einen Plan der Anlagen und weiß nicht, ob es ihn überhaupt gibt. Eine wirksame Verteidigung aus dem Bunkersystem können wir vergessen.«

Am Westufer der Saar liegt der kleine Ort Wallerfangen. Die Häuser sind um ein Schloß gruppiert. Mir fällt plötzlich ein, daß das Schloß Wallerfangen der Stammsitz der Familie von Papen ist.
Ich fahre sofort hin und treffe die beiden Schwestern meines Freundes Franz von Papen. Beide erklären mir ganz unmißverständlich, daß sie auf dem Stammsitz bleiben wollen, was auch immer passieren mag. Ich versuche, sie zu überreden, das Schloß zu verlassen, da es schwere Kämpfe geben und niemand auf sie und das Schloß wird Rücksicht nehmen können. Schweren Herzens willigen sie schließlich ein. Wallerfangen wird bald ein Trümmerhaufen sein.

Zwischen den Bunkern, die nur noch als Schutz gegen schwere Artillerie- und Luftangriffe dienen können, bauen wir unsere Stellungen aus. Dann beginnt am 19. November der Angriff der Amerikaner auf die Saarübergänge zwischen Saarlautern und dem »Orscholz Riegel« ostwärts von Metz. Wir haben es mit der 10. US-Panzerdivision und 90. US-Infanteriedivision zu tun, die in breiter Front unsere Linie Saarlautern–Orscholz angreifen. Ihr Ziel scheint uns klar zu sein: Über die Saar nach Nordosten, an Kaiserslautern vorbei, auf den Rhein durchzustoßen.
Meine Kampfgruppe wird zersplittert:
Während Major Kurz mit dem II. Bataillon in Saarlautern verteidigt und in schwere Häuserkämpfe gegen Schwarze verwickelt wird, die mit Messern im Mund an den

Häusern hochklettern, muß ich Major Liehr mit dem I. Bataillon nach Merzig schicken, um der 25. Panzergrenadierdivision zu helfen, die dort in schweren Abwehrkämpfen steht. Wieder trägt die vorzügliche amerikanische Artillerie dazu bei, kleine Einbrüche zu erzwingen.
Zwischen dem 23. November und 11. Dezember toben heftige Kämpfe im ganzen Raum Saarlautern, Dillingen, Merzig, wo dem Gegner am 29. November ein tiefer Einbruch bei Saarlautern nach Osten gelingt. Wegen der schweren Verluste wird unsere Division, die nur noch aus meiner Kampfgruppe besteht, Mitte Dezember herausgezogen und weit nach Osten, an Saarbrücken vorbei, in den Raum zwischen Pirmasens und Weißenburg zur Auffrischung verlegt, als Reserve der Heeresgruppe G.
Der 3. US-Armee steht der Weg zum Rhein offen. Sie stößt nördlich auf Kaiserslautern vor.
Die nächste Gefahr droht nun von der von Süden und Südwesten nach Norden vorstoßenden US-Heeresgruppe, die aus dem Raum Nancy–Baccarat an den Abhängen der Vogesen vorbei in die Rheinebene zwischen Kaiserslautern und Colmar einzudringen versucht, mit dem Ziel, Straßburg zu nehmen und den Rhein zu überqueren.

Noch ist uns etwas Ruhe vergönnt. Seit mehr als sechs Monaten sind wir nun unterbrochen im Einsatz. Unsere Verluste sind hoch. Trotzdem gelingt es immer wieder — dank unserer »alten Hasen« —, den jungen Ersatz zu integrieren. Die Jungen haben ihre Illusionen, mit Hitler in ein »1 000jähriges Reich« zu marschieren, hier an der Front schnell begraben. Sie haben schnell den Unterschied zwischen Propaganda und Realität verstanden.
Wir liegen mit der Kampfgruppe zwischen den jetzt nutzlosen Anlagen des Westwalls bei Zweibrücken an der Saar und Pirmasens. Am Silvesterabend 1944 sitzen wir alle zusammen. Wir wissen nicht, wie es weitergehen wird, begreifen jedoch, daß der Krieg nicht mehr zu gewinnen ist. Wir wissen nur, daß wir unsere Pflicht tun müssen.

Inzwischen hat sich einiges ereignet: Am 16. Dezember 1944 hatte Hitler die »Ardennenoffensive« gestartet. Wir hatten am Rande davon gehört und aus dem Radio Goebbels' schneidende Stimme gehört: »Die Wehrmacht ist zu ihrer großen Offensive angetreten. Wir werden den Feind vernichten und von allen Verbindungen abschneiden. Paris ist unser Ziel.«
»Wie will Hitler mit angeschlagenen oder unerfahrenen Divisionen durch die verschneiten Ardennen, über die vereisten Serpentinen und bei der völligen Luftüberlegenheit der Alliierten jemals erfolgreich sein?«

An diesem Silvesterabend wissen wir noch nicht, daß die überraschende Offensive unsererseits zunächst erfolgreich war, dann aber am 28. Dezember scheiterte.

Der Jahreswechsel hat sich gerade vollzogen, wir haben bescheiden mit einem Glas Punsch auf ein neues Jahr voller Fragezeichen angestoßen, als uns die Meldung erreicht, daß die Division sich noch in der Nacht marschfertig machen solle. Ich werde zu Feuchtinger auf seinen Gefechtsstand befohlen. Er ist sehr ernst, wünscht ein gesundes Neues Jahr und gibt folgende Informationen:
»Ich wurde am 28. Dezember zur Heeresgruppe G bestellt, wo ich alle Armee-, Korps- und Divisionskommandeure traf. Von dort aus fuhren wir zu Feldmarschall von Rundstedt, der uns mitteilte, daß Hitler uns alle in seinem Hauptquartier in Bad Nauheim am Nachmittag zu sprechen wünsche. Dort trafen wir auch Generalfeldmarschall Keitel, Generaloberst Jodl, Himmler und Bormann.
Die Anwesenheit der obersten Heeres- und Parteiführung deutete auf eine wichtige Mitteilung Hitlers hin. Er holte wie üblich zu einer langen Rede aus und betonte, daß wir einen Weltanschauungskrieg führen, dessen Verlust das deutsche Volk zerstören würde. ›Ich denke nicht im geringsten an einen Verlust des Krieges. Denken Sie an Friedrich den Großen und seinen Siebenjährigen Krieg‹.
Hitler kam dann auf die Ardennenoffensive zu sprechen, bei der nicht alle Ziele erreicht worden seien (überaus optimistisch, wie ich meine), die aber ein ›Nebenergebnis‹ gehabt habe, nämlich die Schwächung der uns gegenüberliegenden amerikanischen Front, an der jetzt die Operation ›Nordwind‹ starten solle. Er schätze die Stärke der Amerikaner an unserer Front nur noch auf 4 bis 5 Divisionen, die er mit acht angreifenden deutschen Divisionen zu ›vernichten‹ gedenke, um dann weitere Schläge folgen zu lassen. Wörtlich schloß Hitler dann seinen Vortrag mit dem Satz: ›Es muß unser absolutes Ziel sein, hier im Westen die Sache offensiv zu bereinigen, das muß unser fanatisches Ziel sein.‹ «
Feuchtinger fährt dann fort: »In der Silvesternacht hat die Operation ›Nordwind‹ begonnen. Unsere Division ist Heeresgruppenreserve. Hitlers Plan ist es, mit einer gepanzerten Gruppe durch die Maginotlinie südlich Pirmasens zu stoßen und am Westrand der Vogesen nach Süden vorzugehen, um die Verbindung zum Brückenkopf der 19. Armee bei Colmar herzustellen. Fünf Volksgrenadierdivisionen sollen von Westen durch die (verschneiten) Vogesen in die Rheinebene durchstoßen und sich mit einem Brückenkopf westlich des Rheins verbinden. Wenn wir auch Ersatz bekommen haben und jetzt wieder über 74 Panther und Panzer IV verfügen«, schließt Feuchtinger, »werden doch zwei Dinge übersehen: Wir haben keine Luftüberlegenheit und der massiven US-Artillerie nichts Gleichwertiges entgegenzusetzen. Unsere Männer sind ausgelaugt, und der Ersatz hat keine Erfahrung. Wir werden uns befehlsgemäß heute, am 1. Januar 1945, hart nördlich der Maginotlinie bereitstellen. Gott sei mit Ihnen.«

Major Spreu, der jetzt mit der Führung des Regimentes 192 beauftragt ist, und ich sehen uns an. Wenn auch unausgesprochen, so sind wir beide der Meinung, daß Hitler bis zum letzten Mann zu kämpfen entschlossen und notfalls bereit scheint, das deutsche Volk siegen oder untergehen zu lassen.

Es kommt, wie es kommen muß:
Die Amerikaner haben sich sehr wohl auf einen Angriff auf ihren rechten Flügel eingestellt und sich in der Maginotlinie festgesetzt. Unsere Zersplitterung in zwei Angriffsgruppen, zumal mit der unerfahrenen Infanteriegruppe, kann den gewünschten Erfolg nicht bringen.
Dennoch hat, wie wir aus abgefangenen Meldungen und von Gefangenen erfahren, Eisenhower unter dem Eindruck der Ardennenoffensive und der in der Silvesternacht gestarteten Operation »Nordwind« befohlen, zunächst den Angriff auf den Westwall im nördlichen Elsaß aufzugeben. Meldungen zufolge hatten sich am 3. Januar Eisenhower und de Gaulle geeinigt, sich im unteren Elsaß auf die Maginotlinie unter Belassung schwacher Kräfte zur Verteidigung Straßburgs zurückzuziehen. Die Operation »Nordwind« kommt nicht voran. Westlich und in den verschneiten Vogesen sind die beiden Angriffsgruppen zum Stehen gekommen.

Ein neuer Plan wird gefaßt. Unsere und die 25. Panzergrenadierdivision sollen ostwärts ausholend aus dem Raum südlich Weißenburg durch die Maginotlinie durchstoßen und den Gegner in der Hagenauer Senke einkesseln. Beide Divisionen werden nach Osten verlegt und erhalten den Auftrag, sich für diesen Angriff bereitzustellen.

Ein letztes, dramatisches Gefecht steht uns bevor.

Als ich den Divisionsgefechtsstand verlassen will, nimmt mich ein Ordonnanzoffizier des Stabes beiseite:
»Herr Oberstleutnant, ich fühle mich verpflichtet, Sie in Ihrem und dem Interesse Ihrer Leute darüber zu informieren, daß gegen unseren Divisionskommandeur wahrscheinlich ein Kriegsgerichtsverfahren eröffnet werden wird. General Feuchtinger war vor 10 Tagen zum Oberbefehlshaber West befohlen worden, um darüber Auskunft zu geben, warum er in der Nacht vom 5. zum 6. Juni 1944 nicht auf seinem Gefechtsstand, sondern in Paris war.
Feuchtinger befand sich auch jetzt nicht auf seinem Gefechtsstand, sondern in Deutschland. Am 24. Dezember mußte ich ihn dort abholen und zum Oberbefehlshaber West bringen.
Ich fühle mich verpflichtet, Sie als unseren Kampfgruppenkommandeur darüber zu informieren, damit Sie wissen, warum unsere tapfere Division bei den höheren Kommandostellen einen so schlechten Ruf genießt.«
Ich bin wie vor den Kopf geschlagen. Während wir am Heiligabend einen so verzweifelten Kampf im Westwall bei Saarlautern führten, hielt sich unser Divisionskommandeur in der Heimat auf.
Sicherlich, wir kennen die Vorliebe Feuchtinger für das »savoir vivre«. Wir wissen um seine Kontakte aus der Vorkriegszeit zu hohen Funktionären des Naziregimes und mißbilligen sie. Wir hatten auch kein Verständnis dafür, daß er sich in den ent-

scheidenden Stunden der Invasion in Paris aufhielt, und zwar nicht nur beim »Sonderstab«.
Wir Kommandeure hatten uns immer loyal vor Feuchtinger gestellt, wenn sich unsere Freunde anderer Panzerdivisionen über seinen Führungsstil und Lebenswandel mokierten. Nun scheint mir das Maß voll zu sein.
Wenn auch für mich der Grundsatz gilt »de mortuis nil nisi bene«, so kann ich nicht umhin, im Andenken an unsere tapferen und brillant kämpfenden Männer und an die Tausende von Toten, Verwundeten und Vermißten der vergangenen sechs Monate Feuchtinger vorzuwerfen, daß er uns allen einen schlechten Dienst erwiesen hat.

Ende Januar 1945, nach Beendigung der erbitterten Kämpfe, verabschiedet sich General Feuchtinger von uns, seinen Kommandeuren. Regungslos nehmen wir seinen Dank für unsere Leistungen entgegen.
Im März wird Feuchtinger von einem Kriegsgericht zum Tod verurteilt. Auf »Weisung von oben« wird das Urteil jedoch abgemildert und infolge der sich überstürzenden Ereignisse nicht mehr vollstreckt.
Vom Kriegsgerichtsverfahren gegen Feuchtinger erfuhr ich erst lange nach meiner Rückkehr aus der Gefangenschaft.
Er hatte sich nach der Entlassung aus amerikanischer Gefangenschaft mit allerlei Jobs durchgeschlagen und starb Ende der fünfziger Jahre, kurz bevor ein neuer Prozeß gegen ihn angestrengt wurde.

Die Schlacht um Hatten - Rittershoffen

Anfang Januar 1945 sind die Vogesen tief verschneit. In den Tiefebenen zwischen Weißenburg - Hagenau und dem Rhein liegt der Schnee 30 Zentimeter hoch. Es ist bitterkalt, die Straßen sind vereist. Die Zivilbevölkerung ist verängstigt und befürchtet, daß der Krieg noch einmal ihre Dörfer heimsuchen wird. In vielen Bauernhäusern gibt es kein fließendes Wasser, die Leitungen sind eingefroren.

Weißenburg ist eine Kleinstadt im nördlichen Elsaß an der Grenze zur Pfalz. An den Hängen dieses Gebietes um Landau-Ahrweiler und Bergzabern wächst der gute Pfälzer Wein. Nach Osten ist es nicht weit zum Rhein, auf dessen anderer Seite Baden-Baden im Schwarzwald liegt.
Eine breite Tiefebene zwischen den Osthängen der Vogesen und dem Rhein erstreckt sich nach Süden bis Straßburg.
Unser Aufmarschgebiet liegt nördlich Weißenburg. Dort treffen wir nach einem schwierigen Marsch über vereiste Straßen in der Nacht vom 5. zum 6. Januar ein.

Es ist vorgesehen, daß die 25. Panzergrenadierdivision, die westlich der Vogesen nicht durch die Maginotlinie durchstoßen konnte, sich in der folgenden Nacht hinter uns bereitstellen soll.
Unser Auftrag lautet, mit zwei Kampfgruppen hart an den Ostausläufern der Vogesen entlang nach Süden durch die Maginotlinie durchzustoßen, alle Vogesenausgänge zu sperren und den Gegner von seinen Verbindungen nach Straßburg abzuschneiden.

Ich verlange Karten mit der genauen Lage der Bunker und sonstiger Befestigungssysteme. Es gibt sie nicht. Im Gegenteil, auch übergeordnete Stellen haben keine Karten. Man beruhigt uns damit, daß die Maginotlinie kaum besetzt und kein Hindernis sei.
»Blind« treten wir am 6. Januar nach Süden an. Noch bevor wir die ersten Bunker erreichen, stoßen wir auf erbitterten Widerstand und erneut auf das konzentrierte Feuer der amerikanischen Artillerie. Am Nachmittag haben beide Kampfgruppen den Gegner zwar zurückgedrängt, wir sind aber immer noch nicht auf die Bunker der Maginotlinie gestoßen. In der Nacht zum 7. Januar setzen wir den Angriff fort. Dichter Nebel liegt über der Rheinebene, die Sicht beträgt gerade 100 Meter. Plötzlich erkennen wir die ersten Bunker, aus denen wir mit starkem Feuer empfangen werden. Die ersten Leute und begleitenden SPW geraten in dichte Minenfelder, die Artillerie verstärkt ihr Sperrfeuer. Es gibt keinen Zweifel: Der Gegner will seine Position in der Maginotlinie unter allen Umständen halten und sich den Weg nach Straßburg und an den Rhein offenhalten.
Wir kommen mit unserer Division, die nur noch die Kampfstärke eines Grenadierregiments hat, nicht durch.
Von Gefangenen, die wir im Vorfeld der Maginotlinie machen, wissen wir, wer unsere Gegner sind: die erfahrene 79. US-Infanteriedivision, ein Teil der 14. US-Panzerdivision und Teile der 42. US-Infanteriedivision sowie starke Artillerie. Mit ihnen werden wir es in den nächsten 14 Tagen zu tun haben.
Bei der Heeresgruppe scheint man einzusehen, daß die Amerikaner viel stärker sind als vermutet.
Am 8. Januar tritt Hauptmann Herr noch einmal, von Grenadieren und Pionieren begleitet, nach Süden an. Mit 12 Panthern gelingt es diesem Stoßtrupp, einen Bunker zur Aufgabe zu zwingen, drei Sherman abzuschießen und viele Gefangene zu machen. Er verliert einen Panther durch Minen. Dann setzt so starkes Artilleriefeuer auf die Bunker ein, daß Herr 20 Grenadiere und Pioniere verliert, die auf seinen Panzern aufgesessen waren. Er muß sich zurückziehen.
Die Heeresgruppe gibt einen neuen Befehl aus:
»Vor zwei Tagen ist es gelungen, südlich des Hagenauer Forstes einen Brückenkopf über den Rhein, nördlich von Straßburg, zu bilden. Aus dem Brückenkopf soll nach Westen angetreten und der Gegner nördlich des Hagenauer Forstes von seinen Verbindungen abgeschnitten werden. Die 25. Panzergrenadierdivision tritt am

9. Januar am Nordrand des Forstes nach Westen an, durchbricht die Maginotlinie und stößt auf die Osthänge der Vogesen vor. Die 21. Panzerdivision stellt sich rechts davon bereit und tritt nach ersten Durchbrüchen sofort ebenfalls nach Westen an.«

Am 8. Januar treffen 20 Sturmgeschütze aus Deutschland ein, Hauptmann Herr hat noch 11 Panther zur Verfügung. Am selben Tag stellt sich die 25. Panzergrenadierdivision mit zwei Kampfgruppen bereit, unsere Division hart nördlich davon mit meinem Regiment an die 25. Panzerdivision angelehnt.
Es ist bitterkalt, und es schneit. Nur selten kommt der Mond durch. Dann sieht man, wie sich die dunklen Betonungetüme vom Schnee abheben. Wir wissen, daß wir Stacheldrahthindernisse durchschneiden und Minen räumen müssen. Hierfür stehen nur wenige Pioniere und junger Ersatz von 16- und 17jährigen Soldaten zur Verfügung. In der Nacht zum 9. Januar arbeitet sich der erste Stoßtrupp der 25. Panzergrenadierdivision an den ersten Bunker heran. Lautlos schleichen sich die Jungen heran und beginnen, eine Gasse durch den Stacheldraht zu schneiden. Immer, wenn der Mond herauskommt, erstarrt jede Bewegung. Gegen 4.00 Uhr morgens ist eine Gasse geräumt, es sind nur noch 100 Meter bis zum Bunker. Kriechend arbeitet sich der Stoßtrupp voran. Dann ist es geschafft. Die Amerikaner scheinen zu schlafen. Drohend ragt ein Geschützrohr aus der Scharte. Die Männer schleichen um den Bunker herum. Die Panzertür ist verschlossen. Ein Unteroffizier klopft mit seinem Gewehrkolben gegen die Tür, die sich langsam öffnet.

Die amerikanische Besatzung ist völlig überrascht und wird schnell überwältigt. Der Lärm alarmiert andere Bunker und die dazwischenliegenden Feldstellungen. Sofort setzt heftiges Feuer an. Die amerikanische Artillerie schießt Sperrfeuer auf die Bunker. Jetzt tritt eine Kampfgruppe der 25. Panzergrenadierdivision, die von Sturmgeschützen unterstützt wird, zum Angriff durch die Lücke an. Schwerstes Artilleriefeuer verhindert ein schnelles Vorankommen. Die Gruppe dreht nach links ab und dringt von Norden in das kleine Dorf Hatten ein.
Gleichzeitig ist auch eine gepanzerte Gruppe meiner Division angetreten, die an Hatten vorbeistoßen soll. Einige Panzer fahren auf Minen. Der Angriff kommt nicht voran. Eines meiner Bataillone dringt auch von Norden in Hatten ein und löst dort die Teile der 25. Panzergrenadierdivision ab.
Der Südteil des Dorfes wird erbittert von amerikanischer Infanterie verteidigt. Sie tritt zum Gegenangriff an, er wird abgewehrt. Am Abend des 9. Januar ist nur ein kleiner Einbruch geglückt. Die Heeresgruppe und das Korps drängen auf Fortsetzung des Angriffes. Der Durchbruch durch die Maginotlinie soll erweitert werden, um dann nach Westen weiterstoßen zu können.
In der Nacht zum 10. Januar schiebt sich meine Kampfgruppe mit dem Regiment 125 an die Bunker heran, rechts von mir das Schwesterregiment 192. Die Division bekommt ein weiteres Artillerieregiment zugeführt, so daß wir etwas besser unterstützt sind.

Während die Panzergruppe der 25. Panzergrenadierdivision vergeblich versucht hatte, auch in das Nachbardorf Rittershoffen einzudringen, bereitet sich unsere Division darauf vor, am 10. Januar Rittershoffen zu nehmen.

Major der Reserve Willy Spreu führt für den erkrankten Oberst Rauch das Regiment 192. Auch sein Angriff auf die Maginotlinie nördlich Hatten war am 9. Januar vor den Bunkern liegen geblieben, mit stark dezimierten Kompanien. Als letzte Reserve verfügt er noch über seinen Pionierzug, bestehend aus 1 Feldwebel, 1 Unteroffizier und 20 meist unerfahrenen Männern. Am Abend bringt Major Spreu seine Panzerabwehrgeschütze und schweren Waffen gegenüber einem sich deutlich abzeichnenden Bunker in Stellung.
Major Spreu berichtet später: »Beim Morgengrauen trat ich mit dem Pionierzug an, während meine schweren Waffen pausenlos die Schießscharten des Bunkers unter Feuer nahmen. Wir stürmten durch den Schnee und waren in wenigen Minuten am Bunker. Die Pioniere warfen Handgranaten in die Schießscharten, während andere den Stacheldraht durchschnitten und Minen räumten.

Als wir zum Hintereingang liefen, öffnete sich die Tür, und es erschienen mit einer weißen Flagge 5 Offiziere und 117 Mann Besatzung. 4 Offiziere hatten schwere Augenverletzungen durch das Feuer auf die Scharten erlitten. Sie wurden sofort vom Regimentsarzt behandelt, die anderen wurden zurückgeschickt. Der Bunker entpuppte sich als eine schwer bewaffnete Kasematte in einem weit verzweigten Befestigungssystem und wurde von mir sofort zum Gefechtsstand erklärt.«
Major Spreu wurde am nächsten Tag beim Angriff auf die Höhen nördlich von Rittershoffen schwer verwundet und in ein Lazarett gebracht. Am 24. Februar wurde ihm wegen »persönlicher Tapferkeit« das Ritterkreuz verliehen.

Am 10. Januar trete ich mit meinem Regiment zum Angriff auf Rittershoffen an. Es gelingt mir, in der Nacht zum 11. Januar in den Ort einzudringen. Aber auch hier, genauso wie in Hatten, klammert sich der Gegner in den Häusern fest und tritt mit Panzern und Infanterie sofort zum Gegenangriff an. Dieser trifft besonders mein II. Bataillon, das sich im Zentrum in der Nähe der Kirche festgesetzt hat. In den beiden Dörfern Hatten und Rittershoffen entbrennt nun eine der schwersten und verlustreichsten Schlachten, die je an der Westfront getobt haben.
Die Amerikaner versuchen mit allen Mitteln, die Maginotlinie zurückzugewinnen, um nicht im Raum Straßburg abgeschnitten zu werden. Wir liegen uns in Rittershoffen auf einer Entfernung von nur 20 Meter gegenüber. Zum Teil sind wir in Häusern im 1. Stock, die Amerikaner im Keller — und umgekehrt.

Dieser erbitterte Häuserkampf tobt fast zwei Wochen. Beide Seiten setzen ununterbrochen Artilleriefeuer ein, ebenso Flammenwerfer. Die Amerikaner schießen mit Phosphorgranaten fast alle Häuser in Brand. Wir machen Gefangene des 827. US Armored

Bataillon, das fast ausschließlich aus Schwarzen besteht. Sie geben an, den Auftrag zu haben, alle Häuser, in denen Deutsche, sie sagen »Nazis«, sitzen, zusammenzuschießen oder anzuzünden.
Ich muß meinen Keller fluchtartig räumen, als eine Phosphorgranate vor meinem »Ausguck« zerbirst und wir zu ersticken drohen. Ich beziehe einen anderen Keller ganz in der Nähe des Gefechtsstandes von Major Kurz, der mit seinem II. Bataillon die Hauptlast der Angriffe zu tragen hat. — Gefangene der 14. US-Panzerdivision fluchen: »Das ist verdammt noch mal der blutigste Kampf, den wir je gefochten haben, schlimmer als die legendäre Schlacht bei Anzio in Italien.«
Immer noch hält sich die Zivilbevölkerung in beiden Dörfern auf. Zusammengepfercht sitzen Frauen, Kinder und alte Leute in den Kellern der Häuser. Der Strom ist ausgefallen, der Vorrat an Verpflegung knapp, Wasser gibt es nicht, denn die Leitungen sind eingefroren. Wir versuchen zu helfen, so gut es geht. Bei Tage ist jede Bewegung tödlich, unseren Nachschub können wir nur bei Nacht mit gepanzerten Fahrzeugen herbeiholen. Dabei kommt uns eine Senke zu Hilfe, die uns vor dem Gegner verbirgt, dessen Lichtkugeln die Gegend in gleißendes Licht setzen. Mein Regimentsarzt kommt schon am zweiten Tag wütend zu mir: »Ich habe in einem Keller an die 50 Verwundete liegen, die dringend ärztlicher Hilfe bedürfen. Ich habe kein Morphium mehr und kaum noch Verbandszeug. In einem anderen Keller liegen über 40 Tote, die wir hier nicht beerdigen können. Ich kümmere mich, soweit es geht, auch um die Zivilisten.«

In manchen Nächten kann ich wenigstens einige verwundete Zivilisten und Männer meiner Einheit mit SPWs an Hatten vorbei nach hinten und Munition nach vorne bringen lassen. Mein Ordonnanzoffizier Dr. Müller-Temme muß Munitionskisten nach vorne zu den Grenadieren schaffen, da alle anderen Männer meines Stabes im Einsatz sind, um den Verlust bei den Bataillonen etwas auszugleichen.
Aber weder die Amerikaner, die jetzt mit Teilen einer Panzerdivision und Teilen von zwei Infanteriedivisionen in Rittershoffen kämpfen, noch wir weichen. Unser Kampf in beiden Dörfern wird, wie wir anschließend erfahren, laufend im Wehrmachtsbericht erwähnt. Nach ein paar Tagen stelle ich fest, daß auch Teile der 25. Panzergrenadierdivision in Rittershoffen hängengeblieben sind, während die Masse in Hatten kämpft. Zeitweise haben wir in beiden Orten Teile der 21. US-Infanteriedivision eingeschlossen, die unter schweren Verlusten wieder freigekämpft werden. Nach acht Tagen kommt die Nachricht, daß ein Fallschirmjägerbataillon zur Verstärkung nach Rittershoffen kommen wird. Das Dorf sieht nach wenigen Tagen wie ein Geisterdorf aus. Fast alle Häuser und die Kirche, die von Major Kurz Männern verteidigt wird, sind Ruinen. Viele Häuser brennen und beleuchten nachts die Szene. Tote liegen auf den Straßen, darunter viele Zivilisten. Wir können sie nicht bergen, da der Gegner uns hier auf 15 bis 20 Meter gegenüberliegt. Das Vieh brüllt unversorgt in den Ställen, Tierkadaver stinken und verpesten die Luft.

Wir wissen nach acht Tagen noch immer nicht, ob man hier aus Prestigegründen weiterkämpft oder ob das Halten der Stellungen einen taktischen Sinn hat.
Mir scheint, daß wir und unser tapferer Gegner nur noch ans Überleben denken. Die Verbindung zur Division ist schon nach ein paar Tagen abgebrochen. Wir erfahren durch unsere todesmutigen SPW-Besatzungen vom I. Bataillon, die den Abtransport Verwundeter und die Versorgung mit Nachschub jede Nacht sicherstellen, daß es in Hatten ähnlich wie bei uns aussieht. Auch dort wurde am Anfang ein Bataillon der 79. US-Infanteriedivision eingeschlossen und erst nach tagelangen Kämpfen befreit. Auch dort sind der Nord- und Westteil in unserer Hand. Der Rest des Dorfes wird von Amerikanern zäh verteidigt.
Wir erfahren, daß es am 10. Januar einem starken Stoßtrupp der 25. Grenadierdivision gelungen ist, ein Befestigungswerk bei Hatten zu knacken und 300 Gefangene zu machen. Damit ist die Maginotlinie in einer Länge von über 10 Kilometer durchbrochen. In Hatten und Rittershoffen und nördlich davon sitzen wir hoffnungslos fest. Artillerieduelle ungeheuren Ausmaßes finden täglich statt, stärker, als wir sie jemals in der Normandie erlebt hatten. Am meisten bedrückt uns das Schicksal der unschuldigen Zivilisten. Über 100 Tote, die meisten von ihnen Kinder und alte Leute, werden später gezählt.

Am 14. Januar versuchen die Amerikaner, Rittershoffen zurückzuerobern und 2 Bataillone der 79. US-Infanteriedivision in Hatten, die dort eingeschlossen sind, zu befreien. Dank des mutigen Einsatzes meiner Kampfgruppe und Teilen der 25. Panzergrenadierdivision gelingt es, den Angriff mit schweren Verlusten für den Gegner zurückzuschlagen. Von Gefangenen erfahren wir, daß ab 14. Januar die 14. US-Panzerdivision die Führung der »Schlacht um Hatten – Rittershoffen« übernommen hat. In Rittershoffen sind ihr unterstellt: 1 Bataillon der 79. US-Infanteriedivision, das zeitweise von uns eingeschlossen war, und Teile der 42. US-Rainbow-Division. In der Chronik der 14. US-Panzerdivision heißt es später: »Es war ein brutales, blutiges und langsames Geschäft, schlimmer als alles Erlebte.«
An den folgenden Tagen versuchen es die Amerikaner erneut und scheitern wieder. Auf beiden Seiten werden täglich mehr als 10000 Granaten verschossen. Am 17. Januar schneit es wieder heftiger, die Sicht beträgt nur noch 100 Meter. Im Morgengrauen greifen die Amerikaner mit 45 Panzern und Infanterie Rittershoffen und Hatten an. Sie werden unterstützt durch sehr starkes Artilleriefeuer. In der Dämmerung dringt ein starker Stoßtrupp überraschend in Rittershoffen ein und nimmt Teile des Regiments- und Bataillonsstabes des Panzergrenadieregiments 119 der 25. Panzergrenadierdivision sowie einige in Ruhe liegende Teile gefangen. Kurz darauf stürzt ein Melder herein: »Herr Oberstleutnant, die Amis haben fast unsere ganzen Stäbe und viele Leute gefangengenommen, ich bin gerade noch entkommen, können Sie helfen?« Gottlob sind Teile der Fallschirmjäger und unserer Aufklärungsabteilung frei, die ich sofort zum Gegenangriff ansetze. Es gelingt, den größten Teil zu befreien und über 80 Gefangene zu machen.

Am 18. Januar ab 14.00 Uhr legt der Gegner wieder schweres Artilleriefeuer auf beide Dörfer und tritt um 17.00 Uhr bei Dunkelwerden von Norden und Süden zum Angriff auf Ritterhoffen an. Dabei stößt er auf die Fallschirmjäger und mein II. Bataillon. Unter schweren Verlusten wird er zurückgeworfen, wobei unsere Artillerie uns wirksam unterstützt.

In der Nacht trifft ein Ordonnanzoffizier der Division bei mir ein: »Herr Oberstleutnant, ich soll Sie im Auftrag des Divisionskommandeurs über die Absichten der Heeresgruppe G informieren. Am 19. Januar wird mit einem Panzerkorps und der Fallschirmjägerdivision aus dem erweiterten Brückenkopf über den Rhein zum Angriff südlich des Hagenauer Forstes angetreten. Unsere Division sollte dafür abgestellt werden. Man sieht ein, daß zur Zeit eine Herauslösung unmöglich ist. Die beiden in Hatten-Rittershoffen eingesetzten, ausgebrannten Divisionen sollen durch vermehrte Stoßtrupptätigkeit und starken Artillerieeinsatz weitere Angriffsabsichten vortäuschen, um die hier eingesetzten Kräfte des Gegners zu binden. Ziel ist es, an Hagenau vorbei nach Westen vorzustoßen und dann die nördlich der Moder stehenden Kräfte des Gegners einzukesseln. Es wird Sie interessieren«, fährt der junge Offizier amüsiert fort, »daß Himmler mit dem Oberbefehl über den südlichen Rheinabschnitt betraut worden ist. Hitler persönlich hat übrigens den neuen Angriff südlich des Hagenauer Forstes befohlen. Jetzt kann nichts mehr schiefgehen, Herr Oberstleutnant.«
So frech und voller Galgenhumor sind wir inzwischen, daß solche Bemerkungen, die an sich mit Degradierung oder gar Todesstrafe geahndet werden, doch noch ungestraft möglich sind.
»Es ist gut, mein Lieber«, entlasse ich den jungen Leutnant, »vertrauen wir also auf Himmler und seine ›Kriegserfahrung‹.«

Trotz starken Artillerie-Feuers flauen die Kämpfe um unsere beiden zu 90 Prozent zerstörten Dörfer an den nächsten beiden Tagen ab.
Nur in Hatten greifen Fallschirmjäger mit Unterstützung einiger Panzer die tapfere 79. US-Infanteriedivision noch einmal an. Die Amerikaner verteidigen mit Gewehren, Pistolen, Bazookas und Messern Haus für Haus, so daß der Angriff eingestellt werden muß.
Am Abend des 19. Januar treffen Vorkommandos der 47. Volksgrenadierdivision ein, die mit Eisenbahntransporten aus Deutschland herangebracht wird und uns ablösen soll. In der Nacht werden die stark dezimierten Teile der 25. Panzergrenadierdivison abgelöst, um weiter rückwärts aufgefrischt zu werden. In der Nacht zum 21. Januar wird der Rest dieser tapferen Division herausgezogen.

Am Morgen dieses kalten Wintertages herrscht verdächtige Ruhe in und um Rittershoffen. Ich gebe Major Kurz den Auftrag, mit einem Stoßtrupp festzustellen, was der Gegner macht.

Ich selber werfe den üblichen Blick aus meinem Kellerfenster zu den Häuserruinen auf der anderen Straßenseite, in denen wir häufig einzelne Amerikaner hin und her huschen sahen.
Alles bleibt ruhig, sogar die Geschütze des Gegners schweigen. Dann kommt Major Kurz die 100 Schritte zu meinem Gefechtsstand gelaufen: »Herr Oberstleutnant, die ›Amis‹ sind weg, sie haben in der Nacht unter dem Schutz ihres Artilleriefeuers den Ort geräumt.« Kurz sieht mich aus seinen übermüdeten Augen an. Ich drücke ihm die Hand: »Das war's wohl, Kurz, danke für Ihren und den Einsatz Ihrer Männer.« Unrasiert, mit unseren ›U-Boot-Bärten‹, stehen wir uns gegenüber. Wir können es noch nicht fassen, daß diese mörderische Schlacht beendet ist.
»Hier gibt es keinen Gewinner und keinen Verlierer. Wozu also das alles?« Langsam kommen die übermüdeten Männer aus ihren Kellern, einige Zivilisten erscheinen. Sie haben Tränen in den Augen. »Ist nun alles vorbei? Können wir unsere Toten begraben?«
»Es tut uns so leid für Sie und Ihr schönes Dorf. Dieser verdammte Krieg! Für Sie ist er nun zu Ende.«
Nachdenklich gehe ich langsamen Schrittes mit Kurz zur Kirche, von der nur noch ein Teil unzerstört ist. Durch ein offenes Mauerloch gehen wir hinein. Ich stehe gegenüber dem Altar, der in Trümmern liegt, und sehe hinauf zur Orgel. Sie scheint unbeschädigt zu sein. Einige unserer Männer kommen hinzu.
»Kommen Sie«, rufe ich einem Gefreiten zu, »wir klettern einmal zur Orgel hinauf.«
Oben angekommen, bedeute ich dem Mann, den Blasebalg zu treten. Ich setze mich an die Orgel, und — es ist kaum zu glauben — sie funktioniert.
Aus einer Eingebung heraus beginne ich, den Choral »Nun danket alle Gott« zu spielen. Er dringt durch die Ruinen nach draußen. Immer mehr meiner Männer klettern in die Kirchenruine herein, gefolgt von alten Frauen und Kindern, die sich auf den Boden knien und leise beten. Meine Männer schämen sich ihrer Tränen nicht.

Was ist passiert, was hat die Amerikaner veranlaßt, die beiden Dörfer zu verlassen und die Chance aufzugeben, die Maginotlinie doch wieder in Besitz zu nehmen? Nach ein paar Tagen wissen wir es: Gefangene Offiziere haben ausgesagt, daß die für den Abschnitt verantwortliche 7. US-Armee ihrer Heeresgruppe gemeldet hatte, daß die bei Hatten-Rittershoffen eingesetzten Divisionen so geschwächt seien, daß sie ihre Positionen nicht länger halten könnten. Die US-Heeresgruppe hatte daraufhin befohlen, die Orte Hatten und Rittershoffen sowie die Maginotlinie im Gebiet nördlich des Hagenauer Forstes aufzugeben. Vorbereitete Stellungen sollten an der Moder, die aus den Vogesen nach Osten durch Hagenau fließt, besetzt werden.

Das XXXIX. Armeekorps und das XIII. SS-Armeekorps waren, der Fallschirmjägerdivision folgend, aus dem Rheinbrückenkopf nach Westen angetreten und hatten

Hagenau erreicht. Damit drohte eine Einkesselung der Amerikaner nördlich des Hagenauer Forstes.
Am 21. Januar stoßen bereits starke Kampftrupps aus Ritterhoffen nach Westen vor. Am 22. morgens löst uns die Volksgrenadierdivision ab, und wir erreichen die Moder westlich von Hagenau. Die tapfere 25. Panzergrenadierdivision stößt durch den verschneiten Hagenauer Forst mühsam auf vereisten Straßen nach Süden vor und erreicht ebenfalls die Moder. Unsere Grenadierkompanien haben nur noch eine Stärke von 20 bis 30 Mann. Trotzdem ist der Erfolg greifbar nahe, die Amerikaner von ihren Verbindungen nach Straßburg abzuschneiden.
Da erreicht uns, ohne vorherige Ankündigung, der Befehl, am 25. Januar herauszuziehen und uns im Raum der kleinen Stadt Kandel, westlich des Rheins auf der Höhe von Karlsruhe, zur Auffrischung zu sammeln. Die 25. Panzergrenadierdivision wird bereits am 24. Januar herausgezogen und in den Raum nördlich von Kandel verlegt.

Wir freuen uns natürlich auf ein paar Tage Ruhe nach den schweren Kämpfen in Rittershoffen, begreifen dennoch nicht, warum wir so kurz vor Erreichen unseres Zieles abgezogen werden.

Den Grund erfahren wir schneller, als uns lieb ist.

Bei Kandel finden wir fabrikneues Material sowie ein Ersatzbataillon vor. So sehr wir das begrüßen, wissen wir oft nicht, wer die neuen Panzer, SPWs und Sturmgeschütze fahren, ihre Geschütze bedienen soll. Unsere Ausfälle an ausgebildeten Fahrern, Schützen und Kommandanten sind zu groß. Tag und Nacht werden daher Leute aus dem Ersatzbataillon notdürftig ausgebildet.
Am 30. Januar werden alle Kommandeure zum Divisionsgefechtsstand befohlen. Ich lasse den guten alten Mercedes zu mir bringen, der in den letzten Monaten als Kurierfahrzeug eingesetzt war.

Bei unserem Eintreffen begrüßt uns zum letzten Mal General Feuchtinger. »Meine Herren, Sie wissen, daß ich zur Führerreserve versetzt bin. Bis zum Eintreffen eines neuen Kommandeurs wird Oberst Zollenkopf aus der Führerreserve, den ich Ihnen hiermit vorstelle, die Divisionsführung übernehmen.
Außerdem habe ich die Freude, die Beförderung von Oberstleutnant von Luck zum Oberst bekanntzugeben und ihm hiermit den zweiten Stern zu überreichen. Von Luck ist mit seinen 33 Jahren einer der jüngsten Obersten.«

Richtig freuen kann ich mich nicht. Beförderungen und Ordensverleihungen sind in dieser letzten Phase des Krieges so nebensächlich geworden. Es kommt nur noch darauf an, möglichst viele der Männer, für die man verantwortlich ist, gesund durch die letzten Wochen zu bringen und ... zu überleben.

Feuchtinger fährt dann fort:
»Von der Ostfront liegen alarmierende Nachrichten vor: Seit dem 14. Januar haben die Russen ihre wohl letzte große Offensive mit drei ›Fronten‹ (Heeresgruppen) gestartet und nach wenigen Tagen die Oder in Schlesien erreicht. In der Mitte stürmen sie durch Polen auf die Reichsgrenze vor und bedrohen schon in den nächsten Tagen Frankfurt an der Oder und die alte Festung Küstrin. Damit ist Berlin direkt in Gefahr. Unsere abgekämpften Divisionen können dem Ansturm der weit überlegenen und frisch ausgerüsteten russischen Armeen kaum mehr Widerstand leisten. Hitler hat daher persönlich befohlen, daß die 25. Panzergrenadierdivision und unsere 21. sofort in Eiltransporten in den Raum westlich Küstrin verlegt werden, um ein Vordringen auf Berlin zu verhindern. Die Transporte genießen absolute Priorität, ein Transportoffizier ist der Division zugeteilt und für schnelle Verladung verantwortlich.
Ich bedaure«, schließt Feuchtinger, »daß unsere tapferen Männer den Kelch bis zur bitteren Neige auskosten müssen.
Ich wünsche jedem von Ihnen und Ihren Leuten, daß sie auch die letzte Schlacht überstehen, und hoffe, daß sich alle dessen bewußt sind, daß ein weiteres Vordringen der Russen in unsere Heimat verhindert werden muß.«

Das klingt uns etwas zu pathetisch, aber was soll's. Wir wissen, daß es von nun an darauf ankommt, daß wir Frontsoldaten, ob Kommandeur oder Panzerschütze, die Verantwortung zu tragen und Entscheidungen zu treffen haben. Nach 7 1/2 Monaten ununterbrochenem Einsatz müssen wir von jetzt ab unsere eigene Heimat verteidigen.
Nachdenklich gehe ich zu meinem Wagen zurück. Plötzlich fällt mir ein, daß die Russen keinesfalls den Mercedes in die Hände bekommen sollen, möglichst auch die Engländer oder Amerikaner nicht. Ich habe eine Idee: Der Wagen muß zu Dagmar, die bei Nauen, westlich von Berlin, auf der Außenstelle der Baumschule ist. Sofort nehme ich mit dem Transportoffizier Verbindung auf: »Der Mercedes soll irgendwo südwestlich von Berlin ausgeladen werden, von wo ich ihn nach Nauen bringe. Ich werde dann südostwärts von Berlin wieder in den Zug steigen. Ist das zu machen?«
Nachdem ich dem Transportoffizier kurz die »Geschichte des Mercedes-Cabrio« erzählt habe, zeigt er sich kooperativ. »Südwestlich von Berlin lasse ich den Zug an einer Rampe kurz halten«, schlägt er mir vor, »dort können Sie den Wagen leicht entladen. Für die Fahrt südlich um Berlin herum werden wir wohl eine ganze Nacht brauchen wegen drohender Bombenangriffe und eines gewaltigen Verkehrsaufkommens. Am Wehrmachtbahnhof Zossen, südostwärts von Berlin, können Sie wieder zusteigen, Herr Oberst.« Da der Transportoffizier in meinem Abteil mitfahren wird, dürfte eigentlich nichts schiefgehen. Sofort nach Rückkehr auf meinen Gefechtsstand bestelle ich alle Kommandeure und Kompaniechefs zu mir.
Ich hänge mich ans nächste Telefon und rufe Dagmar an.

»Herrlich, Dich wieder zu hören. Wie geht es Dir? Bist Du dort bei Nauen einigermaßen sicher?« frage ich sie.
»Wo steckst Du, bist Du in Ordnung?« fragt sie zurück. »Hier bin ich vor den Bombenangriffen sicher. Ich kann jede Nacht die langen Finger der Flakscheinwerfer sehen und höre das Brummen der Bomber und die Explosionen. Weißt Du, wir alle hier haben uns allmählich an diesen ›Krieg in der Heimat‹ gewöhnt. Aber es schwirren viele Gerüchte herum, daß die Russen bald auf Berlin vorstoßen werden. Weißt Du etwas Näheres?«
»Die Gerüchte scheinen zu stimmen. Auf jeden Fall werden wir mit anderen Panzerdivisionen an die Ostfront verlegt. Wohin, kann und darf ich Dir nicht sagen.«
»Jetzt höre einmal genau zu«, fahre ich fort, »am 4. oder 5. Februar werde ich bei Dir mit dem Mercedes auftauchen. Du fährst mich dann mit dem Wagen zu unserem Transportzug zurück und nimmst ihn wieder mit zu Euch. Alles Nähere erzähle ich Dir dann. Bitte bleibe an beiden Tagen zu Hause, damit nichts schiefgeht. In Ordnung?«
»Ja, natürlich, wunderbar, Dich, wenn auch nur kurz, wiederzusehen. Ich warte hier auf Dich.«

Das wäre geregelt. Bevor meine Besprechung beginnt, setze ich mich mit Liebeskind zusammen. Gemeinsam verfassen wir den »Marschbefehl« für Dagmar:

»Von der Kampfgruppe der 21. Panzerdivision an alle militärischen, Zivil- und Partei-Dienststellen:
Fräulein Dagmar S.... ist beauftragt, den PKW Mercedes WH ... auf schnellstem Wege nach Flensburg zu überführen und dem dortigen Standortkommandanten zu übergeben, der den Wagen bis zum Eintreffen der Spezialkampfgruppe der 21. Panzerdivision bei sich abzustellen hat.
Alle Dienststellen werden ersucht, das Fahrzeug ungehindert passieren zu lassen und Fräulein Dagmar S... alle erforderliche Hilfe zu geben.«
Für die Kampfgruppe
gezeichnet Oberst von Luck, Kampfgruppen-Kommandeur
(mehrere Siegel und Unterschriften)

Wie Dagmar mir nach meiner Rückkehr aus Rußland später erzählte, hat der »Marschbefehl« seine Wirkung nicht verfehlt. »Spezialkampfgruppe«, mehrere Siegel und die Unterschrift eines Obersten und Frontsoldaten waren so beeindruckend, daß sich keine der Dienststellen und Versorgungsdepots Gedanken machten, wieso eine 23jährige Frau am Steuer saß. »Ich mußte oft innerlich lachen«, erzählte Dagmar, »wie dienstbeflissen sich alle um mich bemühten. Die Tatsache, daß Großadmiral Dönitz als von Hitler beauftragter ›Regierungschef‹ Ende April sein Hauptquartier nach Flensburg verlegte, schien für alle die Wichtigkeit meiner ›Mission für die Kampfgruppe‹ zu unterstreichen.«

Dank guter Verbindungen zum Generalstab in Berlin konnte Dagmar rechtzeitig vor der »Schlacht um Berlin« Nauen verlassen und nach wenigen Tagen wohlbehalten meine Mutter in Flensburg erreichen. Leider ereilte den »treuen Mercedes« das gleiche Schicksal wie meine »1 000 Flaschen aus Frankreich« und das »Kristall aus Baccarat«: Die englische Besatzung entdeckte den Wagen und konfiszierte ihn als Kriegsbeute.
Ich hoffe sehr, daß dieses brave Fahrzeug heute irgendwo in England oder Schottland sein Gnadenbrot als Oldtimer genießt.

In einem kleinen Café in Kandel sitze ich mit meinen Bataillons- und Kompanieführern zusammen. Ich berichte von dem Treffen mit Feuchtinger und Oberst Zollenkopf, dem neuen provisorischen Divisionsführer.
»Wir werden an die Ostfront verlegt.«
Alle atmen einmal tief durch. »Das ist das letzte, was wir erwartet haben, vom Regen in die Traufe«, ist die einhellige Meinung. »Wie lange wird der Krieg noch dauern? Jetzt werden sogar alte Männer und Jungen von 14 und 15 Jahren zum ›Volkssturm‹ eingezogen. Das letzte Aufgebot?« Es kostet mich einige Mühe, allen klarzumachen, daß wir ein weiteres Vordringen der Russen verhindern und die furchtbaren Leiden der Zivilbevölkerung ersparen müssen.
»Wir können nur hoffen, daß die Westalliierten möglichst weit nach Osten vorstoßen. Zwischen dem 3. und 5. Februar werden wir verladen. Nutzen Sie die Zeit zum Ausruhen und zur Ausbildung des Ersatzes.«

Wir sitzen noch lange zusammen. Bei einer Tasse »Muckefuck«, wie der Ersatzkaffee genannt wird, denken wir zurück an die Schlacht in der Normandie, das furchtbare Erlebnis im Kessel von Falaise und natürlich an die erbitterten Häuserkämpfe in Rittershoffen.
Von der Division weiß ich, daß unsere Verluste an Toten, Verwundeten und Vermißten seit dem 6. Juni 1944 etwa 16 000 Mann betragen. Eine grausame Zahl, wenn man bedenkt, daß wir mit einer Divisionsstärke von gut 15 000 Mann die Abwehrkämpfe am 6. Juni begonnen hatten.
Wir fragen uns auch, woher die Russen trotz enormer Verluste immer wieder diese Massen an Menschen und Material hernehmen und wie sie das enorme Transportproblem bewältigen können. Erst in der Gefangenschaft erfahre ich, daß Stalin aufgrund des mit Präsident Roosevelt abgeschlossenen »Pacht- und Leihvertrages« unter anderem mehr als 100 000 Studebaker-Lastwagen erhalten hat, ohne die die russische Armee nicht so schnell oder gar nicht ihre Offensiven hätte durchführen können.

Die Stimmung unter meinen Männern, hauptsächlich den »alten Hasen«, ist gar nicht so schlecht, wie sie nach Lage der Dinge sein könnte. In erster Linie sind alle daran interessiert, beim »alten Haufen« zu bleiben, der für sie Schutz und Gebor-

genheit bedeutet. Sie freuen sich auf ein gemachtes Bett, auf ein Telefongespräch mit ihren Angehörigen. Sie sind bereit, sich noch einmal dem Gegner im Osten entgegenzustemmen. Die Nachrichten über Greueltaten bedeuten für Sie Motivation. Ein »grundsätzlicher Befehl« Hitlers, den wir unter der Hand nur noch »Gröfaz« (größter Feldherr aller Zeiten) nennen, trifft ein, wonach bei allen Wehrmachtseinheiten, vom Regiment aufwärts, »Nationalsozialistische Führungsoffiziere« (NSFO) zu bestellen sind, deren Aufgabe es ist, die Truppe und ihre Führung politisch zu überwachen. Also »Politruks« auch für uns. Das beweist, wie mißtrauisch Hitler der Wehrmacht gegenüber nach dem 20. Juli 1944 geworden ist. Ich bestimme unseren Militärpfarrer zum NSFO. Ein Witz, wenn man bedenkt, wie die Kirche zu Hitler steht. Defätismus soll so verhindert und der »Wille zum Endsieg« gestärkt werden.
Ich weiß, daß ich meine Leute in dieser letzten Phase nie mehr geschlossen werde sehen und zu ihnen sprechen können. Ich ordne daher an, daß sich mein Panzergrenadierregiment in einer großen Waldlichtung in der Nähe von Kandel geschlossen zu versammeln hat.

Da stehen nun die Männer mit müden, grauen Gesichtern. Sie haben alle Kämpfe seit dem 6. Juni 1944 mitgemacht und überlebt. Junger Nachwuchs steht auch da mit Kindergesichtern. Diese Jungen wissen noch nicht, was auf sie zukommen wird.
Es fällt mir schwer, die richtigen Worte zu finden, aber ich muß zu ihnen sprechen, damit sie wissen, daß ich sie nicht im Stich lassen werde, daß sie Vertrauen haben können und daß Kameradschaft und ein Gefühl der Zusammengehörigkeit wichtiger sein müssen als alles andere.
»Nach vielen Monaten und heute vielleicht zum letzen Mal möchte ich zu Euch allen sprechen. Ich will nicht viele Worte machen. Alle, die mit mir seit dem 6. Juni 1944 zusammen gekämpft haben, und die Jungen aus der Heimat, die zum ersten Mal erleben werden, was Krieg und der Kampf ums Überleben bedeuten, sollen wissen, daß ich bis zum Ende Euer Kommandeur bleibe und alle Strapazen mit Euch teilen werde.
Neben mir steht unser Pfarrer. Laut Befehl der Parteiführung und auf Anordnung des Führers muß ich einen ›Nationalsozialistischen Führungsoffizier‹ ernennen, der darüber zu wachen hat, daß kein Defätismus in der Truppe entsteht und daß uns allen das Ziel unseres ›Endsieges‹ bewußt ist. Ich denke, unser Pfarrer ist der richtige Mann dafür!
Allen, die mit mir die letzten Monate durchgestanden haben, danke ich für ihren Einsatz. Ihr ward großartig!
Wir werden in den nächsten Tagen an die Ostfront verlegt und sollen an der Oder bei der alten Festung Küstrin verhindern, daß die Russen die durch Bomben schwer getroffene Hauptstadt Berlin in die Hand bekommen.
Es wird unsere letzte Schlacht sein.

Vergeßt alle Parolen von einem ›Tausendjährigen Reich‹ und dem ›Endsieg, der uns sicher ist‹.
Wir kämpfen von nun an ausschließlich ums Überleben, um unsere Heimat, unsere Frauen, Mütter und Kinder, die wir vor einem Schicksal bewahren wollen, das sich niemand von uns vorstellen kann.
Das muß unser Einsatz in den nächsten Wochen und Monaten wert sein. Gott möge Euch helfen und Euch beschützen!«

Zwischen dem 3. und 5. Februar wird die Division auf mehrere Transportzüge verladen, die über eine der letzten unzerstörten Eisenbahnbrücken über den Rhein nach Osten rollen. Obwohl häufige Stopps eingelegt werden müssen, da Bombenangriffe drohen oder Knotenpunkte zerstört sind und repariert werden müssen, bewundern wir die hervorragende Organisation der Transportdienststellen. Je mehr wir uns Berlin nähern, um so länger werden die Stopps. Die Bevölkerung macht, soweit wir mit ihr in Berührung kommen, einen oft hoffnungslosen Eindruck. Manchmal fallen Bemerkungen, wie »hört doch auf, es hat doch keinen Zweck mehr« oder »mit jedem Tag, mit dem Ihr den Krieg verlängert, werden die Opfer größer«.
Nur die Parteifunktionäre, die uns an manchen Stationen begrüßen, zeigen einen »ungebrochenen Willen zum Endsieg«, um sich dann schnell in Sicherheit zu bringen, wenn der Gegner in ihre Nähe kommt.

Wie verabredet, hält der Zug südwestlich von Berlin. Ich lade den Mercedes ab und fahre nach Nauen zur Baumschule. Dagmar kommt mir schon entgegen.
»Mein Gott, ich kann es gar nicht fassen, Dich noch einmal zu sehen. Was hast Du vor?« begrüßt sie mich.
»Wir haben keine Zeit, Dagmar, eine Tasse echten Kaffee aus meinem kleinen Vorrat, dann müssen wir los, um den Zug wieder zu erreichen.«
Auf unserer Fahrt südlich um Berlin herum erkläre ich ihr meinen Plan:
»Hier ist ein ›Marschbefehl‹, mit dem Du Nauen verläßt, sobald die Lage kritisch wird. Du hast ja die gute Verbindung zum Generalstab. Dort wird man Dir sagen, ob und wann es zweckmäßig ist, Berlin zu verlassen. Du hast im Kofferraum genügend Benzinreserven, um nach Flensburg zu kommen. Fahre zu meiner Mutter und warte dort das Ende ab. Versuche, den Wagen irgendwo zu verstecken. Sollte ich heil durchkommen, haben wir wenigstens ein Fahrzeug, um in den ersten Wochen nach der Katastrophe beweglich zu sein. — Hast Du irgendwelche Nachrichten aus Sachsenhausen von Deinem Vater?« — »Natürlich keine, wie zu erwarten war. Anrufe sind sinnlos. Man verbindet mich nicht weiter oder man ›weiß von nichts‹. Ich habe wenig Hoffnung, meinen Vater lebend wiederzusehen. Damit muß ich nun in den nächsten Wochen und Monaten leben.«
Wir sind in Zossen. Der Zug ist noch nicht da. So haben wir etwas Zeit für uns, bis ich nach einer Stunde wieder in mein Abteil einsteigen kann. Ein letzter Gruß, und Dagmar ist verschwunden.

Weiter rollen unsere Transportzüge südlich an Berlin vorbei nach Osten. Dank einer bewundernswerten Leistung der Deutschen Reichsbahn ist es gelungen, die neu aufgefrischte Division in nur 48 Stunden ans Ziel zu bringen. Auf der »Ostbahn«, die Berlin mit Königsberg in Preußen verbindet und auf der ich als junger Fähnrich so oft nach Dresden oder Berlin gefahren war, halten wir plötzlich auf freier Strecke. Wir müssen uns etwa 50 Kilometer ostwärts Berlin und 20 Kilometer westlich der Festung Küstrin befinden.
Über eine behelfsmäßige Rampe wird entladen. Der Divisionsstab ist bereits eingetroffen. Ich werde sofort zu Oberst Zollenkopf gebeten. »Wir haben den Auftrag, unverzüglich und ohne weitere Transporte abzuwarten, von Südosten den russischen Brückenkopf am Südwestrand von Küstrin anzugreifen und die Verbindung zur eingeschlossenen Besatzung von etwa 8000 Mann herzustellen. Unsere Freunde von der 25. Panzergrenadierdivision sind bereits seit dem 31. Januar im Einsatz. Sie haben zwar eine Erweiterung der einzelnen Brückenköpfe verhindert, nicht aber den Zugang nach Küstrin freikämpfen können.
Sie treten mit Ihrem Regiment, verstärkt durch einige Panzer und Artillerie, zum Angriff an, sobald Ihr Regiment entladen ist. Die weiteren Teile der Division werden aus der Entladung heraus zu Ihrer Verstärkung eingesetzt.
Hitler persönlich hat diesen Angriff befohlen und wünscht, daß der Russe über die Oder zurückgeworfen wird. Wir haben es mit der ›1. Weißrussischen Front‹ des Marschall Schukow zu tun, die in nur 14 Tagen durch Polen gestürmt ist und die schwachen deutschen Kräfte fast vernichtet hat.
Einzelheiten erfahren Sie von meinem Generalstabsoffizier.
Alles Gute!«
Dort erfahre ich, daß unsere Division nach der Auffrischung im Elsaß jetzt wieder über 30 Panzer IV und Jagdpanzer IV sowie 30 Panther verfügt. Mein Regiment 125 hat 75 Prozent der Sollstärke, unsere Artillerie 90 Prozent. Das ist erfreulich, wenn auch die Qualität der Mannschaften und jungen Offiziere, soweit sie vom Ersatz kommen, nicht annähernd der Kampfstärke und Erfahrung entsprechen, mit denen wir am 6. Juni 1944 angetreten sind.

Küstrin ist eine Festung, deren 4 Meter dicke Mauern und Kasematten aus Napoleons Zeiten stammen und alle mit Front nach Osten angelegt sind. Die Russen versuchen jedoch, aus kleinen Brückenköpfen nördlich und südlich der Stadt, die Befestigungsanlagen von hinten aufzurollen. Küstrin ist ein wichtiger Straßen- und Bahnknotenpunkt: Vom Westen kreuzen sich die »Reichsstraße 1« und die »Ostbahn« Berlin–Königsberg mit den Eisenbahnen Frankfurt/Oder–Stettin an der Ostsee und der Bahnverbindung Breslau in Schlesien nach Stettin und Königsberg. Die 30 Kilometer breite Oderniederung wird im Westen von einem Höhenzug begrenzt, der sich zur Verteidigung anbietet, um den Zugang nach Berlin zu sperren.

Der für den 6. Februar vorgesehene Angriff verzögert sich, da die Straße nach Berlin hoffnungslos von der fliehenden Zivilbevölkerung verstopft ist und erst durch energischen Einsatz unserer Feldjäger Lücken freigehalten werden, um uns nach Süden durchzulassen.
Am 7. Februar vor dem Hellwerden treten wir an und stoßen auf starken Widerstand, können jedoch mit Stoßtrupps dem Gegner starke Verluste zufügen und etwas Gelände gewinnen. Auch am nächsten Tag kommen wir nur langsam voran. Inzwischen sind die letzte Teile der Division ausgeladen und stellen sich für einen entscheidenden Angriff am 9. Februar bereit.
Die 25. Panzergrenadierdivision wird nördlich von uns einen weiteren Brückenkopf angreifen. Uns wird zugesagt, daß wir Unterstützung durch das berühmte Schlachtfliegergeschwader des am höchsten dekorierten Soldaten, Oberst Rudel, erhalten werden. Seine »Spezialität« ist es, mit seinen Ju 87, den Sturzkampfbombern, ausgerüstet mit Panzervernichtungswaffen, auf russische Panzerverbände herabzustoßen und deren Panzer im direkten Beschuß zu vernichten.
Die Schlacht am 9. Februar tobt zunächst hin und her. Dann erscheinen Rudels Schlachtflieger, die sich auf russische Panzer, Pakgeschütze und Artilleriestellungen stürzen. Es ist für uns »alte Hasen« seit langer Zeit wieder ein schönes Gefühl, nicht mehr der feindlichen Luftwaffe hoffnungslos ausgeliefert zu sein. Viel wichtiger ist jedoch die moralische Wirkung auf unsere Jungen, die zum ersten Mal im Kampf stehen.

Mittags gelingt es einigen Stoßtrupps, von Südwesten in die Vorstädte von Küstrin einzudringen, die dortige Brücke zu nehmen und mit nachfolgenden Kampfgruppen zusammen einen 2 Kilometer breiten Korridor in die Festung freizukämpfen.
Noch in der Nacht rollt ein bereitstehender Vorsorgungskonvoi zu den Besatzern. Ein weiterer Brückenkopf weiter nördlich wird von unseren Freunden der 25. beseitigt.
Wir sind froh, der tapfer kämpfenden Besatzung Küstrins helfen und den dringend benötigten Nachschub bringen zu können. Hitler hat Frankfurt/Oder und Küstrin zu »Festungen« erklärt. Das heißt in seinem Sprachgebrauch: »Es wird bis zum letzten Mann gekämpft oder gestorben.«

Nach diesem Erfolg läßt die Kampftätigkeit ab Mittag des 9. Februar merklich nach. Die Russen versuchen nicht mehr, die verlorenen Brückenköpfe zurückzugewinnen. Unser Abhördienst fängt Meldungen auf, wonach Marschall Schukow Versorgungsprobleme hat:
Seit dem 12. Januar, als er an der Weichsel antrat, hat seine Front 350 Kilometer Gelände gewonnen. Man scheint nicht genug Transportraum für den Landweg zu haben. Das rollende Material muß erst von der russischen Breitspur auf die europäische Spur umgenagelt werden. Zudem hat Schukow einen ungedeckten rechten Flügel. Es besteht eine große Lücke zur 2. Weißrussischen Front unter dem Befehl

des Marschall Rokossowski. Seit dem 9. Februar mittags liegen wir westlich der Oder, zur Verteidigung eingerichtet. Der Zugang nach Küstrin wird offengehalten.

Um vor der feindlichen Artillerie und den Luftangriffen geschützt zu sein, habe ich meinen Befehlsstand im Keller eines Bauernhauses eingerichtet. Wir trauen unseren Augen nicht, als wir Hunderte von Flaschen französischen Parfums, Cognacs und Champagner im Keller gestapelt sehen, dazu Dutzende von Seidenstrümpfen, Stoffballen und eleganten Schuhen. Das Ergebnis der in ganz Deutschland üblichen »Tauschaktionen«, wobei sich die Städter mit Butter, Fleisch und Milch versorgen, um ihre kargen Lebensmittelrationen aufzubessern.
Draußen hört man ab und zu unsere Artillerie und vereinzelt Gewehrfeuer, hoffentlich keine »Stille vor dem Sturm«. Es wird schon dunkel, als sich die Tür auftut und ... Dagmar erscheint. Ich traue meinen Augen nicht.
»Sag' mal, bist Du wahnsinnig? Wie kommst Du überhaupt hierher, wie hast Du mich gefunden?« Mein Adjutant und einige Ordonnanzoffiziere stehen ungläubig herum.
»Du weißt doch, ich habe gute Beziehungen zum Generalstab in Berlin. Dort hat man mir verraten, wo Dein Gefechtsstand ist. Ich bin heute früh zunächst mit der Berliner Schnellbahn quer durch die Stadt gefahren«, fährt sie fort, »dann mit meinem Fahrrad auf der ›Reichsstraße 1‹ nach Osten geradelt, bis mich ein Lastwagen mitgenommen hat. Mein Fahrrad steht draußen.« »Hör' mal, Du kannst doch nicht einfach hier auf dem ›Schlachtfeld‹ erscheinen, noch schießt es überall, und Du hättest leicht in einen russischen Gegenangriff geraten können.

Ich bin sehr beunruhigt. So sehr ich mich über jedes Wiedersehen freue, Dagmar, so riskant ist Dein Unternehmen.« Wortlos gibt sie mir einen Brief. Es ist ein Schreiben des Konzentrationslagers Sachsenhausen mit folgendem Wortlaut:

»Wir teilen Ihnen mit, daß Ihr Vater, Herr S., an Herzschwäche gestorben ist. Sie können nach vorheriger Absprache mit dem Lagerverwalter die Urne abholen.

Mit Deutschem Gruß, Heil Hitler
gezeichnet...«

Ich bin zutiefst betroffen, weiß nicht, was ich ihr sagen soll. »Ich ahnte, daß es so kommen würde«, nimmt mir Dagmar eine Antwort vorweg. »Aus guter Quelle weiß ich, daß das gesamte KZ-Lager verlegt wird, ehe die Russen womöglich Berlin erobern und das Lager entdecken. Alle Schwachen und Kranken sind daher liquidiert worden. Eine tolle ›Endlösung‹, findest Du nicht?« »Dagmar, hör zu. Du mußt schnellstens hier wieder fort. Es kann jederzeit wieder losgehen. Mir tut das alles so leid. Dabei hatte ich mir große Hoffnungen nach meinem Gespräch mit Kaltenbrunner gemacht. Es ist eine verdammte Schweinerei, daß wir hier ums Überleben und für unsere Angehörigen kämpfen, während gleichzeitig gute Patrioten kaltblütig umgebracht werden.«

Ich gebe einem Ordonnanzoffizier den Auftrag festzustellen, ob irgendein Lastwagen in Richtung Berlin fährt, um Nachschub zu holen. Wir haben Glück, in einer halben Stunde wird Dagmar mit ihrem Fahrrad auf jeden Fall aus der Gefahrenzone gebracht werden. Plötzlich tut sich die Tür zu unserem Kellerraum auf, und es erscheint ein Oberst in einer Friedensuniform und dem »Verdienstkreuz« an der Brust.
Sind wir hier in einem Tollhaus? Erst Dagmar und jetzt dieser Oberst?
Wir alle starren diesen Mann mit seinen blank geputzten Stiefeln an.
»Was machen Sie denn hier?« ist meine erstaunte Frage. »Haben Sie sich verirrt?«
»Der Herr Reichsminister von Ribbentrop und der Reichsjugendführer Axmann wünschen Sie zu sprechen.« »Soll ich nach Berlin kommen, oder was spielt sich hier ab?« frage ich zurück.
»Nein, die beiden Herren warten draußen im Wagen auf Sie.« »Dann sollen sie gefälligst hereinkommen. Ich verlasse meinen Befehlsstand nicht.«
Dann erscheinen die beiden: »Heil Hitler, Herr Oberst. Der Führer hat uns hierher geschickt, um etwas über die Lage bei Küstrin zu erfahren. Besteht die Gefahr, daß die Russen auf Berlin marschieren werden?«
»Herr von Ribbentrop (ich vermeide die Anrede ›Herr Minister‹, denn ich mag ihn nicht; er wird von uns Frontsoldaten immer der ›Sektverkäufer‹ genannt), um das festzustellen, sollten wir beiden am besten zu meinen Grenadieren und Panzern gehen, die am Westufer der Oder in Stellung sind. Dort bekommt man den besten Eindruck der Lage.« Ribbentrop wehrt sofort ab. »Das wird nicht nötig sein, wenn Sie mir sagen, wie Sie die Lage beurteilen.« Dabei fällt sein Blick auf Dagmar, die amüsiert meinen Dialog verfolgt hat.
»Verzeihung, ich wußte nicht, daß ›Wehrmachthelferinnen‹ so weit vorne im Einsatz sind. Ist Ihnen das nicht zu gefährlich, meine Dame?«
Ohne auf seine Frage einzugehen, reicht Dagmar dem Minister das Schreiben aus Sachsenhausen: »Bitte lesen Sie den Brief, Herr von Ribbentrop, seinetwegen bin ich hierher zu meinem Verlobten, Oberst von Luck, aus Berlin gekommen.«
Ribbentrop wird blaß, als er den Brief gelesen hat, und wirkt ziemlich irritiert.
»Ja, das tut mir natürlich leid, entschuldigen Sie«, und zu mir gewandt, »ich habe den Eindruck, daß die Lage hier vor Küstrin durch den Einsatz von zwei erfahrenen Panzerdivisionen bereinigt ist, und werde diese erfreuliche Nachricht dem Führer übermitteln. Heil Hitler.«
Beide Herren verlassen abrupt meinen Keller.

Wir alle schütteln den Kopf und fangen laut an zu lachen. »Mein Gott, wie weit sind wir gekommen, daß ein Außenminister an der Front erscheint, um sich und Hitler beruhigen zu können.«

Die 21. Panzerdivision als »Feuerwehr« — der Anfang vom Ende

Es wird langsam dunkel. Auf beiden Seiten verstärkt sich das Artillerie- und Maschinengewehrfeuer. Der übliche »Gute-Nacht-Gruß«.
Ich bin froh, Dagmar mit ihrem Fahrrad auf einen Lastwagen verladen zu können, der Richtung Berlin fährt. Ein letztes Mal winken wir uns zu und ahnen nicht, für wie lange.

Kurz darauf kommt der »Eilbefehl«, sofort herauszuziehen und an unsere Freunde von der 25. Panzergrenadierdivision zu übergeben. Noch in der Nacht soll die Division auf der Autobahn und mit Bahntransporten nach Süden in den Raum Sagan verlegt werden. Während Marschall Schukow an der Oder bei Küstrin und Frankfurt stehenbleibt, ist Marschall Konjew mit der Ukrainischen Front (der Heeresgruppe Süd), im schlesischen Raum zum Angriff über die Oder nach Westen angetreten und hat die schwachen Abwehrkräfte überrannt.
Unsere Führung rätselt, wohin dieser Vorstoß zielt: nach Westen Richtung Dresden–Leipzig an die Elbe? Oder nach Süden in das wichtige Industriegebiet von Mährisch-Ostrau in der Tschechoslowakei? Mir wird bald klar, daß die russische Führung viel dazugelernt hat, seit ich Rußland Anfang 1942 verlassen habe: Die Vorbereitung ihrer Offensiven und die strategische Planung sind gut durchdacht, der Nachschub gut organisiert.

Während wir am frühen Morgen des 10. Februar auf dem Marsch sind, trifft Generalmajor Werner Marcks als unser neuer Divisionskommandeur ein. Ich kenne ihn flüchtig von Nordafrika her, wo er wegen Tapferkeit das Ritterkreuz erhielt, wegen einer schweren Tropenkrankheit bis Anfang 1944 ausfiel und dann als Führer der 1. Panzerdivision in Rußland mit dem »Eichenlaub« ausgezeichnet wurde. Anschließend erkrankte er erneut schwer. Mir ist nicht ganz wohl bei dem Gedanken, nun mit Marcks zusammenarbeiten zu müssen. Er gilt als ehrgeizig, als harter Bursche und als rücksichtslos beim Durchsetzen von Befehlen. Damit gleicht er dem Oberbefehlshaber der Heeresgruppe Mitte, Generalfeldmarschall Schörner, in dessen Bereich wir jetzt kommen. Schörner ist im Ersten Weltkrieg an der Italienfront, wie auch Rommel, mit dem »Pour le mérite« ausgezeichnet worden. Er neidet, wie man sich erzählt, Rommel seinen Ruhm und dessen Popularität. Durch besondere Härte und Erfolge scheint er sich profilieren zu wollen. Berüchtigt ist Schörner wegen des Einsatzes der sogenannten »fliegenden Standgerichte«. Auf Befehl Hitlers sollen alle Ansätze von Defätismus, Fahnenflucht, Nichtausführung von Befehlen und Drückebergerei im Keime erstickt zu werden, indem zur Abschreckung Todesurteile verhängt werden, gegen die es keine Revision gibt. Im Gegenteil, besonders ausgesuchte Kriegsgerichtsräte, die von einem Erschießungskommando begleitet werden, können, ohne Benachrichtigung oder gar Anhörung der zuständigen Truppenführer, Todesurteile fällen und sofort vollstrecken lassen.

Einige Wochen später werde auch ich mit einem dieser ›fliegenden Standgerichte‹ konfrontiert: Ich hatte einen meiner besten Feldwebel, einen hochdekorierten Zugführer eines Panzerabwehrzuges, nach hinten zu unserer Werkstattkompanie geschickt, um mit ein paar Fahrern gepanzerte Zugmaschinen nach vorn zu bringen, die dort zur Reparatur standen. Ich hatte ihm eingeschärft, Druck zu machen, da wir die Fahrzeuge dringend brauchten. Durch einen Melder ließ er mir durchgeben, daß er mit allen Fahrzeugen am nächsten Morgen nach vorn kommen würde. Was dann geschah, berichtete mir am nächsten Tag einer der Fahrer. Unter Tränen, kaum seiner Stimme mächtig, erzählte er:

»Wir saßen am Abend, nachdem wir sichergestellt hatten, daß noch in der Nacht die letzten Fahrzeuge fertig werden würden, in einem kleinen Gasthof zusammen, aßen unsere Tagesration und sprachen über die Zukunft, unser Zuhause und was Soldaten sich sonst so zu erzählen haben. Plötzlich wurde die Tür aufgestoßen und ein Stabsoffizier mit einigen Feldgendarmen stürmte herein. ›Ich bin Oberkriegsgerichtsrat und stehe unter dem direkten Befehl des Generalfeldmarschalles Schörner. Warum sitzen Sie hier herum, während vorne an der Front unsere tapferen Soldaten ihr Leben einsetzen?‹
Antwort meines Zugführers: ›Ich habe den Befehl meines Regimentskommandeurs, Oberst von Luck, gepanzerte Fahrzeuge, die hier repariert werden, schnellstens nach vorn zu bringen. Es wird die Nacht durchgearbeitet, morgen früh können wir nach vorn.‹
Kriegsrichter: ›Wo ist Ihr Marschbefehl?‹ Antwort: ›Den habe ich mündlich vom Kommandeur bekommen‹. Richter: ›Das kennen wir, das sagen alle, die sich drücken wollen. Im Namen des Führers und bevollmächtigt vom Oberbefehlshaber der Heeresgruppe Mitte, Generalfeldmarschall Schörner, verurteile ich Sie zum Tode durch Erschießen wegen erwiesener Fahnenflucht.‹
›Das können Sie doch nicht machen‹, schreit unser Zugführer, ›ich habe den ganzen Krieg an der Front mitgemacht. Hier, sehen Sie meine Auszeichnungen.‹
Richter: ›Aber jetzt, wo es darauf ankommt und jeder vorn gebraucht wird, möchten Sie sich noch schnell verdrücken, wie? Das Urteil ist zu vollstrecken.‹
Dann haben die Feldjäger unseren Zugführer mitgenommen und ihn im Garten hinter dem Gasthaus erschossen.«
Der Mann kann kaum weitersprechen.
»Wir mußten ihn dann unter Aufsicht der Feldjäger begraben.« Für Fahnenflüchtige darf kein Kreuz auf das Grab gesetzt werden. »Der Richter ist dann ebenso schnell verschwunden, wie er gekommen war.«

Obwohl wir mitten im Einsatz sind, setze ich mich, kochend vor Wut, mit dem Divisionsstab in Verbindung und berichte von dem unglaublichen Vorfall. Ich verlange den Namen des Kriegsrichters, um gegen ihn Anklage erheben zu können. »Das wird kaum möglich sein«, antwortet mir einer der Offiziere. »Unser Divi-

sionskommandeur Marcks unterstützt voll und ganz die Maßnahmen von Schörner.« Ich bin entsetzt. Soweit sind wir gekommen.
»Mann, einer meiner besten Zugführer wird mir nichts Dir nichts erschossen und nichts passiert? Ich werde einen schriftlichen Bericht machen und darauf dringen, daß der Kriegsrichter gefunden wird.«
Die Kriegsereignisse und das bittere Ende haben es unmöglich gemacht, wenigsten ein schreiendes Unrecht zu sühnen. Meine Männer der Werkstattkompanie haben wenigstens noch das Grab würdig herrichten können und ein Kreuz mit Namen und Truppenteil gesetzt. Den Eltern habe ich mitgeteilt, daß ihr Sohn »in Erfüllung seiner Aufgaben« leider den Soldatentod gefunden hat.

Sicher, es gibt Auflösungserscheinungen, besonders dort, wo die Russen unsere Abwehrstellungen überrannt haben und nun Versprengte versuchen, sich der Gefangennahme zu entziehen oder Anschluß an ihre Truppe zu gewinnen. Der psychische Druck ist gewaltig, besonders auf die Alten, die zum Volkssturm eingezogen sind, und die Jungen von 14, 15 Jahren, die mit einer Panzerfaust in der Hand den Gegner im Nahkampf aufhalten sollen. Sie alle haben keine Erfahrung und nur den einen Wunsch, ihr Leben zu retten.
Wo immer wir und andere, noch intakte Divisionen auf Versprengte treffen, gliedern wir sie bei uns ein und geben ihnen neuen Halt. Auch wir verurteilen jede Art von Fahnenflucht, die die Moral unserer Leute untergräbt.

Wer jedoch die in Panik flüchtende Zivilbevölkerung sieht, von den Mißhandlungen und Vergewaltigungen der Frauen hört, wer sich die Versprengten anhört, deren Divisionen unter stundelangem Trommelfeuer gelegen haben und dann von den Russen überrollt wurden, der muß anders, menschlicher urteilen. Mit fliegenden Standgerichten jedenfalls ist dieser Krieg nicht mehr zu gewinnen. Die laufenden Durchhalteparolen und Aufrufe aus Hitlers Hauptquartier im Reichskanzlerbunker in Berlin klingen hier vorn bei uns wie blanker Hohn.
Am 12. Februar rollen nun die motorisierten Teile der Division auf der Autobahn Berlin–Breslau in Richtung Sagan in Niederschlesien. Wir müssen wegen Betriebsstoffmangels einen Pendelverkehr einrichten. Die gepanzerten Teile rollen im Bahntransport heran.
Am Morgen dieses Tages treten die Russen in breiter Front zum Angriff an und drohen, die Autobahn zu überschreiten. Schwache Teile der Panzerdivision »Brandenburg« müssen dem Druck weichen. Am Morgen des 13. Februar trete ich mit einer Kampfgruppe zum Gegenangriff an. Wir können die Autobahn zwar freikämpfen, werden aber in der Flanke umgangen. Mit weiteren inzwischen eingetroffenen Teilen der Division und einer schnell herangeführten Kampfgruppe der 17. Panzerdivision gelingt es, den Gegner kurzfristig aufzuhalten. In den nächsten Tagen setzen die Russen immer wieder zu Umgehungsangriffen an, unsere eigene Division ist in viele kleine Kampfgruppen zersplittert.

Am 17. Februar gelingt den Russen ein Durchbruch, der Teile unserer Division abschneidet und zu vernichten droht. In dieser kritischen Situation beweist sich erneut, welch hohen Stellenwert die Begriffe »Kameradschaft« und »selbständiges Handeln« immer noch haben:
Major Hannes Grimminger, Bataillonskommandeur im Schwesterregiment 192, erkennt unsere verzweifelte Lage und zögert nicht eine Sekunde: Er unterstellt sich die gerade greifbare Aufklärungsabteilung unter Major Brand sowie einige unserer Panzer und tritt sofort zum Entlastungsangriff an. Die Russen sind völlig überrascht und ziehen sich unter Verlusten zurück. Die eingeschlossenen Teile sind befreit.
Im März wird Grimminger mit der Führung des Regiment 192 beauftragt und erneut verwundet. Bei einem kurzen Lazarettaufenthalt in der Heimat erhält er am 11. März das Eichenlaub zum Ritterkreuz, heiratet am 21. März und fällt nach seiner Rückkehr zur Front am 16. April, noch keine 4 Wochen verheiratet. Im Schloßpark von Drebkau begraben ihn seine Männer, unser Divisionspfarrer Tarnow hält die Trauerrede. Nach dem Krieg wird Grimminger auf den Waldfriedhof von Halbe umgebettet, wo 20000 Gräber an die letzte, aussichtslose Schlacht erinnern.

Trotz letzten Einsatzes — immer die verzweifelten Flüchtlinge vor Augen — ist der Raum um Sagan nicht mehr zu halten. Zu groß ist die Gefahr, daß die wenigen intakten Panzerdivisionen eingeschlossen werden. Die Heeresgruppe Schörner befiehlt daher, sich über die Neiße abzusetzen. Einige wenige Brückenköpfe sollen offengehalten werden, um Nachhuten, Versprengten und der Zivilbevölkerung den Weg nach Westen zu ermöglichen.
Die Neiße fließt aus den Bergen des ehemaligen Sudetenlandes über Görlitz genau nach Norden und südlich Frankfurt in die Oder. Die Neiße-Oder-Linie bildet das letzte natürliche Hindernis vor Dresden, der Elbe und Berlin.
Am 20. Februar überschreiten die abgekämpften ermüdeten Männer die Neiße nördlich Görlitz und beginnen sofort mit dem Ausbau von Verteidigungsstellungen. Von Görlitz über Guben bis zur Einmüdung der Neiße in die Oder wird aus den Resten einiger bewährter Panzerdivisionen und Versprengten aufgeriebener Infanteriedivisionen eine neue Verteidigungslinie aufgebaut, in ihrer Mitte die zusammengeschrumpften Teile unserer Division.

Marschall Konjew läßt zwar sofort bis an das Ostufer der Neiße vorrücken. Dann bleibt er stehen, und es entwickeln sich nur noch starke Spähtrupptätigkeit und Kämpfe um unsere wenigen Brückenköpfe. Ähnlich wie bei Marschall Schukow bei Frankfurt und Küstrin hat Konjew anscheinend Versorgungsprobleme. Die Neiße-Oder-Linie kann so bis Mitte April gehalten werden.

Beim Divisionsstab erhalte ich einen groben Überblick der Lage:
○ Während die Oder-Neiße-Linie ausgebaut wird, sind bereits alle Gebiete Schlesiens ostwärts der Oder in russischer Hand. Die Festung Breslau ist eingeschlossen

(sie kann sich bis Kriegsende halten). Das wichtige oberschlesische Industriegebiet ostwärts Gleiwitz ist auch bereits in russischer Hand.
○ Von Görlitz verläuft unsere Front nach Osten, nördlich Lauban und südlich Breslau vorbei, um dann bei Oppeln nach Süden abzubiegen bis an die Berge der Hohen Tatra. Diese Linie ist nur schwach besetzt und dürfte einem energischen Angriff auf das tschechische Industriegebiet bei Mährisch-Ostrau kaum standhalten können.
Genau das scheint Marschall Konjew zu planen.

Am 15. März 1945 beginnt die 1. Ukrainische Front aus dem oberschlesischen Raum südwestlich Gleiwitz heraus eine Offensive, die unsere Heeresgruppe zwingt, unsere Front auf die ehemalige deutsche Reichsgrenze in den Grenzgebirgen zur Tschechoslowakei zurückzunehmen, mit westlichem Anschluß an die Neißestellung bei Görlitz.

Die Schlacht um Lauban

Während Hitler plant, Breslau durch eine Offensive zu entsetzen und dazu entsprechende Befehle an Schörners Heeresgruppe Mitte erteilt, versuchen starke russische Panzerverbände, an der Nahtstelle von zwei deutschen Armeen im Raum Görlitz–Lauban in Richtung Dresden durchzubrechen. Trotz des erbitterten mutigen Widerstandes einer Volksgrenadierdivision gelingt es den Russen, bei Lauban die Eisenbahnlinie Berlin–Görlitz–Oberschlesien zu sperren. Nachdem schon die Autobahn Berlin–Breslau–Oberschlesien an der Neiße unterbrochen ist, droht die Versorgung aller im oberschlesischen Raum eingesetzten Teile unmöglich zu werden. Am 22. Februar erhalte ich von der Division den Befehl, mit einem taktischen Stab und verfügbaren Panzern unserer Division sofort in den Raum westlich Lauban abzurücken und mich persönlich bei Schörner zu melden, dem ich direkt unterstellt bin.
Der Gedanke, nun mit Schörner unmittelbar zu tun zu haben, läßt mich nichts Gutes erwarten. Noch in der Nacht zum 23. Februar melde ich mich bei ihm.
Ohne große Begrüßung erhalte ich meinen Befehl: »Seit dem 17. Februar versuchen die Russen, beiderseits Lauban durchzubrechen und sich den Weg nach Dresden freizukämpfen. Ein Gegenangriff einer Kampfgruppe der 17. Panzerdivision hat den Gegner kurzfristig gestoppt. Er schiebt aber immer weitere Panzerkräfte heran und ist seit gestern mit drei Panzerkorps gegen die tapfer kämpfende 6. Volksgrenadierdivision angetreten und hat die strategisch wichtige Eisenbahnlinie nach Oberschlesien gesperrt. Ihnen wird sofort eine Kampfgruppe der 17. Panzerdivision und eine Gruppe versprengter Panzer und Sturmgeschütze unterstellt. Am 24. Februar früh greifen Sie aus dem Raum zwischen Görlitz und Lauban nach Osten in die Flanke des Gegners an.«

Leider passierte der Vorfall mit dem »fliegenden Standgericht«, von dem ich berichtete, erst später. Ich hätte sonst von Schörner die Aufklärung des Falles und die Bestrafung des Kriegsrichters verlangt.

Zurück auf meinem provisorischen Gefechtsstand, werden mir am 23. Februar die versprochenen Einheiten zugeführt.

Von der 17. Panzerdivision meldet sich bei mir ein Regimentskommandeur, Oberstleutnant Prinz zu Schleswig-Holstein-Glücksburg, ein Schulkamerad aus Flensburg!
»Das ist eine Überraschung«, begrüße ich ihn, »was machen Sie an der Front? Ich denke, Hitler hat verboten, Angehörige von Fürstenhäusern in der Front einzusetzen, wegen ihrer internationalen verwandtschaftlichen Beziehungen?«
»Das war auch zunächst so. Aber nach den großen Ausfällen an Kommandeuren hat das Personalamt stillschweigend meinem Wunsch entsprochen, an der Front eingesetzt zu werden. Auch ich freue mich, Sie nach so vielen Jahren wiederzusehen, wenn auch unter so unerfreulichen Bedingungen.« Für seinen erfolgreichen Einsatz vor ein paar Tagen erhielt der Prinz bald darauf das Ritterkreuz. Für den 24. Februar früh gebe ich den Angriffsbefehl.
Die Russen sind völlig überrascht von unserem Flankenangriff und ziehen sich unter Verlusten zurück. Wir können den tapferen Grenadieren ihre alten Stellungen wieder übergeben, noch aber ist die Eisenbahnlinie bei Lauban gesperrt.
Ich werde mit meiner Kampfgruppe herausgezogen und direkte Reserve von Schörner. Mein Schulfreund kehrt zu seiner Division zurück.

Ende Februar entschließt sich Hitler, durch einen Großangriff aus dem Raum Lauban die Festung Breslau freizukämpfen. Diese Operation soll, wie ich später erfahre, der Auftakt zu einer von ihm geplanten »Frühjahrsoffensive« werden.
Während wir der »Operation Lauban«, wie wir sie intern nennen, eine gewisse Chance einräumen, ist die Befreiung der Festung Breslau reine Utopie und der Gedanke an eine »Frühjahrsoffensive« für uns reiner Wahnsinn.
Hitler und das Oberkommando der Wehrmacht jonglieren immer noch mit Divisionen, die keine mehr sind oder, trotz neuestem Material und der Zuführung kaum ausgebildeten Ersatzes, nicht die Kampfkraft besitzen, um den weit überlegenen Gegner wirklich aufhalten zu können. So bin ich entsetzt, als mir nach der Schlacht um Lauban ein »Magen- und Ohren-Bataillon« als Ersatz zugeführt wird. Dabei handelt es sich zum Teil um schwer Magenkranke, die aus Lazaretten und der Heimat zusammengeholt sind und eine besondere »Diätverpflegungskompanie« mit sich führen. Es wird immer deutlicher, daß nun die letzten Reserven mobilisiert werden, um den von Goebbels verkündeten »Totalen Krieg« bis »zum Endsieg« zu führen.
Für die Schlacht um Lauban werden, völlig unbemerkt vom Gegner und selbst von den dort eingesetzten Volksgrenadieren, je ein Panzerkorps westlich und ostwärts

von Lauban bereitgestellt, zweifellos eine großartige Leistung von Schörner und seinem Stab. In der Nacht zum 2. März 1945 greifen wir an. Ich bin von Schörner persönlich mit meiner Kampfgruppe dem linken Panzerkorps unterstellt.
Die Russen sind von diesem massiven Angriff, von 8,8 cm-Panzerzerstörungstrupps unterstützt, völlig überrascht. In schweren Kämpfen, die bis zum 9. März dauern, werden Lauban und die wichtige Eisenbahnlinie freigekämpft, der Russe weit nach Norden zurückgedrängt. Er verliert dabei über 80 Panzer T 34 und 48 unzerstörte Geschütze. Allein meiner Kampfgruppe gelingt der Abschuß von etwa 25 Panzern, den Rest erledigt die 17. Panzerdivision. Damit ist das Hauptziel erreicht.
Alle Pläne, Breslau zu befreien, bleiben angesichts der großen Überlegenheit der Russen illusorisch.
Die Schlacht bei Lauban ist und bleibt die letzte größere deutsche Angriffsoperation dieses Krieges, die natürlich von Goebbels' Propaganda entsprechend ausgeschlachtet wird.

Für uns alle bleibt ein furchtbar deprimierendes Erlebnis haften: In den von uns zurückeroberten Dörfern sehen wir zum ersten Mal selber, wie die Russen in den letzten Wochen gewütet haben: Ich werde nie in meinem Leben den Anblick der geschundenen, vergewaltigten Frauen vergessen, die uns schreiend oder völlig apathisch entgegenkommen. Weder alte Frauen noch Mädchen, die noch Kinder sind, wurden verschont, die Häuser geplündert, alte Männer erschossen.
Angesichts dieser Bilder fragen wir uns: Ist das die Rache für die Millionen Russen, einschließlich der Zivilbevölkerung, die in den letzten vier Jahren umgekommen oder nach Deutschland verschleppt sind? Oder sind hier, wie überall in den vom Gegner eroberten deutschen Gebieten, Instinkte freigesetzt worden, die unkontrollierbar sind? Wir wissen es nicht.
Auf uns alle, besonders die aus den Ostgebieten stammenden Männer, wirken diese furchtbaren Greueltaten sehr deprimierend. Auf der anderen Seite bestärkt es gerade sie, nun um so verbissener um jeden Quadratmeter zu kämpfen und der Zivilbevölkerung soweit wie möglich bei ihrer Flucht in den Westen zu helfen.

Nach dem Erfolg von Lauban werde ich von Schörner Mitte März freigegeben und kehre mit meinem Stab und den restlichen Panzern zur Division zurück, die nördlich von Görlitz in der Neißestellung liegt.
Hier werde ich mit einem Vorfall konfrontiert, in den mein Adjutant Hauptmann Liebeskind verwickelt war:
Im Rahmen seiner »Frontverwendung als Vorbereitung zur Generalstabslaufbahn« war er zeitweise als Führer meines I. Bataillons eingesetzt. Mitte Februar, als ich mich mit meinem Stab auf dem Marsch zu Schörner befand, kämpfte sich Liebeskind im Rahmen der Absetzbewegung auf die Neiße zurück. Er berichtete mir: »Nach 5 Tagen und Nächten ununterbrochenen Einsatzes erreichte ich ohne größere Verluste die Neißebrücke bei Zoblitz. Dort erwartete mich unser neuer Divisions-

kommandeur, General Marcks, beglückwünschte mich zur guten Führung und gab mir den Auftrag: ›Unter Belassung eines kleinen Brückenkopfes bezieht Ihr Bataillon Stellungen am Westufer der Neiße. Bei starkem Feindangriff ist der Brückenkopf zu räumen und die Brücke zu sprengen. Für die Sprengung wird Ihnen ein Major der Luftwaffe unterstellt. Die Brücke darf keinesfalls unversehrt in Feindeshand fallen, denken Sie an Remagen.‹ Soweit General Marcks.«

»Nachdem ich alle notwendigen Befehle erteilt und die Fernmeldeverbindungen sichergestellt hatte«, fährt Liebeskind fort, »ging ich zu meinem Gefechtsstand, etwa 60 Meter von der Brücke entfernt. In einem völlig überhitzten Raum fiel ich in einen todesähnlichen Schlaf. Am nächsten Morgen wurde ich mit Gewalt geweckt: ›Der Divisionskommandeur ist am Apparat.‹ Am anderen Ende der Leitung ein tobender Marcks. »Warum ist die Brücke heute nacht gesprengt worden, und warum erfahre ich erst jetzt davon? Ich werden Sie vor ein Kriegsgericht stellen und wegen ›fahrlässiger Feindbegünstigung‹ anklagen lassen.« Was ist passiert?

In der Nacht hatten die Russen den Brückenkopf angegriffen, kurz nachdem unsere letzten Panzer das Westufer erreicht hatten. Der Luftwaffenmajor hatte befehlsmäßig die Sprengung veranlaßt. Der wachhabende ausgeruhte Ordonnanzoffizier hatte es versäumt, die Division zu benachrichtigen.

Am nächsten Morgen bereits trat in einem Keller das Kriegsgericht unter Vorsitz unseres Artilleriekommandeurs zusammen, der anscheinend Anweisung hatte, kurzen Prozeß zu machen. Mit mir angeklagt Oberleutnant Wiedemann, der für den Brückenkopf verantwortliche Kompaniechef.

Die Anklage und die von Marcks gewünschte Verurteilung wurde deshalb dramatisch, da die ›Brücke für die von Hitler geplante Frühjahrsoffensive von größtem strategischen Wert‹ gewesen sei. Diese Version hatte Marcks überhaupt nicht erwähnt und jetzt anscheinend Angst vor Konsequenzen für ihn persönlich. Wir sollten daher die ›Sündenböcke‹ sein.

Aber, nach Darstellung aller Fakten stellte das Kriegsgericht, nach Beratung mit dem Ankläger, dem Kriegsgerichtsrat Kümmel, das Verfahren wegen erwiesener Unschuld ein.«

Es war das erste, aber nicht das letzte Mal, daß sich Marcks von seiner wahren Seite zeigte und wir feststellen mußten, daß er dem Feldmarschall Schörner in ›Pflichteifer und Härte‹ nicht nachstehen wollte.

Die Ruhe vor dem Sturm

In der 2. Märzhälfte verstärkt sich die russische Luftaufklärung und Spähtrupptätigkeit, sichere Anzeichen für die bevorstehende letzte Großoffensive. Während das Ziel der 1. und 2. Weißrussischen Front nur Berlin sein kann, gehen die Ansichten über die Zielrichtung der Ukrainischen Front des Marschalls Konjew auseinander: Hitler glaubt fest an einen Durchbruch Richtung Dresden und auf Prag mit dem

Ziel, bei einer Vereinigung mit den Amerikanern Deutschland in zwei Hälften zu teilen.

Schörner ist der Ansicht, daß Konjew über die Neiße vorstoßen und dann nach Norden einschwenken wird, um Berlin vom Süden zu fassen und vielleicht *vor* seinem Konkurrenten Schukow in Berlin zu sein. Schörner sollte Recht behalten. Hitler setzte sich durch und verlangt, südostwärts von Görlitz–Lauban eine gepanzerte Eingreifreserve zu bilden, um Konjew auffangen zu können.

Dazu sind 3 Panzerdivisionen, darunter unsere 21., in den Raum nördlich des Riesengebirges zu verlegen und dort, als »Reserve des Oberkommandos des Heeres«, aufzufrischen.

In den ersten Apriltagen werden wir aus der Neißestellung abgezogen und in die Gegend um Hirschberg verlegt (vor dem Krieg oft Ausgangsort für meine Skifahrten im Riesengebirge).

Wir erhalten, neben Mannschaftsersatz, modernstes Kriegsgerät zugeführt: neueste Panzer V »Panther«, neue Panzerspähwagen »Puma«, Jagdpanzer und Infrarot-Nachtsichtgeräte.

Am 1. April 1945 gibt die Division einen ›Zustandsbericht‹ an die Heeresgruppe, nachdem wir Kommandeure dazu befragt worden waren:

○ Der »Ausbildungsstand« hat sich durch den Einsatz in der Neißestellung verbessert, jedoch fehlt dem Ersatz Erfahrung in der Schieß- und Geländeausbildung. Besonders bei den Unterführern sind die Ausfälle hoch. Der Ersatz aus ausgekämmten Versorgungs- und Luftwaffeneinheiten genügt nicht den Anforderungen.

○ Die »Stimmung der Truppe« ist aufgrund der Erfolge der Gegner an allen Fronten sehr gedrückt. Die überwiegend aus dem Westen stammenden Männer haben keine Nachrichten mehr von ihren Familien. Die Greueltaten der Russen an der Zivilbevölkerung sind nicht ohne Wirkung. Die Haltung allgemein ist gut, das Vertrauen zur unmittelbaren Führung ist groß.

○ »Schwierigkeiten« ergeben sich aus der angespannten Betriebsstofflage. Der Kraftstoff ist oft durch Wasser- und Schmutzgehalt unbrauchbar. Bei den gelieferten Waffen sind häufig Materialfehler oder schlampige Montage festzustellen. Das deutet auf Sabotage hin, da in der Industrie immer mehr Kriegsgefangene eingesetzt werden.

Die »story« von Major Willi Kurz

Während Konjew mit starken Vorstößen im Raum Görlitz von seiner geplanten Großoffensive über die Neiße abzulenken versucht, werden Teile meiner Division laufend zu Gegenangriffen eingesetzt, darunter auch mein II. Bataillon unter Major Willi Kurz. Bei einer dieser Operationen wird Kurz verwundet. Das trifft mich besonders hart, da Kurz seit den Invasionstagen im Juni 1944 ein von allen verehr-

ter, hochdekorierter Kommandeur war, mit dem mich eine echte Freundschaft verband.
Als ich ihn im Mai 1986 in Massassauga/Toronto besuche, erfahre ich zum ersten Mal von seiner »Robinsonade«. Hier ist seine »story«: »Nach einer Irrfahrt mit Sanitätswagen und Lazarettzügen kam ich mit anderen Verwundeten in das Lazarett Leitmeritz im Sudetenland. Nach dem Aufstand der Tschechen werden wir am 8. Mai 1945 erneut verladen. Inzwischen war auch Krieger (zeitweilig mein Adjutant) verwundet bei uns eingetroffen. Wir fuhren in Richtung des berühmten Kurortes Karlsbad, wo die ›Interessengrenze‹ zwischen den Russen und Amerikanern verlief.

Wir hofften, von den Amerikanern aufgenommen zu werden. Amerikanische Offiziere jedoch, die sich anscheinend genau an die mit den Russen vereinbarte Trennungslinie hielten, zwangen uns, nach Karlsbad, in die ›Russische Zone‹ zu fahren. Anscheinend waren sich die Amerikaner nicht darüber im klaren, welchem Schicksal wir jetzt entgegenfuhren.
In Karlsbad herrschte ein völliges Durcheinander: Auf dem Bahnhof standen drei Lazarettzüge, dazwischen ein Munitionszug. Plötzlich brach in einem Waggon eines Lazarettzuges Feuer aus, und das genau neben dem Munitionszug. Wir alle, die wir uns noch auf den Beinen halten konnte, konnten das Feuer gottlob löschen, die Russen sahen untätig zu. Es war glühend heiß, kein Verbandszeug mehr vorhanden. Neben mir lag ein 16jähriger Junge, dem beide Beine amputiert waren und dessen Verband seit 14 Tagen nicht erneuert war. Der Junge ertrug seine Schmerzen mit seiner letzten Kraft und in der Hoffnung, doch noch in amerikanische ›Obhut‹ zu kommen.
Unsere Krankenschwestern schliefen nachts zwischen uns, mit dicken Kopfverbänden, um sich als ›verwundete Soldaten‹ zu tarnen.
Wir alle hielten fest zusammen, obwohl die Russen immer wieder versuchten, uns unsere Stiefel, Uhren und andere Habseligkeiten wegzunehmen. Essen erhielten wir von den Russen nicht. Die Gehfähigen erbettelten täglich etwas Verpflegung bei der Zivilbevölkerung. Plötzlich hatten wir *die* Idee: Einer unserer Ärzte erklärte dem russischen Kommandanten, in zwei Zügen sei eine Seuche ausgebrochen, was man dagegen tun könne? Die Russen gerieten in Panik und schickten alle drei Lazarettzüge zu den Amerikanern.
Gottlob hatte der zuständige Kommandant Verständnis für unsere ›Notlüge‹, erklärte jedoch unsere drei Züge zum ›offenen Lazarett‹. Eine brenzlige Lage für uns, denn überall trieben sich bewaffnete tschechische ›Halbsoldaten‹ herum, um späte Rache für die Besetzung ihres Landes durch Hitler zu nehmen. Aber alles ging gut. Nach ein paar Tagen kam eine amerikanische Lastwagenkolonne, die uns in ein Lazarett in Franzensbad, direkt an der Grenze zu Deutschland, brachte. Dort endlich wurden die Schwerverwundeten versorgt. Ich selber wurde nach 14 Tagen nach Eger, in der Nähe von Franzensbad, transportiert und kam in ein überbelegtes

Gefangenenlager, in dem 30000 Mann unter freiem Himmel zusammengezogen waren.
Nach wenigen Tagen kommt plötzlich über Lautsprecher: ›Major Willi Kurz, melden Sie sich.‹ Ein Jeep der MP (Military Police) erschien: ›Come on, Major‹ in ziemlich barschem Ton. ›Wir wollen Sie zum Verhör bringen, steigen Sie ein.‹
Ich hatte ein sehr ungutes Gefühl.
Vor der Kommandanturbaracke stand ein junger Offizier: ›Kommen Sie.‹ Noch trug ich alle meine Orden und Rangabzeichen. Beim Betreten des großen Raumes sehe ich auf beiden Seiten eines langen Ganges ein Spalier amerikanischer Offiziere, durch das ich zu einem riesigen Tisch geführt werde, an dem ein General und eine Reihe hoher Offiziere sitzen. Kriegsgericht, geht es mir durch den Kopf, aber wofür? Als ich am Tisch ankomme, stehen der General und seine Offiziere auf: ›Sind Sie Major Willi Kurz von der 21. Panzerdivision?‹ ›Jawohl, der bin ich‹, ich weiß immer noch nicht, was gespielt wird. ›Gehörten Sie zum Regiment 125 unter Oberst von Luck und waren Sie in Rittershoffen, im Elsaß, im Einsatz?‹ ›Ja, das stimmt, das waren die wohl schwersten 14 Tage, die ich an allen Fronten erlebt habe.‹ Will man mich jetzt für Rittershoffen bestrafen?
›Ich bin der Kommandeur der 79. US-Infanteriedivision, die in Rittershoffen gegen Sie gekämpft hat, dies hier ist mein Stab und hinter Ihnen bilden meine Offiziere für Sie ein Ehrenspalier. In meinem und im Namen aller meiner Offiziere und Männer möchte ich Ihnen unsere Achtung und Anerkennung bezeugen für den tapferen Einsatz Ihrer Männer. Wir schulden Ihnen Respekt.‹ Ich bin wie vor den Kopf gestoßen, kann nur mühsam meine Tränen zurückhalten: Nach den schweren Kämpfen in Rittershoffen und den schweren letzten Monaten und meiner Verwundung nun plötzlich diese große Geste des Gegners. Schließlich kann ich mich fangen und antworte: ›Darf ich Ihnen, Herr General, und Ihrer Division auch unseren Respekt ausdrücken. Wir haben Ihren Mut und die Verbissenheit bewundert, mit denen Sie die Orte Hatten und Rittershoffen verteidigt haben, obwohl zeitweise drei Ihrer Bataillone für Tage eingeschlossen waren. Besonders beeindruckt waren wir, wie Sie es schließlich geschafft haben, sich über Nacht, unbemerkt von uns, abzusetzen. Nach Ihrem Abzug waren wir alle der Ansicht, daß es in Rittershoffen keinen Sieger und keinen Verlierer gegeben hat. Mein Kommandeur, Oberst von Luck, hat am Morgen nach Ihrem Abzug auf der unzerstörten Orgel in der Kirchenruine einen Choral gespielt, bei dem unseren Männern und den leidgeprüften Zivilisten die Tränen kamen.‹

›Ich möchte‹, fuhr der General fort, ›daß Sie in den nächsten Tagen mit mir und meinen Offizieren diskutieren, wie *Sie* auf deutscher Seite das Gefecht in Rittershoffen geführt haben, welches Ihre Probleme und Taktik waren. Ich glaube, wir können noch etwas von Ihnen lernen.‹«
Willi Kurz beschließt seinen Bericht: »Ich war überrascht, mit welchem Interesse die Amerikaner meine Berichte, auch von der Front in Rußland, verfolgten. Meh-

rere Tage saß ich mit ihnen zusammen und wurde, als Verwundeter, bald entlassen.« Soweit der Bericht von Willi Kurz.
Erst Anfang 1988 erhielt ich einen Bericht über »The Cross of Lorraine. A Combat History of the 79th Infantery Division«. In ihm wird erwähnt: »When the war in Europe was over, a United Press dispatch quoted in the New York Times, reported ›. . . the Major Kurz Story‹.«
1960 ging Kurz als Holzkaufmann für seine Firma nach Kanada, dann einige Jahre nach Brasilien und wieder zurück nach Kanada, das seine zweite Heimat wurde. Nach unserem Gespräch in seinem schönen Haus in Massaussauga bei Toronto sah ich ihn 1987 zum letzten Mal, einige Monate, bevor er leider an einer Herzattacke starb.

Damals, im März 1945, war ich froh, daß Major Kurz und Hauptmann Krieger ihren »Heimatschuß« erhielten, obwohl mir beide, mit ihrer großen Erfahrung, sehr fehlten.

Die letzte Schlacht

Anfang April 1945 zeichnet sich immer deutlicher ab, daß Marschall Konjew frontal über die Neiße und nicht nach Südwesten angreifen wird.
Schörner befiehlt daher eigenmächtig, unsere 21. Panzerdivision und die Führerbegleitdivision in den Raum Spremberg–Cottbus zu verlegen, das heißt etwa 100 Kilometer südlich von Berlin an den Rand des seenreichen Spreewaldes westlich der Neiße.
In der Nacht vom 12. zum 13. April rollt unsere Division in Eiltransporten auf der Bahn nach Norden. Wegen der starken Luftüberlegenheit der Russen können wir nur nachts fahren. Am 15. April früh treffen die ersten 21 Züge im neuen Einsatzraum ein, 6 weitere sind im Anrollen.
Hitler genehmigt nachträglich die Verschiebung und erklärt die beiden Divisionen zur Heeresreserve.
Von unserem Abhördienst wissen wir, daß
○ Schukows 1. Weißrussische Front über 7 Armeen an der Oder bei Küstrin und 2 Armeen bei Frankfurt an der Oder verfügt,
○ Kojews 1. Ukrainische Front über 6 Armeen gegenüber unserer Neißestellung.
Das Kräfteverhältnis wird wie folgt angenommen:
○ Infanterie 6:1,
○ Artillerie 10:1,
○ Panzer 20:1,
○ Luftwaffe 30:1,
wobei die deutschen Divisionen nicht mehr die alte Kampfkraft und Stärke besitzen.

Wir sind noch nicht einmal mit dem neuen Gelände vertraut, als am 16. April die russische Großoffensive beginnt: Ab 5.00 Uhr früh eröffnen die Russen im Raum Küstrin und an der Neiße gleichzeitig mit über 40 000 Geschützen massiv das Feuer auf unsere Abwehrstellungen. Unterstützt von Schlachtfliegern und Bombern, treten die russischen Panzerarmeen an und durchbrechen im ersten Ansturm unsere Stellungen.

Dann geht alles sehr schnell.
Bei einem sofortigen Gegenangriff entsteht eine gefährliche Lücke zwischen unserer und der Führerbegleitdivision. Genau in diese Lücke stoßen starke Panzerverbände, so daß unsere Division nach Norden abgedrängt wird und in einen sich bildenden Kessel gerät, in dem sich die Masse der 9. Armee unter General der Infanterie Busse befindet.

Durch die Wucht des Angriffes wird unsere Division in mehrere Teile zerrissen: Die Artilleriegruppe liegt im Norden, nicht mehr weit entfernt von den Berliner Außenbezirken. Sie schlägt sich ein paar Tage später selbständig nach Berlin durch und entkommt dem Kessel. Unser Schwesterregiment 192 kämpft in einzelnen Kampfgruppen. Bis zum bitteren Ende habe ich keine Verbindung mehr zu ihm. Meine Kampfgruppe, verstärkt durch die letzten Panzer unter Major von Gottberg, steht sofort in schweren Abwehrkämpfen am rechten Flügel, genau dort, wo jetzt die russischen Panzerarmeen in die Lücke zur Führerbegleitdivision hineinstoßen.

Mit dem Divisionsstab besteht noch Verbindung. Es kommen jedoch keine klaren Befehle mehr, man hat dort wohl die Übersicht verloren. Um nicht im Rücken umzingelt und vernichtet zu werden, gebe ich den Befehl, den rechten Flügel zurückzubiegen, mit Front nach Süden. Am Abend des 16. April steht meine Abwehrfront, in der Nacht läßt die Kampftätigkeit etwas nach.
Am späten Abend übergibt mir mein Nachrichtenoffizier den Telefonhörer: »Der Divisionskommandeur am Apparat.«
»Von Luck hier«, mehr kann ich nicht sagen, da ich nur noch Schreien im Apparat höre. »Wer ist dort? Ich verstehe nichts, brüllen Sie bitte nicht so.«
Das Geschrei setzt sich fort, ich höre etwas von »Kriegsgericht«. »Ich weiß immer noch nicht, wer am Apparat ist, sprechen Sie leiser«, Gottberg, mein Adjutant und Ordonnanzoffizier lachen bereits. »Hier ist General Marcks«, kommt es etwas ruhiger durch, »wer hat Ihnen erlaubt, Ihre Front zurückzunehmen?«
»Der Russe und die Lage an meinem rechten Flügel haben diese Frontkorrektur ›erlaubt‹. Kommen Sie bitte hierher nach vorne und überzeugen sich persönlich von der Lage. Von Ihrem Gefechtsstand können Sie das nicht beurteilen.«
Wir Kommandeure wissen genau, daß nur noch wir es sind, die die Entscheidungen zu treffen und das Leben unserer Männer zu retten haben. Ohne weiteren Kommentar legt Marcks den Hörer auf.

Um etwas über die Gesamtlage zu erfahren, über die wir von der Division nichts wissen, entschließe ich mich, am frühen Morgen des nächsten Tages zum Stab zu fahren. Der Divisionsgefechtsstand liegt in einem schloßähnlichen Haus. Beim Eintreten sehe ich den Generalstabsoffizier an einem Tisch in der Halle sitzen.

»Guten Morgen. Ich will den Kommandeur sprechen.« Unrasiert und dreckig passe ich so gar nicht in die noble Umgebung. »Der Kommandeur schläft noch«, bekomme ich zur Antwort, »kann ich Ihnen helfen, Herr Oberst?«
»Nein«, antworte ich, »nach der Schreierei am Telefon gestern abend verlange ich, den Kommandeur zu sprechen. Ich habe wenig Zeit, also wecken Sie ihn.«
Durch unser lautes Gespräch wohl geweckt, erscheint unser Divisionskommandeur auf der Empore im ersten Stock ... im Morgenmantel! Ich sehe ihn leicht schwanken. Der Generalstabsoffizier macht eine eindeutige Geste:
»Ein paar Cognacs.«
Ich bin reichlich erschüttert, daß dieser hochdekorierte Offizier anscheinend der Lage nervlich nicht mehr gewachsen ist.
»Herr General, ich möchte persönlich etwas über die Lage unserer Division und über die Gesamtlage wissen. Außerdem möchte ich Sie auffordern, mit mir nach vorne zu kommen, damit Sie persönlich ein Bild erhalten, wie es bei unseren Leuten aussieht.«
»Die Lage ist noch völlig unübersichtlich. Deswegen muß ich hier auf meinem Gefechtsstand bleiben. Und Sie, Oberst von Luck, verwarne ich. Sie haben dort zu kämpfen, wo Sie hingestellt werden, Eigenmächtigkeiten dulde ich nicht.«
»Herr General, nehmen Sie zur Kenntnis, daß ich in der letzten Phase dieses Krieges *die* Entschlüsse fasse, die ich für richtig halte.« Damit verlasse ich die gespenstische Szene.

In einem sofort nach dem Waffenstillstand verfaßten Bericht eines unserer Kommandeure wird berichtet, daß mehrere Kommandeure sich entschlossen hatten, auf eigene Faust einen Ausbruchsversuch aus dem Kessel zu wagen. Sie wollten den Divisionskommandeur festnehmen und ihn zwingen, sich dem Ausbruch anzuschließen. Marcks hat sich seinen Kommandeuren gebeugt, leider mißlang der Ausbruch, Marcks wurde dabei gefangengenommen.

Viel zu spät genehmigt Hitler, die noch an der Oder kämpfenden Einheiten, die schon von beiden Seiten umgangen sind, zurückzunehmen. Es bildet sich der »Kessel von Halbe« im Autobahndreieck Berlin–Dresden und Berlin–Frankfurt, etwa 80 Kilometer südostwärts Berlin. Bis zum Abend des 19. April 1945 ist die Masse der 9. Armee, dabei leider die nach Norden abgedrängten Reste der 21. Panzerdivision, nahezu eingeschlossen.

Nach Kriegers Verwundung ist Liebeskind wieder als Adjutant bei mir.

Nach dem Abflauen der Kämpfe sitzen wir an diesem Abend übermüdet im Gefechtsstand, als aus dem Funkgerät die geschwollene Stimme von Goebbels kommt. Aus dem Führerbunker im Zentrum Berlins hören wir: »Am Vorabend des Geburtstages unseres geliebten Führers rufe ich dem deutschen Volk und unseren tapferen Soldaten zu: ›Vertraut dem guten Stern, glaubt an Gott und folgt unserem Führer in der Not.‹«
Unter Bezugnahme auf den Tod Roosevelts erinnert Goebbels dann an die ›Macht des Schicksals‹ und zieht Parallelen zwischen Hitler und Friedrich dem Großen.

Gerüchte werden in diesen Tagen, anscheinend gezielt, in Umlauf gebracht, daß sich die Westalliierten mit der Sowjetunion entzweit hätten. Von Hitler wird ein Satz verbreitet, den er im Radio gesagt haben soll: »Ich übernehme die Verantwortung für alles« und: »Wenn das Deutsche Volk den Sieg nicht erringen kann, dann hat es auch kein Recht zum Überleben.«
Uns wird reichlich viel zugemutet, vereinzelte Männer rufen: »Stellt die Kiste ab« und: »Was haben *wir,* unsere Familien und zerstörten Städte davon, wenn Hitler für alles die Verantwortung übernimmt, die ein einzelner Mensch gar nicht tragen kann?«
Wir hier draußen, vor den Toren Berlins, wissen, daß nur noch ein Wunder uns vor dem Tod oder der Gefangenschaft retten kann.

Am 20. April werden etwa 360 russische Panzer und das Doppelte an Lastwagen hinter unserem Rücken auf dem Marsch nach Norden, Richtung Berlin, gemeldet. Vom Süden fühlen Panzer auf meine rechte Flanke vor. In den nächsten Tagen trifft uns der russische Angriff frontal und zwingt mich, erneut die Front zurückzunehmen. Der Kessel wird immer enger.

Hitler scheint nicht aufgeben zu wollen. Wir erhalten die Meldung, daß die neu aufgestellte »Armee Wenck« jetzt nicht mehr den Vormarsch der Amerikaner auf Berlin verhindern, sondern Berlin freikämpfen und mit unserer aus dem Kessel ausbrechenden 9. Armee des General Busse den Russen aufhalten soll. Uns trennen über 100 Kilometer von Wenck, der aus dem Raum Magdeburg an der Elbe auf Berlin vorstoßen soll.

Als Nachhut der Division setzen wir uns langsam nach Norden ab und treffen am 25. April im Raum Halbe ein, dem Ort, der als »Kessel von Halbe« eine traurige Berühmtheit erlangen sollte.
Überraschend werde ich General Busse direkt unterstellt und erhalte den Auftrag: »Sie greifen in der kommenden Nacht ab 20.00 Uhr mit Ihrer Kampfgruppe und allen verfügbaren Panzerfahrzeugen, die Ihnen zugeführt werden, nach Westen über die Autobahn Dresden–Berlin mit dem Ziel an, im Rücken der auf Berlin vorstoßenden 1. Ukrainischen Front den Raum Luckenwalde an der Autobahn Berlin–

Leipzig zu erreichen. Die Durchbruchstelle ist offenzuhalten, um den zu Fuß folgenden Teilen der 9. Armee den Weg nach Westen zu ermöglichen. Sämtliche, nicht für den Kampf vorgesehenen Fahrzeuge sind zu zerstören, Benzin ist in die Kampffahrzeuge umzufüllen. Die Zivilbevölkerung ist nicht einzuweihen, Tausende von Flüchtlingen würden die Operation behindern.«

Bis 19.00 Uhr treffen tatsächlich noch einige Panzer, überwiegend die kleinen, schnellen »Hetzer«, bei mir ein. Natürlich können unsere Vorbereitungen nicht verborgen bleiben. Hunderte von Zivilisten sammeln sich bei Dunkelwerden mit primitiven Karren und Notgepäck in der Ortschaft. Ich mache keine Anstalten, die bedauernswerten Frauen und Kinder zurückzuschicken. Ich kann und will es nicht, obwohl ich schwerste Bedenken habe, daß sie in die Kämpfe verwickelt werden können.
Um 20.00 Uhr des 25. April trete ich mit der Kampfgruppe an. Wir haben Gott sei Dank Kartenmaterial. Unser erstes Ziel ist Baruth an der wichtigen Eisenbahnlinie Dresden–Berlin. Wir müssen durch ein riesiges Waldgebiet, schlecht geeignet für einen Vormarsch auf Waldwegen und Schneisen, und das bei Nacht.

Zunächst kommen wir gut vorwärts. Auf der nahen Autobahn Dresden–Berlin rollen vereinzelt russische Nachschubfahrzeuge nach Norden. Wir sperren die Straße sofort nach Süden und Norden. Bei jedem Halt rücken Hunderte von Zivilisten, die uns zu Fuß folgen, nach und verharren still, bis es weitergeht.

Etwa um Mitternacht nähern wir uns dem Ort Baruth, mit der wichtigsten Eisenbahnlinie und parallel laufenden Straße nach Norden. Als wir vorsichtig aus dem Wald vorfahren, erhalten wir plötzlich starkes Feuer aus Panzerabwehrgeschützen, vermischt mit Maschinengewehrfeuer. Obwohl wir weit im Rücken der auf Berlin vorstoßenden Russen operieren, hat Marschall Konjew anscheinend dafür gesorgt, daß seine lange offene rechte Flanke abgesichert ist. Es entbrennt ein heftiges Duell der Panzer. Wir machen »Stalin«-Panzer aus, die den unseren überlegen sind, zumal sie eingegraben und daher schwer zu fassen sind.

Ich entschließe mich umzugruppieren, den Ort nördlich zu umgehen und ihn dann mit meinen Grenadieren zu nehmen, solange es noch dunkel ist.
An die 9. Armee setze ich eine Meldung ab, wonach wir auf starken Widerstand gestoßen sind, aber hoffen, ihn brechen zu können, um dann weiter nach Westen durchzustoßen.
Mir ist klar, daß wir es leichter haben werden, wenn der Knotenpunkt Baruth genommen ist. Wir dürfen uns nicht auf längere Kämpfe einlassen. Wir haben nur eine Munitionsausrüstung und gerade soviel Benzin, daß wir bis an die Elbe kommen können. Jede Stunde, die wir hier aufgehalten werden, wird die Abwehr der in solchen Lagen sehr flexiblen Russen verstärkt.

Ich verlange daher von der Armee die Genehmigung, sofort weiter marschieren zu dürfen. Sie wird mir verweigert. »Sie warten, bis weitere Teile aus dem Kessel ausbrechen konnten.«
In diesem Augenblick rollt im Dunkel ein Panzer V auf mich zu. Vom Turm springt ein SS-Offizier herunter und kommt auf mich zu: mein Freund und Jahrgangskamerad Rüdiger Pipkorn! »Mein Gott, Rüdiger, was machst Du hier, und wieso in SS-Uniform?« »Mensch, Luck, so trifft man sich nach so vielen Jahren. Ich wurde ohne mein Zutun als Generalstabsoffizier vom Heer zur SS versetzt und führe jetzt die 35. SS-Polizeidivision. Ich hatte den Auftrag, südlich von Dir ebenfalls durchzubrechen, bin aber abgedrängt worden. Ich habe einige Panther bei mir, was ist hier los?«

Ich setze Pipkorn ins Bild, auch über den Befehl der 9. Armee, hier zu warten. »Das ist völliger Blödsinn«, meint Pipkorn, »hinter uns haben die Russen bereits wieder dicht gemacht, wir sind jetzt selbst eingeschlossen. Was hast Du vor?« — »Mein Plan ist, Baruth von Norden anzugreifen und die russische Abwehr auszuschalten, ehe sie bei Tagesanbruch Verstärkung schicken. Ich schlage vor, Du, Rüdiger, übernimmst hier mit Deinen Panthern die Sicherung und stößt vor, sobald ich im Ort bin.« — »Gute Idee, Luck, so machen wir es, und dann nichts wie weiter nach Westen. Ich sehe mir nur einmal an, wie das am Ortsrand von Baruth aussieht.« — »Um Gottes willen, bleib hier oder pirsche Dich zu Fuß nach vorn. Stalinpanzer sind eingegraben, nur der Turm schaut heraus, die sind gefährlich.«
Pipkorn hört nicht auf mich, klettert wieder auf seinen Panzer und fährt aus dem Wald heraus. Nach wenigen Augenblicken höre ich starkes Panzerfeuer, und schon rollt der Befehlspanzer von Pipkorn zurück zu mir in Deckung: Neben dem Geschütz liegt tot mein Freund Rüdiger, der nun so kurz vor dem Ende daran glauben mußte.

Inzwischen haben wir uns neu gegliedert, um vom Norden her Baruth anzugreifen. Die SS-Panzer unterstelle ich mir. Als wir zum Angriff antreten, erhalten wir starkes Feuer, jetzt auch von russischer Artillerie. Granaten zerbersten in den Bäumen, die Splitter treffen nun auch die Hunderten von Zivilisten, die wie wild durcheinanderlaufen, schreiend und teilweise verwundet. Ich muß hier durch, es gibt keine Alternative mehr. Mehrere Stunden liefern wir uns Feuergefechte, alle Versuche, weiter nördlich auszuholen, mißlingen. Die Russen haben erhebliche Verstärkungen herangeführt. Dann ist es soweit: wir haben uns verschossen, Munitionsfahrzeuge durften wir nicht mitnehmen. Das Benzin wird knapp. Ich muß jetzt einen Entschluß fassen. Kurz vor dem Hellwerden rufe ich die Einheitsführer zusammen: »Hören Sie, wir sind im Rücken bereits abgeschnitten. Wir haben uns praktisch verschossen, Benzin wird knapp. Ich entlasse hiermit jeden einzelnen aus meinem Befehlsbereich. Noch vorhandener Betriebsstoff ist aus den SPW in die Panzer umzufüllen.

In kleinen Gruppen versuchen Sie, mit aufgesessenen Grenadieren sich bei Nacht nach Westen durchzuschlagen. Unser Regimentsarzt bleibt hier bei den Verwundeten, einschließlich der Zivilisten.

Ich persönlich werde mit meinem Adjutanten, einem Ordonnanzoffizier und einem Melder in den Kessel zurückgehen, um dem Armeeoberkommando zu melden und Führungshilfe zu leisten.
Ich danke Ihnen allen, Gott behüte Sie.«

Ich sehe es jedem einzelnen an, wie schwer diese Minute für jeden ist, daß man aber auch meinen Entschluß versteht. Ich will nicht als Feigling oder Deserteur gelten, das bin ich mir schuldig. Während die Einheitsführer sich verabschieden, greifen wir uns unsere Maschinenpistolen und machen uns zu Fuß auf den Weg zurück in den Kessel.
Wie ich viele Jahre später erfahre, ist es tatsächlich ein paar kleinen Gruppen gelungen, bis an die Elbe und in amerikanische Gefangenschaft zu gelangen. Die Masse meiner Offiziere und Männer geriet in Gefangenschaft. Über das Los der Frauen und Kinder habe ich nie etwas erfahren können.
Ich erhielt jedoch vor ein paar Jahren den erschütternden Bericht von Major Brand, dem Kommandeur unserer Aufklärungsabteilung, den er im Juli 1945 geschrieben hat, nachdem es ihm gelungen war, unter abenteuerlichen Umständen aus dem Kessel auszubrechen (s. Auszug aus der Niederschrift auf der folgenden Seite).

Nachdem wir einige Kilometer durch die Wälder nach Osten marschiert sind, entschließt sich unsere kleine Gruppe, es ist der 26. April, nicht am Tag zu marschieren, sondern uns in Deckung versteckt zu halten. In der Nacht zum 27. April wollen wir dann weiter marschieren. Wir haben praktisch nichts zu trinken und zu essen bei uns, wir hatten es in der Verwirrung der letzten Stunden einfach vergessen. In der Ferne hören wir das Bellen von Maschinengewehren, im Osten das Rollen von Fahrzeugen. Beim Überschreiten eines breiten Waldweges sehen wir etwa 100 Meter entfernt eine russische Lastwagenkolonne stehen. Die Russen unterhalten sich im Dunklen, sie machen wahrscheinlich eine Marschpause.
Wie Schatten huschen wir über den Weg, man hat uns nicht gesehen. Eigentlich müßten wir bald wieder an der Autobahn sein, dem letzten Hindernis. Inzwischen wird es hell, wir müssen uns ein Versteck suchen. Unter einer dichten Buschgruppe finden wir Deckung. Plötzlich hören wir russische Laute. Zu unserem Entsetzen sehen wir eine Kette von Soldaten, die den Wald durchkämmen und direkt auf unser Versteck zugehen. »Wir müssen weg hier«, flüstern wir uns zu.

»Dort drüben, etwa 80 Meter von hier, ist dichtes Unterholz. Wir müssen versuchen, dorthin zu rennen und im Buschwerk zu verschwinden.«
Die russische Schützenkette kommt bedrohlich näher.

»Los«, flüstere ich. Mit einem Satz rennen wir los, erreichen das Unterholz. Die Russen haben uns gesehen, schreien ihr »dawai, dawai« (los, los) und rennen hinter uns her. Einige schießen im Laufen, ohne uns zu treffen. Wieder zu unserem Entsetzen ist das Buschwerk nur ein paar Meter tief, dahinter stehen wir plötzlich vor einem See. Schluß, aus. Es gibt kein Entrinnen mehr.
»Waffen in den See«, rufe ich den anderen zu.
Umstellt von russischen Soldaten, die ihre Gewehre im Anschlag haben, und ohne Aussicht zu entkommen, heben wir an diesem Morgen des 27. April 1945 langsam unsere Hände.

Major Brand, Kommandeur unserer Panzeraufklärungsabteilung 21, hat im Juli/August 1945, noch unter dem Eindruck des Erlebten, seinen »Bericht über das Leiden im Kessel von Halbe« niedergeschrieben. Er ist heute schwer krank und nicht mehr ansprechbar.

Ich halte es für meine Pflicht, dem Leser einen Eindruck von den Leiden der bis zum letzten kämpfenden Männer und der leidgeprüften Zivilbevölkerung zu vermitteln, wie sie drastischer nicht geschildert werden können.
Hier seine Niederschrift (im Auszug):

»Meine Abteilung stand ab etwa 22. April südlich von Berlin im Kampf gegen russische Panzerverbände, die bereits auf Potsdam vorstießen und den Ring um Berlin zu schließen drohten... Starke Verwirrung in der Truppe durch den Einsatz von ›Seydlitz-Truppen‹!« (General von Seydlitz hatte sich, in völliger Verkennung der Situation und der Folgen, in der Gefangenschaft von den Russen überreden lassen, ein gegen Hitler gerichtetes »Nationalkomitee Freies Deutschland« mit zu begründen, zu dem auch der »Bund Deutscher Offiziere« gehörte. Seydlitz hoffte, so zum Ende des Hitlerregimes etwas beitragen zu können. Aufgabe der Angehörigen des Komitees war es, in kleinen Gruppen deutsche Verbände zu infiltrieren, sie in falsche Richtung zu dirigieren und den Russen über Bewegungen und Aufträge der deutschen Gruppen zu berichten. Sobald solche in deutscher Uniform auftretende »Seydlitz-Truppen« erkannt wurden, wurden sie meist sofort erschossen (der Autor).
»Der russische Offensivplan und seine Operationen werden glänzend durchgeführt... Echten Widerstand liefern nur noch die Heeres- und SS-Panzerdivisionen, die Infanterie ist weitgehend zerschlagen. Eine Führung oberhalb der Division gibt es praktisch nicht mehr, die Führer von Regimentern und Bataillonen übernehmen die Initiative. Wir haben den Eindruck, daß Hitler und sein Hauptquartier gewillt sind, die Truppe zu opfern...
Seelische Konflikte! Sollen wir auf eigene Verantwortung ausbrechen oder bei der Division bleiben? Ich schicke Leutnant Kielhorn durch die letzte Lücke nach Berlin zu seiner Mutter, er ist der einzige Sohn...

Unser Artillerieregiment bemächtigt sich unserer Betriebsstoffreserven und setzt sich nach Nordwesten ab. Dadurch ist meine Kampfkraft um 70 Prozent verringert. Eine Stunde später ist der Kessel von Halbe geschlossen...
Die Zustände werden immer chaotischer: wir werden gehetzt, finden keinen Schlaf und Verpflegung. Viele Brunnen sind vergiftet. Der Ring um uns wird immer enger. Die russische Luftwaffe stößt den ganzen Tag auf uns nieder. Die Moral der Männer sinkt merklich... Am 27. April hören wir vom großen ›Ausbruchsversuch von Luck‹. Sein Regiment fast völlig aufgerieben, Luck in Gefangenschaft. Am selben Tag und am 28. April werde ich zweimal verwundet, führe die Abteilung trotzdem weiter, da sonst große Verluste. Verabrede mit Gottberg (vom Panzerregiment; der Autor), General Marcks zu verhaften und den Ausbruch zu erzwingen. Marcks schließt sich freiwillig an, Ausbruch mißlingt (den ich als Gefangener miterlebte; der Autor), große Verluste...
Erneuter Ausbruchsversuch am 29. früh, dem sich 2000 versprengte Offiziere und Mannschaften und ebenso viele Zivilisten anschließen. Anfangserfolg: Russe geht unter großen Verlusten zurück. Dann, an der Autobahn westlich Halbe, Hunderte von Toten, wir sind in eine Falle gegangen. Halb wahnsinnige Zivilisten, schrecklich. Habe in meinem Panzer 3 Sterbende. Die Führung geht verloren. In den Wäldern zu Tode vergewaltigte Frauen. Neben mir fallen drei meiner Leutnante, Marcks wird verwundet. Rueske liegt ohne Beine am Wege, wird aufgeladen, Frese bekommt schweren Bauchschuß, viele Zivilisten begehen Selbstmord...
Werde durch Jagdflieger erneut verwundet, halte mich mit Morphium aufrecht. Gebe Befehl, Abteilung aufzulösen, die Verwundeten werden mit Arzt zurückgelassen. Die anderen sollen sich in kleinen Gruppen nach Westen durchschlagen...
Nach 3 Tagen Wanderung mit 2 ebenfalls verwundeten Offizieren und 5 Mann im Schlaf von Mongolen überrascht. Werden in einem völlig zerstörten Dorf dem Stab einer russischen Panzerbrigade übergeben. Russische Scherze: wir werden mit SS-Offizieren an eine Wand gestellt: SS-Offiziere erschossen, wir nicht. Behandlung gut, Versorgung durch russischen Arzt. Dann Ausplünderung durch KGB-Leute. Weitere Leute meiner Abteilung werden gebracht. Abends müssen wir der Vergewaltigung deutscher Mädchen zusehen und der scheußlichen Behandlung der Zivilbevölkerung.
Am nächsten Tag Transport von 39 Mann, wir werden 10 Tage lang von Lager zu Lager geschleppt. Kommen bei Luckenwalde in KGB-Zuchthaus. Behandlung, Verpflegung korrekt. Unterwegs sahen wir Massensterben von Volkssturmleuten...
Verwundungen werden schlimmer, kann nicht mehr gehen, werde auf kleinen Karren verladen und von anderen gezogen. In Senftenberg einem Lazarett übergeben. Operation nicht möglich, Ärzte schlecht. Morphium gegen Hunger. Nach äußerer Heilung Fluchtplan. Besorgen falsche Papiere. Am 1. Juni Flucht, mit einer Krankenschwester, in Zivilkleidern, die wir Toten ausgezogen haben. In der ersten Stadt Verhaftung, können wieder fliehen. Aufnahme durch Zivilbevölkerung rührend. Leutnant Stach trennt sich von uns, will nach Berlin, ist dort angekommen...

Wegen falscher Papiere neue Verhaftung, Zuchthaus. Nach 3 Tagen erneute Flucht, kommen bei Wittenberg an die Elbe. Müssen 10 Tage Rast machen, da Flohr todkrank. Dann zur Elbe bei Dessau. Bei Übersetzversuch wieder verhaftet. Es wird viel geschossen, müssen wieder Vergewaltigungen zusehen. Behandlung, da verwundet, gut...
Ende Juni können wir russischen Offizier mit Alkohol bestechen. Er bestellt uns nachts an die Elbe, unterrichtet die Posten und übergibt uns ein großes Boot, mit dem wir unbehelligt übersetzen. Auf dem Westufer keine Schwierigkeiten mehr, wir sind bei den Amerikanern...
Am 4. Juli 1945 bin ich zu Hause in Münster/Westfalen, das fast zu 100 Prozent zerstört ist. Unser Haus steht noch. Das Wiedersehen mit meiner Mutter werde ich nie vergessen. Werde krank durch Kreislaufkollaps...

PS: nach oberflächlicher Schätzung sind im ›Kessel von Halbe‹ etwa 15 Prozent unserer Division gefallen, 83 Prozent in russische Gefangenschaft marschiert, und nur 2 Prozent ist der Ausbruch gelungen. Bis auf Nachschubdienste ist unsere stolze 21. Panzerdivision im Kessel aufgerieben worden.«

III. In sowjetischer Gefangenschaft

April 1945 bis Januar 1950

Gefangennahme und Transport nach Rußland

Das war es dann wohl: Nach über 4 1/2 Jahren Krieg an fast allen Fronten nun das Ende genau dort, wo ich es am wenigsten gewünscht hatte — an der russischen Front. Spätestens seit der Landung der Alliierten in der Normandie wußten wir alle, daß das Ende kommen würde. Wir hofften jedoch — wenn überhaupt —, von den Westalliierten gefangen genommen zu werden, bei denen wir die Respektierung der Genfer Konventionen voraussetzen konnten. Goebbels' »Untermenschenpropaganda« und Gerüchte über Greueltaten russischer Soldaten ließen uns das Schlimmste befürchten.

Was empfindet ein Soldat, der in Gefangenschaft gerät?
Zunächst einmal, daß für ihn der Krieg und die Gefahr, verwundet oder gar getötet zu werden, vorbei sind.
Dann stellt er sich die bange Frage: Wohin kommst du, wie wird man dich behandeln? Wird man dich foltern oder gar erschießen?
Er versucht, die keimende Angst zu bewältigen und Mut zu zeigen und ist bemüht, Gedanken an die Tragweite des verlorenen Krieges oder an das persönliche Schicksal in den kommenden Monaten oder gar Jahren zunächst einmal zu verdrängen.
In diesem entscheidenden Augenblick meines militärischen Lebens kam es mir persönlich nur darauf an, keine Angst und damit Schwäche zu zeigen, sondern in dieser schweren Stunde die Haltung und Selbstachtung zu bewahren, eine Haltung, die wir bei den alliierten Gefangenen in den vergangenen Jahren so oft bewundert hatten.

Da standen wir nun mit erhobenen Händen, von allen Seiten rannten die Russen mit ihren Maschinenpistolen im Anschlag auf uns zu. Zu meinem Entsetzen stellte ich fest, daß es sich um Mongolen handelte, aus deren Schlitzaugen Haß, Neugier und Habgier sprachen. Als sie versuchten, mir meine Uhr und das Ritterkreuz wegzureißen, sprang plötzlich ein junger Offizier dazwischen. »Halt, rührt ihn nicht an, er ist ein ›Geroi‹, ein Held, den Ihr zu respektieren habt.« Ich sah ihn an und sagte nur »spasivo, danke«, erstaunt über diese unerwartete Reaktion.

Dieser junge, korrekte russische Offizier brachte uns sofort zum nächsten Regimentsgefechtsstand, wo er uns einem Oberst der Panzerwaffe übergab. Mein Adjutant und Melder wurden von mir getrennt, und ich wurde in ein Bauernhaus gebracht. Der Oberst war angenehm berührt, daß ich mit meinen geringen Russischkenntnissen seine Fragen beantworten konnte. »Ich sehe, Du bist wie ich ein ›Polkownik‹, ein Oberst. Zu welcher Einheit gehörst Du, wo hast Du in den letzten Wochen gekämpft?« Es stellte sich bald heraus, daß es sein Panzerregiment gewesen war, dem wir bei Lauban so schwere Verluste beigebracht hatten. Dieser stämmige Mann, der zunächst einen so brutalen Eindruck gemacht hatte, schlug sich auf die Schenkel und lachte. »Siehst Du«, rief er aus, »das ist die ausgleichende Gerechtigkeit: Du hast mir meine Panzer abgeschossen und uns zum Rückzug gezwungen, und jetzt habe ich Dich dafür als Gefangenen.« Er holte zwei Gläser und füllte sie nach russischer Sitte randvoll mit Wodka, um sie dann mit mir in einem Zuge zu leeren.

Auf meine Frage, wo mein Adjutant und Melder hingebracht worden seien, bekam ich eine für mich völlig überraschende Antwort. Er sagte: »Sie sind bei meinen Leuten ihres Ranges. Weißt Du, wir haben in der russsischen Armee vier Kategorien: die Generäle und Obersten, die Stabsoffiziere, Hauptleute und Leutnante und die Mannschaftsdienstgrade. Also mache Dir keine Sorgen.« Entsprechende Unterschiede gab es übrigens auch in der Verpflegung.

Mir ging es durch den Kopf, daß diese Einteilung kaum etwas mit der kommunistischen Idee zu tun haben konnte. Diese sozialen Unterschiede waren in der deutschen Wehrmacht völlig unbekannt.

Mitten im Gespräch hörten wir plötzlich eine wilde Schießerei. Der Oberst sprang auf und sagte zu mir: »Gib mir Dein Wort, daß Du diesen Raum nicht verläßt, bis ich zurückkomme. Ich verlasse mich auf Dich.« Und stürzte hinaus. Ich sah aus dem Fenster und bemerkte, daß Einheiten meiner eigenen Panzeraufklärungsabteilung unserer Division aus dem gegenüberliegenden Wald vorstießen, ein weiterer Ausbruchsversuch, wie mir schien. Ich sah den russischen Oberst seine Pistole ziehen und auf seine Panzer losrennen. Er trieb sie, mit der Pistole drohend und unter lautem Geschrei vorwärts, mit dem Erfolg, daß der Ausbruchsversuch vereitelt wurde. Fluchend kam er zurück: »Diese Hurensöhne haben immer noch Angst vor Euch.«

Ich blieb in der kommenden Nacht bei dem Oberst, bewacht von einem müden Soldaten, dem ich eine Papyrossi-Zigarette gab, die mir der Oberst geschenkt hatte. Ich machte mir so meine Gedanken:
Das Verhalten des jungen Leutnants und des Oberst paßten so gar nicht in das Bild, das wir uns von den Russen gemacht hatten. Sicherlich, die Greueltaten der in

Für die in der tiefen Wüste operierende Panzer-Aufklärungsgruppe erhält der Verfasser den sagenhaften Fieseler Storch. Die drei Kommandeure von links nach rechts: Major Linau, Hans von Luck und Major Voss

Rommel, mit General Gause, besucht die vorderen Einheiten vor dem nächsten Angriff.

Generalfeldmarschall Kesselring, Kommandierender General der Südfront, bei einem seiner häufigen Besuche, wird von General Rommel begrüßt.

Lagebesprechung — von links nach rechts: Fallschirmgeneral Ramcke, General Gause, General Rommel, Feldmarschall Kesselring, General Crüwell und General Bayerlein

Major von Stauffenberg, später als Attentäter hingerichtet, 1943 an der Front in Tunesien, links General von Broich

Drei Marschälle bei der Lagebesprechung von links nach rechts: Rommel, Bastico und Cavallero

General Rommel besucht die Abteilung 3 am Silvester-Abend 1942/43 in der tiefen Wüste, um die Lage zu klären: von links Major von Bonin, Rommel, Hans von Luck.

General Rommel am berühmten Kasserine-Paß, auf dem die Abteilung 3 zum ersten Male auf Amerikaner traf, die durch das Atlasgebirge in die deutsche Flanke in Tunesien stoßen sollten.

Der von allen Gegnern gefürchtete »Königstiger« mit seiner tödlichen 8,8 cm-Kanone

Kurz vor der Alliierten Landung in der Normandie besucht Rommel die »Major-Becker-Selbstkonstruktion« der später berühmt gewordenen Abteilung 200 der 21. Panzer-Division.

Dem schweren Bombardement während der »Operation Goodwood« war selbst der Tiger nicht gewachsen. Ein durch schwerste Bomben auf den Kopf geschleuderter 62-Tonnen-Panzer

Der Adjutant Helmut Liebeskind bei der Angriffsbesprechung (Zweiter von rechts). Die Männer sehen nach wochenlangen Kämpfen ermüdet aus.

Als Führer der »Kampfgruppe von Luck« beobachtete der Verfasser einen der häufigen Gegenangriffe auf den englischen Brückenkopf bei Caen/Normandie. Vorn der damalige Adjutant des Verfassers und spätere Bundeswehrgeneral Helmut Liebeskind

Hans von Luck sieht trotz der gerade erfolgten Verleihung des Ritterkreuzes abgespannt aus.

Reservemajor Willi Kurz erhält für seinen beispiellosen Einsatz das Ritterkreuz: von links nach rechts Divisions-Adjutant Heringer, Divisions-Kommandeur Edgar Feuchtinger, Kurz, der Verfasser, ein Stabsoffizier, Major Liehr, Kommandeur des I. Bataillons.

Rechts:
Ein Gefangener hat eine Zeichnung des Lagers 518/I angefertigt und unter Lebensgefahr aus dem Lager herausschmuggeln können.

Rechts unten:
Auch unter Lebensgefahr wurde das Lager 518/I fotografiert.

Ortseingang nach Tkibuli, einem Kohlenschachtstädtchen in den Elbrusbergen/Georgien-Kaukasus, in dem unter schwersten Bedingungen gearbeitet werden mußte.

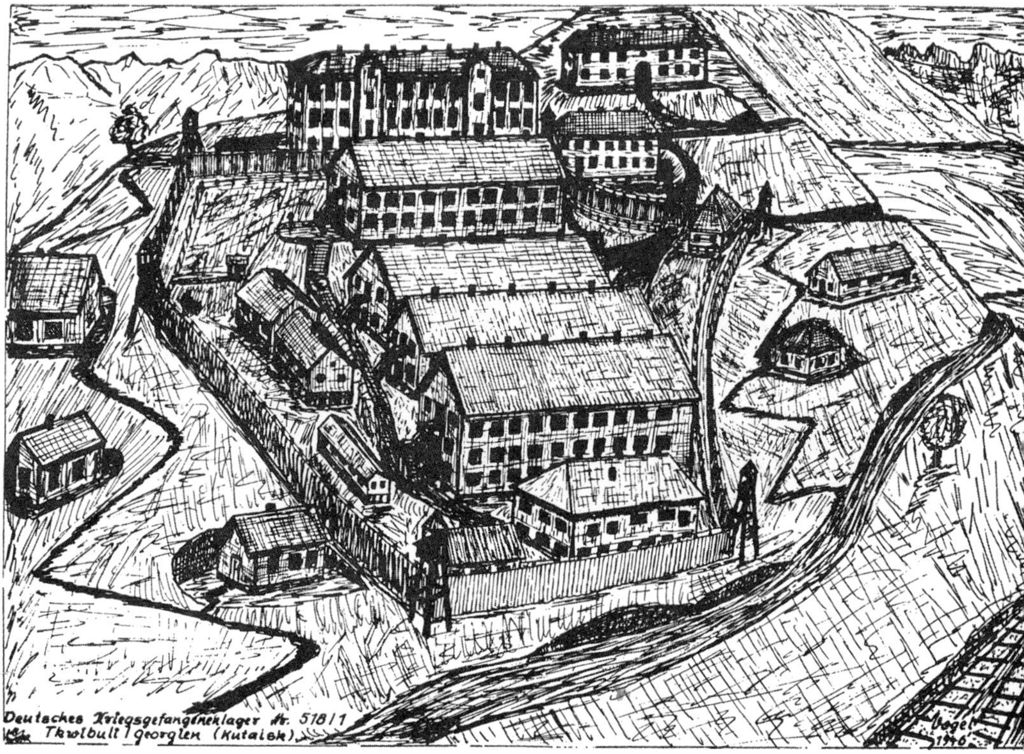
Deutsches Kriegsgefangenenlager Nr. 518/1
Tkwibuli / Georgien (Kutaisk)
Vogel
1946

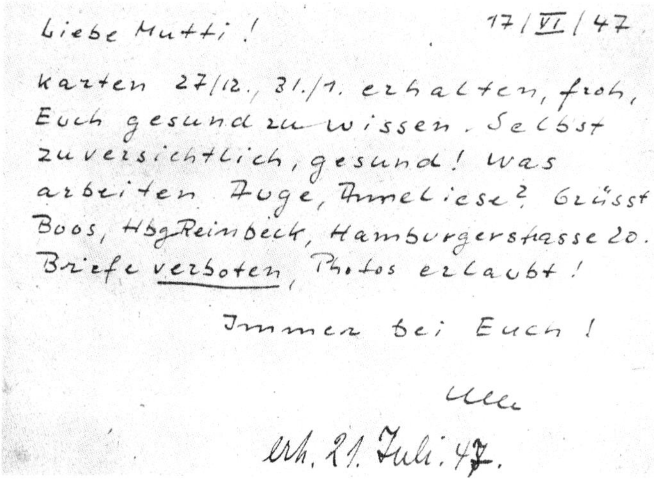

Liebe Mutti! 17/VI/47.

Karten 27/12., 31./1. erhalten, froh, Euch gesund zu wissen. Selbst zuversichtlich, gesund! Was arbeiten Auge, Anneliese? Grüsst Boos, Hbg-Reinbeck, Hamburgerstasse 20. Briefe <u>verboten</u>, Photos erlaubt!

Immer bei Euch!

Ulli

Erh. 21. Juli. 47.

Vom Jahr 1946 an durften die Gefangenen nach anderthalbjähriger Ungewißheit je Monat eine Postkarte mit nicht mehr als 25 Wörtern schreiben.

Zwei junge russische Ingenieurinnen haben unter Lebensgefahr Negative aus dem Lager geschmuggelt (beide zu 15 Jahren nach Tkibuli verbannt).

Unter dem Motto »Kultura« erlaubten die NKWD (KGB) Lagerkommandanten die Gründung einer Theater- und Musik-Gruppe (ab 1946). Auch dieses Foto wurde herausgeschmuggelt.

Deutschland eingefallenen Massen sind unbestritten und übersteigen alle Vorstellungen, aber auch das, was den Russen an gewaltigen Verlusten, auch unter der Zivilbevölkerung, zugefügt worden war, die Behandlung der russischen Gefangenen in Deutschland und die Zerstörungen in den von uns eroberten Gebieten hatten zu Recht großen Haß erzeugt, der durch die russische Propaganda noch geschürt wurde und sich nun entlud. In der persönlichen Begegnung jedoch, wie in meinem Fall, zeigte sich, daß Soldaten überall auf der Welt eines gemeinsam haben: Sie haben diesen Beruf gewählt oder wurden gerufen, ihre Heimat zu verteidigen. Sie achten ihren Gegner, der nichts anderes tut als sie auch, nämlich seine Pflicht.

Kriege werden von Politikern begonnen. Sie sind die eigentlichen Militaristen. Das Verhalten dieser Offiziere gab mir etwas Hoffnung für die bevorstehende Zeit. Trotz allen Leides, das wir in den folgenden Jahren erdulden sollten, sollte ich noch oft auf Offiziere und viele einfache Soldaten treffen, die sich ähnlich verhielten wie der Oberst, besonders, als die Wirkung der Propaganda bei Kriegsende abzuklingen begann.

Am nächsten Morgen kam der russische Oberst, gottlob ohne Wodka, und sagte mir, daß er mich nun zu einem Sammellager schicken müsse. Er reichte mir die Hand zum Abschied und übergab mich einem seiner Leute.

Wir traten einen dreitägigen Fußmarsch an. Immer neue Gefangene stießen zu unserer immer länger werdenden Kolonne. Sie wurde bewacht von russischen Soldaten, einer dafür anscheinend abgestellten Sondereinheit. Nachts wurden wir meist in verlassenen Dörfern eng gedrängt untergebracht, um uns besser bewachen zu können. Am zweiten Tag marschierten wir durch ein Waldgelände, das mir ideal zur Flucht erschien. Es waren nur ungefähr 30 Kilometer bis zur Elbe, wo wir Engländer und Amerikaner vermuteten. Leider wurde ich an dem Tag aufgrund meines Dienstgrades und meiner Russischkenntnisse zum deutschen Kommandanten der Gefangenenkolonne bestimmt und hatte nun immer beim russischen Kolonnenführer an der Spitze zu marschieren.

Einige Male gelang es mir, unsere Bewacher abzulenken, so daß es etwa einem Dutzend Gefangener gelang, in die Wälder zu fliehen und hoffentlich die Elbe zu erreichen. Ich wußte leider nicht, daß die Zahl der abzuliefernden Gefangenen genau festgelegt war. Als sich bei unserem nächsten Halt herausstellte, daß einige fehlten, drohte man mir mit Erschießung, falls weitere Gefangene fliehen sollten. Was aber noch schlimmer war, man holte aus den nahegelegenen Dörfern wahllos männliche Zivilisten, damit die Zahl wieder stimmte. Sie mußten nun unser Schicksal teilen. Ich informierte die Kolonne hierüber, so daß weitere Fluchtversuche unterblieben. Die körperliche Verfassung einiger Gefangener wurde besorgniserregend. Schließlich gelang es mir, den russischen Kolonnenführer zu überreden, zwei Pferdefuhrwerke zu requirieren, auf denen die Schwächsten den Marsch fortsetzen durften. Nach einigen Tagen erreichten wir Hoyerswerda nördlich von Dresden, das in den letzten Kriegstagen noch schwer bombardiert worden war. Hier befand sich eines der Sammellager, das mit etwa 10000 Gefangenen völlig überbelegt war. Wieder wurde ich zum Kommandanten bestimmt und hatte die Aufgabe, den Kontakt zu dem russischen Kommandanten zu halten und für Disziplin und Ordnung im Lager zu sorgen, was bei dem desolaten Zustand vieler Gefangener nicht einfach war. Viele versuchten, sich meinen Anordnungen mit Bemerkungen wie: »Schluß jetzt mit Befehlen, jetzt sind wir alle gleich, Offiziere haben nichts mehr zu sagen« zu widersetzen. Während das Gros der Frontsoldaten sich vorbildlich verhielt, kam es bei anderen, die den Krieg nicht an der Front, sondern bei rückwärtigen Diensten mitgemacht hatten, zu unschönen Szenen. Ihnen fiel es schwerer, sich mit den neuen Bedingungen abzufinden.

Auch hier war das vorrangige Problem das Alltägliche, nicht das uns bevorstehende Schicksal.
Die Verpflegung war katastrophal.
Sie bestand im wesentlichen aus einer dünnen Suppe, gekocht aus ungespelztem Hafer oder aus Fischmehl, das normalerweise für die Schweinefütterung verwendet wird. Dazu gab es 300 Gramm Brot.

Ich mußte oft mit einem russischen Offizier in die nahegelegenen Lager und Orte fahren, um Verpflegung für die nächsten Tage zu holen.
Bei einer dieser Fahrten sah ich in einem Lager in der Ecke diverse Säcke mit Rohkaffee stehen. Ich machte dem russischen Offizier den Vorschlag, von diesen grünen Bohnen auch etwas zu nehmen, wogegen er nichts einzuwenden hatte. Ich ließ also mehrere Säcke Columbia-Kaffee aufladen und ins Lager bringen. Dort angekommen, wollte auch der russische Offizier diese Bohnen probieren. Als sie nach längerem Kochen in Wasser nicht weich wurden, meinte er: »Ihr Deutschen nichts Kultura, fressen komische harte Bohnen.« So sicherte ich die Bohnen für uns und bat den deutschen Lagerkoch, am darauffolgenden Sonntag für das gesamte Lager eine Tasse Bohnenkaffee zu kochen. Man kann sich die Freude der Lagerinsassen vorstellen.

Nach einigen Tagen stellten wir fest, daß man begonnen hatte, Transporte für den Abtransport nach Rußland zusammenzustellen. Der russische Lagerarzt, ein gemütlicher älterer Mann, bei dem sich alles um den Alkohol drehte, sagte mir, daß nur gesunde, arbeitsfähige Gefangene nach Rußland gebracht würden. Es gab vier Kategorien, wobei die Kategorie 4 »arbeitsunfähig« bedeutete. Sämtliche Gefangene mußten sich nun dem russischen Lagerarzt und seinen Gehilfen zur Untersuchung vorstellen, und alle als Kategorie 4 Aussortierten wurden in die Heimat geschickt. Dabei gelang es mir durch einen einfachen Trick, wenigstens einige ganz junge Männer, die mit 15 Jahren noch mit Panzerfäusten im »Endkampf« eingesetzt worden waren, sowie einige Leute meiner Einheit in die Kategorie 4 zu bekommen. Ich ließ sie viermal um den Block laufen und einige Kniebeugen machen, ehe sie zur Untersuchung antreten mußten. Beim Abhören stellte der Arzt dann einen zu schnellen oder unregelmäßigen Herzschlag fest und stufte sie in Kategorie 4 ein. Es war mir gelungen, aus Beständen eines Sanitätslagers eine Flasche reinen Äther zu organisieren, die der Arzt von mir für seine »Betreuung« erhielt. Er war am nächsten Tag noch nicht ansprechbar.

Wir versuchten natürlich, den Entlassenen ein Lebenszeichen für unsere Angehörigen in der Heimat mitzugeben. Da schriftliche Mitteilungen nicht erlaubt waren und bei Zuwiderhandlungen mit schweren Strafen zu rechnen war, blieb nur die Möglichkeit, daß die Entlassenen die Anschriften auswendig lernten. Mein Lebenszeichen kam nie an, so daß weder meine Mutter noch meine Freunde wußten, ob ich noch am Leben war.

Fast täglich gingen Transporte nach Osten, und das Lager begann sich zu leeren. Als letzter wurde ein Offizierstransport zusammengestellt, zu dem auch ich gehörte.
Ein langer Leidensweg begann, den viele nicht überleben sollten.

Bis zu 60 Mann wurden in vergitterte Viehwaggons verladen. Rechts und links waren doppelstöckige Holzpritschen eingebaut, so daß nicht alle gleichzeitig schlafen konnten. In der Mitte des Raumes ein Loch für die Notdurft. Kleine Lichtschlitze sorgten für etwas Lichteinfall, jedoch konnte man durch sie nicht nach draußen sehen. Die Türen waren fest verschlossen und wurden nur dreimal am Tag einen Spalt weit geöffnet, um uns die Wassersuppe hereinzureichen. Wir waren uns völlig selbst überlassen. Die überwiegend unfreundlichen und unzugänglichen Wachen standen sofort mit ihren Maschinenpistolen im Anschlag vor dem Waggon, sobald der Zug zum Halten kam. Selbst unter diesen Bedingungen fürchteten sie offenbar noch Fluchtversuche.
In der Tat gelang es einem einzigen, durch das Notdurftloch bei einem Halt zu entkommen. Ob er je in der Heimat angekommen ist, wage ich zu bezweifeln. Zu perfekt ist die Überwachung des Riesenreiches und zu groß die Gefahr der Denunziation.

Tage und Wochen vergingen. Auch über das Ziel unserer Fahrt bekamen wir keine Auskunft. Es ging weiter und weiter nach Osten. Als wir bei einem erneuten Halt das Wort »Brest-Litowsk« hörten, wußten wir, daß wir an der polnisch-russischen Grenze angekommen waren. Hier stiegen wir in russische 18-Tonnen-Güterwagen um, mit je 48 Mann pro Waggon. Viele Kranke wurden aussortiert und blieben zurück.

Plötzlich hörten wir deutsche Stimmen: »Kameraden, wir sind auf dem Weg nach Hause, wurden bei Stalingrad gefangengenommen und kommen aus einem Lager in Sibirien. Werft Zettel mit Euren Adressen heraus. Wir benachrichtigen Eure Familien.« Ehe wir dazu kamen, hatten die Wachtposten bereits unsere freundlichen Helfer verjagt.

Und weiter ging die Fahrt. Wir waren uns eigentlich noch immer nicht der Tragweite dessen bewußt, was auf uns zukommen würde. Zu neu war für uns die Situation. Wir versuchten, uns so gut wie möglich einzurichten. Viele versuchten, sich mit Freiübungen fit zu halten, während andere apathisch auf ihren Pritschen lagen. Ich wurde wegen meines Dienstgrades, besonders aber wegen meiner Russischkenntnisse, zum Waggonältesten ernannt. Um die Monotonie wenigstens vorübergehend zu durchbrechen, erzählte jeder aus seinem Leben. Einer von ihnen war mein späterer Freund Harald »Hally« Momm, ein bekannter deutscher Springreiter und Derby-Sieger. Er war wegen »defätistischer« Äußerungen über Hitler vom Oberst zum Hauptmann degradiert und in die berüchtigte SS-Brigade Dirlewanger versetzt worden. Er erzählte von seinen Begegnungen mit Prominenten aus Hitlers Umgebung.

Je länger die Fahrt dauerte — wir waren inzwischen über vier Wochen unterwegs —, desto mehr gewöhnten wir uns gezwungenermaßen an den sich wiederholenden Tagesablauf. Es blieb nicht aus, daß Diskussionen darüber entstanden, warum dieser Krieg verloren werden mußte. Die einen, im wesentlichen die Älteren unter uns, sahen in Hitler den Schuldigen, der durch seinen Überfall auf Polen und ermutigt durch seine Blitzsiege in Polen und Frankreich glaubte, zunächst Rußland besiegen zu müssen, um dann England seine Bedingungen diktieren zu können. Das Unvermögen der deutschen Generalität, Hitler nicht rechtzeitig abgesetzt oder zumindest in seine Schranken verwiesen zu haben, wurde verurteilt. Man meinte, Hitler habe unsere »Treue zum Eid« schamlos ausgenutzt.
Andere, meist Jüngere, konnten und wollten nicht begreifen, daß der Nationalsozialismus ausgespielt hatte. Sie sahen den Verlust des Krieges eher in unserer materiellen Unterlegenheit und schoben zum Teil sogar die Schuld deutschen Generalen zu, die Hitlers Ideen nicht unterstützt hätten, sondern mit dem Attentat vom 20. Juli 1944 ihm sogar in den Rücken gefallen waren.
Je länger die Gefangenschaft dauerte, um so mehr erkannten auch sie die für Deutschland fatalen Folgen des sogenannten »Dritten Reiches«.
Unbestritten von allen blieb, daß der deutsche Soldat tapfer gekämpft und selbst in aussichtsloser Lage versucht hatte, seine Heimat und seine Familie zu schützen.

Dieses Bewußtsein bestimmte nun auch in der Gefangenschaft in den folgenden Jahren die Haltung, besonders der sogenannten einfachen Frontsoldaten, der zum Teil auch die russischen Bewacher und Offiziere Achtung zollten.

Schon auf dem Transport hatten wir die ersten Toten durch Unterernährung oder Selbstaufgabe. Wir mußten mitansehen, wie sie von dem Wachpersonal bei dem nächsten Halten des Zuges aus dem Waggon geworfen wurden. Niemand wird je ihre Gräber finden.

Tagelang fuhren wir durch unendliche Steppen und konnten nur bei den kurzen Stopps zur Essensausgabe am Sonnenstand erkennen, daß wir in südöstlicher Richtung fuhren, also nicht gen Sibirien. Plötzlich — nach fast fünfwöchiger Fahrt, während der wir den Waggon nie verlassen hatten — ein längerer Stopp. Nach Ansicht Ortskundiger, die hier gekämpft hatten, mußten wir in der Nähe der Krim oder des Asowschen Meeres sein. Appell zur Entlausung! Waggon für Waggon wurden wir zu einer Entlausungsstation geführt. Die Russen hatten panische Angst vor Epidemien, und deshalb wurden nicht nur die Gefangenen, sondern auch die russischen Soldaten kahl geschoren, die Häuser periodisch desinfiziert und von außen gekalkt. Die Entlausung war eine unangenehme Prozedur, jedoch eine willkommene Unterbrechung der eintönigen Fahrt. Unsere Kleidungsstücke und die wenigen Habseligkeiten, die uns nach den vielen Filzereien noch geblieben waren, kamen in einen Sonderraum, während wir nackt durch die Entlausung mußten. Es war wie ein Geschenk des Himmels, sich endlich einmal abseifen zu können. Nach Beendigung der Prozedur mußten wir aus einem riesigen Haufen von Klamotten unsere Sachen heraussuchen, und ich erinnere mich an das brüllende Gelächter, als unser Springreiter Hally Momm seine Sachen fand. Der große Lederbesatz seiner eleganten Reithose war in der Desinfektion auf ein Viertel zusammengeschrumpft. Seine Lederhandschuhe, die er bis dahin gerettet hatte, waren so klein, daß er sie nur noch als Andenken behalten konnte. Aus seiner Hose mußte er den Ledereinsatz heraustrennen, um diese überhaupt wieder anziehen zu können. Während der ganzen Prozedur waren unsere Waggons und auch die Entlausungsgebäude von russischen Soldaten mit Maschinenpistolen umstellt, und wir sahen ihren Gesichtern an, daß sie uns offenbar immer noch fürchteten. Das war — und ist es wohl heute noch — für uns ein Phänomen. Über tausend ausgemergelte Kriegsgefangene, für die jeder Fluchtversuch einem Selbstmord gleichgekommen wäre, schienen für die Russen immer noch eine potentielle Gefahr zu sein. Die Furcht — besonders vor den Deutschen — ist bei den Russen tief verwurzelt und zieht sich durch alle Schichten, was ich auch in den kommenden Jahren der Gefangenschaft immer wieder bestätigt fand. Jeder Versuch, ihnen diese Furcht zu nehmen, mißlang. Das Mißtrauen blieb. Es ließe sich vielleicht langsam abbauen, wenn es gelänge, Kontakte zwischen den beiden Völkern oder zwischen Russen und der westlichen Welt langsam aufzubauen. Auch wenn es ein weiter Weg sein mag, so darf man nicht nachlassen, die Verständigung zu suchen. Die Voraussetzungen hierfür zu schaffen, hängt leider von dem guten Willen der Politiker ab. Da sich Rußland schon immer, besonders aber seit der Oktoberrevolution, nach außen abgeschottet hat, sehe ich die Hoffnung, daß jetzt, nachdem eine neue, jüngere Generation dieses Land regiert, ein neues Verständnis für die Notwendigkeit eines Miteinander der Völker entstehen wird.

Zurück in die Waggons. Die Fahrt geht weiter. Die kurze Unterbrechung hat uns gut getan. Es ist Oktober, es wird langsam wärmer. Offenbar sind wir schon sehr weit südlich angelangt. Der Durst quält uns sehr, aber die Wasserration bleibt so klein wie bisher. Wir steigen, die Luft wird dünner. Wir scheinen das Elbrusgebirge zu durchqueren. Dahinter liegt der Kaukasus. Schließlich, nach genau 35 Tagen Bahnfahrt im verschlossenen Wagen, sind wir am Ziel, einer kleinen Stadt am Südhang des Elbrus.

Vom 15. September bis Ende Oktober 1945 hat diese Fahrt gedauert, mit nur je einer Unterbrechung zum Entlausen in Rostawi und in Kutais, der Provinzstadt am Fuße des Elbrusgebirges. Dort mußten wir mit je 100 Mann in große Kohlentransportwaggons umsteigen, nach Tkibuli, der Kohlenminenstadt in 1 500 Meter Höhe.

Der Kaukasus — im Kohlenbergwerk des Elbrusgebirges

Das Elbrusgebirge — auf deutsch: »die schneebedeckten Berge« — trennt den Nordkaukasus von der südkaukasischen subtropischen Tiefebene. Der Elbrus ist mit 5 629 Meter der höchste Berg. An seinem Südrand verläuft die alte Heeres- und Handelsstraße nach Persien und Indien. Im Süden wird das 1 300 Kilometer lange Tal vom Gebirge zur Türkei und Persien begrenzt. Der Ararat ist hier der höchste Berg. Die südlichen Kaukasusvölker (Georgier, Armenier und Aserbeidschaner) galten schon im Altertum als freiheitsliebend. Prometheus soll hier an einen Felsen angekettet gewesen sein und Jason nach dem Goldenen Vlies gesucht haben.
Schon im 4. Jahrhundert n. Chr. wurde das Christentum Staatsreligion, um 800 n. Chr. begann sich der Islam auszubreiten. Unter David II. erlebte das Königreich Georgien im 12. Jahrhundert seine höchste Blüte. Er machte Tiflis (Tbilisi) zur Hauptstadt. Seine Nachfolgerin, Königin Tamara, wird noch heute verehrt. Später wurde Georgien von den Mongolen besetzt. Unter dem Druck der Perser und Türken zerfiel das Königreich im 15. Jahrhundert. Man suchte Schutz im Norden. Die Russen schlossen nur zu gern einen »Freundschaftsvertrag« mit den Georgiern ab. Katharina II. konnte den alten Traum verwirklichen, den Weg nach Indien für die Russen zu öffnen. 1801 gliederte Alexander — Freundschaftsvertrag oder nicht — Georgien in das Russische Reich ein, Russisch wurde zur Amtssprache.
Ein Aufstand der Kaukasusvölker wurde 1860 blutig niedergeschlagen. Viele zogen sich in die unwirtlichen Berge zurück.
Nach der Oktober-Revolution 1917 wurde, erneut nach schweren Kämpfen, der Kaukasus bolschewisiert und in die Union der Sowjetischen Republiken eingegliedert.
Heute drängt sich mir der Vergleich zu Afghanistan auf, wo ein freiheitsliebendes Volk sich ein ähnliches Schicksal ersparen will.

Wegen seines subtropischen Klimas galt der Südkaukasus schon zu Zeiten der Zaren als beliebtes Urlaubs- und Badeziel, was sich bis heute nicht geändert hat.
Puschkin, Lermontow und Tolstoi lebten zur Zeit der Oktoberrevolution hier und beschrieben dieses Paradies und die Freiheitskämpfe der Kaukasusvölker. So widmete auch Alexander Dumas diesen Völkern sein Buch »Kaukasische Fahrt«.
Das Ambiente ist sehr orientalisch. Die rassigen, oft bildschönen Mädchen haben im Gegensatz zu den russischen Frauen, die in ihren Wattejacken uniform aussehen und oft schwere Männerarbeit verrichten, viel Freude an schöner Kleidung. An vielen Männern fiel uns an der linken Hand ein langer Nagel am kleinen Finger auf, ein Zeichen dafür, daß sie keine körperliche Arbeit verrichten, wie man uns sagte.
In der paradiesischen Tiefebene wachsen alle tropischen Früchte, und auch der russische Tee wächst zum größten Teil in dieser Gegend. An den Hängen des Elbrus-

gebirges wachsen die edelsten Hölzer. Die köstlichen Walderdbeeren werden nicht einmal geerntet.
Nach den Opernhäusern in Moskau und Leningrad nimmt die Oper in Tiflis die dritte Position ein.

Trotz aller Wirren erlebte der Kaukasus zu Beginn des 20. Jahrhunderts eine wirtschaftliche Blüte durch die Erschließung der Ölvorkommen am Kaspischen Meer und der großen Kohle- und Erzminen im Raum Tkibuli. Dieser Wohlstand ging unter dem bolschewistischen Regime weitgehend verloren.
Im Ersten Weltkrieg machten die Georgier einen letzten Versuch, ihre Unabhängigkeit zurückzugewinnen. Sie unterstellten ihr Gebiet Deutschland als Protektorat. Mit Hilfe der mit Deutschland verbündeten Türken gelang es dem deutschen General von Kreß, die Sympathie der Georgier zu gewinnen, die wir Kriegsgefangenen noch 30 Jahre später zu spüren bekamen.
1918, nachdem Deutschland den Krieg verloren hatte, übernahmen die Engländer das »Protektorat Georgien«, hauptsächlich um zu verhindern, daß Rußland seinen Machtbereich zu weit nach Süden ausdehnen und damit das Dominion Indien bedrohen würde. Sie zwangen das durch die Wirren der Revolution geschwächte Rußland sogar, die Unabhängigkeit Georgiens, Armeniens und Aserbeidschans anzuerkennen.
Erst 1921 marschierten die Russen erneut in den Südkaukasus ein und blieben nun endgültig. Die Tragik der Geschichte wollte es, daß ein Georgier, Josef Stalin, es ermöglichte, die Kaukasusvölker endgültig dem Russischen Reich einzuverleiben. Stalin war zu dieser Zeit Volkskommissar für Nationale Fragen in Moskau und damit mitverantwortlich für das Geschick seines eigenen Volkes.
Noch 1947 arbeiteten Georgier mit uns in den Kohleminen, die 1936 zum letzten Mal versucht hatten, die russische Herrschaft abzuschütteln. Heute versteht es das KGB, durch ein ausgeklügeltes System von Spitzeln und Denunzianten jede Opposition zu unterdrücken. Unsere wenigen Ausbruchsversuche, die von Georgiern unterstützt wurden, mißlangen daher auch.

Von der Schönheit Georgiens sahen wir ungefähr 2 000 ausgemergelten deutschen Offiziere in den verschlossenen Waggons nichts, während unser Zug langsam durch Kutaisk, einer Provinzstadt im Tal, rollte und dann die Berge erklomm, um in 1 500 Meter Höhe Tkibuli zu erreichen — das Ziel unserer 35tägigen Fahrt.
Dieses Städtchen lebt vom Abbau der gewaltigen Steinkohlevorkommen. Rund um den Ort waren Lager angelegt, in denen russische Straf- und Kriegsgefangene als Arbeitskräfte untergebracht waren. Das Lager 518, später 7518, bestand aus sechs Lagern, davon Nr. 518/I und II in Tkibuli.
Neben dem deutschen Lager 518, das aus zwei Lagern in Tkibuli und einem Lager bei Kutaisk bestand, gab es in unserem Gebiet noch ein Lager für ungarische und ein weiteres Lager für japanische Gefangene.

Darüber hinaus gab es hier eines der berüchtigten »Saklutschoni«-Lager, was so viel bedeutet wie »die Eingeschlossenen«. Hier lebten Kriminelle und Oppositionelle unter den schwersten Bedingungen, ohne zu wissen, ob sie je die Freiheit wiedererlangen würden.
Am erstaunlichsten für uns waren die Lager mit russischen Soldaten — solchen, die in Gefangenschaft geraten waren, und solchen, die mit der russischen Armee nach Deutschland einmarschiert waren und nun zwei Jahre in Lagern alles »vergessen« sollten, was sie an »westlicher Dekadenz« im »kapitalistischen Deutschland« gesehen hatten. Dafür, daß diese Menschen mitgeholfen hatten, den Sieg zu erringen, waren sie nun für zwei Jahre eingesperrt, ehe sie nach Hause entlassen wurden.

Im Hauptlager 518/1 trafen wir, etwa 1500 Offiziere, auf etwa 2000 Mannschaften, die uns neugierig und mißtrauisch empfingen mit Ausrufen wie »jetzt ist es aus, Befehle zu erteilen« und »nun zeigt mal, ob ihr als ›Plennis‹ (das russische Wort für Gefangene) auch so tüchtig seid wie als Offiziere«. Das klang nicht sehr ermutigend. Das gemeinsame Schicksal und der Wille, die Situation zu meistern, ließen uns im Laufe der Zeit zu einer Gemeinschaft zusammenwachsen.

Das Lager war so primitiv, wie man sich ein Lager in Rußland vorstellt. Es war von einem hohen Zaun umgeben. An allen Ecken standen Wachtürme, deren Scheinwerfer bei Nacht die Umgebung in gleißendes Licht versetzten, und in denen schwerbewaffnete russische Posten ihren Dienst taten.
In drei Holzbaracken mit je etwa 40 bis 60 Mann pro Raum waren wir 3500 Kriegsgefangenen untergebracht. Doppelstöckige Holzpritschen mit dünnen Strohmatratzen, ein Tisch und einige Stühle waren das einzige Mobiliar. Ein einfacher Eisenherd für die kalten Wintermonate in den hohen Bergen sollte uns noch gute Dienste leisten. Des weiteren gehörten zum Lager eine Küchenbaracke, ein Raum zum Trocknen unserer Kleidung, eine Entlausungsbaracke und eine Latrine mit Holzbalken, wo etwa 60 Mann halb im Freien ihre Notdurft verrichten konnten, außerdem eine Lazarett- und Ambulanzbaracke. Der Speisesaal neben der Küche diente als Saal auch für Veranstaltungen.
Außerhalb des Lagergeländes befanden sich die Baracke für das Wachpersonal und eine weitere Baracke für die russische Kommandantur und die Lagerverwaltung.

Bereits am folgenden Morgen wurden wir mit »ich heiße Jupp Link« begrüßt. Es war der deutsche Lagerkommandant, ein drahtiger junger Mann von 25 Jahren, der für die Ordnung im Lager und für die Kontakte zum russischen Kommandanten verantwortlich war.
Er sagte, daß hier alle arbeiten müßten, auch die Obersten. Moskau sei weit, die Genfer Konvention kenne man hier nicht. Wer für Außenarbeiten ungeeignet sei, habe Lagerarbeiten zu verrichten.

Jupp Link, ein deutscher Unteroffizier als Kommandant. War ihm zu trauen? Welche Rolle spielte er bei den Russen?
Wie sich schon bald herausstellen sollte, haben wir ihm alle viel zu verdanken.

Geboren als sogenannter »Donauschwabe« im ehemaligen österreichisch-ungarischen Kaiserreich, dem heutigen Jugoslawien, sprach er fließend Serbokroatisch, Ungarisch und Russisch und war somit geeignet als Verbindungsmann zu den Russen.
Auch hier zeigte sich die typisch russische Taktik, nämlich sich im Hintergrund zu halten und die anderen die Probleme lösen zu lassen.
Jupp Link war bereits Monate vor uns nach Tkibuli gekommen und hatte die drei Lager 518 mit aufgebaut.
Die etwa 1500 Mann im oberen Hauptlager 518/1 gingen schon seit ihrem Eintreffen als »Schachtbrigaden« oder als Brigaden im Außendienst zur Arbeit. Spezialisten waren abgesondert und im Lager als Mechaniker, Radiospezialisten, Schuster, Schneider und so weiter tätig oder wurden als Mechaniker im Schacht eingesetzt. Da die Russen nicht über qualifizierte Handwerker verfügten, und wenn es sie gab, verrichteten sie ihre Arbeit schlampig, mußten unsere Spezialisten in erster Linie für die Russen arbeiten.

Ich entsinne mich einer lustigen Geschichte, die der deutsche Uhrmacher erzählte: Eines Tages erschien bei ihm in der Werkstatt ein russischer Wachposten mit einem aus Deutschland mitgebrachten Wecker und bat: »Diese Uhr zu groß, Du mir machen daraus zwei Uhren für Handgelenk.« Als der Uhrmacher ihm zu erklären versuchte, daß dies unmöglich sei, wurde er wütend und bedrohte ihn mit den Worten: »Du sabotieren, Du Nazischwein.« Erst mit Hilfe von Jupp Link konnte er beruhigt werden.

In den folgenden Tagen klärte uns Jupp Link über die »Struktur der Arbeit« auf. »Alle Gefangenen werden an die staatliche Minenverwaltung, die für alle Arbeiten im Ort verantwortlich ist, ›vermietet‹. Dafür ist dem Lagerkommandanten pro Kopf und Arbeitsstunde eine bestimmte Summe zu zahlen. Aus diesen Einnahmen muß der russische Kommandant alle Unkosten für das Lager, die Verpflegung, Bekleidung und die Erhaltung der Unterkünfte bestreiten. Für jeden Gefangenen wird eine Lohnliste geführt. Von dem verbleibenden Rest soll jeder ein monatliches Taschengeld bekommen, das übrige Geld wird ihm bis zu einer eventuellen Entlassung gutgeschrieben.«
Das war die Theorie! Die Praxis sah anders aus:
Erhebliche Beträge wurden vom russischen Kommandanten für sich und einige Vertraute »privat abgezweigt«. Ich kenne keinen Fall, in dem jemand das Taschengeld bekommen und Einblick in sein Konto erhalten hat. Das beste Beispiel war unser Mitgefangener Oehlschläger, ein Altkommunist, der zunächst in einem Konzentra-

tionslager gelebt hatte und dann in der berüchtigten Brigade Dirlewanger zum »Bewährungsfronteinsatz« gekommen war.
Obwohl das den Russen bekannt war, arbeitete er die ganzen Jahre als Schweißer im Schacht, und als einziges Privileg erhielt er die doppelte Portion Wassersuppe pro Tag.
Als Oehlschläger 1949 im Zuge der ersten Entlassungen zu einem Heimattransport eingeteilt wurde, wollte er von der Lagerleitung sein erarbeitetes Guthaben ausbezahlt haben. Es hieß, der Transportoffizier habe sein Geld. Rubel dürften nicht nach Deutschland mitgenommen werden. Man würde also sein Geld an der Grenze zu Ostdeutschland umtauschen. Er hat nie eine Kopeke gesehen und ließ sich, enttäuscht wie er war, nicht in seine alte Heimat in Ostdeutschland, sondern in den Westen entlassen.
»Von allem, was ich gesehen und erlebt habe, habe ich die Nase voll«, schrieb er auf einer Postkarte, die uns erreichte. »Das ist nicht der Kommunismus, für den ich ins KZ gekommen war.«
Einigen wurden kleine Guthaben allerdings ausgezahlt, Rubel, die an der Grenze gegen Waren ausgegeben werden mußten.

Am nächsten Morgen mußten wir alle auf dem Appellplatz antreten, um zur Arbeit eingeteilt zu werden. Der russische Kommandant, ein Armeeoffizier, begleitet von dem NKWD-Offizier (heute KGB), erschien mit Jupp Link. Mit lauter Stimme und gestikulierend erklärte uns der Kommandant, daß wir nun für die Untaten Hitlers zu büßen und alles, was wir dem russischen Volk angetan hätten, abzuarbeiten hätten.
Dann befahl er: »Alle jetzt zum Arzt, die Kräftigsten in den Schacht, andere zum Straßenbau, jeder wird arbeiten, dawai — los jetzt.«

Der russische Lagerarzt war Doktor Holländer, der von seiner Frau unterstützt wurde. Beide waren Juden und aus verständlichen Gründen uns nicht wohlgesonnen. Sie hatten nicht nur Kranke so schnell wie möglich wieder arbeitsfähig zu machen, sondern sie waren auch für die Entlausung und die Desinfizierung der Baracken zuständig. Doktor Holländers stereotypischer Satz war: »Wenn nicht sauber, Ihr putzen mit Mützen, muß sein alles stabil weiß.« Wir verstanden sein Jiddisch und auch, daß mit ihm nicht zu spaßen war.

Nach der Untersuchung begann die Einteilung. Für uns, die wir in den Schacht mußten, wurde simpelste Kleidung ausgegeben. Es wurde je eine Morgen-, Mittags- und Nachtschicht gebildet, die sich wöchentlich abwechselten. Wir waren insgesamt 12 Stunden vom Lager abwesend: 8 Stunden im Schacht, und für den An- und Rückmarsch gingen weitere 4 Stunden drauf. Kehrten wir mit durchnäßten Klamotten müde zurück, wurde schnell die dünne Wassersuppe geschlürft, und dann ging es ab auf die Pritschen zum Schlafen.

In den Schächten wurde Steinkohle in einer Dichte von bis zu 15 Meter ohne große Sicherheitsvorkehrungen abgebaut. Wir besaßen keine Schutzhelme, sondern primitive Schutzkappen, und die abgebauten Räume wurden nur notdürftig abgestützt.

Zu meiner großen Überraschung wurde ich eines Tages zum deutschen Lagerkommandanten ernannt. Jupp Link wurde Arbeitsinspektor. Der russische Kommandant verlangte sogar, daß ich meine Rangabzeichen und mein Ritterkreuz als »Zeichen meiner Würde« zu tragen hätte. Ich erhielt einen »Propusk«, einen Ausgangsschein, der mich berechtigte, allein und ohne Kontrolle das Lager bis 22 Uhr zu verlassen. Zu meinen Aufgaben gehörte es auch, in Zusammenarbeit mit Jupp Link die Verbindung zum »Ober-Natschalnik« zu halten, dem Chef der Kohlengruben und mächtigsten Mann in der Stadt. Mit ihm und seinen Funktionären mußte über die Arbeitsnorm verhandelt werden. Auch hier hielt sich die russische Lagerleitung weitgehend heraus.
Als dieser mächtige Mann erfuhr, daß ich als deutscher Offizier 1941 in Rußland eingesetzt gewesen war, fragte er mich eines Tages: »Wo warst Du im Einsatz? Bei welcher Division?« — »Im Mittelabschnitt mit der 7. Panzerdivision über Smolensk–Wjasma auf Klin und Jafroma, nördlich von Moskau.« Er fuhr fort: »Erzähle mir über Jafroma, genau, wann Du da warst.« Ich war erstaunt über sein Interesse und erzählte ihm: »Im Dezember 1941 stieß ich mit meiner Panzeraufklärungsabteilung über Klin auf den Moskwa-Wolga-Kanal vor und konnte ihn als erste Einheit bei Jafroma überschreiten, etwa 30 bis 40 Kilometer nördlich von Moskau. Ich kann mich gut erinnern, daß wir in eine kleine russische Wirtschaft kamen, um uns aufzuwärmen. Auf dem Tisch stand der dampfende Samowar und ein fast unberührtes Frühstück, das wir mit großem Appetit verzehrten.« Sein brüllendes Lachen unterbrach mich. »Das war mein Frühstück. Ich war Oberst der Reserve und mußte bei Eurem Überraschungsangriff Jafroma und mein Frühstück schlagartig verlassen. So klein ist die Welt, Polkownik, jetzt bist Du hier als Kriegsgefangener, und ich bin der Boß dieser Stadt, in die es mich bei Kriegsende verschlagen hat. Wenn Ihr Wünsche habt, so will ich versuchen, Euch zu helfen, obwohl Euer Lagerkommandant für Euch verantwortlich ist und ich Euch nur zur Arbeit engagiert habe.«
Unsere Wege sollten sich nach dieser Begegnung noch häufiger kreuzen.
Meine Tätigkeit als deutscher Lagerkommandant war nur von kurzer Dauer. Die russischen Lagerkommandanten wurden ausgewechselt. Für die sechs Lager im Raum Tkibuli wurde Oberst Laroche zuständig, der aus einer nach Rußland geflohenen Hugenottenfamilie stammte. Mit ihm hatten wir aber praktisch nichts zu tun. Für unser Lager 518 war Gardehauptmann Samcharadse, ein Georgier, zuständig. Sein Stellvertreter war ein russischer Oberst (auch das ist in der russischen Armee möglich). Beide waren Armeeoffiziere und wurden vom NKWD überwacht, zu dem auch die berüchtigte »Schwarze Nena« gehörte, ein aus Armenien stammender Politruk.

Ich wurde zu Samcharadse gerufen, und mir wurde aufgetragen, alle im Lager befindlichen SS-Offiziere, Angehörige von Polizeieinheiten und Einheiten, die zur Partisanenbekämpfung eingesetzt worden waren, namentlich zu nennen. Als Gegenleistung bot er mir Sonderverpflegung und andere Privilegien an. Neben ihm stand der NKWD-Offizier, der mich mit Argwohn beobachtete.
Meine Antwort beschränkte sich auf die Worte: »Ich kenne niemanden im Lager, der diesen Truppenteilen angehört hat.«
Natürlich wußte ich von einigen Mitgefangenen, daß sie der SS oder Polizei angehört hatten, bei einigen anderen vermutete ich es. Ich stand jedoch auf dem Standpunkt — und tue es heute noch —, daß jeder deutsche Kriegsgefangene als solcher zu respektieren ist. Hatte er sich etwas zuschulden kommen lassen, so sollte er nach einer möglichen Entlassung vor ein deutsches Gericht gestellt werden. In keinem Falle jedoch war er den Russen auszuliefern.
Da ich auch nach einer mir gegebenen Bedenkzeit noch keinen Namen nennen wollte, wurde ich als Kommandant abgelöst. Jupp Link erhielt erneut diesen Posten. Gleichzeitig mußte ich alle Abzeichen und Orden ablegen. Nun waren wir alle gleich, und das war gut so.
Der Zustand der Baracken war miserabel. Außer der periodischen Desinfizierung, Entlausung und dem Kalken der Räume wurde nichts getan. Wir litten entsetzlich unter Tausenden von Wanzen, die in unseren Holzpritschen nisteten oder nachts von der Decke auf uns herunterfielen. Aus dem Schacht besorgten wir uns alte Konservenbüchsen, die wir mit organisiertem Petroleum füllten, um so zu verhindern, daß die Wanzen hochkletterten. Alle paar Wochen brachten wir die Pritschen ins Freie, um sie mit ebenfalls organisierten Lötbrennern abzubrennen und die Brut zu vernichten. Es blieb in all den Jahren ein aussichtsloser Kampf.

Am meisten litten wir unter der Verpflegung. 300 Gramm Brot pro Tag, das offiziell bis zu 30 Prozent Wasser enthalten durfte, ließ manchen vor Wut ihre Portionen gegen die Barackenwand werfen, wo das Brot dann kleben blieb. Die dünne Suppe enthielt nichts Nahrhaftes außer etwas Hirsemehl oder Mais. Brot und Wassersuppe bildeten die Basis unserer Ernährung. Oft gab es Fisch. Winand erzählte mir, daß er die Köpfe in Wasser abgekocht und die Gräten geröstet habe, um eine zusätzliche Mahlzeit zu haben. Außer der Butterration teilten wir auch die Zucker- und Tabakration (Machorka) mit den Mannschaften: täglich 13 Gramm Zucker und 10 Gramm Tabak. Es gab kaum Fett, keine Gewürze, keine Vitamine. Die Folge war, daß die Sterblichkeitsrate durch die Unterernährung rapide anstieg. Während die bekannten Zivilisationskrankheiten praktisch ausblieben, hatten fast alle Gefangenen Wasser in den Beinen. Stieg es bis zum Herzen, war auch hier der Tod sicher. Eine weitere Todesursache waren häufig durch Fettmangel auftretende Darmverschlingungen. Das Ärzteteam war machtlos.
Unsere deutschen Ärzte wiesen den russischen Kommandanten immer wieder darauf hin, daß weitere Arbeitskräfte ausfallen würden, wenn die Ernährung sich nicht

endlich bessern würde. Aber da die Rationen von Moskau festgesetzt wurden, war nichts zu machen. Im Gegenteil, wir wurden noch beschimpft, daß durch unseren »imperialistischen Krieg« die Versorgungslage in Rußland so schlecht geworden sei. Eine weitere, häufig auftretende Krankheit war der ansteckende Paratyphus. Da er meistens tödlich ausging, hatten die Russen große Angst vor der Ansteckungsgefahr und richteten deshalb eine streng bewachte Isolierstation ein.

Eines Nachts erschien an meiner Pritsche Graf Hohenlohe, ein junger Oberleutnant. Er lag mit Paratyphus auf der Isolierstation und hatte sich im Dilirium von der Krankenbaracke entfernt. Offenbar hatte die Wache geschlafen. Wir alarmierten sofort den russischen Arzt, da wir entsetzliche Angst vor einer Infizierung hatten. Hohenlohe starb zwei Tage später.
Wir alle werden die Bilder nicht vergessen, wenn morgens vor der Krankenstation die Toten auf alte Karren gestapelt und von ausgemergelten Kriegsgefangenen aus dem Lager gezogen wurden, um sie dann zu verscharren. Es war uns untersagt, sie zu beerdigen und ihre Gräber mit Kreuz und Namen zu versehen. Trotz Verbotes haben wir ihre Namen auf kleine Zettel geschrieben, die uns dann aber bei den regelmäßigen Filzungen wieder abgenommen wurden. So organisierten wir, daß sich jeder ein bis zwei Namen zu merken hatte, um im Falle einer Rückkehr in die Heimat die Angehörigen benachrichtigen zu können.
In den ersten beiden Jahren, besonders in den strengen Wintern im Elbrusgebirge, starben etwa 50 Prozent der Kriegsgefangenen.

Zu bemerken ist der Fairness halber, daß auch bei den Russen die Versorgungslage in den Jahren 1945 und 1946 nicht viel besser war als bei uns. Manche von ihnen hatten jedoch die Chance, sich auf dem kleinen Markt, wo Bauersfrauen aus der Umgebung Mais, Eier und Hirsekuchen verkauften, etwas zu besorgen.

Wir, die wir von Krankheiten verschont geblieben waren und die Hoffnung auf eine Rückkehr noch nicht aufgegeben hatten, hatten uns nach zwei Jahren akklimatisiert. Der Hunger blieb zwar, aber es blieben auch erstaunlicherweise die Kräfte.

Es gab einen deutschen Zahnarzt im Lager, der von Doktor Holländer überwacht wurde. Sein einziges Handwerkszeug war ein von Hand anzutreibender Bohrer. Es fehlte auch an Betäubungsmitteln, und wenn erforderlich, wurden die kranken Zähne eben ›ohne‹ gezogen.
Am schlimmsten waren die Wachsoldaten, die uns auf Goldkronen hin untersuchten, und wenn sie welche fanden, brachen sie sie uns, ohne daß wir uns widersetzen konnten, mit einer Zange heraus, um sie anschließend zu verkaufen und so ihren kläglichen Sold aufzubessern. Für mich persönlich war die Folge, daß ich nach Rückkehr in die Heimat meinen Unterkiefer aufmeißeln lassen mußte, da er völlig vereitert und die Zahnwurzeln verrottet waren.

Noch eine Besonderheit fiel uns auf: Moskau hatte angeordnet, daß die Offiziere zusätzlich zu der für alle gleichen Brotration und der Wassersuppe noch pro Tag 20 Gramm Butter und etwas Zucker erhielten. Über Jupp Link forderten wir den russischen Kommandanten auf, uns genauso zu behandeln wie die Mannschaften. Das wurde unter Berufung auf die Moskauer Anweisungen strikt abgelehnt. Jupp Link sammelte unter den Offizieren 400 Unterschriften und setzte schließlich durch, daß die Sonderrationen gleichmäßig auf das ganze Lager verteilt wurden, so, wie wir es von der Truppe gewohnt waren.

Ich war also als deutscher Kommandant abgelöst und zur Schachtarbeit eingeteilt worden. Den Umständen nach fühlte ich mich fit und war in gewisser Weise froh, nicht mehr in einer exponierten Stellung zu sein, zwischen zwei Stühlen sozusagen, wo es darauf ankam, den vielen Mitgefangenen zu helfen und gleichzeitig die russische Lagerführung »bei Laune« zu halten.
Ich kann heute besser verstehen, wie schwer die Aufgabe für den jungen Jupp Link gewesen sein muß und wie dankbar wir alle für seinen Einsatz sein müssen.
Der Hauptschacht, in dem ich arbeitete, hatte ein für europäische Bergleute unvorstellbares Flöz, das teilweise bis zu 15 Meter stark war. Fette Steinkohle, die hell glänzte, wurde in einer Art Kammerverfahren abgebaut. Wir arbeiteten mit Russen und Georgiern zusammen, die sich als gute Kumpel erwiesen und oft ihr letztes Stückchen Brot mit uns teilten.

Man hatte vergessen, mir meinen »Propusk« abzunehmen. So konnte ich jederzeit das Lager verlassen. Die Wachen, die mich inzwischen gut kannten, baten mich häufig, ihnen etwas vom Basar zu besorgen und drückten mir zu dem Zweck ihre Kopeken vertrauensvoll in die Hand.

Wie in allen Betrieben Rußlands, war auch für die Kohleförderung eine »Norm« festgesetzt, die jeder täglich zu erfüllen hatte. Obwohl wir in einem schlechten körperlichen Zustand waren, gingen unsere Schachtarbeiter in der ersten Zeit mit deutscher Gründlichkeit und Arbeitsmoral an die Erfüllung des Solls. Und eines Tages hatte eine Brigade die Norm übererfüllt.
Sofort stürzten sich die Russen auf sie: »Seid Ihr wahnsinnig«, schrien sie, »sobald die Norm nur einmal übererfüllt wird, wird sie am nächsten Tag sofort für alle heraufgesetzt, und wir bekommen trotzdem keine Kopeke noch ein Gramm Brot mehr. Erfüllt die Norm und damit basta.« Das war uns eine Lehre.
Andererseits habe ich erlebt, daß einige Russen, meistens »Saklutschonis«, aus Protest gegen die schlechte Behandlung die Norm nicht erfüllten oder zeitweise die Arbeit niederlegten.
Die Reaktion der Schachtleitung darauf war so einfach wie wirksam: Aus »Transportgründen« gab es für mehrere Tage kein Brot, und schon wurde die Norm wieder erfüllt.

Schutzmaßnahmen im Schacht waren ziemlich unbekannt. Einerseits schaffte es die von Moskau zentral gesteuerte Verwaltung nicht, die notwendigen Dinge wie Schutzhelme und so weiter bis in den Kaukasus zu lenken, andererseits handelte es sich für sie nur um Straf- und Kriegsgefangene, bei denen es auf einen mehr oder weniger nicht ankam.
Ich bin noch heute erstaunt, wie wenig schwere Unfälle passierten. In den kalten Wintermonaten mußten wir für die Heizung unserer Baracken selbst sorgen. Der russische Kommandant war zwar auch dazu verpflichtet, aber da es genügend Kohle im Schacht gab, ersparte er sich diese Ausgabe. Von der Schachtleitung war das Herausbringen von Kohle streng verboten, aber nach jeder Schicht hatten die Schachtarbeiter ein größeres Stück der fetten Steinkohle unter dem Arm, das sie ins Lager schleppten. Dort wurde es gleichmäßig auf alle Stuben verteilt. So wußte die rechte Hand nicht, was die linke tat.

Anfang 1946 — nach nur wenigen Monaten im Schacht — wurde ich plötzlich herausgeholt und zu einer Straßenbaubrigade versetzt. Ich weiß bis heute nicht, wem ich diese »Versetzung« zu verdanken habe, Jupp Link oder dem Ober-Natschalnik, meinem »Frühstücksoberst« von Jafroma?
Ein anderes, für mich in vieler Hinsicht interessanteres Kapitel meiner Gefangenschaft begann.

Zwischen »Kultura« und Korruption — die russische Mentalität

Der furchtbare, nie aufhörende Hunger blieb. Ebenso das Antreiben durch die russischen Wachposten und Arbeitsaufseher. Ihr stereotypes »dawei, dawei« war die tägliche Begleitmusik. Wir, die »Überlebenden«, fanden langsam unseren Rhythmus und begannen, uns auf die russische Mentalität einzustellen. Nicht nur die Schachtarbeiter, sondern auch die Außenkommandos galten bald als *die* Spezialisten schlechthin, ehrlich und arbeitsam und nicht so korrupt wie unsere russischen »Kollegen«. Wurden wir angebrüllt, brüllten wir zurück. Zu unserem Erstaunen bat man uns daraufhin inständig: »Bitte arbeitet, sonst bekommen wir Schwierigkeiten.«

Wer geglaubt hat, beim Straßenbau würden wir Makadamstraßen ausbessern oder neue Straßen mit Baumaschinen, wie sie im Westen selbstverständlich sind, anlegen, der hatte sich gewaltig geirrt. Wir mußten vielmehr eine Schlammstraße, die zu den abseits gelegenen Natschalnik-Holzhäusern führte, pflastern und befahrbar machen. Dazu brachten uns Studebaker-Lastwagen, die die Amerikaner zu Tausenden geliefert hatten, Feldsteine heran. Am Boden knieend, setzten wir diese in den Schlamm. Manchmal sah ich den Ober-Natschalnik, meinen »Frühstücksobersten« von Joframa, in seiner Staatslimousine vorbeifahren. Eines Tages erkannte er mich, hielt an und fragte mich: »Was machst Du hier, warum bist Du nur als Arbeiter und nicht als ›Spezialist‹ eingesetzt? Ich werde mit Deinem Kommandanten reden.« Offenbar hatte er es getan, denn ein paar Tage später wurde ich zu Samcharadse gerufen. »Ab morgen arbeitest Du als Führer einer Betonbrigade. Suche Dir im Lager einige Spezialisten aus. Ein Posten wird Euch zu Eurem neuen Arbeitsplatz bringen.«
Jupp Link half mir, einige der noch Kräftigsten herauszufinden. Der einzige »Spezialist« unter ihnen war ein Maurer. Die anderen waren Physiker, Bauern und Angestellte, die für die Schachtarbeit zu schwach waren.
Am nächsten Morgen holte uns der Posten ab und brachte uns zu einer Baustelle oberhalb des Schachtes, wo bereits eine russische Brigade arbeitete.
»Schert Euch weg, Ihr Hurensöhne«, rief der russische Bauleiter seiner Brigade zu. »Ihr habt fast allen Zement geklaut und verkauft. Die ›Nemetzkis‹, die Deutschen, werden Euch zeigen, wie man arbeitet.«

Was war hier für uns zu tun? Wir hatten ein ungefähr 4 mal 4 Meter großes Loch bis auf 8 Meter Tiefe auszuheben, es dann mit Holzbalken abzustützen und auszuzementieren. Es sollte ein Einfüllstutzen zum Zuschlemmen eines abgebauten Schachtabschnittes werden. An Utensilien standen uns Holzbalken, Kies und einige Säcke Zement sowie Schaufeln, eine Eisenplatte zum Mischen und die berühmt-

berüchtigten »Nasilkas« zur Verfügung. »Nasilkas« sind einfache Holztragen mit je zwei Griffen an beiden Enden. Mit ihnen wird in ganz Rußland Material getragen. Anhand eines einfachen Planes, der von Moskau gekommen war, erklärte uns dann der russische Aufseher, was zu machen sei, und dann kam wieder das »Dawai, fangt an«. Und »Loch weiter ausgraben, abstützen und Loch mit Beton auskleiden. Mischung soll sein 1 : 7. Ich komme in ein paar Stunden wieder. Wehe Euch, Ihr klaut Zement.« Dann überließ er mich mit meinen Männern unserem Schicksal. Er hatte uns kaum den Rücken gekehrt, da kommen schon die ersten Russen und Georgier und bitten: »Kamerad, Ihr uns Zement verkaufen, Haus fällt ein. Wir Euch geben dafür Brot und Rubel.«
So war das also mit der Korruption!
Da es damals wie heute so ist, daß viele lebensnotwendige Dinge nicht vorhanden und für den einfachen Bürger nicht käuflich sind, denn alles läuft über staatliche Organisationen, muß »organisiert« werden. Somit ist die Korruption selbstverständlich, fast »legal«. Über die Korruption wird noch manches zu berichten sein.

Ich teilte also meine Leute ihren Kräften entsprechend ein und wies unseren russischen Wachposten unmißverständlich an, das Material zu bewachen. »Fehlt ein einziger Sack Zement, bist Du dran«, war meine knappe Bemerkung.
Nach gut einer Woche hatten wir die Grube ausgehoben, verkleidet und begannen mit der Knochenarbeit, von Hand das Kies-Zement-Gemisch mit unseren Schaufeln herzustellen und mit den Nasilkas zur Grube zu bringen. Da erschien der Ober-Natschalnik:
»Sage ich es doch, die Deutschen alle Spezialisten und gute Arbeiter. Ich sehr zufrieden. Norm ist erfüllt und kein Material verkauft.« Und zu mir gewandt: »Du guter Betonierer, Polkownik. Daher ich habe für Dich Spezialauftrag. Kannst Du mir bauen steinerne Treppe an meinem Haus und Springbrunnen? Alles Material wird dasein.« Ich antwortete ihm: »Ist in Ordnung, aber Du mußt Lagerkommandanten fragen und uns jeden Tag mit Brot und Kopeken bezahlen.«
Am nächsten Tag war er wieder da. Er hatte inzwischen alles »geregelt«. Ich weiß nicht, wieviel er Samcharadse hatte bezahlen müssen.
Ich wähle zur Ausführung des Auftrages den Maurer, den körperlich sehr schwachen Physiker und einen Bauern aus meiner Heimat aus. Der Natschalnik holte uns persönlich im Lager ab. »Für Euch kein Wachposten, hier ein ›Chleb‹, ein Brot, für jeden.« »Und wo sind die Kopeken?«, war meine Frage. »Saftra, morgen kommt Geld.« »Nein, jetzt, oder wir fangen gar nicht erst an.« Wir erhielten daraufhin unser Geld, für das wir uns gleich auf dem örtlichen Markt etwas Gemüse und einen georgischen Maisfladen kauften. Nach einer Woche war der Springbrunnen fertig, allerdings ohne Fontäne, da der Wasserdruck zu schwach war.
»Macht nichts«, fand der Natschalnik, »Springbrunnen ist auch so sehr schön.« Anschließend machten wir uns daran, ihm seine Wendeltreppe aus Zementplatten zu bauen. Täglich erhielten wir unser Brot und die Kopeken vor Arbeitsbeginn.

Unsere »Künste« hatten sich mittlerweile herumgesprochen. Andere Unter-Natschalniks und Funktionäre erschienen zur Besichtigung. Einer von ihnen sprach mich an: »Wunderbar, Ihr bald hier fertig. Willst Du mein Haus bauen? Alles Material da und gut bewacht.« Wiederum gab ich die gleiche Antwort: »Frage den Lagerkommandanten und dann jeden Morgen für uns vier je ein Brot und einen Rubel.« Auch er hatte sich anscheinend mit Samcharadse geeinigt, denn als wir den ersten Auftrag erledigt hatten, brachte er uns zu einem anderen Hügel, auf dem sein Haus entstehen sollte. Wir fanden dort eine Menge Material vor, das alles in den Monaten zuvor zusammenorganisiert worden war, wie uns der Mann voller Stolz erzählte. Aber es gab nur wenig Zement. Vier russische Strafgefangene arbeiteten schon dort und hatten gerade das Fundament geschüttet und ein Stück Mauer hochgezogen.

»Die Hurensöhne arbeiten hier schon seit zwei Wochen, komm und sieh Dir an, was sie geschafft haben.«

Er trat mit dem Fuß gegen das fertige Stück Mauer, und schon fiel sie um. Statt mit einem richtigen Zementgemisch zu arbeiten, hatten sie den Zement weitestgehend verkauft und nur im Verhältnis 1 : 20 gemischt. Ich sah mir alles an, hatte natürlich vom Hausbau keine Ahnung, aber sagte dem Mann in überzeugendem Ton: »Gut, ich baue Dir Dein Haus. Jeden Morgen holst Du uns vier ab. Vergiß nicht das Brot und den Rubel für jeden von uns. Und nun sage, wo ist Dein Bauplan, wie soll das Haus aussehen?» »Ich keinen Plan, brauche zwei Zimmer mit Fenstern und Eingang. Du schon alles richtig machen. Morgen wird auch wieder Zement da sein, und dann nachts wird immer ein Posten alles bewachen. Hier Euer Brot und Rubel.«

Was war zu tun mit meinen drei schwachen Kameraden? Der Schwächste, unser Physiker, hatte nur einen Bindfaden mit einem Stein als Lot zu halten. Der Bauer und der Maurer hatten das Gemisch anzurühren und die Ziegelsteine und das Gemisch auf einer Nasilka heranzubringen. Um »mein Gesicht gegenüber den Russen zu wahren« mußte ich mauern, wobei mich der Maurer fachmännisch beriet. Ich begriff schnell, wie man mit Mörtel und Zement korrekt arbeitet.

Wieder versuchen die Dorfbewohner, uns Zement abzukaufen. Aber wir bleiben hart und setzen unsere Ehre darein, unserem Auftraggeber ein solides Haus zu bauen.

Am zweiten Tag bereits brach der Mann in Entzücken aus: »Gutes Haus wird das, kann mit Fuß treten, und nichts fällt um.« Nach eigenem Gutdünken bauten wir die beiden Zimmer, die Fenster in Richtung auf das Elbrusgebirge sowie eine Eingangstür. Wir zogen die Mauern in gut einer Woche hoch.

»Wir sind nur Maurerspezialisten, für Holzdach mußt Du Dir andere suchen.« Wir wollten anderen Mitgefangenen auch die Chance geben, sich etwas hinzuzuverdienen.

Als wir unsere Arbeit beendet hatten, sagte ich dem Natschalnik: »Hör mal, wenn Du uns noch etwas extra bezahlst, bekommst Du noch etwas Besonderes von uns,

was niemand im ganzen Kaukasus hat. Du mußt dann nur noch Zement und Kalk besorgen.«
Er war sofort einverstanden, und wir verfugten die Lücken zu weißen Strichen zwischen den roten Ziegelsteinen.
»Das ist das schönste Haus, das ich je gesehen habe. Du mir Monopol dafür lassen. Ich will sein einziger in der Stadt mit diesem Wunderwerk.«
Gegen die Zahlung weiterer Rubel versprach ich ihm dies. Am nächsten, unserem letzten Tag kam ein Strom von Neugierigen den Berg herauf, um das Wunderwerk zu bestaunen. Viele Funktionäre baten nun um die gleiche Verzierung an ihren Häusern, aber ich hielt mich an das gegebene Versprechen.

Nach einigen Wochen holte mich mein »Bauherr« noch einmal ab und zeigte mir voller Stolz das vollendete Haus und — eine Schlafzimmereinrichtung, bestehend aus zwei Betten, einem Schrank und einem Tisch. Sie war ihm von Moskau zugeteilt worden und sollte die einzige bleiben, die in drei Jahren in diese Gegend gelangte. Ein erneuter Strom von staunenden Leuten der kleinen Stadt pilgerte an einem Sonntag an dem Haus vorbei, diesmal, um durch das Fenster das Schlafzimmer zu bewundern.
Dies war ein weiterer Eindruck von den Verhältnissen im großen russischen Reich samt seiner Korruption. In der Zeit, in der ich noch den Springbrunnen und die Wendeltreppe baute, sah ich fast jeden Morgen die SIS-Staatslimousine des Ober-Natschalniks dessen Grundstück verlassen, um die beiden Kinder in die Schule zu fahren. Auf dem Rückweg kaufte der Chauffeur dann im Sonderladen für Funktionäre und Natschalniks Milch, Butter, Zigaretten, Mehl und Zucker ein. Zu meinem Entsetzen sah ich eines Tages, daß die Milch an die Schweine verfüttert wurde. Ebenso entsetzt war ich bei dem Anblick, daß Säcke von Mehl und Zucker vor seinem Haus abgeladen wurden, denn zur selben Zeit standen die Einwohner vor den staatlichen Läden Schlange nach einem Stück Brot oder den seltenen Zucker- und Mehlrationen.
War das der »Arbeiter- und Bauernstaat«?

Ich hatte ja noch immer meinen »Propusk«, den Ausgangsschein, den ich oft benutzte, um nach der Arbeit allein ins Lager zurückzukehren. Dabei führte ich oft unterwegs Gespräche mit Russen und Georgiern, und viele vertrauten sich mir, dem Fremden, an. Sie waren unzufrieden, aber ohnmächtig gegenüber einem System, das sie aus eigener Kraft nicht ändern konnten. Ich unterhielt mich besonders gern mit einem alten Herrn, der Professor im alten Petersburg gewesen und nun auf Lebenszeit hierher verbannt worden war. Er fristete sein Dasein in dürftigen Verhältnissen und verdiente seinen Unterhalt als »Briefeschreiber« für die vielen Analphabeten.
Auch im Hinblick auf unser Lagerleben hatte sich inzwischen einiges ereignet: Auf Anordnung von Moskau sollte nunmehr etwas für die »Kultura« getan werden. Mit

kräftiger Unterstützung von Jupp Link wurde zunächst eine Bibliothek eingerichtet, in der es natürlich nur russische Literatur und Zeitungen gab. Viel wichtiger für uns aber war, daß ein »Lagerorchester« und eine Theatergruppe gegründet werden durften und man uns erlaubte, Sport zu treiben. In unserem Lager mit etwa 3 500 Gefangenen fanden sich sofort Musiker, Musikarrangeure, Bühnenbildner, Regisseure, Schauspieler, Schriftsteller und andere bereit, den Plan in die Tat umzusetzen. Zu unserem Erstaunen beschaffte man uns alle notwendigen Instrumente, um ein komplettes Orchester zu bilden. Abgezweigt wurde eine Jazzband. Die Techniker und Beleuchter mußten auf Anordnung von Samcharadse alles für ein Bühnenbild Erforderliche im Schacht und bei Außenarbeiten »organisieren«. Requisiten wurden mit gestohlenem Material von unseren Bühnenbildnern und Kunstmalern erstellt.
So entstand im Laufe der Zeit die Operette »Der Fischerjunge von Capri«, komponiert von Walter Struve und »Köbes« Witthaus, die auch das Arrangement für das Orchester machten, Texte von Helmut Wehrenpfennig. Aus dem Gedächtnis wurde die gesamte Partitur der Operette »Die Czardasfürstin« von Emerich Kalman niedergeschrieben. Es fanden sich Berufssänger, unter ihnen der Tenor Reini Bartel. Die weiblichen Parts wurden von jungen Laien übernommen, die nach einer gewissen Zeit schon wie Profis wirkten. Schon die Proben riefen bei uns allen Erinnerungen und Sehnsüchte wach.

Im Winter 1946/47 erschienen zur ersten Vorstellung Samcharadse mit seinen Offizieren und NKWD-Aufpassern, der Ober-Natschalnik und die Funktionäre des Ortes, sozusagen die Honorationen. Die Aufführung wurde ein großer Erfolg. Auf die Frage des Ober-Natschalniks nach der Herkunft der Scheinwerfer, Kabel und so weiter antwortet Samcharadse: »Das haben die Gefangenen gefunden.« Ein wohlwollendes, verständnisvolles Lächeln ging daraufhin über das Gesicht des Ober-Natschalniks.

Mit der Zeit erlangte die Theater- und Orchestergruppe eine Berühmtheit, daß Mitglieder der Oper in Tiflis, die zu einer unserer Aufführungen kamen, baten, man möge das »Gefangenenensemble« doch in ihrer Oper auftreten lassen. Wir fühlten uns sehr geehrt, aber leider überstieg das die Möglichkeiten der Russen. Wie wären die Folgen gewesen, wenn Gefangene in einer staatlichen Oper gastiert hätten? Dafür wurde unser Ensemble jedoch in andere Lager geschickt, darunter zu den Ungarn und Japanern, und überall war ihm der Erfolg gewiß.

Besonderer Beliebtheit erfreute sich natürlich die Jazzband. Willi Glaubrecht, der Schlagzeuger, lebt noch heute. Da im »Dritten Reich« jede Art von Jazz als »artfremd« und dekadent verboten war und das Abhören westlicher Sender mit Konzentrationslager bestraft wurde, war das Interesse an dieser Musik besonders groß. Nur kannte sie niemand.

Als Fan von Glenn Miller hatte ich in Paris während unserer Besatzungszeit an einem geheimen Ort, in einem Keller, Zugang zu einer Band von Schwarzen gefunden und mir dort Glenn Millers »In the mood« eingeprägt. Ich sang also unserem Arrangeur die Melodie Note für Note vor. Er schrieb sie nieder und arrangierte sie für unsere Band. Es verging anschließend kein Musikabend, an dem nicht die Band mit »In the mood« beginnen mußte.
Georg Vieweger war der Rezitator der Kulturgruppe. Kabarettabende mit Karl-Heinz Engels als Ansager wurden veranstaltet und immer überwacht von unserem russischen Politruk, der »Schwarzen Nena«. Sie gehört zur NKDW, heute KGB, war zuständig für »Kultura«, bösartig und uns keineswegs wohl gesonnen. Einmal hatte die Band auf ihr Programm, das der »Schwarzen Nena« zur Genehmigung immer zuerst vorgelegt werden mußte, den Marsch »Feuert los« gesetzt und einstudiert. »Njet«, war ihre Reaktion. »Ihr immer nur feuern wollt, nix Krieg.« Am nächsten Tag wurde ihr der Titel »Feuer am Lager« präsentiert. »Das ist gut, wir Russen lieben Lagerfeuer«, lautete die Genehmigung. Es war derselbe Marsch, nur der Titel war ausgewechselt worden.

Die Russen haben ein besonderes Verhältnis zur »Kultura«, wie sie es nennen. Zum einen sind sie sehr musisch und räumen ihren Kulturschaffenden besondere Rechte ein, vorausgesetzt, sie bleiben linientreu. Zum anderen haben sie erkannt, daß die Musik und andere kulturelle Genüsse die Menschen motivieren und sie vorübergehend vergessen lassen, wie die bittere Realität für sie aussieht.

Gleichzeitig mit der Einführung des »kulturellen Lebens« für die Gefangenen wurde die »Antifa« im Lager gegründet, eine antifaschistische Gruppe, die dem deutschen Lagerkommandanten angegliedert und von der »Schwarzen Nena« überwacht und »umerzogen« wurde. Ihr gehörten neben einigen deutschen Altkommunisten auch Opportunisten an, die sich durch ihre Zugehörigkeit Erleichterungen und Privilegien erhofften. Die Antifagruppe fand bei uns anderen keine Resonanz. Von einigen der besonders eifrigen Anhänger wurden die Namen festgehalten, und viele von ihnen wurden nach der Entlassung erst einmal anständig verprügelt.

Neben der offiziellen Tätigkeit unserer Orchester- und Theatergruppe fanden auf allen Stuben Vortragsabende Mitgefangener statt, unter ihnen Ärzte und Wissenschaftler, die über ausgewählte Themen referierten oder aus ihrem Leben berichteten.

Als besonders aktives Mitglied der Theatergruppe bewährte sich Boris von Karzow. 1894 in Jarowslawl als Sohn einer begüterten Familie geboren, hatte er noch die zaristischen Kadettenschulen in St. Petersburg, dem heutigen Leningrad, besucht, ehe er nach der Oktoberrevolution mit seinen beiden Brüdern fliehen mußte. Seine Brüder hatten Paris und Madrid als Exil gewählt, Boris hingegen ging nach

Deutschland. Er besuchte zunächst eine Schauspielschule, wenn auch die Schauspielerei in den schweren Jahren nach dem Ersten Weltkrieg eine brotlose Kunst war. Er wechselte deshalb zur Industrie, heiratete und bekam eine Tochter, Tamara. Sie lebt heute in Norddeutschland und hat mir jetzt viel über ihren Vater erzählt und mir Briefe und Fotos zur Verfügung gestellt, die einen schönen Beitrag zu dem geleistet haben, was ich mit ihrem Vater in unserem Lager 518 gemeinsam erlebte.

Karzow sprach fünf Sprachen fließend und wurde deshalb bei Beginn des Zweiten Weltkrieges als »Dolmetscher-Sonderführer« zur Wehrmacht verpflichtet. Ein Pressefoto liegt mir vor, das Karzow mit deutschen und russischen Offizieren zeigt, als die »Demarkationslinie« nach dem Polenfeldzug 1939 festgelegt wurde, die Polen erneut aufteilen und über das gequälte polnische Volk wiederum so viel Leid bringen sollte — diesmal von beiden Seiten.

Im Verlauf des Rußlandfeldzuges, als aus gefangenen und »befreiten« Offizieren und Soldaten die berühmte »Wlassowarmee« gebildet wurde, wurde Karzow bei einer Kosakeneinheit als Dolmetscher eingesetzt. Fotos zeigen ihn mit Kosakenoffizieren in ihren Originaluniformen zur Pferde. Es waren Einheiten, die im mörderischen Kampf gegen die Panzer keine Chance hatten. Es lag auf der Hand, daß Karzows Tätigkeit und seine russische Abstammung den Russen höchst suspekt sein mußten. Beides sollte ihm später zum Verhängnis werden.

In unserem Lager blieb Karzow zunächst unbehelligt. Man profitierte von seinen Sprachkenntnissen und ließ ihn in der Theatergruppe tätig sein.

Ich werde nie die Stunden vergessen, wenn er aus Werken von Puschkin und Dostojewski vorlas. Selbst die russischen Offiziere und NKWD-Funktionäre gaben freimütig zu: »Der Karzow spricht ein so wunderbares Russisch, wie wir es heute nicht mehr kennen. Unsere Sprache ist einfacher geworden.«

Auf Bitten vieler übersetzte Karzow »Eugen Onegin« von Puschkin, wobei er versuchte, das Melodische der russischen Sprache auch im Deutschen zu erhalten.

Karzow war bei allen sehr beliebt. Wir verlebten zusammen schöne Abende, an denen uns Karzow Geschichten aus dem alten Rußland erzählte und uns die russische Kultur, die Musik und die Mentalität näher brachte. Im Gegensatz zu den früheren SS- und Polizeioffizieren, die ständig verhört wurden, ließ man zu unserem Erstaunen Karzow ziemlich in Ruhe.

Aber plötzlich, in einer Sommernacht im Jahre 1948, wurde Karzow aus dem Lager geholt. Wir ahnten Furchtbares.

Seine Tochter Tamara bestätigte mir jetzt, was wir seinerzeit über Geheimkanäle in Erfahrung gebracht hatten: Karzow war in ein Sonderlager bei Smolensk verlegt worden, wo er ziemlich schwer erkrankte. Daraufhin kam er in ein Lazarett bei Roslawl südlich von Smolensk. Von dort berichtete ein deutscher Arzt nach seiner Entlassung, daß man Karzow in ein Gefängnis geworfen und versucht habe,

»Geständnisse« aus ihm herauszupressen. Da man ihm nichts beweisen konnte, brachte man ihn an alle Plätze, wo er während des Krieges in Rußland im Einsatz gewesen war, um ihn dort öffentlich zur Schau zu stellen. Als er außerordentlich geschwächt aus dem Gefängnis entlassen wurde, brachte ihn besagter deutscher Arzt wieder zu Kräften.
Nach Auskunft des Roten Kreuzes nach dem Kriege soll Karzow im Juli 1949 in Smolensk verstorben sein. Die Behandlung, gegen die er sich, solange er konnte, tapfer gewehrt hatte, hatte dann wohl doch letztlich sein Ende bedeutet.
Das Schicksal Karzows ähnelt dem der vielen in Straflagern umgekommenen ehemaligen SS- und Polizeiangehörigen und dem der deutschen Soldaten, die gegen Partisanen gekämpft hatten.

Nach den ersten schweren Jahren im Lager kam nun noch einiges in Bewegung. Unserem Radiomechaniker war es gelungen, aus den vielen Apparaten, die aus Deutschland von den Russen mitgenommen worden waren und aus Mangel an Erfahrung unserem Mechaniker zur Reparatur gegeben wurden, so viele Teile auszubauen, daß er im Laufe der Zeit ein eigenes Sende- und Empfangsgerät basteln konnte, ohne daß dadurch die Radios der Russen unbrauchbar geworden wären. Auch in anderen Lagern war man offenbar auf diese Idee gekommen.
Natürlich durften nur wenige eingeweiht werden in das Geheimnis der Existenz dieses Gerätes, das es uns ermöglichte, über Kurzwelle den Westen zu hören und uns somit über die Lage zu Hause und im Rest der Welt zu informieren.
Damit unser Gerät nicht entdeckt werden konnte, verpackten wir es in eine Plastikhülle und versenkten es tagsüber in der Latrine. Dort würde niemand suchen, hofften wir. Nachts holten wir es dann hervor. Bis zum Tage unserer Entlassung hatten die Russen das Rätsel nicht lösen können, warum wir stets so gut informiert gewesen waren.

Die wohl schwerste psychische Belastung in den ersten Jahren stellte für uns das Fehlen jeglichen Kontaktes zu unseren Angehörigen in der Heimat dar. Keiner wußte vom anderen, ob er überhaupt noch am Leben war.
Dann — wahrscheinlich auf Druck der Westmächte hin — durften wir endlich einmal im Monat eine Postkarte schreiben, die einschließlich der Anschrift 25 Wörter umfassen durfte. Das war nicht viel, aber es war zumindest ein Lebenszeichen, das man schicken und erhalten konnte. Später dann konnten wir einmal eine Karte mit unbegrenzter Wortzahl schreiben. Diese Auflage brachte wahre Künstler im Kleinschreiben hervor, und es wurden Wettbewerbe veranstaltet, wer die meisten Wörter auf einer Karte unterbringen konnte. Ab Frühjahr 1948 war uns dann alle drei Monate ein Brief erlaubt. Auch diese Schikane, als die wir sie ansahen, hatte mit der russischen Mentalität zu tun:
Das Postwesen ist geprägt von der Schlamperei und dem Desinteresse der Postbeamten. Aber auch die riesigen Entfernungen in dem großen Reich diesseits und jen-

seits des Urals sowie das schwerfällige System machen eine normale Verbindung fast unmöglich. Zudem haben die Russen kein Gefühl für Zeit und Raum. Es sind für sie abstrakte Begriffe. Wie oft erhielten wir auf unsere Frage, wann wir endlich nach Hause entlassen würden, die Antwort: »Was wollt Ihr, Rußland ist groß. Hier findet Ihr Brot, Arbeit und Mädchen. Warum wollt Ihr nicht hierbleiben? Eure Frau zu Hause hat lange anderen Mann.« Was sollten wir zu dieser Lebenshaltung bei unserer andersartigen Denkweise noch sagen?
Die Russen ertragen mit ihrem Fatalismus diese Zustände, zumal sie nicht wissen, wie es woanders zugeht und wie sehr wir im Westen von unseren Kommunikationsmitteln abhängig sind. Ich habe russische Arbeiter erlebt, die irgendwo im Norden Rußlands nachts aus dem Bett geholt, in einen Waggon gesteckt und hierher in den Kaukasus gebracht wurden, um zu arbeiten. Auf unsere Fragen hin, was die Frau dazu gesagt habe und wovon sie jetzt mit den Kindern leben würde, kam für gewöhnlich die Antwort: »Nitschewo, Frau wird finden Arbeit und vielleicht auch Mann, der sie und Kinder ernähren wird. Ich muß sehen, daß ich hier klarkomme.«

Im Zuge der »Liberalisierung« durch das »Kultura«-Programm und die Tätigkeit der Antifagruppe hatte sich allmählich eine Gemeinschaft gebildet, die der schlechten Behandlung und dem immer noch miserablen Essen Widerstand entgegensetzte. Unsere Tätigkeit als »deutsche Spezialisten« hatte uns auf vielen Gebieten unentbehrlich gemacht, was wir, wo immer möglich, für uns ausnutzten. Trotzdem war die Behandlung oft grausam: Immer wieder wurden einzelne nachts zur Vernehmung geholt, um ihnen entweder Greueltaten während des Krieges nachzuweisen oder Aussagen über im Lager befindliche SS- und Polizeiangehörige aus ihnen herauszupressen.
So wurde einmal Ernst Urban, mit dem ich oft die Abende am Lagerzaun sitzend verbrachte, eines Nachts zur NKWD geholt. Ihm wurden Greueltaten vorgeworfen, von denen man angeblich erfahren hatte. Sein Name, Geburtsort und andere Einzelheiten wurden ihm zum Beweis dafür vorgehalten, daß man über ihn genau Bescheid wisse. Als er seine Unschuld beteuerte, wurde er zwischen zwei glühende Öfen gestellt und ein Eimer kaltes Wasser über ihn gegossen. Die »Schwarze Nena« glaubte, ihn so zu einem Geständnis zwingen zu können. Erst, als er anhand des Geburtsdatums den Russen klarmachen konnte, daß er zum Zeitpunkt der Greueltaten noch keine 12 Jahre alt gewesen war, stellt sich heraus, daß es sich um eine Namensverwechslung handeln mußte. Von vielen ähnlichen Fällen hörten wir immer wieder. Die Russen versuchten immer wieder aufs neue, uns durch Psychoterror zu erpressen.

Doch zurück zur Korruption. Einen klassischen Fall erlebte ich mit meiner »Betonbrigade«: Eines Abends erschien der Stellvertreter des russischen Lagerkommandanten bei mir mit den Worten: »Du morgen nicht zur Arbeit, habe Sonderaufgabe für Euch. Suche Dir 12 Leute, die nicht im Schacht arbeiten. Posten wird Euch

abholen.« Ich ahnte, daß hier ein Geschäft gemacht werden sollte und witterte unsere Chance. Ich sagte daher: »Wenn Sonderaufgabe, müßt Ihr zahlen, sonst schreibe ich nach Moskau über Eure Machenschaften.« Die Russen wußten nur zu gut, daß es zuvor einigen gelungen war, Karten oder Briefe aus dem Lager zu schmuggeln und sie auf dem normalen Postwege an Stalin persönlich oder an den Obersten Sowjet zu schicken. Sie enthielten Beschwerden oder auch nur die einfache Anfrage, wann wir gemäß den Genfer Konventionen endlich entlassen würden. Wie wir aus unseren »Geheimkanälen« erfuhren, waren einige Karten angekommen und anschließend — eigenartigerweise — dem Lagerkommandanten mit vermerkten Anweisungen wieder zugestellt worden. Insofern wurde unsere Drohung, nach Moskau zu schreiben, durchaus ernst genommen.
»Wenn gut gearbeitet, bekommt Ihr Belohnung«, war daher die Antwort des stellvertretenden russischen Lagerkommandanten.
Am nächsten Morgen holte uns also ein Posten ab. Es war noch Winter. Schnee lag in den Bergen. Wir marschierten los, ohne zu wissen, wohin. Der Schnee reichte uns bis zur Brust. In Reihe stiegen wir auf, uns immer abwechselnd fünf Stunden lang den Weg durch den tiefen Schnee bahnend. Plötzlich hörten wir vom Wachposten den Ausruf: »Stoj, halt!« Der Posten zeigte auf einen verschneiten Holzstapel und bedeutete uns, diesen zu Tal zu bringen. Ich fragte ihn: »Hast Du Geld mit? Sonst passiert hier gar nichts.« Zu meinem Erstaunen holte er ein Bündel Rubelscheine aus der Tasche. Unsere Warnung hatte offenbar genützt. Wir befreiten den Holzstapel vom Schnee. Die Stämme hatten eine Länge von ungefähr 5 Metern. Es handelte sich um wertvolles Mahagoniholz. Jeder klemmte sich einen Stamm unter den Arm und rutschte in unserer Spur abwärts zu Tal. Diesmal dauerte es nur noch zwei Stunden.

Mir war inzwischen klar geworden, daß es sich hier um eine größere Verschiebung wertvollen Holzes handelte. Mit Sicherheit hatte der Kommandant einen stattlichen Betrag dafür erhalten, für diese Aufgabe Gefangene abzustellen, und auch der Wachposten hatte bestimmt seinen Anteil bekommen.
Etwas abseits vom Ortseingang warteten zwei Lastwagen, auf die wir die Stämme aufzuladen hatten. Dann fuhren wir zum Bahnhof. Hier stand ein einzelner Waggon, auf den wir die Stämme erst umluden, nachdem wir vom Posten die Rubel erhalten hatten.
Der Posten ermahnte uns denn auch: »Ihr nix gesehen und nix erzählen.« Wir marschierten totmüde ins Lager zurück, wo eine Sonderportion Suppe auf uns wartete. Erneut wurden wir vom russischen Offizier zu absolutem Stillschweigen ermahnt. Über unseren deutschen Lastwagenfahrer Fred Sbosny, der des öfteren nach Kutaisk und Tiflis fahren mußte, erfuhren wir dann die Fortsetzung dieser Geschichte.
Ein hochgestellter Funktionär in Tiflis hatte das »Geschäft« in Auftrag gegeben. Der Ablauf war so:

Zunächst mußte der staatliche Forstbeamte bestochen werden, der für das Schlagen und den Abtransport der Edelhölzer verantwortlich war. Er deklarierte das Fehlen eines Stapels als »Sabotage«, die übliche Formulierung in Korruptionsfällen, wenn diese überhaupt aufgedeckt wurden. Außer uns hatten der Wachposten und der Lastwagenfahrer Schmiergeld erhalten. Dann war noch der Bahnhofsvorsteher zu bedenken gewesen, der einen leeren Waggon bereitgestellt hatte. Man muß dazu wissen, daß an der Stadtgrenze von Tkibuli ein Zoll- und Wachhaus stand, wo jeder Zug mit Steinkohle halten mußte und registriert wurde. Also erhielt auch der »Zollposten« seinen Anteil. Bis hierher waren alle Schmiergelder vom Lagerkommandanten bezahlt worden, der zu diesem Zweck zuvor reichlich Rubel erhalten hatte.

In Kutaisk, der Provinzhauptstadt, wurde der Waggon an einen Zug nach Tiflis angehängt, unregistriert, versteht sich, für welche Geste der Bahnhofsvorsteher seinen Obulus erhalten hatte. Eine weitere Zahlung war dann noch bei Ankunft in Tiflis fällig, wo der »Auftraggeber« seine Ware endlich in Empfang nehmen konnte. Dort verkaufte er das Holz dann zu horrenden Preisen an hohe, begüterte Funktionäre weiter, die sich daraus Möbel anfertigen ließen von Tischlern, die hierfür von Staatsfirmen »abgestellt« worden waren. Die Funktionäre haben zwar Geld genug, aber sie können sich dafür nichts kaufen, es sei denn auf dem »schwarzen Markt«.

Normalerweise werden alle Bauvorhaben und die Erfüllung der Normpläne von Kommissionen kontrolliert, die unregelmäßig in allen Betrieben erscheinen. Aber auch sie haben gegen kleine Geschenke nichts einzuwenden und melden dann an die übergeordnete Stelle »Sabotage«, wenn sie Mängel oder das Fehlen von zugeteiltem Material feststellen. Ist der Fall jedoch so kraß, daß er mit »Sabotage« nicht mehr zu vertuschen ist, muß schnell ein Schuldiger gefunden werden, was dann so vor sich geht:
Ein kleiner, unschuldiger Arbeitsaufseher verschwindet für 5 bis 15 Jahre nach Sibirien.
Eine derartige Erfahrung hatte bedauerlicherweise ein sympathischer russischer Ingenieur machen müssen, der nun der Arbeitsleiter unserer Betonbrigade für ein wichtiges Projekt geworden war. Er war irgendwo in der Ukraine als »Schuldiger« eines sogenannten »Wirtschaftsverbrechens» bestimmt und für fünf Jahre nach Sibirien nördlich Wladiwostok verbannt worden. Ohne jede Verbindung zu seiner Familie aufnehmen zu können, mußte er in den sibirischen Wäldern arbeiten. Anschließend wurde er dann zur Bewährung, und um sich wieder an normale Verhältnisse zu gewöhnen, für zwei Jahre in den Kaukasus geschickt.
Ich freundete mich schnell mit diesem armen Mann an, dessen erste Bewährungsaufgabe nun die Leitung eines Gießereiprojektes war. Die Gießerei sollte unterhalb unseres Lagers am Ortsrand von Tkibuli gebaut werden, und unsere Brigade sollte das Fundament legen.

Am ersten Tag unseres Einsatzes zeigte mir der russische Ingenieur einen von Moskau geschickten Bauplan, der als Standardplan für alle ähnlichen Vorhaben diente. »Sieh Dir den Plan einmal an, ich verstehe nicht alles, dazu bin ich nicht genügend ausgebildet«, bat mich der Ingenieur. »Kannst Du daraus ersehen, wie die Fundamente zu legen sind?«
Er tat mir leid, und mich wunderte langsam nichts mehr. Ich besprach mich also mit unserem einzigen Spezialisten, dem Maurer. Der Bauplatz war von der Schachtleitung, der auch die Gießerei unterstehen sollte, festgelegt worden. Wir legten also zunächst die Grenzen für das Fundament in Länge und Breite fest und entnahmen dem Plan, daß die Fundamente drei Meter tief aus Stahlbeton zu legen seien.
Aufgrund leidiger Erfahrung bat ich den Ingenieur dringend, auf das Material zu achten, da er sonst endgültig dran sein würde. Dann begannen wir, mit Spitzhacken und Schaufeln zu graben, bis wir nach gut einem Meter auf Grundwasser stießen. Wir machten erst einmal Pause, um uns zu beraten. Ich ging zu unserem Wachposten und sagte: »Gib mir mal Dein Maschinengewehr. Hier hast Du ein paar Rubel. Gehe und kaufe dort drüben auf dem Markt für uns alle Maisfladen ein, auch für Dich und den Ingenieur.« Er übergab mir anstandslos sein Gewehr und war froh, Aussicht auf eine Extraration zu haben. »Hier ist schon Grundwasser«, sagte ich unserem ratlosen Ingenieur. »Ihr müßt weitergraben, Plan von Moskau muß ausgeführt werden«, war seine überzeugende Antwort.
Also gruben wir weiter. Als wir schließlich bis zu den Knöcheln im Wasser standen, ließ ich die Arbeit stoppen.
»So geht das nicht weiter, wie sollen wir je auf drei Meter Tiefe kommen?«

Ich hatte dem Plan entnommen, daß später schwere Dachkräne eingebaut werden sollten, für die auch das 3-Meter-Fundament notwendig war. Der Ingenieur versprach, Gummistiefel und Pumpen zu organisieren, wenn wir nur weitermachen würden. Wir äußerten uns nicht weiter zu dieser originellen Idee.
Aber tatsächlich trafen am nächsten Tag Pumpen ein. Ebenso erhielten wir die versprochenen Gummistiefel. Aber nach zwei weiteren Tagen standen wir bereits 40 Zentimeter tief im Wasser. Ich verweigerte die Weiterarbeit.
»Willst Du sämtliche Elbrusflüsse abpumpen? Das ist doch sinnlos. Wir wollen nicht ›unter Wasser‹ arbeiten«, wandte ich mich nun schon reichlich verärgert an den Ingenieur.
»Ich mit Natschalnik sprechen, morgen wir werden sehen.« Die Entscheidung war so einfach wie sinnlos: »Natschalnik begreifen Problem. Aufhören mit Graben, Stahlbeton legen, auch wenn nur 1,30 Meter tief.«
Uns war klar, daß das ganze Gebäude mit diesem schwachen Fundament zusammenbrechen würde, wenn es überhaupt je vollendet und in Betrieb genommen werden würde. So mischten wir korrekt im Verhältnis 1 : 7 den Beton an, verankerten die Stahlstäbe und beendeten unseren Teil mit einem unzureichenden Fundament.

Dabei blieb es dann auch. In den folgenden Monaten tat sich nichts mehr auf der Baustelle. Als ich Ende 1948 das Lager verließ, sah ich unsere Stahlstäbe immer noch in den Himmel ragen. Das bereits angelieferte Material, wenn es zwischenzeitlich noch nicht gestohlen worden war, rostete vor sich hin.
Ich weiß nicht, wie die Schachtleitung all dies Moskau gegenüber begründet hatte, und was aus dem armen Ingenieur geworden ist.
Mit diesem Projekt war meine Tätigkeit als Führer der Betonbrigade dann beendet. Ich erhielt eine neue Aufgabe.

Doch zurück zu unserem Lager:
Wir alle, die die Chance hatten, uns bei den Außenkommandos etwas Geld oder Brot hinzuzuverdienen, versuchten, den im Lager zurückgebliebenen schwächeren Mitgefangenen, die solche Möglichkeiten nicht hatten, durch Einkäufe auf dem Markt etwas zukommen zu lassen. Auch unsere Wachposten, deren geringer Sold und die knappe Verpflegung zum Sattwerden nicht reichten, bekamen von uns etwas geschenkt oder sie tauschten bei uns Tabak gegen Verpflegung ein. Wir erhielten zwar täglich eine kleine Tabakration, aber es handelte sich dabei nur um »Marchorka«, die Blätterstränge, die bei der Herstellung der »Papyrossi« übrigbleiben. Marchorka läßt sich nur rauchen, wenn man sich aus Zeitungspapier eine Tüte dreht, in die man den zerkleinerten Marchorka füllt, die Tüte dann oben zudreht und sie anzündet.
Marchorka ist in ganz Rußland der »Tabak der Armen«. Die russischen Zeitungen sind auf das Rauchen in dieser Form ausgelegt, sie enthalten keinen Leim, und es geht der Spruch um: »Die *Prawda* ist die meist*gerauchte* Zigarette der Welt.«
Streichhölzer sind in Rußland ebenfalls Mangelware. Nur einmal erlebte ich in vier Jahren, daß eine Zuteilung von Streichhölzern von Moskau kommend in dem kleinen Städtchen Tkibuli eintraf. Aber die Ration verschwand sehr schnell in einem der Funktionärsläden. Wir griffen daher auf die Art des Feuermachens unserer Vorfahren zurück, aus Lunten und Feuersteinen wurde ein Feuerzeug gefertigt.

Im Lager fehlte es nicht an Zeichen von Humanität:
Da war zunächst Natella, der »Engel von Tkibuli und dem Lager 518«. Sie entstammte einem alten georgischen Fürstengeschlecht und half den deutschen »maladois«, den Kranken, wo immer sie konnte. Unter Lebensgefahr besorgte sie Medikamente, die eigentlich für die Russen bestimmt waren. Dann war da noch Frau Doktor Kamdelaki, Ärztin im Lagerkrankenhaus und zuständig für alle sechs Lager. Auch sie entstammte einem alten Fürstengeschlecht und war damit keine Freundin der Russen, die ihre Heimat besetzt und sie der Freiheit beraubt hatten.
Des weiteren Nastasia (den Namen habe ich geändert, da sie wahrscheinlich noch lebt und ich sie nicht in Schwierigkeiten bringen möchte) und ihre Freundin Sina. Nastasia war eine Urenkelin Lenins. Die beiden jungen Mädchen waren Ingenieurinnen und für 15 Jahre in den Kaukasus verbannt worden.

Nastasia ist es zu verdanken, daß es einige Fotos vom Lager und unserer Kulturgruppe gibt, die sie unter Lebensgefahr aufgenommen hatte und die unter der Mützenkokarde von Jupp Link, mit dem sie sich angefreundet hatte, aus dem Lager geschmuggelt werden konnten. Jupp Link, der heute bei München lebt, erzählte mir von diesem Mädchen, die uns Deutsche mochte, und von dem traurigen Abschied, als er als letzter das Lager verließ und Nastasia ihn bat, sie doch mitzunehmen.
Was mag aus allen diesen Frauen geworden sein, die geholfen haben, in uns den Glauben und die Hoffnung auf Menschlichkeit zu erhalten?

Die Zeit verging, und wir hatten gelernt, uns mit den schlechten Verhältnissen zu arrangieren. Uns war klar geworden, daß wir neben der harten Arbeit im Schacht und in den Außenkommandos und neben der kulturellen Betätigung auch etwas tun mußten, um uns körperlich fit zu halten. Jupp Link gelang es, uns Bälle zu beschaffen, und ich gründete Handballmannschaften. Handball war damals in meiner norddeutschen Heimat ein sehr populäres Feldspiel (im Gegensatz zu dem heutigen Hallenhandball). Diesen Sport betrieben wir an jedem freien Tag, wobei wir von den Russen bestaunt und von einem begeisterten Publikum angefeuert wurden.
Als nächstes wurden eine Fußballmannschaft aufgestellt und Spiele gegen die anderen Lager organisiert.

Auch das russische Nationalspiel Schach erfreute sich bald großer Beliebtheit. Zunächst schnitzten wir uns auf primitive Art Schachfiguren. Die Russen waren so begeistert, daß sie uns Schachspiele schenkten und Wachposten heimlich, da es ihnen verboten war, gegen unsere besten Spieler zu einer Schachpartie antraten.

Dies alles mag nach ›lustigem Lagerleben‹ klingen. Das war es aber bei weitem nicht. Vielmehr war der Überlebenswille der entscheidende Impuls dafür, der uns die Kraft gab, auch unter diesen Bedingungen nicht aufzugeben. Einige unserer Mitgefangenen kritisierten oft unser Tun und meinten, wir würden so den Russen den Beweis liefern, noch kräftig genug für noch härtere Arbeit zu sein.

Im Winter 1947/48 erhielt ich mein letztes Kommando im Lager 518/I: Ich wurde der Brigadier eines »Kohle-Suchkommandos«. Oberhalb unseres Lagers, an den Hängen des Elbrusgebirges, hatten die Russen begonnen, mit Hilfe aus Schweden gelieferter Bohrmaschinen nach neuen Steinkohlevorkommen zu suchen.
Ein russisches Kommando war bereits auf ein mächtiges Flöz in etwa 800 Meter Tiefe gestoßen, und es wurde nun unter großem Einsatz in drei Schichten begonnen, das Flöz zu lokalisieren und abzubauen.
Meine Brigade sollte eine Tagschicht übernehmen. Sie wurde auf sechs Bohrstellen verteilt und vom russischen Brigadier genau eingewiesen. Obwohl der Frühling vor der Tür stand, lag in den Bergen noch viel Schnee, und es war bitterkalt. Jeden

Morgen stiegen wir — von unserem Wachposten begleitet — durch den Schnee in die Berge auf, wo wir die Nachtschicht ablösten, die frierend um ein Feuer herum saß.

Meine Aufgabe bestand darin, die einzelnen Bohrstellen im Laufe der Schicht zu besuchen und mich zu bemühen, dort, wo es Probleme gab, Abhilfe zu schaffen. Unser Wachposten sollte eigentlich auch die einzelnen Bohrstellen kontrollieren und nachsehen, ob überall gearbeitet wurde. Er zog es aber meistens vor, sich den besten Feuerplatz zu suchen, sein Maschinengewehr an einen Baum zu stellen und dann zu schlafen. Sprach ich ihn hierauf an, war seine Antwort:
»Polkownik, Du guter Brigadier, hast Propusk und kannst überall nachsehen, ob Arbeit gut. Ich frieren, bleibe lieber am Feuer.«
Trotz der zu verrichtenden Knochenarbeit an den schweren Bohrmaschinen und unserer oft unzureichenden Bekleidung empfanden wir hier oben in den Bergen mit Blick auf die kleine Stadt und unser Lager ein Stück Freiheit. Es blieb nicht aus, daß wir unsere Späße machten. So versteckten wir zum Beispiel das Maschinengewehr des Wachpostens, während er schlief.
»Kamerad, gib mein Gewehr zurück. Nicht erzählen, daß ich schlafen, sonst ich in Stehbunker. Hier, nimm etwas Marchorka zum Rauchen.«

Es wurde Frühling, der Schnee schmolz unter der warmen südlichen Sonne, die ersten Blumen kamen heraus. Die Arbeit wurde erträglicher, und wir genossen sogar die einmalig schöne Landschaft des Südkaukasus. Wohlschmeckende Walderdbeeren, wildwachsende Birnen und alle Arten von Kräutern, die uns der Posten zeigte, wurden ein willkommener Vitaminzusatz, den wir drei lange Jahre entbehrt hatten. Und wann immer möglich, versorgten wir hiermit auch unsere Kranken im Lager.

Allmählich dehnte ich meine »Kontrollgänge« aus. Die Bohrtrupps arbeiteten zuverlässig. Ich sammelte derweil für sie in einem selbstgefertigten Korb Erdbeeren und wilde Birnen.

An einem Frühlingstag, das deutsche Osterfest war nicht mehr weit, startete ich ganz früh, um einen Berggrat zu besteigen und zu sehen, was dahinter lag.
Im Tal sah ich ein kleines verwunschenes Dorf liegen. Ich konnte nicht widerstehen und stieg hinab. Hier kam ich in eine vergessene Welt. Das nur von georgischen Bauern bewohnte Dorf hatte keine Straße, die aus dem Dorf herausführte. Nur Maulesel und Esel konnten den Weg hier heraus bahnen und als Transportmittel dienen hinein in die normale Welt, die mit dem Städtchen Tkibuli zu Ende war.
Alle liefen zusammen, um mich, den Fremden, zu bestaunen. Ich fragte nach dem Dorfältesten. Ein alter Mann kam auf mich zu. Skeptisch und furchtsam fragte er mich in einem Gemisch aus Georgisch und Russisch, wer ich sei und was ich wolle.

»Ich bin ein deutscher ›plenni‹, ein Kriegsgefangener, ich arbeite dort drüben in den Bergen und lebe seit vielen Jahren in einem Lager in Tkibuli.«
Sein Gesicht hellte sich auf. Aufgeregt rief er mir und den anderen Dorfbewohnern zu: »Ich kenne Deutsche vom Krieg. Sie haben mit Türken unser Land befreit von schlechten Russen. Ich nie vergessen gute Deutsche.«
Offenbar war seine Zeit im Ersten Weltkrieg stehengeblieben, als Georgien deutsches Protektorat gewesen war.
»Deutsch gut, komm, Du unser Gast.«
Ich wurde in ein einfaches, aber sauberes Haus gebracht. Seine ganze Familie versammelte sich, andere Dorfbewohner drängten sich neugierig am Eingang.

Wie in allen Häusern befand sich in der Mitte der Feuer- und Eßplatz aus festem Lehm, an drei Seiten Felle zum Schlafen für die Familie und in einer Ecke der Raum für die Hühner und Ziegen. Ich fühlte mich wohl hier nach den Jahren in der Baracke und auf unseren Holzpritschen.
Über dem Feuer hingen vom Dach lange eiserne Ketten herab.
»Du jetzt essen georgisch bei Freunden. Komm, setz Dich.« Mit gekreuzten Beinen hocken wir uns um das Feuer, die Bauersfrau hängte eiserne Kessel an die Ketten. In einen Kessel füllte sie das Wasser für den Tee, in einem anderen wurde der Maisbrei zubereitet, in einem dritten das Ziegenfleisch mit allen möglichen Kräutern. Als alles fertig zu sein schien, kam die Frau herbei. Nur die Männer hatten mit mir Platz genommen. Die Frauen standen bescheiden in einer Ecke. Die Frau reichte uns eine Schale mit Wasser, in der wir uns die Hände wuschen. Dann wurden die Kessel abgehängt, der Tee wurde aufgebrüht, und ich wurde aufgefordert, mit dem Essen zu beginnen.
Es gab keine Gabeln und keinen Löffel, nur die Kessel mit den heißen Gerichten. Wie sollte ich essen? Um meine Unsicherheit den freundlichen Leuten nicht zu zeigen oder sie gar zu beleidigen, sagte ich: »Vielen Dank, Bauer, aber bei uns in Deutschland fängt immer der Hausherr mit dem Essen an, symbolisch dafür, daß das Essen genießbar ist. Also fange Du bitte an.«
Er war beeindruckt. Mit einer Hand nahm er eine Handvoll Maisbrei aus dem heißen Kessel, formte den Brei dann gekonnt zu einem flachen Stück und holte sich mit diesem Maisstück aus dem anderen Kessel das Fleisch heraus. Geschickt wickelte er alles zu einer Rolle und begann zu essen.
Ich hatte schon bei den Beduinen in Afrika eine ähnliche Art des Essens kennengelernt.
Ich machte es ihm also nach, und obwohl meine Hände zu verbrennen schienen, genoß ich als hungriger Gefangener das köstliche Essen und den starken Tee.
Dann brachte die Frau einen Tontopf mit einem selbstgebrauten Schnaps, dessen Ingredienzen ich nicht identifizieren konnte. Nun folgten auch die in den arabischen Ländern üblichen Trinksprüche: »Ich trinke auf große Freundschaft mit guten Deutschen, die Freunde von uns Georgiern sind. Du wirst Eurem großen Kaiser

Wilhelm unsere Grüße überbringen. Ich wissen vom Krieg, daß er guter, gerechter Mann. Wir nix mehr haben Kaiser und unsere geliebte Tamara. Ihr wiederkommen, und wir werden frei sein.«

Ich klärte den guten Mann nicht darüber auf, daß Wilhelm II. längst tot war und wir bereits den Zweiten Weltkrieg hinter uns hatten. Ich sagte: »Ich wünsche Eurem schönen Land und den stolzen Georgiern eines Tages die Freiheit. Ich grüße die freundlichen Bauern dieses Dorfes und trinke auf das Wohl der Kaiserin Tamara.«
Die Frauen weinten und die Männer umarmten mich.

Die Atmosphäre erschien mir geeignet, ein paar Eier für Ostern und die Kranken im Lager einzukaufen. Auf meine entsprechende Frage hin verwies mich der Bauer an seine Frau: »Frau für Ziegen, Hühner und Mehl verantwortlich. Du mit ihr handeln.«
Ich sah sofort das Leuchten in ihren Augen, nun, wie alle Orientalen, mit einem Käufer handeln zu können. Ihr erster Preis lag weit über dem des Marktes in Tkibuli. Ich unterbot daher den Marktpreis. Auch sie gab etwas nach, und alle Frauen schnatterten daraufhin durcheinander.
Leider hatte ich nicht mehr die Zeit, dieses auch von mir geliebte Spiel lange fortzusetzen.
»Hör mal, ich habe wenig Zeit. Ich erspare Dir den langen Weg durch die Berge, um Deine Eier auf dem Markt von Tkibuli zu verkaufen. Also mußt Du sie mir doch billiger anbieten.«
»Ich liebe wandern durch die Berge, höre Neues auf dem Markt. Willst Du nun also kaufen zu meinem Preis?«
Ich gab auf mit dem Argument, die Eier müßten mir auf dem Weg durch die Berge zerbrechen oder mir vom russischen Posten weggenommen werden.
Mit vielen freundlichen Worten und Umarmungen verabschiedeten wir uns. Glückliche Menschen, bei denen die Zeit stehengeblieben war.

Kurz vor Ostern besuchte ich dieses Dorf noch einmal. Ich hatte ein im Schacht selbstgefertigtes, ziseliertes Messer als Geschenk für den Dorfältesten mitgebracht als Dank für seine Gastfreundschaft. Diesmal überredete er seine Frau, mir einige Eier mitzugeben als Geschenk.
Ich dankte ihnen im Namen aller im Lager.
So hatten wir also doch noch unser Osterei auf dem Tisch.

Die russische Schachtleitung hatte nach Entdeckung des neuen ergiebigen Flözes begonnen, im Tal eine neue Schachtanlage zu bauen. Nun, da die Ergebnisse der Kohle-Suchkommandos so positiv waren, wurden die Arbeiten mit Hochdruck fortgesetzt.

Wie immer, war wieder ziemlich schlampig und ohne großen Sachverstand nach den aus Moskau gelieferten Plänen gearbeitet worden. Die Baustelle und der erste Teil eines in die Berge vorzutreibenden Tunnels sahen katastrophal aus. Die Bauleiter schienen die Pläne noch nicht einmal zu verstehen. Material wurde gestohlen. Die russischen Arbeitskräfte hielten sich genau an die verhältnismäßig niedrig gehaltene Norm.
Sehr zu unserem Erstaunen wurde ein deutscher Bergwerksingenieur, der bis dahin im Kohleschacht gearbeitet hatte, eines Tages geholt, und man übertrug ihm die Oberaufsicht über das ganze Projekt.
»Du bist nun für alles verantwortlich, russische Arbeiter werden Dir unterstellt, Du holst aus Eurem Lager alle Spezialisten, die du brauchen kannst und erhältst alles Material, das Du anforderst.« So lautete die klare Anweisung des Ober-Natschalniks, die offenbar mit dem russischen Lagerkommandanten abgestimmt worden war.
Der Weiter- und Ausbau des Tunnels, die Verlegung der Schienen für die Tunnelbahn, alle elektrischen Einrichtungen, der Bau eines Maschinenhauses und die für die Verwaltung und das russische Personal vorgesehenen Baracken unterstanden nun dem deutschen Ingenieur.
Zunächst zögernd und gegen den Widerstand einiger Funktionäre, dann aber energisch setzte er sich durch und überzeugte schließlich jeden davon, daß hier fachmännisch und gut gearbeitet wurde. Er verlangte viel von den russischen Bauleitern und Arbeitern, aber sein Sachverstand und seine Gerechtigkeit machten ihn bald beliebt. Ich besuchte ihn eines Tages auf der Baustelle und war überrascht von der fast europäisch wirkenden Anlage und dem Eifer, mit dem hier gearbeitet wurde. Ich erlebte, wie einige Waggons mit Kies ankamen, der vom Kaspischen Meer geholt worden war. Unser Ingenieur prüfte in seinem noch einfachen Labor den Kies und verweigerte die Annahme.
»Dieser Kies ist ölhaltig und daher für das Auszementieren der Tunnelröhre ungeeignet. Ich brauche sauberen Kies.«
Die Schachtleitung ordnete sofort die Lieferung von sauberem Kies an, und tatsächlich traf er wenige Tage später ein.

Bis zu meiner Verlegung in ein anderes Lager Ende 1948 war die neue Schachtanlage weit gediehen und die Verwaltung sowie das Schachtpersonal bereits in ihre Baracken eingezogen. Wir wunderten uns auch nicht mehr darüber, warum die Russen die Genfer Konventionen mißachteten und versuchten, uns Kriegsgefangene mit allen Mitteln zu halten.
Es zeigte sich erneut, daß mit dem staatlich gelenkten System, einem Millionenheer russischer Strafgefangener und dienstverpflichteter Arbeiter, dem Fehlen jeglichen Anreizes zur Arbeit und einfachster Konsumgüter keine Leistung zu erzielen war, wie sie im Westen als Grundlage einer liberalen — in russischen Augen kapitalistischen — Wirtschaft selbstverständlich ist.

Im Lager 518 gelang es unterdessen immer mehr Gefangenen, sich einen »Nebenverdienst« zu verschaffen, um die schlechte, einseitige und knappe Verpflegung aufzubessern.
Die Schachtarbeiter, die keine Verbindung zur Außenwelt hatten, begannen einen schwungvollen Handel mit Steinkohle, die sie an frierende russische Familien verkauften, nachdem sie zuvor den Wachtposten eine kleine Provision gezahlt hatten. Oder sie fertigten in den Schachtwerkstätten kunstvoll ziselierte Messer und andere Gebrauchsgegenstände an, die sonst von der Bevölkerung nirgendwo gekauft werden konnten.

Unser deutscher Lastwagenfahrer Fred Sbosny, mit dem ich einmal nach Tiflis fuhr, um für die Theatergruppe einzukaufen, versuchte, den guten Zustand seines Studebaker-Wagens zu erhalten. Wie er mir erzählte, bekam er vom russischen Kommandanten, wenn einmal ein Ersatzteil fehlte, stets den gleichen Auftrag: »Du im Schacht holen, Wachen im Parkhof nichts merken dürfen.« Das bedeutete, daß er oft nachts unter größter Gefahr und unter Bestechen der Wachen auf »Organisierungstour« gehen mußte.
Ersatzteile für die mehr als 100 000 Studebaker, die die Amerikaner geliefert hatten, gab es nicht oder sie waren »schwarz« verkauft worden.
So wurden im Laufe der Jahre aus drei Lastwagen zwei, aus zweien einer, bis auch dieser letzte sein Leben ausgehaucht hatte.
Im Rahmen des Pacht- und Leihvertrages hatten die Amerikaner in Verkennung der Verhältnisse auch Unmengen von Pyjamas geliefert. Für die Georgier, die alles Farbenfrohe sehr liebten, waren sie ein sehr willkommenes Geschenk, und so sah man sie noch nach 1948 auch tagsüber in ihren Pyjamas durch die Stadt laufen.

Die russischen Offiziere und NKWD-Leute wußten zweifellos, daß die Lage sich langsam zu verändern begann, und waren realistisch genug, unsere Leistungen höher zu bewerten. Für uns gab es ohne sie keine Chance, unsere Heimat jemals wiederzusehen.
Der Sommer 1948 wurde durch zwei Ereignisse geprägt, die mich, jedes auf seine Art, beeindruckten:
Eines Tages wurde ich aus arbeitstechnischen Gründen für eine Woche in das zu unserer Lagergruppe gehörende Ungarnlager abkommandiert. Bei meinem Eintreffen hatte man gerade drei Ungarn eingesperrt, die sich über die Arbeitsbedingungen beschwert hatten. Das gesamte Lager trat sofort in den Hungerstreik, entsandte eine Delegation zum russischen Kommandanten und verlangte die Freilassung. Da sie verweigert wurde, wurde der Hungerstreik fortgesetzt, dem ich mich notgedrungen anschließen mußte. Hungerstreiks, außergewöhnliche Todesfälle oder Selbstmord sind für die Russen ein Alarmzeichen. Sofort erschien eine Kommission aus Moskau zur Untersuchung. Die drei wurden freigelassen, der Hungerstreik wurde dann beendet.

Was mich beeindruckte, war die Geschlossenheit, mit der das gesamte Lager dem Streik gefolgt war. Die Ungarn haßten die Russen, die auch ihre Heimat besetzt hatten.
Ich benutzte den Streik, um bei einem ungarischen Schäfer das Stricken zu erlernen. Nach meiner Rückkehr in unser Lager fertigten mir Schachtarbeiter Stricknadeln an, andere brachten mir 14fädiges Isoliergarn von gestohlenen Elektrokabeln mit, und ich begann, Strümpfe zu stricken. Da wir und die russischen Soldaten nur Fußlappen kannten, die im Winter nicht wärmten, wurden meine Strümpfe zum »Schlager«. Im Laufe der Zeit erreichte ich eine derartige Fertigkeit im Stricken, daß ich einige Paar pro Woche schaffte, die oft mit Vorbestellung von Mitgefangenen und Wachsoldaten gekauft wurden.

Das zweite beeindruckende Ereignis trug sich in unserem Lager zu. Eines späten Nachmittages nach der Arbeit erschien bei mir der russische Kommandant.
»Polkovnik, suche Dir noch drei kräftige Leute und kommen in 10 Minuten zur Wache.«
Hier schien sich mir ein weiteres »Geschäft« anzubahnen. Wir vier erschienen an der Wache, wo uns der Kommandant einem Georgier übergab, den er mit Hochachtung behandelte und der uns ein prominenter Mann in der Stadt zu sein schien. Ein Wachtposten wurde uns mitgegeben, und wir marschierten in die Stadt hinunter. Auf meine Frage, was für uns zu tun sei, sah uns der Mann traurig an. »Ihr werdet sehen, was passiert ist, Ihr mir helfen.« Wir kamen zu einem Stadtviertel, wo die Natschalniks und Funktionäre ihre Holzhäuser hatten, die sich vom Standard abhoben.
Wir traten in das Haus ein und sahen vor uns auf dem Wohnzimmertisch einen offenen Sarg stehen, in dem ein bildhübsches junges Mädchen lag. Seine Tochter. Um den Sarg herum standen Frauen, die sich nach orientalischer Sitte die Haare rauften und Klagelieder sangen. Etwas konsterniert blieben wir stehen und fragten den guten Mann, was um Himmelswillen wir hier zu tun hätten.
»Ihr Sarg feierlich zum Friedhof tragen, dort ich Tochter beerdigen. Ihr auch Christen mit Achtung vor Toten.«

Wir wußten, daß der ehemalige Friedhof am anderen Ende der Stadt lag. »Gospodin, wir werden alles würdig machen. Weg ist weit, darum nimm Schemel mit, damit wir den Sarg absetzen können, wenn er zu schwer wird.«
Wir schulterten also den offenen Sarg, in dem das junge Mädchen in einem weißen Kleid und mit Blumen geschmückt lag und marschierten los, gefolgt von dem Vater mit dem Schemel. Ihm schloß sich die Familie an, der wiederum alle Freunde und Fremde folgten. Der Zug wurde länger und länger. An beiden Seiten unseres langen Weges zum Friedhof standen viele Einwohner des kleinen Schachtstädtchens. Sobald wir ein Zeichen gaben, kam der Vater mit dem Schemel. Kaum hatten wir den Sarg abgesezt, kamen sofort Klageweiber auf den Sarg zugelaufen, um das

Mädchen noch einmal zu berühren. Schließlich kamen wir am Friedhof an. Die verfallene Kirche, die als Verpflegungsdepot diente, die umgefallenen Grabsteine und das wuchernde Unkraut verliehen dem Friedhof einen traurigen Eindruck und boten keine Atmosphäre des Friedens. Der Vater und seine Söhne hatten das Grab bereits ausgehoben, und wir stellten den Sarg neben dem Grab ab.
Der Platz war inzwischen voller Menschen. Nach einem letzten Abschied wurde der Sarg geschlossen, und wir senkten ihn langsam in die Erde. Ich hatte mit meinen drei Kameraden verabredet, nach dem Versenken des Sarges am Grabe stehen zu bleiben und das Vaterunser zu sprechen. Als wir dies taten und dann auch noch drei Schaufeln voll Erde ins Grab warfen, sahen uns die Versammelten staunend an, schienen aber so überwältigt von dieser Geste zu sein, daß ein Teil der Trauergäste das Kreuz schlug und laut zu weinen begann.
Dann begannen wir, zusammen mit dem Vater das Grab zuzuschütten. Dabei konnte ich nicht umhin, ihn zu fragen, woran seine bildhüsche Tochter so jung gestorben sei.
Seine Antwort hatte ich nicht erwartet: »Die dumme Sau, ich habe ihr immer gesagt, sie solle mit ihrem Freund nicht im Freien lieben. Nun hat sie eine Lungenentzündung bekommen und ist daran krepiert.«
Wir waren einigermaßen betroffen. Wir vier marschierten dann mit dem Vater zurück zu seinem Haus, in dem man inzwischen eine für georgische Verhältnisse opulente Tafel zum Leichenschmaus gedeckt hatte. Wir waren überwältigt von dem für uns seit Jahren ungewohnten Mahl. Es gab Maisfladen, Eier, Obst, Fleisch, Ziegenkäse, selbstgebackenes Brot und dazu den grusinischen Wein und Schnaps. Als unser Wachposten gegen 22.00 Uhr erschien, um uns abzuholen, wurde auch er eingeladen zu essen und zu trinken, was er nicht ablehnte.
Dann verabschiedeten wir uns. Die Familie bedankte sich noch einmal für die schöne Beerdigung. Leicht schwankend erschienen wir am Wachhaus, wo uns die Nachtwache mit großem Hallo und neidischen Bemerkungen begrüßte.
Mit einem etwas schlechten Gewissen erzählten wir unseren Mitgefangenen von dieser »Beerdigung auf Russisch«.

Im Straflager: Hungerstreik und KGB

Spätherbst 1948. Der Winter zieht langsam ins Land. Wir geben die Hoffnung noch nicht auf, zu Weihnachten wieder zu Hause zu sein. Das Gegenteil trifft ein.
Wie immer wird plötzlich ohne Vorwarnung selektiert. Alle Stabsoffiziere, ehemalige Angehörige der Waffen-SS und Polizei und solche, die das KGB dafür hält, sowie die Gefangenen, die gegen Partisanen gekämpft hatten, müssen sich fertigmachen.
Man hört, daß wir in ein Sonderlager verlegt werden sollen. Wir sind sehr deprimiert.
Der Abschied von den Zurückbleibenden, mit denen wir mehr als drei Jahre alles gemeinsam ertragen haben, fällt uns schwer. Wir können gerade noch unsere Heimatadressen an sie zum Sicheinprägen weitergeben, da erscheint auch schon der russische Kommandant. »Ich kann nichts machen, Befehl aus Moskau. Ihr gute Arbeiter, Schachtleitung und viele Bürger werden Euch vermissen.
Auch Ihr bald ›domoi‹, nach Hause.«
Wenn auch ein schwacher Trost, so waren es wohl ernstgemeinte Worte. Die russische Seele kommt einmal durch.

Nach Jahren befinden wir uns wieder im verschlossenen Waggon, das neue Wachpersonal versteht keinen Spaß. Es verhält sich, als habe man es mit Schwerverbrechern zu tun.
Am Nachmittag rollt der Zug talwärts, heraus aus den Bergen, in denen so viele Kameraden verscharrt oder begraben wurden. Wir fahren vorbei an dem Holzhäuschen, das damals unseren »Holztransport« durchgelassen hatte. Dort, wo ich mit dem Kohle-Suchkommando gearbeitet hatte, sehen wir den ersten Schnee.

Unsere Gedanken wandern zurück zu den anderen Gefangenen. Wie wir später erfahren, wurden die restlichen von ihnen aus unserem Hauptlager 518/I Anfang 1949 in das Lager II am Stadtrand von Tkibuli verlegt, von wo aus die meisten im Laufe des Jahres entlassen wurden. Winand erzählte mir später, daß sie in ein Lager kamen, in dem vorher deutsche »Wehrmachthelferinnen« untergebracht waren. Gegenüber dem Lager sei das aus Deutschland abmontierte Opelwerk aufgebaut worden, die Arbeiten seien aber schon nach kurzer Zeit wieder eingestellt worden. Maschinen rosteten vor sich hin.
Wir rollen durch die kaukasische Tiefebene nach Osten und werden überraschend in der Nähe von Tbilisi (Tiflis), der Hauptstadt von Georgien, ausgeladen.
Das Sammellager, in das wir kommen, ist schon zum Teil belegt, und zwar ausschließlich mit selektierten Gefangenen aus anderen Lagern. Auch sie wissen nicht, was mit uns geschehen wird.

Der Lagerkommandant »begrüßt« uns: »Ihr hier gut behandelt, Moskau ganz korrekt. Stabsoffiziere nicht arbeiten.«
Ich werde wieder als Dolmetscher eingesetzt, aber mein Propusk aus Tkibuli gilt hier leider nicht. Wir Stabsoffiziere sind wenig erfreut darüber, nicht arbeiten zu dürfen, obgleich die Entscheidung korrekt ist und dem Genfer Abkommen entspricht.
Aber es gibt kein Radio mehr, keine Möglichkeit, sich etwas hinzuzuverdienen oder mit der Bevölkerung Kontakt aufzunehmen. Wir sitzen im Lager untätig herum und sind auf die Gerüchte der Außenkommandos angewiesen.
Es ist kaum zu glauben, aber wir denken etwas wehmütig an unser Lager in den Bergen zurück. Die Arbeit war schwer und für manche tödlich gewesen, aber sie hatte uns abgelenkt.
Wir, die wir uns physisch und psychisch im Laufe der Jahre durchgesetzt hatten, konnten bei der Arbeit etwas von unserem schweren Los vergessen.

Die Behandlung im Lager Tiflis ist korrekt, aber wir werden von Kriegsgefangenen zu Strafgefangenen degradiert. Wieder soll ich Polizei- oder SS-Offiziere denunzieren. Als ich mich weigere, lande ich für einen Tag im Stehbunker. Bei einem kleinen Stück Brot und einer Schüssel Wassersuppe muß ich 24 Stunden stehen. Ein Luftloch in der Decke, sonst nur Beton um mich herum. Ich weiß nicht, wieviele Tage man das aushalten kann.

Die Untätigkeit im Lager gibt mir Gelegenheit, eine *Zwischenbilanz* zu ziehen.

In den 3 1/2 Jahren hatte ich viele Erfahrungen gesammelt. Ich hatte gelernt, Arbeiten zu verrichten, die ich nur vom Hörensagen kannte. Ich hatte gelernt, daß Überlebenswille und Überlebenstraining entscheidend sind, um ein solches Schicksal zu meistern. Ebenso wichtig ist es, sich die Hoffnung zu bewahren, eines Tages nach Hause zurückzukehren. Ich hatte auch gelernt, daß eine klare, deutliche Haltung und Sprache den Russen imponieren. Opportunisten oder gar Denunzianten werden von den Russen verachtet.
Ich entsinne mich eines Gespräches mit einem NKWD-Funktionär, bei dem er mir sagte: »Wir benutzen zwar den Verräter, aber wir lieben nicht den Verrat.«

Das Bild, das ich mir in all den Jahren machen konnte, war grundverschieden von dem, das uns Hitler und sein Propagandaminister Goebbels zu vermitteln versucht hatten, nämlich von den Russen als »Untermenschen«, die keine Daseinsberechtigung hätten.
Ich glaube, daß mir die Zeit des Krieges in Rußland, besonders aber die Jahre der Gefangenschaft, dazu verholfen hatten, ein gutes Stück der russischen Mentalität zu begreifen. Ich meine nicht die Machtzentrale in Moskau, sondern die russische Bevölkerung.

Ähnlich wie Kinder können die Russen grausam sein, im nächsten Moment aber bereit, das letzte Stück Brot mit einem zu teilen. Ich mag diese Menschen, die trotz permanenter Unterdrückung ihre Identität nie aufgegeben und die Liebe zu ihrer Heimat nie verloren haben.
Oft hören wir abends die schwermütigen, mehrstimmigen Gesänge aus den russischen Lagern und Dörfern zu uns herüberklingen, die das Schicksal dieses Volkes auszudrücken scheinen.

Aber es gibt andere Erlebnisse, die uns das Blut in den Adern kochen lassen und an mittelalterliche Foltermethoden erinnern:
Man bricht uns die Goldkronen heraus, wir müssen die Toten auf Handkarren aus dem Lager bringen und sie verscharren. Die periodischen »Filzungen«, bei denen uns das letzte, was wir noch besitzen, genommen wird. Uns erschien all dies grausam und gefühllos. Selbst Fotos unserer Angehörigen wurden uns weggenommen und vor unseren Augen zerrissen. Unsere Bitte, uns doch wenigstens die Fotos zu lassen, wurde mit Gejohle beantwortet und dem Satz: »Schöne Frau, wir gehabt in Deutschland. Deine Frau hat lange anderen Mann.«
Auch das stereotype Wort »dawai«, mit dem unsere Aufseher uns antreiben, können wir nicht mehr hören. Ebensowenig das Wort »saftra«, morgen, mit dem jede Frage nach einer Rückkehr in die Heimat beantwortet wird. Es erscheint uns wie Hohn.

Bei der Arbeit war unser Verhältnis zu den Russen, die als Strafgefangene mit uns arbeiteten, sehr viel besser. Vielleicht war es das gemeinsame Schicksal, das uns verband, in das sie sich allerdings leichter fügten als wir. Zu der Zeit gab es etwa 3 Millionen russischer Gefangener — über ganz Rußland verteilt. In den Städten und Dörfern gab es kaum eine Familie, die nicht einen Angehörigen in einem Straflager hatte. Aber ist nicht ganz Rußland ein riesiges Gefangenenlager?

Trotz des monotonen Tagesablaufs vergehen die Wochen. Vorher war Post aus der Heimat noch ein Lichtblick gewesen. Hier entfällt zunächst auch er, denn unsere neue Anschrift wird erst nach Wochen zu Hause eintreffen.
Wir verstehen nicht, warum die Russen uns Stabsoffiziere mit den von ihnen als »Kriegsverbrecher« bezeichneten Angehörigen der Polizei und Waffen-SS zusammengelegt haben. Sind wir vielleicht die potentiellen »Revanchisten«? Dieser Begriff gehört auch heute noch zu dem Wortschatz der Russen.
Hally Momm beklagt sich besonders: »Ich habe gegen Hitler Widerstand geleistet, bin deswegen degradiert und ›zur Bewährung‹ in der berüchtigten Brigade Dirlewanger eingesetzt worden. Warum schickt man mich also hierher?«

Langsam verdichtet sich das Gerücht, das Sammellager werde aufgelöst und wir in Straflager verlegt werden. Ein russischer Offizier meint: »Ihr kommt in Straflager und werdet dort verurteilt.«

Ist es eine Bösartigkeit oder die Wahrheit? Er sollte recht haben. Ende 1948 bis Anfang 1949 werden Transporte zusammengestellt, die Tiflis mit unbekanntem Ziel verlassen. Auch wir sind dabei. Wieder ein Waggon, wieder verschlossene Türen, wiederum unfreundliches Wachpersonal. Die Hoffnung weicht mehr und mehr der Apathie. Wir rollen gen Norden, zurück über das Elbrusgebirge, und landen in der Nähe von Kiew, der Hauptstadt der Ukraine.

Auf der langen Bahnfahrt diskutieren wir, was aus Lenins Arbeiter- und Bauernstaat geworden ist: ein Staatskapitalismus schlechtester Prägung, der Machtapparat erstarrt und nur erhalten durch ein ausgeklügeltes Überwachunssystem. Es ist ein Staat der Funktionäre entstanden, in dem nach dem »Radfahrerprinzip« — nach unten treten, nach oben buckeln — jeder versucht, sich aus der Masse nach oben zu arbeiten. Ich habe keinen Offizier oder Funktionär erlebt, der seine Leute human behandelte.

Je weniger sich Marxsche Ideen und Lenins Programm verwirklichen lassen, desto mehr muß das System durch Zwang und Überwachung erhalten werden. Jede Lockerung würde auf Dauer zwangsläufig zum Zusammenbruch führen.

Schwer enttäuscht sind jene Mitgefangenen, die in Deutschland eingeschriebene Mitglieder der Kommunistischen Partei gewesen waren und für ihre Ideologie viel Leid hatten ertragen müssen. Sie sind in ihrem Glauben erschüttert worden.

Ein paar Tage vor unserem erwähnten Abtransport nach Kiew hatte ich noch ein besonderes Erlebnis.

Auf meinem Weg zum Essenholen blieb plötzlich ein junger Mann vor mir stehen. »Herr Oberst, mein Gott, Sie hier? Erkennen Sie mich?« Es war der Ordonnanzoffizier im Stab meines I. Bataillons vom Panzergrenadierregiment 125, das während der »Operation Goodwood« am 18. Juli 1944 mitten im Bombenhagel gelegen hatte und vollständig aufgerieben worden war.

Ich hatte damals vergeblich versucht, Verbindung zu diesem Bataillon aufzunehmen und schon befürchtet, daß es schwere Verluste gegeben haben würde.

»Menschenskind, wo kommen Sie her? Ich dachte, Sie leben nicht mehr. Erzählen Sie, wie es Ihnen ergangen ist.«

Wir verabredeten uns für den Abend, und er erzählte mir folgendes:

»Da wir gut eingegraben waren und die Nerven behielten, waren unsere Verluste nicht sehr hoch. Wir gerieten dann alle, nachdem wir heftigen Widerstand geleistet hatten, in englische Gefangenschaft. Wir wurden aus mir unbekannten Gründen den Amerikanern übergeben. Ich landete schließlich in den USA, genauer im Mittelwesten. Die Behandlung war erstklassig. Ich konnte sogar mein Geologiestudium fortsetzen und vor einer Schweizer Kommission mein Examen ablegen. Wir brauchten nicht zu arbeiten, es geschah auf freiwilliger Basis. Ich habe gearbeitet und mir soviel Geld verdient, daß ich alle Bücher für das Studium kaufen und mir Anzüge beim Schneider machen lassen konnte.«

»Mensch, wie kommen Sie dann aber hierher?« wollte ich wissen. Und er fuhr fort: »1948 wurden wir entlassen. Ich durfte alle meine Sachen mitnehmen, die ich in mehrere Kisten verpackte. Die Kisten wurden dann von den Amerikanern verschifft. Bei meiner Ankunft in Deutschland zeigte ich meinen Entlassungsschein und wurde von einem amerikanischen Offizier gefragt, wohin ich entlassen werden wolle.
›Ich will zu meiner Mutter nach Dresden‹, antwortete ich ihm. ›Um Gottes willen, das liegt in der russischen Zone. Sie werden Probleme haben. Bleiben Sie hier in unserer Zone.‹
Vertrauend auf meinen Entlassungsschein, blieb ich bei meinem Entschluß. ›Na gut, viel Glück, hoffentlich bereuen Sie es nicht‹, waren seine Wünsche.
Ich bin nie bei meiner Mutter angekommen. Sobald ich die Demarkationslinie zwischen den Amerikanern und Russen überschritten hatte, zeigte ich meinen Entlassungsschein vor und bat um die Genehmigung, zu meiner Mutter zu fahren, aber mein Wunsch sollte mir schlecht bekommen.
›Schein von Amerikanern hier nichts wert, Du deutscher Offizier und Revanchist, kommst in russisches Lager‹, lautete die Antwort der Russen.
Am nächsten Tag befand ich mich mit vielen anderen, die denselben Fehler gemacht hatten, im Zug zum Abtransport hierher«, schloß er seinen Bericht über die Irrfahrt ab. Hieran zeigt sich, daß die Russen ihre eigenen Pläne verfolgten und sich »einen Dreck« um die Maßnahmen ihrer bisherigen Verbündeten kümmerten. Mein junger Ordonnanzoffizier hatte wenigstens das Glück, als Geologe außerhalb des Lagers in Tiflis arbeiten zu können — wenn auch nicht unter den guten Bedingungen wie bei den Amerikanern.

Ein anderes, sehr komisches Erlebnis hatte ich im Tiflis-Lager: Ende 1948 trafen dort ein paar Kriegsgefangene ein, die bis dahin in Rumänien an der Schwarzmeerküste in einem Lager gewesen waren. Einer dieser ebenfalls tief enttäuschten Männer erzählte uns seine Story:
»Ich gehörte zu einer Brigade, die in einem ehemaligen Badeort einige leicht beschädigte Wohnhäuser wieder instandsetzen sollte. Russische Besatzungsoffiziere sollten dann dort einziehen. In dem Haus, in dem ich arbeitete, erschien täglich ein russischer Oberstleutnant mit einem Holzköfferchen und seiner Tagesration gesalzener Trockenfische.
›Wann Wohnung wird fertig, ich schlafen im Auto. Will hier einziehen.‹ ›In einigen Tagen, noch ist Wasserleitung im Badezimmer kaputt‹, war jeden Tag erneut meine Antwort.
Eines Tages riß ihm der Geduldsfaden. Er erschien wieder. Diesmal mit den Worten: ›Ich jetzt bleiben hier, Wasser im Badezimmer ich nicht brauchen, ich waschen draußen am Brunnen‹ (den es gar nicht gab).
Er setzte sein Köfferchen ab, nahm seinen salzigen Trockenfisch und sagte: ›Ihr nichts Kultura, kein Brunnen, kein Wasser in Wohnung. Wo ich kann Salz von Fisch

spülen?‹ Ich zeigte ihm die Toilette. ›Hier ist die einzige Leitung, wo Wasser schon läuft.‹
Ich ging wieder an meine Arbeit. Plötzlich hörte ich ein entsetzliches Fluchen und Geschrei aus der Toilette. ›Fisch weg, verdammte Kultura hier. Du mir Fisch suchen.‹ Ich versuchte, ihm die sinnlose Suche nach seinem Fisch klarzumachen, aber er nahm mich bei der Hand und rannte mit mir von Stockwerk zu Stockwerk. Endlich gab er auf und ging, um sich einen neuen Fisch zu besorgen.«
Wer kann diesem Mann seine Enttäuschung verübeln? Auch ein Oberstleutnant war nicht unbedingt mit dieser Art von Kultura, sondern vielmehr mit einem Ziehbrunnen irgendwo in Rußland vertraut.

Nun also Kiew.
Die Wetterbedingungen sind viel schlechter als in der südkaukasischen Tiefebene. Wir frieren in dem neuen Lager, das noch viel schlechter ausgestattet ist als die anderen Lager zuvor. Wir versuchen dennoch, uns einzurichten.
Noch immer ist uns unklar, warum man die Stabsoffiziere auch hier mit den »Kriegsverbrechern« zusammengelegt hat. Doch das gemeinsame Schicksal verbindet uns, und wir verstehen uns gut.
Ich werde, zwar nicht offiziell, als Dolmetscher bei Vernehmungen oder Ansprachen des Lagerkommandanten hinzugezogen. Kommandant und Wachpersonal rekrutierten sich ausschließlich aus der NKWD, die parallel zur russischen Armee ihre eigenen Einheiten hatte.
Ich »befreunde« mich mit der russischen Dolmetscherin, der Lagerärztin. Von ihr erfahre ich etwas über die Bestimmungen aus Moskau hinsichtlich der Verpflegung und anderer Belange. Danach stehen uns täglich Butter, Zucker und mehr Brot zu, als wir erhalten. Abgebrüht, wie wir es allmählich geworden sind, verlange ich daraufhin im Namen des Lagers die Erfüllung dieser Bestimmungen. Der Antrag wird aber abgelehnt.
Ich erinnere mich des Erfolges, den die Ungarn gehabt hatten, und schlage einen Hungerstreik vor. Es entstehen lange Diskussionen. Viele zögern und sind ängstlich. Aber das Argument, daß es nicht mehr schlechter, sondern nur noch besser werden könne und wir nichts mehr zu verlieren hätten, ist überzeugend.

Wir verweigern also eines morgens die Annahme unserer kargen Mahlzeit. Nach zwei Tagen des Hungerstreiks ist dem Kommandanten klar, daß wir es ernst meinen, woraufhin er »aktiv« wird. »Ihr aufhören, Hurensöhne, sonst ich ein paar erschießen.« Das brachte wieder einige von uns ins Wanken, ob die Aktion nun richtig sei oder nicht. Wir anderen ermutigten sie, ihr Wort zu halten und weiterzumachen.
Als der Kommandant merkt, daß seine Drohungen keinen Erfolg haben, versucht er es auf die freundliche Tour. »Gut, Ihr morgen bekommen Butter und Bettwäsche, wenn Schluß machen.« Wir entgegnen ihm: »Sobald unsere Bedingungen erfüllt

sind, brechen wir den Streik ab.« Am nächsten Tag geschieht gar nichts. Konnte es auch nicht. Wie mir die Dolmetscherin anvertraut, gibt es weder Butter noch Bettwäsche. Woher soll der Kommandant also beides nehmen?
»Gut, wir streiken weiter«, lautet unser Beschluß.
Nach fünf weiteren Tagen erscheint eine Kommission aus Moskau. Hungerstreiks sind ein Alarmzeichen. Vielleicht will man auch Rücksicht auf die ehemaligen Alliierten nehmen, denn Nachrichten aus Kiew erreichen den Westen schneller als aus den Bergen des Kaukasus.
Also werde ich nachts aus dem Bett geholt und als deutscher Dolmetscher mit einer deutschen Delegation vor die russische Kommission zitiert. Auf der »anderen Seite« dolmetscht die Ärztin.
Ein NKWD-Offizier, ein Mann von Mitte dreißig, sitzt uns mit einigen Zivilleuten, zweifellos auch vom Geheimdienst, gegenüber. Sein Gesichtsausdruck ist weniger drohend, als wir es gewohnt sind. In ruhigem Ton fragt er: »Warum Hungerstreik? Warum nicht mit Kommandanten reden, dann wird alles erledigt.«
»Eben nicht«, lasse ich antworten, »deshalb streiken wir ja. Wir haben den Kommandanten auf die Bestimmungen hingewiesen, erhielten aber nur eine abschlägige Antwort und wurden außerdem noch beschimpft.«
Und dann fahre ich fort:
»Wir kennen die Genfer Konvention. Wir kennen die Anordnungen aus Moskau, wie Kriegsgefangene zu behandeln sind. Wir wissen, daß Briefe, die wir nach Moskau geschickt haben, angekommen sind und zur Kenntnis genommen wurden. Wir wissen auch, daß die Verhandlungen zwischen den Regierungen der UdSSR, den USA, England, Frankreich und China dahingehend geführt wurden, die deutschen Gefangenen der Konvention entsprechend zu entlassen.
Wir sind in der Lage, den westlichen Regierungen Nachrichten zukommen zu lassen, die aussagen, wie die Situation tatsächlich ist, und zwar speziell in diesem Lager. Fragen Sie nicht, wie wir das schaffen werden, aber wir werden es. Es wird Mr. Stalin nicht angenehm sein, von seinen Verbündeten hören zu müssen, wie hier die Zustände sind.
Wir verlangen lediglich, daß Anordnungen befolgt werden, nicht mehr und nicht weniger.«

Die Reaktion ist erstaunlich. Nach einer kurzen Beratung mit seinen Begleitern eröffnet uns der NKWD-Offizier:
»Eure Bedingungen werden erfüllt. Infolge der schlechten Versorgungs- und Transportlage hat nicht alles so geklappt, wie es sein sollte. Wir sind nicht unmenschlich, also Ihr könnt den Streik beenden.«
Nun gut, er hatte sein Gesicht gewahrt, und wir sagten zu, den Streik zu beenden, sobald unsere Bedingungen erfüllt wären. In der Tat erhielten wir nach zwei Tagen Bettwäsche und die festgesetzte Verpflegungsration. Überdies konnten wir erleichtert feststellen, daß der Kommandant uns nicht zürnte.

Sehr erstaunt mich der Wunsch des NKWD-Offiziers, der mit mir allein im Beisein der Dolmetscherin ein Gespräch führen will. Er sagt: »Polkownik, eine Frage, was glaubst Du, wieviele überzeugte Kommunisten es in diesem und in den anderen deutschen Kriegsgefangenenlagern gibt?«
Ist es eine Fangfrage? Sie ist schwer zu beantworten, und es erscheint mir auch gefährlich, meine eigene Ansicht zu äußern. Also sage ich: »Ich denke, so um die 10 Prozent.«
»Oh nein, höchstens 6 bis 7 Prozent«, ist seine Antwort.
»Und was glaubst Du, Polkownik, wieviele es in Ostdeutschland sind?« »Nachdem Ihr seit nunmehr fast fünf Jahren im Osten Deutschlands seid, könnten es vielleicht so 8 bis 10 Prozent sein.«
»Höchstens 3 bis 4 Prozent, und was meinst Du zu Westdeutschland?« Überrascht durch seine Angaben, meine ich »weniger, so etwa 3 bis 4 Prozent.« Darauf kommt seine noch verblüffendere Antwort: »Zero! Siehst Du, wir in Moskau sind Realisten. Weil dem so ist, sehen wir keine Chance, das deutsche Volk vom Kommunismus überzeugen zu können.« Seine Schlußfolgerung ist: »Weder die italienischen noch die französischen Kommunisten zählen für uns. Sie sind in erster Linie Italiener und Franzosen. England liegt auf der anderen Seite des Kanals, die Amerikaner sind weit weg. Aber mit *Euch* müssen wir rechnen.«
Und dann wieder Skepsis und Angst in den Worten: »Ihr werdet eines Tages wieder eine Armee haben wollen, mit der Ihr uns erneut überfallen werdet. Darum liegt unser ganzes Interesse darin, Deutschland ›neutral‹ zu halten. Mit einem neutralen Deutschland ist die Gefahr für uns gebannt. Wir können Europa von unserem Willen, aber auch von unserer Absicht überzeugen, daß wir nie mehr einen Krieg auf unserem Territorium zulassen werden. So sieht das aus, Polkownik.«
Das war eines meiner interessantesten und aufschlußreichsten Gespräche als »plenni«. Die Meinung deckte sich mit der einfacher Soldaten, russischer Strafgefangener und Zivilisten, die mir schon zuvor gesagt hatten:
»Wenn es auch schwer für uns ist, aber wir werden eines Tages vergessen, was geschehen ist. Ihr aber werdet in Eure Heimat zurückkehren. Dann werdet Ihr eine neue Armee bilden und in Rußland einmarschieren, unsere Dörfer vernichten und unsere Menschen verschleppen oder umbringen.«
Wie kann man je den ›Realisten‹ in Moskau oder der Bevölkerung diese Furcht nehmen?
Alle lautstarken Reaktionen über die Neuaufstellung der Bundeswehr und über die Allianz mit der Supermacht USA sind vor diesem Hintergrund zu sehen.

Heimkehr

Die Wochen und Monate gehen dahin. Die Hoffnung auf eine Rückkehr in die Heimat verschwindet mehr und mehr. Besonders deprimierend ist es für uns zu erfahren, daß man mit Entlassungen aus den »normalen« Lagern begonnen hat.
Wir, die »Strafgefangenen«, gehören offenbar nicht dazu. Trotzdem sind wir nach unserem erfolgreichen Hungerstreik nicht bereit, die Hoffnung aufzugeben. Das Ergebnis des Streikes hat uns Auftrieb gegeben. Wir werden seitdem nicht mehr zur Arbeit geschickt, das Essenholen und Diskussionen über die umlaufenden Gerüchte sind unser Tagesinhalt.

Im Spätherbst 1949 zieht der russische Winter ins Land, und der Schnee beginnt, die Weiten der Ukraine zuzudecken.
Da kommt die Ankündigung der russischen Dolmetscherin, daß auch in unserem Lager Entlassungen bevorstehen, wenn auch nur zu 85 Prozent. Die Euphorie, die die Aussicht auf eine Heimkehr auslöst, ist unvorstellbar, weicht jedoch immer wieder der Skepsis. Zu oft sind wir vertröstet worden mit dem monotonen »saftra domoi« (bald geht's nach Hause).

Ende Oktober erscheint dann die erste Kommission aus Moskau. Die ersten Gefangenen werden — wie üblich nachts — zur Vernehmung geholt. »Was hat man Euch gefragt, wer hat Euch vernommen, wie ist Euer Eindruck?« Niemand kennt das Ergebnis der Vernehmungen. KGB-Leute sind undurchsichtig, zeigen kein Zeichen des Wohlwollens oder der Ablehnung.
Wer gehört zu den 15 Prozent, die angeblich zurückbleiben werden? Die Ungewißheit, das Hoffen und Bangen bleiben. Die Kommission verschwindet wieder. Sie hat nur einen Teil der Gefangenen verhört. Was geschieht mit den anderen? Nichts passiert. Unsere Nerven sind zum Zerreißen gespannt. Eine tiefe Niedergeschlagenheit macht sich breit.

Dann, nach einigen Tagen, erscheinen NKWD-Offiziere in unseren Baracken. Sie haben Listen bei sich, aus denen sie Namen verlesen. Die Betreffenden müssen ihre Sachen packen und auf dem Hof antreten. Wie immer nachts. Vor Aufregung kann niemand mehr schlafen. Als wir anderen auf den Hof drängen, um zu sehen, was passiert, werden wir schroff zurückgedrängt. Am schlimmsten sind diejenigen dran, die zwar vernommen, dann aber nicht aufgerufen wurden. Wir wissen nicht, wie wir sie trösten können.
Wieder hören wir das laute »dawai«.
Aus den Fenstern sehen wir, wie sich die kleine Kolonne in Marsch setzt und das Lager verläßt. Wohin wird sie gehen?

Am nächsten Morgen treffe ich die Dolmetscherin.
»Was ist, fahren die anderen nach Hause?«
»Ich glaube schon«, meint sie, »der Zug ist mit unverschlossenen Türen abgefahren. Das dürfte heißen ›domoi‹.«
»Und die anderen, die zwar vernommen, aber nicht aufgerufen wurden, was ist mit ihnen?«
»Ich sagte Dir doch, 15 Prozent.« Selbst die Dolmetscherin kann nur vermuten, so abgeschottet arbeitet der NKWD.
»War das nun alles?« frage ich weiter. »Die Kommission ist doch abgefahren.« Sie tröstet mich: »Nächste Kommission wird kommen und dann sprechen mit allen und entscheiden, wer nach Hause fährt.«

Kurz darauf treffe ich auf ein bekanntes Gesicht, einen Mitgefangenen aus unserem alten Lager 518/I. Deprimiert erzählt er: »Nach all den Jahren der Entbehrungen und der schweren Arbeit im Schacht behauptet man plötzlich, ich habe an den Kämpfen gegen die Partisanen teilgenommen und käme zur Bestrafung in ein Straflager. Ich habe nie gegen Partisanen gekämpft und war nur kurz im Einsatz in Rußland. Ich kann doch das Gegenteil nicht beweisen. Es muß sich um eine Verwechselung handeln. Ein Wachtposten hat mich hierher gebracht.«
Der Mann tut uns furchtbar leid. Welch ein Aufwand für einen einzelnen, dazu noch Unschuldigen.
Ich frage ihn: »Wie sieht es im alten Lager aus, was machen unsere Freunde?«
»Wir wurden schon Anfang 1949 in das Lager II verlegt. Seit kurzem wurden Entlassungen vorgenommen. Ich hoffe, daß inzwischen alle zu Hause sind.«

Eine neue Kommission trifft aus Moskau ein.
Wieder findet die gleiche Prozedur statt: nächtliche Verhöre, Aussortierung und Abtransport. Dann kommt eine dritte Kommission. Das Lager beginnt, sich zu leeren. Obwohl wir, der Rest, voller Hoffnung auf die nächste Kommission warten, versuchen wir, die aussortierten 15 Prozent zu trösten und aufzurichten. Schließlich — nach dem Eintreffen der vierten Kommission — bin ich an der Reihe und habe das denkwürdige Erlebnis meiner Vernehmung, das ich im Prolog geschildert habe.

Wir, die wir aufgerufen werden, unsere wenigen Habseligkeiten zu packen, müssen zunächst in die Kleiderkammer, wo uns neue russische Winterkleidung übergeben wird: Wattejacken und -hosen sowie frische Fußlappen.
Meine selbstgestrickten Strümpfe, auf die ich stolz bin und die ich meiner Mutter zeigen wollte, werden mir abgenommen. »Nix Kultura«, meinen die Russen.
Es gelingt mir jedoch, mein Ritterkreuz, das ich in all den Jahren vor den Russen verstecken konnte, zu behalten. Gegen ein paar selbstgestrickte Strümpfe hat mir der deutsche Lagertischler eine kleine Holzkiste angefertigt, in die Seitenwand einen Hohlraum gestanzt, in den das Ritterkreuz hineinpaßt, und sie dann verklebt.

Ironie des Schicksals: In meine erste Bleibe in Hamburg wurde kurz nach meinem Einzug eingebrochen und dabei unter anderem auch das Ritterkreuz gestohlen.

Durch schneebedeckte Felder rollt unser Zug nach Westen. Auf diesen Feldern wurde noch vor fünf Jahren der Endkampf gegen Rußland ausgetragen. Nun ruhen hier Hunderttausende Gefallener.
In Brest-Litowsk, der 1939 neu gezogenen Grenze zwischen Polen und Rußland, der erste längere Halt. Die Waggons werden auf die europäische Spur umgerüstet. Plötzlich erscheinen russische Offiziere mit Listen in den Waggons. Unsere Freude weicht erneuter Angst. Tatsächlich werden zehn unserer Mitgefangenen aus dem Zug geholt und abgeführt. Welch ein grausames Schicksal!
Sollte die Qual der Ungewißheit immer noch keine Ende haben? Uns wird erneut bewußt, daß wirkliche Freiheit erst nach der Grenzüberschreitung zu Westdeutschland erreicht sein wird.
Bei jedem weiteren Halt verkriechen wir uns in die Ecken des Waggons, immer in der Hoffnung, man werde uns nicht entdecken. Wir fahren nun durch polnisches Gebiet in Richtung Ostdeutschland, sind aber immer noch unter russischer Bewachung. Eines Tages halten wir auf offener Strecke. In der Nähe sehen wir ein Dorf liegen. Über die schneebedeckten Felder kommen einige Bauern auf unseren Zug zu. »Woher kommen, Ihr deutsche Gefangene?« Wir nicken und haben Angst, es könne sich um getarnte NKWD-Leute handeln.
»Ihr habt es gut, Kameraden, Ihr fahren in Heimat. Wir von Brest, früher Polen, jetzt Rußland. Wir neue Heimat finden, war aber vorher Deutschland, das von Russen jetzt uns als Heimat gegeben. Es geht uns schlecht, wir müssen alles an Russen geben, unser Vieh, Getreide, Butter. Darum wir müssen hungern. Seid nicht böse auf uns, wir haben Euch Heimat nicht genommen.«
Nach fast 5 Jahren werden wir jetzt mit der Wirklichkeit konfrontiert. Deutsches Gebiet uns Deutschen genommen und den Polen übergeben, denen man dafür ihre östliche Heimat genommen hat. Welch ein politisches Schachspiel!

Ende Dezember erreichen wir die Grenze von Polen zu Ostdeutschland. Endlich sind wir auf heimatlichem Boden, wenn auch die sogenannte »Ostzone« von den Russen besetzt und kontrolliert wird. Es übernehmen uns ostdeutsche Wachmannschaften, die recht unfreundlich sind und sich auf kein Gespräch einlassen. Dennoch fühlen wir uns hier sicherer.
Wir hatten völlig vergessen, daß inzwischen Weihnachten, das Fest des Friedens, gewesen ist, und ein neues Jahr begonnen hat. Wir halten plötzlich auf freier Strecke.
»Aussteigen, alle neben den Waggon treten«, lautet der Befehl. Was kommt nun? Unsere Nerven können keine weitere Belastung mehr aushalten. Die Spannung ist kaum noch zu ertragen. Hat Ostdeutschland etwa den Auftrag, uns in seiner Zone zu behalten?

»Wir marschieren jetzt in Reihe zur Grenze nach Westdeutschland, dort wird jeder namentlich verlesen und hat dann ohne weiteren Halt die Grenze zu passieren«, sind die uns erleichternden Worte.
Mann für Mann treten wir den Weg in die lang ersehnte Freiheit an, zunächst vorsichtig, doch dann rennt jeder, so schnell er kann, am geöffneten Schlagbaum vorbei. Wir sehen in den winterlich kahlen Ästen Dutzende von russischen Pelzmützen hängen. Wir begreifen, was hier geschehen ist, reißen unsere Mützen ebenfalls vom Kopf und schleudern sie mit einem lauten Aufschrei ebenfalls in die Bäume.

Frei! Nach fast fünf Jahren endlich frei...

Helfer und Schwestern des Deutschen Roten Kreuzes nehmen uns in Empfang. Einige müssen gestützt werden, ihnen versagen die Beine, nachdem die Anspannung endlich gewichen ist. Wir werden in das auch heute noch existierende Lager Friedland gebracht, wo nun die umfangreichen, aber notwendigen Formalitäten beginnen.
Doch zuvor darf jeder ein Bad nehmen. Welch ein Hochgenuß nach all den Jahren! Dann erfolgt die Registrierung und die Befragung, wohin man entlassen werden möchte, aber auch die nüchterne Vernehmung durch englische Offiziere mit Fragen nach dem Lager in Rußland, der Verpflegung, Behandlung und anderes mehr.

Dann endlich erhalten wir die Möglichkeit, kostenlos mit unseren Angehörigen zu telefonieren. Dabei spielen sich unvorstellbare Szenen ab. Niemand schämt sich seiner Tränen.
Ich will zu meiner Mutter nach Flensburg entlassen werden und erhalte meine Fahrkarte sowie das jedem Kriegsgefangenen zustehende Entlassungsgeld von DM 300,– ausgehändigt.
Ich entschließe mich, auf dem Weg nach Flensburg in Hamburg Station zu machen, um dort alte Freunde wiederzusehen.

Am 5. Januar 1950, dem offiziellen Tag meiner Entlassung, treffe ich frühmorgens in Hamburg ein. Auf dem Bahnsteig erwartet mich mein alter Freund Boos. Er erkennt mich kaum in meiner Wattekleidung, aber dann fallen wir uns in die Arme. »Kommen Sie, alter Junge«, sagt er, »wir fahren gleich zu uns.
Meine Frau erwartet uns schon zu einem Frühstück ›nach dem Willen des Heiligen Vaters‹. Erinnern Sie sich, wie oft wir so ein Frühstück damals genossen, wenn Sie von der Front alle die Köstlichkeiten mitbrachten, die wir hier in der Heimat zu der Zeit nur noch dem Namen nach kannten?«

In seinem schönen Landhaus werden mir zunächst meine Wattesachen abgenommen. Endlich darf ich wieder Mensch sein!

Mein Freund meint: »Die Sachen verbrennen wir erst einmal, zum einen, damit Sie die Gefangenschaft schnell vergessen, und zum anderen, damit uns keine Wanzen oder Läuse eingeschleppt werden. Hier haben Sie Sachen von mir.«
Nach einem ausgiebigen Bad setzen wir uns vor den brennenden Kamin und essen und trinken, was Küche und Keller zu bieten haben. Es ist für mich wie ein Traum. Als krönenden Abschluß öffnet mein Freund eine Flasche Champagner, Marke »Veuve Cliquot Rosé 1937«.
»Erinnern Sie sich, daß Sie mir aus Frankreich einmal eine Kiste mit zwölf Flaschen davon mitgebracht haben? Eine Flasche haben wir Silvester 1944 auf Ihr Wohl getrunken und auf den Frieden 1945 angestoßen. Zehn Flaschen haben wir in der englischen Offiziersmesse gegenüber gegen Lebensmittel eingetauscht. Die letzte Flasche aber getrauten wir uns nicht anzurühren, weil wir meinten, daß Sie dann nie mehr zurückkämen. Jetzt ist der Augenblick gekommen, sie auf Ihre gesunde Rückkehr und unser Wiedersehen zu leeren.« — »Du hast wirklich noch gute Freunde«, denke ich voller Rührung.

Am nächsten Tag fahre ich weiter zu meiner Mutter und Schwester. Sie und mein Bruder, der als Minensucher bei der Marine eingesetzt, aber schon frühzeitig entlassen worden war, stehen mit Blumen am Bahnhof. Was für ein Wiedersehen!
Als wir in unser Haus kommen, finde ich viele alte, mir lieb gewordene Dinge nicht mehr vor. Meine Mutter hatte, um zu überleben, viele unserer wertvollen Stücke aus China und Japan gegen Nahrungsmittel eingetauscht. Nur das japanische Teeservice hatte sie aus ähnlichen Motiven wie mein Freund die Champagnerflasche nicht angerührt.

Nun gilt es, ein neues Leben aufzubauen. Als ich später nach Hamburg fahre, um mich nach einer Tätigkeit umzusehen, laden mich meine erwähnten Freunde ein, zunächst bei ihnen zu logieren. Bei meinem Eintreffen kommt mir mein Freund entgegen und überreicht mir feierlich ein Geschenk. Es ist der Korken der Champagnerflasche, eingefaßt in einen silbernen Ring, in den eingraviert ist: »5. Januar 1950«.

IV. Neuer Start und Rückbesinnung

Januar 1950 bis Januar 1989

Dagmar

Der Neuanfang am »Tage Null« beginnt mit einem Tiefschlag. Von Flensburg rufe ich Dagmar sofort in Berlin an. Sie wird in ein paar Tagen für ein verlängertes Wochenende kommen, ihre Tätigkeit beim Fernsehen läßt ihr nicht mehr Zeit. Ich sehe unserem Zusammentreffen nach genau fünf Jahren mit großer Unruhe entgegen. Aus den wenigen Kartengrüßen nach Rußland weiß ich, daß sie eine gefragte, erfolgreiche Reporterin geworden ist. Aber auch, daß sie die Bindung zu mir immer aufrecht erhalten und unser erstes Zusammentreffen sorgfältig geplant hat. In ihrem Appartement in Berlin ist ein Zimmer für mich reserviert und für niemanden zugänglich.

Etwas scheu stehen wir uns nun auf dem kalten Bahnhof gegenüber. »Gut siehst Du aus«, beginne ich, diese Minute, an die ich Tag und Nacht im Lager gedacht habe, zu überwinden. »Du siehst noch attraktiver aus, nur etwas nervös und abgearbeitet.« — »Auch Du siehst gut aus, viel besser, als ich nach den langen Jahren in Rußland befürchtet habe.« — »Nun, ich habe mich körperlich fit gehalten, nie die Hoffnung auf eine Rückkehr aufgegeben und für diese Minute des Wiedersehens gelebt.«

Bei einer Tasse Kaffee sitzen wir dann zusammen. Meine Mutter und Schwester haben uns allein gelassen.
Dagmar erzählt: von der geglückten Fahrt mit »meinem« Mercedes nach Flensburg. Von ihrer Tätigkeit bei den Engländern als Dolmetscherin und ihrem Anfang beim Norddeutschen Rundfunk bis zum Wechsel zum Fernsehen. Dagmar hat eine bemerkenswerte Karriere gemacht: vom wohlbehüteten, glänzend erzogenen »Mädchen aus gutem Hause« zu einer gefragten Reporterin.
»Ich habe schon vorgefühlt«, fährt sie fort, »ob es für Dich eine Möglichkeit gibt, im Fernsehen, Rundfunk oder in der Presse unterzukommen. Leider ohne Erfolg, zu viele Profis stehen Schlange nach freien Posten.«
Dann erzählt mir Dagmar von den vielen interessanten Kollegen, von den prominenten Persönlichkeiten, die sie interviewt hat, und die Freude, die sie an ihrer Arbeit hat.

Mir wird plötzlich und schmerzlich klar, daß ich, wie alle meine Mitgefangenen, auf dem Stand von Anfang 1945 stehengeblieben bin, ohne mich weiterentwickeln zu können.

Welten trennen uns, die kaum zu überbrücken sind. Auch Dagmar scheint das zu fühlen.
»Wir müssen über alles nachdenken«, meint sie, »es ist alles so anders, als ich es mir die ganzen Jahre vorgestellt habe. Komm' nach Berlin, sobald wie möglich. Du wirst sehen, wie ich lebe und arbeite, meine Freunde und Kollegen kennenlernen.«
Als ich Dagmar zum Zug bringe, weiß ich, daß alles vorbei ist. Trotz des Schocks bin ich froh, daß wir nicht geheiratet haben. Viele meiner Freunde standen vor dem Scherbenhaufen ihrer Ehe, die den Belastungen der fünf Jahre Trennung nicht gewachsen war.

Nach ein paar Tagen ruft mein Freund Boos aus Hamburg an: »Kommen Sie bitte her, ich habe mir Gedanken gemacht, was Sie am besten anfangen sollten.« In Hamburg erzähle ich Boos von der Situation, in der sich Dagmar und ich befinden. »Luck, ich kenne Dagmar gut, sie war so oft bei uns während ihrer Zeit beim Rundfunk. Ihr beide habt Euch auseinandergelebt, niemanden trifft die Schuld. Aber da ist nichts mehr zu kitten. Dagmar leidet sicher genauso wie Sie und sucht nach einem Neuanfang. Ihr werdet ihn nicht finden.«

Ich fahre trotzdem nach Berlin. Ihre Wohnung ist zauberhaft, sehr Bohême. »Mein Zimmer« ein Museum: An den Wänden Bilder aus gemeinsamen Tagen in Paris, überall Stücke, die wir gemeinsam gekauft haben. Ihre Freunde, fast ausschließlich Journalisten und Fernsehleute, kommen und gehen. Alles ist hektisch, professionell, zum Teil oberflächlich. »Nett, Sie zu sehen, Dagmar hat uns von Ihnen erzählt. War es schlimm?« Kein wirkliches Interesse. Ich stehe herum, als Dagmar mich zu einer der vielen Parties mitnimmt, fühle mich als nicht dazu gehörend.
Dagmar muß jeden Morgen früh zum Sender, kommt abends spät und müde nach Hause. Boos hat Recht: Welten trennen uns.
Am dritten Tag beschließe ich, abzureisen.
»Dagmar, laß uns Freunde bleiben. Wir können nicht mehr dort anknüpfen, wo wir unter ganz anderen Umständen vor fünf Jahren aufgehört haben. Deine Wohnung, ›mein‹ Zimmer, alles erscheint mir wie ein Denkmal, das erinnert, aber nicht mehr lebt.«
So trennen wir uns.
Der 5. Januar 1950 ist auch hier der Schlußstrich, der »Tag Null« meines bisherigen Lebens.

Noch einmal sehe ich Dagmar wieder, ein paar Jahre später. Sie steht plötzlich vor meiner Tür: »Draußen steht ein Mann, der mich heiraten will. Ich mag ihn. Willst

Du ihn einmal ansehen, mit ihm sprechen? Wenn Du meinst, daß er zu mir paßt, heirate ich ihn. Wenn nicht, lasse ich es.«
Ich muß lachen. Das Ende einer Romanze, im Krieg geboren, bekommt etwas Tragikomisches.
Ich finde den Mann in Ordnung: erfolgreicher Geschäftsmann, mit einem Haus in Ronco am Lago Maggiore und einem Porsche. »Ich denke, er ist in Ordnung, Dagmar, werde glücklich mit ihm.«

Zwei Jahre später entnehme ich einer Zeitungsnotiz, daß »die bekannte Fernsehjournalistin Dagmar S. bei einem Verkehrsunfall tragisch ums Leben gekommen ist«.

Nachtempfangschef

Zurück in Hamburg, sitze ich mit Boos zusammen: »Meine Frau und ich haben uns Gedanken gemacht, was Sie zunächst anfangen sollten, bis sich die Diskriminierung ehemaliger Offiziere legt und Sie etwas Geeignetes finden. Sie wollen wohl kaum als ›Reisender in Zahnbürsten‹ Ihr neues Leben beginnen, dem einzigen Beruf, für den Sie keine Vorbildung brauchen. Bei Ihrer Menschenkenntnis und Ihren Sprachen müßte doch eines der internationalen Hotels in Hamburg an Ihnen Interesse haben. Versuchen Sie es doch.«
Ich finde die Idee reizvoll. Bei einem der größten Hotels bewerbe ich mich. »Madame«, wie die Inhaberin respektvoll genannt wird, hört mir aufmerksam zu. »Sie können bei mir anfangen, der Posten des Nachtempfangschefs ist gerade frei. Mit Ihrem Namen und Ihren Sprachen sind sie genau das, was ich suche. Vielleicht kann ich Ihnen eine Laufbahn als Hotelkaufmann ermöglichen.« Freudestrahlend berichte ich Boos und bedanke mich für seinen Rat. Bis ich ein Zimmer in Hamburg gefunden habe, kann ich bei ihnen wohnen.

***

»Guten Abend, Herr Y. Ihr Zimmer ist wie immer für Sie reserviert. Wir wünschen Ihnen einen schönen Aufenthalt in Hamburg.«
Ich stehe hinter der Reception des Hotels, das noch zur Hälfte von der englischen Besatzungsmacht beschlagnahmt ist.
Es ist fast Mitternacht an diesem kalten Februartag des Jahres 1950. Nach 38 Jahren hat der »Tag Null« für mich begonnen. Während ich diese Zeilen schreibe, sind weitere 38 Jahre vergangen. Der zweite Abschnitt meines Lebens war nicht weniger interessant als der erste, nur weniger gefährlich. Das »Abenteuer Afrika« steht im Mittelpunkt mit vielen schönen, aber auch schlechten Erfahrungen.

Ich muß mich an das »zivile« Leben gewöhnen. Wenn die letzten Gäste eingetroffen und die Nachtbummler zurück sind, beginnen die ruhigen, stillen Stunden. Der Nachtportier ist ein netter, älterer Kollege, der den Krieg in Hamburg überlebt hat und mir von den Bombenangriffen, den Luftschutzkellern und der Jagd nach etwas Zusatzverpflegung erzählt. Er fragt mich, sehr behutsam, wie es an der Front und der Gefangenschaft war. Meine Antworten sind knapp, ich möchte die Zeit hinter mich bringen.
Ich muß mich an den neuen Rhythmus gewöhnen: Während die meisten Menschen schlafen, stehe ich an der Reception. Wenn sie zur Arbeit gehen, versuche ich zu schlafen, ehe ich wieder zum Dienst fahre. Jede Nacht sehe ich mir die Gästelisten an, ob ich vielleicht einen Freund unter den Gästen finden kann.

Dann ein kleines Erlebnis, das meine ganze Einstellung für die Zukunft ändern wird: An einem frühen Morgen reist ein Gast aus Finnland ab. Er muß seine Rechnung bei mir bezahlen. Während ich ihm eine gute Reise wünsche, schiebt er mir einen Zehnmarkschein über den Tisch: »That's for you, thank you for the excellent service.«
Ich bin sehr konsterniert. Noch nie in meinem Leben habe ich einen »Tip« bekommen, die Situation ist mir sehr peinlich.
»Das ist nicht nötig, danke Ihnen vielmals, ich hoffe, Sie haben sich wohl gefühlt«, damit gebe ich ihm das Geld zurück.
Der Finne sieht mich ungläubig an, schüttelt den Kopf und nimmt das Geld zurück. Kaum hat er das Hotel verlassen, stürzt der Nachtportier auf mich zu. »Sind Sie wahnsinnig, Mann, von den Tips leben wir doch. Warum, glauben Sie, sind unsere Gehälter so niedrig? Jede Hotelleitung weiß, daß wir Tips bekommen«, und dann etwas ruhiger: »Ich verstehe Sie ja. Es ist nicht einfach für Sie, sich umzustellen. Da müssen Sie durch, jeder Beruf hat seine Regeln.«

Eine wichtige Lehre für mich, »kaufmännisch denken« ist jetzt wichtig. Von nun an nehme ich Tips, ohne schlechtes Gewissen. In kurzer Zeit machen sie das Doppelte meines Gehaltes aus. Es macht mir immer mehr Freude, mich mit Gästen aus aller Herren Länder zu unterhalten, die — zurück von einem Stadt- oder Reeperbahnbummel — noch etwas plaudern wollen.

Noch immer habe ich keinen Kontakt zu meinen früheren Freunden gefunden, mein kleines Adreßbuch haben die Russen. Dann steht plötzlich Jürgen Graf Rittberg vor mir, Ordonnanzoffizier in unserer Aufklärungsabteilung und in Frankreich 1940 schwer verwundet. Er hat in Düsseldorf in eine alte Familie eingeheiratet, die eine große Automobilfirma vertritt. Sein Angebot, als Verkäufer bei seinem Schwiegervater einzutreten, lehne ich höflich ab. Wir sehen uns in den folgenden Jahren häufig, bis Jürgen bei einem Autounfall ums Leben kommt.
Ich träume immer noch von einer Tätigkeit im Ausland, das Fernweh läßt mich nicht los. Inzwischen habe ich auch Verbindung zu Hally Momm, den Springreiter und Mitgefangenen. Er kommt jedes Jahr zum Springderby nach Hamburg. Dann steht Helmut Liebeskind vor mir, mein Adjutant seit der Invasion am 6. Juni 1944. Wir freuen uns riesig, haben uns seit unserer Gefangennahme im April 1945 nicht mehr gesehen.
Bei einem Glas Wein erzählt er mir, daß man ihn aufgefordert hat, in die gerade im Aufbau begriffene Bundeswehr einzutreten, als Generalstabsoffizier. »Was raten Sie mir, soll ich meinen guten Job aufgeben?« »Das müssen Sie ganz allein entscheiden, Liebeskind«, erwidere ich, »Sie sind noch jung und könnten eine große Karriere machen, wenn auch nicht so gut bezahlt wie im Augenblick.«
Sein Idealismus siegt. Vor wenigen Jahren hat er sich als Brigadegeneral zur Ruhe gesetzt, nach einer großen Karriere und vielen Auslandaufenthalten.

Schließlich kommt eine Begegnung zustande, auf die ich immer gehofft habe: Auf vielen Umwegen werde ich mit dem Inhaber einer Exportfirma zusammen gebracht, die seit Generationen enge Kontakte zu Japan, China und Hongkong hat. »Ich beabsichtige, eine neue Firma in Angola, Westafrika, zu gründen, wo die Konkurrenz noch nicht so stark ist. Dazu werde ich für ein Jahr nach Afrika gehen und suche jemanden, der mich hier vertritt.
Sie sind mir empfohlen, hätten Sie Lust?« »Lust schon«, halte ich dagegen, »aber ich bin kein Kaufmann.« »Das Handwerkzeug kann man lernen. Eine gute Menschenführung und Zuverlässigkeit sind angeboren. Genau das brauche ich bei einem Mitarbeiter, der meine im Aufbau begriffene Firma während meiner Abwesenheit führen kann. Meine Mitarbeiter werden Ihnen helfen, sich in die Materie einzuarbeiten. Also wollen Sie?«
Ich sage spontan zu, zumal mir in Aussicht gestellt wird, dann ebenfalls im Wechsel für ein bis zwei Jahre nach Angola zu gehen. »Madame« hat volles Verständnis für meinen Entschluß, als ich meine Stellung im Hotel kündige.

In Abendkursen über Handelsrecht, Buchhaltung und Portugiesisch mache ich mich mit der neuen Materie vertraut, meine jungen Mitarbeiter sind mir eine große Hilfe. Mit meinem neuen Chef besuche ich alle Kunden in Deutschland und im europäischen Ausland. Nach ein paar Monaten bringe ich den Chef zum Frachtdampfer, mit dem er die lange Reise in ein neues Land antritt, das später auch meine zweite Heimat werden wird.
Ich habe eine neue Aufgabe gefunden, der ich auch heute noch verpflichtet bin. Die Vergangenheit wird zur Erinnerung, ich stelle mich voll und ganz der neuen Aufgabe.

Dann werde ich doch mit meinem früheren Beruf konfrontiert: Ich werde zum »Amt Blank« nach Bonn gebeten, das als Vorläufer für den Aufbau der neuen Bundeswehr verantwortlich ist. Man fragt mich, ob ich daran interessiert bin, meine Erfahrungen zur Verfügung zu stellen und neu eingestellt zu werden. »Sie sind noch jung, haben in der Reichswehr, in der Wehrmacht, bei der Panzerwaffe gedient und auf fast allen Kriegsschauplätzen gekämpft. Ihre Erfahrungen wären von großem Nutzen für die zukünftige Bundeswehr.«

Meine Antwort kommt sehr schnell:
»Ich habe mir mühsam einen neuen Beruf aufgebaut, der mir Freude macht und mich viel ins Ausland führt. Um das aufzugeben, muß ich Ihre Garantie haben, daß ich entweder in der Panzerwaffe oder als Militärattaché Verwendung finden kann. Können Sie das garantieren?« Die Antwort ist ernüchternd: »Für beide Aufgaben hätten wir Verwendung für Sie. Eine Garantie«, wird mir bedeutet, »können wir nicht geben. Bei Dienstgraden ab Oberst aufwärts haben die politischen Parteien zuzustimmen.«

»Dann danke ich Ihnen vielmals. Ich möchte mich nicht plötzlich auf einem Übungsplatz als Kommandant wiederfinden, nur weil mein Gesicht dem einen oder anderen nicht paßt. Ohne jede Garantie werde ich meine jetzige Stellung nicht aufgeben. Ich danke Ihnen trotzdem, daß Sie an mich gedacht haben.« Ähnlich entscheiden sich viele meiner Freunde, die sich in der Industrie oder dem Handel gute Stellungen aufgebaut haben.

Rückkehr in die Vergangenheit

Dann, in den sechziger Jahren, ich habe gerade meinen ersten Angola-Törn hinter mir, ruft mich der englische Militärattaché aus Bonn an: »Ihr Verteidigungsministerium teilt uns mit, daß Sie als Führer einer Kampftruppe der 21. Panzerdivision auf deutscher Seite an der ›Operation Goodwood‹ teilgenommen haben. Das Staff College in Camberley würde Sie gern zu seiner nächsten ›Battlefield Tour‹ in die Normandie einladen, um über Ihren Einsatz während der für Montgomery verlustreichen Operation zu berichten. Wären Sie bereit, natürlich gegen Erstattung aller Kosten und so weiter, zu kommen?«
Die Aussicht, die Normandie und die Plätze unserer schweren Abwehrkämpfe wiederzusehen, reizt mich. Ich sage zu.
Das Gelände bei Caen, ostwärts der Orne, sieht so aus, wie ich es von vor über 20 Jahren noch im Gedächtnis habe. Es ist Juni, das Korn ist reif, die Dörfer sind wieder aufgebaut, die Bauern gehen ihrer Arbeit nach, wie sie es vor dem »D-Day« taten. Das völlig zerstörte Caen ist von einfühlsamen Architekten schöner denn je aus den Trümmern aufgebaut worden. Die Franzosen, mit denen ich ins Gespräch komme, haben zwar nicht vergessen, was ihrem geplagten Land von beiden Seiten angetan wurde. Sie verzeihen aber und sind mir, dem früheren ›sale boche‹, gegenüber freundlich. »C'était la guerre, Monsieur, Sie haben Ihre Pflicht getan, wenn auch für ein böses Regime.«

Der Kommandant und die Stabsoffiziere des Staff College begrüßen mich als »ihren fairen, tapferen Gegner« und machen mich mit den anderen »guest speakers» bekannt.
Ich treffe auf General »Pip« Roberts, den wohl jüngsten und flexibelsten englischen Panzerführer. Ich kenne ihn von Nordafrika und wußte, daß er während der »Operation Goodwood« Kommandeur der führenden 11st Armoured Division war, die die Hauptlast des Kampfes und die höchsten Verluste zu tragen hatte. Bill Close, einer seiner Panzerkompaniechefs, David Stileman von den Grenadieren seiner Division und andere ehemalige Teilnehmer dieser grausamen Schlacht begrüßen mich wie einen alten Freund. Ich bin überwältigt von der Liebenswürdigkeit, mit der ich aufgenommen werde, und der Fairness einzugestehen, daß »Goodwood« nur ein teuer erkaufter Teilerfolg und der Einsatz unserer Kampfgruppe ein Abwehrerfolg war, den wir unserer größeren Kriegserfahrung und Rommels Anweisung zu verdanken hatten, in großer Tiefe zu verteidigen.
Mit Ausnahme einiger Jahre, in denen ich in Afrika lebte, war ich bis 1979 Gast des Staff Colleges.
Parallel zur »Presentation Goodwood« fand in allen jenen Jahren eine »Presentation Overlord« statt, die sich mit der Landung der 6th Airborne Division befaßte, darun-

ter der Wegnahme der beiden Ornebrücken durch eine Kompanie unter Major John Howard. Mich interessierte diese »Coup de main-Operation« in der Nacht vom 5. bis 6. Juni 1944. An einem freien Tag fahre ich mit dem Overlord-Team mit und höre mir fasziniert die »John Howard-Story« an. Anschließend gehe ich auf ihn zu: »Ich bin Oberst Hans von Luck, Führer der Kampfgruppe 21. Panzerdivision, die in der Nacht nicht eingreifen durfte, auf die Sie jedoch bei Ihrem Einsatz in Escoville getroffen sind. Ich freue mich, Sie persönlich kennenzulernen.« — »Oh, Hans, I am so glad to meet you. Wir müssen uns zusammensetzen, ich möchte so viel von Ihnen wissen.«
In einer kleinen Bar des Seebades Cabourg sitzen wir dann am Abend zusammen, mit weiteren Fallschirmjägern, die in der bewußten Nacht über meinem Einsatzgebiet abgesprungen waren. Von daher rührt meine Freundschaft mit John Howard, die bis heute gehalten und sich weiter vertieft hat. Welch Irrsinn, sich bis aufs Messer zu bekämpfen und dann gute Freunde zu werden.

1979 läßt das englische Kriegsministerium den Film »Goodwood« drehen, um diese bedeutende Schlacht und die persönlichen Erlebnisse von Teilnehmern für die Nachwelt zu erhalten. Es wird ein faszinierender Film: Originalaufnahmen von beiden Seiten werden von den Kommentaren der »Veteranen« begleitet, Sinn und das Ergebnis der Schlacht von Historikern erläutert.
Der Goodwood-Film ist inzwischen an fast alle europäischen Generalstabsschulen und Panzerdivisionen verkauft worden, als Lehrmaterial für junge Offiziere und Unteroffiziere.

Wenige Jahre später werde ich, wieder auf Empfehlung von John Howard, von der schwedischen Kriegsschule und dem Generalstab angesprochen: »Würden Sie bereit sein, mit uns in die Normandie zu fahren und über die ›Operation Goodwood‹ zu unseren Offizieren zu sprechen?« Ich bin erstaunt: Wieso ist ein traditionell neutrales Land an der Geschichte des Zweiten Weltkrieges interessiert?
»Wir sind uns darüber im klaren«, antwortet mir der sympathische Kommandant der Kriegsschule, »daß im Fall einer militärischen Auseinandersetzung zwischen den Großmächten niemand unsere Neutralität respektieren wird. Wir möchten lernen und üben, wie ein zahlenmäßig unterlegenes Land es schaffen kann, eine Landung an unseren Küsten zu verhindern. Oder, falls das nicht möglich ist, wie wir einen gelandeten Gegner am Eindringen in unser Land hindern können. Dafür erscheint uns die ›Operation Goodwood‹ ein sehr gutes Beispiel.«
Seit etwa 8 Jahren bin ich nun, immer um den 6. Juni herum, Gast der freundlichen Schweden.

1984 — 40th Anniversary of D-Day

Der 6. Juni 1944 jährt sich zum 40. Mal. Große Erinnerungsfeiern finden statt, zu denen die englische Königsfamilie, mehrere gekrönte Häupter, der Präsident der Vereinigten Staaten und Repräsentanten aller an der Invasion auf alliierter Seite teilnehmenden Ländern erscheinen.
John Howards »coup de main« an den Ornebrücken ist am spektakulärsten. Kein Wunder, daß die großen Fernsehgesellschaften aller Länder gerade hier nach Interviewpartnern suchen. Wieder ist es John Howard, der auf mich verweist, wenn man etwas über »the other side of the hill« erfahren möchte.

Bereits Ende 1983 hatte mich in Hamburg Professor Stephen Ambrose, ein bekannter Historiker aus den USA, aufgesucht, der gebeten war, die »Geschichte der Pegasus-Bridge« rechtzeitig zum Jubiläum zu schreiben. Fünf Stunden dauerte das Interview, ohne daß ich ahnte, daß ein Tonband mitlief. Nach der Auswertung rief mich Steve an: »Hans, das ist unglaublich, was Sie erlebt haben, dazu Ihr Verhältnis zu Rommel und Ihre Erfahrungen mit den Russen. Sie müssen Ihre Memoiren schreiben, ich werde dafür sorgen, daß sie überall in der Welt gelesen werden.«
Das wurde die Geburtsstunde dieses Buches.

Auf Einladung von Steve Ambrose bin ich Ende Mai 1984 in der Normandie, um vor einer von ihm organisierten Gruppe Amerikaner über die Invasion, über Rommel und die Russen zu sprechen. »Nehmen Sie an den Feierlichkeiten am 6. Juni 1984 teil? Immerhin haben Sie ja eine entscheidende Rolle dabei gespielt.« »Auf keinen Fall«, ist meine Antwort, »das ist ein Gedenktag für die Alliierten, es ist ihr Sieg über Hitlerdeutschland, dabei habe ich nichts zu suchen.«

Die Reaktion auf die Berichte des deutschen Fernsehens, der Presse und Radiostationen, in denen ich über unseren Einsatz in der Invasionsnacht berichte, ist überwältigend. In Briefen, Telefonaten melden sich ehemalige Angehörige meiner Truppenteile: »Ich habe Sie im Radio gehört, Ihren Artikel mit Foto gelesen.« — »Sie waren im Fernsehen, sind Sie mein früherer Kommandeur Hans von Luck?« — »Ich dachte, Sie leben gar nicht mehr, Sie seien in Rußland verschollen. Und dann auf einmal im Fernsehen.« — Alle fragen, ob man mich sehen, treffen könne oder bitten um ein Lebenszeichen.
Die Vergangenheit hat mich eingeholt.

Gott sei Dank ist der Abstand zu den Ereignissen inzwischen groß genug. Ich kann die Dinge emotionslos sehen. Die Treffen in Hamburg oder irgendwo in Deutschland jedoch beweisen mir, daß eine einmal entstandene Kameradschaft und das

gemeinsam überstandene Leiden auch nach so vielen Jahren ein Gefühl der Zusammengehörigkeit schaffen, das nichts mit dem »Kaffeeklatsch alter Veteranen« zu tun hat.
Dann ruft mich Fritz Winand aus Köln an: »Welche Freude. Ich sah Sie im Fernsehen. Erinnern Sie sich: Wir waren zusammen im Lager im Kaukasus. Sie, der Oberst von Luck, ich, der junge Soldat, die beide das gleiche Los als Gefangene zu tragen hatten, im Kohlenschacht oder auf den Baustellen. Wissen Sie, daß es seit 1945 eine ›Kameradschaft der ehemaligen 518er‹ gibt, die ab 1950 in Köln, Berlin und München mehrere hundert Angehörige des Lagers zusammenhält? Wir treffen uns regelmäßig, in 14 Tagen in Köln. Können Sie nicht kommen?«
Natürlich muß ich hin. Mehr als die Kämpfe in Rußland, Afrika oder Frankreich haben wir ehemaligen Kriegsgefangenen gelitten und unser Schicksal gemeinsam gemeistert.
In einem Saal sitzen etwa 40 ältere Herren zusammen, die sofort aufspringen, als ich eintrete. »Unser Oberst von Luck, welche Freude. Daß Sie noch leben und jetzt bei uns sind.« Viele haben Tränen in den Augen. Mir geht es nicht anders.
Ich muß berichten, wie es uns im Straflager bei Kiew ergangen ist. Ich erzähle vom Hungerstreik und dem Verhör vor meiner Entlassung. Dann will ich wissen, was aus den vielen geworden ist, die ich kannte und mit denen ich zusammen arbeitete. Fritz Winand, der rührige Initiator der Treffen, erzählt mir, daß unsere »Lagergemeinschaft 518« wahrscheinlich die einzige dieser Art ist. Daß 1965 sich 426, 1984 immerhin noch 375 Mitglieder regelmäßig treffen.

Ich frage nach Jupp Link, unseren deutschen Lagerkommandanten. »Jupp lebt in einem Bauernhaus bei München, er ist schwerbeschädigt, aber geistig frisch wie eh und je. Wir können ihn anrufen.« »Jupp Link hier«, kommt die vertraute Stimme, »mit wem spreche ich?« — »Hier spricht Hans von Luck. Erinnern Sie sich, Jupp? Ich bin hier in Köln mit vielen Freunden aus schwerer Zeit zusammen. Ich freue mich riesig, mit Ihnen nach über 35 Jahren wieder Verbindung zu haben.« »Herr Oberst, Hans von Luck, mein Gott«, es versagt ihm die Stimme, »wie freue ich mich, Sie zu sprechen. Sind Sie gesund, kommen Sie mal nach München? Sie müssen mich besuchen, ich wohne hier so friedlich auf dem Lande.« »Sicher, Jupp, ich werde kommen, ich melde mich.«

Ich gehe von Tisch zu Tisch. Was ist aus den ›plennis‹ geworden, die damals, in den primitiven Drillichanzügen und Wattejacken, alle gleich aussahen? Mich interessiert die Theater- und Musikgruppe, mit der ich so viele schöne Stunden verbracht habe. An einem Tisch werde ich angehalten.
»Erkennen Sie uns wieder? Ich bin Glaubrecht, der damalige Schlagzeuger. Hier neben mir »Köbes« Witthaus und Walther Struve, die Arrangeure unseres Orchesters und der Band. Erinnern Sie sich noch, wie Sie uns »In the Mood« von Glenn Miller Ton um Ton vorgesummt hatten, mit dem wir jede Vorstellung begannen?«

Helmut Wehrenfennig kommt an den Tisch. Er hatte die Texte für unsere Operette geschrieben. »Ich habe nach der Rückkehr studiert und wurde Leiter eines Lehrlingsheims. Nebenbei schrieb ich Gedichte und Novellen, die von einem österreichischen Verlag veröffentlicht sind.« »Was ist aus den anderen geworden? Karlheinz Engels zum Beispiel, der als Schauspieler und Regisseur die Theatergruppe mit aufgebaut hatte?« »Engels«, berichtet man mir, »wurde erst am 30. April 1950 entlassen. Warum so spät, weiß er selber nicht. Er ist seinem Metier treu geblieben: Er wurde Verwaltungsdirektor der Städtischen Bühnen in Dortmund und anschließend Mitglied der Festspielleitung der ›Ruhrfestspiele Recklinghausen‹. Seit 1985 ist er in Pension.« »Reinhold ›Heini‹ Bartel, unser Tenor, studierte Gesang und wurde von verschiedenen Bühnen engagiert, darunter von der bekannten Oper Wiesbaden. Anschließend Dozent für Gesang an der Universität Mainz.«
Bartel schrieb mir etwas später: »Ich habe mich so gefreut, von Ihnen zu hören. Einmal mußte ich beim Rundfunk das Lied ›Ninou, lach' mir einmal zu‹ singen. Ich hätte zu gern unseren jüdischen Arzt Dr. Fuchsmann als Zuhörer gehabt. Er hat mir das Lied einmal vorgesungen, er liebte Jan Kiepura, den Interpreten.«
Am Nachbartisch sitzt Drews, unser Lagerkoch, die wichtigste Person überhaupt. »Ich kann mich noch genau erinnern, daß Major Samcharadse mich anwies, der Theater- und Musikgruppe eine doppelte Portion Wassersuppe zu geben. ›Für die Kultura tun wir alles‹, erklärte er mir.«
»Ich bin Fred Sbosny, der Fahrer des Lager-Stutebakers. Erinnern Sie sich, daß wir einmal zusammen nach Tbilisi fuhren?«
»Natürlich«, alles fällt mir wieder ein, »ich weiß auch noch, wie nervös Sie waren, als Sie im Auftrag von Samcharadse Reifen im Depot der Schachtverwaltung ›klauen‹ mußten. Die Wachen hätten Sie auch umlegen können. Viele unserer ›Spezialjobs‹ waren schon abenteuerlich und lebensgefährlich.«
Zurück an den Tisch von Fritz Winand, dem rührigen Organisator der Treffen unserer Lagergemeinschaft. Er hat nach seiner Rückkehr seine Ausbildung beendet und wurde Stadtinspektor in Köln, zuständig für die Betreuung geistig und körperlich Behinderter.

Das Treffen mit meinen Leidensgenossen von damals hinterläßt Spuren. Ich will und darf diese Jahre im »Gulag« nicht verdrängen und vergessen, sie haben für viele eine Wende ihres Lebens zur Folge gehabt. Mir ist völlig klar, daß nur das Gefühl der Zusammengehörigkeit und die Kameradschaft, ohne Ansehen des Dienstgrades und der sozialen Herkunft, es so vielen ermöglicht hat, zu überleben.
In Köln stellen wir uns der Frage: »Möchten wir Tkibuli einmal wiedersehen?« Die Ansichten gehen auseinander: »Nie wieder« oder auch »ja, schon, wenn die Russen uns hereinlassen.«

Diplomkaufmann Eberhard Koellreuter war damals einer der ganz Jungen und ist heute beruflich im Raum München tätig. Er hat die Initiative ergriffen und ist 1978,

1982 und zuletzt 1985 ganz offiziell mit deutschen Reisegruppen in den Kaukasus gereist. Die letzte Reise hat er selber organisiert. Mit seiner Erlaubnis gebe ich seinen Bericht weiter:

»Ich hatte 1985 eine Gruppe von 67 Personen zusammengestellt, die das schöne Georgien, am Rande zu Asien, kennenlernen wollten. Außer mir hatte niemand etwas mit der Kriegsgefangenschaft zu tun. Mein Antrag bei Intourist, auch Tkibuli zu besuchen, wurde abgelehnt: ›Dafür ist der Veteranenverband zuständig.‹ Warum, ist mir bis heute ein Rätsel.

Am 6. September 1985 trifft unsere Reisegruppe im Kaukasus ein. Ich frage die junge freundliche Georgierin, die uns als Reiseführerin zugeteilt ist, ob wir zufällig auch über Tkibuli kommen, ›ich habe von dem Ort gehört‹, versuche ich meine Frage zu erklären. ›Ja, natürlich, die Stadt liegt auf unserem Weg zum Ochsenaugensee, hoch im Elbrusgebirge. Dort besuchen wir die berühmte Kathedrale Nikorzminda, erbaut unter Bagrat III., 1010 bis 1014 n. Chr.‹

Ich bin sehr aufgeregt, niemand aus der Gruppe soll wissen, warum ich mich für dieses Kaff so interessiere. Nach einem grauenvollen Frühstück fahren wir mit einem altersschwachen Bus am 7. September nach Norden in die Berge. Die Straße ist voller Schlaglöcher, die es damals auch schon gab. Beiderseits der Straße riesige Teeplantagen (Georgien ist der drittgrößte Teeproduzent der Welt), dann wieder unberührtes Land, das friedlich von der warmen Herbstsonne beschienen wird. Parallel zur Straße die eingleisige Eisenbahn, auf der wir, eingepfercht in Güterwagen, zu unserem Lager transportiert wurden. Nach zwei Stunden Rüttelei kommen wir zum Ortsrand von Tkibuli. Am Zollhaus vorbei erreichen wir den tristen Bahnhof, auf dem wir damals ausgeladen wurden und uns zu Fuß mühsam zum Lager schleppen mußten. Ich bitte die Reiseführerin, doch kurz zu halten, ›ein menschliches Bedürfnis, verstehen Sie?‹ Versteckt mache ich einige Fotos (die russische Justiz möge mir verzeihen, Fotografieren ist streng verboten). Von hier sieht die Stadt, angelehnt an Hügel und Berge, friedlich wie ein Kurort aus. Als ich an die vielen hundert Kameraden denke, die dort oben irgendwo verscharrt liegen, kommen mir die Tränen. Ich schäme mich nicht.

Beim Näherkommen präsentiert sich die kleine Stadt, wie sie wirklich ist und wie ich sie in Erinnerung habe: Schmucklose Holzhäuser, ungepflegte Straßen, ein Ort, der nur für Gefangene gebaut wurde, die hier die wertvolle Kohle fördern. Wir halten mitten im Ort. Ich spreche einige Georgier an, frage nach unserem Lager und den Kohleschächten. Sie sehen mich verwundert an, ein ›plenni‹, der die Stätten seines Leidens besucht? ›Ihr Lager ist seit langem abgerissen, andere Lager für Russen existieren noch‹, antworten sie. Obwohl die meisten damals noch gar nicht gelebt oder hier gewohnt hatten, zeigen sie alle viel Mitgefühl.

Weiter geht es aufwärts, am Elektrizitätswerk vorbei, das wir seinerzeit gebaut hatten und das ziemlich heruntergekommen aussieht. Auf Serpentinen geht es weiter bergan zum Nakerala-Paß. Dort hatte ich 1949 meine letzte Baustelle: Wohnungen für die Schachtarbeiter. Die Häuser sehen ungepflegt aus, wie mag es drinnen aussehen? Der Blick zurück auf Tkibuli ist einmalig schön, nichts erinnert hier oben an das Leiden von damals.

Ich mache laufend Fotos. Der Blick nach Norden geht hinüber zum Ochsenaugensee und auf die unberührte Bergwelt des Elbrusgebirges. Dann sind wir am Ziel. Die schöne alte Kathedrale scheint unzerstört, vielleicht ein Aushängeschild für die wenigen Touristen, die sich hierher verirren? Wir sind sofort von den Bergbauern umringt, an die wir T-Shirts und andere Mitbringsel verteilen. Der freundliche Pope kommt auf uns zu, er stellt sich gern meiner Polaroidkamera und steckt stolz das Bild in seine Kutte.

Als die Bauern begreifen, daß wir aus der »Ferge«, der Bundesrepublik, kommen, geht ein Wortschwall auf uns nieder: ›Wir haben von unseren Eltern gehört, daß viele Deutsche hier als Kriegsgefangene arbeiten und zum Teil verhungern mußten. Wir mögen Euch Deutsche, wir sind freiheitsliebend wie Ihr. Es darf nie wieder Krieg geben.‹
Auf der Rückfahrt kommen wir noch einmal durch Tkibuli, diesen Ort des Grauens. Die Zeit hat den Mantel der Vergessenheit ausgebreitet. Und das ist gut so . . .«
Hier endet der Bericht von Eberhard Koellreuter. Was ihm, als einzelnem, gelang, sollte einmal allen möglich sein, um den Menschen dort und in ganz Rußland die Hand zu reichen.

Anfang Juli 1987 führt mich mein Weg nach München.
Ich werde Jupp Link besuchen.
Ich rufe Ernst Urban in München an, der ein Treffen mit Jupp vereinbaren wird. Mit Urban hatte ich oft im Lager abends zusammengesessen und seine Geschichte gehört, als man ihn zwischen zwei glühende Öfen gestellt und kaltes Wasser über ihn gegossen hatte, um ein »Geständnis« zu erzwingen. Urban befürchtete, daß das Wiedersehen mit Jupp Link ihn überfordern könne. Seine Frau meint: »Fahrt ruhig hin und seid behutsam.«
Durch die schöne Landschaft, von der warmen Julisonne beschienen, führt unser Weg zum Dorf, in dem Jupp lebt und das in den Hügeln der Voralpen liegt. Wir halten vor einem der typischen bayrischen Bauernhäuser.
»Da ist Jupp, er wartet schon auf uns«, ruft Urban aus. Am Stock humpelt Jupp Link auf mich zu. Er hat Tränen in den Augen. Mir geht es nicht anders, nach über vierzig Jahren ein Wiedersehen.

Jupp fällt mir um den Hals: »Daß ich das noch erlebe. Unser Oberst von Luck hier bei mir, gesund und anscheinend immer noch der Alte. Komm, Oberst, herzlich willkommen. Dies hier ist meine Frau, mein ganzer Halt.« — »Mein Mann hat mir so viel von Ihnen erzählt, ich freue mich so für ihn. Er wußte ja nicht, ob Sie noch leben, bis wir sie im Fernsehen sahen. Ich mache Euch eine bayrische Vesper. Bis

dahin hocken Sie sich mit meinem Mann hier auf die Bank. Er liebt diesen Platz, mit dem Blick auf die Berge.«
Wir drei »alten plennis« sitzen zusammen. Jupp hat seinen Arm um mich gelegt und erzählt von den Tagen und Jahren im Kaukasus. Ich wußte bis dahin nicht, daß er heimlich und unter Lebensgefahr im Lager fotografiert hatte und die Negative durch Georgierinnen aus dem Lager schmuggeln ließ. Heute haben diese Bilder Seltenheitswert.
Es ist so friedlich hier auf der Bank, wir vergessen die schwere Zeit und freuen uns nur, daß wir noch leben.
Nach der zünftigen Vesper muß ich leider weiter. Ich verspreche Jupp wiederzukommen, sobald mein Weg mich nach München führt. »Gott behüte Sie, lieber Jupp. Ich werde nie vergessen, was Sie als junger Mensch und deutscher Lagerkommandant für uns alle getan haben.«
Ein letztes Winken, schweren Herzens fahren Urban und ich zurück.

Ich bereue es nicht, daß mich die Vergangenheit in vielfältiger Form wieder eingeholt hat. Die Brücke zu meinem früheren Leben ist gebaut. Ich kann sie ohne Wehmut überschreiten.
Mein zweites Leben, mit vielen neuen und abenteuerlichen Erlebnissen, hat einen neuen Sinn bekommen.

Januar 1989

Das Telefon klingelt bei mir: »Hier ist Gerhard Bandomir. Erinnern Sie sich? Ich war Kompaniechef der 3. Kompanie Ihres Regiments in der Normandie. Nach langem Suchen habe ich Ihre Anschrift erhalten und wollte mich bei Ihnen melden.«
»Mein Gott, Bandomir, das ist unfaßbar. Nach 45 Jahren ein erstes Lebenszeichen von Ihnen und dem I. Bataillon, das am 18. Juli 1944 bei der britischen »Operation Goodwood« unter dem Bombenhagel und dem schweren Beschuß durch die Schiffsartillerie komplett verlorenging. Sie sind der erste von Ihrem Bataillon, von dem ich höre. Wir müssen uns treffen.«
Bandomir kommt nach Hamburg und erzählt mir von seinem Schicksal am frühen Morgen dieses heißen, sonnigen Tages in der Normandie. Sein Bericht ist so faszinierend und aufwühlend, daß ich ihn spontan bitte, mit mir in die Normandie zu kommen, um über seine Erlebnisse zu den Offizieren der schwedischen Kriegsschule zu sprechen.
Hier ist ein Auszug seines Berichtes:
»Vor dem für uns so tragischen 18. Juli 1944 lag ich mit meiner Kompanie mit gepanzerten Schützenwagen in der Gegend von Les Mesnil Frementel, etwa 15 Kilometer ostwärts von Caen. Unsere 21. Panzerdivision war Korpsreserve. Trotzdem hatten wir Verteidigungsstellungen in der Nähe der Farm bezogen. Wegen der 100prozentigen Luftüberlegenheit der Alliierten konnten wir nur nachts an unseren Stellungen arbeiten, so auch in der Nacht vom 17. zum 18. Juli.
Ich war gerade in meinem Unterstand angekommen und bereitete mit meinen Leuten das Frühstück vor, als wir starke Flugzeuggeräusche von See her hörten. Dann sahen wir sie: Hunderte von Bombern, sehr hoch fliegend und sich gegen den Morgenhimmel abzeichnend. Wir nahmen an, daß ein weiterer Luftangriff auf unsere Städte geplant war, und waren sehr in Sorge um unsere Menschen in der Heimat. Plötzlich klinkte die erste Welle ihre Bomben aus, ein Inferno begann. Das Ziel schienen Stellungen nördlich von uns zu sein, aber die Stadt Caen wurde erneut schwer getroffen.
Wir hatten keine Möglichkeit, etwas zu tun. Wir hockten paralysiert in unseren Deckungslöchern und warteten auf den Tod. Das Bombardement dauerte 2 Stunden. Wie wir später erfuhren, nahmen weit über 2 000 Bomber an diesem Angriff teil und unser Bataillon lag genau im Zentrum.
Dank unserer gut ausgebauten Stellungen waren die Verluste an Menschen verhältnismäßig gering. Um so stärker war die psychologische Wirkung auf uns alle. Wir fühlten uns machtlos. Dem Bombardement folgte der Artilleriebeschuß mit schwerer Schiffsartillerie und einer Feuerwalze aus, wie wir meinten, Tausenden von Geschützen, die mehrere Stunden andauerte. Das ganze Gelände war bald mit Kratern übersät. Mein Unterstand erhielt zwei oder drei Treffer, hielt aber.

Sogar ein wildes Kaninchen floh in unseren Bunker, sprang völlig verstört in meine Arme, trank von meinem Kaffee und biß aus Angst ein Loch in meine Jacke.
Das Inferno verdrängte jeden Gedanken des Widerstandes. Wie sollten wir, mit unserer Infanteriebewaffnung, etwas ausrichten?.
Später kam ich zu dem Schluß, daß an diesem 18. Juli 1944 eine neue Ära begonnen hatte: das Zeitalter des Nuklearkrieges.
Als nach mehreren Stunden das Artilleriefeuer plötzlich verstummte, stellten wir zu unserer Überraschung fest, daß wir noch lebten. Vorsichtig sahen wir aus unserer Deckung heraus. Zu unserem Entsetzen stellten wir fest, daß das ganze Gelände nördlich von uns, wo andere Kompanien unseres Bataillons lagen oder gelegen haben mußten, mit feindlichen Panzern bedeckt war, die langsam auf Cagny, ein Dorf rechts von uns, vorstießen. Zu unserer Überraschung folgte den Panzern keine Infanterie, eine für uns unnormale Taktik. Gegen die Panzer waren wir, mit unseren Gewehren und Maschinengewehren, machtlos. Trotz schweren Feuers der Panzer schaffte ich es, die Farm zu erreichen, wo ich hoffte, Teile meiner Kompanie zu finden. Doch niemand kam zurück. Ich sprang über eine Mauer, um wenigstens den Bataillonskommandeur zu erreichen, von dem ich mehr über die Lage zu erfahren hoffte. Ich sprang sofort wieder zurück, auf dem Unterstand des Kommandeurs stand bereits ein feindlicher Panzer. Ich entschied mich, die Farm zu verlassen und den Regimentsgefechtsstand zu erreichen. Mit meinen wenigen Männern lief ich einen Hohlweg entlang, in dem bereits viele Tote und Verwundete lagen. Wir rannten in ein Kornfeld, wo wir nicht gesehen werden konnten, um auf die Dunkelheit zu warten. Aber auch hier stießen die Panzer vor und machten weitere Gefangene. In dieser aussichtslosen Lage entließ ich meine wenigen Männer, daß sie sich dem Gegner ergeben konnten.
Etwa gegen Mittag dieses Tages war dieser verfluchte Krieg für meine Männer und mich beendet. Wir hatten keine Chance zu entkommen. Ohne Panzerabwehrwaffen und ohne jegliche Funkverbindung waren wir dem Gegner ausgeliefert.
Als Gefangener sah ich dann am Nachmittag die Infanterie der 11. britischen Panzerdivision unsere Farm und das Dorf Cagny besetzen. Ich war beeindruckt von der Frische der Engländer und deren vorzügliche Ausstattung mit Funk. Jedes Fahrzeug hatte Radiogeräte.
Der 18. Juli war ein sonniger, heißer Tag in der Normandie. Für uns jedoch war er der deprimierendste Tag. Wir waren machtlos, ohne die Möglichkeit, den Gegner aufzuhalten. Noch heute bin ich nicht in der Lage, die tatsächlichen Verluste meiner Kompanie zu beziffern. — Als Kriegsgefangener wurde ich zunächst nach England, dann in die USA gebracht, von wo ich am 11. Mai 1946 entlassen wurde. Ich wurde gut behandelt und bin dankbar, nach 45 Jahren meinen ehemaligen Gegnern die Hand reichen zu können.«
Hier endet der Bericht von Gerhard Bandomir. Er gilt und steht für alle tapferen Offiziere, Unteroffiziere und Männer des I. Bataillons, die das Inferno des 18. Juli 1944 überlebt haben oder gefallen sind.

Epilog

Vergessen ist gut — aber schwer
Vergeben ist besser
Versöhnung am besten

Im Jahre 1952 steht plötzlich Erich Beck vor mir, mein Begleiter auf vielen Kriegsschauplätzen und »mein ewiger Schatten«, wie er sich selber sieht. »Ich habe Ihre Anschrift über Ihre Mutter bekommen und nutze eine Geschäftsreise, um Sie endlich wiederzusehen.«
Die Freude ist riesengroß. Wir wußten seit meinem Abflug aus Nordafrika im April 1943 nichts mehr voneinander.
Wir sitzen zusammen und erzählen: ich von den schweren Kämpfen bis zum bitteren Ende und dem Leiden in russischer Gefangenschaft. Erich Beck ist des Lobes voll über die humane Behandlung durch die Amerikaner, die ihn frühzeitig in die Heimat entlassen haben. »Die Amis haben mir gezeigt, daß sie vergessen und sich mit uns versöhnen wollen. ›Du hast ja auch nur Deine Pflicht getan‹, gaben sie mir zu verstehen«. — Wir sehen uns in den folgenden Jahren oft. Becks Tagebuchaufzeichnungen sind mir eine wertvolle Hilfe für dieses Buch. Aus dem Oberst und dem Gefreiten sind Freunde geworden.

Im Jahre 1956 habe ich in Paris zu tun. Ich genieße das Wiedersehen mit dieser einmaligen Stadt. Es hat sich viel geändert, doch die kleinen »quartiers« sind geblieben.
Ich möchte und muß J. B. Morel wiederfinden, den Freund aus schweren Kriegstagen. Mein kleines Adreßbuch haben die Russen, im Telefonbuch ist er nicht verzeichnet (er hat eine Geheimnummer). Ich kann mich nicht einmal an den Straßennamen erinnern, weiß jedoch, wie das Haus aussah und daß es in Neuilly, in der Nähe des Bois de Boulogne lag. Auf gut Glück fahre ich dorthin und stehe plötzlich vor dem Haus Rue du Dobropol, in dem J. B. sein kleines Appartment hatte. Die Concierge wird mir helfen können, die Pariser Concierges sehen und wissen alles.
Ich sehe sie in ihrer Loge sitzen, im Gespräch mit einer eleganten Dame. »Excusez, Madame, wohnt hier noch Monsieur Morel?« »Ich bin Madame Morel, Monsieur, kann ich Ihnen helfen?« »Madame, Sie kennen mich nicht. Ich bin Hans von Luck, ein guter Freund Ihres Mannes aus schweren Kriegsjahren.«
»Hans, mon Dieu, daß Sie leben«, beide Damen haben plötzlich Tränen in den Augen, »ich weiß alles über Sie, J. B. hat mir so viel von Ihnen erzählt. Kommen Sie, mein Mann muß jeden Augenblick nach Hause kommen.«

»Ich heiße Mary. Wir haben vor einigen Jahren geheiratet und zunächst die kleine Junggesellenwohnung behalten.« Das Appartment ist unverändert, etwas mehr weibliche Note vielleicht. Wie oft haben wir hier gesessen und über den unseligen Krieg diskutiert.
Mary läuft aufgeregt herum. »Bitte verstecken Sie sich in der Schlafzimmernische, wir werden J. B. überraschen.«
Dann ist er plötzlich da. »Bonjour, chérie, hast Du den Tag gut verbracht?« Dann dreht er sich um und sieht mich vor sich stehen. Mantel und Tasche fallen zu Boden, Tränen schießen in seine Augen: »Non, Hans, ce n'ai pas vrai. Mon Dieu, Du bist es wirklich.« Wir rennen aufeinander zu und fallen uns in die Arme. Auch ich habe Tränen in den Augen.
»Mary, zieh' Dir etwas an, wir gehen zusammen feierlich essen. Ich rufe Clement an, er soll dabei sein.«
Wir sitzen alle zusammen in einem kleinen Restaurant, das einem Freund J. B.s gehört: »Pierre, Du wirst es nicht glauben, ich habe meinen Freund, den Baron Hans von Luck, wiedergefunden. Bring' uns eine Flasche Champagner und denk' Dir ein Festmenü aus.« Es gibt so viel zu erzählen und zu fragen.
J. B. hatte nach Kriegsschluß alle Hebel in Bewegung gesetzt, um mich zu finden: über die französische Botschaft in Moskau, die deutsche Botschaft in Paris, sogar über das russische KGB hatte er versucht, etwas über mich zu erfahren. »Alles, was ich erfuhr, war, daß Du in russische Gefangenschaft geraten seist. Aber niemand konnte sagen, wo Du warst oder ob Du überhaupt noch am Leben bist.«
Clement Duhour erschien mit einer Flasche sehr altem Champagner »Veuve Cliquot Rosé«. Er war inzwischen ein bedeutender Filmproduzent geworden, seine Liaison mit Vivianne Romance war lange beendet. »Wie geht es Dagmar? Wir haben nach ihrer Flucht aus Paris 1944 nichts mehr von ihr gehört.«
Ich berichte meinen Freunden, wie und warum es zwischen uns beiden zu Ende ging und unter welch grauenvollen Umständen sie ums Leben gekommen war. Wir sitzen bis spät in der Nacht zusammen und versprechen uns, die Verbindung nie mehr abreißen zu lassen. Zwei Offiziere, die sich einst als Feinde gegenübergestanden haben, sind Freunde im besten Sinn des Wortes geworden.
Alles Trennende ist vergessen und vergeben.

Im Jahre **1967**. Ein Regisseur der französischen »Pathé Films« ruft bei mir an: »Das ORTF will einen Dokumentarfilm mit dem Titel »La Guerre sans Haine« in Nordafrika drehen mit eingeblendeten Wochenschauen über den Wüstenkrieg 1941 bis 1943. Dabei soll je ein Augenzeuge der vier am Krieg beteiligten Nationen England, Frankreich, Italien und Deutschland als Kommentator dabeisein. Das Projekt steht unter der Schirmherrschaft des französischen Verteidigungsministers Messmer (der seinerzeit das Wüstenfort Bir Hacheim mit verteidigte). Wir werden mit dem Team in einer Regierungsmaschine nach Alexandria fliegen und von dort nach Tobruk und tiefer in die Wüste fahren. Falls Sie mitmachen wollen, Monsieur von

Luck, komme ich mit einem Redakteur des ORTF zu Ihnen, um alle Einzelheiten zu besprechen.«
Ich sage sofort zu, denn die Aufgabe reizt mich.
Etwa vier Wochen vor Ausbruch des Sechs-Tage-Krieges treffen wir in Ägypten ein. Dort herrscht große Unruhe. Aus Sicherheitsgründen dürfen wir nicht nach Tobruk fahren. So drehen wir den Film irgendwo in der Wüste.
Es wird ein versöhnlicher, objektiver Film, der mit großem Erfolg in vielen Ländern Europas und in Übersee gezeigt wird.

Am Ende der **sechziger Jahre bis 1979** bin ich Gast des englischen Staff College, Camberley, das in jedem Jahr eine »Battlefield-Tour« in die Normandie veranstaltet, um den jungen Generalstabsoffizieren die wichtigsten Kämpfe in der Normandie im Gelände selbst von ehemaligen Kriegsteilnehmern erläutern zu lassen.
Es gibt heute praktisch keinen höheren englischen Offizier, der nicht als Generalstabsschüler meine Vorträge in der Normandie gehört hätte. Unter ihnen auch der Duke of Kent.
Aus Gegnern sind Freunde geworden, die versuchen, gemeinsam und emotionsfrei die Lehren aus den Ereignissen von damals zu ziehen.

Ab **Juni 1980** bin ich dann Gast der schwedischen Kriegsschule, die aus den geschilderten Gründen an den damaligen deutschen Abwehroperationen interessiert ist.

Im **November 1983** schließlich besucht mich mein guter Freund Steve Ambrose, um mich für sein Buch »Pegasus Bridge« zu interviewen, das zum 40. Gedenktag der Invasion den »coup de main« (Handstreich) nacherzählen soll, mit dem Major John Howard damals die wichtigen Ornebrücken besetzen konnte.

Im **Mai 1984** halte ich in der Normandie einen Vortrag vor einer Gruppe Amerikaner, die unter Führung von Steve Ambrose die Schlachtfelder in der Normandie besuchen.

Ende **Mai 1984** geht es sehr hektisch zu in dem kleinen Café Gondrée, das direkt an der Pegasus-Brücke liegt und wohl das erste Haus war, das von den Alliierten befreit wurde. Steve Ambrose, der amerikanische Historiker, John Howard, der englische Befreier des Cafés, und ich, der deutsche Oberst und »Mann der anderen Seite«, sitzen vor dem Café in der Sonne. Wir werden von Madame Gondrée und ihren Töchtern bedient. Für mich ist dieser Augenblick symbolisch: Gegner von vor 40 Jahren sitzen als Freunde zusammen, um Steves Buch für Hunderte von Besuchern aus aller Herren Länder für den herannahenden 6. Juni zu signieren.
Mit dem Café Gondrée hatte ich von Anfang an Probleme. Madame haßte die Deutschen. Ihr Mann, Angehöriger der Résistance, war bald nach Kriegsende gestor-

ben. John Howard, der Befreier, galt für sie und ihre Töchter von da an als »Patron« des Hauses.
Sowohl das Staff College als auch die Schweden pflegten stets den Lunch bei Madame einzunehmen, eine Tradition bereits. Mein Problem bestand darin, wie ich als Deutscher und gleichzeitig als Gast der Engländer und später der Schweden an dem täglichen Lunch teilnehmen konnte, ohne meine Nationalität zu erkennen zu geben.
John Howard fand die Lösung.
Bei den Engländern wurde ich Madame als »Major *van* Luck«, bei den Schweden als ›Viking from Schweden‹ vorgestellt. Über all die Jahre reagierte Madame mit den Worten »I like the English« und »I like the Vikings«, mit Küßchen rechts und Küßchen links.
Auch wenn es beruhigend war, daß Madame meine wahre Nationalität nicht herausfand, so war mir dennoch sehr unwohl bei dieser Notlüge.

Während Steve und ich noch seine Bücher signieren, sitzen der schwedische Kommandant und John Howard noch in Madames Heiligtum, dem kleinen Hinterzimmer mit allen Erinnerungsfotos.
Plötzlich kommt John Howard nach draußen.
»Hans, der 6. Juni 1984 wird für Madame der Höhepunkt ihres Lebens sein. An den Feierlichkeiten zur 40. Wiederkehr des ›D-Day‹ wird Prinz Charles teilnehmen und auch zur Pegasus-Brücke und dem Café Gondrée kommen und Madame begrüßen. Sie ist schwer krank und hält sich nur noch für diesen Tag aufrecht. Ich denke, wir müssen ihr endlich die Wahrheit sagen. Sie soll nicht mit unserer Notlüge sterben. Ich werde mit ihr reden.«
Ich warte draußen und bin gespannt, wie Madame reagieren wird.
Dann kommt sie heraus. Sie hat John untergehakt und bleibt vor mir stehen. Ihr Blick ist gütig. »Monsieur Hans, John hat mir alles erzählt. Ich weiß nun, daß sie heute enge Freunde sind, und Johns Freunde sind auch meine Freunde. Lassen Sie uns alles vergessen und vergeben. Gott schütze Sie.« Diesmal ist ihr Küßchen echt.
Die Aussöhnung mit dieser patriotischen Frau ist mir mehr wert als viele andere Begegnungen.
Nach einigen Wochen ruft mich John aus England an:
»Hans, die Begegnung zwischen Prinz Charles und Madame wird mir unvergeßlich sein. Unter den Augen der Weltpresse und TV-Stationen küßte diese großartige Frau die Hand des englischen Thronfolgers und bedankte sich für die ›Befreiung von den Nazis‹.
Vor ein paar Tagen ist sie gestorben. Glücklich, wie mir ihre Töchter sagten.«

Im Jahr darauf ging ich mit John zu dem kleinen Dorffriedhof und legte Blumen auf ihr Grab. Einen zweiten Strauß legte ich auf das Grab von Leutnant Den Brotheridge, dem ersten Gefallenen aus Johns Kompanie. Ihnen gilt mein Respekt.

Im **Mai 1987** lädt mich der französische Konsul Kieffer nach Rittershoffen im Elsaß ein. In der Nähe dieses im Januar 1945 so heiß umkämpften Dorfes wird eine ehemalige Kasematte der Maginotlinie als Museum eingeweiht. Französische und deutsche Jugendliche haben hier freiwillig monatelang gearbeitet. Ein wunderbares Zeichen der Versöhnung. — Auf Initiative von Monsieur Kieffer war schon im Jahr davor ein Denkmal zwischen den beiden Orten Rittershoffen und Hatten eingeweiht worden. Auf ihm sind die Namen der damals gegeneinander kämpfenden Divisionen eingemeißelt. Unter den wehenden Flaggen Amerikas, Frankreichs und der Bundesrepublik reichen sich die ehemaligen Gegner die Hand in dem Wissen, daß wir nie wieder gegeneinander kämpfen wollen.

Im **Juni 1987** bin ich eingeladen, an der Universität von Innsbruck/Österreich einen Vortrag vor etwa 25 amerikanischen Studentinnen und Studenten zu halten, die ein Gastseminar besuchen und zur Klasse von Steve Ambrose gehören. Unter ihnen viele jüdischen Glaubens. Ehe wir gemeinsam für ein langes Wochenende in die Normandie fahren, sitzen wir jeden Abend in einem kleinen Restaurant zusammen und diskutieren. Ich weiß, daß viele von ihnen mit großer Skepsis den Vortrag eines »ehemaligen Offiziers der Nazi-Armee« verfolgt haben. Ich kann ihnen glaubhaft machen, daß die Bezeichnung »Nazi-Offizier« falsch und verallgemeinernd ist und daß die große Mehrheit der deutschen Armee seit dem Einmarsch in Rußland, dem verlorenen Krieg in Nordafrika und Frankreich erkannte, daß die Ideologie des »Tausendjährigen Reiches« falsch war und nicht nur unser Volk, sondern ganz Europa ins Unglück gestürzt hat.
Ich sage aber auch, daß ich trotzdem dazu stehe, Deutscher zu sein.

Auf der Bahnfahrt nach Frankreich versuche ich, ihnen die Persönlichkeit Rommels, an dem sie sehr interessiert sind, zu schildern und ihnen klarzumachen, daß die Schwarz-weiß-Malerei, daß die Russen nur böse und wir im Westen nur gut sind, verkehrt ist und uns nicht voranbringt.
Sie wollen auch wissen, ob wir ehemaligen Soldaten nicht doch etwas von Auschwitz und den anderen Vernichtungslagern gewußt und nichts dagegen unternommen hätten. Ich kann ihnen glaubhaft machen, daß das nicht der Fall war und ich, bis hin zu der Nachricht, daß mein zukünftiger Schwiegervater im KZ Sachsenhausen umgebracht worden war, nichts davon gewußt hatte. Da erst hatte sich für mich ein Spalt der Tür zu dem grausamen Geschehen geöffnet.
Daß sie mir glauben, ist für mich der schönste Beweis, daß die heutige Jugend um eine objektive Einschätzung bemüht ist. In ihren Examensarbeiten und persönlichen Briefen an mich kommt zum Ausdruck, daß sie ein neues Bild von ihren damaligen Gegnern, uns Deutschen, bekommen haben, wofür sie mir danken.
Die Jugend der westlichen Welt, die neue Generation, hat schon längst Brücken zueinander geschlagen und damit unbewußt die Aussöhnung zwischen ehemaligen Gegnern problemlos bewältigt.

»Glasnost« und »Perestroika« werden es hoffentlich ermöglichen, Ressentiments gegenüber unseren ehemaligen russischen Gegnern abzubauen und auch ihnen die Hand zu reichen.
Dazu sind nicht nur die Politiker in West und Ost aufgerufen, sondern wir alle!

Ein Wunsch würde für mich in Erfüllung gehen, wenn ich noch einmal jenen blonden russischen Leutnant wiedertreffen könnte, der mich vor den Mongolen bei der Gefangennahme beschützte, oder meinem »Frühstücksoberst« die Hand geben könnte, der sich einem kriegsgefangenen ehemaligen Gegner gegenüber so menschlich gezeigt hat. Ich wäre auch bereit, mit dem russischen Panzeroberst ein volles Glas Wodka auf nüchternen Magen zu trinken, der mich nach meiner Gefangennahme mit Respekt begrüßte.
Ich war ein »Gefangener meiner Zeit« im doppelten Sinne: Erzogen in der preußischen Tradition und dem Eid verpflichtet, waren wir dem Naziregime wehrlos ausgeliefert. So war es Hitler ein leichtes, das Offizierkorps und die Generalität zu mißbrauchen. Den Tribut dafür hatte ich mit so vielen anderen mit fünf Jahren Gefangenschaft in russischen Lagern zu zahlen.
Wenn ich mich als Berufsoffizier der Kollektivschuld nicht entziehen kann, so fühle ich mich als Mensch nicht schuldig.

Ich wünsche der Jugend der Welt, daß sie sich nie wieder mißbrauchen läßt.

Während dieses Buch gedruckt wird, erschüttert ein neuer Krieg die Menschen in aller Welt, der Krieg am Golf.

Die friedliebenden Länder unserer Welt wollen — und mussen — verhindern, daß erneut ein menschenverachtender Despot sich einen Teil der Welt untertan machen kann, wie es einst Hitler versucht hat. Die Gutgläubigkeit demokratischer Menschen hat eines schrecklichen langen Krieges bedurft, die Freiheit der Völker zu sichern. — Insofern liegt der Vergleich Hitlers mit Saddam Hussein nahe.

Werden wir in den demokratischen Ländern nie lernen, daß man Despoten und Diktatoren nicht glauben und ihnen nicht blindlings folgen darf, unter welchen Motiven auch immer.
Wer, wie ich, den Zweiten Weltkrieg, mit allen seinen Schrecken, Verwüstungen und Opfern auf beiden Seiten, mitgemacht hat, kann angesichts immer grausamerer Waffensysteme nur beten, daß der Krieg am Golf schnellstens beendet und langsam Ruhe in dieser Region eintreten wird.

gez. Hans von Luck
am 19.02.91

Bibliographie

Ambrose, Stephen *Pegasus Bridge,* London 1984

Buffetaut, Yves *Rommel France 1940,* Edition Heimdal, France

Hart, B.H. Liddell (ed.) *The Rommel Papers,* London 1953

Hastings, Max *Overlord, D-day and the battle for Normandy,* London 1984

Haupt, Werner / J.K.W. Bingham *Der Afrika-Feldzug 1941 bis 1943,* Dorheim/Hr. 1968

Kortenhaus, Werner *Die Geschichte der 21. Panzerdivision 1943 bis 1945* (noch ungedruckt)

Rommel, Erwin *Krieg ohne Haß,* Lucie-Maria und Manfred Rommel und Fritz Bayerlein, Heidenheim/Brenz 1950

Stumpf, Reinhard *Der Krieg im Mittelmeerraum 1942/43: Die Operationen in Nordafrika und im mittleren Mittelmeer,* in: Das Deutsche Reich und der Zweite Weltkrieg, hg. vom Militärgeschichtlichen Forschungsamt, Bd. 6, Stuttgart 1990, S. 569 bis 757

Register

NORDSEE
GROSSBRITANNIEN
NIEDERLANDE
LONDON
DEUTSCHES REICH
Rhein
BELGIEN
Straße von Dover
Amiens
LUXEMBURG
Der Kanal
Le Havre
Rouen
Reims
Saarbrücken
Beauvaise
Metz
Caen
Normandie
Hagenau
Falaise
PARIS
Nancy
Stuttgart
Strasbourg
Seine
Epinal
Elsass
SCHWEIZ
FRANKREICH
Loire
ITALIEN
Golf von Biscaya
SPANIEN
Andorra
Golf von Lion
0
100
km
MITTELMEER
Invasion Normandie
Operation »NORDWIND«
Kessel von Falaise
Rückzug in Frankreich und
Verlegung an die Ostfront

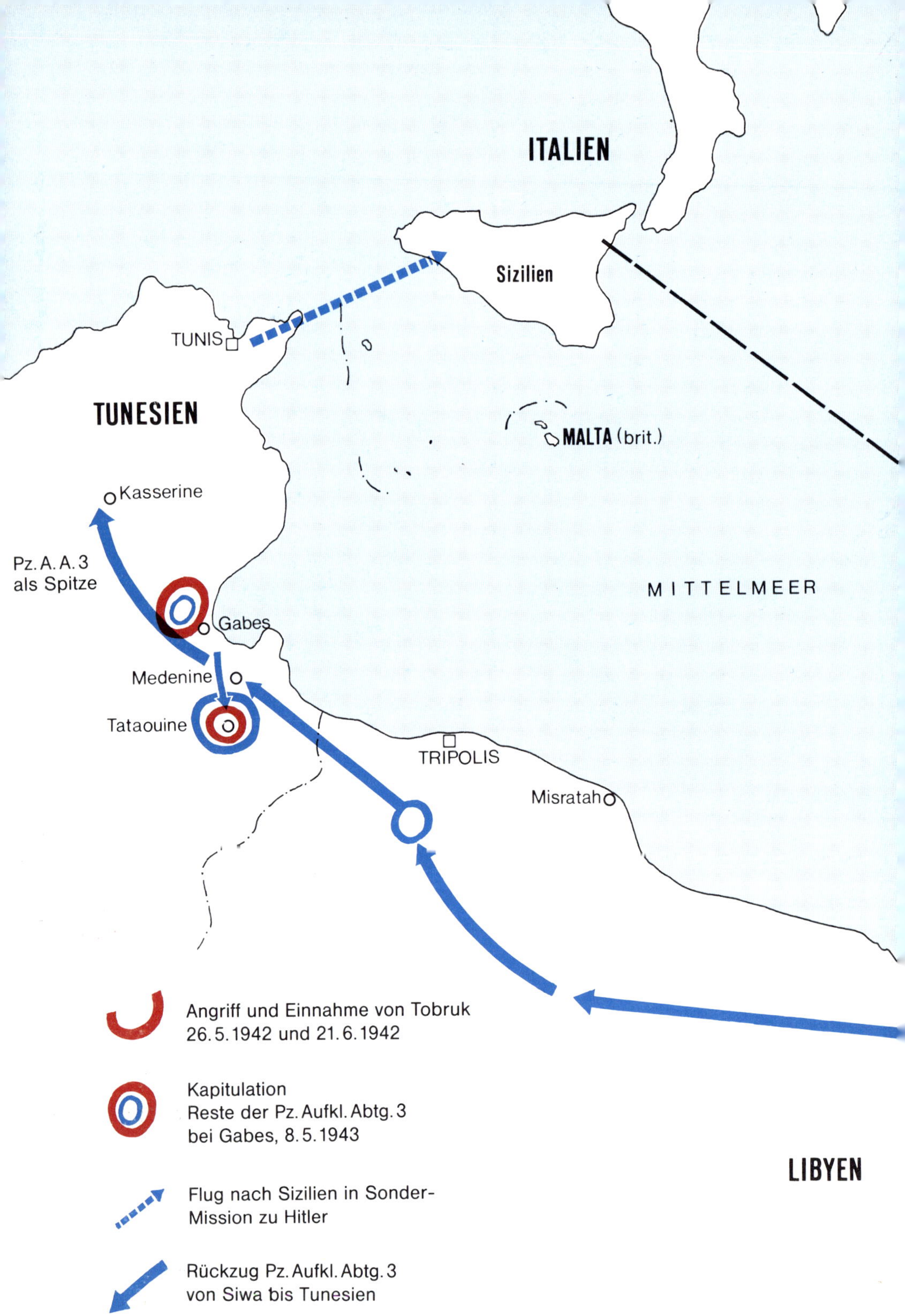
ITALIEN
Sizilien
TUNIS
TUNESIEN
MALTA (brit.)
Kasserine
Pz. A. A. 3
als Spitze
MITTELMEER
Gabes
Medenine
Tataouine
TRIPOLIS
Misratah
Angriff und Einnahme von Tobruk
26.5.1942 und 21.6.1942
Kapitulation
Reste der Pz. Aufkl. Abtg. 3
bei Gabes, 8.5.1943
LIBYEN
Flug nach Sizilien in Sonder-
Mission zu Hitler
Rückzug Pz. Aufkl. Abtg. 3
von Siwa bis Tunesien